W0033315

Folgen Sie uns!

Wir informieren Sie gerne und regelmäßig über Neuigkeiten aus der Welt des CONBOOK Verlags. Folgen Sie uns für News, Specials und Informationen zu unseren Büchern, Themen und Autoren.

 www.conbook-verlag.de/newsletter   www.facebook.com/conbook

 www.twitter.com/conbook   www.pinterest.com/conbook

SCANNEN UND FAN WERDEN

Bei **CONBOOK** sind außerdem die folgenden Nordamerika-Routenreiseführer erschienen:

Vancouver Island	ISBN 978-3-943176-17-9
Nationalparkroute USA – Florida	ISBN 978-3-943176-39-1
Nationalparkroute USA – Kalifornien	ISBN 978-3-934918-83-2
Nationalparkroute USA – Nordwest	ISBN 978-3-943176-72-8
Nationalparkroute USA – Südwest	ISBN 978-3-943176-23-0
Pacific Coast Highway USA	ISBN 978-3-943176-37-7
Route 66	ISBN 978-3-943176-13-1

Impressum

7. Auflage 2016
© Conbook Medien GmbH, Meerbusch, 2009, 2016
Alle Rechte vorbehalten.

www.conbook-verlag.de

Autoren: Helga und Arnold Walter
Bearbeitung: David Janik
Einbandgestaltung: David Janik unter Verwendung der Motive: Cover: © istockphoto.com/aeropw,
     Klappe: © istockphoto.com/windjunkie, Einband hinten: © istockphoto.com/mcveras
Kartografie: CONBOOK Verlag, wenn nicht anderweitig gekennzeichnet. Hauptkarte basierend auf
     Kartenmaterial © Stepmap, 123map, Daten: Natural Earth / OpenStreetMap, Lizenz ODbL 1.0
Druck und Verarbeitung: Multiprint GmbH

ISBN 978-3-943176-36-0

Bildnachweis: Alle Bilder © Helga und Arnold Walter, Ausnahmen: S. 12 istockphoto.com/Mlenny, S. 27 (oben) &
     S. 187 istockphoto.com/windjunkie, S. 30 (oben) istockphoto.com/bridixon, S. 79 shutterstock.de/Ann Badjura,
     S. 134 istockphoto.com/LesPalenik, S. 137 istockphoto.com/R_Koopmans, S. 159 istockphoto.com/kongxinzhu,
     S. 222 istockphoto.com/wwing, S. 247 istockphoto.com/jewhyte, S. 257 (unten) shutterstock.de/Clive Watkins

Inhalt

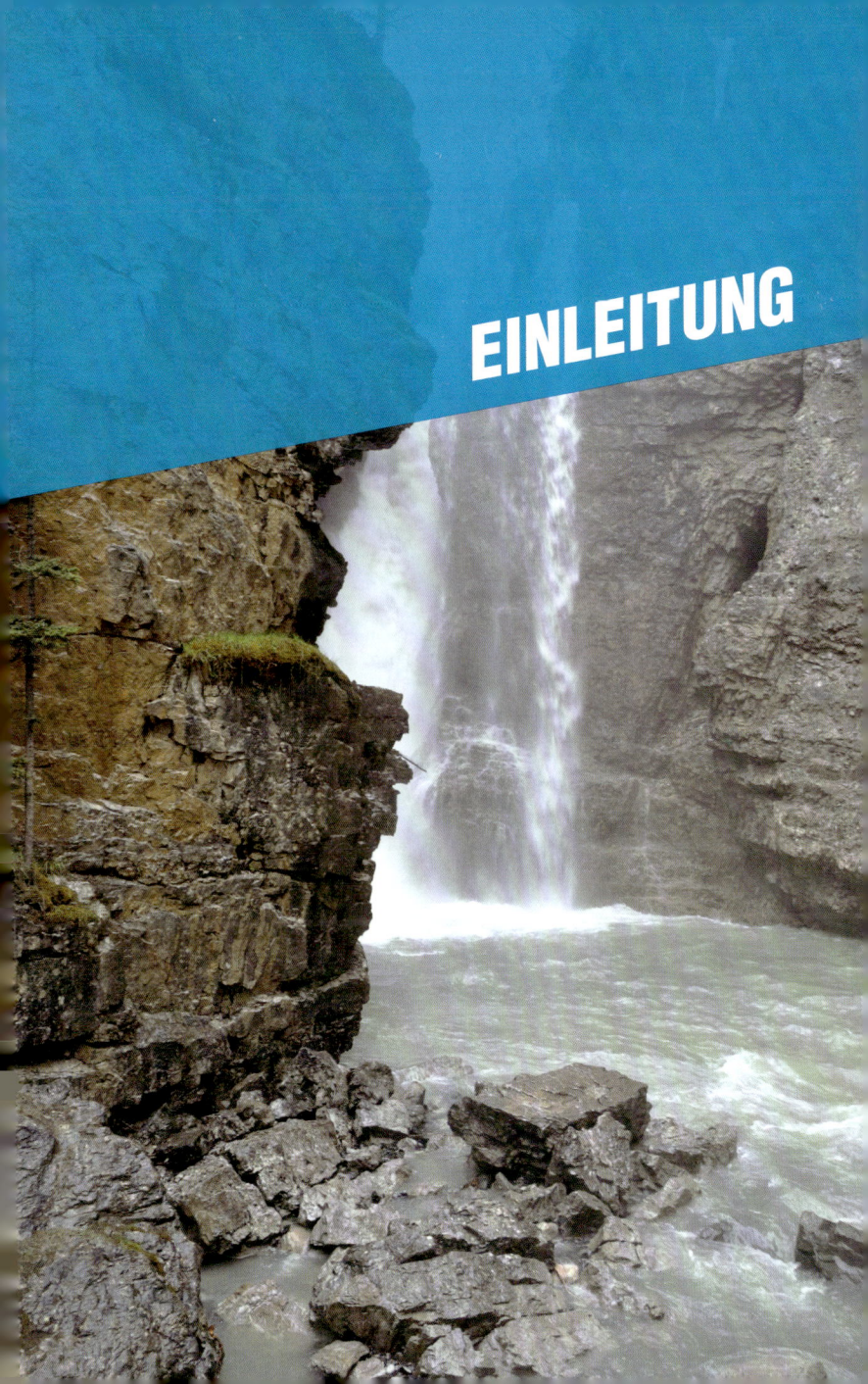

EINLEITUNG

Einleitung

NATIONALPARKROUTE KANADA

Dieses Buch führt Sie entlang einer eindrucksvollen Route durch die sechs schönsten Nationalparks von British Columbia und Alberta: **Mount Revelstoke, Glacier, Yoho, Banff, Kootenay** und **Jasper National Park**. Daneben entdecken Sie die beiden Metropolen **Vancouver** und **Calgary** und die bekannten und beliebten Touristenorte **Banff, Lake Louise, Jasper**. Sie erleben unzählige Highlights, unter anderem so namhafte Sehenswürdigkeiten wie das Columbia Icefield, den Mount Robson, Lake Louise, Moraine Lake, Maligne Lake, Wells Gray und Manning Provincial Park, den Fraser Canyon, Wüstenlandschaften und vieles mehr. Einen Überblick ausgewählter Highlights finden Sie ab (▶ S.24), mehr ins Detail geht die Auflistung in der SmartRoute ab (▶ S.35), die alle relevanten Ziele aufführt und gleichzeitig eine wichtige Navigationsgrundlage bietet.

Detaillierte Beschreibung der Route

Die einzigarte Route startet in der multikulturellen Metropole **Vancouver**, die herrlich zwischen dem Pazifik und den Coast Mountains liegt und zu den schönsten Städten der Welt zählt. Von Vancouver geht es durch das fruchtbare Fraser Valley nach **Hope**. Kurz vor Hope zweigt eine Nebenstrecke in den weit entfernt liegenden Skagit Valley Provincial Park ab, dabei wird die Grenze Kanada/USA überquert (▶ S.103).

Ab Hope bieten wir für Kenner des Fraser Canyons eine Alternativroute über den Highway 3 und 5A an (▶ S.372). Sie führt durch den landschaftlich wunderschönen **Manning Provincial Park** nach Princeton, weiter durch das weite Ranchland des Nicola Valley nach Merritt und nahe Kamloops zurück zur Hauptroute.

Die Hauptroute verlässt Hope in Richtung Norden, es geht hinein in die gewaltige Bergwelt der Ausläufer der Küstengebirge, durch den grandiosen **Fraser Canyon** und vorbei am **Hell's Gate**. Nördlich von Lytton, wo der Thompson River aus Norden kommend den Fraser River erreicht, durchläuft die Route eine kanada-untypische Wüstenlandschaft, die sich bis Kamloops erstreckt. **Kamloops**, die größte Stadt der Region, bietet u.a. hervorragende Einkaufsmöglichkeiten, bevor es in Richtung Osten weitergeht und das Gebiet des weitverzweigten **Shuswap Lake** erreicht wird. Der Bereich des Shuswap Lake bietet sehr schön gelegene Provincial Parks, Wassersportaktivitäten in allen Varianten und die beliebten Hausboot-Touren. Oder man entspannt und tankt Sonne an einem der Badestände. Am Westende des Shuswap Lake bieten wir eine Nebenstrecke zum **Roderick Haig-Brown, Adams Lake** und **Shuswap Lake Provincial Park** an (▶ S.136), der Roderick Haig-Brown Park ist ein Muss zur Lachswanderzeit im Herbst.

Auf dem weiteren Weg verschwindet der See immer wieder aus dem Blickwinkel, bis der Trans-Canada Hwy 1 die nächste größere Stadt Sicamous erreicht. In **Sicamous**, der Hausboot-Hauptstadt Kanadas, wo man am liebsten in eines der Hausboote steigen und davonschippern möchte, wird das Gebiet des Shuswap Lake verlassen. Die weitere Strecke bietet für Familien mit Kindern Abwechslung von der puren Natur, einige Sehenswürdigkeiten wie z. B. der **Enchanted Forest** (verzauberter Wald) sind speziell für die Kleinen ein Anziehungspunkt, Eisenbahngeschichte wird in **Craigellachie** geschrieben und ein Besuch in der "Ghosttown" im Hotelkomplex **Three Valley Gap** wird alle Generationen begeistern.

Die nächste Station ist die Touristenstadt **Revelstoke**, die zwischen den Monashee und Selkirk Mountains liegt. Dort bieten wir Ihnen eine Nebenstrecke zum 150 km entfernt liegenden **Mica Dam** an (▶ S.150).

Bei klarem Wetter sollte eine Fahrt über den **Meadows in the Sky Parkway** in den **Mount Revelstoke National Park** auf dem Programm stehen. Der erste National Park auf der Route bietet grandiose Ausblicke und schöne Wanderwege.

Die Route verlässt Revelstoke in östlicher Richtung und führt vorbei an den heißen Quellen des Albert Canyon (**Canyon Hot Springs**) zum **Glacier National Park**, der seinem Namen alle Ehre macht. Der Highway gewinnt Meter um Meter an Höhe und bald ist man nur noch von Gletschern und schroffen Felswänden umgeben.

Auf dem Zenit befindet sich der **Rogers Pass** und eine interessante Visitor Information. Danach geht es ebenso zügig wieder bergab in das Tal des **Columbia River** und weiter nach **Golden**, einem wichtigen Versorgungsstützpunkt der Region. Golden sollte wieder für das Auffüllen der Vorräte genutzt werden, denn der nächste große Supermarkt ist weit entfernt.

Wir setzen unsere Fahrt auf dem Trans-Canada Hwy 1 fort und erreichen über eine Meisterleistung des kanadischen Straßenbaus den grandiosen, flächenmäßig relativ kleinen **Yoho National Park**, der auf kurzer Strecke mit einigen Highlights und den höchsten Gipfeln der Rocky Mountains aufwartet. So führt eine Seitenstraße zum traumhaft liegenden **Emerald Lake**, eine Nebenstrecke zu den zweithöchsten Wasserfällen Kanadas, den **Takakkaw Falls** (▶ S.183), und ein Ausflug zum Kleinod **Lake O'Hara** (▶ S.187).

Nach Verlassen des Yoho National Park geht es nahtlos über den **Kicking Horse Pass** in den **Banff National Park** und in die bekannte Touristenstadt **Lake Louise**

mit dem gleichnamigen Postkartenmotiv. Welch ein Bild, wenn man über das türkisfarbene Wasser zum Victoria Gletscher schaut. Nicht minder faszinierend ist der kleine "Nachbar" **Moraine Lake**, der malerisch im Tal der zehn Berggipfel liegt.

Wir verlassen Lake Louise auf dem Trans-Canada Hwy 1 Richtung Süden bis zum Abzweig Highway 93, der uns in den etwas abseits liegenden **Kootenay National Park** bringt. Diese landschaftlich interessante und abwechslungsreiche Strecke bietet besondere Sehenswürdigkeiten. Zu Beginn durchfährt man ein ehemaliges Waldbrandgebiet, wo sich zwischen den verkohlten Baumstammresten das erste Grün und bunte Blumen zeigen. Inmitten dieses Gebietes liegt der dadurch besonders gespenstisch wirkende **Marble Canyon**. Weitere Wanderwege, Aussichtspunkte, Picknick- und Campingplätze finden Sie entlang des Highways, bis schließlich die **Radium Hot Springs** und die gleichnamige Stadt erreicht wird. Hier fragt man sich, ob man evtl. in den heimischen Alpen gelandet ist, denn das Outfit vieler Gebäude erinnert mit üppigem Blumenschmuck eher an ein Alpendorf als an eine kanadische Kleinstadt. Zurück zum Trans-Canada Hwy 1 geht es auf gleicher Strecke, der nach Überqueren des **Vermilion Passes** erreicht wird.

Die Fahrt geht weiter gen Süden Richtung **Banff**, der nächsten Touristenhochburg. Banff und Umgebung bieten eine Menge Sehenswürdigkeiten und kurze Ausflüge zu den Seen **Johnston**, **Two Jack Lake** und **Lake Minnewanka**. Bei klarem Wetter sollte eine Tour auf den **Sulphur Mountain** auf dem Besichtigungsprogramm stehen, ob zu Fuß oder per Gondelbahn. Südlich von Banff endet der Banff National Park und man kommt zum Touristenort **Canmore**.

Nach der Stippvisite in Canmore zweigt eine Nebenstrecke ins landschaftlich wundervolle **Kananaskis Country** zu den traumhaft liegenden **Kananaskis Lakes** und weiter bis zum **Highwood Pass** (▶ S.235) ab. Dieser Pass ist der höchste Punkt Kanadas, über den ein Highway führt. Wieder zurück vom Kananaskis Country führt der **Trans-Canada Highway 1** auf direktem Weg hinein in die Prärie und zur Ölmetropole **Calgary**. Auch Calgary ist "eine

7

Reise wert" und bietet interessante Sehenswürdigkeiten. Die Geschäftsstadt glänzt mit hohen Glaspalästen, Gärten in den Penthouse-Etagen und dem einzigartigen +15 Skywalk System, das Ihnen einen Shoppingtrip im Trockenen ermöglicht.

Calgary ist ein Wendepunkt der Route, Sie verlassen die Stadt gen Westen in Richtung Nationalparks. Der **Highway 1A** verläuft parallel zum Trans-Canada Hwy 1 am gegenüberliegenden Ufer des **Bow River** und trifft in Canmore wieder auf den Trans-Canada Highway 1.

Wiir erreichen den Banff National Park und die Stadt Banff, wo wir den Trans-Canada Highway 1 verlassen und weiter auf dem waldreichen und weniger frequentierten Highway 1A (**Bow Valley Parkway**) fahren. Entlang des Parkway liegt der prächtige **Johnston Canyon**, der sich für eine Wanderung hervorragend eignet, einsame Campgrounds bieten einfache Übernachtungsmöglichkeiten inmitten der Natur an.

Über den Bow Valley Parkway oder die Alternativroute über den Trans-Canada Hwy 1 (▶ S.267) kommt man automatisch wieder nach **Lake Louise**. Wenige Kilometer nördlich von Lake Louise beginnt der spektakuläre **Icefield Parkway** (Hwy 93) und damit die mit Abstand schönste Strecke in den kanadischen Rockies. Unterwegs ist man überwältigt von den endlosen Wäldern, schnee- und gletscherbedeckten Berggipfeln und traumhaft liegenden Seen. Aber nicht nur allein die Fahrt ist spannend, entlang des Parkway geben sich die Highlights die Klinke in die Hand. Genannt sei z. B. der **Peyto Lake**, ein traumhafter Bergsee, der nicht umsonst als "Perle des Banff National Parks" bezeichnet wird.

Sie passieren die einzige Versorgungsstelle auf dem Icefield Parkway, **Saskatchewan River Crossing**, und folgen danach dem breiten **Saskatchewan River**. Weiter nördlich wird das Tal immer enger und die Straße führt über eine weit ausladende Kurve steil nach oben zur Grenze von Banff und **Jasper National Park**. Entlang des Icefield Parkways sollte man sich ab und zu eine Pause gönnen, den Fotoapparat zücken und diese herrliche Strecke in Ruhe genießen.

Und schon naht das nächste Highlight, das über 320 km^2 große **Columbia Icefield**. Dort kann man nicht nur dem Gletscher sehr nahe kommen, sondern diesen auch mit dem **Ice Explorer** befahren.

Nach dem Columbia Icefield (ab Sommer 2014 wird hier das neue Highlight **Glacier Skywalk** präsentiert) verliert der Highway allmählich wieder an Höhe, und bald passiert man zwei tosende Wasserfälle, die **Sunwapta** und **Athabasca Falls**. Den an den Athabasca Falls abzweigenden Highway 93A (▶ S.285) bieten wir wieder wahlweise als Alternativroute nach Jasper an. Von diesem Highway 93A zweigt die Stichstraße zum Wandergebiet **Mount Edith Cavell** ab.

Die Icefield Parkway neigt sich nun seinem Ende entgegen und man erreicht den Touristenort **Jasper**. Auch Jasper und die Umgebung bieten wieder viele sehenswerte und interessante Plätze, einmalig ist eine Fahrt auf den **Whistlers Mountain**, dessen Bergstation hoch oben am Felsenrand klebt. Per Nebenstrecke geht es zum schön gelegenen **Maligne Lake** (▶ S.297) mit dem Postkartenmotiv **Spirit Island**. Am Ufer des Sees erheben sich die gewaltigen Berge der **Maligne** und **Queen Elizabeth Range**. Eine weitere Nebenstrecke bieten wir zu den östlich von Jasper gelegenen warmen Quellen **Miette Hot Springs** an (▶ S.302), die für einen entspannten Tagesausflug perfekt geeignet sind.

Jasper verlassen wir in Richtung Westen auf dem Highway 16 und erreichen mit dem **Yellowhead Pass** in 1.110 m Höhe das Ende des **Jasper National Park**. Gleichzeitig ist dies auch die Grenze Alberta/British Columbia und der Beginn des **Mount Robson Provincial Park**. Und urplötzlich, an der Visitor Information des Parks, steht man vor dem höchsten Berg der kanadischen Rocky Mountains, der sich majestätisch aus der Hochebene erhebt. Mit etwas Glück lässt sich das komplette Bergmassiv fotografieren, oft ist aber der Gipfelbereich zumindest teilweise von Wolken verdeckt.

Sie kommen zur Kreuzung Highway 16/ Highway 5, diesem folgen wir nun in südlicher Richtung. Im Westen sieht man die **Cariboo Mountains**, im Osten die Ausläufer der Rocky Mountains – parallel zur

Straße fließt der **North Thompson River**. Man durchquert die kleinen Ortschaften **Valemount** und **Blue River** und erreicht nach vielen Kilometern Einsamkeit **Clearwater**, wo ein Ausflug zum weit im Hinterland liegenden und noch weitestgehend unberührten **Wells Gray Provincial Park** (▶ S.322) zum Pflichtprogramm gehört. Besonders beeindruckend und sehenswert sind die zahlreichen Wasserfälle des Parks.

Ab dem kleinen Ort **Little Fort** südlich von Clearwater bietet sich, wenn man auf den Besuch Kamloops und die Besichtigung der **Highland Valley Mine** verzichten möchte, eine Alternativroute an (▶ S.386), die über den Highway 24 nach Westen zum Highway 97 führt und den schön gelegenen **Green Lake Provincial Park**, die geologische Besonderheit **Chasm Provincial Park** und den aus der Cariboo Goldrauschzeit bekannten Ort **Clinton** streift. Dieses seen- und waldreiche Gebiet ist ein Paradies für Angler und Wassersportler.

Die Hauptroute führt weiter nach Kamloops. Die Stadt verlassen wir in südlicher Richtung auf dem **Freeway 5**. Am Exit 336/Logan Lake wechseln wir vom Freeway auf dem Highway 97D und fahren über das **Thompson Plateau** zum idyllisch gelegenen Ort **Logan Lake**. Westlich von Logan Lake geht es auf dem Highway 97C in Richtung **Ashcroft** weiter und schon bald erreichen wir das gigantische Abraumgebiet der **Highland Valley Mine**. Achten Sie auf die Abfahrt zu einem Aussichtspunkt, um das tatsächliche Ausmaß der Mine in Augenschein nehmen zu können.

In Ashcroft ist man dann wieder mittendrin in der kanadischen Wüste, wenig später erreichen wir wieder den **Trans-Canada Hwy 1**. Auf diesem geht es nun nach Norden weiter, man durchquert noch einmal **Cache Creek**, verlässt den Hwy 1 und fährt auf dem Hwy 97 nach Norden bis zum Abzweig Highway 99 an der historischen **Hat Creek Historic Ranch** aus Goldrauschtagen.

Der Highway 99 führt entlang des **Fraser River Canyons** durch spärlich bewaldetes Ranchland bis nach Lillooet, er ist kurvenreich und schmal, man sollte also nicht in Eile sein. Der gemütlich wirkende Ort

Lillooet, Mile 0 zu Zeiten des Goldrauschs, sollte einen kurzen Besuch wert sein, bevor es wieder in die Berge hineingeht.

Ein kurzer Stopp bietet sich am **Duffey Lake** an, um das grandiose Bergpanorama zu genießen. Und wenn der **Cayoosh Summit** in 1.260 m überquert ist, kommt man zum Parkplatz des **Joffre Lakes Provincial Parks**. Hier sollte man zumindest vom untersten der drei Seen den fantastischen Blick auf dem **Matier Gletscher** für die Urlaubserinnerungen festhalten. Steil geht es danach bergab zum **Lillooet Lake** und nach **Mount Currie**, wo wir wieder einen Ausflug (▶ S.345) zum im Hinterland liegenden **Birkenhead Lake Provincial Park** anbieten.

Wenig später wird der Touristenort **Pemberton** erreicht, der durch eine virusfreie Saatkartoffel Berühmtheit erlangte. Ein sehenswerter Wasserfall und ein gepflegter, weiträumiger Campground erwartet die Reisenden im **Nairn Falls Provincial Park** zwei Kilometer südlich von Pemberton.

Wir befinden uns jetzt auf dem Abschnitt **Tree to Sea** des Highway 99, der – wie der Name schon sagt – geradewegs bis zur Pazifikküste führt. Wir erreichen das bekannte und immer belebte Wintersportparadies **Whistler**, Austragungsort einiger Wettkämpfe während der Olympischen Winterspiele 2010. Jedoch beschränkt sich das Sportangebot bei Weitem nicht nur auf die Wintermonate – Whistler bietet zu allen Jahreszeiten von modernen Trendsportarten bis zum herkömmlichen Wandern eine Menge Outdoor-Aktivitäten. In Whistler Village kann man sich das passende Outfit zulegen oder sich dem touristischen Treiben hingeben.

Südlich der Stadt kommt man zur weltbekannten Hochburg für Felsenkletterer – der Stadt **Squamish**. Oft erblickt man während der Fahrt mutige Kletterkünstler in den steilen Felswänden, die sich im Bereich der Stadt erheben. Gleichzeitig ist man nun am **Howe Sound** angekommen, einem weit ins Land reichenden Fjord des Pazifiks.

Wir kommen zu den **Shannon Falls**, zur **Sky Gondola**, die im Sommer 2014 eröffnet wurde, und zum sehenswerten Bergbaumuseum **Britannia Beach**, bevor die Nähe der Großstadt **Vancouver** immer deutlicher spürbar wird – das Ende der Hauptroute ist erreicht.

Hinweise zur Nutzung dieses Routenreiseführers

Dieser Routenreiseführer ist in besonderer Weise auf die Bedürfnisse von Individual- und Routenreisenden ausgerichtet. Sie bekommen in chronologischer Reihenfolge alles Sehenswerte, die wichtigsten Städte, Ausflüge, Nebenstrecken, Alternativrouten sowie Freizeit- und Wandertipps geboten, wodurch Ihnen ein Großteil der intensiven Vorbereitung und Organisation einer solch aufwendigen Urlaubsreise abgenommen wird. Die von uns getroffene **Selektion der Sehenswürdigkeiten** garantiert Ihnen nicht nur eine ausgewogene Mischung verschiedener Interessen, sondern garantiert, dass Sie nichts verpassen, was man gesehen haben muss.

Um Ihnen ein Höchstmaß an Nutzwert zu bieten, beschreibt dieser Routenreiseführer alles Sehenswerte genau dort, wo Sie es gebrauchen können. Diese **chronologische Aufbereitung** bedingt Schnittpunkte in der Routenführung, an denen Textwiederholungen notwendig wären. Um diese zu vermeiden, sind an den entsprechenden Stellen Verweise zur ersten Beschreibung aufgeführt.

Die **Preisauszeichnungen** in Kanada sind bis auf wenige Ausnahmen exklusive Steuern, d.h., Sie müssen die in der Provinz üblichen Steuern aufaddieren. Die Übernachtungs- und Parkgebühren der National- und Provincialparks sind inklusive Steuern, ebenfalls die der Museen oder Örtlichkeiten, die von den National- und Provincialpark-Verwaltungen unterhalten werden.

Wandertipps sind normalerweise mit einfacher Länge angegeben, der Zeitbedarf gilt für die gesamte Wanderung. Diese ist natürlich abhängig von der persönlichen Fitness und individuellen Wandererfahrung. Die Höhenunterschiede der Trails sind nicht kumuliert, d.h. es wird der reine Höhenunterschied zwischen Start- und Endpunkt der Wanderung gezeigt.

Alle **Übernachtungs-, Wander- und Mountainbikemöglichkeiten** sind nur eine Auswahl aus dem verfügbaren Angebot. Wir haben versucht, Ihnen mit der Bildung einer relevanten Auswahl die Qual der Wahl zu ersparen. Die meisten Urlauber werden zwar mit dem Wohnmobil oder einem vergleichbaren Fahrzeug unterwegs sein, trotzdem sind in den Stadtbeschreibungen Hotels und Motels aufgeführt. Die **Preise** sind in Kategorien geteilt, Kategorie 1 für Preise bis ca. CAD 90 pro Doppelzimmer und Kategorie 2 bis ca. CAD 170 pro Doppelzimmer. Bei Kategorie 3 sind nach oben keine Grenzen gesetzt. Die Übernachtungspreise gelten bei Hostels pro Bett, bei Hotels u.Ä. pro Doppelzimmer. Einige Hostels haben neben den Mehrbettzimmern (hier gilt der Preis pro Bett) auch Privat/Familienzimmer, die preislich meist im Bereich der Kategorie 1 der Hotels liegen. Die Ausstattung der Hostels in entlegenen Gebieten kann sehr einfach sein (Strom, wenn überhaupt, per Generator, kein fließendes warmes/kaltes Wasser).

Wir haben bewusst auf ein **Restaurantverzeichnis** verzichtet, da Sie unterwegs kaum außergewöhnliche Restaurants antreffen werden. In einheimischen Restaurants werden Sie mit solider und sättigender Hausmannskost verwöhnt, daneben finden Sie an den Durchgangsstraßen der Städte die bekannten Fast-Food-Ketten. Die beiden Metropolen Calgary und Vancouver bieten natürlich ein für Großstädte angemessenes Angebot an verschiedensten internationalen Restaurants.

Für Wohnmobilfahrer und Zelter empfehlen wir eine Übernachtung außerhalb der Städte in den **Provincial und National Parks**, denn nur hier erleben Sie die Natur hautnah. Allerdings müssen Sie auf diesen Plätzen, bis auf wenige Ausnahmen, auf einen Strom-, Wasser- und Abwasseranschluss verzichten, einige Campgrounds haben Duschen und eine Sanidump-Station. Welchen Service die einzelnen Plätze bieten, finden Sie bereits in der Smartroute und ausführlicher dann in der Beschreibung der Hauptroute. Die *privaten* **Campgrounds und RV Parks** haben in der Regel neben allen Anschlussmöglichkeiten für Wohnmobile eine Sanidump-Station, Duschräume und einen Waschsalon mit gebührenpflichtigen Waschmaschinen und Trockner. Daneben können auch Aufenthaltsräume mit Fernseher, Telefon, Internetanschluss, ein kleiner Außen- und/oder Innenpool, Kinderspielplatz, Convenience Store/kleines Restaurant, WiFi Hotspot und Propangasfüllstation vorhanden sein. Die Preise der privaten RV-Parks variieren sehr stark; je nach Ausstattung und Anschluss können in besonders frequentierten Touristenhochburgen bis CAD 55 erreicht werden. Private Campgrounds und RV Parks sind natürlich vom Naturgefühl nicht mit den Provincial/National Park Campgrounds vergleichbar – es herrscht meist eher eine Parkplatzatmosphäre.

Wenn bei einer Übernachtungsmöglichkeit das WiFi-Symbol angegeben ist, bedeutet dies, dass ein kabelloser Internetzugang verfügbar ist. Genaue Informationen zur Abdeckung und eventuell Zusatzgebühren erfahren Sie vor Ort.

💡 Einige stadt- oder seenahe Provincial und National Park Campgrounds sind besonders in der Hauptreisezeit und an Wochenenden **stark ausgelastet.** Hier ist eine Vorreservierung anzuraten, die aber gebührenpflichtig ist. Diese Gebühr wird nicht erstattet. Auch private RV-Parks können eine Reservierungsgebühr berechnen (wird ebenfalls nicht erstattet).

Stellplätze auf den **Campgrounds in den Provincial Parks** von Britisch Columbia kosten im Sommer je nach Ausstattung pro Nacht zwischen CAD 18 und CAD 35, wird Stromanschluss angeboten, kostet dieser pro Nacht CAD 8, die Benutzung der Sanidump-Station CAD 5. In Alberta kosten die Stellplätze in Provincial Parks je nach Ausstattung zwischen CAD 23 und CAD 26, wird Strom-/Wasseranschluss angeboten, zusätzlich CAD 7/CAD 6 pro Nacht, die Benutzung der Sanidump-Station schlägt mit CAD 3–5 zu Buche. In den National Parks kosten die Stellplätze pro Nacht je nach Ausstattung von CAD 15,70 bis CAD 38,20, die Benutzung der Sanidump-Station CAD 8,80, eine Fire Permit CAD 8,80 (Erlaubnis für Lagerfeuer, beinhaltet auch Feuerholz). **Wir empfehlen, diese Route mit einem Wohnmobil zu bereisen**, da man so in jeder Beziehung flexibel ist, Regentage gut überbrücken kann, um gerade die besonders schönen Strecken dann auch bei Sonnenschein genießen und natürlich völlig frei den Tagesablauf bestimmen zu können. Da die Hauptroute knapp 2.800

Kilometer lang ist und man sicher die eine oder andere Nebenstrecke oder einen Ausflug mitnehmen möchte, empfehlen wir, sich mindestens **drei Wochen Zeit für die Rundreise** zu nehmen. Beste **Reisezeit** ist von Ende Mai bis Anfang Oktober, allerdings ist im Frühling in den Bergen noch mit verschneiten Wegen oder teilweise vereisten Seen zu rechnen, die Nächte können im Frühling und Herbst leicht frostig sein. Bedenken Sie dies bei der Übernahme des Wohnmobils, ein zusätzlicher Schlafsack kann da sehr hilfreich sein.

💡 Empfehlenswert ist eine Reise im September. Der **Indian Summer** ist einzigartig, außerdem können Sie mit einer stabileren Wetterlage rechnen und reisen außerhalb der Hauptsaison.

Ein Tipp zur Wahl des Wohnmobils: Wählen Sie, besonders wenn Sie zu zweit oder mit Kindern reisen, das Wohnmobil nicht zu groß, denn ein 30 ft (9,15 m) Gefährt bietet zwar rinnen reichlich Platz, verbraucht aber viel Benzin und ist nicht so gut zu manövrieren wie ein 22–25 ft (6,7–7,6 m) Wohnmobil. Und bedenken Sie, wenn Sie sich mit Freunden und Bekannten auf Tour begeben: Ein Wohnmobil ist *ein* Raum, es gibt also kaum Privatsphäre.

Aufbau des Routenreiseführers

Nach dieser Einleitung folgen allgemeine **Informationen über Kanada und die Provinzen**, durch die Ihre Reise führt. Die sich daran anschließende **SmartRoute** gibt Ihnen einen Überblick über die Gesamtroute mit den wichtigsten Infos wie Städte, Parks, Campgrounds und Sehenswürdigkeiten. Die SmartRoute wird Ihnen eine große Hilfe bei der Orientierung sein, da Sie immer die nächstfolgenden Möglichkeiten im Blick haben. Die fett gedruckten Stationen sind in der nachfolgenden Hauptroute ausführlich beschrieben. Zusätzlich sind die **Übernachtungsmöglichkeiten für Wohnmobilfahrer** angegeben. Übernachtungsmöglichkeiten für Auto- und Motorradfahrer sind nur aufgeführt, wenn sie außerhalb von Städten liegen, da Sie davon ausgehen können, dass in jeder Stadt ausreichend Unterbringungsmög-

lichkeiten bereitstehen. Innerstädtische Hotels und Motels sind im Faktenteil der jeweiligen Stadtbeschreibung zu finden.

Die **Kilometer-Angaben der Hauptroute** sind fortlaufend berechnet, die Kilometerangaben von Ausflügen und Nebenstrecken müssen hinzuaddiert werden. Die Ausflüge und Nebenstrecken eignen sich für die Reisenden, die Zeit mitbringen und Besonderheiten außerhalb der Hauptroute entdecken möchten. Abweichend von der Hauptroute bieten wir für Reisende, die einen Teil der Hauptroute vielleicht schon kennen, einige **Alternativrouten** an, die gekennzeichnet und beschrieben sind.

Die Beschreibung der Hauptroute erfolgt wie schon beschrieben chronologisch. Zur besseren Orientierung haben wir zwischen den einzelnen Stationen kursiv gedruckte Textpassagen eingefügt, die die Orientierung erleichtern, verschiedene Tipps bereithalten und unsere persönlichen Empfehlungen weitergeben.

Als **Startpunkt** haben wir Vancouver gewählt, es ist jedoch auch möglich, ab Calgary zu starten und sich dort auf die Rundreise zu begeben. Die Routenbeschreibung ab Calgary finden Sie ab ▶ S.246

Im Kapitel **Wissenswertes** machen wir Sie mit allen wichtigen Informationen für eine Reise nach und in Kanada vertraut. Danach folgt eine Sprachhilfe mit den wichtigsten Vokabeln für Ihre Reise.

Checklisten für eine entspannte Vorbereitung der Urlaubsreise, für die Aktion Koffer packen und eine Einkaufsliste für den ersten Urlaubs-Einkauf ist ebenfalls Bestandteil dieses Routenreiseführers. Sie sind in erster Linie auf die Bedürfnisse der Wohnmobilfahrer ausgerichtet, können jedoch durch entsprechende Streichungen auch für alle weiteren Reiseformen genutzt werden.

Am Ende des Reiseführers finden Sie eine **detaillierte Karte** der gesamten Route mit Kennzeichnung aller wichtigen, beschriebenen Stationen. Auf der vorderen Innenklappe des Einbands dient eine Übersichtskarte der direkten Orientierung. Die hintere Innenklappe zeigt Ihnen die wichtigsten Verkehrszeichen Kanadas. Fakten wie Adressen, Telefonnummern usw. wurden mit leicht verständlichen Symbolen versehen, die in der Zeichen- und Begriffserklärung auf der hinteren Innenklappe erläutert werden.

Die Autoren wünschen Ihnen viel Spaß auf Ihrer Rundreise durch die sechs Nationalparks von West-Kanada.

LAND & LEUTE

Kanada

Bevölkerung	34.482.779 Einwohner (3,9 Einwohner pro km²)
Sprachen	Englisch (57,8 %) und Französisch (22,1 %); Rest: Weltsprachen (Chinesisch, Italienisch, Deutsch, Panjabi, Spanisch uvm. sowie ca. 50 regionale Sprachen der First Nations)
Zeitzonen	**Pacific Standard Time** MEZ – 9 Std. **Mountain Standard Time** MEZ – 8 Std. **Central Standard Time** MEZ – 7 Std. **Eastern Standard Time** MEZ – 6 Std. **Atlantic Standard Time** MEZ – 5 Std. **Newfoundland Standard Time** MEZ – 4,5 Std.
Hauptstadt	**Ottawa** (1,28 Mio. Einwohner)
Größte Städte	**Toronto** (2,79 Mio. Einwohner) **Montréal** (1,69 Mio. Einwohner) **Calgary** (1,09 Mio. Einwohner) **Vancouver** (603.502 Einwohner) **Victoria** (80.100 Einwohner)
Kenndaten	**Gesamtfläche** 9.984.670 km² (28 mal größer als Deutschland), davon sind 8,9 % **Wasserfläche**
Größte Seen	**Great Bear Lake** (Großer Bärensee) 31.328 km² **Lake Great Slave** (Großer Sklavensee) 28.568 km², mit 614 m der tiefste See **Winnipeg See** 24.387 km²
Höchster Wasserfall	**Della Falls** 440 m
Längste Flüsse	**Mackenzie River** System (mit Quellflüssen Finlay & Peace River) 4.241 km **Yukon River** 3.185 km **St. Lorenz Strom** 3.058 km
Größte Insel	**Baffin Island** 507.451 km², ca. 1.600 km lang, fünftgrößte Insel der Welt
Höchste Erhebungen	**Mount Logan** 5.959 m (St. Elias Mountains) **Mount St. Elias** 5.489 m (St. Elias Mountains) **Mount Robson** 3.954 m (kanadische Rocky Mountains) **Mount Waddington** 4.016 m (Coast Mountains) **Keele Peak** 2.972 Meter (Mackenzie Mountains)

Provinzen	**Alberta** – Hauptstadt: Edmonton 🌐 www.alberta.ca
	British Columbia – Hauptstadt: Victoria 🌐 www.gov.bc.ca
	Manitoba – Hauptstadt: Winnipeg 🌐 www.gov.mb.ca
	New Brunswick – Hauptstadt: Fredericton 🌐 www.gnb.ca
	Neufundland/Labrador – Hauptstadt: St. John 🌐 www.gov.nf.ca
	Nova Scotia – Hauptstadt: Halifax 🌐 www.gov.ns.ca
	Ontario – Hauptstadt: Toronto 🌐 www.ontario.ca/page/government
	Prince Edward Island – Hauptstadt: Charlottetown 🌐 www.gov.pe.ca
	Québec – Hauptstadt:Québec 🌐 www.gouv.qc.ca
	Saskatchewan – Hauptstadt: Regina 🌐 www.saskatchewan.ca
Territorien	**Northwest Territories** – Hauptstadt: Yellowknife 🌐 www.gov.nt.ca
	Nunavut – Hauptstadt: Iqaluit 🌐 www.gov.nu.ca
	Yukon Territory – Hauptstadt: Whitehorse 🌐 www.gov.yk.ca
National Parks	46 National Parks
Nationalbaum	Ahorn, er wurde am 25. April 1996 zum Nationalbaum erklärt.
Strom	110/120 Volt, 60 Hz Wechselstrom
Internet	🌐 www.canada.ca

Kanada liegt im nördlichen Teil des nordamerikanischen Kontinents und ist nach Russland (17.075.200 km^2) das zweitgrößte Land der Erde. Das Land hat Berührung mit dem Pazifik, dem Atlantik und dem Nordpolarmeer und dadurch weltweit die längste Küstenlinie mit 202.080 km. Die Grenze zur USA verläuft über 8.890 km. Die Hauptstadt **Ottawa** mit 1,28 Millionen Einwohnern liegt im Osten des Landes. Die Amtssprachen Kanadas sind Englisch und Französisch. Etwa 77 % der Bewohner Kanadas leben in Städten und im südlichen Teil des Landes.

Der Name Kanadas geht auf das Wort *kanata* (= Siedlung/Dorf) der irokesisch sprechenden Huronen zurück. Die Huronen waren am St. Lorenz-Strom und in Ontario zwischen dem Huron- und Eriesee ansässig.

Der Bundesstaat Kanada ist eine konstitutionelle Monarchie und parlamentarische Demokratie. Das Parlament hat zwei Kammern: das Unterhaus *(House of Commons)* und den Senat *(Senate)*. Alle 10 Provinzen besitzen eine eigene Verfassung. Der Ablauf der Regierungsgeschäfte gleicht denen der Bundesregierung. Vertreter der Zentralgewalt ist ein auf fünf Jahre ernannter Provinzgouverneur. Die Provinzen verfügen über eine eigene Gesetzgebungskörperschaft, mit Ausnahme des höchsten Bundesgerichtshofs, der provinzübergreifende Verfügungsgewalt besitzt. In der Gesetzgebungskompetenz gibt es Konkurrenz zwischen den Provinzen und dem Bund. Eine Provinz kann eigene Steuern erheben, Bürgerrechtsgesetze und die Gemeindeverwaltung betreffende Gesetze erlassen und Wohlfahrtsangelegenheiten regeln. Die Provinzen haben Verfügungsgewalt über das Gesundheitswesen, Erziehung und die Nutzung von Bodenschätzen. Die 3 Territorien (Yukon, Northwest und Nunavut) unterstehen direkt der Bundesregierung, werden aber zunehmend verwaltungstechnisch eigenständig. Königin Elisabeth II. von England ist auch Königin von Kanada und damit das Staatsoberhaupt, nicht aber

Regierungschefin – die Regierungsbefugnisse hat der kanadische Generalgouverneur, der ebenso Repräsentationspflichten wahrnimmt und Gesetze unterzeichnet. Die gesetzgebende Gewalt teilen sich der Generalgouverneur, der Senat und das *House of Commons* (Unterhaus). Der Senat setzt sich aus Senatoren der Provinzen und Territorien zusammen. Die ausführende Gewalt liegt beim Premierminister und dem Kabinett.

Die indigene Bevölkerung Kanadas besteht aus 3 Gruppen:

- **First Nations** (etwa 700.000 Angehörige): Die First Nations sind die indianischen Ureinwohner Kanadas, bestehend aus mehr als 52 Völker, die über 60 unterschiedliche Sprachen sprechen.
- **Inuit** (etwa 50.400 Angehörige): Inuit sind eskimoische Völker, die in Nordostkanada leben und ebenfalls viele unterschiedliche Sprachen sprechen.
- **Métis** (etwa 389.000 Angehörige): Dies sind Nachfahren von Siedlern und Pelzhändler, die mit Frauen der First Nations Verbindungen eingegangen waren. Diese Gruppen sprechen eine der 50 indigenen Sprachen.

Kanada ist ein klassisches Einwanderer-Land. Während in der Vergangenheit viele Europäer und Amerikaner einwanderten, kommen heute die meisten Immigranten aus Fernost, überwiegend aus China. Sie werden es auf Ihrer Reise selbst feststellen: Die Kanadier sind freundliche, tolerante, hilfsbereite und familienorientierte Menschen. Dies zeigt sich auch im Straßenverkehr, keine wilde Gebaren hinter dem Steuer, kein Drängeln oder "Stoßstangenschieben", wenn man mal von den Großstädten absieht.

Kanada hat noch etwa 24 Milliarden Tonnen Erdölreserven und liegt auf dem zweiten Platz der erdölexportierenden Länder. Vor der Küste der Provinzen am Atlantik befinden sich riesige Erdgasreserven, in Alberta der Athabasca Ölsande, die im Tagebau abgebaut werden und bei Umweltschutzverbänden verständlicherweise sehr umstritten sind, da riesige Landschaften zerstört werden und giftige Klärschlammteiche eine große Gefahr für das Grundwasser darstellen. Weiter verfügt Kanada

über Bodenschätze wie Erdgas, Asbest, Schwefel, Aluminium, Diamanten, Gold, Nickel und viele mehr. Unglaublich große Naturschutzgebiete liegen vorwiegend in der Tundra und in Bergregionen, sie bedecken fast Dreiviertel des Landes. Enorme Süßwasserreserven sind vorhanden und die vielen Seen und Flüsse liefern wertvolle Energie und bilden damit die Grundlage für eine florierende Papierindustrie.

Kanada gehört zu den wichtigsten Getreideexporteuren der Welt. Die Anbaugebiete liegen überwiegend östlich der Rocky Mountains in der Prärieregion. Im Osten am Atlantik wird überwiegend Gemüse- und Obstanbau betrieben, aber auch der Weinbau erfreut sich in den letzten Jahrzehnten stetiger Umsatzzuwächse. Die fischreichen Meere und Flüsse erlauben einen ertragreichen Export von Lachsen, Kabeljau und Hering.

Aufgrund des enormen Waldreichtums (10 % des weltweiten Waldes) spielt natürlich auch die Forstwirtschaft in der kanadischen Ökonomie eine wichtige Rolle. Das Holz wird neben Bau- und Brennholz auch zur Papier- und Zellulosegewinnung genutzt. Die Kehrseite der Medaille ist eine teils extreme Waldrodung, die in Teilen schon dramatische Ausmaße angenommen hat. Glücklicherweise ist der Lobby der Umweltschützer in den letzten Jahren immer größer geworden. So wurden auch auf deren Initiative hin staatliche Programme gestartet und große Teile der Waldflächen zu Schutzgebieten erklärt.

Das Klima Kanadas ist heterogen und reicht von kaltem, polarem bis zu einem für Mitteleuropäer gewohnten gemäßigten Klima. Während im Sommer nicht selten Temperaturen über +25 °C vorkommen, (Rekordhöchsttemperatur war 1937 in Midale Saskatchewan +45 °C) werden im Norden in den langen, kalten und dunklen Wintermonaten Temperaturen weit unter dem Gefrierpunkt gemessen, Rekordtief war 1947 in Snag (Yukon) eine Temperatur von -63 °C. An der Westküste muss durch die vom Pazifik kommende feuchte Luft mit viel Regen gerechnet werden, die Sommer sind warm und die Winter mild.

Die höchsten Gebirge liegen im Westen von Kanada, hier sind vor allem die Rocky

Mountains, die Mackenzie Mountains, die St. Elias Mountains im Yukon und die Coast Mountains an der Pazifikküste, unterbrochen durch tief ins Land reichende Fjorde, bekannt. Der wasserreiche Osten Kanadas ist geprägt von flacher bis hügeliger Landschaft mit Mischwäldern. Im Norden überwiegen im fast unwegsamen und menschenleeren Teil Kanadas die Tundren, Felsen und Eisflächen. Kanada ist Heimat vieler Tiere und Pflanzen. Dichte Wälder, unendliche Prärieflächen, endlos weite Tundren und die Gewässer in und um Kanada bieten vielen kleinen und großen Tierarten reichlich Lebensraum, dazu kommen jährlich Scharen von Zugvögeln. Und entlang der Eisküste im hohen Norden ist der Eis- oder Polarbär heimisch, leider zunehmend bedroht durch die Klimaerwärmung. In den National Parks und großen Schutzgebieten wird versucht, durch besondere Maßnahmen, dem Aussterben bedrohter Tierarten entgegenzutreten.

Die weltlängste Straße, der Trans-Canada Highway 1 mit einer Länge von 7.604 km, verbindet St. John (Neufundland) im Osten mit Victoria (Vancouver Island, BC) im Westen. Die zwei wichtigsten Eisenbahnstrecken der *Canadian Pacific Railway (CPR)* und *Canadian National Rail-*

way (CN) befördern ausschließlich Fracht. Personen werden von VIA Railway und einigen private Gesellschaften und Überlandbussen (z. B. Greyhound) befördert. Das wichtigste Beförderungsmittel ist jedoch das Flugzeug. Selbst entlegenste Bereiche können per Wasser-, Kleinflugzeug oder Hubschrauber erreicht werden, größere Städte verbinden regelmäßige Linienflüge.

British Columbia

Bevölkerung	4,63 Millionen Einwohner (5,2 Einwohner pro km²)
Sprachen	Englisch: 74,1 % Fernöstliche Sprachen: 8,5 % Deutsch: 2,2 % Rest: andere Sprachen
Zeitzone	**Pacific Time** (MEZ -9 Std.) **Mountain Time** (MEZ -8 Std.)
Hauptstadt	**Victoria** (Stadt): 80.100 Einwohner **Victoria** (Großraum): 344.088 Einwohner

Städte	**Vancouver** (Stadt): 603.502 Einwohner **Vancouver** (Großraum): 2,37 Mio. Einwohner **Nanaimo:** 98.000 Einwohner **Kelowna:** 114.000 Einwohner **Prince George:** 84.232 Einwohner **Kamloops:** 85.678 Einwohner
Kenndaten	**Gesamtfläche:** 944.735 km², entspricht etwa der Größe von Deutschland, Niederlande und Frankreich, davon 3.434 km² First Nations Reservationen, 75 % der Fläche liegt oberhalb 1.000 m ü. M., 5 % kultivierbar, 60 % bewaldet **Wasserfläche:** ca. 19.000 km² **Küstenlänge:** ca. 7.000 km (ohne Inseln) **Inseln:** ca. 6.000, die meisten sind nicht bewohnt
Höchster Berg	**Mount Fairweather:** 4.663 m (St. Elias Mountains)
Längster Fluss	**Fraser River:** 1.375 km
Größter Binnensee	**Williston Lake:** 1.779 km²
Höchster Wasserfall	**Della Falls** (440 m), gleichzeitig die höchsten Wasserfälle Kanadas
Größte Insel	**Vancouver Island:** 32.134 km², Länge: 451 km
National Parks	**Glacier National Park** Fläche: 1.349 km² ⓦ www.pc.gc.ca/eng/pn-np/bc/glacier/index.aspx **Kootenay National Park** Fläche: 1.406 km² ⓦ www.pc.gc.ca/eng/pn-np/bc/kootenay/index.aspx **Mount Revelstoke National Park** Fläche: 260 km² ⓦ www.pc.gc.ca/eng/pn-np/bc/revelstoke/index.aspx **Yoho National Park** Fläche: 1.313 km² ⓦ www.pc.gc.ca/eng/pn-np/bc/yoho/index.aspx **Pacific Rim National Park Reserve** Fläche: 511 km² ⓦ www.pc.gc.ca/eng/pn-np/bc/pacificrim/index.aspx **Gwaii Haanas National Park** Fläche: 1.495 km² ⓦ www.pc.gc.ca/eng/pn-np/bc/gwaiihaanas/index.aspx **Gulf Islands National Park** Landfläche: 35 km² ⓦ www.pc.gc.ca/eng/pn-np/bc/gulf/index.aspx
Internet	ⓦ www.gov.bc.ca

British Columbia ist die westlichste und drittgrößte Provinz Kanadas und eine der gebirgigsten Regionen Nordamerikas. In BC leben etwa zwölf Prozent der Gesamtbevölkerung Kanadas. Die Provinz grenzt im Osten an Alberta, im Norden an das Yukon Territory und im Nordwesten an Alaska. Im Osten wird die Provinz begrenzt durch den Pazifik, im Süden durch die US-Staaten Washington, Idaho und Montana. Die Hauptstadt ist **Victoria**, sie liegt im Süden der Insel Vancouver Island. Die Stadt mit der höchsten Bevölkerungszahl ist aber die Weltmetropole Vancouver.

British Columbia umfasst folgende Regionen:
• Kootenay Rockies
• Thompson Okanagan

- Vancouver Coast & Mountains
- Cariboo Chilcotin Coast
- Northern British Columbia
- The Islands

Die am dichtesten besiedelten Regionen befinden sich rund um Vancouver im Fraser Valley und im Süden von Vancouver Island im Einzugsbereich der Hauptstadt Victoria.

Vancouver Island, die größte Insel Nordamerikas, liegt im Pazifischen Ozean. Sie ist vom Festland getrennt durch die Queen Charlotte Strait, Strait of Georgia und Juan de Fuca Strait.

2010 war British Columbia Gastgeber der 21. Olympischen und Paralymischen Winterspiele, Austragungsorte waren Vancouver und die 122 km nördlich von Vancouver gelegene Stadt Whistler.

Die bekannteste Gebirge British Columbias sind die Rocky Mountains, die im Osten der Provinz liegen und ihrem Namen durch eine Vielzahl von felsigen, schroffen Berggipfeln und riesigen Gletschern alle Ehre machen. Entlang der Pazifikküste ragen die Coast Mountains empor, im Nordwesten die St. Elias Mountains, die mit der höchsten Erhebung aufwarten, dem 4.663 Meter hohen Mount Fairweather.

So abwechslungsreich wie die Landschaft ist auch das Klima der Provinz. In den Küstenregionen und auf den Inseln ist das Klima zwar meist angenehm mild, im Gegenzug muss jedoch immer wieder mit relativ viel Regen und an der Pazifikküste auch mit stürmischen Winden gerechnet werden. Im Innern des Landes herrscht kontinentales Klima, der Norden der Provinz bekommt den arktischen Einfluss zu spüren, die kurzen (leider mückenreichen) Sommer sind angenehm warm und die Winter kalt und schneereich. Durch die häufigen Niederschläge wird Vancouver Island mit riesigen Regenwäldern bedeckt, der Westküstenbereich der Insel ist größtenteils rau, wild und felsig mit tief ins Land reichenden Fjorden.

Die Landschaft British Columbias ist zwar generell sehr wald- und seenreich, überraschenderweise findet man hier jedoch auch wüstenähnliche Gebiete, besonders im südlichen zentralen Hochland rund um den Großraum Cache Creek und im Bereich des Okanagan Lake – dort, wo auch das bekannteste Weinanbaugebiet des Westens liegt. Hier können die Sommertemperaturen durchaus schon einmal die 40 °C Grenze erreichen und nur eine ständige Bewässerung der fast baumlosen Anbauflächen sorgt für landwirtschaftlichen Ertrag. Im Herzen der Provinz liegt das Cariboo Country, hier schlägt auf den endlosen Weideflächen das Cowboyherz höher, es haben sich Rancher angesiedelt und nicht zuletzt war dies auch das Land der Goldsucher, allen voran Billy Barker, der 1862 hier Gold fand und Zehntausende Goldsucher anlockte. Im Bereich Kamloops durchquert man wüstenähnliche, trockene Gebiete mit sehr spärlichem Bewuchs von Kiefern und Wüstenbeifuß, die weiten Bergregionen erfreuen hingegen mit dichten, satten Nadelwäldern. Auf Vancouver Island und an den Küsten des Festlands wandert man durch vom Wind und Regen gezeichnete dichte Küstenregenwälder, und Wiesen-, Seen- und Sumpfgebiete bieten Abwechslung mit reichhaltiger Flora. In der niederschlagreichen Küstenregion gedeihen Douglastannen, Rotzedern und Hemlocktannen prächtig und erreichen erstaunliche Höhen und Ausmaße, im Binnenland stößt man neben Kiefern- und Fichtenwälder auch auf Laubwälder, deren Laub sich im Herbst wunderschön färbt und die Kulisse für den berühmten Indiansummer bietet. Pilzsammler können sich über fast 10.000 Pilzsorten freuen, Vorsicht ist aber geboten, wenn Sie diese in freier Natur sammeln. Wir haben die Erfahrung gemacht, dass die Pilze in Kanada teilweise größer als in der Heimat sind – einen schlüssigen Grund konnten wir aber nicht in Erfahrung bringen ...

Bedingt durch die unterschiedlichsten Klimazonen und Landschaften findet man in BC ein einzigartiges Ökosystem und in dieser Landschaftvielfalt fühlen sich natürlich auch sehr viele Tierarten heimisch. 488 Vogelarten machen Station in BC oder leben ständig hier, 468 Fischarten fühlen sich in den Seen, Flüssen und im Ozean wohl, 142 Säugetierarten streifen durch die Wälder, von denen 24 Arten sogar nur in BC zu finden sind. Außerdem bereichern 22 Amphibien- und 18 Reptilienarten die Natur.

Die heutige Bevölkerung von British Columbia besteht zu einem großen Teil aus Einwanderern britischer, schottischer, irischer und deutscher Herkunft, weitere aus China und Indien, jedoch sind auch Migranten aller Herren Länder vertreten. Dadurch findet man in British Columbia die unterschiedlichsten kulturellen Traditionen, Sprachen und Religionen vor. Die Ureinwohner der Provinz waren Mitglieder der Stämme Tlingit (nördliche Festlandküste), Küsten- und Binnensalish (u.a. Klahoose, Sliammon, Sechelth, Squamish, Pentlatch), Kwakwaka'wakw (Vancouver Island & Festlandküste), Nuu-chah-nulth (Vancouver Island) und Haida (Queen Charlotte Islands). Ihre Spuren reichen mehr als 10.000 Jahre zurück.

Die ersten Berührungen mit Europäern fanden im 18. Jahrhundert statt, das 19. und 20. Jahrhundert brachte neben weiteren europäischen vor allem Immigranten aus dem asiatischen Raum mit sich. Heutzutage wächst die Bevölkerung jährlich um etwa 34.000 Migranten. Etwa 4,8 % der Bewohner von British Columbia sind indigener Herkunft (inkl. Métis).

Die wichtigsten Einnahmen der Provinz stammen aus der Forstwirtschaft, (56 % der Provinz bedecken Wälder), dem Bergbau mit Kupfer-, Gold- und Zinkminen, der Förderung von Kohle, Erdöl, Erdgas, dem Tourismus (jedes Jahr etwa 15 Millionen Urlauber), der Landwirtschaft und dem Fischfang. In den letzten Jahren wurden in BC zahlreiche Film- und TV-Produktionen abgedreht. Heute ist die Provinz auf Platz 3 der größten Produktionsorte der Welt.

In BC wird auf alle Preise die Verkaufssteuer *Provincial Sales Tax (PST)* und *Goods and Services Tax (GST)* erhoben.

Das gesamte Straßennetz in British Columbia ist gut ausgebaut und ermöglicht so den Touristen eine gute Erreichbarkeit der wichtigsten Sehenswürdigkeiten. Im Norden und abseits der großen Highways sind einige Straßen allerdings Gravelroads (Schotterstraßen), die mehr oder weniger gut befahrbar sind. Daneben findet man auch Logging Roads (auch: Forest Service

Bow Glacier Trail

Roads), die aktiv zur Holzabfuhr genutzt werden und die mit äußerster Vorsicht und möglichst nur mit Allradfahrzeugen befahren werden sollten.

Fahrten mit dem **Greyhound Bus** sind touristisch interessant, die Busrouten verbinden viele Ziele in Alberta und BC. Die Eisenbahnstrecken dienen fast ausschließlich zum Gütertransport. Die Personenbeförderung ist auf wenige Strecken begrenzt, z. B. verkehrt zwischen Calgary/Jasper und Vancouver auf einer landschaftlich wunderschönen Route der **Rocky Mountaineer**.

Bei Touristen sind besonders Reisen mit dem Wohnmobil beliebt. In British Co-lumbia liegen sieben National Parks und circa 800 Provincial Parks, etwa 12,5 % der Fläche der Provinz sind unter Schutz gestellt. Die Parks haben zum größten Teil sehr schöne Campgrounds und Picknick-plätze und bieten je nach Lage die unterschiedlichsten Outdoor-Aktivitäten an.

Die meisten Besucher kommen über Kanadas zweitwichtigsten internationalen **Flughafen Vancouver** nach British Columbia. Von hier gibt es zahlreiche inländische und internationale Flugverbindungen zu mehr als 200 Flugplätzen der Provinz. Mit Fähren wird die Überquerung der Binnenseen, der Flüsse und die Verbindung zu Vancouver Island bestritten.

Alberta

Bevölkerung	4,14 Millionen Einwohner (6,2 Einwohner pro km²)
Sprachen	Englisch: 80,5 % Französisch: 2,1 % Englisch und Französisch: 6,8 % Rest: andere Sprachen
Zeitzone	**Mountain Time** (MEZ -8 Std.)
Hauptstadt	**Edmonton:** 812.201 Einwohner
Städte	**Calgary:** 1,09 Mio. Einwohner **Lethbridge:** 89.074 Einwohner **Red Deer:** 90.564 Einwohner **Medicine Hat:** 60.005 Einwohner **Grande Prairie:** 55.000 Einwohner
Kenndaten	**Gesamtfläche:** 661.848 km² **Wasserfläche:** ca. 19.531 km²
Höchster Berg	**Mount Columbia:** 3.747 m (St. Elias Mountains)
Längste Flüsse	**Peace River:** 1.923 km **Athabasca River:** 1.231 km
Größte Seen	**Lake Athabasca:** 7.935 km² **Lake Claire:** 1.436 km²

National Parks	**Banff National Park** (Teil des UNESCO Canadian Rocky Mountain Parks) Fläche: 6.641 km² 🌐 www.pc.gc.ca/pn-np/ab/banff/index.aspx
	Elk Island National Park Fläche: 194 km² 🌐 www.pc.gc.ca/eng/pn-np/ab/elkisland/index.aspx
	Jasper National Park Fläche: 11.228 km² 🌐 www.pc.gc.ca/eng/pn-np/ab/jasper/edu.aspx
	Waterton Lakes National Park Fläche: 505 km² 🌐 www.pc.gc.ca/pn-np/ab/waterton/index.aspx
	Wood Buffalo National Park Fläche: 44.807 km² 🌐 www.pc.gc.ca/eng/pn-np/nt/woodbuffalo/index.aspx
Internet	🌐 www.alberta.ca

Die reichste Provinz Kanadas **Alberta**, die als einzige kanadische Provinz keine Provinzsteuer erhebt, ist die westlichste der drei Prärieprovinzen. Alberta, seit dem 01.09.1905 eine eigenständige Provinz, liegt zwischen dem 49. und 60. Breitengrad und misst von Nord nach Süd 1.223 km, die Ost-West-Ausdehnung beträgt zwischen 293 bis 660 km. Alberta grenzt im Norden an die Northwest Territories, im Osten an Saskatchewan, im Süden an Montana (USA) und im Westen an British Columbia.

Benannt wurde die Provinz nach der vierten Tochter Königin Victorias, Princess Louise Caroline Alberta. Diese war mit dem vierten Generalgouverneur Kanadas, Marquis of Lorne, verheiratet. In Alberta, das etwa die dreifache Größe Großbritanniens umfasst, findet man die unterschiedlichsten Landschaften. Im Osten liegt die flache Prärie mit unendlich weiten Getreide- und Weidefeldern, im Westen die Rocky Mountains mit gletscherbedeckten Bergriesen von 2.100 bis fast 3.800 m Höhe und riesigen Waldgebieten. Fantastisch liegende Seen sind weitere Highlights, die Touristen aus aller Welt in dieses einmalig schöne Gebirge, das Teil des **Banff National Parks** und **Jasper National Parks** ist, lockt. Die Ortschaften Banff, Lake Louise und Jasper sind Touristenhochburgen mit Unterkünften, Restaurants, zahlreichen Freizeitmöglichkeiten und Sehenswürdigkeiten. Daneben gehören die Rocky Mountains auch zum schönsten und attraktivsten Skigebiet West-Kanadas.

Von den 16 UNESCO World Heritage Sites befinden sich fünf in Alberta, darunter der Dinosaur Provincial Park ca. 230 km östlich von Calgary, wo sich das weltgrößte Dinosaurier-Schutzgebiet befindet, das die Überreste dieser vor vielen Millionen Jahre lebenden Riesentiere beherbergt.

1988 wurden in Calgary, der größten Stadt Albertas, die 15. Olympischen Winterspiele ausgetragen. Höhepunkt der Stadt ist das alljährlich stattfindende **Calgary Stampede**, dann fallen Cowboy-Fans aus aller Welt in die Stadt ein und vergnügen sich in Cowboykleidung mit Stetson-Hut an den zahlreichen Darbietungen und Wettbewerben.

Die Hauptstadt der Provinz ist **Edmonton**, sie liegt 276 km nördlich von Calgary. Der größte Shopping- und Vergnügungskomplex Nordamerikas, die West Edmonton Hall, bietet auf 492.000 m² Vergnügen für alle Altersgruppen und lässt keine Wünsche offen.

Die Winter sind besonders in der nördlichen Taiga und in den Präriegebieten kalt (-10 bis -25 °C) und die Sommer mild bis heiß (+30 °C und höher). Im Winter bringt dem Westen der Provinz der warme Fallwind Chinook östlich der Rocky Mountains innerhalb kürzester Zeit extreme Temperaturveränderungen. So stieg im Januar 1962 in Pincher Creek die Temperatur innerhalb einer Stunde von -19 °C auf +22 °C.

Die Prärie war in früheren Zeiten die Heimat der Bisons, da die weiten Grasflächen optimale Futterquellen für die großen Herden waren. Hier lebt auch die giftige Prärieklapperschlange. In den westlichen Bergregionen und den dichten Wäldern sind u.a. Schwarzbären, Grizzlys, Pumas

(Berglöwen), Wölfe, Luchse, Koyoten, Rotwild, Dickhornschafe, Bergziegen und viele Kleintiere heimisch.

Zu den frühen Bewohnern Albertas gehören u.a. die **Cree** und **Blackfoot Indians**, die in den Weiten der Prärie Bisons jagten. Sie betrieben Handel mit der North West und Hudson's Bay Company, später mit den ersten Europäern. Ende des 19. Jahrhunderts kamen mit dem Bau der Eisenbahnlinie die ersten Farmer in die Prärie und bauten Getreide an. Mit den Erdöl- und Erdgasfunden und der industriellen Verarbeitung dieser Bodenschätze Mitte des 20. Jahrhunderts begann ein sprunghafter Anstieg der Zuwanderung und Ansiedlung weiterer Wirtschaftszweige, die Alberta innerhalb kürzester Zeit zur reichsten Provinz Kanadas machten. Der indigene Bevölkerunganteil Albertas beträgt etwa 6 % (ca. 52 % First Nations, 45 % Métis, Rest: Inuit), 44 % sind britischer Abstammung, weitere ethnische Gruppen sind Deutsche, Ukrainer, Franzosen und Skandinavier. Etwa 80 % der Bevölkerung lebt in den Stadtgebieten, mehr als die Hälfte davon in Edmonton und Calgary.

Wirtschaftlich besonders ertragreich sind für Alberta die zahlreichen Erdöl- und Erdgasvorkommen und in den letzten Jahren auch die technisch aufwendige Erdölgewinnung aus Ölsand. Um Ölsand abzutragen, werden im Norden riesige Waldflächen abgeholzt und viele Flüsse und Seen mit Abfallstoffen verunreinigt. Auch wenn die negativen Folgen für die Umwelt absehbar sind, scheint der Boom kein Ende zu nehmen und die umliegenden Städte, wie zum Beispiel Fort McMurray am Athabasa River, wachsen stetig und rasant weiter. Man schätzt, dass in den Ölsandgebieten Albertas noch etwa 170 Milliarden Barrel Öl schlummern – genug Öl für eine noch jahrelang florierende Wirtschaft. Neben den immensen Öl- und Kohlevorkommen werden in Alberta vor allem die Prärieflächen für Landwirtschaft und Rinderzucht genutzt, zusätzlich bilden die großen Waldflächen die Basis für umfangreiche Forst- und Holzwirtschaft.

Alberta ist auch ein Zentrum der Hutterer, die sehr ertragreich Viehzucht und Ackerbau betreiben. Die Hutterer sind eine Gruppe der Täufer-Glaubensgemeinschaft, die ursprünglich in Tirol und Mähren lebten. Sie führen ein streng geistliches Leben nach der Heiligen Schrift des 17. Jahrhunderts, lehnen u.a. die Kindertaufe, Schmuck und Kriegsdienst ab und wohnen unter einfachen Bedingungen abgeschieden auf Bruderhöfen, wo sie sich selbst versorgen und nur in Ausnahmefällen eine Stadt aufsuchen. Aufgrund ihres Glaubens wurden sie in Europa immer wieder vertrieben und verfolgt, bis sie schließlich in Kanada und USA die Bedingungen vorfanden, die für ihr Leben in Gütergemeinschaft geeignet waren. Ihre in der Gemeinschaft benutzte Sprache ähnelt sehr dem früheren Neuhochdeutsch, für das alltägliche Leben (z. B. Arztbesuche, Behördengänge etc.) lernen sie aber auch die englische Sprache.

Das Straßennetz Albertas ist sehr gut ausgebaut und die wichtigsten Sehenswürdigkeiten können mit Pkws und Wohnmobilen erreicht werden. Nicht nur bei Touristen sind Fahrten mit dem Wohnmobil/Wohnanhänger beliebt, Campgrounds sind zumindest vom späten Frühjahr bis Anfang Herbst ausreichend zu finden. Außerhalb der Nationalparks bieten sich private Campgrounds zum Übernachten an, diese bieten auch Wasser-, Strom- und Abwasseranschluss, sind aber meist parkplatzähnlich eng und bieten wenig Natur im Gegensatz zu den Provincial- und Nationalpark Campgrounds, die immer landschaftlich reizvoll liegen.

Auch Fahrten mit dem **Greyhound Bus**, der die wichtigsten Ortschaften und Ziele der Provinz verbindet, sind touristisch interessant. Wer gerne mit dem Zug unterwegs ist, wird begeistert sein z. B. von der Route Calgary-Jasper-Vancouver, die der **Rocky Mountaineer** anbietet. Auch das Unternehmen *ViaRail* bietet mehrmals pro Woche touristische Zugverbindungen an. Weitere Eisenbahnunternehmen sind die *Canadian Pacific Railway (CPR)* und *Canadian National Railway (CN),* sie wickeln den Gütertransport ab. Die größten und wichtigsten internationalen Flugplätze liegen in Calgary und Edmonton. Der drittgrößte Flugplatz Canadas **Calgary International Airport** wird in den Sommermonaten auch mit Nonstop-Flügen aus Europa angeflogen, ansonsten gibt es Anschlussflüge ab Vancouver nach Calgary und Edmonton.

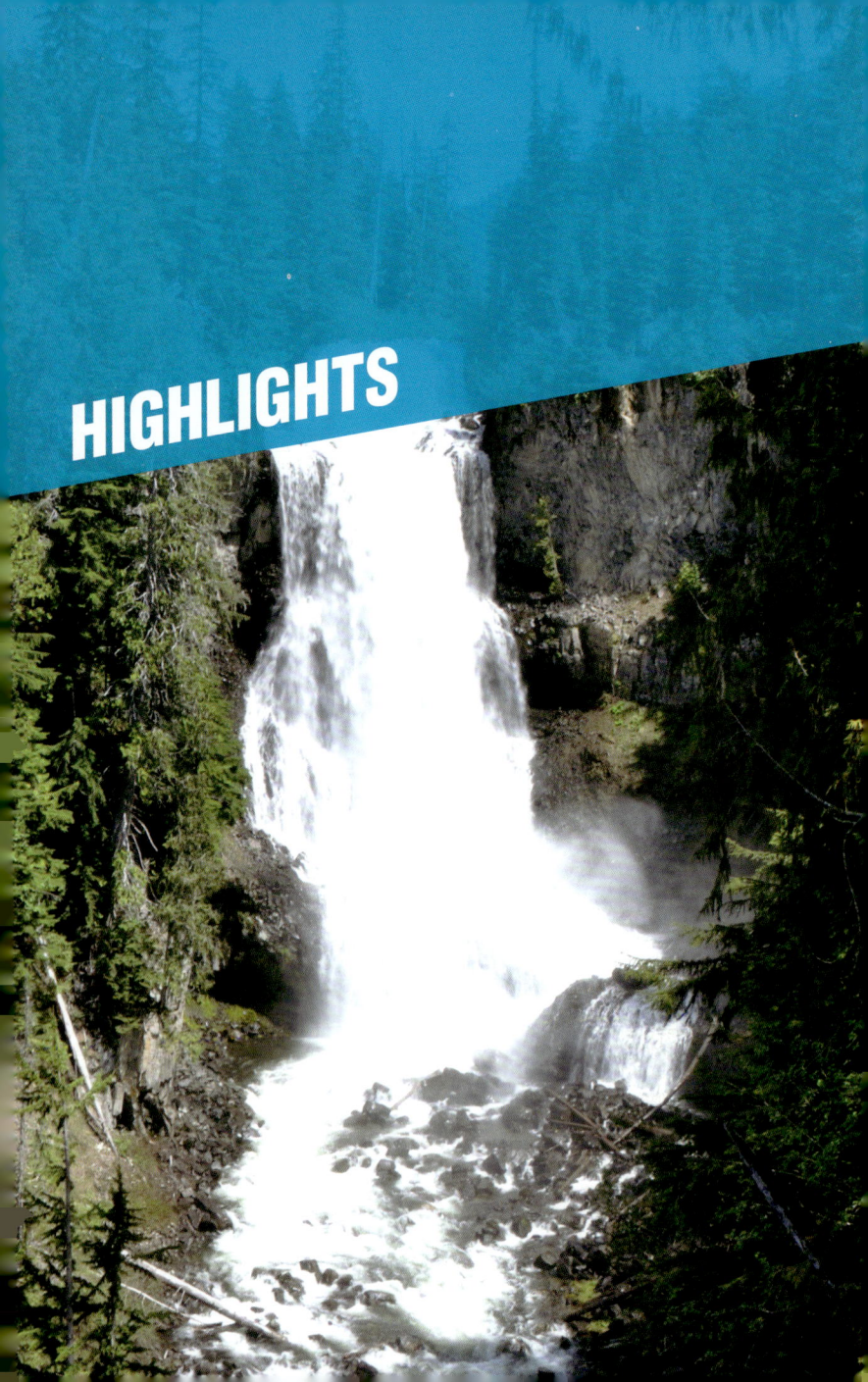

HIGHLIGHTS

Vancouver Downtown
Vancouver, die weltoffene, quirlige
Großstadt, muss man einfach erleben.

Mount Revelstoke National Park
Traumhafte Ausblicke und wunderschöne
Wanderwege erfreuen jeden Naturliebhaber.

Glacier National Park
Im Glacier Nationalpark reihen sich schroffe Berghänge und zahlreiche Gletscher aneinander.

Yoho National Park – Takakkaw Falls
Ein Highlight im Yoho Valley ist zweifelsfrei dieser grandiose Wasserfall.

Yoho National Park – Lake O'Hara
Dieser traumhaft liegende See ist sicherlich
einer der schönsten Orte im Yoho National Park.

Lake Louise
Das Postkartenmotiv im Banff National
Park muss man einfach gesehen haben.

Moraine Lake
Dieser wunderschön liegende See wird umrahmt von zehn Berggipfel.

Kootenay National Park – Marble Canyon
Ein wenig gruselig wirkt dieser Canyon schon, der Opfer eines Waldbrands wurde.

Banff Nationalpark – Lake Minnewanka
Der Lake Minnewanka im Banff Nationalpark besticht durch seine traumhafte Lage.

Upper Kananaskis Lake
Paradies für Kanuten inmitten
schroffer Berghänge

Calgary
Die Stadt in der Prärie, bekannt durch das alljährlich Spektakel *Calgary Stampede,* hat auch außerhalb der Festlichkeiten eine Menge zu bieten.

Icefield Parkway
Die Traumstraße durch den Banff und Jasper National Park ist der Höhepunkt der Reise durch den kanadischen Westen.

Columbia Icefield
Das riesige Eisfeld beherbergt acht Gletscher.

Peyto Lake
Der türkisfarbene Bergsee sollte
einen Fotostop wert sein.

Athabasca Falls
Kein Besucher bleibt völlig trocken, wenn der Athabasca durch den Canyon donnert.

Jasper – Whistlers Mountain
Absolutes Schönwetterziel ist eine Fahrt mit der Tramway hinauf zur Bergstation des Whistlers Mountain.

Maligne Lake
Mieten Sie ein Boot und genießen
Sie die Ruhe auf dem See.

Mount Robson
Der höchste Berg der kanadischen
Rockies ist nicht nur ein Augen-
schmaus, sondern auch ein wahres
Wander- und Kletterparadies.

Joffre Lakes
Dieses Wanderhighlight verbindet drei Seen und führt zum Fuße des Matier Gletschers.

Whistler
Die bunte Tourismus-hochburg ist ein Sport- und Wanderparadies.

SmartRoute

Die nachfolgende SmartRoute zeigt Ihnen den kompletten Routenverlauf mit Kilometerangaben, allen wichtigen Stationen und außerstädtischen Übernachtungsmöglichkeiten für Wohnmobilfahrer. Sie finden die komplette SmartRoute zum Mitnehmen im DIN A4-Format als Download unter ▤ **www.seitnotiz.de/NPRKA1**.

km Haupt-strecke	km Neben-strecke	Hwy	Station	Übernachtungsempfehlung
0			**Start der Hauptroute in Downtown Vancouver** auf dem Trans-Canada Hwy 1, **alternativ ab Delta:** Hwy 99 Ost bis Exit 20 und weiter auf Hwy 10 nach Fort Langley	
		1	**Vancouver** 🅿 🔆 ➕ ✖ 🖻 🏛 multikulturelle Stadt, exzellente Shopping-Möglichkeiten, Bootstouren viele Highlights: z.B. Gastown, Chinatown, Robson St, Granville Island, Stanley Park, Museen, Parks uvm. ▶ S.61	**Capilano RV Park**, parkplatzähnlich, nahe Lions Gate Bridge 🚗 Hwy 99 N/Taylor Way/Bridge Rd 🌙 ganzj. ☼ $$–$$$ 🚻 ja 🚿 ja 🔌 ja 🔥 alle Anschlüsse **Burnaby RV Park**, parkplatzähnlich, 🚗 Abfahrt Exit 37 v. Hwy 1, 🌙 ganzj. ☼ $$$ 🚻 ja 🚿 ja 🔌 ja 🔥 alle Anschlüsse **Parkcanada RV Park**, parkplatzähnlich 🚗 Hwy 99 bis Delta, weiter Richtung Fähranleger Vanc. Island 🌙 ganzj. ☼ $$ 🚻 ja 🚿 ja 🔌 ja 🔥 alle Anschlüsse **Porteau Cove PP CG**, wunderschön gelegen, ggf. reservieren 🚗 ca. 38 km Hwy 99 N Richtung Whistler 🌙 ganzj. ☼ $$ 🚻 ja 🚿 ja 🔌 nein 🔥 Strom
		1	Exit 14: **Capilano Suspension Bridge**, beliebte Attraktion, Hängebrücke, sehr schön angelegter Park ▶ S.80	
		1	Exit 14: **Grouse Mountain**, Wandern, Wintersport, u.v.m. ▶ S.78	
		1	Exit 19: **Lynn Canyon Park**, Wanderwege durch dichten Küstenregenwald, Hängebrücke, Ecology Centre ▶ S.82	
		1	Exit 22: **Mount Seymour Prov. Park**, Picknick, Wandern, Wintersport ▶ S.81	
		1/10	Exit 58: Wechsel Trans-Canada Hwy 1 auf Hwy 10	
42		10	**Fort Langley** 🅿 🔆 ➕ ✖ 🖻 🏛 nette, blumenreiche Kleinstadt, Museen: z.B. Fort Langley Nat. Hist. Site ist die Geburtsstätte BCs ▶ S.92	**Fort Camping**, weiträumig, teils bewaldet 🚗 Main St N, im stadtnahen Brae Island RP 🌙 ganzj. ☼ $$ 🚻 ja 🚿 ja 🔌 alle Anschlüsse 🚿 ja, geb. pflichtig
		1	Zurück zum Trans-Canada Hwy 1, weiter Richtung Osten	

km Haupt-strecke	km Neben-strecke	Hwy	Station	Übernachtungsempfehlung
72		1	**Abbotsford** 🅿 🏧 ➕ ❎ 🅲 📧 größte Stadt im Fraser Valley, historische Downtown, Trethewey House, Weingüter, Castle Fun Park ▶ S.95	**Aloha Trailer Park & Campsite** 🚐 Exit 83 Hwy 1 🕐 ganzj. 🌀 $$ 🔵 ja 🔵 ja 🔵 alle Anschlüsse
87		1	Exit 104: **Erste Abfahrt** zum Cultus Lake und Chilliwack Lake Prov. Park	
			Cultus Lake Provincial Park, 4Campgrounds, Picknickplätze, Badestrände, Wanderwege ▶ S.97	**Cultus Lake PP CG**, weiträumig, bewaldet, teilw. seenah, 🚐 Exit 104 oder 119 v. Hwy 1, weitere 10 km zum Park 🕐 April–Anf.Okt. 🌀 $ 🔵 ja 🔵 ja
			Chilliwack Lake Provincial Park, inmitten der Berge, weiträumig, Wandern ▶ S.98	**Chilliwack Lake PP CG**, weiträumig, bewaldet 🚐 Exit 104 o. 119 Hwy 1, weitere 40 km zum Park 🕐 Mitte Mai–Mitte Okt. 🌀 $ 🔵 ja 🔵 nein
106		1	Exit 119: **Chilliwack** 🏧 ➕ ❎ 🅲 📧 grünes Herz des Fraser Valley, Museum ▶ S.99	**Vedder River CG**, teilw. bewaldet 🚐 Exit 104 Hwy 1, No3, Yarrow Central, Vedder Mtm. Rd 🕐 ganzj. 🌀 $$ 🔵 ja 🔵 ja 🔵 ja 🔵 alle Anschlüsse
116		1	Exit 119: **Zweite Abfahrt** zum Cultus Lake und Chilliwack Lake Prov. Park	
121		1	Exit 135: **Bridal Veil Falls Provincial Park**, sehenswerter Wasserfall, netter Picknickplatz ▶ S.102	
146	0	1	Exit 168: **Nebenstrecke zum Silver Lake und Skagit Valley Provincial Park**/Grenze Kanada-USA ▶ S.103	
	3		Gravel Road später Forest Service Road beginnt	
	6		**Silver Lake Provincial Park**, Picknickplatz, kleiner Strandbereich	**Silver Lake PP CG**, rustikal, dicht bewaldet, weiträumig 🕐 Mai–Mitte Okt. 🌀 $ 🔵 nein 🔵 nein
	37		Einfahrt **Skagit Valley Provincial Park**	
	60			**Ross Lake u. Silver Tip CG** im Skagit Valley PP, bewaldet, weit im Hinterland gelegen 🕐 Mai–Mitte Okt. 🌀 $ 🔵 nein 🔵 nein 🔵 ja
	61		Grenze Kanada/USA **(Reisepass!)**	
146	122	1	Zurück zum Trans-Canada Hwy 1	
159		1	**Hope** 🅿 🏧 ➕ ❎ 🅲 📧 nette Kleinstadt, Museum, hist. Gebäude, Holzfiguren mit einer Kettensäge geschnitzt, **Coquihalla Canyon PP**, Drehort von Rambo, Wanderweg durch **Othello Tunnels**, Hope Slide, 18 km südöstl. am Hwy 3 ▶ S.105	**Othello Tunnels CG**, nahe Coquihalla Canyon 🚐 Hwy 1, Wallace Rd bis 6 Ave, Kawkawa Lake Rd, Othello Rd 🕐 ganzj. 🌀 $$ 🔵 ja 🔵 ja 🔵 ja 🔵 alle Anschlüsse **Wild Rose Good Sam CG**, netter CG 🚐 Exit 165 Hwy 1 🕐 April–Okt. 🌀 $$ 🔵 ja 🔵 ja 🔵 ja 🔵 alle Anschlüsse **Coquihalla CG**, stadtnah 🚐 Hwy 1/ Wallace Rd b. 6th Ave/Kawkawa Lk Rd 🕐 ganzj. 🌀 $$ 🔵 ja 🔵 ja (geb.) 🔵 alle Anschlüsse
	5/3		▶ Kreuzung Hwy 5/3: **Alternativroute** *Hope nach Kamloops durch den Manning PP* ▶ S.372	
		1	Kreuzung Trans-Canada Hwy 1/Hwy 7, weiter auf Trans-Canada Hwy 1	

km Haupt-strecke	km Neben-strecke	Hwy	Station	Übernachtungsempfehlung
177		1	**Emory Creek Provincial Park**, am Hwy 1 nördl. v. Hope am Fraser River ▶ S.110	**Emory Creek PP CG**, bewaldet, weit-räumig, einf. Ausstattung 🅟 Hwy 1, 18 km nördl. v. Hope 🕒 Mitte Mai–Okt. ⊗ $ ⊕ nein ● nein
				Emory Creek RV Park & Yale CG, Campsites teilweise im Wald und am Fraser River gelegen, General Store 🅟 Hwy 1 nahe Emory Creek PP 🕒 April–Anf. Okt. ⊗ $–$$ ⊕ ja ● ja ○ alle Anschlüsse
	1		Beginn **Fraser River Canyon** ▶ S.111	
184		1	**Yale** 🄲 🄷 🗺 geschichtsträchtiger Ort, kleines Museum, hist. Gebäude ▶ S.112	
205		1	**Alexandra Bridge Provincial Park**, kurzer Wanderweg zur sehenswerten historischen Brücke, Picknickplatz ▶ S.113	
216		1	**Hell's Gate**, Highlight der Strecke durch den Fraser Canyon ▶ S.114	
226		1	**Boston Bar** 🄲 🄷 ✖ 🄲 🗺 Francis Harrington Park mit Infos über die historischen Ereignisse um Boston Bar ▶ S.116	**Canyon Alpine RV Park**, ansprechen-der, bewaldeter CG 🅟 Hwy 1, 5 km nördl. v. Boston Bar ⊕ nein ● ja ⊖ ja ○ alle Anschlüsse
	1		Abfahrt zum **Nahatlatch Provincial Park**, Zufahrt Forest Service Rd., 6 Campgrounds ▶ S.117	**Nahatlatch Provincial Park CG**, rustikaler CG, Wildnispark 🅟 25 km nordwestl. v. Boston Bar 🕒 ganzj. wenn Zufahrt mögl. ⊗ $
270		1	**Lytton** 🄲 🄷 ➕ ✖ 🄲 🗺 Rafting-Hauptstadt Kanadas, Rafting auf dem Thompson und Fraser River, Museum ▶ S.118	**Jade Springs Campsite**, weiträu-mig, oberhalb des Thompson River, Rafting 🅟 Hwy 1, 2 km nördl. v. Lytton 🕒 März–Nov. ⊗ $$ ⊕ nein ● ja ⊖ nein ○ Strom, Wasser
276		1	**Skihist Provincial Park**, die Day Use liegt links des Hwy oberhalb des Thompson River, der CG rechts, Wandern ▶ S.121	**Skihist Provincial Park CG**, terras-senförmig angelegter CG 🅟 6 km nördl. v. Lytton 🕒 Mai–Sept. ⊗ $ ⊕ ja ● nein
297		1	**Goldpan Provincial Park**, kleiner, highway- und flussnaher Park ▶ S.122	**Goldpan PP CG**, nur für kurze RVs, highwaynah 🅟 10 km südl. v. Spences Bridge 🕒 Mai–Sept. ⊗ $ ⊕ nein ● nein
306		1	**Spences Bridge** ✖ 🗺 hist. Gebäude, darunter das altehrwür-dige "The Inn at Spences Bridge" Hotel ▶ S.122	**Acacia Grove RV Park**, teilweise be-waldete Plätze nahe Thompson River 🅟 Hwy 1 nördl. v. Spences Bridge 🕒 April–Dez. ⊗ $–$$ ⊕ nein ● ja ⊖ nein ○ alle Anschlüsse
306	1/8		Abzweig Hwy 8 nach Merritt	
	1		Weiter auf dem Hwy 1 Nord	
345	1/97C		Abzweig Hwy 97C nach Ashcroft	
	1		Weiter auf dem Hwy 1 Nord	
356	1/97		**Cache Creek** 🄲 🄷 ➕ ✖ 🄲 🗺 touristisch wenig interessant ▶ S.124	**Brookside Campsite**, bewaldet, Sport-angebote 🅟 Hwy 1 Ost, 🕒 ganzj., Winter Strom verfügbar ⊗ $–$$ ⊕ ja ● ja ⊖ ja ○ alle Anschlüsse
	1/97		Weiter auf Trans-Canada Hwy 1/Hwy 97 Ost	

km Haupt-strecke	km Neben-strecke	Hwy	Station	Übernachtungsempfehlung
374		1/97	**Juniper Beach Provincial Park**, am Thompson River in charakteristischen Wüstenlandschaft gelegen, Schwimmen ▶ S.125	**Juniper Beach PP CG**, spärlich bewachsen, 🚐 19 km östl. v. Cache Creek ◉ Mai–Mitte Okt. 🌀 $ 🟢 ja 🟢 ja
393		1/97	**Steelhead Provincial Park**, an Westende des Kamloops Lake gelegen, Wassersport ▶ S.125	**Steelhead PP CG**, spärlich bewachsen 🚐 40 km westl. v. Kamloops ◉ Mai–Mitte Okt. 🌀 $ 🟢 nein 🟢 ja 🔵 Wasser, Strom
438		1/97	Alternativroute *Hope nach Kamloops durch den Manning Provincial Park* trifft auf die Hauptroute	
443		1/97	**Kamloops** 🔲 🔳 ➕ ❎ 🔷 🔳 Treffpunkt von Highways, Einbahnlinien und Flüssen, Versorgungszentrum, Kamloops Herit. Railway, Wildlife Park, Secwepemc Heritage Park ▶ S.126	**Kamloops RV Park**, nahe Wildlife Park 🚐 Hwy 1, 15 km östl. v. Kamloops ◉ ganzj. 🌀 $$ 🟢 ja 🟢 ja 🟢 ja 🔵 alle Anschlüsse **Paul Lake PP CG**, weiträumiger CG im Wald, schöner Picknickplatz 🚐 Hwy 5 ca. 5 km nördl. v. Kamloops auf Paul Lake Rd, weitere 19 km zum Park ◉ Mitte Mai–Mitte Sept. 🌀 $ 🟢 ja 🟢 nein
		1/5	Abzweig Hwy 5 Nord	
		1	Weiter auf dem Trans-Canada Hwy 1 Ost	
471		1	**Monte Creek** Train Robbery ▶ S.132	
505		1	**Chase** 🔲 🔳 ❎ 🔷 🔳 Sockeye Salmon Run im Herbst, kleines Museum ▶ S.133	**Chase Lions Club RV Park**, parkplatzähnlich 🚐 Hwy 1 auf Chase West/ Shuswap Ave, Pine St, Mill Rd 🌀 $-$$ 🟢 ja 🟢 ja 🔵 alle Anschlüsse
		1	**Shuswap Lake** ▶ S.135	
517	0	1	**Squilax / Nebenstrecke zum Adams Lake, Roderick Haig-Brown und Shuswap Lake Provincial Park** ▶ S.136	
	4		Abzweig zum **Adams Lake Provincial Park**, Zufahrt 15km teilw. schlechte Gravelroad ▶ S.136	**Adams Lake PP CG**, rustikale Stellplätze 🚐 Hwy 1, Squilax-Anglemount Rd, Holding Rd ◉ Mai–Mitte Sept. 🌀 $ 🟢 nein 🟢 nein
	6		**Roderick Haig-Brown Provincial Park**, Lachswanderung im Herbst, Wandern, Abfahrt nur in Richtung Shuswap Lake PP sichtbar ▶ S.136	
	19		**Shuswap Lake Provincial Park**, sehr schöner Park, Zufahrt vom Hwy 1 ca. 19 km, Picknickplatz am See ▶ S.138	**Shuswap Lake PP CG**, weiträumige Stellplätze im Wald 🚐 Hwy 1, Squilax-Angemont Rd ◉ Mai–Mitte Okt. 🌀 $$ 🟢 ja 🟢 ja
517	38	1	Zurück zum Trans-Canada Hwy 1	
		1	Weiter auf dem Hwy 1 Richtung Osten	
529		1	**Sorrento** 🔲 🔳 ❎ 🔷 🔳 für Biertrinker interessant (Crannóg Ales), historische Gebäude ▶ S.139	**Shuswap Lake Motel & RV Resort**, schöner, waldreicher CG, großer Spielplatz 🚐 Hwy 1, Passchendaele Rd ◉ April–Okt. 🌀 $-$$ 🟢 nein 🟢 ja 🟢 nein 🔵 Strom, Wasser
548		1	Tappen / **Abzweig** zum Herald Provincial Park (12 km)	
			Herald Provincial Park, schön gelegen am Shuswap Lake, Badestrand, Picknickplatz ▶ S.141	**Herald PP CG**, 3 CGs, teils sonnig, teils bewaldet, weiträumig 🚐 Hwy 1, 14 km nach Osten ◉ Mai–Mitte Okt. 🌀 $$ 🟢 ja 🟢 ja

km Hauptstrecke	km Nebenstrecke	Hwy	Station	Übernachtungsempfehlung
548		1	Zurück zum Trans-Canada Hwy 1 und weiter Richtung Osten	
563		1	**Salmon Arm** 🅲 🅷 ➕ ❎ 🆒 🏛 größte Stadt am Shuswap Lake, sehenswerter Pier, Gort's Gouda Cheese Farm in der Nähe, R.J. Haney Heritage Museum ▶ S.142	**Salmon Arm Waterslides & RV Park** 🔵 vom Hwy 1 gut sichtbar ⦿ Mitte Juni–Mitte Sept. ◐ $$ ⦿ ja ⦿ ja ⦿ Wasser, Strom
				Hidden Valley CG, netter, bewaldeter CG 🔵 8 km östl. v. Salmon Arm ⦿ ganzj. ◐ $$ ⦿ ja ⦿ ja ⦿ ja ⦿ alle Anschlüsse
		1/97B	Kreuzung Trans-Canada Hwy 1 / Hwy 97B	
593		1	**Sicamous** 🅲 🅷 ❎ 🆒 🏛 "Hausboothauptstadt", kleines Museum ▶ S.144	**Sicamous KAO**, gute Ausstattung, bewaldet, 🔵 Hwy 1, 11 km östl. ⦿ Mai–Anf. Okt. ◐ $$ ⦿ ja ⦿ ja ⦿ ja ⦿ alle Anschlüsse
608		1	**Yard Creek Provincial Park**, schöner Picknickplatz am Creek ▶ S.146	**Yard Creek PP CG**, weiträumig, im Wald 🔵 Hwy 1, 15 km östl. v. Sicamous ⦿ Mai–Sept. ◐ $ ⦿ ja ⦿ nein
622		1	**Craigellachie** 🅷 historisch bedeutender Ort (Last Spike) ▶ S.147	
625		1	**Beardale Castle Miniatureland**, für Kinder interessant ▶ S.147	
628		1	**Crazy Creek Waterfalls & Suspension Bridge**, Wasserfall & Hängebrücke, auch vom Hwy sichtbar ▶ S.148	**Crazy Creek RV Park & Resort**, Stellplätze auf der Wiese 🔵 gegenüber der Susp. Bridge ◐ $–$$ ⦿ nein ⦿ ja ⦿ nein ⦿ Strom, Wasser
634		1	**Enchanted Forest** und **Sky Trek Adventure Park**, für Kinder interessant ▶ S.148	
651		1	**Three Valley Gap**, Ghosttown, Museum, Hotel ⦿ April–Anf. Okt. ▶ S.149	
670		1/23	Abzweig Hwy 23 Süd vom Hwy 1	
671	0	1/23	Abzweig Hwy 23 Nord vom Hwy 1 / **Nebenstrecke Mica Dam** ▶ S.150	
	16	23	**Martha Creek Provincial Park**, schön gelegen, Picknickplatz am Revelstoke Lake, Wassersport ▶ S.151	**Martha Creek PP CG**, netter, einfacher CG, spärlich bewaldet 🔵 23 km nördl. v. Revelstoke ⦿ Anf. Mai–Sept. ◐ $ ⦿ nein ⦿ nein
	25	23		**Wadey Recr. Site**, rustikaler Forest Service CG 🔵 25 km nördl. v. Revelstoke ⦿ Mai–Mitte Okt. ◐ $ ⦿ nein ⦿ nein
	36	23		**Carnes Creek Recr. Site**, rustikaler Forest Service CG 🔵 36 km nördl. v. Revelstoke ⦿ Mai–Mitte Okt. ◐ $ ⦿ nein ⦿ nein
	72	23		**Downie Creek Recr. Site**, rustikaler Forest-Service CG 🔵 72 km nördl. v. Revelstoke ⦿ ganzj., wenn Zufahrt mögl. ◐ $ ⦿ nein ⦿ nein
	145	23	**Mica Dam**, höchster Erddamm Nordamerikas, am Kinbasket Lake ▶ S.152	
	147			**Potlach Creek Recr. Site**, rustikaler Forest Service CG 🔵 2 km nördl. d. Mica Dams ⦿ ganzj., wenn Zufahrt mögl. ◐ keine Gebühr ⦿ nein ⦿ nein

km Hauptstrecke	km Nebenstrecke	Hwy	Station	Übernachtungsempfehlung
	156			**Sprague Bay Recreation Site**, rustikaler CG ⊙ 11 km nördl. d. Mica Dams ◉ ganzj., wenn Zufahrt mögl. ◔ keine Gebühr ⊝ nein ⊝ nein
671	290	23/1	Zurück zum Hwy 1 und weiter Richtung Osten	
671		1	**Revelstoke** 🖼 🏨 ➕ ❌ 🖼 🏛 schöne Stadt, Museen, Revelstoke Dam der BC Hydro (im Sommer Führung möglich) ▶ S.153	**Williamson Lake CG**, schön, bewaldet am See ⊙ Hwy 1/Victoria Rd bis 4ᵗʰ St/Williams Lake Rd ◉ Mitte April–Mitte Okt. ◔ $-$$ ⊝ ja ⊝ ja ⊝ ja ◔ alle Anschlüsse **Revelstoke CG**, weiträumiger bewaldeter CG ⊙ Hwy 1, 4,5km östl. v. Revelstoke ◉ Mai-Anf. Okt. ◔ $$ ⊝ ja ⊝ ja ⊝ ja ◔ alle Anschlüsse
672		1	**Mount Revelstoke National Park**, fantastischer Park, erreichbar vom Hwy 1 über den Meadows in the Sky Parkway Ende Mai bis Anf. Okt., Wanderwege, tolle Aussicht ▶ S.158	
699		1	**Skunk Cabbage Boardwalk**, kurzer Wanderweg durch Sumpfgebiet mit interessanter Flora ▶ S.160	
701		1	**Giant Cedars Boardwalk**, kurzer Wanderweg durch Wald aus gigantisch hohen Riesenzedern ▶ S.160	
		1	Ende Mount Revelstoke National Park	
705		1	**Canyon Hot Springs**, schön liegende Hot Springs, Mitte Mai–Mitte/Ende Sept., kleiner Shop, Chalets ▶ S.161	**Canyon Hot Springs CG**, Stellplätze teils im Wald, teils auf einer Wiese ⊙ 34 km östl. v. Revelstoke ◉ Mai-Sept. ◔ $$ ⊝ ja ⊝ ja ⊝ nein ◔ Strom, Wasser
713		1	Beginn **Glacier National Park**, gigantischer Park mit Gletschern und schroffen Berghängen, vielen Wanderungen und Klettertouren ▶ S.162	
717		1	**Bostock Creek Trailhead** ▶ S.165	
723		1	**Hemlock Grove Boardwalk**, Wald aus Western Hemlocktannen ▶ S.165	
725		1	**Rockgarden Trailhead** ▶ S.165	
728		1		**Mount Sir Donald CG**, rustikaler, einfacher CG ⊙ am Hwy 1 ◉ Juli & August ◔ $ ⊝ nein ⊝ nein
733		1		**Loop Brook CG**, einfache Ausstattung ⊙ am Hwy 1 ◉ Juli–Anf. Sept. ◔ $ ⊝ nein ⊝ nein
738		1		**Illecillewaet CG**, schön gelegen, einfache Ausstattung, Welcome-Station, Ausgangsort vieler Trails ⊙ am Hwy 1 ◉ Ende Juni–Mitte Sept. ◔ $ ⊝ nein ⊝ nein
741		1	**Rogers Pass National Historic Site** (1.330 m) ▶ S.167	
742		1	**Rogers Pass Visitor Information**, Ausstellung, Wandermöglichkeiten, Tankstelle und Lodge geschlossen ▶ S.167	
761		1	**Bear Falls Trailhead** ▶ S.168	
		1	Ende Glacier National Park / **Zeitzonenwechsel** von Pacific zu Mountain Time	
796		1	Donald	

km Haupt-strecke	km Neben-strecke	Hwy	Station	Übernachtungsempfehlung
812		1	Abfahrt zum **Northern Lights Wildlife Centre**, Führungen durch ein Wolfsgehege mit hautnahem Kontakt zu den Tieren (▶ S.171)	
		1/95	Kreuzung Trans-Canada Hwy 1 / Hwy 95	
821		1	**Golden** 🔲🔳➕❌🔲📷 schön gelegen im Tal des Columbia River, kleines Museum, Rafting, Wanderwege ▶ S.168	**Golden Municipal CG**, am Kicking Horse River, bewaldet 🅿 v. Hwy 1 in Golden auf Hwy 95 S bis 9th St 🔲 Mitte Mai–Mitte Okt. ⏱ $$ 🟢 ja 🔵 ja 🟢 ja ⚡ Strom, Wasser **Whispering Spruce CG**, teils bewaldet, ideal für Outdoor-Aktive 🅿 v. Hwy 1 re auf Goldenview Rd 🔲 Mitte April–Mitte Okt. ⏱ $$ 🟢 ja 🔵 ja 🟢 ja ⚡ alle Anschlüsse
845		1	Einfahrt **Yoho National Park**, kleiner, aber spektakulärer und geologisch interessanter Park, viele Highlights, Wanderwege ▶ S.174	
848		1	Abzweig (3 km) zu den **Wapta Falls** ▶ S.176	
853		1		**Hoodoo Creek CG**, einf. Ausstattung, kein Lagerfeuer 🅿 Hwy 1 🔲 Ende Juni–Anf. Sept. ⏱ $ 🟢 ja 🔵 nein
		1	**Ottertail Valley**, Wander- und Bikemöglichkeiten ▶ S.178	
876		1	**Abzweig** zum Emerald Lake & Natural Bridge	
878			**Natural Bridge**, pittoreske Felsenbrücke über Kicking Horse River ▶ S.179	
885			**Emerald Lake**, schön gelegen, Wandern, Kanufahren, Souvenirshop ▶ S.179	
892		1	Zurück zum Hwy 1 und weiter Richtung Osten	
895		1	**Field** 🔳❌🔲📷 nette kleine Stadt am Fuß des Mt. Stephen, Touren zu Fossilienfundstätten ▶ S.180	**Monarch CG**, einf. Ausstattung, kein Lagerfeuer 🅿 vom Hwy 1 ca. 3 km östl. v. Field auf die Yoho Valley Rd 🔲 Anf.–Ende Mai, Ende Juni–Anf. Sept. ⏱ $ 🟢 ja 🔵 nein **Kicking Horse CG**, weiträumig 🅿 vom Hwy 1 ca. 3 km östl. v. Field auf die Yoho Valley Rd 🔲 Ende Mai–Mitte Okt. ⏱ $ 🟢 nein 🔵 ja
899	0	1	Abzweig Yoho Valley Road / **Nebenstrecke ins Yoho Valley & Takakkaw Falls** ▶ S.183	
	2		**Upper Spiral Tunnel Viewpoint** ▶ S.184	
	13		**Takakkaw Falls**, zweithöchste, grandiose Wasserfälle Kanadas ▶ S.184	**Takakkaw Falls** walk-in Zeltplatz, einfache Ausstattung 🅿 Yoho Valley Rd Ende 🔲 Ende Mai–Mitte Okt. ⏱ $ 🟢 nein 🔵 nein
			Yoho Valley, Wanderparadies ▶ S.185	
			Historic Twin Falls Chalet, am Ende des Yoho Valley gelegen, nur zu Fuß erreichbar ▶ S.185	
899	26	1	Zurück zum Trans-Canada Hwy 1 und weiter Richtung Osten	
901		1	**Spiral Tunnel Viewpoint**, wichtiger Stopp, Erklärung des Verlaufs der Spiral Tunnels ▶ S.186	
905		1	**Wapta Lake** ▶ S.186	

km Hauptstrecke	km Nebenstrecke	Hwy	Station	Übernachtungsempfehlung
906	0	1	Abzweig (Parkplatz u. Bus-Stop) Lake O'Hara Road / **Ausflug zum Lake O'Hara** ▶ S.187	
	11	1	**Lake O'Hara**, bildschön liegender See, per Shuttle-Bus oder zu Fuß erreichbar, Hochgebirgstouren, Lake O'Hara Lodge ▶ S.187	**Lake O'Hara Zeltplatz**, rustikale, einfache Ausstattung 🅖 kurz vor Erreichen des Sees 🌐 Mitte Juni–Ende Sept. 🌑 $
906	22	1	Zurück zum Trans-Canada Hwy 1 und weiter Richtung Osten	
910		1	**Kicking Horse Pass National Historic Site** ▶ S.189	
910		1	Ende Yoho National Park / Beginn **Banff National Park**, ältester, bekannter National Park Kanadas, viele Highlights ▶ S.189	
		1/93	Kreuzung Trans-Canada Hwy 1 / Hwy 93	
919		1	**Lake Louise** 🄲 🄷 🅇 🄳 🄼 kleiner, bekannter Touristenort in der Nähe des gleichnamigen Sees, Historic Railway Station, Skigebiet Mt. Whitehorn ▶ S.192	**Lake Louise CG**, weiträumiger Campground im Wald, separater Zeltplatz 🅖 Hwy 1 Richtung Lake Louise Village, 2. li Fairview Dr 🌐 CG: ganzj., Zeltplatz: Ende Mai/ Anf. Juni–Ende Sept. 🌑 $–$$ 🌐 ja 🌐 ja 🄾 Strom
			Lake Louise – der See, wunderschön gelegen zu Füßen des Mt. Victoria, Chateau Lake Louise am Sees, Wanderwege, Bootsverleih ▶ S.195	
			Moraine Lake, prachtvoll gelegen umrahmt von 10 Berggipfel, Wanderwege, Bootsverleih, Moraine Lake Lodge ▶ S.197	
945		1/93	Abzweig Hwy 93 Süd nach Radium Hot Springs	
950		93	**Boom Lake Trailhead** ▶ S.200	
951		93	**Vista, Arnica Lake & Twin Lakes Trailhead** ▶ S.200	
955		93	**Vermilion Pass** (1.651 m) & Grenze Alberta/BC, Ende Banff National Park, Beginn **Kootenay National Park**, waldreicher Park, Sinclair Canyon, am Südende d. Parks befinden sich die Radium Hot Springs ▶ S.200	
961		93	**Stanley Glacier Trailhead** ▶ S.204	
963		93	**Marble Canyon**, gespenstisch wirkender Canyon in einem ehemaligen Waldbrandgebiet ▶ S.204	**Marble Canyon CG**, gegenüber d. Canyons, einfache Ausstattung 🌐 Ende Juni–Anf. Sept. 🌑 $ 🌐 ja 🌐 nein
966		93	**Paint Pots**, kurzer Wanderweg führt zu den Paint Pots ▶ S.205	
977		93	**Numa Creek Trailhead** ▶ S.206	
980		93	**Floe Lake Trailhead** ▶ S.206	
986		93	**Vermilion Crossing**, Standort der historischen Kootenay Park Lodge, Visitor Info 🌐 Mitte Mai–Anf. Okt. ▶ S.206	
993		93	**Simpson River Trailhead** & Zugang **Mt. Assiniboine Prov. Park** ▶ S.207	
1.006		93	**Kootenay Crossing** ▶ S.208	
1.020		93		**McLeod Meadows CG**, entlang des Kootenay River, Picknickplatz 🅖 27 km nördl. v. Radium Hot Springs 🌐 Ende Juni–Anf. Sept. 🌑 $ 🌐 ja 🌐 nein
		93	**Kootenay Valley Viewpoint**, sehr schöner Blick ins weite Tal des Kootenay River, Infotafel ▶ S.208	

km Hauptstrecke	km Nebenstrecke	Hwy	Station	Übernachtungsempfehlung
1.035		93	**Olive Lake** ▶ S.209	
1.045		93	**Radium Hot Springs Pools**, schön gelegen, ganzj. geöffnet ▶ S.210	
		93	Sinclair Canyon / Ende Kootenay National Park	
1.049		93	**Radium Hot Springs** 🅿 🅷 ✖ 📷 🏨 viele Hotels im alpinen Stil ▶ S.211	**Redstreak CG**, großer, bewaldeter CG oberhalb der Stadt gelegen 🚐 in Radium Hot Springs auf den Hwy 95 S bis Abzweig Redstreak Rd 🕐 Anf. Mai–Mitte Okt. 💲 \$\$ 🚿 ja 🔌 ja ⚡ alle Anschlüsse
				Dry Gulch PP CG, einfacher, schön gelegener CG 🚐 in Radium Hot Springs etwa 4,5 km auf dem Hwy 93/95 nach Süden 🕐 Mai–Okt. 💲 \$ 🚿 nein 🔌 nein
		93	Auf gleicher Stecke zurück zum Highway 1	
		93	**Grenze Kootenay / Banff National Park** ▶ S.214	
1.153		93/1	Kreuzung Hwy 93 / Trans-Canada Hwy 1	
1.160		1	**Castle Mountain Viewpoint**, toller Ausblick auf das grandiose Bergmassiv, Picknickplatz ▶ S.214	
1.176		1	Abzweig ins **Sunshine Valley**	
1.184		1	**Banff** 🅿 🅷 ➕ ✖ 📷 🏨 bekannte und schön gelegene Touristenstadt m. vielen Highlights: Mt. Norquay, Sunshine Valley, Sulphur Mtn., Museen, Cave & Basin Nat. Hist. Site, Banff Springs Hotel uvm., Wandern ▶ S.215	Tunnel Mountain CG, 3 Campgrounds am Stadtrand von Banff im Wald 🚐 Hwy 1 östl. Abfahrt Banff, dann li auf Tunnel Mtn Rd, **Tunnel Mtn. Village I:** 🕐 Anf. Mai–Anf. Okt 💲 \$ 🚿 ja 🔌 ja **Tunnel Mtn. Village II:** 🕐 ganzj. 💲 \$\$ 🚿 ja 🔌 ja **Tunnel Mtn. Trailer**, kein Lagerfeuer 🕐 Mitte Mai–Anf. Okt. 💲 \$\$ 🚿 ja 🔌 ja ⚡ alle Anschlüsse
			Tagestour: Seenrundfahrt (Minnewanka Lake Rd): **Bankhead-Lake Minnewanka-Two Jack Lake-Johnson Lake**, Bootstouren, Wandern ▶ S.225	Two Jack Lake & Two Jack Main CG 🚐 Hwy 1 östliche Abfahrt Banff, danach Richtung Norden Lake Minnewanka Rd; **Two Jack Lake Main CG:** 🕐 Ende Juni–Anf. Sept. 💲 \$ 🚿 ja 🔌 nein **Two Jack Lake CG:** 🕐 Mitte Mai–Anf. Okt. 💲 \$ 🚿 nein 🔌 ja
		1	Ende Banff National Park	
1.208		1	**Canmore** 🅿 🅷 ➕ ✖ 📷 🏨 Touristenstadt, viele Outdoor-Aktivitäten, hist. Gebäude ▶ S.230	**Spring Creek RV Park**, stadtnah, bewaldet 🚐 Hwy 1 Exit 86, Kreisverkehr Abzweig re Spring Creek Gate 🕐 ganzj. 💲 \$\$ 🚿 ja 🔌 ja 🚽 nein ⚡ alle Anschlüsse **Spray Lakes West**, schön, bewaldet 🚐 ab Canmore 20 km über Hwy 742 (Gravel) zum Park 🕐 Mitte Mai–Mitte Sept. 💲 \$ 🚿 nein 🔌 nein
1.233			**Bow Valley Provincial Park** liegt zwischen Hwy 1 u. 1A am Bow River ca. 25 km östl. v. Canmore ▶ S.234	**Bow Valley PP CG**, weiträumig, teilw. bewaldet 🚐 Hwy 1 & 1A 🕐 Mai–Mitte Okt. 💲 \$–\$\$ 🚿 ja 🔌 ja ⚡ Strom, Wasser

km Hauptstrecke	km Nebenstrecke	Hwy	Station	Übernachtungsempfehlung
1.237	0	1/40	Abzweig Hwy 40 Süd / **Nebenstrecke Kananaskis Country & Peter Lougheed Provincial Park** ▶ S.235	
	26	40	**Kananaskis Village** ▶ S.239	
	31	40		**Mount Kidd RV Park**, weiträumig, waldreich, familienfreundlich 🅿 Hwy 40, 5 km südl. Abf. Kananaskis Village 🕐 ganzj. 💲 $$–$$$ 🌳 ja 🚿 ja 🚽 nein 🔌 alle Anschlüsse
	38	40		**Eau Claire CG**, einf. Ausstattung, waldreich, weiträumig 🅿 Hwy 40, 38 km südl. v. Hwy 1 🕐 Mitte Juni– Anf. Sept. 💲 $ 🚿 nein 🚽 nein
	50	40	**Abzweig** zum Peter Lougheed PP und Lower & Upper Kananaskis Lake, Visitor Info	
	52		**Peter Lougheed Provincial Park**, wunderschön gelegen, Wandern, Mountainbiking ▶ S.239	**Peter Lougheed PP CGs**, 5 bewaldete, weiträumige CG 🅿 Hwy 40 Abfahrt zu den Kananaskis Lakes 🕐 Mitte Mai–Mitte Sept/Okt. 💲 $ 🌳 ja, Canyon & Boulton CG 🚿 ja, Boulton & Elkwood CG
	63		**Upper Kananaskis Lake & Lower Kananaskis Lakes**, wunderschön liegende Seen, Wanderwege, Picknickplätze ▶ S.239	
	76	40	Zurück zum Abzweig Peter Lougheed Provincial Park und Lower & Upper Kananaskis Lake	
		40	Weiter auf dem Hwy 40 Richtung Süden	
	94	40	**Highwood Pass**, 2.206 m, Wanderwege, Picknickplatz ▶ S.242	
1.237	161	40/1	Zurück zum Trans-Canada Hwy 1 und weiter Richtung Osten	
1.287		1	Exit 169: **Calaway Park**, Spaß-Park, RV Park ▶ S.259	**Calaway RV Park**, wenig bewaldet, parkplatzähnlich 🕐 Mitte Mai–Anf. Sept. 💲 $$ 🌳 ja 🚿 ja 🚽 ja 🔌 alle Anschlüsse
1.304		1		**Calgary West Campground**, schöner Platz in Hanglage, Transfer Downtown Calgary 🅿 Hwy 1, nahe Olympic Park, Exit 177 🕐 Mitte April–Mitte Okt. 💲 $$ 🌳 ja 🚿 ja 🚽 ja 🔌 alle Anschlüsse
1.305		1	**Canada Olympic Park** ▶ S.258	
1.308		1/201/1A	Exit 177: Abzweig Hwy 201 zum Crowchild / Banff Trail (Hwy 1A)	
1.323		1	**Calgary** 🅿 🏨 ➕ ❌ 🔲 🏛 Großstadt in der Prärie, Plus 15 Walkway Downtown System, Museen, Tower, Devonian Indoor-Garden, Eau Claire Market, Calgary Stampede, Zoo uvm. ▶ S.246	**Mountainview CG**, schöner Platz, mäßig bewaldet 🅿 Hwy 1, 3 km östl. v. Calgary, Range Rd 284 🕐 Mrz– Okt. 💲 $$ 🌳 ja 🚿 ja 🚽 ja 🔌 alle Anschlüsse
		1	Zurück zum Trans-Canada Hwy 1 Richtung Westen	
1.338		1/201/1A	Exit 177: Abzweig Hwy 201 zum Crowchild / Banff Trail (Hwy 1A)	

Calgary bis Jasper ▶ S.246

km Hauptstrecke	km Nebenstrecke	Hwy	Station	Übernachtungsempfehlung
1.360		1A	**Cochrane** 🅿 ℹ ✖ 🚻 🏧 Westernstadt, einige hist. Gebäude ▶ S.261	**Bow Riversedge CG**, stadtnah, enge Plätze, wenig bewaldet 🅿 Hwy 1A, Cowboy Trail S, dann li Griffin Rd 🅳 April–Okt. 🅒 $$ 🅳 ja 🅳 ja 🅳 ja 🅳 alle Anschlüsse
1.379		1A	**Ghost Lake**, beliebtes Naherholungsgebiet, Wassersport, Picknickplätze ▶ S.263	**Ghost Lake CG**, Stellplätze auf Wiesenfläche, ideal für Wassersport 🅳 ganzj. 🅒 $–$$ 🅳 nein 🅳 nein 🅳 nein
1.408		1A/1X	Abzweig Hwy 1X zum **Bow Valley Provincial Park** ▶ S.263	
1.428		1A/1	Kreuzung Hwy 1A / Trans-Canada Hwy 1	
1.429		1	**Canmore** 🅿 ℹ ➕ ✖ 🚻 🏧 ▶ S.230	
		1	Beginn **Banff National Park** ▶ S.214	
1.457		1	**Banff** 🅿 ℹ ➕ ✖ 🚻 🏧 ▶ S.215	
1.463		1/1A	Abzweig Hwy 1A Bow Valley Parkway vom Trans-Canada Hwy 1	
		1A	**Bow Valley Parkway**, waldreiche Strecke, Sehenswürdigkeiten, Campgrounds ▶ S.264	
1.481		1A	**Johnston Canyon**, eindrucksvoller Canyon, Wanderweg, Lower und Upper Falls ▶ S.265	**Johnston Canyon CG**, schöner waldreicher Platz 🅳 Ende Mai–Ende Sept. 🅒 $ 🅳 ja 🅳 ja
1.486		1A	**Silver City Ghost Town**, ehemalige boomende Bergbaustadt, heute Wiesenfläche, kein Hinweis am Highway ▶ S.266	
1.487		1A	**Castle Junction**, Verbindung zum Hwy 1 möglich, Resort, Tankstelle, Wanderwege, in der Nähe **Castle Mountain Hostel** ▶ S.266	**Castle Mountain CG**, einf. Ausstattung, im Wald gelegen 🅿 nahe Castle Jct. 🅳 Ende Mai–Mitte Sept. 🅒 $ 🅳 nein 🅳 nein
1.499		1A		**Protection Mountain CG**, einf. Ausstattung, im Wald gelegen 🅿 12 km nördl. v. Castle Jct. 🅳 Ende Juni–Anf. Sept. 🅒 $ 🅳 nein 🅳 nein
		1A/1	**Alternativroute** *Weiter auf dem Trans-Canada Hwy 1 nach Lake Louise* ▶ S.267	
1.511		1A	**Lake Louise** 🅿 ℹ ✖ 🚻 🏧 ▶ S.192	
1.513		1/93	**Abzweig und Beginn Hwy 93 Icefield Parkway** vom Trans-Canada Hwy 1, schönste Strecke im Westen Kanadas mit zahlreichen Highlights, Picknickplätze, Campgrounds uvm. ▶ S.268	
1.537		93		**Mosquito Creek CG** & Hostel, schön gelegen, rustikal 🅳 Hostel: Mitte Okt.–Mitte Mai nicht durchgehend offen, CG: Juni–Mitte Okt. 🅒 $ 🅳 nein 🅳 nein
1.548		93	**Bow Lake** / Num-ti Jah Lodge, Wandern ▶ S.270	
1.554		93	**Bow Summit & Peyto Lake**, kurzer Weg zu einem Aussichtspunkt mit grandiose Aussicht, unbedingt besuchen ▶ S.272	
1.570		93		**Waterfowl Lakes CG**, zwischen Upper und Lower Waterfowl Lake, einfach ausgestattet, weiträumig 🅿 56 km nördl. v. Lake Louise 🅳 Ende Juni–Anf. Sept. 🅒 $ 🅳 ja 🅳 nein

km Hauptstrecke	km Nebenstrecke	Hwy	Station	Übernachtungsempfehlung
1.585		93	**Mistaya Canyon**, bizarrer Canyon, kurzer Weg vom Highway ▶ S.273	
1.590		93	Abzweig Hwy 11 nach Osten	**Thompson Creek CG**, Alternative zu den NP-CGs, weiträumig, im Wald gelegen, einf. Ausstattung 🚻 10 km östl. v. Saskatchewan River Crossing 🅼 Mai–Mitte Okt. 🌣 $ 🄐 nein 🄐 nein
1.590		93	**Saskatchewan River Crossing** 🅿 🅇 🅓 🅰 – 🅼 April–Okt. ▶ S.273	
1.602		93		**Rampart Creek CG** & Hostel, weiträumiger, uriger CG unterhalb des Mount Wilson 🚻 88 km nördl. v. Lake Louise 🅼 Hostel: ganzj., CG: Juni–Mitte Okt. 🌣 $ 🄐 nein 🄐 nein
1.606		93	**Sunset Pass/Rampart Creek**, Wandern ▶ S.275	
1.624		93	**Bridal Veil Falls Viewpoint, Nigel Pass**, Wandermöglichkeiten ▶ S.276	
1.631		93	**Parker Ridge**, beliebter Trail, per Zickzackweg geht es auf einen Grat mit toller Aussicht ▶ S.276	
1.632		93	**Hilda Creek Hostel**, höchstgelegenes Hostel, einfachste Ausstattung ▶ S.277	
1.635		93	**Sunwapta Pass** (2.035 m) / Ende Banff National Park – Beginn **Jasper National Park**, im Jasper NP liegen die höchsten Gipfel Albertas, das Columbia Icefield und weitere sehenswerte Highlights ▶ S.277	
1.637		93		**Wilcox Creek CG**, höchstgelegener CG im Park, weiträumig 🚻 3 km südl. v. Columbia Icefield 🅼 Juni–Ende Sept. 🌣 $ 🄐 ja 🄐 nein
1.639		93		**Columbia Icefield Zeltplatz**, uriger Platz, wunderschön im Wald gelegen 🚻 1 km südl. v. Columbia Icefield 🅼 Mitte/Ende Mai–Mitte Okt. 🌣 $ 🄐 nein 🄐 nein
1.640		93	**Columbia Icefield**, größtes Eisfeld der Rockies, Wander- und Gletschertouren zu Fuß oder per Ice Explorer ▶ S.279	**Icefield Centre RV CG**, asphaltierte Plätze im Parkbereich 🅼 April–Okt. 🌣 $ 🄐 nein 🄐 nein
1.647		93	**Glacier Skywalk**, Rundweg auf gläsernem Boden 280 m über dem Sunwapta River (▶ S.283)	
1.657		93	**Beauty Creek & Jonas Creek Hostel** ▶ S.283	
1.665		93	**Jonas Creek CG**, rustikal, ruhig gelegen 🅼 Mitte Mai–Anf. Sept. 🌣 $ 🄐 nein 🄐 nein (▶ S.283)	
1.689		93	**Sunwapta Falls**, sehenswerter Wasserfall, kurze Stichstraße zum Parkplatz, Sunwapta Falls Resort ▶ S.283	
1.692		93		**Honeymoon Lake CG**, idyllisch gelegen, einf. Ausstattung 🚻 4 km nördl. d. Sunwapta Falls 🅼 Ende Juni–Anf. Sept. 🌣 $ 🄐 nein 🄐 nein
1.708		93		**Mount Kerkeslin CG**, unweit d. Athabasca River, einf. Ausstattung 🚻 4 km südl. d. Athabasca Falls 🅼 Ende Juni–Anf. Sept. 🌣 $ 🄐 nein 🄐 nein

Jasper bis Cache Creek ▼ S.290

km Haupt-strecke	km Neben-strecke	Hwy	Station	Übernachtungsempfehlung
1.712		93/93A	Abzweig Hwy 93A	
1.712		93A	**Athabasca Falls**, turbulenter Wasserfall, Hostel ▶ S.284	
1.712	0	93/93A	Abzweig Hwy 93A / **Alternativroute** Mt Edith Cavell und Jasper ▶ S.285	
	1	93A	**Geraldine Lakes Trailhead** ▶ S.285	
	8	93A	**Moab Lake & Athabasca Pass Trailhead** ▶ S.286	
	14	93A		**Wabasso CG**, weiträumig, bewaldet 🅿 Hwy 93A, 23 km nörd. d. Abzweigs v. Hwy 93 🕐 Mitte Juni–Anf. Sept. 💲 $ 😊 ja 📶 nein
	18	93A	Abzweig (15 km) **Mt. Edith Cavell Road**, kurvenreiche, enge und steile Auffahrt	
	32		**Mount Edith Cavell**, Wanderung zum Cavell Glacier, Hostel ▶ S.286	
	48		Zurück zum Hwy 93A	
1.712	52	93A/93	Kreuzung Hwy 93A/93 südlich von Jasper / Ende Alternativroute nach Jasper	
1.712		93	Weiter auf der Hauptroute Hwy 93 **Icefield Parkway**	
1.728		93	**Wabasso Lake** ▶ S.288	
1.736		93	Abzweig Hwy 93A Süd	
1.739		93		**Wapiti CG Sommer & Winter**, großer CG, bewaldet 🅿 4 km südl. v. Jasper 🕐 Sommer: Mitte/Ende Mai, Mitte Juni–Ende Sept., Winter: Mitte Okt.–Anf. Mai 💲 $-$$ 😊 Sommer: ja 📶 ja 🔌 Strom
1.741		93	Abzweig zum Whistlers Campground und Whistlers Tram	
1.743		93/16	**Jasper** 🅿🛏➕❌📷🏧 bekannter, gemütlicher Touristenort, hist. Gebäude, kleines Museum, Wanderwege, hübsch gelegene Seen, Hotels, Highlight: Whistlers Mountain, von oben grandiose Aussicht ▶ S.290	**Whistlers CG**, großer, weiträumiger CG im Wald 🅿 Hwy 93 Zufahrt zur Whistlers Tram 🕐 Anf. Mai–Mitte Okt. 💲 $-$$ 😊 ja 📶 ja 🔌 alle Anschlüsse (wenig Stellpl.) **Snaring River CG**, einf. ausgestattet, weiträumig, bewaldet 🅿 Abfahrt 13 km östl. v. Jasper 🕐 Ende Mai–Mitte Sept. 💲 $ 😊 nein 📶 nein
1.743	0	16	Ab Jasper Highway 16 Richtung Osten: **Nebenstrecke zum Maligne Canyon, Medicine & Maligne Lake** ▶ S.297	
	6		**Abzweig Maligne Lake Road**	
	9		**Maligne Canyon Trail** ▶ S.297	
	13		**Maligne Canyon**, bizarrer Canyon, Restaurant, Souvenirshop ▶ S.297	
	27		**Medicine Lake**, geologische Besonderheit ohne sichtbaren Abfluss ▶ S.299	
	51		**Maligne Lake**, Spirit Island, Wanderwege, Bootsverleih ▶ S.300	
	102	16	Zurück nach Jasper	
1.743	0	16	Ab Jasper Hwy 16 nach Osten: **Nebenstrecke zu Miette Hot Springs** ▶ S.302	
	13	16	Abzweig zum Snaring River Campground	
	40	16	Abzweig Miette Hot Springs Road / **Pocahontas**, ehemaliges Bergbaugebiet ▶ S.303	
	41		Punchball Falls Picknickplatz	

km Hauptstrecke	km Nebenstrecke	Hwy	Station	Übernachtungsempfehlung
	42			**Pocahontas CG**, weiträumig, schöner CG im Wald, einf. Ausstattung 🅟 2 km südl. v. Hwy 16 🄼 Mitte Mai–Mitte Sept. 🅒 $ 🄴 nein 🄶 nein
	56		**Miette Hot Springs**, inmitten der Berge liegend, Chalets, Mai bis Mitte Okt., Wanderwege, Picknickplatz ▶ S.304	
	112	16	Zurück nach Jasper	
1.743		16	Ab Jasper weiter auf dem Hwy 16 nach Westen	
1.757		16	**Virl, Dorothy & Christine Lake Trailhead** ▶ S.305	
1.768		16	**Yellowhead Pass Historic Site** (1.110 m), Ende Jasper National Park, Beginn **Mount Robson Provincial Park**, Grenze Alberta/British Columbia & Zeitzonenwechsel von Mountain Time auf Pacific Time ▶ S.306	
1.778		16	**Yellowhead Lake** ▶ S.306	**Lucerne CG**, einfach, bewaldet, am Yellowhead Lake, Wandern 🅟 49 km östl. Mt. Robson 🄼 Mitte Mai–Mitte Sept. 🅒 $ 🄴 nein 🄶 nein
1.799		16	Moose Lake	
1.827		16	**Mount Robson Visitor Info**, höchster Berg der Rockies, tolles Bergpanorama, Tankstelle, Restaurant, Wander- und Klettergebiet ▶ S.307	**Robson Meadows CG**, schöner, weiträumiger CG, bewaldet 🅟 gegenüber Visitor Info 🄼 Mitte Mai–Sept. 🅒 $ 🄴 ja 🄶 nein **Robson River CG**, einfach ausgestattet, bewaldet 🅟 Zuf. über Kinney Lake Rd nahe Tankstelle 🄼 Mitte Mai–Anf. Sept. 🅒 $ 🄴 nein 🄶 ja **Emperor Ridge CG**, bewaldet, nahe Tankstelle 🅟 Zufahrt über Kinney Lake Rd 🄼 Mitte Mai–Anf. Sept. 🅒 $ 🄶 ja
1.830		16		**Mt. Robson Shadows CG** & Lodge, Blockhütten, Stellpl. entlang d. Fraser River 🅟 Hwy 16, 5 km westl. v. Mt. Robson 🄼 Mitte Mai–Mitte Okt. 🅒 $ 🄴 nein 🄶 ja
1.835		16	**Mount Terry Fox Provincial Park**, Park wurde zum Gedenken an den mutigen Terry Fox errichtet, Picknickplatz ▶ S.310	
1.838		16	**Rearguard Falls Prov. Park**, kurzer Weg zu den Wasserfällen ▶ S.312	
1.843		16/5	**Tête Jaune Cache** / Kreuzung Hwy 16 / Hwy 5 Süd ▶ S.312	
1.852		5	**Jackman Flats Prov. Park**, einzigartiges Ökosystem, Wanderwege ▶ S.313	
1.856		5	Mount Terry Fox Rest Area, **Trailhead Mt. Terry Fox Trail** ▶ S.311	
1.862		5	**Valemount** 🄿 🄷 🄲 🄳 🄼 nette Kleinstadt, kleines Museum, Robert W. Starrat Wildlife Sanctuary, George Ricks Park ▶ S.314	**Irvin's RV Park**, kaum bewaldet, gepflegter CG, parkplatzähnlich 🅟 1 km nörd. V. Valemount 🄼 April–Okt. 🅒 $-$$ 🄴 ja 🄶 ja 🄶 ja 🅞 alle Anschlüsse **Yellowhead CG**, bewaldet, einige Plätze am Swift Creek 🅟 1 km nördl. v. Valemount 🄼 Mai–Sept. 🅒 $-$$ 🄴 ja 🄶 ja 🅞 Strom, Wasser
1.921		5	**Pyramid Creek Falls Provincial Park** ▶ S.316	

km Haupt-strecke	km Neben-strecke	Hwy	Station	Übernachtungsempfehlung
1.953		5	Abzweig zum Murtle Lake im Wells Gray Provincial Park (Forest Service Road)	
1.953		5	**Blue River** 🅿 🛏 ❌ 🏧 kleiner, unspektakulärer Ort, River Safari Blue River ▶ S.317	**Blue River CG**, netter CG, bewaldet ⛺ gegenüber Ort Blue River ◑ Mai–Mitte Okt. ◐ $$ ◕ ja ◔ ja ◔ ja ◑ alle Anschlüsse
2.060		5	**Clearwater** 🅿 🛏 ➕ ❌ 🚻 🏧 Tor zum Wells Gray PP, Ortsteile liegen rechts und links des Hwys ▶ S.319	**Dutch Lake RV Park & Resort**, netter CG, einige Plätze am Dutch Lake, Cabins ⛺ v. Hwy 5 re auf Old N Thompson Hwy, Dutch Lake Rd ◑ April–Okt. ◐ $$ ◕ ja ◔ ja ◔ nein ◑ alle Anschlüsse **Clearwater Wells Gray KOA**, bewaldeter CG a. Beginn d. Zuf. z. Wells Gray PP ⛺ Hwy 5, Abzweig Clearwater Valley Rd ◑ Mai–Sept. ◐ $$ ◕ ja ◔ ja ◔ ja ◑ alle Anschlüsse
2.060	0	5	Abzweig Clearwater Valley Rd: **Ausflug** in den **Wells Gray Provincial Park**, Wildnis-Park, seenreich, Wandern, Kanutouren, Wasserfälle ▶ S.322	
	10		**Spahats Falls**, 75 m hoher Wasserfall ▶ S.323	
	37		Parkplatz **Green Mountain Viewpoint**, enge, kurvenreiche, steile Gravelroad (3,6 km) zum Aussichtspunkt, f. Wohnmobile nicht empfohlen ▶ S.323	
	42		**Dawson Falls** ▶ S.323	
	45			**Pyramid CG**, einfach ausgestattet, sehr schöner, weiträumiger Campground ⛺ v. Hwy 5 re auf Clearwater Valley Rd ◑ Mitte Mai–Ende Sept. ◐ $ ◔ nein ◔ nein
	46		**Helmcken Falls** ▶ S.323	
	71			**Clearwater Lake & Falls Creek CG**, einf. Ausstattung, weiträumig ⛺ v. Hwy 5 re auf Clearwater Valley Rd, ab Helmcken Falls Gravelrd ◑ Mitte Mai–Ende Sept. ◐ $ ◔ ja ◔ nein
2.060	142	5	Zurück nach Clearwater und weiter auf dem Hwy 5 Richtung Süden	
2.065		5	**North Thompson River Provincial Park**, am Zusammenfluss von Clearwater & Thompson River, kleiner Picknickplatz, 5 km südlich von Clearwater ▶ S.328	**North Thompson River PP CG**, weiträumiger, schöner CG im Wald ◑ Mai–September ◐ $ ◕ ja ◔ nein
2.092		5	Little Fort	
	5/24		▶ Kreuzung Hwy 5 / 24 und Beginn **Alternativroute** Little Fort / 70 Mile House zur Hat Creek Ranch (Hwy 99) ▶ S.386	
2.123		5	**Barriere** 🅿 🛏 ❌ 🚻 🏧 kleiner Ort ▶ S.328	
2.185		5	Abzweig zum **Paul Lake Provincial Park**, sehr schön im Wald gelegen, gepflegter Picknickplatz am Paul Lake, Wandern ▶ S.328	**Paul Lake PP CG**, sehr schöner, weiträumiger CG, Picknickplatz, Badestrand ⛺ 17 km lange Zuf. v. Hwy 5 ca. 5 km nördl. v. Kamloops ◑ Mitte Mai–Mitte Sept. ◐ $ ◕ ja ◔ nein
2.189		5	**Kamloops** 🅿 🛏 ➕ ❌ 🚻 🏧 ▶ S.126	

km Haupt-strecke	km Neben-strecke	Hwy	Station	Übernachtungsempfehlung
		5	Weiter auf dem Hwy 5 Süd	
2.230	5/97D		Kreuzung Hwy 5 / 97D / li Abzweig zum **Lac Le Jaune Provincial Park**, rechts Abzweig nach Logan Lake ▶ S.330	**Lac Le Jaune PP CG**, schöner PP mit Picknickplatz, terrassenförmig angelegt, weiträumig, 1.280 m hoch gelegen 📍 6 km östl. v. Hwy 5 🕐 Mitte Mai– Ende Sept. ✪ $ ● ja ● nein
2.253	97D		**Logan Lake** 🅿 🚻 ✕ 🔧 🏛 netter kleiner Ort, originelle Visitor Info ▶ S.331	**Municipal CG**, weiträumig, einige Plätze am See 📍 in Logan Lake 🕐 Mitte Mai–Mitte Okt. ✪ $ ● nein ● ja ● Strom
2.254	97D/ 97C		Kreuzung Hwy 97D/97C	
		97C	Weiter auf dem Hwy 97C	
2.281		97C	**Highland Valley Copper Mine**, überirdische Kupfermine ▶ S.331	
2.312		97C	**Ashcroft** 🚻 ➕ ✕ 🔧 🏛 ehemals bedeutende Kleinstadt in der "Wüste Kanadas", historische Gebäude ▶ S.332	
2.318		97C/1	Kreuzung Hwy 97C / Trans-Canada Hwy 1	
		1	Weiter auf dem Hwy 1 Richtung Norden	
2.323		1	**Cache Creek** 🅿 🚻 ➕ ✕ 🔧 🏛 ▶ S.124	
		97	Weiter auf dem Hwy 97 Richtung Norden	
		97/99	Hier trifft die Alternativroute Little Fort / 70 Mile House über Hwy 24 auf die Hauptroute	
2.334		97/99	Abzweig Hwy 99 West / Historic Hat Creek Ranch	
2.334		99	**Historic Hat Creek Ranch**, interessante Ranch aus der Zeit des Cariboo Goldrauschs, Museum, Rodeo (Juli), Pow Wow (August), Goldwaschen uvm. ▶ S.336	**Hat Creek Ranch CG**, einf. CG, Übern. in Teepees und Kekulis mögl. 🕐 Mai–Sept. ✪ $ ● nein ● ja ● nein ● Strom
2.334		99	Weiter auf dem Hwy 99 Richtung Westen	
2.363		99	**Marble Canyon Provincial Park**, kleiner Park am Crown Lake gelegen ▶ S.338	**Marble Canyon PP CG**, klein, einf. ausgestattet, nicht für längere Fahrzeuge 📍 direkt am Hwy 99, 29 km westl. Hat Creek Ranch 🕐 ganzj., Service Mai–Sept. ✪ $ ● nein ● nein
2.376		99	Pavilion	
2.412		99	**Lillooet** 🅿 🚻 ➕ ✕ 🔧 🏛 bedeutender Ort zu Goldrauschzeiten, hist. Gebäude ▶ S.338	**Cayoosh Municipal CG**, am Fraser River 📍 Hwy 99 re auf Davis Rd, nahe Hist. Old Bridge 🕐 Mitte Mai–Ende Okt. ✪ $–$$ ● ja ● ja ● ja ● alle Anschlüsse **Fraser Cove CG**, kaum bewaldet 📍 nach Überqueren d. Fraser River a. Cayoosh Park Rd 🕐 ganzj. ✪ $–$$ ● ja ● ja ● ja ● alle Anschlüsse **Seton Dam CG**, einfacher, schön gelegener CG a. Creek, einige Plätze bewaldet 📍 Hwy 99, 5 km westl. v. Lillooet 🕐 ganzj., wenn Zufahrt mögl. ✪ $ ● nein ● nein

Cache Creek bis Vancouver ▼ S.336

km Hauptstrecke	km Nebenstrecke	Hwy	Station	Übernachtungsempfehlung
		99	Weiter auf dem Hwy 99 Richtung Westen	
2.414		99	Seton Lake BC Hydro – Picknickplatz (Naxwit) & Campground (Seton Dam)	
2.415		99	Beginn Hwy 99 - **Duffey Lake Road** (Steigung bis 15 % beginnt) ▶ S.342	
2.465		99	**Duffey Lake Provincial Park** ▶ S.343	
		99	Cayoosh Summit (1.260 m)	
2.475		99	**Joffre Lakes Provincial Park**, Lower Lake tolle Aussicht zum Matier Glacier, anstrengende Wanderung z. Middle & Upper Lake (Gefälle bis 15 % beginnt) ▶ S.344	
2.486		99	Mount Currie	
2.503	0	99	Abzweig Anderson Lake Road / **Ausflug zum Birkenhead Lake Provincial Park** ▶ S.345	
	34		**Birkenhead Lake Provincial Park**, Zufahrt v. Anderson Lake Rd über eine 17 km lange Gravelroad, Picknickplatz, Wandern ▶ S.346	**Birkenhead Lake PP CG**, weiträumig, im Wald gelegen ⦿ Mitte Mai–Mitte Sept. ◐ $ ⊕ ja ⊕ nein
	38		**D'Arcy** ▶ S.346	
2.503	76	99	Zurück nach Mount Currie und weiter auf dem Hwy 99 Richtung Westen	
2.510		99	**Pemberton** ▣ ▣ ▣ ▣ ▣ aufstrebender Wintersportort, farmreich, Pemberton Meadows, Museum ▶ S.347	
2.512		99	**Nairn Falls Provincial Park**, wunderschöner Park, Wanderung zu den sehenswerten Nairn Falls ▶ S.350	**Nairn Falls PP CG**, weiträumig angelegt ⦿ 2 km südl. v. Pemberton ⦿ Mitte Mai–Ende Sept. ◐ $ ⊕ nein ⊕ nein
2.525		99	**Garibaldi Provincial Park**, Hochgebirgs-Park abseits des Highways, Wander- und Klettertouren, Zeltplätze – Abfahrt zum Wander-Gebiet Wedgemount Lake ▶ S.350	
2.541		99	Garibaldi PP – Abfahrt zum Singing Pass Gebiet	
2.541		99	**Whistler** ▣ ▣ ▣ ▣ ▣ bekannter Touristen- und Wintersportort, viele Sport- und Wanderangebote, Squamish Lil'wat Cultural Centre, Bear Viewing Tour, Olympic Park, Hausberge: Whistlers und Blackcomb Mountain ▶ S.354	**Riverside RV Park**, schön angelegter CG, bewaldet, tolles Bergpanorama ⦿ Hwy 99, ca. 1,5 km nördl. v. Whistler a. Spruce Grove Way/ Mons Rd ⦿ ganzj. ◐ $$–$$$ ⊕ ja ⊕ ja ⊕ ja ⊙ alle Anschlüsse **Whistlers RV Park & CG**, teils bewaldet, teils freie Stellpl. a. Anhöhe, grandioser Weitblick ⦿ Hwy 99, 12 km südl. v. Whistler Creek Village/Brew Main Rd ⦿ ganzj., Zeltplätze Mai–Sept. ◐ $$ ⊕ ja ⊕ ja ⊕ nein ⊙ alle Anschlüsse
2.549		99	Garibaldi PP – Abfahrt zum Wander-Gebiet Cheakamus Lake	
2.559		99	**Brandywine Falls Provincial Park**, kurzer Weg zum Wasserfall, Picknickplatz ▶ S.361	
2.566		99	Garibaldi PP – Abfahrt zum Wander-Gebiet Garibaldi Lake	
2.589		99	**Alice Lake Provincial Park**, schöner Park am kleinen Alice Lake, 2 Badestrände, Picknickplätze, Wanderwege ▶ S.363	**Alice Lake PP CG**, weiträumiger CG im Wald ⦿ Hwy 99, 13 km nördl. v. Squamish ⦿ Mitte März–Okt. ◐ $ ⊕ ja ⊕ ja ⊙ Strom

km Hauptstrecke	km Nebenstrecke	Hwy	Station	Übernachtungsempfehlung
2.595		99	Garibaldi PP – Abfahrt zum Wander-Gebiet Diamond Head	
2.601		99	**Squamish** 🅿 🏨 ➕ ❌ 🏕 🏛 bekannt durch weltgrößten Monolithen, Kletter- u. Surferparadies, Railway Heritage Park, Weißkopfseeadler-Schutzgebiet ► S.363	**WhistlePunk Hollow Adventure RV Park**, teilweise bewaldete Stellplätze, auch für große RVs und Trailer geeignet 🚗 Hwy 99 li a. Finch Dr, dann Loggers Ln, später Centennial Way 🏨 ganzj. ⭕ $$ ⊖ nein ⊙ ja ⊖ ja ⭕ Strom **Paradise Valley CG**, uriger CG im Wald gelegen 🚗 v. Hwy 99 nördl. v. Squamish a. Squamish Valley Rd u. Paradise Valley Rd 🏨 Ostern–Mitte Okt. ⭕ $$ ⊖ nein ⊙ ja ⊖ nein ⭕ alle Anschlüsse
2.603		99	**Sea to Sky Gondola** – atemberaubender 360-Grad-Rundumblick von oben über den Howe Sound und die umgebenden Berge (► S.366)	
2.606		99	**Shannon Falls Provincial Park**, kurzer Weg zu den beeindruckenden Wasserfällen, Wandern, Picknickplatz ► S.367	
2.615		99	Britannia Beach – **BC Museum of Mining National Historic Site**, interessantes Museum 🏨 ganzjährig ► S.368	
2.623		99	**Porteau Cove Provincial Park**, wunderschön liegender Park am Howe Sound, Picknickplatz, Pier, interessant für Taucher, Schiffswracks liegen vor der Küste ► S.369	**Porteau Cove PP CG**, wunderschön gelegen, einige Plätze direkt am Howe Sound 🚗 Hwy 99, 8 km südl. v. Britannia Beach 🏨 ganzjährig, Service März–Okt. ⭕ $$ ⊙ ja ⊙ ja ⭕ Strom ► S.369
2.649	99/1		Horseshoe Bay / Hwy 99 / Hwy 1	
2.657	99/1		Abzweig Cypress Provincial Park – Exit 8 von Hwy 99 / 1	
			Cypress Provincial Park, Wandern, Picknickplätze, Wintersport ► S.83	
2.662	99/1		Abzweig Hwy 99 Süd durch Downtown Vancouver nach **Delta**	
2.674		99	Vancouver Downtown	
2.705		99	Delta / River Road	
			Ende der Hauptroute	

ANKUNFT

Ankunft am Vancouver International Airport

Die ersten Schritte auf kanadischem Boden

"Welcome to Vancouver International Airport" – wenn die Kabinenlautsprecher diese Worte ausspucken, haben Sie Ihr Ziel erreicht und ein erlebnisreicher Urlaub steht unmittelbar bevor. Sobald Sie Ihre Uhren umgestellt und die Gangway betreten haben, werden Sie mit guter Beschilderung zur Passkontrolle *(Canada Border Services & Immigration)* geleitet. Dort prüfen die Beamten Ihre Papiere und werden Ihnen einige Fragen zu Ihrem Aufenthalt in Kanada stellen. Danach führt Sie der Weg zum Gepäckband *(Baggage Claim)*, wo Sie Ihr Reisegepäck entgegennehmen können. Die bereitstehenden Gepäckwagen sind kostenlos. Danach begeben Sie sich durch den Zoll zum Ausgang *(Exit)*. Im Zollbereich wird ein Beamter Ihre zuvor im Flugzeug ausgefüllte Zollerklärung *(Declaration Card)* entgegennehmen. Formular in vielen Sprachen:

🌐 www.seitnotiz.de/NPRKA4

Mit dieser Kontrolle sind alle Einreiseformalitäten erledigt und Sie können sich durch den Ausgang in den Ankunftsbereich des Flughafens begeben. Die weitere Orientierung ist durch eine gute Beschilderung problemlos. Zur schnellen Gewöhnung an die Zeitverschiebung empfehlen wir Ihnen, den kanadischen Tag-/Nachtrhythmus möglichst unmittelbar zu übernehmen. Wenn Sie also mittags oder nachmittags landen, sollten Sie versuchen, zumindest bis in die frühen Abendstunden durchzuhalten. Dadurch können Sie am nächsten Morgen zu einer normalen Zeit aufstehen und haben den Jetlag schon fast besiegt.

Der Zeitunterschied zwischen der MEZ (Mitteleuropäische Zeit, im Englischen: *CET – Central European Time*) und der *PST (Pacific Standard Time)* in Vancouver beträgt normalerweise -9 Stunden. Die Kanadier haben ebenfalls eine Sommerzeit *(Daylight Saving Time,* Ausnahme: Provinz Saskatchewan), diese verläuft allerdings nicht ganz synchron zu der unseren (▶ S.407).

Per Taxi oder ÖPNV geht es weiter

Wie fast jeder internationale Flughafen liegt auch der von Vancouver nicht in der Innenstadt. Sie müssen daher einige Kilometer bis zu Ihrem nächsten Ziel entweder per Taxi oder mit Öffentlichen Verkehrsmitteln überbrücken. Folgende Wege sind denkbar:

a) Sie haben eine (mehrtägige) Stadtbesichtigung eingeplant und müssen nun zu Ihrem Hotel in die Innenstadt bzw. den stadtnahen Bereich. Alternativ ist vor Übernahme des Wohnmobils eine Übernachtung eingeplant bzw. Sie müssen vor Übernahme aus versicherungstechnischen Gründen übernachten (z. B. wenn Sie eine bestimmte Uhrzeit überschritten haben o. Ä.).

b) Sie übernehmen Ihr Wohnmobil sofort und müssen zum Vermieter.

c) Sie planen eine Reise mit einem Mietwagen ohne Übernachtungsmöglichkeit und müssen diesen übernehmen.

Zur Stadtbesichtigung nach Downtown

Taxi

Im Außenbereich des Flughafens wird Ihnen am Taxistand von den Anweisern ein passender Wagen (Gepäckvolumen, Personenzahl) zugewiesen. Der Preis für eine Fahrt in die Innenstadt beträgt ca. CAD 40 (inkl. Steuern).

Öffentliche Verkehrsmittel

Nach Downtown Vancouver kommen Sie schnell und preiswert per Zug, alle sieben Minuten verlässt ein Wagen der *Canada Line* den Bahnhof *Airport Vancouver* und erreicht die Waterfront Station am Burrard Inlet nach 26 Minuten. Die Weiterfahrt von der Waterfront Station ist für alle stadt- und stadtnahen Bereiche mit Bussen oder dem SkyTrain problemlos möglich (▶ S.67).

Zu den Wohnmobilvermietern

Die meisten großen Wohnmobilvermieter haben ihre Stationen in Delta, einer Distriktgemeinde, die an das südliche Stadtgebiet grenzt. Sollten Sie Ihren Wagen bei einem Wohnmobilvermieter in einem anderen Bereich gebucht haben, erkundigen Sie sich bei diesem über die optimale Anfahrtsmöglichkeit oder einen Shuttle-Service.

Shuttle-Service

Sollte Ihr Wohnmobilanbieter einen Shuttle-Service anbieten, müssen Sie sich über den weiteren Transport zum Verleih oder nach der ersten Hotel-Übernachtung zum Verleih keine weiteren Gedanken machen. Sie sollten lediglich die die Telefonnummer des Vermieters parat haben.

Taxi

Die Fahrtkosten bis Delta betragen ca. CAD 55 (inkl. Steuern).

Öffentliche Verkehrsmittel

Die Erreichbarkeit der Vermieter in Delta mit öffentlichen Verkehrsmitteln ist nicht optimal, Sie müssen umsteigen und auch kürzere Fußwege in Kauf nehmen. Sollten Sie dies trotzdem in Erwägung ziehen, erreichen Sie Delta wie folgt: Vom Bahnhof *Airport Vancouver* fährt die *Canada Line* alle 7 Minuten nach Richmond Innenstadt *(Brighouse Station).* Von dort kommen Sie per Bus weiter nach Delta. Für die genaue Planung nutzen Sie den Tripplaner der Verkehrsbetriebe unter: 🌐 *www.translink.ca*

Mietwagen

Wenn Sie British Columbia und Alberta per Mietwagen erkunden wollen, empfehlen wir ein Verleihunternehmen mit Übernahmestation am Flughafen Vancouver bzw. in der Nähe Ihres Hotels, wenn Sie nicht via Vancouver International Airport einfliegen. Dies ist normalerweise unproblematisch, da alle großen Verleihfirmen eigene Stationen am Flughafen und in der Innenstadt betreiben. Eine Liste möglicher Firmen finden Sie im Kapitel *Wissenswertes* (▶ S.393).

> ℹ **Trinkgeld beim Taxifahren:** Das Zahlen von Trinkgeld *tip* ist üblich und wird erwartet. Als angemessen gilt ein Betrag von etwa 10 bis 15 % des Fahrpreises, zusätzlich CAD 1 bis 1,50 pro Gepäckstück.

Die Übernahme des Wohnmobils

Für alle, die noch nie ein Wohnmobil gemietet haben, ist die Übernahme ein großes Ereignis. Bei der Buchung hören sich 21 ft (6,40 m) oder 24 ft (7,32 m) noch vorstellbar an – in der Realität und mit dem Wissen, dass man dieses Wohnmobil durch Kurven und über Pässe steuern wird, sieht das Ganze schon anders aus. Natürlich sollten Sie mit dem Wohnmobil mit Konzentration und Vorsicht unterwegs sein. Gleichzeitig wollen wir Ihnen aber auch Mut machen: Sie werden nach den ersten Kilometern feststellen, dass das Fahren eines Wohnmobils nicht schwierig ist – und sogar richtig Spaß macht. Damit dieser Spaß auch ungetrübt ist, wird bei der Übernahme eine umfangreiche Übergabeprozedur durchlaufen, welche mit Versicherungsangelegenheiten und Fragen zu Ihrem Führerschein, dem Fahrer etc. startet. Zusätzlich wird meist eine Kaution in Form eines Blanko-Kreditkartenbeleges verlangt, der die Vermieter zusätzlich absichert (Details: ▶S.412).

Nach dem Formularkrieg steht eine genaue, gemeinsame Inspektion des Wagens an. Darauf folgt die genaue Einweisung in die Funktionalität des Wohnmobils, die umfangreich und auch extrem wichtig ist. Ein Wohnmobil hat tatsächlich eine ganze Reihe an Schaltern, Knöpfen und Funktionen, die darüber entscheiden, ob Sie an kalten Tagen im Wagen frieren werden oder Ihnen unverhofft das fließend Wasser verweigert wird. Folgen Sie also aufmerksam allen Erklärungen des Personals und beseitigen Sie eventuelle Unklarheiten sofort. Zur Unterstützung der Wohnmobilübergabe finden Sie im Anhang *(Wissenswertes)* eine detaillierte Informationen zu Wohnmobilen, Vermietern, Versicherungen etc.

Eine Auswahl Wohnmobilvermieter in Delta

Ambassador RV ★
Persönlich geführte, kleinere Wohnmobilvermietung, die durch nettes Personal und guten Service glänzt.
- 7973 River Road, Delta, BC V4K 4E2
- 604-940-2171 / 1-855-369-2331 *(geb.frei in Kanada)*
- info@AmbassadorRV.com
- www.ambassadorrv.com

CanaDream
- 7119 River Road, Delta, BC V4G 1A9
- 604-940-2171 / 1-855-369-2337 *(geb.frei in Kanada)*
- booking@canadream.com
- www.canadream.com

Cruise Canada
- 7731 Vantage Way, Delta, BC V4G 1A6
- 604-946-5775 / 1-800-983-3189 *(geb.frei in Kanada)*
- www.cruisecanada.com

Fraserway RV
- 747 Cliveden Pl, Annacis Island Delta, BC V3M 6C7
- 604-527-1102 / 1-800-662-2441 *(geb.frei in Kanada)*
- www.fraserwayrv.com

On the road – Die ersten Wege mit dem Wohnmobil

Sie haben nun erfolgreich Ihre Behausung für den Urlaub übernommen, den Zündschlüssel herumgedreht und damit die Entdeckungsreise per Wohnmobil gestartet.

Straßenzustand Alberta
- in Alberta: 511, außerhalb: 1-855-391-9743
- http://511.alberta.ca

Straßenzustand British Columbia
- 1-800-550-4997
- www.drivebc.ca

Mit dem Wohnmobil nach Downtown: Grundsätzlich raten wir davon ab, sich mit dem Wohnmobil der Innenstadt zu nähern, da Vancouver nichts mit der Idylle und Ruhe der Überland-Highways gemein hat und Sie hier dem normalen Verkehrschaos ausgeliefert sind. Auch sind Parkplätze für Wohnmobile rar gesät. Für eine Stadtbesichtigung sollten Sie die öffentlichen Verkehrsmittel oder einen Pkw benutzen.

Hinweise zum Fahren mit einem Wohnmobil
Ergänzend zu der ausführlichen Einweisung in die Funktion und Technik Ihres Wohnmobils empfehlen wir, auf den ersten Kilometer besonders vorsichtig zu fahren. Sie werden merken, dass weder die Federung des Fahrwerks noch das Kurvenverhalten sich mit dem heimischen Pkw vergleichen lassen. Wenn Sie folgendes beachten, werden Sie sich schnell an Ihr neues Gefährt gewöhnen:

- **Fahren Sie langsam** und mit großem Abstand zu Ihrem Vordermann, um sich an die Bremsleistung zu gewöhnen.
- **Bewahren Sie in jedem Fall die Ruhe** und bleiben Sie im Extremfall lieber stehen, als sich zu einem waghalsigen Manöver hinreißen zu lassen. Bedenken Sie, dass die anderen Verkehrsteilnehmer nicht wissen, dass sich ein Wohnmobil-Greenhorn auf der Straße befindet.
- Beim **Kurvenfahren** müssen Sie vor dem Einfahren weiter ausholen und dann stärker einschlagen, um den weiteren Radstand zu berücksichtigen.
- Lassen Sie sich generell von Ihrem Beifahrer/Ihrer Beifahrerin **beim Parken am Straßenrand oder in Parklücken einweisen.** Dies gilt auch für Stellplätze auf Campgrounds unterwegs.
- Gewöhnen Sie sich daran, dass permanent **irgendetwas hinter Ihnen rumpelt und rappelt** – auch wenn alles sicher und gut verstaut ist. Sie können aber zuversichtlich sein – nach wenigen Stunden hören Sie diese Geräusche nicht mehr …

Ampeln stehen/bzw. hängen auf der gegenüberliegenden Seite der Kreuzung. Auch bei Rot darf nach kurzem Stopp rechts abgebogen werden (Achtung: Fußgänger). Weitere Informationen: ▶ S.410

HOV-Lanes (*High Occupancy Vehicle lanes*): Im Einzugsbereich von Großstädten finden Sie erstaunlich leere Fahrbahnen. Dies sind oft sogenannte HOV-Lanes, Spuren, die nur befahren werden dürfen, wenn eine Genehmigung vorliegt und mindestens 2 (3) Personen an Bord sind.

Erste Übernachtung im Wohnmobil

Je nachdem, wann Sie Ihr Wohnmobil übernommen haben, empfehlen wir, vor der Weiterfahrt die erste Nacht noch in der Nähe der Vermietstation zu verbringen. Dies verringert nicht nur den zeitlichen Stress nach dem langen Flug, sondern ist auch hilfreich, falls nach den ersten Kilometern noch Fragen auftauchen.

Besonders praktisch (doch zugegeben nicht besonders schön gelegen) für die erste Übernachtung ist der Parkcanada RV Park (▶ S.91), der nur ca. 14 Kilometer von den Vermietstationen Delta entfernt und auch in der Nähe der Einkaufszentren von Tsawwassen und Ladner liegt. Der private Campground sollte aber in der Hauptsaison vorab telefonisch reserviert werden. Gleiches gilt eventuell für die Rückfahrt.

Anmerkung: Sie können natürlich auch direkt Richtung Trans-Canada Highway 1 starten und in Chilliwack ihre erste Nacht z. B. auf dem naturnahen Cultus Lake Provincial Park (▶ S.97) verbringen und den Ersteinkauf in Chilliwack tätigen.

Ersteinkauf

Um den ersten Großeinkauf zu starten, sind die Städte Ladner oder Tsawwassen ideal, obwohl sie Richtung Fähranleger Vancouver Island liegen. Sie sind durch eine ländlichere Atmosphäre, einfache Anfahrt und wenig Autoverkehr bestens für Wohnmobilanfänger geeignet.

Für den Einkauf in Ladner folgen Sie der River Rd nach Westen, überqueren den Highway 99 und sind dann auf dem Highway 17A. Diesem folgen Sie weiter und zweigen in Ladner rechts auf die Ladner Trunk Rd ab. Nach wenigen Hundert Metern erreichen Sie ein typisches Einkaufszentrum mit einem großen Safeway, einer hervorragenden Bäckerei, einem Obst-/Gemüsestand

und einem Billigshop, der für Sparfüchse ein breites Non-Food-Sortiment bereithält. Für den Einkauf in Tsawwassen folgen Sie ebenfalls dem Highway 17A, der später auf den Highway 17 Richtung Westen trifft, zweigen dann über die 56th St nach Süden ab und folgen dieser bis zu den Einkaufszentren mit Safeway, Thrifty Foods und einem Billigshop. Da in Ihrem Wohnmobil auch ein Gefrierfach vorhanden ist, können Sie ruhig größere Mengen Fleisch einkaufen und einfrieren. Noch befinden Sie sich im direkten Einzugsgebiet von Städten, im weiteren Verlauf Ihrer Reise werden Sie nicht jederzeit einen Supermarkt finden.

Nehmen Sie sich für diesen ersten Einkauf Zeit. Die kanadischen Supermärkte sind großzügig dimensioniert, bieten eine ungewohnte Auswahl und viele Lebensmittel, die Sie erst einmal durch das Studieren der Etiketten zuordnen müssen. Zusätzlich werden Sie weder die bekannte Auswahl an Käse- und Wurstsorten vorfinden, noch annähernd gewohntes Brot kaufen können.

Um sich beim ersten Einkauf zu unterstützen, finden Sie im Anhang eine Checkliste für den Ersteinkauf (▶S.419). Darüber hinaus möchten wir Ihnen an dieser Stelle folgende Hinweise mitgeben:

- Wasserversorgung: Wichtig ist die Einlagerung von Trinkwasser (*Springwater*), das Wasser im Tank Ihres Wohnmobils ist nicht zum Trinken oder Kochen geeignet. Kaufen Sie am besten 4-Liter-Kanister, diese können Sie gut verstauen und unterwegs an Trinkwasserzapfsäulen auffüllen.
- Die wichtigsten Supermarktketten sind: Safeway, Thrifty Foods, Overwaitea Foods, Extra Foods, Save-on-Foods, Real Canadian Super Store – alle haben ein breites Angebot an Lebensmitteln und einheimischen Produkten, abgestimmt auf kanadische Bedürfnisse (z. B. Großpackungen), Feinkost mit Import-Waren, alkoholfreie Getränke, Süßwaren, Non-Food-Bereich mit Haushaltszubehör, Drugstore, meist mit einer Abteilung zur Einlösung verschreibungspflichtiger Medikamente, Zeitschriften, Bäckerei. Zusätzlich, z. B. bei Real Canadian Super Store, mit einer Auswahl an Bekleidung, Elektrogeräten, Campingbedarf uvm.

VANCOUVER BIS KAMLOOPS

Vancouver bis Kamloops

Vancouver liegt vor Ihnen, die quirligste und spannendste Metropole Kanadas, und Sie werden begeistert sein von der Vielfältigkeit und den Menschen, die diesen Ort prägen.

In Vancouver gibt es unendlich viel zu sehen. Unzählige Museen zeigen die Historie des kanadischen Westens und die Lebensweisen der First Nations. Im Stadtteil Gastown, der historischen Keimzelle der Stadt, war ursprünglich die Heimat der ersten Sieder und Arbeiter, heute liegen hier Kreativität, städtisches Flair und Armut nah beieinander. In direkter Nachbarschaft verzaubert Chinatown mit exotischen Gerüchen, fernöstlicher Kunst und einer ganz eigenen Stimmung, während die hippen Stadtbewohner sich in den In-Vierteln von Granville Island und Yaletown treffen.

Highlights der Stadt sind der riesige Stanley Park sowie die Shoppingmeilen von Downtown, das architektonische Meisterwerk Canada Place, die unzähligen Theater, Veranstaltungsorte und Kultureinrichtungen. Wer dem Großstadttrubel entfliegen möchte, findet auch naturnahe Sehenswürdigkeiten, z. B. den Hausberg Grouse Mountain, den Capilano Park und weitere Natur- und Erlebnisparks rund um die Stadt.

Die meisten Sehenswürdigkeiten sind über öffentliche Verkehrsmittel gut zu erreichen, der SkyTrain steht ebenso bereit wie ein Sightseeing-Bussystem, bei dem Sie jederzeit zu- und aussteigen können. Für Erlebnisse in den umliegenden Naturparks ist teilweise ein Fahrzeug anzuraten.

Nach der Stadtbesichtigung
Sollten Sie Vancouver direkt zu Anfang Ihrer Reise ohne Wohnmobil besuchen, führt Sie Ihr Weg nach der Stadtbesichtigung zu den Wohnmobilvermietern. Die meisten befinden sich in Delta, eine Anbindung mit öffentlichen Verkehrsmitteln ist gegeben, aber recht umständlich.

Öffentliche Verkehrsmittel
Von Downtown Vancouver/Waterfront Station fährt die Canada Line nach Richmond

Inuksuk – Logo der Olympischen Spiele 2010

VANCOUVER 🏛️ℹ️➕❌🛏️🏛️

📍	Vancouver	0
	Fort Langley	42 km
🚶🚶	Stadt	603.502
	Metropolregion	2,37 Mio.
❄️❄️	+5 °C	
☀️	+23 °C	
〰️	Sea level	
⊘	Stadt	114,97 km²
	Metropolregion	2.882,55 km²
Zum Vergleich: Düsseldorf		
🚶🚶	Stadt	593.682
〰️	38 m	
⊘	Stadt	217 km²

Die weltoffene Stadt **Vancouver** ist die vielfältigste und größte Stadt in British Columbia. Ein Gang durch die Stadt offenbart dem Besucher einen Schmelztiegel aus unzähligen fremden Sprachen, Menschen und Kulturen. Dies in Verbindung mit einer einzigartigen, angenehmen Lebensqualität macht die Stadt zu etwas ganz Besonderem. Sie liegt zu Füßen der Coast Mountains an der Strait of Georgia, am Burrard Inlet und am Fraser River. Zahlreiche Parks, darunter der 4 km² große Stanley Park, lockern das Stadtbild auf und ermöglichen vielfältige, sportliche Aktivitäten in der Freizeit.

Schon vor mehr als 5.000 Jahren waren in dieser Gegend Stämme der First Nations beheimatet. Mit First Nations werden die indianischen Völker Kanadas ohne Métis und Inuits bezeichnet. Métis sind die Nachkommen aus der Verbindung von europäischen Pelzhändlern und indianischen Frauen, Inuits sind Eskimo-Volksstämme. Der Ursprung der Stadt geht auf den um 1860 stattgefundenen Goldrausch im Fraser Canyon und Cariboo Country zurück, 1887 wurde die transkontinentale Eisenbahn-

Innenstadt (Brighouse Station). Von dort müssen Sie per Bus weiter nach Delta. Für die genaue Planung nutzen Sie den Tripplaner der Verkehrsbetriebe unter:

🌐 www.translink.ca

Taxi
Die Kosten für eine Taxifahrt sind abhängig, wo Sie im Stadtbereich übernachtet haben. Eine Fahrt von Downtown nach Delta kostet ca. CAD 65 (inkl. Steuern). Sollten Sie außerhalb von Downtown übernachten und/oder zu einem Wohnmobilvermieter an einem anderen Standort fahren, erfragen Sie die Kosten beim Personal Ihrer Unterkunft.

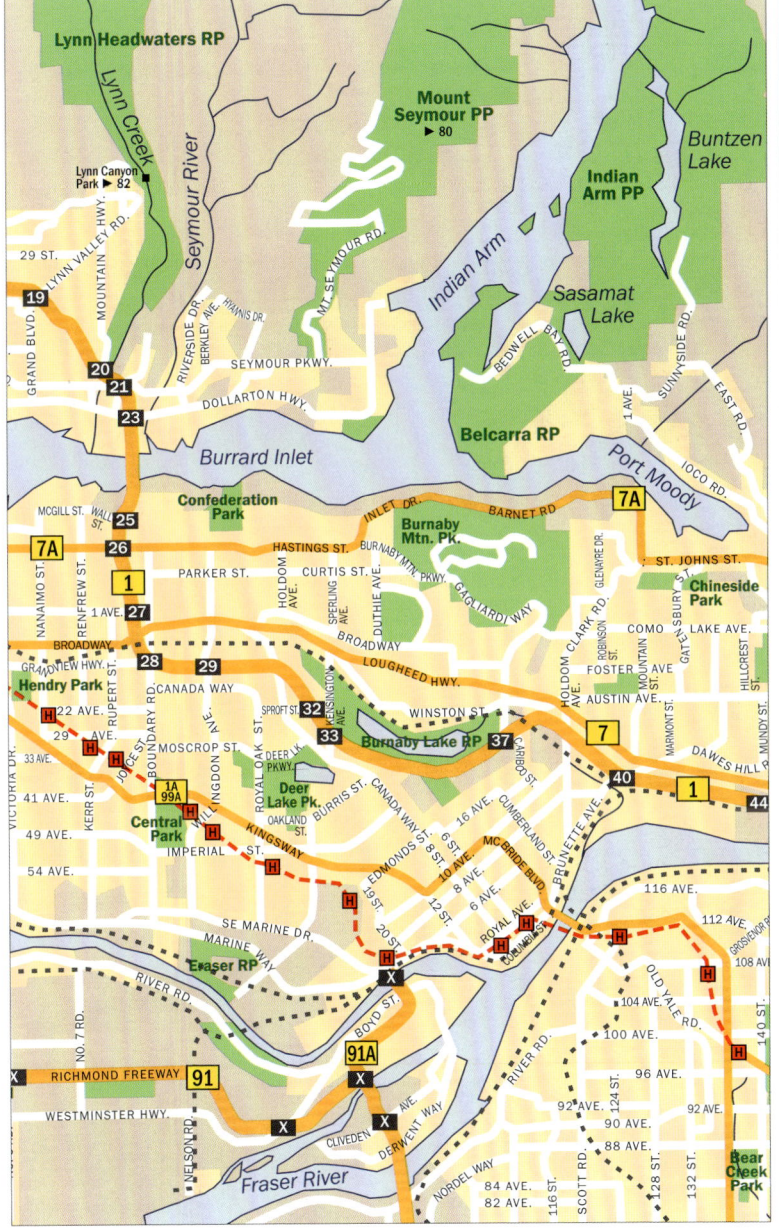

Stanley Park
▶ 69/75

Burrard Inlet

Coal Harbour

PIPELINE RD

SCENIC DRIVE

STANLEY PARK CAUSEWAY

CORDOVA

W. HASTINGS

Millenium &
Expo Line

Harbour Cruises
▶ 68

BAYSHORE

W. PENDER

MELVILLE

Burr

Lost Lagoon

LAGOON DRIVE

CHILCO

GILFORD

DENMAN

BIDWELL

CARDERO

BROUGHTON

W. GEORGIA

ALBERNI

ROBSON ▶ 70/73

HARO

Roedde House Museum
▶ 77

BARCLAY

CHILCO

GILFORD

BIDWELL

CARDERO

NICOLA

NELSON

BUTE

THURLOW

Nelson
Park

CHILCO

COMOX

PENDRELL

CHILCO

CARDERO

PENDRELL

PENDRELL

BIDWELL

CARDERO

DAVIE

JERVIS

BUTE

DAVIE
VILLAGE
▶ 70

English Bay
Beach

CARDERO

NICOLA

BROUGHTON

BURNABY

BIDWELL

HARWOOD

HARWOOD

BUTE

PACIFIC BLVD

BEACH

N

O

W

S

Sunset
Beach

BURRARD BRIDGE

BURRARD BRIDGE

English Bay

Vanier Park

64

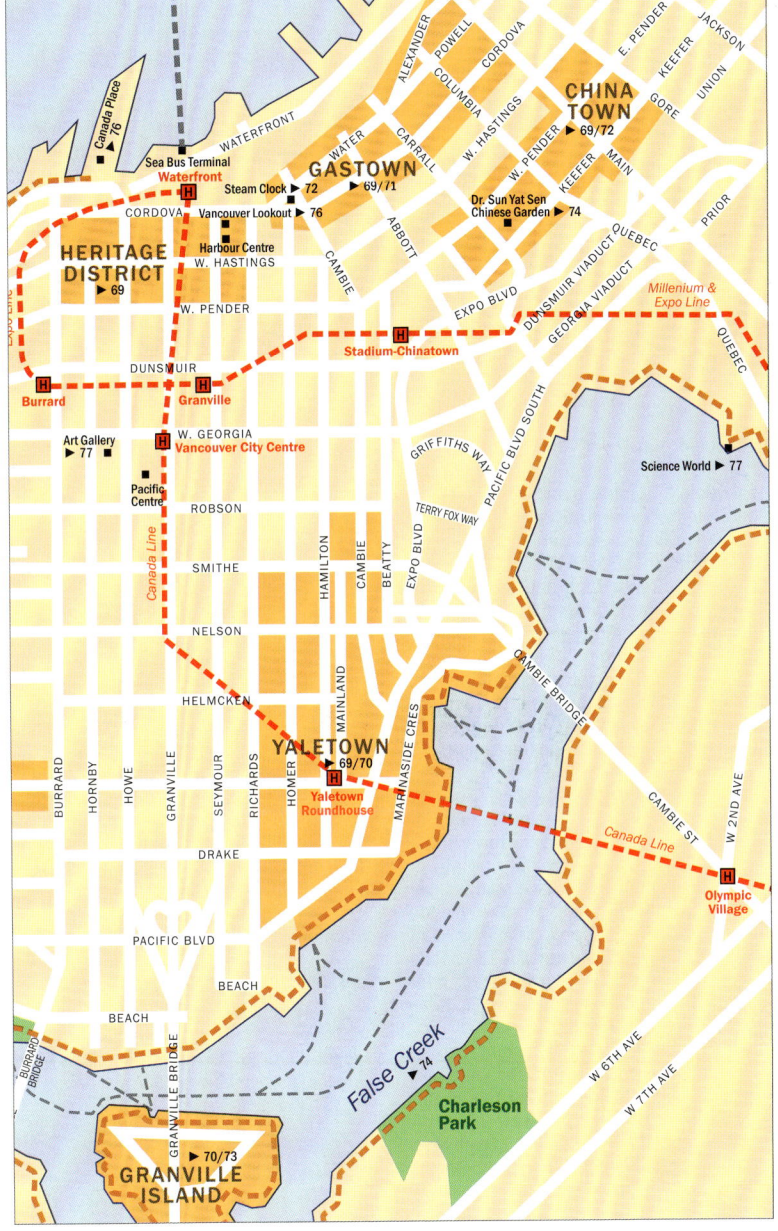

Canada Place ▲ 76

Sea Bus Terminal
Waterfront

WATERFRONT

WATER

GASTOWN
Steam Clock ▶ 72
Vancouver Lookout ▶ 76
▶ 69/71

Harbour Centre
W. HASTINGS

ALEXANDER
POWELL
COLUMBIA
CORDOVA
CARRALL
W. HASTINGS
W. PENDER
ABBOTT
CAMBIE

E. PENDER
KEEFER
GORE
MAIN
KEEFER
UNION
JACKSON

CHINA TOWN
▶ 69/72

Dr. Sun Yat Sen
Chinese Garden ▶ 74

PRIOR

CORDOVA

HERITAGE DISTRICT
▶ 69

W. PENDER

DUNSMUIR

Burrard

Granville

Art Gallery
▶ 77

Pacific Centre

Vancouver City Centre

W. GEORGIA

ROBSON

SMITHE

NELSON

HELMCKEN

Canada Line

EXPO BLVD

DUNSMUIR VIADUCT
QUEBEC

GEORGIA VIADUCT

Millenium & Expo Line

QUEBEC

Stadium-Chinatown

GRIFFITHS WAY

PACIFIC BLVD SOUTH

TERRY FOX WAY

EXPO BLVD

Science World ▶ 77

HAMILTON
CAMBIE
BEATTY

MAINLAND
MARINASIDE CRES

YALETOWN
▶ 69/70

Yaletown Roundhouse

BURRARD
HORNBY
HOWE
GRANVILLE
SEYMOUR
RICHARDS
HOMER

DRAKE

PACIFIC BLVD

BEACH

BEACH

CAMBIE BRIDGE

CAMBIE ST

W 2ND AVE

Canada Line

Olympic Village

BURRARD BRIDGE

GRANVILLE BRIDGE

▶ 70/73

GRANVILLE ISLAND

False Creek
▼ 74

Charleson Park

W 6TH AVE

W 7TH AVE

strecke eröffnet und Forstwirtschaft, Bergbau und die Fischerei sorgten für immer weitere Zuwanderung. Benannt wurde die Stadt nach Kapitän George Vancouver, der 1792 auf der Nordwest-Passage sein Schiff in den Burrard Inlet steuerte. Der Hafen Vancouvers ist der größte in Kanada und hat durch die Eröffnung des Panamakanals in Mittelamerika, der den Pazifik mit der Karibik verbindet, international erheblich an Attraktivität gewonnen. Dienstleistungsunternehmen, Banken und viele globale Unternehmen haben ihren Sitz in Vancouver. Die **Vancouver Filmstudios** sind ein wichtiger Teil der nordamerikanischen Filmindustrie, viele Filme wurden rund um Vancouver gedreht. Weitere Infos hierüber:

🌐 www.vancouverfilmstudios.com

Vancouver hat zwei staatliche Universitäten: Die 1908 gegründete **University of British Columbia (UBC)** und die 1965 gegründete **Fraser University (SFU)**. Die UBC befindet sich an der Westspitze der Burrard Halbinsel, die SFU in Burnaby.

Vancouver war Austragungsort für die XXI. Olympischen Winterspiele im Februar 2010. Die meisten Wettkämpfe wurden in der 122 Kilometer nördlich liegenden Stadt Whistler ausgetragen. Um schnell die Strecke Vancouver **Whistler** überbrücken zu können, baute man den Sea-to-Sky Hwy 99 zu einer weitestgehend 3- bis 4-spurigen "Autobahn" aus.

Der **Trans-Canada Hwy 1** verläuft von West-Vancouver über Nord-Vancouver, überquert auf der Second Narrows Bridge den Burrard Inlet und erreicht Burnaby im Osten von Vancouver. Der ebenfalls von West-Vancouver kommende **Sea to Sky Highway 99** führt über die Lions Gate Bridge, Stanley Park, Granville und Richmond durch den Westteil der Stadt nach Delta und erreicht nach ca. 40 Kilometer die Nordgrenze der USA.

Vom Fähranleger **Horseshoe Bay** in West-Vancouver gibt es Verbindungen nach Nanaimo auf **Vancouver Island** und zur Sunshine Coast (Highway 101), die von Gibsons über Sechelt und Powell River bis nach Lund führt. Eine weitere Fährverbindung führt südlich von Vancouver vom Fähranleger **Tsawwassen** nach Nanaimo

und Swartz Bay auf Vancouver Island. Fährpläne und weitere Infos:

🌐 www.bcferries.bc.ca/schedules/mainland

Wohnmobilfahrern raten wir, sich für einen Stadtbesuch nicht dem Innenstadtverkehr auszusetzen, sondern auf öffentliche Verkehrsmittel umzusteigen, zumal die Parkplätze nicht wirklich "wohnmobilgeeignet" sind. Auch sollten Sie Campgrounds außerhalb der Stadt anfahren. Zwar sind diese Campgrounds eher vergleichbar mit riesigen Parkplätzen, bieten dafür aber bei einem stolzen Preis allen erdenklichen Komfort, inklusive Strom-, Wasser- und Abwasseranschluss. Sie liegen meist in unmittelbarer Nähe einer Bus- oder Skytrain-Haltestelle mit Verbindung zur Innenstadt.

❗ Planen Sie Ihre Stadtbesichtigung ohne Wohnmobil, d. h. geben Sie ihr Wohnmobil vorher ab oder nehmen es erst nach der Stadtbesichtigung in Empfang.

Das Angebot an Geschäften, Malls, Restaurants und Hotels in Vancouver sind mehr als reichhaltig. Die bekannte Einkaufsstraße Robson Street bietet Vertretungen aller Modemacher, dazwischen kann man sich in Cafés und Restaurants vom Einkaufsbummel erholen. Vancouver gilt als Schmelztiegel vieler Kulturen, was sich vor allem auch in der Kunst- und Kulturszene widerspiegelt. Man findet in der Stadt ein umfangreiches Angebot an Galerien, Museen, Theatern und Varietés aller Stilrichtungen – von der Kunst der Natives bis zur aktuellen Popkultur. Reizvoll und perfekt für entspannende Momente sind die zahlreich angebotenen Schiffsausflüge. Im Kapitel "Highlights" sind einige Angebote beschrieben.

🛈 TOURIST INFORMATION

Hier bekommen Sie neben den Stadtinformationen auch einen Veranstaltungskalender aller Attraktionen. Lassen Sie sich unbedingt auch einen Stadtplan geben.

📍 Von Norden kommend auf Hwy 99 (später W Georgia St) in Downtown li auf die Burrard St bis zur Visitor Info

✉ Downtown Vancouver, Plaza Level, 200 Burrard St

☎ 604-683-2000

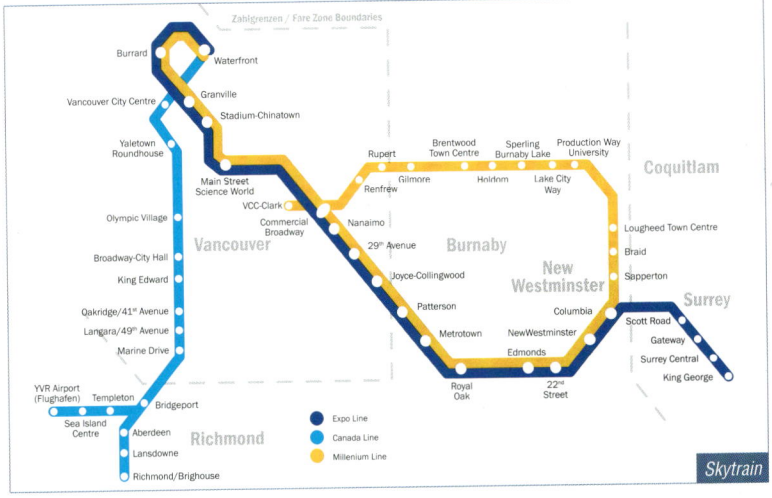

Skytrain

🕐 Tägl. 9–17 h

@ VisitVancouver@tourismvancouver.com

🌐 www.tourismvancouver.com

🌐 http://vancouver.ca

Über die Internetseite 🌐 www.vancouver attractions.com können Coupons ausgedruckt werden, die für einige Attraktionen Ersparnis bringen. Fragen Sie in der Visitor Info auch nach Kombitickets oder Discount-Pässe.

▶ **Öffentlicher Personennahverkehr**

Der Personennahverkehr ist gut ausgebaut, innerhalb Downtown verkehren Busse, Bahnen (**Skytrain**) und Schiffe (**Seabus**) zum Einheitstarif. Bus, Skytrain und Seabus transportieren (ohne Mehrpreis) bedingt auch Fährräder. Die Seabus-Linie verbindet Downtown mit Nord-Vancouver. Tickets bekommt man unter anderem an den *Ticket Machines* von Skytrain und Seabus oder bei authorisierten "FairDealer" Verkaufsstellen, z. B. 7-Eleven, Safeway, London Drugs u.v.m.

💡 Die Fahrer der öffentlichen Verkehrsmittel haben kein Wechselgeld an Bord, das Fahrgeld sollte also immer abgezählt sein.

ℹ️ INFORMATIONEN NAHVERKEHR

Zone 1 (Downtown)	CAD 2,75, Zehnerkarte: CAD 21
Zone 2 (Downtown, Richmond, Burnaby und Nord- und West-Vancouver)	CAD 4, Zehnerkarte: CAD 31,50
Zone 3 (Weitere östliche Vororte von Vancouver inkl. Zone 2)	CAD 5,50, Zehnerkarte: CAD 42
Tagespass (Alle 3 Zonen)	CAD 9,75
Sa, So, Feiertag & werktags nach 18:30 h (Alle Zonen)	CAD 2,75

Weitere Infos, Zonenplan usw.:

☎ 604-953-3333

🌐 www.translink.bc.ca

Hinweis für alle Wohnmobilfahrer: In Vancouver verkehren O(berleitungs)-Bus-Linien. Diese Busse haben, wie auch alle anderen Beförderungsmittel, absoluten Vorrang. Unfallgefahr droht, da diese Busse nur eingeschränkt ausweichen können, ein Spurwechsel ist für sie nicht ohne Weiteres möglich.

O-Bus in Vancouver

👁 Sightseeing Touren

► Westcoast Sightseeing Vancouver

Die wichtigsten Sehenswürdigkeiten und interessante Informationen erhält man bei einer Fahrt mit dem Sightseeing-Bus. Er hat 23 Haltestellen mit Zu- und Ausstiegsmöglichkeit, Fahrkarten gibt es beim Fahrer. Die Tickets sind 24 Stunden gültig, daher muss man nicht die gesamte Route in einem Durchlauf absolvieren, wenn man die Tour geschickt beginnt (z. B. um 14 Uhr, dann gilt das Ticket bis zum nächsten Tag um 13:59 Uhr). Es werden auch verschiedene Sightseeingtouren – auch in deutscher Sprache – angeboten. Näheres auf der Internetseite.
Tipp: Online-Order spart Dollars.

✉ *321 Water St, Vancouver*
☎ *604-451-1600 oder 1-877-451-1777 (geb. frei)*

🕐 *Office: Mai–Sept.: tägl. 8:30–18:30 h*
🚌 *1-Tages-Pass: Erw. (18–64 J.): CAD 42, Sen./Jugendl. (13–17 J.): CAD 39, Kinder (6–12 J.): CAD 25, Familien: CAD 100*
🌐 *Plan: westcoastsightseeing.com/live-bus-map*
🌐 *www.westcoastsightseeing.com*

► Vancouver Trolley Company ★

Auch die Vancouver Trolley Company bietet Sightseeing-Touren in einem historischen Trolley an. Es werden die wichtigsten und interessantesten Sehenswürdigkeiten angefahren, man kann jederzeit ab- und zusteigen. Es werden auch spezielle Touren angeboten (Näheres auf der Internetseite).

✉ *875 Terminal Ave, Vancouver*
☎ *604-801-5515 oder 1-888-451-5581 (geb.frei)*
🕐 *Ganzj. 9–17 h*
🚌 *1-Tages-Pass: Erw.: CAD 42, Sen./Stud.: CAD 39, Kinder: CAD 25, Familien: CAD 100*
@ *info@vancouvertrolley.com*
🌐 *Plan: www.vancouvertrolley.com/tours/route-map*
🌐 *www.vancouvertrolley.com*

► Bootstouren

► Vancouver Harbour Tour

Die etwa eine Stunde dauernde Tour führt durch den Burrard Inlet, vorbei am Stanley Park, Lions Gate Bridge und Gastown. Weitere Infos unter der u.g. Internetadresse.

📍 *Südlich der Lions Gate Bridge vom Hwy 99 (Georgia St) auf der Denman St nach Norden, ein Parkplatz (geb.pflichtig) befindet sich dort am Hafen.*
🕐 *Touren: Ende April–Sept.*
🚌 *Erw.: CAD 34,95, Sen./Jugendl. (12–17 J.): CAD 28,95, Kinder (5–11 J.): CAD 12*

► Indian Arm Luncheon Cruise

Auf dieser Tour werden neben Stanley Park, Lions Gate Bridge und Granville noch die Küstenabschnitte Vancouver Nord und Vancouver West angefahren. Sie dauert etwa 4 Stunden und beinhaltet ein Bordmenü.
🕐 *Touren: Mitte Mai–Mitte Okt.*
🚌 *Erw.: CAD 78,95, Kinder (2–11 J.): CAD 68,95*

Harbour Cruises & Events
✉ *501 Denman St, Vancouver*
☎ *604-688-7246 oder 1-800-663-1500 (geb.frei)*
@ *tours@boatcruises.com*
🌐 *www.boatcruises.com*

▶ Stadtteile Inner City

Der Innenstadtbereich von Vancouver ist eine Sammlung verschiedenster Stadtteile, die touristisch interessantesten sind:

▶ Gastown

Die Keimzelle der Stadt und das älteste Viertel. Bestechend ist die alte Bausubstanz der teilweise schon etwas heruntergekommenen Häuser. Eine extreme Mischung aus modernen Einwohnern und den ärmsten Schichten der Bevölkerung macht Gastown einzigartig und auch ein wenig erschreckend. Die Straßen Water/Powell/Alexander und Cordova St bilden zwischen Cambie und Main St das Zentrum, ab West Hastings St sollten sich ängstliche Besucher auf ein besonderes Klientel einstellen.

▶ Chinatown

Die ehemaligen Arbeitertrupps aus dem fernen China haben rund um West Pender und Keefer St zwischen Carrall und Gore St ein einmaliges Ambiente erschaffen. Touristisch nicht unnötig aufgeblasen können die Besucher hier in die asiatische Lebenswelt eintauchen.

▶ Yaletown

Das junge, moderne und hippe Viertel von Vancouver Downtown. Geprägt von den riesigen, gläsernen Wohnhäusern und einer einzigartigen Kombination aus kreativen Geschäften und stylishen Bars, ist Yaletown das Gebiet der jungen und wohlhabenden Generationen. Im Osten und Süden begrenzt durch den **False Creek**, erstreckt sich der Stadtteil im Westen bis zur Richards St und im Norden bis Smithe/Robson St. Besonders sehenswert sind die beiden Straßen Mainland und Hamilton zwischen Smithe und Davie St, hier dürfen sich die Fußgänger über hochgebaute und breite Bürgersteige freuen, an denen sich ein Café an die nächste Bar reiht.

▶ Downtown / Granville

Durchzogen von den Einkaufsstraßen Robson und Granville St bestechen Downtown und Granville durch riesige Glasbauten und eine besondere Geschäftigkeit. Zahlreiche Cafés, Restaurants, Galerien und Museen sind zu finden und Einkaufsmöglichkeiten für alles, was das Herz begehrt. Die Granville St ist der kreativere Partner des Innenstadtbereichs und führt nach Granville Island.

▶ Heritage District

An der Waterfront gelegen, versammeln sich im Heritage District edle Boutiquen, Geschäftszentren und Hochhäuser aus den Anfängen des 20. Jahrhunderts: z. B. das Sinclair Centre (erbaut 1911), ein Mekka für Modefreunde, oder das Marine Building (erbaut 1930) mit Art Deco Architekturanklängen, ebenso **The Vancouver Lookout** wie das architektonisch beeindruckende **Canada Place**. Der District wird begrenzt durch die Burrard Inlet im Norden und West Pender St im Süden.

▶ Stanley Park

Auch wenn der Begriff Stadtteil für eine Grünanlage unpassend ist, übertrifft die Größe des Parks (über 400 Hektar) alle bereits beschriebenen Viertel bei Weitem. Wer größere Teile entdecken möchte, wird mit einem Leihfahrrad gut beraten sein. Leihfirmen befinden sich kurz vor dem Park an den abgehenden Straßen der West Georgia Street.

▶ Davie Village

Die Hochburg der Gay Community liegt entlang der namensgebenden Davie St zwischen Burrard und Jervis St. Eine kreative und offene Gemeinde hat sich hier versammelt, ein übertrieben touristisches Verhalten ist nicht gerne gesehen. Auch wenn viele Outfits der Bewohner die Blicke auf sich ziehen, sollte man das Ablichten aus Höflichkeit und Respekt vermeiden.

▶ Granville Island

Die ehemalige Industrieinsel hat sich zu einem jungen, kreativen und offenen Stadtteil inmitten der Zwei-Millionen-Stadt gewandelt. Am Südende des Innenstadtbereichs gelegen ist der Stadtteil ein beliebter Treffpunkt und Ziel für Touristen.

▶ Einkaufen in Vancouver

Auch wenn die kanadischen Nationalparks einzigartig sind und Sie sich vielleicht schon nach den ersten Schritten in Vancouver die Ruhe der Natur wünschen, sind die Städte der weiteren oder vergangenen Route (Ausnahme: Calgary) eher Einkaufswüsten. Vancouver dagegen hält ein breites Einkaufsangebot bereit, das dem Vergleich mit anderen Metropolen locker standhält. Ein Einkaufsbummel lohnt sich in jedem Fall – nicht nur wegen eventueller Wechselkurs-Schnäppchen. Die wichtigsten Einkaufsbezirke sind:

▶ Robson Street

Zwischen Homer und Jervis St liegen auf der Haupteinkaufsstraße die Boutiquen, Souvenirläden, Elektrogeschäfte und Malls wie Perlen auf einer Schnur aneinandergereiht, durchsetzt mit kleinen Cafés und Restaurants.

▶ Granville Street

Ecke Robson St nach Süden befinden sich hier die kleineren und kreativeren Geschäfte. Das Ambiente ist nicht so großstädtisch wie auf der Robson St, ein Bummel lohnt sich auch hier in jedem Fall.

▶ Yaletown

Hier haben sich moderne Geschäfte versammelt, die aktuelle und kreative Waren anbieten. Neben hochwertiger Mode finden sich hier Einrichtungsgeschäfte und Boutiquen für moderne Innendekorationen. Die charmante Durchsetzung mit schicken Cafés macht einen Einkaufsbummel besonders attraktiv. Auffallend ist die hohe Dichte an Friseurgeschäften, die – für Kanada nicht gewöhnlich – ebenerdig liegen und Besuchern einen Einblick bieten.

▶ Gastown

Man findet hier neben den üblichen Souvenirgeschäften vor allem jüngere Geschäfte, Boutiquen und Galerien von lokalen Designern und eine reichhaltige Ansammlung an Kunsthandwerk der Natives.

▶ Chinatown

Wer nach exotischen Waren Ausschau hält, wird hier glücklich werden. In dem nicht übermäßig auf Touristen ausgerichteten Stadtteil halten die Händler all das bereit, was die Landsleute gerne einkaufen möchten. So finden sich hier neben ein paar Touristengeschäften knallbunte Krimskramsläden, Lebensmittelgeschäfte mit schwer zu definierenden Produkten in den Auslagen, Apotheken und chinesische Dienstleister.

▶ South Granville

In South Granville, südlich von Granville Island gelegen, halten sich wesentlich weniger Touristen auf als in Downtown. Die Erreichbarkeit ist etwas schlechter, mit Bussen aber kein Problem. Das Angebot an Geschäften und Boutiquen ist ebenso breit wie in den Haupteinkaufsgebieten, jedoch weit weniger überladen mit den großen Marken.

💡 Online spart Dollars, wenn man mehrere Attraktionen im Großraum Vancouver bucht. Näheres: 🌐 *www.vancouver attractions.com/buy-now*

👁 Highlights Innenstadt

▶ Downtown Vancouver

Der Bereich Downtown Vancouver liegt zwischen Stanley Park, Burrard Inlet, English Bay und False Creek und erstrahlt großstadttypisch mit Hochhäusern aus modernster Glas- und Betonarchitektur. Der Distrikt ist mit über 8.000 Firmen das Geschäftszentrum der Stadt. Ein buntes Wechselspiel des *big business* in Form von Anzügen und Kostümen mit staunenden Touristen bestimmt das Bild. Die Einkaufsmöglichkeiten von Downtown konzentrieren sich vor allem auf die Robson St und den Bereich zwischen Burrard und Seymour St. Um sich auch bei schlechtem Wetter hemmungslos dem Einkaufsvergnügen hingeben zu können, bieten die **Underground Malls** eine breit gefächerte Auswahl. Die wichtigsten Malls sind:

Pacific Centre

- 🚇 *701 West Georgia St, Vancouver*
- ☎ *604-688-7235*
- 🕐 *Mo, Di, Sa 10–19 h, Mi–Fr 10–21 h, So & feiertags 11–18 h*
- @ *pccguestservices@cadillacfairview.com*
- 🌐 *www.pacificcentre.com*

Harbour Centre

- 🚇 *555 West Hastings St, Vancouver*
- ☎ *604-689-7304*
- 🕐 *Mo–Sa 10–18 h, So & feiertags geschlossen*
- @ *admin@harbourcentre.com*
- 🌐 *www.harbourcentre.com*

The Bay / Hudson's Bay

- 🚇 *674 Granville St, Vancouver*
- ☎ *604-681-6211 oder 1-800-521-2364 (geb.frei)*
- 🕐 *Mo–Sa 9:30–19 h, So 11–19 h*
- 🌐 *www.thebay.com*

▶ Gastown ★

Gastown ist der älteste Bezirk von Vancouver, die Keimzelle der heutigen Metropole und seit 2009 in die Liste der *Historic District National Historic Site of Canada* aufgenommen. Gegründet wurde Gastown von Kapitän John **"Gassy Jack"** Deighton, der 1830 in Hull, England, geboren wurde und zur Zeit des Fraser River Goldrauschs um 1858 nach BC kam. Er war bereits Besitzer einer Bar in New Westminster, als er 1867 Arbeiter der ortsansässigen Sägemühle überredete, im heutigen Gastown einen Saloon zu bauen. Als Gegenleistung wollte er so viel Whisky spendieren, wie sie trinken konnten. Dies soll Ansporn genug gewesen sein, denn einen Tag später war der Saloon bereit zum Ausschank und Gastown geboren! Die Statue "Gassy Jack auf einem Whiskyfass stehend" an der Kreuzung Carrall, Powell, Water und Alexander St erinnert an die skurrile Gründungsgeschichte.

Am 6. April 1886 erhielt Gastown die Stadtrechte und wurde zur **City of Vancouver**, benannt nach dem britischen Entdecker George Vancouver. Gastown ist eines der belebtesten und beliebtesten Stadtteile. Am nordöstlichen Ende von Downtown Vancouver gelegen, zieht Gastown Touristen und Einwohner der Stadt gleichermaßen an. Eine lebendige Kneipenszene, viele kleine Boutiquen, Galerien und Geschäfte bilden mit dem sehenswerten Architekturmix einen stimmungsvollen, sehenswerten Ort. In den Sommermonaten bietet Gastown Besuchern eine Fülle von Freiluftveranstaltungen und Events. Im Winter laden unzähligen Clubs, Kneipen und Bars Besucher ein, den Abend inmitten der Einheimischen zu verbringen.

- 🌐 *www.gastown.org*

Steam Clock / Gastown

Steam Clock

Dieses sehenswerte Highlight liegt inmitten von Gastown. Die Steam Clock ist die weltweit einzige dampfbetriebene Straßenuhr, sie wurde 1977 von Raymond Saunders erbaut, das Design der Uhr geht jedoch ins Jahr 1875 zurück.

Betrieben wird die Uhr durch Dampf aus unterirdischen Rohrsystemen, die auch zur Beheizung vieler Innenstadtgebäude eingesetzt werden. Dieser Dampf drückt Stahlkugeln im Inneren der Uhr nach oben, die dann beim späteren Herunterfallen den Mechanismus betreiben. Betrachten können Sie dieses Spiel durch seitlich angebrachte Glasscheiben – nutzen Sie dazu die Zeit zwischen den viertelstündlichen Pfeifkonzerten der Uhr, da zum Pfeifkonzert Menschentrauben den freien Blick versperren können. Jede volle Stunde stülpt die Uhr ihr Innenleben nach außen und rückt durch eine heiße Dampffontäne in den Mittelpunkt des Geschehens. Die Steam Clock steht an der Ecke Cambie und Water St.

▶ Chinatown

Chinatown liegt südöstlich von Downtown und grenzt nördlich an Gastown. Vancouver besitzt nach San Francisco das zweitgrößte Chinesenviertel Nordamerikas. Die Chinesen waren sogar schon vor der Grün-

dung der Stadt 1886 hier ansässig. Viele wurden als billige Arbeitskräfte vor allem aus Südchina nach Kanada gebracht, um beispielsweise beim Bau der Canadian Pacific Railway zu helfen. Die Folge der reinen Arbeitskraftbeschaffung war, dass Chinatown fast ausschließlich von Männern bewohnt war. Die Kopfsteuer der kanadischen Regierung auf chinesische Einwanderer verhinderte das Nachholen der Familien, denn nur wenige konnten genügend Dollar zurücklegen, um eine Zusammenführung der Familien auf kanadischem Boden zu bezahlen.

Der historische Kern von Chinatown liegt entlang der Pender St und wurde erst Anfang des 20. Jahrhunderts durch den Erwerb von Grundbesitz der reich gewordenen chinesischen Händler in Richtung Carrall St, Shanghai Alley und Canton Alley ausgedehnt. Die Situation war allerdings für diese große Minderheit historisch nicht einfach. Jeder kleine wirtschaftliche Abschwung und die damit verbundene Verschärfung des Arbeitsmarktes schürte den Unmut der kanadischen Bevölkerung, die in den billigen und oft als Streikbrecher eingesetzten Arbeitskräfte eine unliebsame Konkurrenz sahen. Die Wende brachte der Zweite Weltkrieg, als Kanada und China in einer Allianz Seite an Seite kämpfte. Als Folge der "Verbrüderung" wurde die Einreisebeschränkung abgeschafft und der Nachzug der Familien aus China ermöglicht. Die nun eingereisten chinesischen Frauen und Kinder sprengten die Kapazität von Chinatown, trugen aber entscheidend dazu bei, dass die chinesischen Wurzeln und Traditionen nicht vergessen wurden. Etwa 30 Prozent der Bewohner Vancouvers sprechen als Muttersprache Chinesisch und können ihr Leben ungestört und traditionell weiterführen.

In Chinatown wird man überschüttet mit fernöstlichen Gerüchen, Geräuschen und Gesprächen. Händler präsentieren ihre Waren, vor allem die exotischen Gewürze und Speisen fallen ins Auge, die nicht immer zweifelsfrei zu identifizieren sind. Beim Bummel wird der Besucher von fernöstlicher Musik beschallt, mit traditionellen Heilmethoden vertraut gemacht und man vergisst schnell, dass man sich in einer nordamerikanischen Metropole befindet.

Ein besonderes Highlight während der Sommermonate ist der **Open-Air-Nacht-markt**. An Freitag-, Samstag- und Sonntagabenden ab 18:30 Uhr (bis ca. 23 Uhr) öffnen unzählige Händler ihre Stände und bieten entlang der Keefer und Pender St alles, was das chinesische und europäische Herz begehrt.

 www.vancouver-chinatown.com

New Town Bakery & Restaurant

Appetit auf Herzhaftes oder Süßes? Dann lohnt ein Besuch in der **New Town Bakery & Restaurant**. Probieren Sie eine der leckeren Sorten der **Steamed Buns**, ein traditionelles chinesisches Backwerk. Die Brötchen werden in salzigen, würzigen und süßen Variationen angeboten, mit Fleischeinlage oder vegetarisch. Die Inhaber, Susan und David Ng, kamen 1972 nach Kanada und übernahmen 1980 die Stadtbäckerei. Ihre gedämpften Brötchen sind weit über die Grenzen Kanadas bekannt. Neben chinesischer Kost bieten sie auch philippinische Snacks an. Filialen der New Town Bakery & Restaurant befinden sich in Surrey (10302 – City Parkway) und Richmond (4 – 6330 No.3 Rd)

✉ 158 E. Pender St, Vancouver
☎ 604-689-7835
🕐 Tägl. 6:30–20:30 h, Weihnachten geschlossen
🌐 http://newtownbakery.ca

► Robson Street ★

Die Robson Street gilt als zentrale Einkaufsstraße von Vancouver. Sie führt mitten durch Downtown und bietet Einkaufswilligen alles, was das Herz begehrt und der Geldbeutel hergeben kann: von günstigen Artikeln bis zu exklusiver Designermode. Auch viele Straßencafés, Kunstgalerien und alternative, kleine Geschäfte bieten den Besuchern eine reiche Auswahl. Wenn Sie ein paar Urlaubsgroschen übrig haben oder noch ein paar Mitbringsel fernab der klassischen Touristenware suchen, werden Sie hier sicherlich fündig.

Die Robson Street ist nach John Robson, einem ehemaligen Premierminister von British Columbia, benannt und wurde vor etwa 30 Jahren von den Anwohnern auch liebevoll als "**Robsonstraße**" bezeichnet durch den hohen Anteil an europäischen und speziell deutschen Geschäften. Der Begriff verschwand aber nach und nach genauso, wie einheimische Geschäfte Einzug hielten. Dennoch hat sich die Straße ein wenig des europäischen Flairs erhalten.

🌐 www.robsonstreet.ca

► Granville Island

Granville Island, im Süden von Vancouver in der Bucht False Creek gelegen, bezeichnet sich selber als "die wahrscheinlich erfolgreichste städtische Neustrukturierung

Typisches Geschäft in Chinatown

Nord-Amerikas". Ob dies wirklich hundertprozentig zutrifft, lässt sich nur schwer nachvollziehen – sicher ist, dass dieses Viertel in den letzten Jahrzehnten eine einzigartige Wandlung vollzogen hat.

Granville Island war bis Mitte der 70er-Jahre ein heruntergekommenes Industrieareal, dem man durch Renovierung, Abriss und Umbau ein neues Bild gab. 1979 eröffnete in den alten Lager- und Fabrikhallen der **Granville Island Public Market** mit Obst, Gemüse, Meeresfrüchten und weiteren Spezialitäten, später kam noch der **Maritime Market** hinzu. An Wochenenden und abends ist Granville voller Leben, z. B. auch in der **Grandville Island Brewery**, die auch Führungen (🕐 Mo-So 12/14/16 h, first-come, first-served 💰 CAD 9,75) anbietet (✉ 1441 Cartwright St 🕐 geöffnet tägl. 10 bis 20 Uhr 🌐 www.gib.ca). Darüber hinaus gibt es unzählige weitere Restaurants, Bistros und Cafés, Galerien und Theater.

🌐 www.granvilleisland.com

▶ False Creek

Während der Winterolympiade 2010 in Vancouver war False Creek in aller Munde, denn hier entstand auf einer Fläche von etwa 150.000 m² ein gigantisches Wohngebiet, in dem etwa 2.800 Teilnehmer und Funkionäre wohnten. Das Maskottchen der Olympischen Winterspiele wird Ihnen immer wieder begegnen, mal aus Stein, mal aus Schnee. Der **Steinmarker**, den die Inuit "Inukshuk" nennen, steht als Symbol für Freundschaft und Zusammenarbeit. Unter ca. 1.600 Einreichungen wurde dieses Symbol ausgewählt, es bekam den Namen "Ilannaaq", was in der Sprache der Inuit etwa "Freund" heißt.

False Creek (etwa: falscher Fluss) ist der Meeresarm, der von der English Bay westlich von Downtown etwa drei Kilometer nach Osten reicht. Über den False Creek führen die Brücken Burrard, Granville (Highway 99 Süd) und Cambie Bridge geradewegs nach Downtown. Am False Creek liegt auch der hippe Stadtteil **Yaletown** und **Granville Island**, am Ostende befindet sich das Museum Science World.

Entlang des False Creek führt der 4,5 Kilometer lange South False Creek Trail ab der Burrard Bridge bis zu Science World. Der Trail ist für Biker, Skater und Wanderer geeignet und bietet einen wundervollen Blick auf Downtown Vancouver. Wer danach noch Energie übrig hat, kann am Nordufer noch 29 Kilometer weiterwandern oder radeln bis zum Devonion Harbour Park im Südwesten des Burrard Inlet.

Bequem geht's per Boot über den False Creek. Seit über 25 Jahren verkehren die kleinen blauen Boote der **False Creek Ferries** zwischen den Haltepunkten Yaletown, Science World, Granville Island, Aquatic Centre, Stamps Landing und Vanier Park. Näheres und Infos erhalten Sie unter:

☎ 604-684-7781
@ info@granvilleislandferries.bc.ca
🌐 www.granvilleislandferries.bc.ca

▶ Dr. Sun Yat-Sen Classical Chinese Garden ★

"Life is not measured by the number of breaths we take, but by the places and moments that take our breath away." (Das Leben wird nicht gemessen an der Anzahl der Atemzüge, sondern an den Orten und Momenten, die uns den Atem geraubt haben.)

Das Motto des Classical Chinese Garden zeigt, welche Zielsetzung der Garten verfolgt. Hier findet der Besucher einen Ort der Ruhe, Besinnung und Zufriedenheit, der nach den klassischen chinesischen Grundelementen angelegt wurde. Stein, Wasser, Pflanzen und Architektur vereinen sich zu einem ausgeglichenen Ort. Entfliehen Sie der Hektik der Stadt und nutzen Sie diese kleine Oase, um neue Kraft für die noch vor Ihnen liegenden Erlebnisse zu schöpfen. Der Namensvetter des Gartens, Dr. Sun Yat-Sen, gilt als "Vater des modernen China", er war ein bedeutender Staatsmann und Revolutionsführer Anfang des 20. Jahrhunderts und verbrachte mehrere Jahre seines Lebens im Exil in Vancouver.

Erbaut wurde der Chinese Garden mit Mitteln der chinesischen und kanadischen Regierung, er gilt als ein Symbol des kulturellen Austauschs und der Toleranz. Der Garten liegt an der Carrall St in Chinatown, der Parkbesuch ist kostenlos, die Innenanlage kostenpflichtig.

🚆 Skytrain Haltestelle Chinatown, weiter auf Keefer St Richtung Osten bis Kreuzung Keefer/Carrall St
✉ 578 Carrall St, Vancouver
☎ 604-662-3207

Dr. Sun Yat-Sen Classical Chinese Garden

🕐 *Mai–Mitte Juni & Sept.: 10–18 h, Mitte Juni–Ende Aug.: 9:30–19 h, Okt.–Ende April: 10–16:30 h, Mo geschlossen von Nov.–April*

💰 *Erw.: CAD 12, Sen.: CAD 10, Schüler/Stud.: CAD 9, Familien: CAD 28*

@ *margaret@vancouverchinesegarden.com*

🌐 *www.vancouverchinesegarden.com*

▶ Stanley Park

Der 4 km² große Stanley Park liegt nördlich von Downtown auf der Landzunge zwischen der English Bay und dem Burrard Inlet. Der größte Stadtpark Kanadas ist eine grüne Oase und lädt mit üppiger Regenwaldvegetation, schönen Gartenanlagen und vielen Sport- und Spielstätten zum Verweilen ein.

An der Westseite verläuft die neun Kilometer lange Uferpromende (Seawall Promenade), wo man bei frischer Seeluft eine tolle Aussicht genießen oder in den Pazifik eintauchendes kann. Ein über 80 Kilometer langes Netz aus Rad- und Wanderwegen zieht sich durch den Park, die für die geschätzten acht Millionen jährlichen Besucher Einsamkeit und Erholung bringen. Über die Jahre haben sich viele einheimische Tierarten niedergelassen, zu den spektakulärsten Arten zählen Waschbären und Kojoten, die sich allerdings nur selten den Besuchern persönlich vorstellen.

Der Stanley Park wurde am 27. September 1888 eröffnet und ist nach dem damaligen Generalgouverneur Frederick Arthur Stanley benannt. Seit 1988 ist der Park eine *National Historic Site of Canada*.

Der Park Drive führt rund um den Park, Pipeline Rd und North Lagoon Dr sind Verbindungsstraßen zum Park Drive, Parkplätze (Pkw) findet man unterwegs.

Vancouver Aquarium

Ein besonderes Highlight des Parks ist das Vancouver Aquarium, von den Einheimischen auch "Vanaqua" genannt, das auf über 9.000 m² mehr als 300 Fischarten und eine Vielzahl von Amphibien, Säugetieren und Vögeln beheimatet.

☎ 604-659-3474

🕐 *Ganzj. tägl. 9:30/10–17/18 h*

💰 *Sommer: Erw.: CAD 34, Sen./Jugendl (13–18 J.)/ Stud.: CAD 25, Kinder (4–12 J.) CAD 20; Winterpreise um CAD 5 niedriger*

@ *visitorexperience@vanaqua.org*

🌐 *www.vanaqua.org*

Stanley Park Horse-Drawn Tour

Gemütlich auf einer antiquierten Pferdekutsche kann man sich mit zwei PS durch den Park kutschieren lassen und dabei die Natur des Parks genießen. Treffpunkt ist der

Seawall Promenade / Sunset Beach

Kiosk am Coal Harbour Parkplatz/Georgia St Parkeingang. Die Touren werden bei jedem Wetter alle 20 bis 30 Min. gefahren.

☎ 604-681-5115
🕐 Mitte März–Ende Okt., Dauer: 1 Stunde
💰 Erw.: CAD 34,99, Schüler/Stud., Sen. (65+).: CAD 33,29, Kinder (3–12 J.).: CAD 16,99
@ tours@stanleypark.com
🌐 www.stanleypark.com

► Canada Place ★

Dieses architektonische Meisterwerk, dessen Dach fünf Segeln nachempfunden ist, liegt am Burrard Inlet. Es wurde zur Weltausstellung EXPO 1986 errichtet. Umrandet ist das Gebäude mit Promenadendecks, die das Gefühl vermitteln, tatsächlich auf einem Hochseedampfer zu stehen. Hier befinden sich auch einige Lokale, von denen aus man das bunte Leben und Treiben im Hafen beobachten kann. Im Inneren des Gebäudes befindet sich u.a. das Vancouver Convention Centre, ein Welcome Centre, der Cruise Ship Terminal und das luxuriöse **Pan Pacific Hotel**. Von Mai bis Oktober liegen oft große Kreuzfahrtschiffe vor ihrer Weiterfahrt gen Alaska im Hafen.

📍 Canada Place liegt gegenüber des Tourism Vancouver Visitor Centre und ist nicht zu übersehen.

📧 999 Canada Place, Vancouver
☎ 604-665-9000
@ admin@canadaplace.ca
🌐 www.canadaplace.ca

► Vancouver Lookout

Das Ausssichtsdeck liegt im 28. Stock des **Harbour Centre** mit grandiosem 360-Grad-Blick bis weit über die Grenzen der Stadt hinaus. Wer mit diesem Ausblick speisen möchte, kann sich im **Top of Vancouver Revolving Restaurant** mit schmackhafen Gerichten verwöhnen lassen.

📍 Von Norden auf dem Hwy 99 kommend li auf die Seymour St (Hwy 7A) bis zum Harbour Centre
📧 555 West Hastings St, Vancouver
☎ 606-689-0421
🕐 Kernöffnungszeiten: tägl. 9–21 h
💰 Erw.: CAD 16,25, Sen.: CAD 13,25, Jugendl. (13–18 J.): CAD 10,75 Kinder (6–12 J.): CAD 8,25, Familien: CAD 41
@ info@vancouverlookout.com
🌐 www.vancouverlookout.com

Restaurant
☎ Reservierung 604-669-2220
🕐 Tägl. 11/11:30–15 & 17–22/23 h
🌐 www.topofvancouver.com

▶ Art Gallery Vancouver

Die Art Gallery Vancouver ist eines der größten Kunstmuseen Kanadas. Es liegt am Nordende des Robson Square und beeindruckt durch seine besondere Architektur, plätschernden Wasserkaskaden und grünen Oasen. Im Untergeschoss befinden sich Restaurants und Shops. Neben wechselnden aktuellen Ausstellungen zeigt es eine Sammlung von fast 10.000 klassischen und zeitgenössischen Werken berühmter Künstler und Fotografen (u. a. Emily Carr, Marc Chagall, Jeff Wall, Stan Douglas, Roy Arden u.v.m.). Ein komplettes Stockwerk ist kanadischen Künstlern gewidmet.

Eröffnet wurde das Museum 1931 im Art Déco Haus in der Georgia St. Es wechselte 1983 in das ehemalige Gerichtsgebäude von British Columbia, dem heutigen Standort. Das Gebäude wurde 1906 vom Architekten Francis Rattenbury geplant und erbaut, musste aber vor dem Einzug aufwendig für etwa CAD 20 Millionen restauriert werden. Der Anbau an der Westseite entwarf 1912 der Architekt Thomas Hooper. Das Wasser des **Centennial Fountain** (Springbrunnen) vor dem Eingang des Museums plätschert in ein mit farbenprächtigem Mosaik ausgelegtes Becken. Der Brunnen wurde 1966 zum 100-jährigen Jubiläum des Zusammenschlusses von Vancouver Island mit British Columbia angelegt.

🌐 *Von Norden über Hwy 99 kommend in Downtown re auf die Hornby St und weiter ca. 150 m bis zur Gallery*

✉ *750 Hornby St, Vancouver*

☎ *604-662-4719*

🕐 *Tägl. 10–17 h, Di bis 21 h*

💰 *Täglich; Erw.: CAD 20, Sen. (65+): CAD 15, Stud./Schüler: CAD 15, Kinder (5–12 J.): CAD 6, Familien: CAD 50, Di nach 17 h: Eintritt gegen Spende*

@ *customerservice@ vanartgallery.bc.ca*

🌐 *www.vanartgallery.bc.ca*

▶ Roedde House Museum

Das im Besitz der Stadt befindliche Museum gehört zu den wenigen noch erhaltenen historischen Gebäuden in Vancouver. Erbaut wurde es 1893 im Queen Anne Stil für den ersten Buchbinder Vancouvers, Gustav Roedde. Besucher bekommen in den elf Räumen des originalgetreu restaurierten Wohnhauses einen Einblick in den Alltag und das Leben der Mittelschicht Ende des 19. Jahrhunderts. Das Haus liegt im Barclay Heritage Square, wo noch weitere historische Gebäude stehen. Es werden auch geführte Touren angeboten. **Bitte beachten Sie:** Nur die sechs Räume im ersten Geschoss sind behindertengerecht, Infos sind auch in Deutsch erhältlich.

🌐 *Von Norden auf dem Hwy 99 in Downtown re auf die Broughton St bis zur Barcley St*

✉ *1415 Barclay St/Ecke Broughton St, Vancouver*

☎ *606-684-7040*

🕐 *Mai-Aug: Di–Sa 11–16 h, So 13–16 h, Mo geschlossen, Sept.–April: Mi–Fr & So 13–16 h, Mo & Sa geschlossen*

💰 *Tour: CAD 5, Tee & Tour: CAD 8, nur Cash*

@ *info@roeddehouse.org*

🌐 *www.roeddehouse.org*

▶ Science World

Die Science World, seit 2005 offiziell **TELUS World of Science Vancouver** genannt, ist

Canada Place

ein modernes Museum, das wechselnde interaktive Ausstellungen zeigt. Besonders auffällig ist die ausgefallene Architektur des Gebäudes, hier vor allem die von Richard Buckminster Fuller entworfene geodätische Kuppelkonstruktion, in dem sich das **OMNIMAX** Kino befindet. Das Museum hat sich zum Ziel gesetzt, Jung und Alt mit Themen der Wissenschaft, Natur und Technik vertraut zu machen und mit modernen Mitteln einen besonderen Erlebniswert zu verschaffen. Neben den wechselnden aktuellen Veranstaltungen und Ausstellungen bietet das Museum Galerien mit verschiedenen Themenschwerpunkten. So können Sie sich z. B. in der Galerie *Bodyworks* mit der Funktion des menschlichen Körpers vertraut machen oder den Kindern im *Kidspace* ein Museum mit kindgerechten und anfassbaren Gegenständen bieten.

- *Die Science World liegt am Rand von Downtown Vancouver an der Sky-Train-Haltestelle Main St/ Science World am Ostende des False Creek.*
- *1455 Quebec St, Vancouver*
- *604-443-7443*
- *Di–Fr 10–17 / 18 h, Wochenende, Feiertage 10–17 / 18 h, Herbst Mo geschlossen*
- *Erw.: CAD 22,50, Kinder (3–12 J.): CAD 15,25, Sen., Jugendl. (13–18 J.): CAD 18,50*
- *Eintritt & 1 Omnimax-Film: + CAD 6*
- *Parken: 1 Std. CAD 4, 2 Std. CAD 8, 4 Std. CAD 10, nach 18 h CAD 7*
- *info@scienceworld.ca*
- *www.scienceworld.ca*

Highlights nördlich der Innenstadt

Die nördlich von Downtown Vancouver liegenden Highlights Capilano Suspension Bridge, Grouse Mountain, Lynn Canyon, Cypress und Mount Seymour Provincial Park können bequem vom Trans-Canada Hwy 1 erreicht werden, den man ab Downtown über den Highway 99 Nord nach Überfahren der Lions Gate Bridge erreicht.

▶ Lions Gate Bridge

Die Lions Gate Bridge (auch: First Narrows Bridge) verbindet die City mit Nord- und West Vancouver. Gebaut und finanziert wurde die Brücke 1936/37 durch die Familie Guinness (Brauerei und Guinness Buch der Rekorde), die sechs Millionen CAD investier-

te. Die Familie wollte damit eine Verbindung nach Nord-Vancouver und zu ihren Ländereien schaffen. Erst nach langem Zögern bekamen sie die Genehmigung für den Bau, mussten jedoch versichern, möglichst viel Baumaterial aus Vancouver zu verwenden und ausschließlich einheimische Arbeitskräfte einzusetzen, was den durch die Weltwirtschaftskrise gebeutelten Arbeitsmarkt belebte. Eröffnet wurde die Brücke 1939 von seiner Majestät König George VI und Königin Elisabeth.

Der Brückenentwurf stammt von Philip Louis Pratley und dem Ingenieur W.G. Swan. Die Brücke bringt es auf eine Gesamtlänge von 1.517 Meter mit einer Hauptspannweite von 472,75 Metern. Der hoch aufragende Brückenturm ist bis zur Spitze 111 Meter hoch. Die anfänglich zu entrichtende Maut von CAD 0,25 wurde auch nach dem Verkauf an die kanadische Regierung im Jahre 1956 noch nicht abgeschafft, so konnte die Kaufsumme refinanziert werden. Ab 1963 konnte die Brücke kostenfrei befahren werden.

1990 musste die Regierung darüber nachdenken, entweder eine neue Brücke zu errichten, den Burrard Inlet zu untertunneln oder die bestehende Substanz zu überarbeiten. Den Entschluss, die Brücke zu erneuern und die Fahrspuren auszubauen wurde vermutlich primär aus finanziellen Aspekten getroffen – hing aber sicher auch damit zusammen, dass die Lions Gate Bridge zu einem Wahrzeichen der Stadt geworden war. Der Ausbau 2000 bis 2001 brachte eine Verbreiterung der Fahrspuren auf 3,60 Meter und der Fußwege auf 2,70 Meter. Die Brücke verdankt ihren Namen den Lions Peaks, zwei Berggipfel an der Nordküste.

▶ Grouse Mountain ★

Der 1.250 Meter hohe Hausberg Vancouvers liegt etwa zwölf Kilometer nördlich der Stadt. Der Legende nach erhielt der Berg seinen Namen nach einem Blue Grouse Bird (Felsengebirgshuhn), das von Jägern 1894 erschossen wurde. Als noch keine Brücke über den Burrard Inlet führte, war eine drei- bis viertägige Wanderung über Felsen, Geröll und durch dichten Wald nötig, um auf die Spitze des Grouse Mountain zu kommen. Dennoch marschierten

Tausende abenteuerlustige Besucher auf den Berg, darunter auch Don und Phyllis Munday. Sie errichteten die erste Hütte auf dem Berg und wurden später Namensgeber des "Munday Alpine Snowparks" auf dem Grouse Mountain.

Die erste ernsthafte Idee, den Berg für Touristen durch den Bau einer Seilbahn zu erschließen, scheiterte 1910 an der Stahlknappheit des nahenden Ersten Weltkriegs. Erst im Jahr 1929 wurde der nächste Versuch gestartet und der Tyee Ski Club gegründet, der heute zu einem der ältesten Skiclubs Kanadas zählt. Und ein Jahr später war der erste Schlepplift startklar und das Gebiet für den Skitourismus zugänglich. 1949 wurde der erste Doppel-Sessellift der Welt errichtet, der zwei Jahre später bis zum Gipfel erweitert wurde. Nun konnten Besucher bequem den kompletten Berg erobern. Der Grouse Mountain Skyride, die 45 Personen fassende Seilbahn, wurde 1966 eingeweiht.

Das weltberühmte **Theatre in the Sky**, heute ein top-modernes Kino in luftiger Höhe und Publikumsmagnet Nummer eins finanzierte die Famlilie McLaughlin.

Eine Fahrt zur Bergstation lohnt sich bei klarer Sicht zu allen Jahreszeiten, da saisonal angepasst Sport- und Wandermöglichkeiten geboten werden: im Winter kanadisch-perfekt ausgebaute Skipisten und im Sommer unzählige Wanderwege durch die Flora und Fauna des Grouse Mountain.

> 💡 Wenn Sie klare Sicht haben, zögern Sie nicht und gönnen Sie sich die Fahrt.

Wintersportler finden Pisten und Loipen unterschiedlicher Schwierigkeitsgrade und Längen. Saison ist von Mitte November bis Mitte April. Auch Helicopter-Tours werden angeboten. Reservierung und Infos:
☎ 604-980-9311
🌐 https://grousemountain.com/heli-tours

Die Fahrt mit der Kabinenbahn **Skyride** beträgt acht Minuten. Sie bringt die Besucher ganzjährig auf 1.100 Meter Höhe. Bis zur Bergspitze sind noch weitere 150 Höhenmeter zu überwinden, entweder zu Fuß oder im Sommer mit dem Sessellift "**Scenic Chair Lift**".

Grouse Mountain

In Höhe der Bergstation liegen neben dem **The Observatory Restaurant** noch ein Bistro, Cafés, der Rusty Rail BBQ & Grill, Souvenir- und Sportgeschäfte und das Theatre in the Sky. Bei Reservierung im Restaurant oder einer Heli-Tour fallen keine Fahrpreise mit dem Skyride an.

Wer den besonderen Kick sucht, kann sich bei einem Tandem-Gleitschirmflug oder rasant per Mountain-Zipline dem Tal nähern oder eine *Eye of Wind* Turbinentour in schwindelnde Höhe unternehmen. Allerdings reißen diese Aktivitäten ein größeres Loch in die Urlaubskasse. Näheres:
🌐 www.grousemountain.com/#activities-guide

> 💡 Im Sommer fährt ab Canada Place ein kostenloser Shuttle-Bus etwa stündlich zum Grouse Mountain.

Es können mehrere Kombi-Touren (wetterabhängig) gebucht werden: Der Alpine Experience beinhaltet freien Eintritt für das Theatre in the Sky, Lumberjack Show und je nach Jahreszeit vieles mehr. Wer noch höher hinauf und mit dem **Scenic Chair Lift** auf den Gipfel möchte, bucht **Peak Experience** und das absolute Spitzenhöhengefühl hat man auf der Wind-Turbine (**Eye of Wind**), dazu bucht man Ultimate Experience. Die u.g. Öffnungszeiten sind für die Sommermonate gültig.
🧭 Zufahrt vom Trans-Canada Hwy 1 Exit 14 über Capilano Rd bis zur Talstation der Kabinenbahn

- 6400 Nancy Greene Way, North Vancouver
- 604-984-0661 & 604-980-9311
- Schneetelefon: 604-986-6262
- Reservierung "The Observatory Restaurant": 604-980-9311
- Skyride: ganzj. tägl. 9–22 h (alle 15 Min.)
- Peak Chairlift: tägl. 10–20 h
- Eye of Wind: 10–19:30 h
- Alpine Experience: Erw.: CAD 43,95, Sen. (65+): CAD 39,95, Jugendl.: CAD 24,95, Kinder (5–12 J.) CAD 14,95, Familien: CAD 113,95
- Peak Experience: Erw.: CAD 47,95, Sen. (65+): CAD 43,95, Jugendl.: CAD 28,95, Kinder (5–12 J.) CAD 14,95, Familien: CAD 121,95
- Ultimate Experience: Erw.: CAD 57,95, Sen. (65+): CAD 53,95, Jugendl.: CAD 38,95, Kinder (5–12 J.) CAD 14,95, Familien: CAD 139,95
- Parken: Lot A,B,C: 3 Stunden CAD 6, 1 Tag: CAD 8, Lot D: 3 Stunden CAD 2, 1 Tag CAD 4
- info@grousemountain.com
- www.grousemountain.com

Wandern

Grouse Grind Trail

Eine beliebte Wandertour ist der Grouse Grind Trail. Alljährlich tummeln sich ca. 100.000 Wanderer auf dem extrem steilen und schwierigen Trail und versuchen, den Wanderrekord zu brechen, der alljährlich am dritten Wochenende im September beim **Grouse Grind Mountain Run** aufgestellt wird. Dieser lag 2015 bei den Männern bei 27 Minuten und 18 Sekunden – bei den Frauen bei 33 Minuten und 17 Sekunden. Versuchen Sie erst gar nicht ernsthaft, diese Rekorde zu brechen! Genießen Sie lieber die einmalige Natur, wenn Sie sich diesen Trail antun! **Anmerkung:** Der Weg ist nur während der hellen Stunden geöffnet.

- Parkplatz der Bergbahn
- Infos: 604-998-4255
- Normalerweise mind. 6 Stunden
- Extrem steil, 2.830 Stufen
- 2,9 km (einf. Strecke)
- 853 m

▶ Capilano Suspension Bridge und Park – Nord Vancouver ★

Eine sehr beliebte Attraktionen im Norden Vancouvers ist die Capilano Suspension Bridge mit ihrem erlebnisreichen Park. Im Park überquert man auf einer 137 Meter langen Hängebrücke in 70 Meter Höhe den Capilano River, diese Brücke ist die älteste Touristenattraktion Vancouvers. Die erste Brücke wurde 1889 erbaut, sie bestand damals noch aus Hanfseilen und Zedernbretter. Mehrfach modernisiert wird sie heute von spezial-verstärktem Stahl gehalten, der mit 13 Tonnen Beton im Boden verankert ist. Die Brücke schwankt etwas beim Darüberlaufen, aber beidseitig sind dicke Stahlseile zum Festhalten angebracht.

Auf der gegenüberliegenden Seite ist Interessantes zu entdecken – kürzere Hängebrücken und Überwege in bis zu 30 Metern Höhe führen von Baumhaus zu Baumhaus durch dichten Regenwald. Die Wanderung unter den Baumwipfeln eröffnet uns Menschen so die Betrachtung des Waldes aus dem Blickwinkel der Klettertiere und Vögel. Natürlich gibt es auch Wege "auf der Erde". Die neueste Attraktion des Parks ist eine **Cliffwalk-Tour** (nichts für schwache Nerven) hoch über dem Capilano River entlang der Felsen des Canyons. Über freitragende (auch gläserne) Wege erreicht man bisher nicht zugängliche Bereiche des Parks. Im integrierten *Living Forest* wird über die Flora und Fauna des Küstenregenwaldes informiert. Dargestellt werden u.a. die unterirdischen Aktivitäten verschiedener Kriechtiere, das Leben in Teichen und Seen und die wundersame Welt eines "gefallenen" Baumes. Die kindgerecht dargestellten Informationen sind unterhaltsam und schön illustriert.

Wunderschön bemalte **Totempfähle**, angefertigt von den BC First Nations, wurden 1930 dem Park übergeben und im Originalzustand belassen. Sie schmücken den Park und "begrüßen" alle Besucher.

Im **Kia'palano**, dem First Nations Cultural Center, wird traditionelles Kunsthandwerk angefertigt und verkauft. In der **Trading Post** wird neben Souvenirs ebenfalls Kunsthandwerk der Natives angeboten. Hunger und Durst stillen kann man in einem Café und einem Grill, sie werden von Mai bis Oktober bewirtschaftet.

> Im Sommer fährt ab Canada Place ein kostenloser Shuttle-Bus alle paar Minuten zur Capilano Bridge.

Capilano Suspension Bridge

🚗 *Zufahrt vom Trans-Canada Hwy 1 Exit 14 und weiter über die Capilano Rd zum Park*

✉ *3735 Capilano Rd, North Vancouver*

☎ *604-985-7474 oder 1-877-985-7474 (geb.frei)*

🕐 *Ganzj., Kernöffnungszeiten 9–17 h*

💰 *Erw.: CAD 37,95, Sen. (65+) CAD 34,95, Stud.: CAD 30,95, Jugendl.: (13–16 J.) CAD 24,95, Kinder (6–12 J.) CAD 12, Parken: CAD 5 (4 Std.)*

@ *info@capbridge.com*

🌐 *www.capbridge.com*

▶ Mount Seymour Provincial Park – Nord Vancouver

Der 1938 gegründete Mount Seymour Provincial Park liegt im Norden von Vancouver. Die Zufahrtstraße ist bis zum Ski-Resort in circa 1.000 Meter Höhe asphaltiert. Der landschaftlich wunderschöne Park wurde nach Frederick Seymour benannt, der von 1864 bis 1869 Gouverneur von British Columbia war. Der Mount Seymour fristete lange Zeit ein eher unauffälliges Dasein. Erst die Erstbesteigung durch einen Bergsteigerclub im Jahr 1908 zeigte den Anwohnern und der Provinzregierung, welch ein schönes Fleckchen Erde sich in ihrer Nachbarschaft befand. So ließ die Idee, das Gebiet wirtschaftlich zu nutzen, nicht lange auf sich warten. Zuerst beschloss der Alpine Club of Canada, das Gebiet als Skiresort auszubauen und mietete es für 21 Jahre. Allerdings konnte das Resort in den Folgejahren nicht an den Erfolg der anderen kanadischen Skigebiete anknüpfen. So musste der Alpine Club die Mietzeit vorzeitig wieder beenden. Heute bietet das Mount Seymour Wintersportgebiet (800 bis 1.200 m Höhe) fünf Ski-Lifte und Abfahrten aller Schwierigkeitsgrade. Ein Privatunternehmen verwaltet die meisten Services wie z. B. Skilifte, Skischule, Cafeteria am Parkplatz Nr. 4. Wintersaison ist von Ende November bis Mitte April.

🚗 *Vom Trans-Canada Hwy 1 Exit 22 über den Seymour Parkway und die Mount Seymour Rd in den Park*

✉ *1700 Mount Seymour Rd, North-Vancouver*

☎ *604-986-2261*

🌐 *www.mountseymour.com*

🌐 *www.skiresort.de/canada/seymour.htm*

Der Park bietet im Sommer zahlreiche Wander- und Sportmöglichkeiten. Am Beginn der u.g. Wanderrouten gibt es Picknickplätze (Vancouver Picnic Area und Mount Seymour Trailhead) und Parkmöglichkeiten. Auf den längeren Wanderwegen kann wild gezeltet werden.

Anmerkung: Im Park ist kein Campground für Wohnmobile. Im Frühsommer kann in Höhenlagen noch Schnee liegen.

🕐 *Ganzj.*

🅿 *Ja*

🌐 *www.env.gov.bc.ca/bcparks/explore/parkpgs/mt_seymour*

Wandern

Old Buck Trail

Der steil nach oben führende Trail verbindet den unteren Picknickplatz mit dem Deep Cove Lookout.

🚗 *Parkplatz am Beginn des Mt. Seymour Parkway gegenüber Parkheadquarters*

🕐 *2,5 Stunden*

📊 *Moderat*

📏 *5 km (einf. Strecke)*

📐 *670 m*

Lynn Canyon

Mount Seymour Trail

Der stellenweise raue Trail erfordert etwas Erfahrung im Hochgebirgswandern. Man überquert den Brockton Point und First und Second Pump Peak, dort hat man einen exzellenten Blick auf Vancouver.

- *Parkplatz am Ende der Fahrstraße*
- *2 Stunden*
- *Moderat bis schwierig*
- *4 km (einf. Strecke)*
- *450 m*

Goldie Lake Loop

Der Trail führt bergab zum Goldie Lake, umrundet den See und führt zurück zum Parkplatz. Er kann mit dem Flower Lake Loop erweitert werden, dann kommen weitere ca. 2,5 bis 3 km Wanderweg dazu.

- *Parkplatz am Ende der Fahrstraße*
- *2,5 Stunden*
- *Leicht*
- *5 km (Rundweg)*
- *120*

Mystery Lake Trail

Der Mystery Lake Trail ist sehr beliebt, er verläuft in der Nähe des Sessellifts zum Mystery Peak und weiter bis zum netten kleinen See, der sich im Sommer auch für ein erfrischendes Bad anbietet.

- *Parkplatz 4*
- *45 Minuten*
- *Moderat*
- *1,5 km (einf. Strecke)*
- *180 m*

Dinky Peak Trail

Der kurze Trail führt auf den Dinky Peak, einen kleinen Hügel im Park und bietet einen tollen Blick auf das Lower Mainland.

- *Parkplatz am Ende der Fahrstraße*
- *30 Minuten*
- *Leicht*
- *750 m (einf. Strecke)*
- *120*

► Lynn Canyon Park – Nord Vancouver

Der 1912 eröffnete Lynn Canyon Park liegt im Norden von Vancouver. Wanderwege führen durch dichten Küstenregenwald mit altem Baumbestand. Der Original-Regenwald fiel um 1900 der Forstwirtschaft zum Opfer, die meisten Bäume waren damals über 90 Meter hoch und hatten eine Umfang von bis zu elf Meter. Höhepunkt des Parks ist eine schmale, 1912 erbaute Hängebrücke über den 50 Meter breiten Lynn Creek Canyon. Am Parkeingang befindet sich das Lynn Canyon Café, es bietet Snacks und Getränke an. Bitte bei Nässe feste Schuhe tragen, die Holztreppenstufen sind rutschig.

- *Trans-Canada Hwy 1, Exit 19, weiter auf der Lynn Valley Rd, später Peters Rd*
- *604-981-3103, Café: 604-984-9311*
- *7–17/19 h*
- *Parkeintritt frei*
- *www.lynncanyon.ca*

Ecology Centre

Das Centre beschäftigt sich mit dem Umweltschutz in Kanada. Es informiert über die Tier- und die Pflanzenvielfalt in den Küstenregenwäldern und gibt Besuchern Einblicke in den globalen Umweltschutz. Das Ecology Centre wurde 1971 eröffnet, als BC als sechste Provinz der Konföderation Kanada beitrat. Für Kinder gibt es einen speziellen Forschungs- und Erkundungsbereich.

- *3663 Park Rd, nahe Parkplatz Lynn Canyon Park*
- *604-990-3755*

🕐 *Juni–September: 10–17 h, Okt.–Mai: an*
Wochenenden 12–16 h

💰 *Spende von CAD 2 (Familien CAD 5)*

@ *ecocentre@dnv.org*

🌐 *www.dnv.org/ecology*

Wandern

30-foot Pool Trail

🅿 *Parkplatz*

🕐 *45 Minuten*

➋ *Leicht*

⬇ *750 m (einf. Strecke)*

Twin Falls Trail

🔗 *Suspension Bridge*

🕐 *1 Stunde*

➋ *Leicht, mit Stufen*

⬇ *2 km (einf. Strecke)*

▶ Cypress Provincial Park – West Vancouver

Der Cypress Provincial Park mit seinen hochragenden Küstenbergen ist der nordwestlichste Park Vancouvers. Vor der Eröffnung der Lions Gate Bridge 1939 brachten Fähren Wanderer und Skiläufer zum Hollyburn Ridge, der später Teil des Cypress Provincial Parks wurde. Bei klarer Sicht hat man spektakuläre Ausblicke auf Downtown Vancouver, bis zum schneebedeckten Mount Baker in den Cascade Mountains (USA) und über die Strait of Georgia bis zu den vorgelagerten Inseln zwischen dem Festland und Vancouver Island.

Der Park, der ganzjährig sportliche Aktivitäten bietet, war während der Winterolympiade 2010 Austragungsort einiger Wettkämpfe. Sechs Sessel- und mehrere High-Speed-Lifte bringen die Liebhaber der weißen Pracht zu den insgesamt 53 Skipisten aller Schwierigkeitsgrad im Bereich des Black Mountain und Mount Strachan. BC Parks pflegt drei Backcountry-Winterwanderwege für Schneeschuh- und Skitouren. Rodeln ist nur in den dafür gekennzeichneten Bereichen erlaubt. Wintersaison ist von Mitte November bis Mitte April.

🌐 *http://cypressmountain.com*

Im Sommer führen Trails durch dichte Wälder und an klaren Seen vorbei. Die Highlights des Parks sind der Mount Strachan (1.454 m), Black Mountain (1.217 m), Hollyburn Mountain (1.325 m) und viele kleine Seen. Beachten Sie: Offenes Feuer ist nicht erlaubt. Es gibt keinen Campground für Wohnmobile.

📍 *Trans-Canada Hwy 1 Exit 8 und weiter auf der Cypress Bowl Rd in den Park*

📞 *604-926-5612*

🕐 *Ganzj.*

➌ *Plateau über dem Enchantment Lake, Magnesia Meadows, Brunswick Lake, Deeks Lake*

🌐 *www.env.gov.bc.ca/bcparks/explore/parkpgs/cypress*

Quarry Lookout Picnic Area

11 Picknickplätze, ca. 5 km nach Einfahrt in den Park, die Zufahrt liegt in einer Kurve.

Highview Lookout

6 Picknickplätze, kurz nach der Einfahrt in den Park.

Wandern

Yew Lake Loop Trail

Auf den ersten ca. 200 m folgt man dem Baden Powell Trail, dann folgt der Abzweig Yew Lake Loop. Der Weg führt über subalpine Wiesen und ein kleines Stück durch den Wald mit sehr altem Baumbestand. Hinweis: Hunde (Ausnahme: Blindenhunde) sind nicht erlaubt.

🅿 *Parkplatz Cypress Bowl am Ende der Fahrstraße*

🕐 *1 Stunde*

➋ *Leicht, barrierefrei*

⬇ *2 km (Rundweg), Infotafeln und Rastmöglichkeit*

📈 *minimal*

Cabin Lake Loop Trail

Die ersten 2,7 km werden auf dem Baden Powell Trail zurückgelegt, dann erreicht man den Cabin Lake Trail. Unterwegs kommt man an mehreren kleinen Seen und am Yew Lake Aussichtspunkt vorbei.

🅿 *Cypress Mtn. Resort am Ende der Fahrstraße*

🕐 *3 Stunden*

➋ *Moderat*

⬇ *7 km (Rundweg)*

📈 *400 m*

Black Mountain Loop Trail

Der Trail verläuft über das Black Mountain Hochplateau über subalpine Wiesen und streift mehrere Bergseen. Die Wanderstrecke kann man erweitern, wenn man den Seitentrip zum Yew Lake Lookout "mitnimmt".

🔵 *Parkplatz Cypress Bowl am Ende der Fahrstraße*
🔵 *1,5 Stunden*
🔵 *Leicht*
🔵 *2,5 km (Rundweg)*
🔵 *100 m*

Hollyburn Peak Trail

Über die Powerline Road geht es zum Baden-Powell Trail, danach der Beschilderung folgen hinauf zum Hollyburn Peak mit spektakulären Ausblicken.

🔵 *Nordic Ski Area am Ende der Fahrstraße*
🔵 *3 Stunden*
🔵 *Moderat*
🔵 *4 km (einf. Strecke)*
🔵 *400 m*

Howe Sound Crest Trail

Für diesen Trail ist Erfahrung im Hochgebirgswandern nötig. Einige Strecken sind extrem schwierig, im Frühsommer können auch Schnee und Eis spezielles Equipment erforderlich machen, unbedingt eine Visitor Info vor dem Marsch kontaktieren. Wildniszeltplätze sind bei km 11 (Plateau über dem Enchantment Lake), bei km 14,5 Magnesia Meadows, km 19 Brunswick Lake und km 22 Deeks Lake.

🔵 *Cypress Mountain Resort am Ende der Fahrstraße*
🔵 *Mehrtägig*
🔵 *Sehr schwierig*
🔵 *29 km (einf. Strecke bis zum Hwy 99 südl. v. Porteau Cove PP)*

👁 **Highlights südlich der Innenstadt**

💡 Für die nächsten Highlights können Kombitickets (Vanier Park Explore Pass) erworben werden: 🔵 Erw.: CAD 36, Sen., Jugendl. & Stud.: CAD 30

▶ Maritime Museum

Das Museum befindet sich im Vanier Park, nordwestlich der Burrard Bridge. Schwerpunkt des Museums sind die frühen Tage der "Bezwinger der Weltmeere". Es informiert über die Technik der frühen Seefahrt, die Anfänge des industriellen Fischfangs, zeigt Schiffsmodelle und bietet wechselnde Ausstellungen zum Oberbegriff "Schifffahrt". Für Kinder gibt es einen speziellen Bereich, in dem sie auf Entdeckungsreise gehen können.

Herzstück des Museums ist das originalgetreu restaurierte **Patrouillenboot St. Roch** der Royal Canadian Mounted Police. Das Original-Schiff wurde 1912 gebaut, verkehrte zwischen 1940 und 1942 auf der Nord-Westpassage durch das Nordpolarmeer und erreichte 1942 den Hafen von Halifax. 1944 kehrte es nach Vancouver zurück, seit 1958 liegt es auf einem Trockendock am Kitsilano Point, daneben errichtete die Stadt Vancouver das Maritime Museum, das im Juni 1959 für die Besucher geöffnet wurde.

🔵 *von Norden auf dem Hwy 99 kommend in Downtown re auf die Burrard St, nach der Burrard Bridge re auf die Cypress St bis zum Museum, Haltestelle Cornwall Ave (Bus), weiter zu Fuß über die Cypress St nach Norden bis zur Ogden Ave (ca. 10 Min.)*
🔵 *1905 Ogden Ave, Vancouver*
🔵 *604-257-8300*
🔵 *Anf. Mai–Anf. Sept.: tägl. 10–17 h, Anf. Sept.– Anf. Mai: Di–Sa 10–17 h, So 12–17 h*
🔵 *Erw.: CAD 11, Sen./Jugendl. (6–18 J.)/Stud.: CAD 8,50, Familien: CAD 30*
🔵 *www.vancouvermaritimemuseum.com*

▶ Vancouver Museum MOV

Das Museum liegt ebenfalls im Vanier Park, untergebracht ist es im H. R. MacMillan Space Center (Sternwarte).

Es wurde im Januar 1894 gegründet und öffnete bereits im April die erste Dauerausstellung in der Carnegie-Bibliothek. In den folgenden Jahren kamen weitere Exponate hinzu, sodass es 1958 bereits den gesamten Gebäudekomplex füllte. Die Ausstellungsstücke wurden teilweise von Einwohnern Vancouvers gespendet oder käuflich erworben. Bald war das Gebäude in die Jahre gekommen, die Decken wurden undicht, Putz bröckelte von den Wänden – der Direktor sehnte sich nach einem Neubau. Erst zum hundertjährigen Jubiläum der Staatsgründung 1967 wurde seine Bitte erhört und ein neues Gebäude nach einem Plan des Architekten Gerald Hamilton gebaut. In die markante Kuppel konnte Dank einer Spende von H. R. MacMillan ein **Planetarium** integriert werden.

Vancouver Art Gallery inmitten von Downtown

Das Museum bietet permanente und wechselnde Ausstellungen, die sich mit der Geschichte, der Natur und Kunstszene Vancouvers und der Region befassen. Gezeigt werden Tierpräparate der heimischen Tierwelt, eine ägyptische Mumie und Gebrauchsgegenstände aus dem 19. und 20. Jahrhundert.

🜚 *Siehe Vancouver Maritime Museum*
✉ *1100 Chestnut St, Vancouver*
☎ *604-736-4431*
🕐 *Mo–So 10–17 h, Do 10–20 h, Anf. Sept.–Ende Juni: Mo geschlossen*
💰 *Erw.: CAD 14, Sen./Stud. ab 18 J.: CAD 11, Kinder/Jugendl. (5–17 J.): CAD 8, Familien: CAD 38*
@ *guestservices@museumofvancouver.ca*
🌐 *www.museumofvancouver.ca*

► Museum of Anthropology/Totempark

Das Museum of Anthropology liegt an der südwestlich gelegenen Halbinsel auf dem Gelände der University of British Columbia. Ziel des Museums ist die Erhaltung der Kulturen der First Nations. Das Museum wurde vor über 50 Jahren als Lehrmuseum gegründet. Es befindet sich in einem architektonisch außergewöhnlichen Gebäude, das nach Art der Nordwestküstenindianer gebaut ist und vom Architekten A. Erickson entworfen wurde. Die Eingangstüren sind **K'San-Türen**, die 1976 von den Gitxsan gestaltet wurden. Das Museum beherbergt mehrere zehntausend Ausstellungsstücke, die meisten stammen von den Nordwestküstenindianerstämmen Kwakiutl und Haida. Darunter sind alltägliche Gebrauchs-

gegenstände, Totempfähle, Masken und vieles mehr. Audio-visuell kann man an traditionellen Zeremonien teilnehmen. Auch zeitgenössische und traditionelle Kunst aus Afrika, Europa und Asien sind Bestandteil des Museums.

In der **Koerner Gallery** wird europäische Keramik gezeigt. Die Ausstellungsstücke hat Dr. Walter C. Koerner (1898–1995) in über 80 Jahren zusammengetragen und 1990 dem Museum gespendet. Die Keramikarbeiten zeigen durch reichhaltige Verzierungen, Texten und Landkarten die Techniken und den Zeitgeschmack vergangener Handwerkskunst. Koerner wurde in der Tschechischen Republik geboren und wanderte 1938 nach Kanada aus.

Außerhalb des Museums befinden sich neben Skulpturen und Totempfählen zwei Häuserkomplexe, die den Unterkünften der Haida First Nations nachempfunden wurden. Die Museumshalle dient auch als Veranstaltungsort und bietet ein abwechslungsreiches Programm.

🜚 *Vom Hwy 99 nach Überqueren der Granville Bridge re auf die 4th, später Chancellor Blvd und NW Marine Dr Richtung Westen bis zur Spitze der Halbinsel*
✉ *6393 North West Marine Dr, Vancouver*
☎ *604-822-5087*
🕐 *Anf. Okt.–Mitte Mai: Mi–So 11–17 h, Di bis 21 h, Mitte Mai–Anf. Okt.: tägl. 10–17 h, Di bis 21 h*
💰 *Erw.: CAD 16,75, Kinder/Stud./Sen.: CAD 14,50, Familien: CAD 44,75, Kinder b. 6 J. frei; Di 17–21 h Flatrate pro Person: CAD 9 (Preise inkl. Tax)*
@ *info@moa.ubc.ca*
🌐 *www.moa.ubc.ca*

▶ Queen Elizabeth Park/
Bloedel Conservatory

Der 0,5 km² große Queen Elizabeth Park liegt im Südwesten von Vancouver und gehört zu den schönsten Parkanlagen der Stadt. Um 1900 befand sich hier ein Basaltsteinbruch, dessen Steine man für den Straßenbau nutzte. Um 1930 wurde das Gelände des Steinbruchs mit finanzieller Hilfe der Papierindustrie in einen englischen Park umgestaltet. Namensgeberin war Königin Elizabeth (Mutter von Elizabeth II.), die 1939 mit ihrem Ehemann König Georg VI. Kanada besuchte.

Highlight des Parks ist das **Arboretum**, ein Baummuseum mit weit über 1.400 einheimischen und exotischen Bäumen. Mit der Bepflanzung des Arboretums hatte man bereits 1949 begonnen, sodass heute ein schön gewachsener und eindrucksvoller Pflanzenbestand bewundert werden kann.

Der **Quarry Garden** (Felsengarten) besticht durch seine farbenfrohe Anlage mit jahreszeitlich wechselnder Bepflanzung, bunten Sträuchern und einem Wasserfall – alles sehr harmonisch in die Landschaft integriert. Ein kleiner Ableger des Gartens (Smaller oder North Quarry Garden) wurde 1961 zum 75. Jahrestag von Vancouver angelegt, er ist mit einer Auswahl seltener orientalischer Pflanzen gestaltet. Er liegt unterhalb des *Seasons In The Park Restaurants*, wo man bei schöner Aussicht gut (und teuer) speisen kann. Im Park liegt die höchste Erhebung der Stadt, der **Little Mountain**, mit einer erstaunlichen "Höhe" von 167 Metern. Trotz der geringen Höhe bietet sich auf dem "Berg" ein toller Blick auf das Panorama der Stadt und auf die nahen Gipfel der südlichen Coast Mountains. Bowlen, Picknicken, Wandern, Golfen oder Tennis spielen sind die Freizeitaktivitäten, die den Park so attraktiv machen. Interessant: In den letzten 90igern wurden mehrere Folgen der Fernsehserie "Stargate" im Park gedreht.

Das im Park befindliche **Bloedel Conservatory** ist ein halbrundes, architektonisch besonders beeindruckendes Gewächshaus. Der Bau wurde 1969 durch eine großzügige Spende von CAD 1,25 Millionen von Prentice Bloedel, dem Be-

sitzer einer Holz verarbeitenden Fabrik, ermöglicht. Damit war auch das Problem der Namensfindung gelöst, man benannte es kurzerhand nach dem großzügigen Spender. Das Bloedel Conservatory beheimatet eine einzigartige Pflanzenwelt und über 100 verschiedene Vogelarten, die frei in der Kuppel umherfliegen. Komplettiert wird das tropische Ambiente durch viele exotische und farbenfrohe Fische, die in den Teichanlagen angesiedelt wurden.

🧭 *Vom Hwy 99 Richtung Süden nach Überqueren der Granville Bridge weiter (Hwy 99/Granville St) bis zum Abzweig 33ʳᵈ Ave, danach Richtung Osten bis zur Cambie St*

✉ *33ʳᵈ Ave/Cambie St, Vancouver*

☎ *604-257-8584*

🕐 *Park: ganzj., Sommer: Mo–Fr 9–20 h, Wochenende 10–21 h, Winter: Mo–So 10–17 h*

🕐 *Bloedel Conservatory: Kernöffnungszeiten tägl. 10–17 h*

💰 *Queen Elizabeth Park: frei*

💰 *Bloedel Conservatory: Erw.: CAD 6,50 Sen., Jugendl./Sen.: CAD 4,50, Kinder: CAD 3,25*

💰 *Parkgebühr: Mai–Sept. pro Stunde: CAD 3,25, Tag: CAD 11, Okt.–April pro Stunde: CAD 2,25, Tag: CAD 6*

🌐 *www.seitnotiz.de/NPRKA5*

▶ Van Dusen Botanical Garden

"More things grow in the garden than the gardener knows." (Es wächst mehr im Garten als ein Gärtner weiß. – Spanisches Sprichwort)

Der 1975 eröffnete, 22 Hektar große Van Dusen Botanical Garden liegt östlich der University of British Columbia. Er bietet den Besuchern Rundwege durch unterschiedliche Themengärten. Hier kann man gut dem Leben und Treiben der Großstadt entfliehen. Wer sich stärken möchte, dem sei ein Besuch des Shaughnessy Garden Restaurants empfohlen.

Anfang des 20. Jahrhunderts wurde das Gelände, das der Canadian Pacific Railway gehörte, an einen Golfclub verpachtet. Als dieser dann verlegt wurde, wollte die CPR auf dem Gelände ein Wohngebiet errichten, was auf gewaltigen Widerstand stieß. So gründete man 1966 die Van Dusen Stiftung, um das

- 5251 Oak St (37th & Oak St), Vancouver
- 604-257-8463
- Restaurant: 604-261-0011
- Kernöffnungszeiten: 10–16 h, im Sommer länger
- Shaughnessy Restaurant: Lunch: Mo–Fr 11:30–15 h, Brunch: Sa/So 11–15 h, Afternoon Tea: tägl. 15–16:30 h, Dinner: tägl. 17–21 h
- Truffles Café: Mo–So, saisonal
- Jan.–März & Okt. bis Dez.: Erw.: CAD 8, Sen. (65+)/Jugendl. (13–18 J.): CAD 5,75, Kinder (3–12 J.): CAD 4,25, Familien: CAD 17, April–Sept.: Erw.: CAD 11, Sen. (65+)/Jugendl. (13–18 J.): CAD 8,25, Kinder (3–12 J.): CAD 5,75, Familien: CAD 25,75
- http://vancouver.ca/vandusen

👁 VANCOUVER'S SECRETS

▶ **Personliche Reisetipps von Vancouveranern**

Jonny Ebbert

Jonny Ebbert ist Chef-Designer bei Relic, einem Unternehmen, das Computer- und Videospiele entwickelt.

Essen

Hapa Izakaya

Hier werden japanische "Tapas" in einer Art und Weise serviert, die Ihren Blick auf Tapas für alle Zeiten verändern wird. Bestellen Sie einen *Pitcher* Bier für die Küchencrew, um einen Beitrag zu einem besonderen Erlebnis zu leisten! Es ist die Show definitiv wert! Zwei Restaurants liegen im Stadtbereich:

- 1479 Robson St, Vancouver Downtown
- 909 W Cordova St, Vancouver, Waterfront Centre Office Tower
- 604-689-4272
- Tägl. 17:30 till late
- www.hapaizakaya.com

Gelände als Gartenland zu retten. Zusammen mit der Stadt Vancouver, der Provinzregierung, der Stiftung und einer großzügigen Spende von W. J. Van Dusen, dem Namensgeber, konnte das Gelände schließlich gekauft werden. 1971 begann man mit der Anlegung des botanischen Gartens, der am 30. August 1975 für Besucher eröffnet wurde. Ein besonderes Highlight des Parks ist die Rhododendronblüte im Mai. Ganzjährig kann man sich an zahlreichen und bunt blühenden Gewächsen erfreuen, die aus aller Welt zusammengetragen wurden. Der asiatische Teil des Gartens kombiniert Seen und Steinskulpturen und strahlt eine ganz besonders beruhigende Stimmung aus. Mittelpunkt dieses asiatischen Teils ist der wunderschöne **Korean Pavilion**.

Wenn sich nach einem ausgedehnten Parkbesuch der Hunger meldet – das **Shaughnessy Restaurant** (ggf. reservieren) und das **Truffles Café** (keine Reservierung) sind zwei empfehlenswerte Lokalitäten.

- Vom Hwy 99 Richtung Süden nach Überqueren der Granville Bridge weiter (Hwy 99/Granville St) bis zum Abzweig 37th Ave, danach Richtung Osten bis zum Park

Lolita's

Mexikanische Küche mit überraschenden und wirklich nicht zu erwartenden Zutaten.

- ✉ *1326 Davie St, Vancouver Downtown*
- ☎ *604-696-9996*
- 🕐 *Tägl. 16:30–2 h*
- 🌐 *www.lolitasrestaurant.com*

Vera's Burger Shack

Der beste Burgerladen der Stadt – mit Abstand! Und mit einigen Filialen in Vancouver vertreten, sodass ein Besuch spielend einzuplanen ist. Filialen in Downtown-Nähe:

- ✉ *1181 Denman St, Vancouver Downtown*
- ✉ *1030 Davie St, Vancouver Downtown*
- ✉ *1925 Cornwall Ave, Vancouver Kitsilano, westl. v. Granville Island*
- ✉ *1455 Broadway West, Vancouver*
- @ *info@verasburgershack.com*
- 🌐 *www.verasburgershack.com*

Shopping

Harry Rosen

Einen perfekten Service und ein breites Angebot an hochwertigen Waren für alle, die auf der Suche nach schicker Herrenmode sind. In zwei Shopping-Centern vertreten:

- ✉ *Pacific Centre, 700 West Georgia St, Downtown*
- ✉ *Oakridge Shopping Centre, 650 West 41st St, Vancouver Oakridge, nahe Queen Elizabeth Park*

Brinkhaus

Wenn Sie eine Leidenschaft für schicke und exklusive Uhren haben, dürfen Sie sich einen Besuch bei Brinkhaus nicht entgehen lassen. Der Familienbetrieb widmet sich seit 1936 exklusivem Uhrenhandwerk und der Verarbeitung von Gold und Edelsteinen.

- ✉ *1018 West Georgia St, Vancouver Downtown*
- 🌐 *www.brinkhaus.com*

Lifestyle

Golden Age Collectables

Erwecken Sie das Kind in sich und tauchen Sie ein in ein Paradies aus Comics, Actionfiguren und allem Möglichen und Unmögliche, was man sammeln kann.

- ✉ *852 Granville St, Vancouver Downtown*
- ☎ *604-683-2819*
- 🌐 *www.gacvan.com*

Kay Grünwoldt

Kay Grünwoldt ist ein die Welt bereisender Medienexperte und besegelt am liebsten die English Bay, wenn er sich nicht gerade auf städtischer Entdeckungsreise in neuen Restaurants befindet.

Shopping

Breka Bakery und Cafè

Das erste, was man als Deutscher in einem neuen Land versucht, ist, eine Bäckerei zu finden, die einem Brot anbietet, das annähernd dem heimatlichen Geschmack entspricht. Eine schwierige Aufgabe, aber in Vancouver nicht unmöglich. Wenn Sie gutes Brot, feine Backwaren, Kuchen und guten Kaffee nach den Erfahrungen in der Natur umso mehr zu schätzen wissen, werden Sie bei Breka mehr als glücklich werden. Und das auch durchgehend, 24 Stunden am Tag, 365 Tage im Jahr. Hier brauchen Sie auch keine Geschmacks-Angst vor "low fat" Produkten zu haben – der low fat cheese cake ist köstlich, vor allem die mit Kirschauflage. Ein angenehmer Nebeneffekt bei Breka: Direkt nebenan befindet sich ein russischer Supermarkt, der neben deutschen Köstlichkeiten auch deutsche Magazine verkauft.

- ✉ *6533 Fraser St/Ecke 49th Ave East, Vancouver Sunset, nicht weit entfernt vom Queen Elizabeth Park*
- ☎ *604-325-6612*
- 🌐 *www.breka.ca*

Essen

Café Dolcino

Gastown ist Vancouvers ältester Stadtteil und zugleich der wohl kontroverseste. Die reichen, schönen und berühmten leben in direkter Nachbarschaft zu den ärmsten Mitbürgern.

Als ich nach Vancouver gezogen bin, wurde Gastown meine neue Wahlheimat, da mich die vergleichsweise alte Bausubstanz faszinierte. Die Wohnung, in der ich lebte, war nur einen Steinwurf von dem kleinen Café Dolcino entfernt, das die Grenze des touristischen zum gegenteiligen Gastown markiert. Besonders erheiternd ist es von daher auch, in dem Café zu sitzen und die Touristen zu beobachten, die gemütlich aus dem Touristenteil um die Ecke schlendern, um nur wenige Momente späteren schnelleren Schrittes wieder zurückzukommen.

Das Café Dolcino bietet jedem Gast ein bodenständiges, hausgemachtes Frühstück – und nebenbei die besten Eier mit Toast der Stadt. Der Besitzer Mirek, ein polnischer Einwanderer, wird Ihnen auf Nachfrage seinen "special coffee" servieren, der hervorragend schmeckt. Mirek verbindet eine absolute Hass-Liebe zu Vancouver, bereiten Sie sich also auf einige "starke" Meinungen vor, sollte das Gespräch auf Vancouver kommen.

✉ *12 Powell St, Vancouver Gastown*
☎ *604-801-5118*

Freizeit

English Bay

Für mich der schönste und beste Weg Vancouver zu entdecken, der vielen Menschen, auch Vancouveranern, ein Leben lang leider verschlossen bleibt, ist der auf dem Wasser. Der Blick auf die riesige Skyline der Innenstadt, den Stanley Park und die grandiosen Gebirgszüge ist einzigartig.

Für alle, die segeln können oder einen Motorbootführerschein besitzen, gibt es verschiedene Bootsverleiher. Ich persönlich kann Cooper Boating empfehlen:

🌐 *www.cooperboating.com*

Für alle, die sich lieber fahren lassen möchten, empfehle ich, die kleine Fähre nach Bowen Island zu nehmen (Abfahrt von Granville Island aus, direkt am Dock beim Bridges Restaurant) und den Ausflug auf dem Wasser mit einem Mittag- oder Abendessen auf der Insel zu verbinden.

Kultur

Vancouver Theatre Sports League

Kanadier haben Humor! Es ist ein Mix aus dem trockenen englischen und dem eher gradlinigen amerikanischen Humor. Erleben können Sie ihn im Vancouver Theatre

Sports League. Das Konzept ist recht einfach: Talentierte, lustige Menschen werden auf die Bühne gestellt und erhalten vom Publikum die Anweisungen, was sie als Nächstes spielen sollen. Ein Riesenspaß zu angenehmen Preisen. Gelacht wird jede Woche zwischen Mittwoch und Samstag, die Vorstellungen sind abends. Wenn Sie sich zwei Shows am gleichen Abend anschauen möchten, fragen Sie unbedingt nach den "special combo packager".

Ein Hinweis: Das Theater ist zwar "fully licenced" und schenkt reichhaltig Bier, Wein und andere Getränke aus, hat aber keine eigene Küche. Mein Tipp: Füllen Sie sich Ihren Magen in direkter Nähe im Bridges Restaurant mit tollem Blick über das Wasser und auf die Skyline der Stadt) und starten Sie danach in den lustigen Abend.

✉ *1502 Duranleau St, Vancouver Granville Island, New Revue Stage, zwischen Sandbar und Public Market*
🌐 *www.vtsl.com*

🏛 Übernachten

🏨 Opus Vancouver ★

Im Herzen von Yaletown gelegen ist es eines der besten Hotels Kanadas (u.a. Trendiest Hotel in the World, TripAdvisor Traveler's Choice). Trotz vielfältiger Auszeichnungen hat sich das Design-Hotel ein gemütliches Flair erhalten und glänzt mit exzellentem Service, Top-Personal und einer legendären Cocktail-Bar. Es hat die perfekte Ausgangslage, alle Downtown-Bezirke sowie die Seawall Promenade sind fußläufig erreichbar. Die Ausstattung der Zimmer ist hochwertig, das Preisniveau für ein so zentral liegendes Top-Hotel angemessen.

✉ *322 Davie St, Vancouver*
☎ *604-642-6787 oder 1-866-642-6787 (geb.frei)*
💲 *★★★*
@ *info@opushotel.com*
🌐 *www.opushotel.com*

🏨 Pan Pacific Hotel

Das bekannteste Hotel Vancouvers, direkt an Ufer des Burrard Inlet gelegen mit traumhaftem Blick über den Hafen und die jenseits der Bucht liegenden Berge, dabei im

Yaletown

Zentrum der turbulenten Stadt und nahe der Tourist Information. Die Ausstattung der Zimmer und Suiten (bis zu 4 Räumen) ist elegant. Speisen kann man entweder im Freien oder in edlen Restaurants. Im 8. Stock relaxt man im Whirlpool, in der Sauna, tankt Sonne im Liegestuhl oder testet die Sportlichkeit im Fitness-Center. Pkw-Parkplätze sind kostenpflichtig (CAD 39).

✉ *999 Canada Place, Vancouver*
☎ *604-662-8111 oder 0-800-5892-921 (geb.frei)*
⊕ *★★★*
@ *info@panpacificvancouver.com*
🌐 *www.panpacific.com*

🏛 Fairmont Hotel Vancouver

Das altehrwürdige Fairmont ist das "Schloss im Herzen der City Vancouver" – auch architektonisch gesehen. Unweit der Robson St bietet das Hotel alle Annehmlichkeiten, von kontinentalem Frühstück und exzellentem Dinner über Designer-Shops bis zum Indoor-Pool mit Wellness-Center, allerdings auch zu stolzen Preisen. Pkw-Parkplätze sind vorhanden (CAD 30–32).

✉ *900 West Georgia St, Vancouver*
☎ *604-684-3131 oder 1-866-540-4452 (geb.frei)*
⊕ *★★★*
@ *hvc.concierge@fairmont.com*
🌐 *www.fairmont.com/hotelvancouver*

🏛 Howard Johnson Vancouver Boutique Hotel

Auch dieses neu renovierte Boutique Hotel liegt im Zentrum Vancouvers und bietet bestens ausgestattete Zimmer und Suiten. Im Hotel kann der Hunger im Wings Tap & Grill gestillt werden.

✉ *1176 Granville St, Vancouver*
☎ *604-688-8701 oder 1-888-654-6336 (geb.frei)*
⊕ *★★–★★★*
@ *info@hojovancouver.com*
🌐 *www.hojovancouver.com*

🏛 Days Inn Vancouver Metro

Das Hotel liegt im südöstlichen Downtown Vancouver in der Nähe der größten Shopping Mall von BC, dem Metrotown Shopping Complex. Man übernachtet in elegant eingerichteten Zimmern oder Suiten mit Blick auf einen Innenhofgarten. Kontinentales Frühstück im Preis inbegriffen.

✉ *2075 Kingsway (Hwy 1A/99A nach Südosten), Vancouver*
☎ *604-876-5531 oder 1-800-546-4792 (geb.frei)*
⊕ *★★*
@ *info@daysinnvancouvermetro.com*
🌐 *www.daysinn.ca/hotels/british-columbia/ vancouver/days-inn-vancouver-metro/ hotel-overview*

🏨 Vancouver Airport Inn Hotel

Nur wenige Minuten vom Airport Vancouver entfernt übernachtet man hier in unterschiedlich ausgestatteten Zimmern. Kontinentales Frühstück wird angeboten. Kostenloser Shuttle-Service vom/zum Airport.

✉ 725 S.E. Marine Dr, Vancouver
☎ 604-321-6611 oder 1-800-663-6715 (geb.frei)
⚙ **
@ sales@vancouverairportinn.com
🌐 www.vancouverairportinn.com

🏨 Hostels

Alle nachfolgenden Hostels sind günstige Übernachtungsmöglichkeiten in Vancouver. Man wählt zwischen privaten Familienzimmern, die preislich höher liegen, und Zimmern, die mit Reisenden geteilt werden. Frühstück ist meist inbegriffen. Bettwäsche wird gestellt, eine Küche zum Selbstbewirtschaften, eine Laundry und Gemeinschaftsräume sind Standard.

⚙ *
🌐 www.hihostels.ca

HI-Vancouver Central

✉ 1025 Granville St, Vancouver
☎ 604-685-5335 oder 1-877-203-4461 (geb.frei)

HI-Vancouver Downtown

✉ 1114 Burnaby St, Vancouver
☎ 604-684-4565

HI-Vancouver Jericho Beach

✉ 1515 Discovery St, Vancouver
☎ 604-224-3208

Cambie Hostel Vancouver Gastown

✉ 300 Cambie St, Vancouver
☎ 604-684-6466 oder 1-877-395-5335 (geb.frei)
@ gastown@thecambie.com
🌐 http://cambiehostelsgastown.com

Cambie Hostel Vancouver Downtown

✉ 515 Seymour St, Vancouver
☎ 604-684-7757 oder 1-866-623-8496 (geb.frei)
@ seymour@thecambie.com
🌐 http://cambiehostelsdowntown.com

🚐 Capilano RV Park

Typischer Stadt-Campground mit allem Komfort jedoch wenig Privatsphäre.

🚗 Ab Downtown: Nach Überqueren der Lions Gate Bridge Hwy 99 North auf dem Hwy 99 bleiben (Marine Dr), li abbiegen auf den Taylor Way, nach etwa 300 m li auf die Bridge Rd bis zum RV Park. Ab Hwy 1: Exit 13 Hwy 99 S (Taylor Way), auf dem Taylor Way bleiben und später li auf die Bridge Rd und weiter bis zum RV Park.
✉ 295 Tomahawk Ave, am Nordwestende der Lions Gate Bridge
☎ 604-987-4722
@ info@capilanoriverrvpark.com
🌐 www.capilanorvpark.com
🕐 Ganzj.
🚐 Ja   🚐 208   ⚡ Ja
🚐 Ja   📶 Ja   🚿 Ja
⚡ Strom (15/30/50 Amp.), Wasser, Abwasser
⚙ $$–$$$

🚐 Burnaby RV Park ★

Typischer Stadt-Campground westlich von Downtown mit allem Komfort, jedoch mit städtischer „Geräuschkulisse" der sehr nahen Bahnlinie und wenig Privatsphäre, aber begrünter Abgrenzung zum Nachbarn.

🚗 Hwy 1 Exit 37 (Gaglardi), an der 1. Ampel re auf die Cariboo Rd, nächste Ampel li, dann die nächste rechts (Cariboo Place)
✉ 8765 Cariboo Place, Burnaby
☎ 604-420-1722
@ camping@bcrvpark.com
🌐 www.bcrvpark.com
🕐 Ganzj.
🚐 Ja   🚐 217   ⚡ Ja
🚐 Ja   📶 Ja   🚿 Ja
⚡ Strom (30 Amp.), Wasser, Abwasser
⚙ $$$

🚐 Parkcanada RV Park

Stellplätze parkplatzähnlich auf Wiesenfläche. Dieser Platz eignet sich auch gut für die erste Übernachtung im Wohnmobil, wenn der Vermieter in Delta ansässig ist.

🚗 Ab Downtown Vancouver auf dem Hwy 99 ca. 30 km immer Richtung Ferry Terminal Tsawwassen nach Vancouver Island fahren, ca. 2 km vor dem Ferry Terminal re zum RV-Park.
✉ 4761 Nulelum Way, Delta, nahe Ferry Terminal Tsawwassen
☎ 604-943-5811 oder 1-877-943-0685 (geb.frei)
@ info@parkcanada.com
🌐 www.parkcanada.com
🕐 Ganzj.

○ Ja   ○ 119   ○ Ja
○ Ja   ○ Ja
○ Strom (20/30 Amp.), Wasser, Abwasser
○ $$

💡 In unmittelbarer Nähe des Camp- grounds entsteht (Stand: Sep/Okt. 2015) ein großflächiges Einkaufszentrum.

🚐 Porteau Cove Provincial Park Campground ⭐

Sehr schön gelegener, bewaldeter Camp- ground am Hwy 99 nördlich von Vancouver. Als Übernachtungsplatz für einen Stadtbe- such nicht geeignet, es besteht keine Nah- verkehrsverbindung.

○ Ab Downtown Vancouver auf dem Hwy 1/99 N über die Lions Gate Bridge ca. 38 km Richtung Norden (Whistler)
☎ 604-986-9371
🌐 www.env.gov.bc.ca/bcparks/explore/parkpgs/porteau
○ Ganzj.
○ Ja, dringend empfohlen   ○ 44
○ Ja, CAD 5   ○ Ja   ○ Nein
○ Strom (15/30 Amp.), pro Tag: CAD 8
○ Sommer: $$, Winter: $
○ 16   ○ $

Nachdem Sie ausgiebig die Eindrücke der Pazifikmetropole aufgesogen haben, geht es nun (endlich) auf die Route Richtung der einzigartigen Natur West-Kanadas.

Wenn Sie die nördlich von Downtown lie- genden Sehenswürdigkeiten zuletzt besucht

haben, die über den Trans-Canada Highway 1 erreichbar sind, setzen Sie Ihre Fahrt auf dem **Trans-Canada Hwy 1 Richtung Osten** fort. Er ist im Bereich der Großstadt stark befahren und führt mitten durch Vancouver. Sie treffen auf ihn je nach Ihrem individuel- len Reiseplan gleich zu Beginn Ihrer Reise entweder nördlich oder östlich des Stadtge- bietes. Die Fahrt genießen können die Fah- rer aber erst östlich von Vancouver, wenn der Straßenverkehr merklich abnimmt.

Zur Geburtsstätte von British Columbia **Fort Langley**, dem ersten Zielpunkt auf der Reise nach Osten, kommen Sie über den Exit 58 oder 66 des Trans-Canada Hwy 1, hier ist nicht nur die **Fort Langley National Historic Site** sehenswert, sondern auch die Kleinstadt mit ihren vielen kleinen Ge- schäften und Cafés entlang der blumenrei- chen und gepflegten Hauptstraße.

🏠 FORT LANGLEY ⛺ℹ️➕❌🚃📷🏛️

🔺	Vancouver	42 km
	Abbotsford	30 km
👪	Stadt	3.840
❄️❄️	+2 °C
☀️	+17 °C
〰️〰️	9 m

Porteau Cove Provincial Park

Fort Langley

In der idyllischen Kleinstadt Fort Langley kann man tief in die Geschichte von British Columbia eintauchen. Sie liegt am Südufer des Fraser River nur etwa sechs Kilometer nördlich vom Trans-Canada Hwy 1, erreichbar über den Exit 58 oder 66. Entlang der begrünten Hauptstraße liegen u.a. Cafés, ein IGA-Supermarkt, kleine Geschäfte und liebevoll restaurierte, historische Gebäude. Und wenn Sie bereits am Beginn Ihrer Reise an ein Mitbringsel denken: Hier werden Sie bestimmt fündig. **Tipp:** Das "duftende" Lädchen **Cranberries Naturally** in der Gasoline Alley, einer Seitenstraße der Glover Rd (Hauptstraße).

ℹ INFORMATIONEN

- ☎ 604-888-1477
- @ info@tourism-langley.ca
- 🌐 www.fortlangleyvillage.com
- 🌐 www.tourism-langley.ca

👁 Highlights

▶ Fort Langley National Historic Site ★

Fort Langley kann sich als Geburtsstätte von British Columbia bezeichnen, denn hier wurde am 19. November 1858 von Gouverneur James Douglas im Großen Haus im Fort Langley die *"Proclamation of Crown Colony"* verlesen, die British Columbia zur britischen Kronkolonie erklärte und den 49. Breitengrad als Grenze zur USA festlegte. Das Fort wurde von der Hudson's Bay Company unter der Leitung von James McMillan 1827 als Pelzhandelsposten errichtet. Aufgabe des Forts war, die Versorgung der Bewohner der Forts westlich der Rockies sicherzustellen, daher wurde intensiv Landwirtschaft betrieben. Als 1858 am Fraser und Thompson River Gold entdeckt wurde und die durchreisenden Goldschürfer ebenfalls versorgt werden mussten, bedeutete dies eine weitere Nachfrage nach landwirtschaftlichen Erzeugnissen. Ab 1858 gab es eine Schiffsverbindung auf dem Fraser River von Fort Langley nach Hope und Yale. Als aber 1859 New Westminster Hauptstadt der Kronkolonie BC und Start der Schiffsverbindung wurde, verlor Fort Langley an Bedeutung, da es abseits der Route lag. Erst 1923 erkannte die kanadische Regierung die historische Bedeutung dieses Ortes und 1959, zur Hundertjahrfeier der Gründung British Columbias, wurde das Fort restauriert und seitdem durch historisch bedeutende Elemente erweitert.

- 🚗 Glover Rd (Hauptstraße) kurz vor der Bahnlinie re auf Mavis Ave und weiter zur Historic Site
- ✉ 23433 Mavis Ave, Fort Langley
- ☎ 604-513-4777
- 🕐 Ganzj. tägl. 10–17 h, Weihnachten und Neujahr geschlossen
- 💰 Erw.: CAD 7,80, Sen.: CAD 6,55, Schüler/Jugendl.: CAD 3,90, Familien: CAD 19,60
- @ fort.langley@pc.gc.ca
- 🌐 www.pc.gc.ca/eng/lhn-nhs/bc/langley/index.aspx

▶ BC Farm Machinery und Agricultural Museum

Das 1966 eröffnete Museum informiert über die frühe Landwirtschaft und zeigt Geräte und Fahrzeuge von den Anfängen der Bewirtschaftung der Felder und Bauernhöfe bis zu den modernen Hilfsmitteln.

Fort Langley National Historic Site

- 📍 Glover St re auf die Mary Ave bis zur King St
- ✉ 9131 King St, Fort Langley
- ☎ 604-888-2273
- 🕐 April bis 2. Montag im Okt.: tägl. 10–16:30 h
- 💲 Erw.: CAD 6, Sen./Schüler/Stud.: CAD 4, Kinder (6–12 J.): CAD 3
- @ info@bcfma.com
- 🌐 www.bcfma.com

▶ CN Station

Das 1915 von der Canadian Northern Railway erbaute Gebäude stand früher westlich des heutigen Standortes. Der Bahnhof wurde bis 1972 genutzt, weitere acht Jahre diente er als Bedarfshaltestelle, bis er 1980 komplett geschlossen wurde. 1983 wurde er an den heutigen Platz versetzt, von der Langley Heritage Society und der Stadtverwaltung Langley restauriert und am 27. Februar 1984 zur *Heritage Site* erklärt. In der ehemaligen Wartehalle befindet sich ein kleines Museum. Der Garten rund um den Bahnhof wurde in Erinnerung an Mrs. Simpson angelegt, ihr Ehemann war von 1918 bis 1929 Stationsvorsteher.

- 📍 Ecke Mavis/Glover Rd, Fort Langley
- ☎ 604-888-1759
- 🕐 Mai–Anf. Okt.: Do–So 12–16 h
- 💲 Frei

▶ Langley Centennial Museum

Im 1958 eröffneten Museum erfährt man Interessantes über die Geschichte des Ortes, der ehemals ansässigen First Nations und der ersten Siedler, die hier eine neue Heimat fanden. Im Shop wird heimisches Kunsthandwerk angeboten.

- 📍 Glover St re auf die Mary Ave bis zur King St
- ✉ 9135 King St, Fort Langley
- ☎ 604-532-3536
- 🕐 Mo–Sa 10–16:45 h, So 13–16:45 h
- 💲 Es wird um eine Spende gebeten (CAD 2)
- @ museum@tol.ca
- 🌐 http://museum.tol.ca

Fort Langley Historic Church

🏠 Übernachten

In Fort Langley werden Übernachtungs-möglichkeiten in Hotels und in Privatpen-sionen (Bed & Breakfast) angeboten. Bei Bedarf wenden Sie sich bitte an die Visitor Information.

🏕 Fort Camping

Der weiträumige und teils bewaldete Camp-ground liegt im ortsnahen **Brae Island Regional Park** auf McMillan Island auf der Zufahrt (Verlängerung der Hauptstraße des Ortes) zur Albion Ferry.

✉ *9451 Glover Rd, Fort Langley*
☎ *604-888-3678*
@ *info@fortcamping.com*
www *www.fortcamping.com*
🕐 *Ganzj.*
☒ *Ja*   🏕 *156*   *Ja*
Ja   *Ja, geb.pfl.*   *Ja*
⚡ *Strom (30/50 Amp.), Wasser, Abwasser*
💲 *$$*

Nach dem Besuch von Fort Langley fahren Sie wieder zurück auf den Trans-Canada Hwy 1 und weiter Richtung Osten, wo Sie in Kürze **Abbotsford** *erreichen. Landschaftlich ändert sich zunächst noch wenig, zu beiden Seiten des Highways sieht man landwirtschaftlich genutzte Flächen. Die Innenstadt von Abbotsford erreichen Sie über Exit 90 oder 92.*

🏠	**ABBOTSFORD** 🚗ℹ️➕❌🏨🎫	
⚡	Fort Langley	30 km
	Chilliwack	34 km
👫	Stadt	139.000
❄	+1 °C	
☀	+23 °C	
〰	54 m	
⊘	Stadt	375,55 km²
Zum Vergleich: Darmstadt		
👫	Stadt	148.000
〰	144 m	
⊘	Stadt	122,2 km²

Abbotsford liegt nur wenige Kilometer nördlich der Grenze zur USA und östlich von Vancouver im breiten Tal des Fraser River. Abbotsford ist die fünftgrößte Stadt von British Columbia und die größte im Fraser Valley. Die Stadt wurde nach Harry Braithwaite Abbott benannt, einem Direktor der Canadian Pacific Railway.

Im historischen Downtown findet man Boutiquen, Galerien, gemütliche Cafés und Parks laden zu Spaziergängen ein. Südwestlich des Zentrums befindet sich der Flughafen Abbotsford, der von mehreren Charterfluggesellschaften angeflogen wird. Dort findet jährlich im August seit 1962 die **Abbotsford International Airshow** statt, eine der bedeutendsten Flugschauen des Landes. In Abbotsford sind alle Versorgungseinrichtungen vorhanden.

ℹ VISITOR INFORMATION

✉ *34561 Delair Rd, Exit 92 Hwy 1, Abbotsford*
☎ *604-859-1721*
🕐 *Mai-Anf. Okt.: tägl. 9–17 h,*
sonst: Mo-Sa 9–17 h
@ *info@tourismabbotsford.ca*
www *www.tourismabbotsford.ca*

👁 Highlights

▶ Trethewey House Heritage Site

Das Trethewey House wurde in den Zwanzigerjahren von der Abbotsford Lumber Company für den "Holzbaron" J.O. Trethewey gebaut. 1983 als Heritage Site ausgezeichnet, informiert es über die Holz- und Forstwirtschaft, einem wichtigen Industriezweig der Region.

Das Fichtenholz, das zum Hausbau verwendet wurde, stammt aus der Produktion des Sägewerks am Mill Lake, das von der Abbotsford Lumber Company betrieben wurde und Eigentum der Tretheweys war. Die Ziegel der Kamine wurden in **Clayburn Village**, der ersten "Industriestadt" von BC, gebrannt. Die 1905 gegründete Historic Town Clayburn Village liegt nordöstlich vom Stadtkern Abbotsford im Bereich Clayburn Rd/Wright St.

Näheres: www *www.clayburnvillage.com*

Ein Stockwerk des Trethewey House wurde im Stil der Zwanzigerjahre restauriert, erzählt die Geschichte der Sto:lo People, einer Gruppe der Coast Salish und informiert über die ersten Pioniere und Farmer. Man erfährt auch Interessantes aus der Geschichte, Kultur und Religion der Mennoniten, die sich in den Zwanziger- und Dreißigerjahren in Abbotsford niedergelassen hatten. Sie kamen ursprünglich aus Russland und den Prärieprovinzen Kanadas in der Hoffnung, hier ein besseres und ruhigeres Leben führen zu können. Die **Heritage Gallery** ist im Carriage House untergebracht. Hier hatten die Tretheweys ihre Autos und Motorräder untergestellt. Auf dem Areal der Heritage Site stehen auch noch das **Joey's Playhouse** und eine **Bahnstation** der *BC Electric Railway.* Die BCER operierte ab 1891 im Südwesten der Provinz als "Straßenbahn". 1989 verkaufte die BC Hydro die BCER, heute transportiert sie als *Southern Railway of BC* ausssschließlich Fracht.

- 📍 *Exit 90 Hwy 1, weiter auf der MacCullum Rd, Cannon Ave und Bevan Ave bis zum Mill Lake*
- ✉ *2313 Ware St am Mill Lake, Abbotsford*
- ☎ *604-853-0313*
- 🕐 *Mo–Fr 9–17 h, Touren: Mo–Fr 13–17 h*
- 💲 *Erw.: CAD 5, Sen./Stud./Kinder: CAD 2, Familien: CAD 10*
- 🌐 *www.msamuseum.ca*

▶ Castle Fun Park

Hier können sich Groß und Klein austoben, denn es wird Spiel und Spaß für jedes Alter geboten – von Minigolf über Autoscooter bis hin zu Go-Kart-Rennen.

- ✉ *Whatcom Rd, Exit 95 Hwy 1, Abbotsford*
- ☎ *604-850-0411*
- 🕐 *Ganzj. 10–24 h*
- 💲 *Die einzelnen Vergnügungen sind kostenpflichtig.*
- 🌐 *www.castlefunpark.com*

▶ Lotusland Vineyards (Weingut)

Auf dem Weingut kann man sich über biologisch angebauten Wein aus der Region informieren und natürlich auch eine Kostprobe geniessen. Das Weingut ist ein Familienbetrieb, der Wahlspruch der Familie ist: *"Alles, was ich brauche, ist gutes Essen, gute Freunde und ein guter Wein – aber nicht unbedingt in dieser Reihenfolge."*

- 📍 *Hwy 1 Exit 83 südl. über Fraser Way zur Bradner Rd zum Abzweig King Rd*
- ✉ *28450 King Rd, Abbotsford*
- ☎ *604-857-4188 (Tourinfo)*
- @ *info@lotuslandvineyards.com*
- 🌐 *www.lotuslandvineyards.com*

🏛 Übernachten

🏨 Super 8 Motel Abbotsford

Das Hotel in unmittelbarer Nähe des Trans-Canada Hwy 1 gelegen bietet Standardzimmer und Suiten, kostenloses kontinentales Frühstück und einen Indoor-Pool.

- ✉ *1881 Sumas Way, Exit 92 Hwy 1, Abbotsford*
- ☎ *604-756-2324*
- 🛏 ****
- @ *super8abbotsford@gmail.com*
- 🌐 *www.super8.com*

🏨 Abbotsford Ramada Plaza Hotel

Das Hotel liegt in der Nähe des Castle Fun Parks und bietet bestens ausgestattete Zimmer und Suiten, einen Indoor-Pool und einen Fitnessraum.

- ✉ *36035 N Parallel Rd, Exit 95 Hwy 1, Abbotsford*
- ☎ *604-870-1050*
- 🕐 *Ganzj.*
- 🛏 ****
- @ *sales@ramadaabbotsford.ca*
- 🌐 *www.ramadaabbotsford.ca*

🚐 Aloha Trailer Park & Campsite

Der Campground liegt direkt am Fraser Hwy, teilweise sind die Stellplätze bewaldet.

- 📍 *Hwy 1 Exit 83 (Fraser Hwy 1A) Richtung Süden und weiter ca. 2 km zum Park*
- ✉ *29666 Fraser Hwy (Hwy 1A), Abbotsford*
- ☎ *604-856-2366 oder 1-888-801-2266 (geb.frei)*
- 🕐 *Ganzj.*

🖥 *Ja*	🚐 *48*	🔌 *Ja*
🚿 *Ja*	📶 *Nein*	

- 🔌 *Strom (30 Amp.), Wasser, Abwasser*
- 💲 *\$\$*

*Sie nähern sich nun der Stadt **Chilliwack**, wo südlich der Stadt am Cultus Lake ein hübscher Campground im gleichnamigen **Cultus Lake Provincial Park** liegt, der auch Ihr erster Übernachtungsplatz nach der Wohnmobilübernahme sein könnte. Eine längere (asphaltierte) Anfahrt ist nö-*

tig, um es sich auf dem einsam gelegenen **Chilliwack Lake Provincial Park** Campground südlich von Chilliwack gemütlich zu machen. Beide Parks erreichen Sie entweder über den Exit 104 oder 119. Über den Exit 119 S kommen Sie automatisch auf die Vedder Rd/Luckakuck Way, wo mehrere Supermärkte (u.a. Safeway, Real Canadian Super Store) liegen.

🐾 CULTUS LAKE PROVINCIAL PARK

Der sehr beliebte Park, der besonders an Wochenenden stark frequentiert ist, bietet zahlreiche Outdoor-Aktivitäten. Sie erreichen ihn von Highway 1, Exit 104 nach ca. 16 km über die No 3 Rd/Yarrow Central/Vedder Mountain/Cultus Lake/Columbia Valley Rd) oder etwas einfacher vom Exit 119 (ca. 10 km) über die Vedder/Vedder Mountain/Cultus Lake/Columbia Valley Rd.

Am Nordostende des Sees im Ort **Cultus Lake** befindet sich das Freibad **Waterfun Park** mit tollen Wasserrutschen, weitere Freizeiteinrichtungen sind eine Go-Kart-Bahn und ein Golf- und Minigolfplatz. Die wichtigsten Versorgungsmöglichkeiten sind vorhanden, auch eine Tankstelle fehlt nicht.

Der Cultus Lake Provincial Park wurde 1948 gegründet und ist etwa 25 km² groß. Am See liegen Bootsrampen (Jade Bay und Maple Bay) und schöne Picknickplätze mit Sandstrand und Bademöglichkeit (Entrance Bay, Spring Bay, Maple Bay).

🏛 Übernachten

🏕 Cultus Lake PP Campground ★
Am größten Frischwassersee im Fraser Valley liegen vier Campgrounds, Entrance Bay und Delta Creek im urigen Küstenregenwald, Delta Grove und Maple Bay bewaldet am oder in Seenähe. Alle Stellplätze sind weiträumig angelegt.

Anmerkung: Während der Hauptsaison sollte man einen Platz reservieren.
- 🕿 604-986-9371
- 🌐 www.env.gov.bc.ca/bcparks/explore/parkpgs/cultus_lk

- 🕐 Clear Creek & Maple Bay: April–Anf. Okt. (schließt evtl. früher)
- 🕐 Delta Grove & Entrance Bay: April–Anf. Okt.
- 🚻 Ja
- 🏕 Clear Creek: 85, Maple Bay: 106
- 🏕 Delta Grove: 58, Entrance Bay: 52
- 🔥 Ja, CAD 5   💧 Ja
- 💲 $

🥾 Wandern

▶ Teapot Hill Trail
Der Trail ist stellenweise steil und bietet unterwegs eine fantastische Aussicht auf den Cultus Lake und das Columbia Valley.
- 🚩 Zwischen Delta Grove und Honeymoon Bay Gruppencamping
- 🕐 2 Stunden
- 📊 Moderat
- 📏 2,5 km (einf. Strecke)
- ⛰ 280 m

▶ Seven Sisters Trail
Entlang des Trails stehen einige prächtige Exemplare der Douglas-Tannen.
- 🚩 Entrance Bay Campground
- 🕐 1,5 Stunden
- 📊 Leicht
- 📏 2 km (einf. Strecke)
- ⛰ 120 m

Cultus Lake Provincial Park

► Giant Douglas-Fir Trail

Dieser Trail führt durch einen dichten Wald mit mächtigen Douglas-Tannen.

- *Westlich vom Delta Grove Campground*
- *45 Minuten*
- *Leicht*
- *1 km (einf. Strecke)*
- *90 m*

⚶ CHILLIWACK LAKE PROV. PARK

Schon die Fahrt zum Park ist ein Erlebnis, da man immer weiter in die Bergwelt eintaucht und die weißen Berggipfel immer näher kommen. Die Zufahrt vom Hwy 1 ist über Exit 104 (Yarrow) oder 119 möglich (► Cultus Lake PP). Folgen Sie den Hinweisschildern zum Cultus Lake Provincial Park, achten Sie auf den Abzweig "Chilliwack Lake Rd" nach bzw. vor der Brücke über den Chilliwack River und folgen Sie dieser dann 40 Kilometer bis zum Parkeingang *Gate House* – nach einem weiteren Kilometer Gravelroad erreichen Sie den Campground.

Bei ca. km 9 auf der Chilliwack Lake Rd nach Überqueren des Chilliwack River kommen Sie zu den **Tamihi Rapids** (Stromschnellen). Der Chilliwack River ist für seine Rafting-Touren bekannt, die jedoch stellenweise Schwierigkeiten bereiten können. Wer Lust auf eine feuchtfröhliche Tour hat – in der Nähe der Rapids bietet **Chilliwack River Rafting Adventure** Kajak- und Raftingtouren an. Übernachten kann man z. B. auf dem einfach ausgestatteten, weiträumigen Tamihi Creek Campground (⌨ 108, ✪ $) direkt an den Rapids. Nach Passieren der Tamihi Rapids sind Sie dann aber mit der Natur und dem parallel zur Straße verlaufenden Chilliwack River allein.

Chilliwack River Rafting Adventure

- ✉ *49704 Chilliwack Lake Rd, Chilliwack*
- ☎ *604-824-0334 oder 1-800-410-7238 (geb.frei)*
- ⏱ *Ganzj., tägl. Touren Mai-Mitte Sept.*
- ✪ *Je nach Jahreszeit 1-6 Personen: Erw.: CAD 99–109, bis 18 J.: CAD 89, Mindestgewicht: 22 kg*
- @ *ChilliwackRiverRafting@gmail.com*
- 🌐 *www.chilliwackriverrafting.com*

Natur pur und schneebedeckte Berge sind die Highlights im 92,5 km² großen **Chilliwack Lake Provincial Park**. Am See gibt es eine Bootsrampe und einen schmalen, kleinen Sandstrandbereich. Der Park liegt relativ hoch, rechnen Sie daher im Frühsommer und Frühherbst mit kalten Nächten.

🏛 Übernachten

🛏 Chilliwack Lake PP Campground ★

Die Stellplätze liegen verteilt an vier Rundwegen *(Radium, Greendrop, Lindemann und Paleface Loop)* unter hohen Bäumen.

- 🌐 *www.env.gov.bc.ca/bcparks/explore/parkpgs/chilliwack_lk*
- ⏱ *Anfang/Mitte Mai-Anf. Okt., Öffnungszeiten können wetterbedingt variieren*
- *Ja*   ⌨ *146*   *Ja, CAD 5*
- *Nein*   ✪ *$*
- *Je 6 Plätze am Greendrop, Lindemann, Flora und Radium Lake*
- ✪ *$*

🚶 Wandern

> ❗ Alle Trails erfordern neben guter Ausrüstung auch Ausdauer und Kraft, im Frühsommer kann noch Schnee liegen.

Alle Trails beginnen:

- *Parkplatz Post Creek, ca. 200 m südl. v. Gate House, kurz vor dem Parkeingang*

► Post Creek Trail zum Lindeman & Greendrop Lake

Auf dem ersten Kilometer steigt der Trail steil an, man wird aber belohnt mit klarem Wasser der Seen und einer tollen Aussicht.

Lindeman Lake
- *2 Stunden*
- *Moderat*
- *1,7 km (einf. Strecke)*
- *215 m*

Greendrop Lake
- *4,5 Stunden*
- *Moderat*
- *5,2 km (einf. Strecke)*
- *365 m*

Chilliwack Lake Provincial Park

► Flora Lake Trail

Der Trail führt in Serpentinen nach oben und bietet vom Bergsattel einen fantastischen Blick auf den Chilliwack Lake, bevor man hinunter zum Flora Lake wandert.

🕐 *8 Stunden*

🔴 *Schwierig, steil*

🔴 *7 km (einf. Strecke)*

🔴 *Bis zum Ridge: 1.050 m, dann 345 m hinunter zum Flora Lake*

💡 **Für fitte Zeitgenossen:** Die drei Seen Lindeman Lake, Greendrop Lake und Flora Lake können auch als Rundweg vom Greendrop Lake über den Flora Lake Connector Trail zum Flora Trail gewandert werden. Gesamtstrecke: ca. 20 km

🏠 CHILLIWACK 🎫ℹ➕✖🔲🏛		
🏔 Abbotsford	34 km
Hope	53 km
👪 Stadt	77.936
❄❄	+2 °C
☀	+18 °C
〰	10 m
⊘ Stadt	261,50 km²

Zum Vergleich: Dorsten / NRW		
👪	Stadt	77.000
〰	31 m	
⊘	Stadt	171 km²

Die Stadt, das "grüne Herz" des Fraser Valley, liegt ca. 100 Kilometer östlich von Vancouver. Die Stadt, die sich in einem kontinuierlichen Wachstum befindet, bietet durch die vielen umliegenden Seen, die Nähe der Berge und den kurzen Weg in die USA ideale Bedingungen für die Naherholung der Anwohner und Touristen. Es sind alle Versorgungseinrichtungen vorhanden, große Einkaufszentren erreicht man über den Exit 119 S, weiter auf der Vedder Rd/Luckakuck Way. Für Liebhaber von Kunst & Kultur werden im **Arts Centre** Theater- und Tanzvorstellungen und klassische Musik vom stadteigenen Symphonieorchester dargeboten.

Der Name Chilliwack ist abgeleitet von einem lokalen Native-Stamm der Sto:lo. In der Halkomelem-Sprache der Sto:lo bedeutet der Name etwa *"Oben stilleres Wasser"*. Die Gewässer und die Wälder boten den frühen Bewohnern ganzjährig eine sichere Versorgung, was für eine dauerhafte Sesshaftigkeit entscheidend war. Man schätzt, dass etwa 40.000 bis 60.000 Sto:lo hier gelebt haben.

Um 1860 kamen die ersten Siedler, die als Goldsucher gescheitert waren. Einige versuchten sich nun teilweise erfolgreich als Farmer. So entstand die Gemeinde **Township of Chilliwack**. Sie wurde 1873 erstmals amtlich genannt und ist somit die drittälteste Stadt in British Columbia. 1881 entstand eine weitere Gemeinde in der Nähe, **Centreville**, die 1887 in den damals populären Namen *Chilliwhack* umgenannt und 1908 eigenständig wurde. Sie "verlor" das "h" aus ihrem Namen und wurde zur City of Chilliwack. City of Chilliwack und Township of Chilliwack wurden 1980, nach 72 Jahren Eigenständigkeit, zum District of Chilliwack zusammengeführt, 1999 zur City of Chilliwack, umgangssprachlich einfach nur Chilliwack.

VISITOR INFORMATION

- 44150 Luckakuck Way, Chilliwack, Hwy 1 Exit 116, weiter parallel zum Hwy 1 auf Luckakuck Way Richtung Osten zur Visitor Info
- 604-858-8121 oder 1-800-567-9535 (geb.frei)
- Mo–Fr 9–17 h, Mai–Labour Day tägl. 9–17 h
- info@tourismchilliwack.com
- www.tourismchilliwack.com

👁 Highlights

► Chilliwack Museum

Das Chilliwack Museum befindet sich in der 1911/1912 erbauten und restaurierten ehemaligen City Hall, die heute eine *National Historic Site* ist. Das Museum wurde 1957 eröffnet, damals noch in einem Raum der lokalen Polizeistation, bis es später im heutigen Gebäude landete. Hier kann man sich über das Leben der First Nations, der ersten Siedler aus Europa und über die Zeiten des Goldrauschs informieren.

Im Chilliwack Museum erfährt man auch einiges über die Schattenseite der Stadt, der großen Flut im Frühjahr 1948, die Dämme brechen ließ und über 200 km² des Fraser Valley überflutete, was zur Evakuierung von 16.000

Menschen führte. Übertroffen wurde sie nur von der Flut im Jahr 1894.

Im Obergeschoss finden wechselnde Ausstellungen statt, das aktuelle Programm erfährt man auf der Internetseite des Museums oder in der Visitor Info.

- Hwy 1 Exit 119, Vedder Rd nach Norden später Yale Rd W bis Spadina Av
- 56820 Spandina Ave, Chilliwack
- 604-795-5210
- Erw.: CAD 3, Sen./Stud.: CAD 2, Kinder: frei
- Mo–Fr 9–16:30 h
- www.chilliwack.museum.bc.ca

► Yale Road Historic Corridor

Die **Yale Road** erstreckt sich parallel entlang des Trans-Canada Hwy 1 von einem Ortsende Chilliwacks zum anderen, teilweise folgt die Straße dem alten Gold Rush Trail von 1858. Es geht vorbei an einem alten Dorf der Sto:lo und ehemaligen Fischverarbeitungsstätten. Beiderseits der Straße liegen einige der ältesten Farmen, die allerdings nur schwer auszumachen sind. Bei Interesse fragen im der Visitor Information nach einem Plan. Die Straße führt durch die Ortschaften Greendale, Cheam und Rosedale. Beginn: Entweder in Greendale (Exit 109, Hwy 1) oder Rosedale (Exit 135, Hwy 1).

► Chilliwack Circle Farm Tour

Lernen Sie einiges über Bienen und kaufen Sie leckere Honigprodukte, genießen Sie Brot und Käse aus eigener Herstellung, pflücken oder kaufen Sie Äpfel, besuchen Sie eine Töpferei und erleben Sie prachtvolle

Kilby Historic Farm

Gärten – dies alles bietet diese Tour, die Sie mit Ihrem Fahrzeug unternehmen können. Sie bekommen dabei Einblick in das bäuerliche Leben der Region. Einen Plan kann man auf der folgenden Internetseite runterladen:

🌐 www.seitnotiz.de/NPRKA6

▶ Kilby Historic Farm & Store

Die Kilby Historic Site & Farm liegt am gegenüberliegenden Ufer des Fraser River nördlich von Chilliwack. Der Gemischtwarenladen wurde im August 1906 eröffnet und von Thomas und Eliza Kilby bis 1922 geführt, danach betrieb Sohn Acton mit seiner Frau Jessie den Store bis zur Schließung 1977. Im Store befand sich bis 1968 auch die Poststelle. Man kann durch die historischen Räumlichkeiten bummeln, findet Dinge des täglichen Lebens und vieles mehr. Historische Fotos und Dokumente ergänzen die Ausstellung. Das Personal trägt während der Saison Kleidung vom Anfang des 20. Jahrhunderts und kann eine Menge über die vergangenen Zeiten erzählen.

Im Freigelände stehen noch weitere Gebäude der Farm zur Besichtigung offen. Auch der Obstgarten, einige Kleintiere, ein historischer Garten und vieles mehr gehören zur Farm. Im **Harrison River Restaurant**, das im Stil der 20er-Jahre eingerichtet ist, werden hausgemachte Speisen, Snacks, Kuchen oder Eis angeboten.

🚩 Ab Chilliwack weiter auf Hwy 1 zum Exit 135 und Abzweig Hwy 9 (ca. 16 km), weiter auf dem Hwy 9 Nord Richtung Agassiz zum Hwy 7 (ca. 8 km), auf dem Hwy 7 Richtung West, nach ca. 14 km zweigt die Kilby Rd S ab, diese führt zur Kilby Historic Site.

📍 215 Kilby Rd, Harrison Mills
📞 604-796-9576
🕐 11–16 h; April–Mitte Mai & Mitte Sept.–Mitte Okt.: Fr–So, Mitte Mai–Mitte Juni: Do–Mo, Mitte Juni–Anf. Sept.: tägl., Mitte Okt.–Mitte Dez.: Sa & So
💲 Erw.: CAD 10, Sen.: CAD 9, Schüler/Stud.: CAD 8, Kinder unter 5 Jahren: frei, Familien: CAD 25
@ info@kilby.ca
🌐 www.kilby.ca

Übernachten Kilby Historic Farm

Kilby Provincial Park

Der nicht sehr ansprechende Park liegt am Harrison River am Ende der Kilby Rd westlich der Kilby Historic Site.

📞 604-986-9371
🌐 www.env.gov.bc.ca/bcparks/explore/parkpgs/kilby
🕐 März–Nov.
🛒 Ja, Di & Mi Kilby General Store
🏕 22   ❌ Nein   🐕 Nein
💲 $

🏛 Übernachten Chilliwack

🏨 Rainbow Motor Inn

Nettes Hotel mit unterschiedlich ausgestatteten Gästezimmer/Suiten, im Obergeschoss mit Balkon. Alle Zimmer haben Kaffeekocher und Kühlschrank, entspannen kann man im hoteleigenen Garten.

📍 45620 Yale Rd, Exit 116 Hwy 1, Chilliwack
📞 604-792-6412 oder 1-800-834-5547 (geb.frei)
🕐 Ganzj.
💲 **
@ info@rainbowmotorinn.com
🌐 www.rainbowmotorinn.com

🏨 Royal Hotel – Historisches B&B Hotel

Hier übernachtet man in einem historischen Gebäude, das 1908 erbaut wurde. Die Gästezimmer sind unterschiedlich ausgestattet, teils modern, teils mit historischem Touch.

📍 45886 Wellington Ave, Exit 119 Hwy 1, Chilliwack
📞 604-792-1210 oder 1-888-434-3388 (geb.frei)
🕐 Ganzj.
💲 **
@ info@royalhotelchilliwack.com
🌐 www.royalhotelchilliwack.com

🏕 Vedder River Campground

Ansprechender Campground, Stellplätze sind teilweise bewaldet.

🚩 Hwy 1 Exit 104, weiter auf No 3, Yarrow Central, Vedder Mountain Rd bis Abzweig li Giesbrecht Rd
📍 5355 Giesbrecht Rd, Chilliwack
📞 604-823-6012
@ vedderriver@shaw.ca
🌐 www.cultuslake.bc.ca/vedder-river-campground
🕐 Ganzj.
🏕 Ja   🚐 196   🚿 Ja
🐕 Ja   📶 Ja   🚻 Ja
🔌 Strom (30 Amp.), Wasser, Abwasser
💲 $$

🏕 Cottonwood Meadows RV Park

Bewaldeter Campground mit teils großer Privatfläche nahe Trans-Canada Hwy 1.

📍 Hwy 1 Exit 116 auf die Lickman Rd Richtung Süden für ca. 250 m, danach li auf den Luckakuck Way.

✉ 44280 Luckakuck Way, Chilliwack

☎ 604-824-7275

@ info@cottonwoodpark.com

🌐 www.cottonwoodrvpark.com

🕐 Ganzj.

🏕 Ja   🚐 120   🚍 Ja

🚻 Ja   📶 Ja

⚡ Strom (30/50 Amp.), Wasser, Abwasser

💲 $$

🏕 Cultus Lake Provincial Park ▶ S.97

Nach Ihren Besuch in Chilliwack fahren Sie wieder zurück zum Trans-Canada Hwy 1. Allmählich werden die landwirtschaftlich genutzten Flächen zumindest auf der Südseite deutlich weniger und Sie nähern sich langsam aber sicher den Bergen. Über den Exit 135 kommen Sie südlich zu den tosenden, sehenswerten **Bridal Veil Falls**.

🌲 BRIDAL VEIL FALLS PROV. PARK ⭐

In unmittelbarer Highwaynähe östlich von Chilliwack beeindrucken die etwa 60 Meter hohen **Bridal Veil Falls**. Vom Parkplatz führt ein kurzer Rundweg durch dichten Wald aus Küstenhemlocktannen, Rotzedern und Ahorn zu einer Aussichtsplattform unterhalb der tosenden Wasserfälle. Der Verlauf des Fälle ähnelt einem Schleier, daher der Name Veil (Schleier). Die Picknicktische des Parks liegen schön verteilt im Wald. Der Provincial Park wurde 1965 gegründet, bis zu diesem Zeitpunkt wurden die Wasserfälle zur Stromgewinnung für das Bridal Falls Chalet genutzt.

📍 Hwy 1 Exit 135, den Hinweisen folgen

🕐 Mitte April–Mitte Okt.

🌐 www.env.gov.bc.ca/bcparks/explore/parkpgs/bridalveil_falls

Die weitere Fahrt auf dem Trans-Canada Highway 1 führt nun unweigerlich in Richtung der Cascade Mountains. Kurz bevor die nette Kleinstadt Hope erreicht wird, führt eine Seitenstraße zum idyllisch gelegenen **Silver Lake** und in den **Skagit**

Bridal Veil Falls

Valley Provincial Park, den wir als Nebenstrecke anbieten, da die Zufahrt nicht für alle Fahrzeuge geeignet ist. Nur die ersten drei Kilometer dieser Seitenstraße sind asphaltiert, bis zum Silver Lake Provincial Park sind dann noch weitere drei Kilometer Gravelroad zurückzulegen. Den weit im Hinterland liegenden Skagit Valley Provincial Park, der bis zur Grenze der USA reicht, würden wir Wohnmobilfahrern nicht empfehlen, da man ab dem Silver Lake über eine Forest Service Road fährt, die je nach Wetter weniger gut bis schlecht befahrbar ist.

Wenn Sie nach Befahren der Nebenstrecke wieder auf dem Trans-Canada Hwy 1 angekommen sind, erreichen Sie in Kürze die kleine Stadt **Hope** im breiten Tal des Fraser River gelegen.

Nebenstrecke zum Silver Lake & Skagit Valley Provincial Park

	km
Trans-Canada Hwy 1/Abfahrt zum Skagit Valley	0
Gravelroad (später Forest Service Rd) beginnt	3
Silver Lake PP	6
Einfahrt Skagit Valley PP	37
Ross Lake	60
Grenze Kanada/USA	61
Zurück zum Trans-Canada Hwy 1	122

Diese landschaftlich sehr schöne Nebenstrecke führt in die Einsamkeit des **Skagit Valley** bis zum 60 Kilometer entfernten **Ross Lake** (Grenze USA/Kanada). Die Abfahrt vom Trans-Canada Hwy 1 ist wenige Kilometer westlich von Hope über den Exit 168 oder von Osten kommend über den Exit 170. Weiter geht es zuerst ca. drei Kilometer auf einer asphaltierten, danach drei Kilometer auf einer einigermaßen gut befahrbaren Gravelroad bis zum Abzweig Silver Lake, der am Ende einer kurzen Stichstraße liegt. Ab dem Silver Lake ist die Straße bis zum Skagit Valley Provincial Park und Ross Lake eine Forest Service Road.

Entlang der Straße beginnen Wanderwege und für eine Übernachtung findet man einen schön gelegenen Campground.

⓵ Kurz vor dem Straßenende wird die Grenze USA/Kanada überquert, vergessen Sie Ihren Reisepass nicht.

Achtung: Holzfuhrwerke nutzen diese Straße, bei Nässe ist extreme Vorsicht geboten. Informieren Sie sich vor Befahren über den aktuellen Zustand der Straße in der Visitor Information Hope. Wohnmobilfahrer sollten diese Strecke unbedingt meiden.

Streckenverlauf

km 6	Abzweig zum Silver Lake Provincial Park
km 37	Skagit Valley Provincial Park beginnt
km 41	Silvertip Campground
km 42	26 Mile Bridge
km 46,5	Rhododendron Bar, Parkplatz mit Zugang zum Fluss
km 52,5	Nepopekum, Parkplatz mit Trail zum Fluss
km 54	Whitworth Meadows, ehemaliger Standort der Whitworth Ranch, Horse Camp Campground speziell für Reiter ausgestattet
km 55	Parkplatz Skyline II Trail
km 58	Chittenden Bar, Parkplatz mit Zugang zum Fluss
km 59	Chittenden Bridge und Meadows, ehemaliger Standort der Cawley Ranch
km 60	Ross Lake Campground und Picknickanlage
km 61	Grenze USA/Kanada, Hozomeen Ranger Station
km 62	Hozomeen Campground (USA) – Ende der Straße

⚶ SILVER LAKE PROVINCIAL PARK

Der 1964 gegründete Silver Lake Provincial Park liegt zwölf Kilometer südwestlich von Hope. Am schön gelegenen See befindet sich an der Ostseite eine Picknickanlage auf einer Wiesenfläche und einige schmale Sandstrandabschnitte. Der See entstand vor ca. 1.000 Jahren durch einen Erdrutsch. Der Fels, von dem sich Geröll und Steine lösten, ist vom Ufer sehr gut zu sehen. Die Bäume, die aus dem See herausragen, sind Überbleibsel dieses Ereignisses.

🏛 Übernachten

⛺ Silver Lake PP Campgrund

Der rustikale, ruhig gelegene Campground wird an Wochenenden gern auch von Einheimischen genutzt und ist daher leider meist schnell belegt. Ein kurzer Wanderweg (1 km) führt entlang des Westufers.

☎ *604-986-9371*
🌐 *www.env.gov.bc.ca/bcparks/explore/*
   parkpgs/silver_lk
📅 *Mai–Mitte Okt.*
🚾 *Nein*   🏕 *25*   ♿ *Nein*
🚿 *Nein*
💲 *$*

Silver Lake Provincial Park

🐾 SKAGIT VALLEY PROVINCIAL PARK

Der 279 km² große Skagit Valley Provincial Park grenzt im Osten an den Manning Provincial Park (▶ S.374) und im Süden an den North Cascades National Park der USA. Er liegt weitab von Highways in der Skagit Range, beeindruckt durch seine Pflanzenvielfalt und bietet für fast alle Wildtiere ein ideales Umfeld, denn viele Teile des Parks sind abgelegenes Wildnis- und Hochgebirgsgebiet. Auf Wanderungen ist daher Vorsicht geboten.

Das Skagit Valley hat schon eine lange Geschichte. Amerikanische Archäologen haben Tonscherben der First Nations im südlichen Teil des Parks gefunden, was besagt, dass der Skagit River Trail schon vor etwa 8.000 Jahren als Handelsweg genutzt wurde.

Zu den ersten Siedlern im Skagit Valley zählte der Engländer Henry Robert Whitworth, der von 1905 bis 1909 eine Ranch (heute: **Whitworth Meadows**) bewirtschaftete. Er kaufte auch die südlich liegende Cawley Ranch (heute: **Chittenden Meadows**), musste jedoch aus Krankheitsgründen aufgeben und wegziehen.

1973 erklärte die Regierung von British Columbia das Skagit Valley zur Provincial Recreation Area und 1997 zum Provincial Park. Der 437 Meter hoch gelegene Ross Lake liegt zu einem kleinen Teil im Skagit Valley Provincial Park, der Hauptteil liegt im North Cascades National Park. Der Wasserstand des Ross Lake unterliegt Schwankungen, nur im Juli und August ist auf der kanadischen Seite Wasser im See.

☎ *604-986-9371*
🏛 *US Parks: 1-360-854-7200 (ganzj.) u. Mitte*
   Mai–Mitte Okt. 1-360-854-7245 Wilderness
   Information Center Ross Lake
🕐 *Park: ganzj., die Skagit Valley Road ist außerhalb*
   der Saison nicht befahrbar

🏛 Übernachten

⛺ Skagit Valley PP Campground
☎ *604-986-9371*
🌐 *www.env.gov.bc.ca/bcparks/explore/parkpgs/skagit*

www.nps.gov/noca
Ross Lake CG: Mai–Mitte Okt.
Silver Tip CG: Mitte Mai–Mitte Okt.
Whitworth Horse Camp: Mai–Anf. Sept.
Nein
Ross Lake: 88
Silver Tip: 43
Whitworth Horse Camp: 11
Nein   Nein   Ja, Ross Lake
$
Ja

𝄃𝄃 Wandern

▶ Chittenden Meadow Trail
Der Trail führt über eine Wildblumenwiese mit Präriegras und Gelbkiefern.
Chittenden Bridge, ca. 2 km südl. v. Ross Lake
1 Stunde
Leicht
1,5 km (einf. Strecke)
48 m

▶ Skagit River Trail
Der Trail, der sich entlang des Skagit River windet und besonders schön im Juni zur Rhododendronblüte ist, endet am Picknickplatz *Sumallo Grove* (Highway 3) im angrenzenden **Manning Provincial Park**. Zeltmöglichkeit bei km 10 (Delacey Wilderness Camp).
26 Mile Bridge
6–7 Stunden
Leicht
14 km (einf. Strecke)
105 m

▶ Skyline II Trail
Dieser anstrengende Trail überquert die Cascade Mountains und endet bei den *Strawberry Flats* oder *Spruce Bay* am **Lightning Lake** im Manning Provincial Park.
Whitworth Meadows, Zeltmöglichkeit bei km 13 (Mowich Wilderness Camp)
Mehrtägig
Schwierig
25 km bis Strawberry Flats (einf. Strecke), 29 km bis Spruce Bay (einf. Strecke)
1.310 m

Ende der Nebenstrecke

🏔 HOPE ⬜ℹ️➕❌🚻🏛

⋰	Chilliwack	53 km
	Yale	25 km
👫👫	Stadt	5.969
❄❄	-2 °C
☀	+22 °C
〰〰	42 m
⬭	Stadt	41,14 km²
Zum Vergleich: Bräunlingen/Schwarzwald		
👫👫	Stadt	5.883
〰〰	693 m
⬭	Stadt	62,1 km²

Die nette Kleinstadt Hope liegt wunderschön in den Cascade Mountains am Fraser River und Coquihalla River, der sich östlich von Hope spektakulär durch den **Coquihalla Canyon** quält. (▶ S.108). Hope bietet vielfältige Outdoor-Aktivitäten. Im Osten der Stadt liegt das Naherholungsgebiet **Kawkawa Lake** mit Picknickplatz, Badestrand und Bootsrampe.

Im Süden der Stadt treffen drei Highways aufeinander: der Highway 3, der weiter nach Princeton durch den Manning Provincial Park führt (Alternativroute "Hope bis Kamloops", ▶ S.372), der Highway 5, ein breiter Freeway, der über den Coquihalla Summit (1.244 m) nach Merritt führt und der Trans-Canada Hwy 1, der durch den Fraser Canyon gen Norden verläuft und unsere weitere Route wird. Nördlich der Stadt jenseits des Fraser River zweigt der Highway 7 nach Westen ab, durchaus eine Alternative von oder nach Vancouver, wenn man die Strecke Trans-Canada Hwy 1 von Hope nach Vancouver bereits kennt.

Viele Jahrtausende war die Region am Fraser River Heimat der Sto:lo People. Zu den ersten Europäern, die in dieses Gebiet kamen, gehörte 1808 Simon Fraser, als er nach seiner gefährlichen Reise durch den Fraser Canyon in Hope

105

Mapmaker – Anders Hopperstead,
© Erica Publishing Inc.

Hope, am Fraser River

landete. Mit der Errichtung eines Forts durch die Hudson's Bay Company im Jahr 1848, der Gründung der Stadt, mussten sich die Sto:lo zurückziehen, denn der Pelzhandel trat in den Vordergrund. 1858 fand man im Fraser Canyon Gold, sodass der Pelzhandel nun durch die Goldsucher verdrängt wurden. Der Bau der Canadian Pacific Railway von 1880 bis 1888 durch den Fraser Canyon sorgte für eine weitere Zuwanderung. Von 1911 bis 1918 baute die CPR die Kettle Valley Railway durch den östlich von Hope liegenden Coquihalla Canyon, ein sehr abenteuerliches und waghalsiges Unternehmen, das man bei einem Spaziergang durch den östlich liegenden **Coquihalla Canyon** bewundern kann. Diese Eisenbahnstrecke wurde 1959 stillgelegt.

1929 bekam Hope seine Unabhängigkeit als Dorf, 1965 als Stadt und 1992 fasste man Hope mit einigen umliegenden kleineren Orten zum **District of Hope** zusammen. Die Forstwirtschaft gehört heute zu den wichtigsten Erwerbsquellen der Bewohner. Hope hat alle Versorgungsmöglichkeiten, ein moderner Supermarkt liegt am Old Hope Princeton Way, einer Parallelstraße des Highway 3 Ost.

🛈 VISITOR INFORMATION

- ✉ *919 Water Ave, Hwy 1, Hope*
- ☎ *604-869-2021 oder 1-866-467-3842 (geb.frei)*
- 🕐 *Mo–Fr 10–16 h, Sa & So 9–17 h*
- @ *vc@hopebc.ca*
- 🌐 *www.hopebc.ca*

👁 Highlights

▶ Historic Christ Church

Die Historic Christ Church befindet sich an der Ecke Park- und Fraser St. Sie wurde 1861 von Reverent Pringle erbaut und ist die älteste Kirche in British Columbia.
- ☎ *604-869-5402*
- 🕐 *Geführte Touren: Mitte Juni–Mitte Sept.: Mo–Sa 11–16 h, So 12–15 h, sonst nach Vereinbarung*
- 👁 *Es wird um eine Spende gebeten*

▶ Hope Museum

Das Hope Museum befindet sich in der Visitor Information. Hier kann man sich über die Vergangenheit der Stadt und über die Zeiten des Pelzhandels und Goldrauschs informieren. Es werden Ausstellungsstücke der ansässigen First Nations und einige ehemals für die Forstwirtschaft gebräuchliche Gegenstände gezeigt. Daneben kann man einen Blick in historische Räumlichkeiten werfen, u.a. eine Wohnstube, eine Küche und ein Schulraum. Daneben sind auch Requisiten und Erinnerungsstücke aus der Rambo-Zeit zu besichtigen.
- ✉ *919 Water Ave/Hwy 1, Hope, Visitor Info*
- ☎ *604-869-7322*
- 🕐 *Mai–Sept.*
- 👁 *Es wird um eine Spende gebeten*

▶ Centennial Park

Der Centennial Park liegt an der Ortsdurchfahrt zwischen dem Trans-Canada Hwy 1 und dem Fraser River. Hier kann man sehr gut die enorme Breite des Fraser River sehen. Im Fluss liegt **Greenwood Island**. Die Insel ist Indianerreservat und Schutzgebiet der Kanadareiher. Auf einer Info-Tafel wird über die Geschichte der Stadt berichtet.

Wenn Sie den Park besuchen, parken Sie in einer Seitenstraße des Trans-Canada Hwy 1, Parkmöglichkeiten entlang des Highways sind nicht vorhanden.

▶ Japanese Friendship Garden im Memorial Park

Der Japanese Friendship Garden liegt in der Innenstadt an der Wallace St neben der District Hall. Der Garten ist den Japan-Kanadiern gewidmet, die während des Zweiten Weltkriegs in Tashme, etwa 20 Kilometer östlich von Hope, interniert waren. Der Garten wurde 1991 nach einem authentischen japanischen Garten mit wunderschönen Pflanzen und Bäumen und einem kleinen Pavillon angelegt.

▶ Schnitzereien

Bei einem Spaziergang durch die Stadt fallen ca.30 große, mit der Kettensäge "geschnitzte" **Holzfiguren** auf, die seit 1991 vom einheimischen Holzschnitzer Pete Ryan angefertigt wurden. Hope ist daher auch bekannt als *"Chain Saw Caving Capital"*. In der Visitor Information weiß man, woran und wo Pete gerade arbeitet und wenn es Ihre Zeit erlaubt, können Sie ihm über die Schulter schauen. Petes Arbeiten sind auch käuflich zu erwerben – ob sie allerdings in Ihrem Koffer Platz finden, bezweifeln wir.

📧 *63010 Old Flood Hope Rd, Hope*

@ *pete@pete-ryan.ca*

🌐 *www.pete-ryan.ca*

▶ Hope – Rambo-Town

Hollywood lässt grüßen! Im November 1981 kam eine Film-Crew nach Hope und verwandelte das kleine Städtchen in eine ländliche, typisch amerikanische Kleinstadt als Vorbereitung zum Filmprojekt **Rambo First Blood** (Rambo I). Der Fraser und Coquihalla Canyon waren ideale Drehorte für waghalsige Stunts. Explosionen und Gewehrfeuer dröhnten durch die Schluchten und abenteuerliche Filmszenen mit berühmten Schauspielern (u.a. Sylvester Stalone) wur-

den abgedreht. Rambo-Fans aus aller Welt kommen alljährlich nach Hope und besuchen die Original-Filmschauplätze. Requisiten und Erinnerungsstücke sind im Hope Museum zu sehen.

▶ Hope Slide

Wenn man Hope auf dem Highway 3 Richtung Princeton verlässt, ändert sich nach etwa 18 Kilometer die Landschaft für kurze Zeit abrupt und man kommt zur Gedenkstätte Hope Slide. Hier stoppte am Morgen des 9. Januar 1965 eine für Schneeabbruch gehaltene Barriere vier Personen in ihren Autos auf der Fahrt von Hope nach Princeton. Während sie auf das Freiräumen der Straße warteten, löste ein leichtes Erdbeben den schlimmsten Erdrutsch in der Geschichte Kanadas aus. Dieser begrub unter einer 85 Meter dicken Stein- und Schlammschicht die Personen in ihren Fahrzeugen. Als Folge dieser Katastrophe musste selbst der Highway neu angelegt werden. Das gesamte Ausmaß dieses Erdrutsches am Johnson Peak ist gut sichtbar, eine Gedenkstätte erinnert an das Geschehen.

Bemerkung: Reisende, die die Alternativroute durch den Manning Provincial Park (▶ S.372) fahren, kommen automatisch an Hope Slide vorbei.

▶ Coquihalla Canyon Provincial Park ★

Ein Muss ist der Besuch des Coquihalla Provincial Parks nahe Hope. Bei der ca. drei Kilometer langen Wanderung durch die **Othello Tunnels** wird klar, was für eine beinahe unglaubliche Meisterleistung Planer und Ausführende vollbracht haben, als sie die Eisenbahntrasse der Kettle Valley Railway durch dieses unwegsame Gelände gelegt haben. Vom Parkplatz geht es zuerst durch den Wald und um am ruhig dahinfließenden Coquihalla River entlang, bis man den ersten von fünf Tunnel und damit die Trasse der ehemaligen Railway erreicht. Danach wird man Zeuge einer grandiosen Konstruktions- und Arbeitsleistung unter Ingenieur Andrew McCullough, die 1914 begonnen wurde und insgesamt fünf Jahre in Anspruch nahm. Um die Trasse anzulegen, mussten unzählige Felsen durchbohrt und waghalsige Brückenkonstruktionen angefertigt werden. Dabei wurden die Ar-

Hope Slide

beiten teils in Weidekörben von den Felsen hängend oder auf wackeligen Hängebrücken ausgeführt. Übrigens: Der Ingenieur war ein begeisterter Leser der Literatur Shakespeares, darum gab er Stationen der Trasse Namen wie: Othello, Lear, Portia, Jago, Romeo & Julia und Jessica.

In unmittelbarer Nähe befindet sich der Campground Othello Tunnels RV Park.

> ❗ Taschenlampe nicht vergessen, die Tunnel sind nicht beleuchtet.

- 🚗 Ab Hope entweder über 6ᵗʰ Ave, weiter auf der Kawkawa Lake Rd später Othello Rd oder über Hwy 5 Exit 183
- 🔄 1,7 km (einf. Strecke)
- ✉ Othello Rd, Hope
- ☎ 604-986-9371
- 🕐 April–Okt.
- 🌐 www.env.gov.bc.ca/bcparks/explore/parkpgs/coquihalla_cyn

🏛 Übernachten

🏨 Colonial 900 Motel
Zweckmäßig, dennoch gemütlich eingerichtetes Hotel, Zimmer teilweise mit Küchenzeile.
- 🚗 Hwy 1 Exit 173, nächste Ampel links, danach beim Stoppschild wieder links
- ✉ 900 Old Hope Princeton Way, Hope
- ☎ 604-869-5223 oder 1-866-508-5223 (geb.frei)
- ⭐ **
- @ 900motel@gmail.com
- 🌐 www.colonial900motel.com

🏨 Park Motel
Gut ausgestattetes (teilw. Küchenzeile) und sauberes Motel im Stadtgebiet.
- 🚗 Vom Hwy 1 in Hope li auf die Wallace St, weiter bis zur 4ᵗʰ Ave, links abbiegen zum Motel
- ✉ 832 – 4ᵗʰ Ave, Hope
- ☎ 604-869-5891 oder 1-888-531-9933 (geb.frei)
- ⭐ *–**
- @ info@parkmotel.ca
- 🌐 www.parkmotel.ca

🏨 Skagit Motor Inn
Gemütlich ausgestattetes Motel mit Standardzimmer bis Suiten (auch mit Miniküche). Die Zimmer haben Kühlschrank und Mikrowelle.
- 🚗 Zufahrt vom Hwy 1 li auf die Douglas St bis zur 3ʳᵈ Ave, rechts liegt das Motel
- ✉ 655 – 3ʳᵈ Ave, Hope
- ☎ 604-869-5220 oder 1-888-869-5228 (geb.frei)
- ⭐ **
- 🌐 www.skagit.ca

🏕 Othello Tunnels Campground & RV Park
- 🚗 Ab Hope entweder über 6ᵗʰ Ave, weiter auf der Kawkawa Lake Rd später Othello Rd oder über Hwy 5 Exit 183, unter dem Hwy durchfahren und li auf der Othello Rd zum Campground (3 km)
- ✉ 67851 Othello Rd, Hope
- ☎ 604-869-9448 oder 1-877-869-0543 (geb.frei)
- @ camp@othellotunnels.com
- 🌐 www.othellotunnels.com
- 🕐 Ganzj.
- Ja   42   Ja
- Ja   Ja   Ja
- 💲 $$
- Strom (15/30 Amp.), Wasser, Abwasser

109

🏕 Wild Rose Good Sam Campground

Netter Campground, Bahnlinie verläuft allerdings in unmittelbarer Nähe.

- 🧭 Hwy 1 Exit 165, li über den Hwy auf die Flood Hope Rd
- ✉ 62030 Flood Hope Rd, Hope
- ☎ 604-869-9842 oder 1-800-463-7999 (geb.frei)
- @ wildrose@uniserve.com
- 🌐 www.wildrosecamp.com
- 🕐 April–Okt.
- 📶 Ja   🛏 68   ⚡ Ja
- 📶 Ja   📶 Ja
- ⚙ Strom (30/50 Amp.), Wasser, Abwasser
- 💰 $$

🏕 Coquihalla Campground ★

Der bewaldete, schöne Campground liegt am Stadtrand am Coquihalla River.

- 🧭 Ab Hwy 1 li auf Wallace Rd bis 6th Ave, re bis Kawkawa Lake Rd und auf dieser bis zum CG
- ✉ 800 Kawkawa Lake Rd, Hope
- ☎ 604-869-7119
- 🌐 www.coquihallacampground.ca
- 🕐 Ganzj.
- 📶 Ja   🛏 117   ⚡ Ja, CAD 5
- 📶 Ja, geb.pfl.   📶 Ja, geb.pflichtig
- ⚙ Strom (30/50 Amp.), Wasser, Abwasser
- 💰 $$

🏕 Emory Creek PP Campground ▶ S.110

Hinweis: Für Kanada-Reisende, die vielleicht den Fraser Canyon während einer früheren Kanadatour bereits durchfahren haben und die Sehenswürdigkeiten schon kennen, bieten wir eine **Alternativroute** (▶ S.372) durch den landschaftlich wunderschönen **Manning Provincial Park** nach Princeton und weiter über Merritt nach Kamloops an. Dort stoßen sie dann wieder auf die Hauptroute.

Anmerkung: Wer beide Strecken schon kennt oder mehr Zeit für den Aufenthalt in den Nationalparks haben und deshalb Zeit sparen möchte, kann ab Hope auch die Schnellverbindung **Freeway 5** über den Coquihalla Summit (1.244 m) nach **Merritt** und weiter über den Surrey Lake Summit (1.444 m) nach **Kamloops** fahren und dort wieder auf den normalen Routenverlauf stoßen (▶ S.126). Auch diese Strecke hat ihre Reize, zumal sie, durch die Höhenlage, ständig einen freien Blick über die Land-

schaft bietet. Wer auf der Hauptstrecke weiterfährt, verlässt Hope in nördlicher Richtung auf dem Trans-Canada Hwy 1 und erreicht nach wenigen Kilometer den besonders beeindruckenden **Fraser Canyon**. Rechts fließt der nun in seinem Flusslauf beengte Fraser River, links liegen die Ausläufer der **Cascade Mountains** und die dicht bewaldeten Abhänge der **Lillooet Range**. Flussnah übernachten kann man auf dem wenige Kilometer nördlich von Hope liegenden **Emory Creek Provincial Park**.

⚜ EMORY CREEK PROV. PARK

Der Park liegt am noch friedlich dahinfließenden Fraser River, wo sich schon 1858 ein von Goldsuchern errichtetes Lager befand. Schnell erkannten die Goldsucher, dass das Schürfen hier nicht besonders ertragreich war und so zogen sie weiter Richtung Norden nach Barkerville. Nur ein paar Chinesen blieben zurück. Ein gewisser Mr. Walker verkaufte Anfang 1879 das Lager an die Oppenheimer Brothers, die im nördlich gelegenen Ort Yale bereits einen Store besaßen und somit ein zweites Geschäft einrichten konnten. Im Herbst desselben Jahres wählte die Canadian Pacific Railway Emory als Endpunkt im Westen und nannte die Station Emory Creek. Emory Creek hatte bald dreizehn Straßenzüge, eine eigene Zeitung, eine Brauerei, eine Sägemühle, neun Saloons und mehrere Geschäfte. Einige Jahre später bekam jedoch das wenige Kilometer nördlich liegende Städtchen Yale eine Bahnstation, was 1885 das Ende von Emory Creek bedeutete.

🏛 Übernachten

🏕 Emory Creek PP Campground

Der bewaldete, einfach ausgestattete Campground liegt in unmittelbarer Nähe der CPR, der CN und am Trans-Canada Hwy 1, daher ist es zeitweise etwas "unruhig" auf dem Platz. **Achten Sie** auf ein braunes Hinweisschild am Highway, wenn Sie den Campground nutzen möchten!

Emory Creek Provincial Park Campground

🅿 Hwy 1, 18 km nördl. v. Hope
☎ Yale First Nations: 604-869-1167
🌐 www.env.gov.bc.ca/bcparks/explore/parkpgs/
   emory_crk
🕐 Mai–Okt.
🚻 Nein   🏕 34   ⊕ Nein
🔌 Nein
💲 $

🏕 Emory Bar RV Park

Ansprechende, leicht bewaldete Campsites am Hope River General Store gelegen.

📧 28775 Hwy 1, nahe Emory Creek PP
☎ 604-863-2407
@ info@hoperivergeneralstoreandemorybarrvpark.com
🌐 www.hoperivergeneralstoreandemorybarrvpark.com
🕐 April–Anf. Okt.
🚻 Ja   🏕 35   ⊕ Ja
🚿 Ja   ⊕ Nein
🔌 Strom (30/50 Amp.), Wasser, Abwasser
💲 $$

*Sie durchfahren von Hope bis Lytton einen Teil des **Fraser River Canyon** und insgesamt sieben Tunnel unterschiedlicher Länge. Die Straße ist nicht sehr breit, kurvenreich und relativ stark befahren, immerhin ist sie Teil des wichtigen Trans-Canada Hwy 1. Nutzen Sie jede Parkmöglichkeit, um einen Blick in den Canyon zu werfen.*

*Den geschichtsträchigen Ort **Yale**, den Sie bald erreichen, ist einen kurzen Besuch wert. Dies gilt auch für die nächste Attraktion, die historische Alexandra Bridge*

*im **Alexandra Bridge Provincial Park**. Ein kurzer Spazierweg führt zu der sehenswerten historischen Brücke.*

👁 FRASER RIVER CANYON

Die Fahrt durch den Fraser River Canyon gehört zu den schönsten und aufregendsten Strecken in West-Kanada. Der reißende Fraser River zwängt sich hier durch eine enge Schlucht, die am **Hell's Gate** (Höllentor, ▶ S.114) nur 36 Meter breit ist. 900 Millionen Liter Wasser durchfließen hier pro Minute den Canyon! Es ist ein eindrucksvolles Naturschauspiel, das für Besucher erst recht zu einem Nervenkitzel wird, wenn sie per Seilbahn über den reißenden Fluß zum anderen Ufer hinüberschweben.

Der mit 1.375 Kilometer längste und wichtigste Fluss British Columbias entspringt in den Rocky Mountains in der Nähe des Yellowhead Passes und mündet im Süden von Vancouver in den Pazifik.

Lange vor der Ankunft der ersten Europäer nutzten die hier ansässigen First Nations den Fluss zum Fischen und kannten verschlungene Pfade durch den Canyon. 1908 bereiste der Abenteurer und Entdecker **Simon Fraser** – nach ihm wurde der Fluss benannt – mit seiner Gefolgschaft den Fluss. Die hier lebenden First Nations führten sie auf den fast unwegsamen Pfaden entlang der Klippen und über tosendes Wasser durch den Canyon. Einen kurzen Goldrausch erlebte der Canyon Mitte des 19. Jahrhunderts – doch dieser Goldrausch hielt nicht lange, da die Funde zu unergiebig waren. Da der Fluss nicht per Schiff befahrbar war, legte man von 1861 bis 1863 die **Cariboo Wagon Road** an, auf der die Siedler und Goldsucher mühsam weiter Richtung **Barkerville** vorankamen, dem Zentrum des Cariboo Goldrauschs in der zweiten Hälfte des 19. Jahrhunderts. Heute befindet sich dort eine eindrucksvolle *Historic Site* im Norden des Cariboo Country. Mitte des 20. Jahrhunderts begann man mit dem Bau des Trans-Canada Hwy 1, der zuerst bedeutend weniger komfortabel befahren werden konnte als heute. Inzwischen gibt es zahlreiche Tunnel – von Yale bis Boston Bar durchfährt man derer sieben:

- Yale Tunnel   286 m
- Saddle Rock Tunnel   146 m
- Sailor Bar Tunnel   292 m
- Alexandra Tunnel   280 m
- Hell's Gate Tunnel   100 m
- Ferrabee Tunnels   100 m
- China Bar Tunnel   610 m

Wer mehr über die Meisterleistung des frühen Straßenbaus und den hiesigen Goldrausch erfahren möchte, sollte ein auf der Strecke liegendes Museum besuchen.

Nach der Erschließung durch die Straße ließ auch die Eisenbahnbau nicht lange auf sich warten. Ende des 19. Jahrhunderts verlegte die Canadian Pacific Railway Schienen entlang des Westufers des Fraser River und Anfang des 20. Jahrhunderts folgte die Great Northern Railway (später Canadian National Railway – CN) und verlegte ihre Schienen ans Ostufer. Diese Arbeiten waren nur unter außerordentlich schwierigen und oft waghalsigen Bedingungen möglich. Auch heute noch führen die beiden Eisenbahnlinien durch den Canyon und einige Trails folgen der historischen Route.

⛰	**YALE** ▢ 🛈 🏛	
⛰	Hope	25 km
	Boston Bar	42 km
👥	Stadt	200
❄ ❄	-6 °C	
☀	+22 °C	
〰	76 m	
⦰	Stadt	1,53 km²

Das geschichtsträchtige Örtchen Yale gehört zu den ältesten Gemeinden im Südwesten von British Columbia. Im Sommer 1808 campierte hier der Entdecker Simon Fraser während seiner abenteuerlichen Tour über den Fraser River. 1848 errichtete die Hudson's Bay Company ein Fort in Yale und hier war auch Endstation des Scuzzy Raddampfers, der den Transport von Personen und Waren über den Fraser River bis nach Yale durchführte.

Als 1858 in **Hill's Bar** drei Kilometer südlich von Yale Gold gefunden wurde, zog diese Tatsache viele Goldsucher an, sodass Yale innerhalb kurzer Zeit nahezu 20.000 Einwohner zählte und die größte Stadt nördlich von San Francisco und westlich von Chicago war. Doch die Goldfunde waren nicht ergiebig, daher zogen die meisten Goldschürfer nach dem Bau der Cariboo Wagon Road weiter Richtung Norden. Ein kurzes Aufleben der Geschäftigkeit in Yale brachte um 1880 der Bau der Canadian Pacific Railway, deren Streckenführung mitten durch den Ort führt. Heute ist die wichtigste Erwerbsquelle der wenigen Bewohner die Forstwirtschaft.

🛈 VISITOR INFORMATION/MUSEUM

- 🚩 *Hwy 1 re Albert St bis Douglas St*
- ✉ *31187 Douglas St, Yale*
- ☎ *604-863-2324*
- 🕐 *Mai–Sept.: tägl. 10–17 h*
- @ *info@historicyale.ca*
- 🌐 *www.historicyale.ca*

👁 Highlights

▶ Yale Museum/Church of St. John

Im Yale Museum/Creighton House wird man an die Zeit des Goldrauschs erinnert und kann sich über den abenteuerlichen Bau der Cariboo Wagon Road und der Eisenbahn informieren. Vor dem Gebäude steht eine Bronzestatue, sie ist den chinesischen Arbeitern gewidmet, die hier während des Eisenbahnbaus beschäftigt waren. Das Heritage Building stammt aus dem Jahre 1868 und wurde in den 1970er-Jahren von der Provinz BC gekauft. Nebenan steht die **Church of St. John**, eine der ältesten Kirchen von British Columbia, erbaut 1863.

- ✉ *Hwy 1, Yale*
- ☎ *604-863-2324*
- 🕐 *Mitte Mai–Anf. Okt.: tägl. 10–17 h*
- 🎫 *Touren: Erw.: CAD 7,50, Jugendl./Sen.: CAD 5,50, Familien: CAD 24*

▶ Historische Wanderung durch Yale

Bei einem Spaziergang durch den Ort trifft man auf mehrere historische Gebäude z. B. auf das 1870 erbaute Creighton House. Westlich des Ortes liegt der 1858 errichtete Friedhof, hier liegen die ersten Pioniere begraben.

▶ Lady Franklin Rock

Nahe Yale blockiert ein riesiger Felsbrocken den Fraser River, der Lady Franklin Rock, benannt nach der Ehefrau des Erforschers Sir John Franklin, der diese Region besonders liebte. Er kam auf der Suche nach einer Nord-West-Passage, einer Schiffsverbindung vom Atlantik zum Pazifik, im Nordpolarmeer ums Leben. Vom Museum Yale kommt man nach kurzer Wanderung entlang des Fraser River zum Felsen.

🏛 Übernachten

🏨 Fort Yale Motel

- ✉ *31265 Hwy 1, Yale*
- ☎ *604-863-2216*
- 🕐 *Ganzj.*
- 🛏 ***

🚶 Wandern

▶ Spirit Caves Trail

Der Spirit Caves Trail ist anstrengend und stellenweise auch schwierig, was aber am Ende des Trails durch die grandiose Aussicht auf den Fraser River und Yale wieder wettgemacht wird. Die etwas versteckt liegenden Höhlen am Ende des Weges sind bekannt durch mystische "Pfeiftöne", die der durchwehende Wind verursacht.

❗ Kamera, Proviant und Wasser nicht vergessen.

- ✉ *Yale, Hwy 1 gegenüber Pioneer Cemetery*
- 🕐 *3 Stunden*
- 🔶 *Moderat*
- ↔ *2,5 km (einf. Strecke)*
- ⬆ *535 m*

🌲 ALEXANDRA BRIDGE PROV. PARK ☆

Der 1984 gegründete Alexandra Bridge Provincial Park liegt am Trans-Canada Hwy 1 nur wenige Kilometer nördlich von Yale. Am Highway liegt eine kleine Picknickanlage, von dort geht es über einen kurzen Wanderweg (ca. 0,5 km, einf. Strecke), der Teil der Cariboo Wagon Road ist, zur historischen Alexandra Bridge über den Fraser River.

Nachdem Simon Fraser schon Anfang des 19. Jahrhunderts entlang des Fraser River unterwegs war, gab es bereits um 1848 den befahrbaren **Anderson Brigade Trail**. Er begann beim Fort Yale, überquerte bei Spuzzum den Fraser River und führte weiter bis nach Merritt. Die Hudson's Bay Company nutzte diesen Trail für ihre Transporte.

Alexandra Bridge

Die erste Brücke über den Fraser River konstruierte 1861 Joseph W. Trutch und benannte sie nach Prinzessin Alexandra, der Schwiegertochter Königin Victorias. Die 90 Meter lange Brücke kostete eine für damalige Verhältnisse sehr hohe Summe von CAD 45.000, daher musste pro Tonne Gewicht eine Mautgebühr bezahlt werden. Die heutige Alexandra Bridge kann man zu Fuß überquerern. Sie wurde 1926 eröffnet und ersetzte die alte Brücke, die 1912 abgebaut wurde. Südlich der historischen Brücke läuft der Verkehr heute über eine moderne Brücke.

Etwa 1,5 Kilometer nordöstlich des Parks befindet sich seit Mitte des 19. Jahrhunderts die historische **Alexandra Lodge**, die schon den Goldsuchern auf dem Weg nach Norden als Roadhouse diente, heute aber baufällig und geschlossen ist.

☎ 250-320-9305
🕐 Park: ganzj., Picknickplatz: Mitte Mai–Sept.
🌐 www.env.gov.bc.ca/bcparks/explore/parkpgs/alexandra

*Das Highlight der Strecke durch den Fraser Canyon ist aber das **Hell's Gate**. Hier, wo der Fraser River donnernd durch das schmale Flussbett fließt, sollten Sie unbedingt einen Stopp einlegen. "Schweben" Sie zum Westufer des Fraser River, um sich die Naturgewalten hautnah zu betrachten. Danach geht*

*die Fahrt weiter durch den Canyon und Sie erreichen **Boston Bar**. Wer mit einem geländegängigen Fahrzeug unterwegs ist, kann über eine Brücke zum gegenüberliegenden Ort **North Bend** und von dort in den Nahatlatch Provincial Park fahren.*

👁 HELL'S GATE ⭐

Eine Attraktion besonderer Art erwartet Sie am Hell's Gate, wo der Fraser River donnernd den hier nur etwa 36 Meter breiten Canyon durchfließt. Während einer wenige Minuten dauernden Fahrt mit der Gondelbahn schwebt man über das tosende Wasser 156 Meter hinunter zum gegenüberliegenden Ufer. Dort bietet ein Souvenirladen Erinnerungsstücke zum Kauf an und ein Lokal bietet Speisen und Getränke. Von einer Stahlbrücke über den Fluss kann man im Herbst den Weg der Lachse durch den Canyon zurück zu ihren Laichgründen verfolgen.

Erstmals erwähnt wurde das Hell's Gate (Höllentor) 1808, als Simon Fraser den Fraser River bereiste. Anfang des 20. Jahrhunderts begann man mit dem Bau der Canadian National Railway durch die Rocky Mountains und erreichte schließlich den Fraser Canyon. Für diesen Streckenabschnitt waren Sprengungen nötig und bei einer dieser Sprengungen kam es 1913 zu einem Erdrutsch, der den Fraser River blockierte – mit fatalen Folgen: Den Lachsen wurde der Weg zu den Laichgründen versperrt, was zu einer dramatischen Abnahme des Fischbestandes führte. Die Natur benötigte 30 Jahre, diesen Schaden wieder zu beheben! 1945 konnte man eine "Fischleiter" eröffnen, die den Lachsen den Weg zu ihren Laichplätzen erheblich vereinfachte, was in den Folgejahren wieder zu einer deutlichen Erhöhung des Fischbestandes führte.

Die Planungen zum Bau der Hell's Gate Airtram begannen 1969, ein Jahr später wurde die Seilbahn von einer Schweizer Firma errichtet. Am 20. Juli 1971 startete der Betrieb der Airtram, die heute jährlich mehrere Hunderttausend Besucher zum gegenüberliegenden Ufer transportiert.

Man kann den Hell's Gate Canyon auch zu Fuß erschließen. Nahe dem Hauptgebäude (Pullout) führt ein steiler, zwei Kilometer langer Fußweg hinunter zur Stahl-Hängebrücke über den Fraser River.

Achten Sie auf feste Schuhe, wenn Sie diesen Weg gehen möchten.

🛇 Klären Sie mit dem Personal, ob die Gittertüre vor der Stahlbrücke über den Fraser River zum Fußweg hin geöffnet ist, sonst stehen Sie nach dem Marsch hinunter ins Tal vor verschlossener Tür!

🚏 *11 km südl. v. Boston Bar*
✉ *43311 Hwy 1, Boston Bar*
☎ *604-867-9277*
🕐 *Mitte April–Mitte Okt., Kernöffnungszeiten: 10–16 h*
💲 *Erw.: CAD 22, Sen. (65+)/Stud.: CAD 20, Kinder/Jugendl. (6–18 J.): CAD 16, Familien: CAD 58*
@ *hellsgateairtram@gmail.com*
🌐 *www.hellsgateairtram.com*

💡 Online spart Dollars, wenn man mehere Attraktionen im Großraum Vancouver bucht. Näheres: 🌐 www.vancouver attractions.com/buy-now

Hell's Gate

Die Geschichte von Rosebank Rosie – einer wahren Höllenkuh

Als die Farmerin Liz Allen am 19. Juli 1996 ein Loch im Zaun ihrer Weide bei der Rosebank Ranch entdeckt, ist ihr sofort klar, dass etwas passiert sein musste, fließt doch genau hier der Fraser River besonders nahe am Farmland vorbei. Neben dem Loch wartet ein vereinsamtes Kalb, das Liz direkt auf die richtige Spur bringt: Rosie, eine ihrer Kühe, scheint ausgerissen zu sein. Sie erinnert sich, dass ihr gestern ein Camper aufgefallen war, der unweit des Weidezauns seine Hunde am Fraser River ausgeführt hatte, und folgert, dass Rosie dadurch vielleicht beunruhigt wurde und die Flucht ergriffen hat. Die Tatsache, dass die Kuh wahrscheinlich seit dieser Zeit spurlos verschwunden ist, wird klar, als Liz direkt am Fluss verdächtige Hufabdrücke findet – anscheinend ist Rosie schnurstracks in den reißenden Fraser River geflüchtet.

Normalerweise keine für Kühe typische Aktion, doch Rosie war, nachdem Sie im letzten Jahr eine alte Batterie verspeist hatte, schon vor einigen Monaten fast vollständig erblindet. Und nun war ihr dies wahrscheinlich zum Verhängnis geworden und Liz ist sich fast sicher, dass dies das Ende ihrer Lieblingskuh ist.

Zwei Tage später, am 21. Juli, sehen Arbeiter, die gerade einen Weidezaun einer südlich liegenden Farm reparieren, etwas im Fraser River vorbeischwimmen, das fast wie eine Kuh auszusehen scheint. Und tatsächlich: Vor ihren Augen wird eine Kuh von den Fluten vorangetrieben, zu schnell, um sie rechtzeitig mit Seilen aus dem Wasser zu ziehen. Auch wenn die Kuh anscheinend noch lebt, würde sie nun bald Hell's Gate erreichen und dort mit Sicherheit den unglaublichen Stromschnellen, die in der Minute 900 Millionen Liter Wasser durch den Canyon pressen, zum Opfer fallen.

Nochmals wenige Tage später wird Brian McKinney, dessen Familie die Air Tram am Hell's Gate betreibt, auf seinem allmorgendlichen Weg zur Arbeit auf einen Mann aufmerksam, der südlich des brodelnden Canyons auf einer Brücke steht und ihn mit den Armen rudernd auffordert, sofort die Polizei zu rufen.

Als die Polizei schließlich eintrifft, staunt sie nicht schlecht: Auf einer Flussbank am Rande des Fraser River steht eine einsame Kuh, umgeben von steil aufragenden Klippen und Wasser. Eine Heerschar herbeigerufener Hilfskräfte und Farmern schafft es nach vierstündiger, harter Arbeit, die Kuh schließlich über die Klippen nach oben zu ziehen und in Sicherheit zu bringen.

Was unglaublich scheint, ist tatsächlich passiert: Rosie ist nach fast einer Woche, 100 Kilometern reißenden Fluten und dem Passieren von Hell's Gate zwar um 100 Pfund leichter, aber unverletzt. Wie die Kuh die lange, unfreiwillige Reise und vor allem Hell's Gate überlebt hat, bleibt ein Rätsel und ist eine Sensation.

BOSTON BAR

	Yale	42 km
	Lytton	44 km
	Stadt	733
	-6 °C	
	+22 °C	
	163 m	
	Stadt	1,52 km²

Nur wenige Kilometer nördlich von Hell's Gate liegt Boston Bar. Zu Goldrausch-Zeiten bietete der Ort bereits beste Übernachtungsmöglichkeit und Versorgung. Wichtige Meilensteine in der Geschichte des Ortes war der Bau der CN Railway und der Cariboo Wagon Road. Ursprünglich nannten die Nlaka'pamux Nations den Ort "Quayome", der Name Boston Bar entstand erst, als sich hier viele Goldsucher aus Boston (USA) aufhielten.

Die wichtigsten Versorgungsmöglichkeiten sind vorhanden. Auch werden Rafting- und Abenteuertouren angeboten. Am gegenüberliegenden Ufer des Fraser entstand während des Baus der CPR um 1880 die Ortschaft **North Bend**, die schnell zu voller Blüte kam, da sich dort einige Büros der CPR, Hotels und die Unterkünfte der Arbeiter befanden.

Mit dem Highwaybau ging die Blütezeit von North Bend zu Ende, heute leben dort noch etwa 130 Einwohner. Einige Jahre verband eine Fähre die beiden Ortschaften North Bend und Boston Bar, die 1986 durch die **Cog Harrington** Brücke ersetzt wurde.

Die ehemalige Fähre (Schwebefähre), die 360 Meter über dem Fraser River von einem Ufer zum anderen schwebte, wurde restauriert und ist im **Francis Harrington Park** in Boston Bar zu sehen. Die Fähre wurde 1939 gebaut, nahm 1940 den Betrieb auf und transportierte Waren und Menschen bis zur Brückenöffnung 1986. Der Francis Harrington Park liegt direkt am Trans-Canada Hwy 1. Im Park

Frances Harrington Park

erläutern einige Infotafeln die historischen Ereignisse rund um Boston Bar und den Fraser Canyon. Ein lohnender Stopp!

👁 Highlights

▶ Nahatlatch Provincial Park

Der 1999 gegründete Nahatlatch Provincial Park liegt 25 Kilometer nordwestlich von Boston Bar im traditionellen Gebiet der Nlaka'pamux Nations. Man erreicht den Park ab North Bend gegenüber von Boston Bar über eine enge, steile, kurvenreiche Forest Service Road. Eine kilometergenaue Wegbeschreibung findet man auf der Internetseite des Parks. Landschaftlich bietet der Park unberührte, waldreiche Wildnis und Ausblicke auf die gletschergedeckten Berge der Coast Mountains.

❗ Wegen der schlechten Zugangsstraße (Forest Service Rd) werden Wohnmobilfahrer diesen Park nicht anfahren können (Versicherung!).

🎯 *Hwy 1 bis Boston Bar, dort über den Fraser River nach North Bend, weiter auf der Chaumox Rd*

bis zum Nahatlatch River (ca. 9 km), dann über die nach Westen abzweigende Nahatlatch Forest Service Rd zum Park (ca. 15 km)

Übernachten

Nahatlatch PP Campground

Die einfach ausgestatteten, wildromantischen Campgrounds liegen an den Seen Frances, Hannah und Nahatlatch.

🕐 *Ganzj., wenn Zufahrt möglich*
🛏 *6 Campgrounds mit wenig Stellplätzen*
💲 *$*
🌐 *www.env.gov.bc.ca/bcparks/explore/parkpgs/nahatlatch*

🏛 Übernachten Boston Bar

🏛 The Mighty Fraser Motel

Das Motel wurde 2013 nach Renovierung und Besitzerwechsel wieder eröffnet. Es bietet zweckmäßig eingerichtete Zimmer mit Kühlschrank und Mikrowelle.

📍 *50865 Hwy 1, 6 km nördl. v. Boston Bar*
📞 *604-867-9296*
💲 ****
🌐 *www.themightyfrasermotel.com*

Lytton

in die Tiefe. Spektakulär sind auch die parallel verlaufenden Eisenbahnstecken der CPR und CN, deren Schienentrassen an steilen Abhängen verlaufen, ein grandioser Anblick, besonders dann, wenn sich auch noch ein ellenlanger Güterzug auf den Schienen voranbewegt.

LYTTON

	Boston Bar	44 km
	Spences Bridge	36 km
	Stadt	228
❄❄	-5,5 °C	
☀	+25 °C	
〰	171 m	
⊘	Stadt	6,54 km²

Canyon Alpine RV Park
Sehr ansprechender, bewaldeter Campground mit viel Privatsphäre.
- 50490 Hwy 1, 5 km nördl. v. Boston Bar
- 604-867-9734
- @ canyonalpinervpark@yahoo.com
- www.canyonalpinervpark.com
- 31 ● Ja ⌒ Ja
- Strom (30 Amp.), Wasser, Abwasser
- $$

Der Fraser River wird noch einige Kilometer an Ihrer Seite sein, doch die Landschaft verändert sich langsam, die Wälder sind nicht mehr so dicht und die Berge verlieren an Höhe. Sie kommen zur "Raftinghauptstadt" **Lytton** – wer sich eine feuchtfröhliche Rafting-Tour gönnen möchte, findet hier genügend Anbieter.

Wenn Sie Lytton verlassen haben, werden Sie mit einer sehr kanada-untypischen Landschaft konfrontiert und sich von Gebirge und Wald erst einmal verabschieden müssen. Nahe **Cache Creek** wachsen nur noch Wacholdersträucher, Kakteenarten und Wüstenbeifuß, die je nach Jahreszeit grün oder vertrocknet die Landschaft zieren. Der Sie begleitende Fluss ist nun der **Thompson River**, der durch einen prachtvollen Canyon fließt. Der spärliche Bewuchs ist hier durchaus vorteilhaft, denn bei einem Fotostopp haben Sie freien Blick

Sie sind nun in dem unscheinbaren, aber dennoch netten Örtchen Lytton angekommen, an dessen Nordende sich die beiden Flüsse **Thompson River** (grünliches Wasser) und **Fraser River** (braunes Wasser) treffen. Am Ende der Main Rd befindet sich ein Aussichtspunkt, der einen tollen Blick auf den Zusammenfluss bietet. Lytton ist bekannt als die "Rafting-Hauptstadt" Kanadas, mehrere Unternehmen bieten Wildwasser- und Kajaktouren auf dem Fraser und Thompson River an.

Lytton war über 10.000 Jahre ein Dorf der Siska und Nicomen Indian Bands sowie den Lytton First Nations. In ihrer Sprache nannten Sie Lytton "Kumsheen" oder "Camchin" (Treffpunkt), denn hier trafen sich neben den beiden Flüssen auch noch die verschiedenen Native-Bands, feierten ihre traditionellen Zeremonien oder betrieben Handel. Den Namen Lytton bekam die Stadt 1858 zu Ehren des Politikers und Schriftstellers Sir Edward Bulwer-Lytton. Von ihm stammen u.a. "Die letzten Tage von Pompeji" und "Rienzi" (Vorlage zu Richard Wagners Oper Rienzi). Bulwer-Lytton war an der Entwicklung der Kronkolonie British Columbia persönlich stark interessiert und stellte den königlichen Ingenieuren seine schriftstellerischen Fähigkeiten zur Verfügung.

Schon zu Goldrauschzeiten war hier eine Versorgungsstation für die Durchreisenden. Der Eisenbahnbau CPR (1885) und einige Jahre später der Bau der CN (1913) brachte viele Arbeiter nach Lytton. Weiterer Bevölkerungszuwachs erfolgte durch den Bau der Straßenverbindung durch den Fraser Canyon. Lytton verfügt über alle Versorgungseinrichtungen. **Achten Sie** bei Ihrem Spaziergang durch Lytton auf die originellen Straßenschilder.

ℹ VISITOR INFORMATION

🌐 Hwy 1 auf Lytton-Lillooet Hwy 12 in den Ort, links die 4th zur Fraser St
✉ 400 Fraser St, Lytton
☎ 250-455-2523
🕐 Mai–Mitte Juni & Sept.: Mo–Fr 10–16 h, Mitte Juni–Aug.: tägl. 9–17 h
@ info@lyttonchamber.com
🌐 www.lytton.ca
🌐 www.lyttonchamber.com

👁 **Highlights**

▶ **Lytton Museum & Archiv**
Das Gebäude wurde 1942 von der CN Railway errichtet. Fünfzig Jahre später erwarb es die Gemeinde, renovierte es und eröffnete am 1. Juli 1995 ein Museum, das Ausstellungsstücke aus der Eisenbahngeschichte, der ersten Besiedelung des Ortes und der Goldrauschzeiten beherbergt. Auch ein Porträt des ehrwürdigen Herrn Sir Edward Bulwer-Lytton, historische Fotos und ein Archiv mit Dokumenten der früheren Zeit sind im Museum zu sehen.

Im Außenbereich stehen einige alte Gerätschaften, so u.a. ein Feuerwehrfahrzeug und ein Eisenbahnsignal. Einige historische Gebäude befinden sich in Lytton, bitte in der Visitor Info nach einem Plan fragen.
✉ 420 Fraser St, Lytton
☎ 250-455-2254
🕐 Juli & Aug., sonst: wenn Museum besetzt ist
@ curator@lyttonmuseum.ca
🌐 www.lyttonmuseum.ca

▶ **Stein Valley Nlaka'pamux Heritage Provincial Park**
Abenteuer und Wildnis pur – wer sich danach sehnt, findet dies im westlich von Lytton liegenden, 1995 gegründeten und 1.072 km^2 großen Stein Valley Provincial Park, allerdings nur per geländegängigem Fahrzeug. Im Park liegen einige Zeltplätze und etwa 150 Kilometer Trails führen bis zu den westlich liegenden Coast Mountains. Der Park hat eine wichtige kulturelle, historische und spirituelle Bedeutung für die Lytton First Nations, die gemeinsam mit BC Parks den Park verwalten. Sollten Sie auf einer Wanderung auf Piktogramme, Felsenzeichnungen oder CMTs (Culturally Modified Trees) stoßen, diese bitte **nicht** berühren.

Anmerkung: CMTs sind kulturell gezeichnete Bäume, die durch Schnitzarbeiten oder Malereien an historische Ereignisse erinnern oder einfach "Gebrauchsspuren" aufweisen, weil die Fasern für Kleidung, Decken usw. gebraucht oder die Harze entnommen wurden. Man findet diese Spuren an Riesenlebensbäumen, Fichten, Hemlocktannen oder Kiefern.

Erreichbar ist der Park über dem Highway 12, der in Lytton in Richtung Lilloeet abzweigt, nach ca. zwei Kilometer führt die Ferry Rd nach Westen, dann geht es mit der Fähre (2 Fahrzeuge (keine Wohnmobile) und 18 Passagiere) in fünf Minuten über den Fraser River und weiter Richtung Norden zum Parkplatz.

Achtung: Dieses Wandergebiet ist nur für sehr konditionsstarke Wanderer geeignet.
🌐 Nach Verlassen der Fähre rechts ca. 4,8 km bis zum Parkplatz
⛴ Fähre (bei Hochwasser meist von Ende Mai bis Anfang Juli kein Betrieb): 250-315-0166 oder 1-888-315-0025 (geb.frei)
🕐 Fährbetrieb: tägl. 6:30–22:15 h (außer 10:30–11 h & 18:30–19 h)
🕐 Ganzj., wenn Zufahrt möglich; Campfeuer ist verboten von Mai–Sept.
⛺ Ja, mehrere Wildniszeltplätze (keine Wohnmobile!)
🌐 www.env.gov.bc.ca/bcparks/explore/parkpgs/stein_val

▶ **Rafting und Kayaking**
Bitte beachten Sie: Dies sind nur Beispiele aus den Abenteuer-Angeboten.

Ferry zum Stein Valley Provincial Park

Kumsheen Raft Adventures

Das Unternehmen bietet seit 1973 ein- bis mehrtägige Touren an. Wer den besonderen Kick sucht, findet ihn auch auf den angebotenen Kletter-, Kajak- oder Mountainbiketouren. Daneben wird Power-Rafting (motorisiert, für Anfänger geeignet) und Paddle-Rafting (für Fortgeschrittene) auf dem Thompson und Fraser River angeboten. Übernachtung in Tipis, Yurts oder im RV-Park sind möglich.

- ✉ 1345 Hwy 1, 5 km östl. v. Lytton
- ☎ 250-455-2296 (Reservierung: 1-800-663-6667)
- @ rafting@kumsheen.com
- ⊕ http://kumsheen.com

Preisbeispiele für Tagestouren

Rafting Trip Thompson River
- 🕐 Mai–Okt.
- 🌀 Erw.: CAD 172, Jugendl. (10–16 J.): CAD 132

Fraser River Hell's Gate Run
- 🕐 Aug. & Sept.
- 🌀 Erw.: CAD 172, Jugendl. (12–16 J.): CAD 132

Hyak River Rafting

Ab Lytton werden Paddle- und Power-Rafting- und Tages- und 2–3-Tages-Touren angeboten.
- ✉ 176 Trans-Canada Hwy 1, Lytton
- ☎ 1-800-663-7238

- 🕐 Paddle-Rafting: Mitte Juli–Sept.: Sa 10, 11:30 h, So–Fr 10:30 & 12 h
- 🕐 Power-Rafting: Mitte Juni–Aug.: Sa 11:30 h
- 🌀 Paddle-Rafting: Erw.: CAD 154,50, Jugendl.: CAD 125
- 🌀 Power-Rafting: So–Fr CAD 154,50, Jugendl.: CAD 125
- ⊕ www.hyak.com

Fraser River Raft Expeditions

Auch die Mitarbeiter dieses Unternehmens bieten feuchtfröhliche ein- oder mehrtägige Power- oder Paddle-Raftingtouren an. Das Unternehmen. ist in Lytton und Yale vertreten.
- ✉ Lytton: G'wsep Gas Station, Hwy 12 Richtung Lillooet
- ✉ Yale: Teague House B & B, Hwy 1
- ☎ 604-863-2336 oder 1-800-363-7238
- @ info@fraserraft.com
- ⊕ www.fraserraft.com

The Mighty Fraser River

- 🕐 Ab Yale: April–Mitte Mai, Mitte Juli–Okt.
- 🌀 Erw.: CAD 145, Jugendl. (bis 16 J.): CAD 125

Thompson River Rafting

- 🕐 Ab Lytton: tägl. Mai–Sept.
- 🌀 Erw.: CAD 145, Jugendl. (bis 16 J.): CAD 125

Coquihalla River Rafting

- 🕐 Ab Yale: tägl. Mai–Juni
- 🌀 Erw.: CAD 145, Jugendl. (bis 16 J.): CAD 125

🏛 Übernachten

🏨 Totem Motel
Kleines gemütliches Motel im Landhaus-stil. Einige Zimmer sind mit Mikrowelle und Kühlschrank oder Miniküche ausgestattet und verfügen bis zu sechs Schlafplätzen.
- ⊙ 320 Fraser St, Lytton
- ☎ 250-455-2321
- @ totemmotel@hotmail.com
- 🌐 www.totemmotellytton.com
- 🕐 Ganzj.
- 💰 *–**

⛺ Jade Springs Campsite
Weiträumiger Campground oberhalb des Thompson River, Rafting (Hyak River Rafting) wird angeboten.
- ⊙ 1145 Hwy 1, 2 km nördl. v. Lytton
- ☎ 250-455-2504
- 🌐 www.hyak.com/Trips/Camping.html
- 🕐 März–Nov.
- 🏕 Ja   🚿 Ja   🚐 40
- ⚡ Strom (15 Amp.), Wasser
- 💰 $$

*Wenige Kilometer nördlich von Lytton treffen Sie auf den **Skihist Provincial Park**, der sich bestens für eine Übernachtung eignet. Kurze Zeit später kommen Sie zum **Goldpan Provincial Park**, einem kleinen Park zwischen dem Trans-Canada Hwy 1*

*und dem reißenden Thompson River. In dieser öden Landschaft liegt auch **Spences Bridge**, ein touristisch wenig interessanter Ort und wenig später erreichen Sie **Cache Creek** an der Kreuzung Highway 1/97.*

🌿 SKIHIST PROVINCIAL PARK

Der Skihist Provincial Park ist zweigeteilt, der schöne Picknickplatz liegt nördlich des Highways hoch über dem Ufer des Thompson River, südlich und abseits der Straße der terrassenförmig angelegte Campground.

Der Park wurde 1956 gegründet, als viele Reisende noch in Zelten oder kleinen Wohnanhängern übernachteten. Später passte man die Stellplätze den Bedürfnissen der Touristen an, sodass heute auch längere Wohnmobile Platz auf den weiträumigen Stellplätzen unter den Ponderosa-Kiefern finden. Die Kiefern werfen Nadeln ab, die leicht Feuer fangen können, Vorsicht beim abendlichen Lagerfeuer.

Zecken sind von März bis Juni lästige Parasiten, bitte kleiden Sie sich in dieser Zeit entsprechend und untersuchen Sie sich regelmäßig. Der Park schützt einen Teil der historischen *Cariboo Wagon Road,* die zwischen 1862 und 1865 gebaut wurde und zu den Goldfeldern im Cariboo Country führte.

Highway 1 nördlich von Lytton

🏛 Übernachten

🛏 Skihist PP Campground ★
Schöner Campground in Hanglage
- 📍 Hwy 1, 6 km nördl. v. Lytton
- ☎ 250-320-9305
- 🌐 www.env.gov.bc.ca/bcparks/explore/parkpgs/skihist
- 🕐 Mai–Sept.
- Nein   58   Ja, CAD 5
- Nein
- $

🚶 Wandern

▶ Gladwin Lookout Trail
Der 2,5 km (einf. Strecke) lange Trail führt bergauf zu einem Viewpoint.
- Ende des Campgrounds
- 1,5 Stunden
- Moderat

▶ Cariboo Wagon Trail
Auf dem 2 km (einf. Strecke) langen Trail können Schwarzbären den Weg kreuzen, machen Sie sich bemerkbar oder nehmen Sie ein Bärenspray mit.
- Campground, nahe # 20
- 2 Stunden
- Leicht

🌲 GOLDPAN PROVINCIAL PARK

Der kleine, 1956 errichtete Park ist besonders durch seine Lage am reißenden Thompson River interessant. Er liegt ca. zehn Kilometer südlich von Spences Bridge am Trans-Canada Hwy 1, die Picknickanlage hat Tuchfühlung mit der Straße. In unmittelbarer Nähe verlaufen zusätzlich noch die Eisenbahnstrecken der CN und CPR – für Leichtschläfer nur bedingt als Übernachtung geeignet.

🏛 Übernachten

🛏 Goldpan PP Campground
Die rustikalen Stellplätze liegen "hautnah" oberhalb des Flusses auf einer Böschung. Für Wohnmobile ab sieben Meter Länge ist er nicht geeignet, da zum Manövrieren nur begrenzt Platz ist.
- ☎ 250-320-9305
- 🌐 www.env.gov.bc.ca/bcparks/explore/parkpgs/goldpan
- 🕐 Mai–Sept.
- Nein   14   Nein
- Nein
- $

🏙 SPENCES BRIDGE ❌🏛

	Lytton	36 km
	Cache Creek	50 km
👪	Stadt	ca. 50
❄❄	-5,5 °C	
☀	+25 °C	

Der Ort Spences Bridge liegt am Zusammenfluss von Thompson und Nicola River und ist ein wichtiges Zentrum der Nlaka'pamux Nations. In Spences Bridge zweigt der Highway 8 Richtung Osten nach Merritt ab und führt kurvenreich durch das Tal des Nicola River, wo sich eine einzigartige Landschaft mit zahlreichen **Hoodoos** (ausgewasche-

Spences Bridge

ne Kalksteinformationen) gebildet hat. Bei Interesse fahren Sie ein kurzes Stück Richtung Merritt, die ersten Hoodoos zeigen sich nur wenige Hundert Meter östlich von Spences Bridge.

Die ersten Europäer kamen während des Goldrauschs Mitte des 19. Jahrhunderts, damals hieß der Ort **Cooks Ferry**, benannt nach der hier lebenden Cooks Ferry Indian Band. 1865 errichtete der Straßenbauer Thomas Spence (Namensgeber des Ortes) eine Holzbrücke über den Fluss, was die Fähre überflüssig machte. 1894 spülte jedoch eine starke Flut die Brücke weg und so musste die stillgelegte Fährverbindung wieder zum Leben erweckt werden. Ende des 19. Jahrhunderts erreichte die Canadian Pacific Railway Spences Bridge, die am Anfang des 20. Jahrhunderts mit der aus Osten kommenden Kettle Valley Railway Verbindung hatte, die Kettle Valley Railway existiert heute nicht mehr.

Die CN Railway gesellte sich Anfang der 1930er-Jahre hinzu und verlegte am Thompson River ihre Schienen. Zur gleichen Zeit wurde eine neue Brücke über den Thompson gebaut, die den Fährverkehr überflüssig machte. Als in den 1960er-Jahren der Trans-Canada Hwy gebaut wurde, entstand am Südende der Stadt eine neue Brücke über den Thompson River, über die heute der Verkehr läuft. Erwarten Sie nicht zu viel von dem Ort, auch wenn sich hier Eisenbahnlinien, Flüsse und Straßen treffen und kreuzen.

Neben dem **The Inn of Spences Bridge Hotel** ist das historische **Packing House Café** interessant. Im 19. Jahrhundert wurden hier Äpfel verpackt, die nach Nordamerika und bis nach Europa verschickt wurden. Selbst die königliche Familie favorisierte die Apfelsorte Golden Delicious des Unternehmens. Heute befindet sich in dem renovierten Gebäude ein Café, das exzellenten Kaffee und Snacks serviert.

🚗 *Vom Hwy 1 re auf Bridgeway St, dann li auf Riverview Ave*
✉ *Riverview Ave, Spences Bridge*
☎ *250-458-2256*
🌐 *www.thepackinghouse.ca*
🕐 *Tägl. 8–19 h*

💡 Im Sommer werden entlang des Highway heimisches Obst und Gemüse angeboten.

🏨 Übernachten

🏨 The Inn at Spences Bridge
Dieses Hotel (frühere Namen waren: The Garuda Inn, Steelhead Inn, Spences Bridge Hotel) wurde 1862 erbaut. Mittlerweile renoviert, bietet es zwölf unterschiedliche eingerichtete Gästezimmer, teilweise mit Bad und Balkon, inkl. Frühstück.

🚗 *Südlich der Brücke Richtung Merritt re abbiegen auf den Hwy 8*
✉ *3649 Hwy 8, Spences Bridge*
☎ *250-458-2311 oder 1-877-354-1997 (geb.frei)*
🕐 *Ganzj.*
💲 *★–★★*
@ *theinn@spencesbridge.ca*
🌐 *www.spencesbridge.ca*

🏕 Acacia Grove RV Park & Cabins

Die sonnig bis halbschattigen Stellplätze liegen nahe am Thompson River.

- ✉ 3814 Riverview Ave, Spences Bridge, im Nordteil des Ortes nahe Hwy 1
- ☎ 250-458-2227 oder 1-800-833-7508 (geb.frei)
- @ acaciagrove@telus.net
- 🌐 www.acacia-rvpark-cabins.com
- 🕐 April–Dez.
- 🛏 Cabins: **
- 🚻 Ja   🏕 34   🚽 Ja
- 📶 Nein
- ⚡ Strom (15/30 Amp.), Wasser, Abwasser
- 💲 $$, Zeltplatz: $

Die nächste Ortschaft ist Cache Creek. Dort treffen Sie auf den Highway 97, der sich nun bis Kamloops mit dem Trans-Canada Hwy 1 vereint. In der nach wie vor wüstenähnlichen Landschaft liegen zwei weitere Provincial Parks, der Juniper Beach und Steelhead Provincial Park, für Sonnenanbeter und Wassersportler bestens geeignet. Es folgt der Kamloops Lake, an dessen Ufer der Highway einige Kilometer entlangläuft. Wenig später erreichen Sie Kamloops, die größte Stadt und ein wichtiges Versorgungszentrum dieser Region.

🏔 CACHE CREEK 🔲ℹ➕❌🚗🏛

	Spences Bridge	50 km
👥	Kamloops	87 km
👥	Stadt	1.040
❄❄		-6 °C
☀		+29 °C
〜		396 m
⊘	Stadt	10,25 km²
Zum Vergleich: Kupferberg / Bayern		
👥	Stadt	1.063
〜		467 m
⊘	Stadt	8,28 km²

Der Ort Cache Creek liegt auf dem **Thompson Plateau** inmitten sanfter Hügel mit spärlicher Vegetation. Durch den Ort fließt der Bonaparte River, an dessen Ufer man einige Grünflächen entdeckt, die nur durch dauernde intensive Bewässerung bestehen können. Das Klima beschert Cache Creek heiße, trockene Sommer, kühle, trockene Winter, die durchschnittliche Regenmenge beträgt etwa zehn Zentimeter pro Jahr. Diese Klima-Bedingungen haben zahlreich Ruheständler angezogen. Land- und Forstwirtschaft, der Bergbau sowie die Arbeit in modernen Industrieanlagen sind wichtige Erwerbsquellen der Bevölkerung, der Tourismus spielt nur eine untergeordnete Rolle.

Cache Creek war im 19. Jahrhundert während des Cariboo Goldrauschs der Mittelpunkt für die Goldsucher auf ihrem Weg nach Norden. Die nahe liegende Hat Creek Ranch bot Unterkunft und Verpflegung. Touristen, die den 1.900 km langen **Historic Gold Rush Trail** befahren, nutzen gerne die Infrastruktur des Ortes, die sich erfreulicherweise Jahr für Jahr erweitert. Einen Supermarkt findet man auf dem Hwy 1/97 Ost, eine Sanidump-Station unmittelbar vor der Visitor Info (Spende).

Für die Entstehung des Ortsnamens gibt es zwei Versionen: Eine besagt, dass Reisende während des Goldrauschs ihre Funde im Bonaparte River versteckt *cache* hatten, eine weitere erzählt von einem Räuber, der das versteckte *cached* Gold gestohlen haben soll. Was man nun glauben soll, bleibt jedem selbst überlassen.

ℹ VISITOR INFORMATION

- ✉ 1270 Stage Rd, 300 m nach Jct. Hwy 97/ Hwy 1
- ☎ 250-457-7661
- 🕐 Mitte Mai-Juni: Do-Mo 9-17 h, Juli-Mitte Sept.: tägl. 9-17 h
- @ cachecreekinfo@telus.net
- 🌐 www.cachecreek.ca

👁 Highlight

► **Historic Hat Creek Ranch** ► S.336
Ein Besuch der Historic Hat Creek Ranch ist bei der Routenführung auf dem Rückweg vorgesehen.

Cache Creek

🏛 Übernachten

🏛 Bonaparte Motel
Es werden Zimmer mit Küchenzeile oder Kühlschrank angeboten.
- ✉ *1395 Hwy 97 N, Cache Creek*
- ☎ *250-457-9693 oder 1-888-922-1333 (geb.frei)*
- 🅾 *★–★★*
- @ *bonapartemotel@hotmail.com*
- 🌐 *www.bonapartemotelbc.com*

🛏 Brookside Campsite
Leicht bewaldeter Campground mit General Store und Spielplatz
- ✉ *1621 Hwy 1/97 ca. 1 km östl. v. Cache Creek*
- ☎ *250-457-6633*
- @ *info@brooksidecampsite.com*
- 🌐 *www.brooksidecampsite.com*
- 🕐 *Ganzj., im Winter ist nur Strom verfügbar*

🚐 *Ja*	📶 *98*	🔌 *Ja*
🍴 *Ja*	📶 *Ja*	🚾 *Ja*

- ⚡ *Strom (15/30 Amp.), Wasser, Abwasser*
- ⛺ *30 Zeltplätze*
- 🅾 *$-$$*

🐾 JUNIPER BEACH PROV. PARK

Der 2,6 km² große und 1989 gegründete Park liegt am Nordufer des Thompson River. Dieser Park hat ebenfalls nur einen spärlichen Bewuchs von Wüstenbeifuß, Kakteen und Wacholder *(juniper)*, der Campgroundbereich ist leicht bewaldet. In den trockenen Wüstengebieten fühlen sich

Klapperschlangen heimisch und zwischen März und Juni sind Zecken auf der Suche nach Warmblütlern.

🏛 Übernachten

🛏 Juniper Beach PP Campground
- 🅿 *Hwy 1/97, ca. 19 km östl.v. Cache Creek*
- ☎ *250-320-9305*
- 🌐 *www.env.gov.bc.ca/bcparks/explore/parkpgs/ juniper_bch*
- 🕐 *Mai–Mitte Okt.*

🚐 *Ja*	📶 *32*	🔌 *Ja, CAD 5*
🍴 *Ja, geb.pflichtig*	⚡ *Strom (CAD 4 zusätzlich)*	

- 🅾 *$*

Einige Stellplätze liegen direkt am Fluss. Die Bahnlinie führt nahe am Campground entlang.

🐾 STEELHEAD PROVINCIAL PARK

Der nur etwa 0,4 km² große, 1995 gegründete Park liegt am Westende des Kamloops Lake und um am Thompson River nahe des Ortes Savonna. 240 Meter See-Strand und weitere 1.000 Meter Fluss-Strand bieten Wassersportlern vielfältige Aktivitäten. Eine Picknickanlage ist vorhanden. Im Parkgebiet befindet sich eines der ältesten Gehöfte British Columbias, hier war früher der Haltepunkt einer Postkutsche und eine Fähranlegestelle. Einige historische Gebaude und ein Friedhof liegen auf dem Gelände des Parks.

🏛 Übernachten

🏕 Steelhead PP Campground

Die meisten Stellplätze liegen dicht beeinander, einige haben Wasser- und Stromanschluss. Schatten spendende Bäume sind auch hier Mangelware. Negativ gestimmt hat uns der naheliegende Schrottplatz.

- 📍 Hwy 1/97 ca. 40 km östl. v. Cache Creek
- 📞 250-320-9305
- 🌐 www.env.gov.bc.ca/bcparks/explore/parkpgs/ steelhead
- 🕐 Mai–Mitte Okt.

📶 Nein	🅿 44	♿ Nein	
🐕 Ja			

- ⚡ Wasser, Strom (CAD 4 zusätzlich)
- 💲 $

Bemerkung: *Wenige Kilometer vor Erreichen der Stadt Kamloops treffen die Reisenden wieder auf die Hauptroute, die die **Alternativroute** durch den Manning Provincial Park oder den Freeway 5 ab Hope gefahren sind.*

🏛 KAMLOOPS ⬛ℹ➕❌🔲🏛

⛰	Cache Creek	87 km
	Chase	62 km
👫👫	Stadt	89.000
❄❄	-4 °C	
☀	+26 °C	
〰〰	347 m	
⊘	Stadt	299,23 km²
Zum Vergleich: Tübingen		
👫👫	Stadt	89.011
〰〰	341 m	
⊘	Stadt	108,1 km²

In Kamloops vereinigen sich der North- und South Thompson River zum Thompson River. Dieser fließt nach Westen weiter und bildet den Kamloops Lake. Der Stadtname ist indianischen Ursprungs ("TK'emlups") und bedeutet etwa "Zusammentreffen der Wasser". Nahe Kamloops kreuzen sich die Highways 1, 5 und 97. Der Highway 5, der aus dem Süden kommt, führt nach Überqueren des Thompson River weiter nach Norden. Highway 1 und 97 bleiben noch für eine kurze Zeit vereint, bevor der Highway 97 in Monte Creek östlich von Kamloops nach Südwesten abzweigt, der Highway 1, unsere Route, führt weiter zum Shuswap Lake.

Das Umland von Kamloops ist seenreich und daher für Wassersportaktivitäten bestens geeignet. Die wichtigsten Seen sind der Kamloops-, Paul-, Adams Lake und der Lac Le Jeune. Warme bis heiße Sommer mit wenig Regen, milde Frühlinge und Herbste sowie schneesichere Winter bieten ganzjährig sportliche Möglichkeiten, was besonders den Tourismus ankurbelt. Kamloops ist auch bekannt als *"Tournament Capital of Canada"* (Turnier-Hauptstadt Kanadas), denn hier finden alljährlich zahlreiche Fußball-, Baseball- oder Hockeyturniere statt.

Die frühen Bewohner waren etwa 30 Gruppen der Secwepemc oder Shuswap First Nations. Die ersten Europäer kamen um 1811 in die Region und mit ihnen der Handel, was 1812 zur Errichtung eines Handelsposten der Hudson's Bay Company führte. Der Bau der Eisenbahnverbindung, Transportmöglichlichkeiten auf dem Wasser und der Goldrausch Mitte des 19. Jahrhunderts brachten weitere Besiedelung, sodass die Stadt bereits 1893 mit fast 1.000 Einwohnern unabhängig wurde.

Die beiden Eisenbahnlinien CPR und CN verzweigen sich hier. Die CN folgt dem North Thompson River nach Edmonton und die CPR dem South Thompson River nach Calgary. Am Stadtrand liegen die für Kanada typischen Einkaufszentren, Tankstellen, Banken und Supermärkte, wo der Vorratsschrank wieder aufgefüllt werden kann. Im Innenstadtbereich kann man gut auf Shopping-Tour gehen und danach je nach Appetit auch speisen.

💡 Gut zu erreichen ist ein Einkaufszentrum im Süden der Stadt. Verlassen Sie über den Exit 369 den Highway 1/97 und fahren Sie die Columbia St Richtung Stadt,

Kamloops – der Nordwesten

nach wenigen Hundert Meter erreichen Sie das Shopping-Center. Zurück zum Highway geht es über den nach Osten abzweigenden Summit Dr bis zur Auffahrt 370.

Einen tollen Blick über die Stadt bietet der Scenic Lookoout, der auf der gegenüberliegenden Seite des Shopping-Centers südlich vom Canadian Super Store liegt. Zufahrt von der Columbia St, allerdings nur für nordwärts Fahrende.

ℹ VISITOR INFORMATION

Eine Sanidump-Station befindet sich bei der Visitor Info.

- ✉ 1290 West Hwy 1, Exit 368, Kamloops
- ☎ 250-374-3377 oder 1-800-662-1994 (geb.frei)
- 🕐 Jan.–Mitte Mai & Mitte Okt.–Dez.: Mo–Fr 9–17 h, Mitte Mai–Aug.: tägl. 9–18 h, Sept.–Mitte Okt.: Mo–Fr 8:30–17 h, Sa, So & Feiertage 10–16 h
- @ inquiry@tourismkamloops.com
- 🌐 www.tourismkamloops.com

👁 Highlights

▶ Secwepemc Museum & Heritage Park

Das Secwepemc Museum mit Heritage Park befindet sich am Standort eines über 2.000

Jahre alten Winterlagers der gleichnamigen First Nations. Im Park befinden sich einige **pit houses** (Grubenhäuser) und ein botanischer Garten mit traditionellen Heilpflanzen. Im Museum wird man über die Geschichte und Tradition der First Nations informiert und kann Kunsthandwerk kaufen.

- 🚗 Yellowhead Hwy 5 im Ostteil von Kamloops
- ✉ 311 – 355 Yellowhead Hwy, Kamloops
- ☎ 250-828-9749
- 🕐 Mo–Fr 8–16 h, an Feiertagen geschlossen
- 💰 Erw. (18+): CAD 10, Kinder (7–17 J.): CAD 6, Stud./Sen.: CAD 7, Familien: CAD 20
- @ dsaul@kib.ca
- 🌐 www.secwepemcmuseum.com

▶ Kamloops Museum & Archives

Die drei Etagen des Kamloops Museums beherbergen neben einer umfangreichen Dauerausstellung auch Wechselausstellungen. Die Dauerausstellung informiert über die Secwepmec First Nations, die Zeiten des Pelzhandels, den Goldrausch, die regionale Landwirtschaft der frühen Siedler und lässt die Zeit der Raddampfer und die frühe Eisenbahngeschichte aufleben. Ein spezieller Teil bringt kindgerecht Geschichte näher und bietet allerlei Spaß- und Spielprogramm.

- 🚗 Hwy 1/97 Exit 374, weiter auf der Battle St, Victoria St bis 1st Ave, li auf 1st Ave und weiter bis zum Museum

Kamloops – der Osten

✉ 207 Seymour St, Downtown Kamloops
☎ 250-828-3576
🕐 Di–Sa 9:30–16:30 h, Mo, So und Feiertage geschlossen
💲 Erw.: CAD 3, Kinder: CAD 1 (als Spende)
@ museum@kamloops.ca
🌐 www.kamloops.ca/museum/index.shtml

▶ Kamloops Heritage Railway Park– Spirit of Kamloops

Einen Spaß besonderer Art bietet eine elf Kilometer lange und ca. eine Stunde dauernde Rundtour im historischen **Pioneer Park Wagon**, der von einer restaurierten Dampflok gezogen wird. Die Tour beginnt an der 1927 erbauten historischen CN Station, heute ein Steakhouse. Unterwegs wird der Thompson River auf einer Stahlbrücke überquert und an besonders interessanten Punkten stoppt der Zug für ein Erinnerungsfoto. Und … Während der Fahrt geschieht auch Überraschendes. Weitere Touren finden an Halloween, Weihnachten und am Canada Day am 1. Juli statt.

🚗 Hwy 1/97 Exit 374 auf den Hwy 5, kurz vor der Brücke über den Thompson River links auf die River St, später Lorne St
✉ Abfahrt: Lorne St, Kamloops
☎ 250-374-2141
🕐 Railway-Touren: Juli & Aug.
💲 Preisbeispiel: Spirit of Kamloops: Erw.: CAD 25,

Sen. (60+): CAD 20, Jugendl. (13–18 J.): CAD 17, Kinder (4–12 J.): CAD 12, Familien: CAD 70
@ info@kamrail.com
🌐 www.kamrail.com

▶ Kamloopa Pow Wow

Das alljährlich Ende Juli/Anfang August abgehaltene Kamloopa Pow Wow ist eines der größten Festlichkeiten der First Nations in West-Kanada. Pow Wow ist eine spektakuläre Darbietung des kulturellen Erbes der Secwepemc Nations und der Kamloops Indian Band (Tk'emlups Band) mit Tanz und Gesang in traditioneller Kleidung. Das Kamloopa Pow Wow dauert drei Tage, es findet am Ufer des South Thompson River statt.

✉ 200 - 300 Chief Alex Thomas Way, Kamloops
☎ 250-828-9782
@ powwow@kib.ca
🕐 Ende Juli/Anf. Aug.
💲 1 Tag: CAD 10, Wochenende: CAD 20
🌐 www.tkemlups.ca

▶ British Columbia Wildlife Park

Der British Columbia Wildlife Park verdankt seine Existenz der Initiative von John Moelart im Jahr 1965, der die Idee hatte, enen Zoo als Attraktion für Besucher einzurichten. So öffnete am 16. August 1966 der Wildlife Park seine Pforten.

Man erweiterte den Park im Laufe seiner fast 50-jährigen Geschichte kontinuierlich. So erhielt er 1987 den Status *national*, nachdem er die Akkreditierung der Canadian Association of Zoos and Aquariums (CAZA) erhalten hatte. Im Zoo leben vorwiegend heimische Tier, darunter neben Berglöwen, Schwarzbären und Grizzlys auch Schafe, Wölfe, Büffel, Elche und Wapitis. Und natürlich fehlen auch gefiederte Tiere und Reptilien nicht. Im Highland Valley Copper Amphitheatre finden Veranstaltungen statt, was aktuell geboten ist:
🌐 www.bczoo.org/eventslist.htm

Im Souvenir-Shop können Sie die "wildeste" Shopping-Erfahrung BCs machen, stärken kann man sich im *Blue Heron Café*. Besonderen Spaß haben Kinder bei einer Fahrt mit dem **Wildlife-Express**, der, angetrieben von der Nachbildung einer C.P. Huntington Dampflok, geräuschvoll durch das Gelände fährt. Abkühlung und Spielspass für die Kleinen gibt es von Mitte April bis November im Zippity Zoo Zone Playground & Splash Park. In unmittelbarer Nähe befindet sich der Kamloops RV Park.

📍 Ca. 15 km östl. v. Kamloops, Hwy 1 Exit 390, weiter auf Dallas Dr zum Park
✉ 9077 Dallas Dr, Kamloops
☎ 250-573-3242 ext. 0
🕐 Jan., Febr., Nov. & Dez. Sa & So 9:30–16 h, März–Okt. tägl. 9:30–16/17 h
💲 April–Anf. Sept.: Erw.: CAD 14,95, Sen.: CAD 12,95, Kinder (3–17 J.): CAD 10,95, Familien: CAD 49 (2 Erw., 3 Ki.), CAD 54 (2 Erw., 4 Ki.) Sonst: Erw.: CAD 12, Sen.: CAD 10, Kinder: CAD 8, Familien: CAD 40/45
💲 Minibahnfahrt: pro Person CAD 1 (Cash)
@ info@bczoo.org
🌐 www.bczoo.org

🏨 Übernachten

🏨 Alpine Motel

Das Low Budget Motel liegt etwa 4 km vom Zentrum entfernt, jedoch in der Nähe des Hwy 1. Frühstück und regionale Küche am Abend bietet das hoteleigene Restaurant an.

📍 Hwy 1 Exit 367 li Richtung Pacific Way, li auf Hugh Allan Dr abbiegen
✉ 1393 Hugh Allen Dr, Kamloops
☎ 250-374-0034 oder 1-800-270-1260 (geb.frei)
@ kamloopsalpinemotel@hotmail.com
⭐ **
🌐 www.kamloopsalpinemotel.com

🏨 Trans Canada Motel

Das highwaynah im Osten Kamloops gelegene Motel hat gut ausgestattete Zimmer/Suiten, alle mit Kühlschrank und Mikrowelle, Suiten teilweise mit Küchenzeile.

✉ 2505 Trans-Canada Hwy 1, Kamloops
☎ 250-374-7114 oder 1-800-374-5755 (geb.frei)
@ info@transcanadamotel.com
⭐ **
🌐 www.transcanadamotel.com

🏕 Kamloops RV Park

Spärlich bewaldeter Campground nahe Wildlife Park, ideal für Besucher des Parks.

📍 Ca. 15 km östl. v. Kamloops, Hwy 1/Exit 390 oder 391
✉ 9225 Dallas Dr, Kamloops
☎ 250-573-3789 oder 001-250-537-3789 (international)
@ frontdesk@kamloopsrvpark.ca
🌐 www.kamloopsrvpark.ca
🕐 Ganzj.
🔹 Ja   🔹 85   🔹 Ja
🔹 Ja   🔹 Ja
🔹 Strom (30/50 Amp.), Wasser, Abwasser
💲 $$

🏕 Paul Lake Provincial Park ★

Weiträumige Stellplätze unter Laub- und Nadelbäumen oberhalb des Sees gelegen. Ein 0,5 km langer Trail führt zum See.

📍 Hwy 5, ca. 8 km nördl. v. Kamloops, Abzweig Paul Lake/Pinantan Lake Rd, weitere 19 km bis zum Park
☎ 250-320-9305
🌐 www.env.gov.bc.ca/bcparks/explore/parkpgs/paul_lk
🕐 Mitte Mai–Mitte Sept., evtl. auch früher oder länger offen, je nach Schneefall
🔹 Ja   🔹 90   🔹 Ja, CAD 5
🔹 Nein   🔹 Ja
💲 $

KAMLOOPS BIS GOLDEN

Kamloops bis Golden

*Mit der Ankunft in Kamloops sind Sie wieder in dichter besiedeltem Gebiet angekommen, was sich auch auf den Straßenverkehr auswirkt. Der Highway bleibt auch noch eine Weile belebt, doch die Landschaft wird langsam aber sicher wieder "kanadischer". Bis **Monte Creek**, das durch einen spektakulären Eisenbahnüberfall bekannt wurde, sind der Trans-Canada Hwy 1 und Highway 97 noch vereint, in Monte Creek zweigt der Highway 97 dann nach Süden zum Okanagan Lake ab.*

*Sie kommen nach **Chase** und erreichen hier den weitverzweigten **Shuswap Lake**. Dieser lässt sich besonders gut während einer Hausboottour erkunden, was allerdings bei den aus Übersee angereisten Urlaubern meist aus Zeitgründen entfallen muss.*

*In Squilax zweigt vom Trans-Canada Hwy 1 eine Seitenstraße nach Norden zum wildromantischen **Adams Lake Provincial Park**, zum **Roderick Haig-Brown Provincial Park** und zum beliebten **Shuswap Lake Provincial Park** ab. Der Shuswap Lake Provincial Park hat neben einem weiträumigen Campground einen einladenden Picknickplatz mit Badestrand, wo sich ein toller Ausblick auf die kleine Insel **Copper Island** bietet.*

👁 MONTE CREEK

Monte Creek ist keine wirkliche Stadt, sondern ein nur spärlich besiedeltes Gebiet. Erkennen werden Sie Monte Creek bestenfalls am Abzweig der Minor Bluff Rd.

Monte Creek Train Robbery

Der 8. Mai 1906 war ein denkwürdiger Tag für Ducks Station, wie Monte Creek damals noch hieß. Der Zug der Canadian Pacific verließ Ducks Station gerade Richtung Kamloops, als zwei Männer auf den Zug sprangen und mit vorgehaltener Pistole die Zugführer aufforderten, an der Milepost 116, ca. acht Kilometer westlich von Ducks Station, zu stoppen. Dort bestieg ein dritter Mann den Zug, der eine Ladung Dynamit, eingepackt in Zeitungspapier, in den Händen hielt. Die beiden Zugführer Joe Callin und A. Radcliffe mussten den Postwagen vom restlichen Zug trennen und durften dann den Zug verlassen. Der Kopf der Bande, der später als der notorische Zugräuber Bill Miner identifiziert wurde, durchsuchte den Postwagen in der Hoffnung, Bares zu finden. Doch was fand er? Magere 15 Dollar! Sein Pech war, dass er schlicht den falschen Zug gestoppt hatte. Mit der "Beute" machte er sich auf und davon, wurde aber bereits nach 80 Kilometern in den USA aufgespürt, nach British Columbia ausgeliefert und dort zu einer lebenslangen Freiheitsstrafe verurteilt. Ein Jahr später brach Miner aus dem Gefängnis aus und entkam in die USA. Dieser Bill Miner, der als "Gentlemanbandit" bekannt war, raubte schon zwei Jahre zuvor, am 10. September 1904, mit den beiden Komplizen William "Shorty" Dunn und Louis Colquhoun einen Zug nahe Mission, BC aus, damals hatte er mehr Glück und erbeutete insgesamt 7.000 Dollar.

Bill Miner wurde 1886/1847 in Bowling Green (Kentucky) geboren, stammte aus einer religiösen und gesetzestreuen Familie und machte einen guten Schulabschluss. Im Alter von 16 Jahren verließ er sein Elternhaus, arbeitete auf Ranches in Texas und Mexiko und verdiente so seinen Lebensunterhalt. Sein Traum war, schnell Reichtum zu erlangen, was ihn bereits 1863 auf die schiefe Bahn geraten und seine erste Straftat begehen ließ. Weitere folgten und so verbrachte er einige Zeit seines Lebens auch im berühmt-berüchtigten Gefängnis San Quentin in Kalifornien. Als er 1901 eine seiner früheren Haftstrafen in den USA abgesessen hatte, wollte er, inspiriert durch den Film "The Great Train Robbery", nun den großen Coup landen und sich gänzlich auf das Ausrauben von Zügen konzentrieren. Mittäter zu finden war kein Problem und so kam es 1904 zum ersten Zugraub.

Bill Miner's Taten lieferten die Vorlage zu dem 1983 gedrehten, humorvollen Western-Kinofilm "The Grey Fox" bzw. "Der graue Fuchs". Miner starb mit 67 Jahren eines natürlichen Todes, seine Laufbahn als Verbrecher dauerte 48 Jahre, von denen er 35 Jahre in Gefängnissen verbrachte.

🏛 CHASE 🌐🛈✖🚗🏛

⛰	Kamloops	62 km
	Sorrento	24 km
👥👥	Stadt	2.450
❄❄	-5 °C	
☀	+21 °C	
〰		330 m
⊘	Stadt	3,77 km²
Zum Vergleich: Creuzburg / Thüringen		
👥👥	Stadt	2.431
〰		200 m
⊘	Stadt	35,33 km²

Am Westende des **Little Shuswap Lake** liegt der Ort Chase, *"The Gateway to the Shuswap"*. Die Forst- und Viehwirtschaft ist Haupterwerbsquelle der Region, doch auch der Tourismus gewinnt immer mehr Einfluß durch das breite Angebot der Outdoor-Sportmöglichkeiten. Das Wintersportgebiet **Sun Peek** liegt nordwestlich der Stadt.

Besonders anziehend ist der alle vier Jahre wiederkehrende spektakuläre **Sockeye Salmon Run**, wenn viele Millionen Lachse mit letzter Kraft vom Pazifik über den Fraser und Thompson River durch den Shuswap Lake zu ihrem Geburtsort Adams River schwimmen, um dort zu laichen. Lachse kommen zwar jedes Jahr zum Laichen zurück, durch schwankende Populationen häuft sich die Zahl aber alle vier Jahre auf eine unglaubliche Zahl von ca. 1,5 Millionen und mehr, allein im Adams River (bisheriger Rekord: 3,6 Millionen Lachse in 2002)! Es wimmelt also von dunkelroten Lachsen, die ihrem Ende nahe sind – und an den Ufern wimmelt es von Besuchern auf der Suche nach dem besten Fotomotiv. Wer sich im Oktober in diesem Gebiet aufhält, sollte sich dieses Naturschauspiel nicht entgehen lassen. Natürlich wird so ein Spektakel auch gebührend mit Partys gefeiert. Der nächste Salmon Run findet 2018 im Oktober statt.

Chase wurde nach Whitfield Chase benannt, einem Amerikaner aus dem Staat New York (USA), der 1858 während des Goldrauschs nach Kanada kam und sich als erster Weißer 1865 hier ansiedelte und Synsetia, die Tochter des Häuptlings der Neskonlith Indians, heiratete. Anfang des 20. Jahrhunderts eröffnete ein amerikanischer Holzfabrikant das Sägewerk Chase Mill, auch bekannt als Adams River Lumber Company. Das Sägewerk war bis 1925 in Betrieb, einige kleinere noch bis 2005.

Bevor jedoch der Ort Chase entstand, lebten in **Shuswap** ca. fünf Kilometer westlich die Secwepemc First Nations (auch: Shuswap). Jedes Jahr im Juli veranstalten sie das **Squilax Pow Wow** mit traditionellen Zeremonien, Tänzen und Gesang.

Sie finden in Chase alle Versorgungsmöglichkeiten.

🛈 VISITOR INFORMATION

✉ *400 Shuswap Ave, Chase*
☎ *250-679-8432*
@ *admin@chasechamber.com*
🕐 *April–Juni: Mo–Fr 9–17 h, Juli-Anf. Sept.: tägl. 9–17 h, Sept.: Mo–Fr 8–17 h, Okt.–März: Mo–Mi 8:30–16 h*
🌐 *www.chasechamber.com*

Im Hausboot unterwegs

👁 Highlight

▶ Chase District Museum & Archives

Das District Museum befindet sich in der 1910 erbauten früheren katholischen Kirche, die mehrmals ihren Standort wechselte und seit 1945 in der Shuswap Ave steht. Die *Chase District Museum & Archives Society* kaufte damals das Originalgebäude und eröffnete ein Jahr später das Museum. Es zeigt Fotografien und Aufzeichnungen aus der Geschichte des Ortes und Gegenstände von kulturellem und historischem Wert, die einen Eindruck wiedergeben vom harten Leben der frühen Siedler, den Shuswap First Nations und dem Bau der Eisenbahn, der eng mit der Geschichte von Chase verbunden ist.

- 🔘 *Hwy 1 Abfahrt Chase West Rd/Shuswap Ave (Ortsdurchfahrt)*
- ✉ *1042 Shuswap Ave, Chase*
- ☎ *250-679-8847*
- @ *info@chasemuseum.com*
- 🕐 *Juni–Aug.: Di–Fr 9–17 h, Sa 10–16 h*
- 💲 *Es wird um eine Spende gebeten*
- 🌐 *www.chasemuseum.com*

🚶 Wandern

▶ Three Sisters Falls Trail
(auch: Chase Creek Falls)

Sehr schöner, sehenswerter Wasserfall, den man nach kurzer Wanderung erreicht.

- ▶ *Chase Creek Rest Area Hwy 1*
- 🕐 *30 Minuten*
- ➡ *Leicht*
- ➡ *125 m (einf. Strecke)*

🏛 Übernachten

🏠 Quaaout Lodge Resort

Renovierte Lodge mit komfortablen Zimmern und Suiten, Indoor- und Whirlpool, Fitnessraum, Golfplatz und privatem Strandbereich am Little Shuswap Lake.

- 🔘 *Vom Hwy 1 abzweigen auf Squilax Anglemont Rd (Scotch Creek/Anglemont/Adams Lake), nach Überqueren des Hwy li auf Little Shuswap Lake Rd zum Resort*
- ✉ *1663 Little Shuswap Lake Rd, Chase*
- ☎ *250-679-3090 oder 1-877-663-4303 (geb.frei)*
- 💲 ****
- @ *reservations@quaaoutlodge.com*
- 🌐 *www.quaaoutlodge.com*

🏠 Overlander Motel

Preiswertes, gemütliches und gut ausgestattetes Motel, alle Zimmer liegen ebenerdig.

- 🔘 *Vom Hwy 1 auf Chase West Rd/Shuswap Ave*
- ✉ *181 Shuswap Ave, Chase*
- ☎ *250-679-8633*
- 🕐 *Ganzj.*
- 💲 **–***
- 🌐 *www.overlandermotel.com*

🏠 Hi Hostel Shuswap Lake

Es befindet sich im urigen historischen General Store in Squilax. Wer möchte, kann in einem antiken Eisenbahnwaggon nächtigen.

- ✉ *229 Hwy 1, 10 km östl. v. Chase*
- ☎ *250-675-2977*
- 🕐 *Ganzj.*
- 💲 ***
- @ *shuswap@hihostels.ca*
- 🌐 *www.hihostels.ca*

🏕 Chase Lions Club RV Park

Wenig bewaldeter Campground in Flussnähe, Stellplätze parkplatzähnlich

- 🔘 *Vom Hwy 1 am Ortseingang auf die Chase West/ Shuswap Ave bis zum Abzweig Pine St, danach Richtung Norden weiter bis Abzweig Mill Rd*
- ✉ *625 Mill Rd, Chase*
- ☎ *250-679-8470*
- 🏕 *14*   ⚡ *Ja*   🚻 *Ja*
- 🔌 *Strom, Wasser, Abwasser*
- 🏕 *12*
- 💲 *$–$$*

🏕 **Shuswap Lake PP Campground** ▶ S.138

Der weitverzweigte, von 34 Zuflüssen ge-speiste und 310 km² große See hat auf der Landkarte die Form des Buchstabens H. Sei-ne vier Seitenarme Main-, Salmon-, Anstey- und Seymour Arm treffen sich in der Mitte im **Cinnemousun Narrows Provincial Park**, der aber nur per Boot erreichbar ist. Zu den längs-ten Zuflüssen gehören Shuswap (195 km), Salmon (146 km), Adams (130 km), Eagle (75 km) und Seymour River (70 km). Der See liegt 347 Meter hoch und ist maximal 161 Meter tief. Am mehr als 1.400 Kilometer lan-gen Ufer liegen viele einfache Camping- und Anlegeplätze, die diesen See besonders at-traktiv für ein- und mehrtägige Bootstouren machen. Einige Campingplätze in Ufernähe sind auch über Straßen (meist Gravelroads) erreichbar. Der **Shuswap Lake Marine Pro-vincial Park** verwaltet 23 Zeltplätze entlang des Sees. **Beachten Sie:** Auch diese Plätze sind gebührenpflichtig. Informationen erhal-ten Sie in Visitor Infos entlang des Sees oder über die u.g. Internetseite.

- ☎ 250-320-9305
- 🕐 Gebühr: Mai–Sept.
- ⬤ Übernachten: $ (Zelt /walk-in) oder Hausboot)
- 🌐 www.env.gov.bc.ca/bcparks/explore/parkpgs/ shu_lk_m

Besonders beliebt sind Ausflüge mit einem **Hausboot**, diese können u.a. in Sicamous oder in Salmon Arm gemietet werden.

Das Shuswap Lake Gebiet ist Heimat der Secwepemc (auch: Shuswap People), einer Gruppe der Salish First Nations, die Namensgeber des Sees sind. *Kekulis* (Gru-benhäuser) nahe Herald Provincial Park, Scotch Creek und in einigen Marina Parks sowie Piktogramme/Felsenzeichnungen sind Zeugen der frühen Besiedelung durch First Nations. Die ersten Europäer erreich-ten per Kanu das Gebiet des Shuswap Lake. Ende des 19. Jahrhunderts verkehrte auch ein Schaufelraddampfer auf dem See, doch erst mit dem Bau des Trans-Canada Hwy 1 wurde der Bereich des Shuswap Lake end-gültig zu einem bekannten und beliebten Erholungs- und Wassersportgebiet.

Die Nebenflüsse des Shuswap Lake mit ihren Kies- und Sandbereichen sind wich-tige Schutzgebiete für die Lachse. Diese kommen alljährlich zur Laichzeit wieder zu-rück zu ihren Geburtsstätten. Dieses Spek-takel zieht, wie schon beschrieben, Jahr für Jahr viele Tausend Besucher an.

ℹ NORTH SHUSWAP VISITOR INFORMATION

- ✉ 1 – 3871 Squilax-Anglemont Rd, Scotch Creek
- ☎ 250-955-2113
- 🕐 Mitte Mai–Ende Sept.

Shuswap Lake

*Der Trans-Canada Hwy 1 führt nach Verlassen des Ortes Chase am Südufer des Little Shuswap Lakes entlang und kurz nach dem Ostende des Sees zweigt die Squilax-Anglemont Rd nach Norden zu den drei Provincial Parks auf der **Nebenstrecke** ab.*

Der Roderick Haig-Brown PP sollte im Herbst zur Lachslaichzeit ein Ziel sein, zumal er auf der Strecke zum empfehlenswerten Shuswap Lake PP liegt.

....

Nebenstrecke zum Adams Lake, Roderick Haig-Brown & Shuswap Lake PP

	km
Trans-Canada Hwy 1 Abzweig Squilax-Anglemont Rd	0
Abzweig Holding Rd zum Adams Lake Provincial Park	5
Roderick Haig-Brown Prov. Park	7
Shuswap Lake Provincial Park	19
Zurück zum Trans-Canada Hwy 1	38

🏕 ADAMS LAKE PROVINCIAL PARK

Wer wassersportbegeistert ist und besonders rustikal übernachten möchte, findet im Adams Lake Provincial Park (auch: Bush Creek Site) am gleichnamigen 137,5 km² großen See genau das Richtige. Er ist erreichbar vom Highway 1 über die Squilax-Anglemont Rd, nach fünf Kilometer zweigt die Holding Rd zum Adams Lake ab. Auf den ersten acht Kilometern bis zum "Ort" Adams Lake (immerhin mit General Store), ist die Straße asphaltiert, danach geht es weitere sechs Kilometer auf einer Forest Service Road zum Park, für Wohnmobilfahrer weniger geeignet. Am See befindet sich eine Bootsanlegestelle.

Nach dem Besuch des Parks muss man den gleichen Weg wieder zurückfahren und dann der Squilax-Anglemont Rd weiter gen Osten folgen.

🏛 Übernachten

🏕 Adams Lake PP Campground

Die Ausstattung des Campgrounds ist sehr rustikal (nur Feuerstellen), Trinkwasser muss mitgebracht werden.

📞 250-955-0861

🌐 www.env.gov.bc.ca/bcparks/explore/parkpgs/
adams_lk_bush_crk

🕐 Mitte Mai–Mitte Sept.

🚫 Nein

🚗 27, nicht für große Fahrzeuge geeignet

🚫 Nein   🚻 Nein

💲 $

🔢 4

Die 1996 gegründeten Parks **Adams Lake Marine Provincial Park – Spillman Beach** und **Poplar Point** (Ostseite des Sees) sind nur per Boot erreichbar, Refuge Bay (Nordwestseite des Sees) auch über eine schlechte Gravelroad.

📍 Spillman Beach, Poplar Point & Refuge Bay

🚗 5 (Refuge Bay)

🌐 www.env.gov.bc.ca/bcparks/explore/parkpgs/
adams_lk_poplar

🌐 www.env.gov.bc.ca/bcparks/explore/parkpgs/
adams_lk_spillman

🌐 www.env.gov.bc.ca/bcparks/explore/parkpgs/
adams_lk_refuge

🏛 RODERICK HAIG-BROWN PROVINCIAL PARK

Der für Naturliebhaber interessante, 10,76 km² große Roderick Haig-Brown Provincial Park liegt entlang des elf Kilometer langen Adams River, der den Adams Lake mit dem Shuswap Lake verbindet. Besonders Anfang Oktober, wenn Hunderttausende Lachse durch den Adams River zu ihren Laichplätzen schwimmen, ist ein Besuch des Parks zu empfehlen. Die Lachse finden im Bett des Flusses ideale Bedingungen zum Laichen. Sie verfärben sich am nahenden Lebensende rot, der Kopf nimmt eine grünliche Färbung an. Der Park bietet auch schöne Wanderwege entlang des Flusses, der durch einen beeindruckenden Canyon mit zahlreichen Stromschnellen fließt, was auch Kajak- und Wildwasserfahrer zu schätzen wissen. Im Park finden Sie neben Parkmöglichkeiten (während des Salmon Run geb.pflichtig), Infotafel und Interpretive Centre auch eine Aussichtsplattform (rollstuhlgeeigneter Zugang).

Der Park wurde 1977 gegründet und nach Roderick Haig-Brown (1908–1976) benannt, der sich neben seiner Schriftstellertätigkeit besonders für den Natur- und Umweltschutz der Provinz einsetzte. Ein Gipfel im Strathcona Provincial Park auf Vancouver Island wurde ebenfalls nach ihm benannt, seine ehemalige Wohnstätte, heute eine National Heritage Site, ist in Campbell River (Vancouver Island) zu besichtigen.

☎ 250-320-9305
🕐 Ganzj., Interpretive Centre: Sept. & Okt.: Fr–Di
🌐 www.env.gov.bc.ca/bcparks/explore/parkpgs/roderick

🚶 Wandern

▶ Phil Rexin Memorial Trail
Der Wanderweg führt vom Hauptparkplatz zur Mündung des Adams River.

🅿 Hauptparkplatz Squilax-Anglemont Rd
🕐 1 Stunde
➡ Leicht
📏 1,5 km (einf. Strecke)

▶ Lower Trail
Der Trail windet sich entlang einem Seitenarm des Adams River, gute Möglichkeit, Lachse zu beobachten.

🅿 Hauptparkplatz
🕐 1 Stunde
➡ Leicht
📏 3,6 km (Rundweg)

▶ Flume Trail
Er beginnt an der Zufahrtstraße (Holding Rd) zum Adams Lake Provincial Park und führt über sieben Brücken durch urwüchsigen Wald zu den **Bear Creek Falls**. In frühen Zeiten wurde durch den Bear Creek Holz vom Skmana Lake zum Adams River geflößt. Einen Teil dieser Anlage hat man rekonstruiert. Aktuell ist der Trail geschlossen.

💡 Zu Lachswanderzeiten wird das Gebiet gerne von Schwarzbären als Futterquelle aufgesucht, da sie sich hier bequem und ohne große Anstrengung ihren Winterspeck anfuttern können.

🅿 Parkplatz Holding Rd
🕐 4 Stunden
➡ Moderat
📏 8,5 km (Rundweg)

Lachse im Adams River

🌲 SHUSWAP LAKE PROV. PARK

Überaus beliebt, und das zu Recht, ist der zwar flächenmäßig relativ kleine, jedoch mit einem sehr schönen Strandbereich ausgestattete 1,5 km² große Shuswap Lake Provincial Park. Er liegt am Nordufer des Sees im Bereich des Scotch Creek Deltas. Zum Park, der 1956 gegründet wurde, gehört auch die gegenüberliegende Insel **Copper Island**, die per Boot erreichbar ist. Zelten ist auf Copper Island nicht gestattet. Auf Copper Island führt ein drei Kilometer langer Wanderweg durch die Natur, auf dem man die herrliche Aussicht und die Stille, die nur vom plätschernden Wasser des Sees untermalt ist, genießen kann.

Am See liegt ein wunderschöner, idyllischer Picknickplatz. Der Sand- und Kiesstrand, an dem sich auch eine Bootsrampe befindet, ist über einen Kilometer lang.

Ein kurzer Naturlehrpfad beginnt am *Nature House* im Parkplatzbereich. Das Nature Haus vermietet im Juli und August Kajaks, ein Teil des Erlöses durch die Vermietung kommt dem Naturschutz zugute. Außerhalb des Parks in der Nähe des Parkeingangs befindet sich der Parkstore mit Waschsalon und Café und reichlich Freizeitangebote wie Minigolf, Go-Card-Bahn u.v.m., also ein idealer Platz für Familien mit Kindern.

Copper Island

🏕 Shuswap Lake PP Campground ★

Der sehr weiträumig angelegte, bewaldete und gepflegte Campground ist bestens ausgestattet. Die Stellplätze bieten viel Privatsphäre. Im Hochsommer ist eine Reservierung unbedingt ratsam.

- 🚗 Vom Hwy 1 ab Squilax über Squilax-Angelmont Rd und weiter ca. 19 km bis zum PP
- ☎ 250-320-9305
- 🌐 www.env.gov.bc.ca/bcparks/explore/parkpgs/shu_lk
- 🕐 Mai–Mitte Okt.
- Ja   274   Ja
- Ja   Ja
- 💰 $$

Nach Ihrem Abstecher zur Nordseite des Shuswap Lake kehren Sie wieder zurück zum Trans-Canada Hwy 1 und setzen Ihre Reise nach Osten fort.

Ende der Nebenstrecke

Sie durchqueren nun auf der Hauptroute das Touristenstädten **Sorrento**, in **Blind Bay** verlassen Sie den Hauptarm des Shuswap Lake und kommen zum Salmon Arm des Sees. Etwas abseits des Trans-Canada Hwy 1, liegt der gepflegte und weiträumige **Herald Provincial Park** mit schönem Badestrand.

Bald danach kündigen die ersten Häuser der Stadt **Salmon Arm** das wichtigste Versorgungszentrum der Region an. Wenn Sie Appetit auf heimische Käse-Spezialitäten verspüren, sollten Sie kurz vor Salmon Arm einen Abstecher zur **Gort's Gouda Cheese Farm** machen.

Östlich von Salmon Arm haben Sie noch einige Zeit Blickkontakt mit dem Shuswap Lake, bis Sie schließlich **Sicamous** erreichen, die Hausboothauptstadt Kanadas, deutlich erkennbar an der Zahl der Hausboote, die an den Anlegestellen der Vermieter auf eine Rundreise über den See warten.

🏛 SORRENTO 🏕🛈✖🚗🏧

⛰	Chase	24 km
	Salmon Arm	34 km
👥	Stadt	1.255
❄❄❄		-6 °C
☀		+22 °C
〰〰〰		350 m
⊘	Stadt	11,87 km²
Vergleich: Neustadt am Kulm / Bayern		
👥	Stadt	1.264
〰〰〰		523 m
⊘	Stadt	20,3 km²

Der beliebte, kleine Touristenort Sorrento mit einem breiten Angebot an Hotels, Motels und gemütlichen Privatquartieren (B&B) liegt am Südufer des Shuswap Lake und am Trans-Canada Hwy 1. Einige Häuser sind wunderschön dekoriert mit Wandgemälden.

Für das leibliche Wohl gibt es kleine Cafés und Restaurants neben den üblichen Versorgungseinrichtungen wie Tankstelle, Shoppers Market usw. In den Sommermonaten findet am Samstagvormittag der Farmer's Market statt.

Sorrento gehört zum etwa 8.000 Einwohner zählenden South-Shuswap-Gebiet, zu dem auch die Orte Blind Bay, Balmoral, Eagle Bay, Wild Rose Bay, Notch Hill, White Lake, Skimikin, Carlin, Sunnybrae und Tappen gehören. Der Ort hieß ursprünglich Trapper's Landing und war Treffpunkt der Shuswap Nations, der Pelzhändler und Goldsucher.

Zu den ersten Siedlern gehörte 1912 James R. Kinghorn, er nannte den Ort Sorrento, da er beim Blick auf die gegenüberliegende Insel **Copper Island** an die italienische Stadt Sorrento erinnert wurde, die einen ebenso wunderschönen Blick auf Capri bietet. Copper Island ist Teil des Shuswap Lake Provincial Parks.

Sorrento

👁 Highlights

▶ Historische Gebäude

Die restaurierte **St. Mary's Anglican Church** wurde 1910 erbaut, **Spes Bona** ist das ehemalige Wohnhaus von James R. Kinghorn. Das Backsteingebäude steht im Zentrum von Sorrento am Highway 1.

▶ Cannóg Ales

Was Biertrinker interessieren wird: Sorrento hat eine eigene kleine Mikrobrauerei, Crannóg Ales. Hier wird Bier nach irischer Tradition unter Verwendung von biologisch-dynamisch angebauten Zutaten gebraut. Die Brauerei kann nach vorheriger Terminabsprache besichtigt werden. Das Bier wird im Copper Island Pub, Home Restaurant und Stratis Grill in Sorrento ausgeschenkt. Wo das Bier sonst noch erhältlich ist, können Sie auf der folgenden Internetseite nachlesen:

🌐 www.crannogales.com/site/ontap.php
📍 Vom Hwy 1 re auf die Des Fosses Rd und weiter bis zur Elson Rd

✉ 706 Elson Rd, Sorrento
☎ 250-675-6847
🕐 Touren, ca. 45 Min.: Sommer Fr & Sa Nachmittag nach Vereinbarung
@ brewery@crannogales.com
🌐 www.crannogales.com

🏛 Übernachten

In Sorrento werden gemütliche Übernachtungsmöglichkeiten (B&B) angeboten. Eine Übersicht:

🌐 www.sorrento-shuswap.ca/accommodations.php

🛏 Shuswap Lake Motel & RV Resort
Schöner, bewaldeter Campground

📍 Vom Hwy 1 in Sorrento rechts auf die Passchendaele Road
✉ 1185 Passchendaele Rd, Sorrento
☎ 250-675-2420 oder 1-888-587-0514 (geb.frei)
@ info@shuswaplakemotel.com
🌐 www.shuswaplakemotel.com
🕐 Motel: März–Okt.
🕐 RV Park: April–Okt.
🛏 12   Nein   Ja
📶 Nein   Ja
⚡ Strom (30 Amp.), Wasser
💲 Zimmer: **, Cabins: **
💲 Campground: $$

🛏 Shuswap Lake Provincial Park ▶ S.138

⚘ HERALD PROVINCIAL PARK ⭐

Der Park liegt zwar etwas abseits vom Hwy 1, dennoch ist er zu empfehlen. Die 12 Kilometer lange Zufahrt zweigt vom Hwy 1 in Tappen nach Osten ab. Schon die Fahrt ist ein Erlebnis, da die Straße entlang eines Seitenarms des Shuswap Lake verläuft. Der Park ist im Sommer und an Wochenenden heiß begehrt, daher sollte man ggf. reservieren. Der Sandstrand ist fast einen Kilometer lang mit Bademöglichkeit, Bootsrampe und Picknickplätzen. Der Park wurde 1975 gegründet, davor war er Teil der Farm der Familie Dr. Herald, die auch Namensgeber des Parks ist.

🏛 Übernachten

🛏 Herald Provicinal Park Campground ⭐
Sie haben die Wahl zwischen drei Campgrounds: Homestead und Bastion haben teils sonnige, teils schattige Plätze und Reinecker schattige Stellplätze.
☎ 250-320-9305
🌐 www.env.gov.bc.ca/bcparks/explore/parkpgs/herald

🕔 Mai–Mitte Okt.
🚫 Ja
🏕 Bastion: 15, Reinecker: 36, Homestead: 68
💲 Ja, CAD 5 🚿 Ja
💰 $$

🚶🌲 Wandern

▶ Reinecker Creek Nature Trail zu den Margaret Falls
Die Wasserfälle wurden nach der Europäerin Margaret benannt, die diese beeindruckenden Fälle entdeckt hatte. Entlang des Trails sind Infotafeln angebracht, die die Besonderheiten erläutern.
🅿 Picknickplatz, Mündung Reinecker Creek
🕔 1 Stunde
⚡ Moderat
↔ 1,2 km (einf. Strecke)

▶ Upper Canyon Trail
Unterwegs bietet ein Aussichtspunkt einen tollen Blick über den Salmon Arm des Shuswap Lake.
🅿 Parkplatz Day Use
🕔 1,5 Stunden
⚡ Moderat, stellenweise steil
↔ 2,5 km (einf. Strecke)

Herald Provincial Park

🏛 SALMON ARM 🏕🛏➕✖🚻🏦

⚡	Sorrento	34 km
	Sicamous	30 km
👨‍👩‍👧	Stadt	17.464
❄❄	-4 °C
☀	+19 °C
〰	396 m
⊘	Stadt	155,28 km²
Vergleich: Bad Friedrichshall bei Stuttgart		
👨‍👩‍👧	Stadt	18.450
〰	178 m
⊘	Stadt	24,7 km²

Salmon Arm ist die größte Stadt der Region. Sie liegt am südlichen Ende des Salmon Arm und an der Mündung des Salmon River in den See. Land- und Forstwirtschaft und Tourismus sind wichtige Erwerbszweige. Große Farmen rund um die Stadt produzieren neben Obst und Gemüse auch Wein und Molkereiprodukte, die frisch ab Hof angeboten werden. **Unser Tipp:** Wer Appetit auf vertraute Milchprodukte und holländische Käsesorten hat (Gouda in allen Variationen uvm.), sollte einen Abstecher zur **Gort's Käsefarm** machen. Biegen Sie kurz vor Salmon Arm (beim blumengeschmückten Hinweis "Salmon Arm") vom Highway 1 nach rechts auf die 10 Ave SW und 50 St SW bzw. Salmon Valley Road nach Süden Richtung Silver Creek ab und fahren bis zur Käsefarm (1,2 km). Die Gründer, Familie Gort, wanderten 1981 von Holland nach Kanada aus und gründeten 1983 die **Gort's Gouda Cheese Farm**. 2007 wechselten die Besitzer, die Käsesorten werden aber weiter produziert. Die Farm verkauft ausschließlich Bio-Ware.

📩 1470 – 50 St SW
☎ 250-832-4274
🕐 Mo-Sa 8:30–17 h
🌐 www.gortsgoudacheese.bc.ca

Salmon Arm ist, wie viele Ortschaften am Shuswap Lake, die Heimat der Shuswap First Nations. Die ersten weißen Siedler erreichten mit der Fertigstellung der Eisenbahnlinie CPR Ende des 19. Jahrhunderts das Gebiet. Salmon Arm war zunächst Stützpunkt der CPR, später entwickelte sich die Stadt zum Zentrum der Land- und Forstwirtschaft.

💡 Füllen Sie in Salmon Arm die Vorräte auf, ein Walmart liegt am Highway 1, ein Safeway in Highwaynähe (Zufahrt über 3rd St SW), Save-On-Foods in der 10th Ave, Abzweig vom Highway 1 am Ortseingang.

Unterkünfte sind reichlich vorhanden und auch das Restaurant-Angebot ist vielseitig. Während des Jahres finden zahlreiche Events statt, so z. B. das **Salmon Arm Pro-West Rodeo** im Juli und das **Roots and Blues Festival** im August. Wer die Innenstadt besuchen möchte, muss den Trans-Canada Hwy 1 Richtung Norden verlassen. Für eine kurze Stippvisite eignet sich ein Spaziergang auf Nordamerikas längstem Pier, der am Ende des Marine Park Dr beginnt und weit hinein in den Shuswap Lake reicht (🚗 Anfahrt vom Hwy 1 über die 4th St NE, Lakeshore Dr E, Marine Park Dr). Parkmöglichkeiten, auch für Wohnmobile (geb.pflichtig) sind vorhanden. Am Ende des Piers haben Sie eine tolle Aussicht auch auf ein Naturschutzgebiet am Seeufer, denn der Mündungsarm des Salmon River ist von April bis Juni Brutstätte der Renn- und Clark-Taucher. Ein Bad im bis zu 21 °C warm werdenden See kann im öffentlichen Strandbereich mit Picknickplatz genommen werden.

In Salmon Arm können auch Hausboote gemietet werden. Die Freizeitangebote reichen von Wasser- bis zu Wintersportmöglichkeiten auf dem zugefrorenen See oder in der nahen Bergregion.

ℹ VISITOR INFORMATION

🚩 Hwy 1 li auf Shuswap St bis zur Hudson Ave
📩 101 – 20 Hudson Ave, Salmon Arm
☎ 250-832-2230 oder 1-877-725-6667 (geb.frei)
🕐 Kernöffnungszeiten: Mai–Ende Okt.: Mo-Fr 9–17 h, Sa & So 10–16 h, Ende Okt.–Anf. Mai: Mo–Fr 10–15 h
@ info@visitsalmonarm.com
🌐 www.salmonarm.ca

👁 Highlights

► R.J. Haney Heritage Village & Museum

Im Heritage Village & Museum blickt man auf einem 16 Hektar großen Gelände zurück in die junge Geschichte der Region. Es liegt südlich der Kreuzung Trans-Canada Hwy 1/ Hwy 97B. Im Museum findet man interessante Ausstellungsstücke, Fotos und Dokumente der frühen Land- und Forstwirtschaft. Im Parkgelände steht das **R.J. Haney House**, das Original-Wohnhaus von R.J. und Margaret Haney, erbaut 1910.

Die **Mount Ida Methodist Church** wurde 1988 in das historische Village gebracht. Weitere historische Gebäude sind u.a. eine Schmiede, ein Tankstelle, das Chinese Cook House (ca. 1900) und das im finnischen Stil gebaute Kew Wohnhaus, hier soll das erste weiße Kind geboren worden sein. Im Untergeschoss der Broadview School, die im Januar 1918 offiziell eröffnet und 1988 zum heutigen Standort gebracht wurde, befindet sich **Marjorie's Tea Room**, wo kleine Imbisse und selbstgebackene Leckereien angeboten werden. Im Salmon Arm Museum Building (ca. 1990) befindet sich ein Souvenirladen und der **Ernie Doe Archives Room** mit Text- und Grafikaufzeichnungen. **Hinweis:** Parkmöglichkeiten sind nur gegrenzt vorhanden.

🚗 *Hwy 1 östl. v. Salmon Arm re auf den Hwy 97B*
✉ *751 Hwy 97B, Salmon Arm*
☎ *250-832-5243*
🕐 *Mitte Mai–Juni & Sept.: Mi–So 10–17 h, Juli & Aug.: tägl. 10–17 h, Ende Sept.–Mitte Okt.: Mo–Fr 10–16 h*
🕐 *Archiv & Museum: ganzj. Mi & Do 10–16 h*
💰 *Es wird um eine Spende gebeten, Haney House Tour: CAD 5*
@ *info@salmonarmmuseum.org*
🌐 *www.salmonarmmuseum.org*

🏠 Übernachten

🛏 Comfort Inn & Suites

Man übernachtet in elegant eingerichteten DZ oder Suiten (mit Küchenequipment). Kontinentales Frühstück ist inklusive.

🚗 *Vom Hwy 1 re auf die 21 St NE, links halten, nach Überqueren des Hwy 1 re auf die 11 Ave NE*
✉ *1090 – 22nd St, Salmon Arm*
☎ *250-832-7711*
🕐 *Ganzj.*
⭐ *****
@ *cisa@shaw.ca*
🌐 *www.comfortinnsalmonarm.com*

R.J. Haney Heritage Village & Museum

🏨 Best Western Salmon Arm Inn

Sehr gut ausgestattetes Hotel mit geräumigen DZ, Suiten und einem Indoor-Pool. Ein kontinentales Frühstück wird angeboten.

- 📍 *Hinweis am Hwy 1 beachten*
- ✉️ *61 – 10ᵗʰ St SW, Salmon Arm*
- ☎️ *250 832-9793 oder 1-888-832-5595 (geb.frei)*
- 🕐 *Ganzj.*
- 💲 **
- 🌐 *www.bestwesternbc.com*

🏨 Travelodge Salmon Arm

Das Travelodge bietet gut ausgestattete DZ und einen Indoor-Pool, Frühstück inkl., Kinder bis 17 Jahre übernachten kostenlos.

- ✉️ *2401 Hwy 1, Salmon Arm*
- ☎️ *250-832-9721 oder 1-800-832-9086*
- 🕐 *Ganzj.*
- 💲 **
- @ *info@travelodgesalmonarm.com*
- 🌐 *www.travelodgesalmonarm.com*

🏕 Salmon Arm Waterslides & RV Park

Für Familien mit Kindern eine tolle Abwechslung von der Natur, wenn das Wetter mitspielt.

- 📍 *Waterslides vom Hwy 1 gut sichtbar*
- ✉️ *1155 Lakeshore Dr, Salmon Arm*
- ☎️ *250-832-4386*
- @ *fun@salmonarmwaterslides.com*
- 🌐 *www.salmonarmwaterslides.com*
- 🕐 *Mitte Juni–Mitte Sept.*
- 📷 *Ja*   📷 *46*   📷 *Nein*
- 🔌 *Ja, Münzduschen*
- ⚡ *Strom, Wasser*
- 💲 *$$, Discount für Waterslides Park*

🏕 Hidden Valley Campground & RV Park

Netter Campground, Stellplätze schattig

- 📍 *8 km östl. v. Salmon Arm in Cano… ten Sie auf das Hinweisschild am Highway*
- ✉️ *6670 Hwy 1, Salmon Arm*
- ☎️ *250-832-6159*
- @ *hidden-valley@shaw.ca*
- 🌐 *www.hiddenvalleycampground.ca*
- 🕐 *Upper Level: ganzj., Hidden Valley: April–Okt.*
- 📷 *Ja*   *Hidden Valley: 52, Upper Level: 37*
- 🔌 *Ja, geb.pflichtig*
- 📶 *Ja, geb.pflichtig* 🌐 *Ja, geb.pflichtig* 📷 *Ja*
- ⚡ *Strom (30/50 Amp.), Wasser, Abwasser*
- 💲 *$$*   📷 *18*   💲 *$*

🏞 Herald Provincial Park ▶ S.141

🏛 SICAMOUS 🅿️ℹ️❌🖨️🏨

📍	Salmon Arm	30 km
	Revelstoke	78 km
👥	Stadt	2.441
❄️❄️	-5 °C	
☀️	+22 °C	
〰️	350 m	
⊘	Stadt	12,71 km²
Zum Vergleich: Schönau / Schwarzwald		
👥	Stadt	2.395
〰️	540 m	
⊘	Stadt	14,7 km²

Der kleine Touristenort Sicamous, das *"Houseboat Capital of Canada"*, liegt auf einer schmalen Landzunge zwischen dem Shuswap Lake und dem sich nach Süden ausdehnenden Mara Lake an der Kreuzung Trans-Canada Hwy 1/97A. Wassersportaktivitäten und Ausflüge mit einem Hausboot bieten sich an, da hier viele Hausbootvermietungen ansässig sind, wie man unschwer an der im Hafen liegenden Flotte erkennt. Wer eine Bootstour plant, informiert sich am besten vorher auf den Internetseiten der Anbieter über die Ausstattung der Boote und der Utensilien, die mit an Bord gebracht werden müssen. Der "Kapitän" muss mindestens 19 Jahre alt sein und einen gültigen Führerschein besitzen. Allerdings ist dieser Spaß nicht gerade billig, neben den Mietgebühren fallen noch Kosten für Versicherung, Kaution, Entsorgung und Anlegegebühr (Übernachtung) an. Entlang der 1.500 Kilometer Seeufer liegen 23 Anlegeplätze des **Shuswap Lake Marine Parks**, die für Übernachtungen angefahren werden müssen:

- ☎️ *250-320-9305*
- 🌐 *www.env.gov.bc.ca/bcparks/explore/parkpgs/ shu_lk_m*
- 🕐 *Mai–Okt.*
- 💲 *Übernachten: $ (Zelt (walk-in)/Hausboot)*

Es können auch Motorboote gemietet werden, Infos erhält man in der Visitor Info. Die Versorgungsmöglichkeiten sind speziell auf Touristenbedarf ausgerichtet.

Der Ortsname bedeutet in der Sprache der Shuswap First Nations "Enge" oder "in der Mitte gedrückt", dies bezieht sich auf die Lage der Stadt zwischen den beiden Seen Shuswap und Mara Lake. Die ersten Siedler, zu denen auch finnische Familien gehörten, kamen Ende des 19. Jahrhunderts nach Sicamous. Mit der Fertigstellung der Eisenbahnstrecke vom Osten zum Pazifik wurde die Stadt zu einem wichtigen Stützpunkt der transkontinentalen Strecke, denn ab hier bedienten Schaufelraddampfer die Verbindung nach Süden zum Kootenay Country über den südlich gelegenen Okanagan Lake. Über den Verbindungskanal zwischen dem Shuswap und Mara Lake kam man früher per Fähre, diese wurde 1949 durch eine Brücke ersetzt.

Heute ist das schmucke kleine Touristenörtchen, das 1989 unabhängig wurde, ganzjährig ein beliebtes Urlaubsziel.

ℹ VISITOR INFORMATION
- 📍 Vom Hwy 1 re auf Hwy 97A, nach wenigen Meter auf die Main St abbiegen
- ✉ 3 – 446 Main St, Sicamous
- ☎ 250-836-3313
- ⏰ Juli & Aug.: tägl. 9–17 h, sonst: Mo–Fr 9–16 h, Feiertage geschlossen
- @ vc@sicamouschamber.bc.ca
- 🌐 www.sicamouschamber.bc.ca

👁 Highlights

▶ Eagle Valley Museum
Das kleine Museum informiert über die Entstehung der Stadt, den Eisenbahnbau, den Goldrausch am Columbia River (**Big Bend Goldrush**) nordöstlich von Sicamous und die ersten finnischen Siedler, die Land- und Forstwirtschaft betrieben.
- ✉ Municipal Hall Main St, Sicamous
- ⏰ Sommer: tägl. 10–16 h, Winter: Nach Voranmeldung

▶ Hausbootvermietungen

Twin Anchors Houseboat Vacation
- 📍 Nach Überqueren der Brücke re auf die Gill Ave, nach wenigen Meter re auf die Finlayson St zur Riverside Ave und weiter bis zur Hausboot-Vermietung
- ✉ 101 Martin St, Sicamous
- ☎ 250-836-2450 oder 1-800-663-4026 (geb.frei)
- ⏰ April–Okt.
- 💰 Bis 6 Personen, 3 Nächte ab CAD 1.200
- 💰 Bis 6 Personen, 4 Nächte ab CAD 1.400
- 💰 Bis 6 Personen, 7 Nächte ab CAD 1.800
- 💰 Bis 15 Personen, 3 Nächte ab CAD 2.000
- 💰 Bis 15 Personen, 4 Nächte ab CAD 2.220
- 💰 Bis 15 Personen, 7 Nächte ab CAD 2.860
- 🌐 www.twinanchors.com

Waterway Houseboats Ltd.
- 📍 Vom Hwy 1 re auf den Hwy 97A, weiter z. Abzweig Montcalm Cres, dann bis zur Mervyn Rd
- ✉ 1 Mervyn Rd, Sicamous
- ☎ 250-836-2505 oder 1-877-928-3792 (geb.frei)
- ⏰ Mai–Sept.
- 💰 Bis 10 Personen, 4 Tage ab CAD 1.335
- 💰 Bis 10 Personen, 3 Tage Wochenende ab CAD 1.385
- 💰 Bis 10 Personen, 7 Tage ab CAD 1.985
- 🌐 www.waterwayhouseboats.com

Blue Water Houseboats
- 📍 Nach Überqueren der Brücke re auf die Gill Ave, nach wenigen Meter re auf die Finlayson St zur Riverside Ave und weiter bis zur Weddup St
- ✉ 110 Weddup St, Sicamous
- ☎ 250-836-2255 oder 1-800-663-4024 (geb.frei)
- ⏰ Mai–Sept.
- 💰 Bis 10 Personen, 4 Tage ab CAD 1.295
- 💰 Bis 10 Personen, 3 Tage Wochenende ab CAD 1.495
- 💰 Bis 10 Personen, 7 Tage ab CAD 1.795
- 🌐 www.bluewaterhouseboats.ca

🏨 Übernachten

🏨 Best Western Sicamous
Schöne Zimmer/Suiten mit Kühlschrank, Mikrowelle, Kaffeekocher, Frühstück inkl., Kinder (bis 12 J.) übernachten kostenlos.
- ✉ 806 Trans-Canada Hwy 1, im Ostteil von Sicamous
- ☎ 250-836-4117 oder 1-800-485-7698 (geb.frei)
- ⏰ Ganzj.
- 💰 ★★–★★★
- @ 62108@hotel.bestwestern.com
- 🌐 www.sicamousinn.ca

Sicamous

🏨 The Paradise Motel

Man übernachtet in komfortablen Zimmer oder Suiten mit Küchenzeile.

- 🚗 *Vom Hwy 1 re auf den Highway 97A, dann re auf die Main St zum Motel*
- ✉ *517 Main St, Sicamous*
- ☎ *250-836-2525*
- 🕐 *Ganzj.*
- 💰 *✶✶*
- @ *info@paradisemotel.ca*
- 🌐 *www.paradisemotel.ca*

🏨 Sicamous KOA

Netter, bewaldeter Campground mit Billardtisch, kleinem Store und Minigolfanlage.

- 🚗 *Trans-Canada Hwy 1, 11 km östl. von Sicamous*
- ☎ *250-836-2507 oder 1-800-562-0797 (geb.frei)*
- @ *sicamouskoa@shaw.ca*
- 🌐 *www.koa.com/where/bc/52109*
- 🕐 *Mai–Anf. Okt.*
- 🛏 *Ja* 　🛏 *79* 　🛏 *Ja*
- 🛏 *Ja* 　📶 *Ja*
- ⚡ *Strom (max. 50 Amp.), Wasser, Abwasser*
- 💰 *$$*

Ab Sicamous verlassen Sie endgültig den Bereich des Shuswap Lake und tauchen langsam ein in die Bergwelt der **Monashee Mountains***.*

Wer einen einfachen Übernachtungsplatz sucht, ist auf dem wenige Kilometer östlich liegenden Campground des **Yard**

Creek Provincial Parks gut aufgehoben. Bis zur nächsten Stadt Revelstoke warten noch einige Highlights auf die kleinen und großen Besucher. So trifft man auf einen Meilenstein in der Geschichte der Canadian Pacific Railway in **Craigellachie***, Erlebnisparks wie das* **Beardale Castle Miniatureland** *und* **Enchanted Forest** *und das Naturspektakel* **Crazy Creek Wasserfall** *mit Hängebrücke. Wer etwas Wildwest-Flair schnuppern möchte, sollte die interessante* **Ghost Town Three Valley Gap** *besuchen. Die Ghost Town ist Teil des markanten Hotelkomplexes am Three Valley Lake.*

Wenig später kommt man dann zur Touristenstadt **Revelstoke** *(▶ S.153). Hier bieten wir eine Nebenstrecke zum* **Mica Dam** *an, der weitab vom Trans-Canada Hwy 1 im Hinterland der Rockies liegt. Sie führt über den Highway 23 entlang des Revelstoke Lake zum Kinbasket Lake und Mica Dam.*

🌲 YARD CREEK PROVINCIAL PARK

Der 1,75 km² große Yard Creek Provincial Park liegt zu beiden Seiten des Hwy 1. Südlich befindet sich der bewaldete Campground und eine nette Picknickanlage am

Creek. Nördlich, an der parallel verlaufenden Malakwa Rd, beginnen einige kurze Wanderwege im Tal des Eagle River. Entlang des Weges stehen besonders große Exemplare der Riesenlebensbäume. Eine Parkmöglichkeit ist an der Malakwa Rd.

🏨 Übernachten

🚐 Yard Creek Prov. Park Campground ★

Der Campground mit seinen bewaldeten Stellpätzen ist ein idealer Übernachtungsplatz, wenn man nicht in Sicamous auf einem privaten Platz stehen möchte.

- 🛣 Hwy 1, 15 km östl. v. Sicamous
- ☎ 250-836-4663
- 🌐 www.env.gov.bc.ca/bcparks/explore/parkpgs/yard_creek
- 📧 Trails: www.env.gov.bc.ca/bcparks/explore/parkpgs/yard_creek/trails_map.pdf
- 🕐 Mai–Sept.
- ⊘ Nein   💺 65   ⊕ Ja, CAD 5
- 🚫 Nein
- 💲 $

🏛 CRAIGELLACHIE ⭐

Dieser historische Ort ist für die Canadian Pacific Railway von großer Bedeutung, denn hier wurde am 7. November 1885 von Donald Alexander Smith, dem Direktor der CPR, symbolisch der letzte Nagel (**Last Spike**) in die aus Westen und Osten kommende Schienenverbindung geschlagen. Damit war die erste transkontinentale Eisenbahnverbindung Kanadas fertiggestellt, deren Bau 1876 begonnen

hatte. Über den östlich liegenden Eagle Pass (550 m) in den Monashee Mountains führte später auch der Highway. Craigellachie wurde nach dem Heimatort des ersten Präsidenten der CPR, George Stephen, benannt, der aus Craigellachie in Schottland stammte. Whisky-Liebhaber kennen diesen Ort vielleicht, da sich dort eine berühmte Whiskybrennerei befindet.

Werfen Sie einen Blick in die Visitor Information/Souvenirladen und steigen Sie ein in einen alten Waggon mit Dampflok.

Tipp: Sollte sich während Ihres Aufenthaltes ein herannahender Zug ankündigen, zählen Sie einmal spaßeshalber die Waggons! Sicherlich werden Sie danach nie wieder in Ihrer Heimat über die "ach so lange" Wartezeit am beschrankten Bahnübergang schimpfen, wenn ein Güterzügle vorbeirauscht.

- ✉ Hwy 1
- ☎ 250-836-3554

👁 BEARDALE CASTLE MINIATURELAND

Ein besonderes Erlebnis nicht nur für Kinder ist ein Besuch im Beardale Castle Miniatureland. Bis ins kleinste Detail nachgebaute Miniaturstädte im Maßstab 1:25, die auch das alltägliche Leben in all seinen Variationen zeigt, werden Sie begeistern. Sie bekommen eine kanadische Präriestadt aus den Fünfzigerjahren, eine

Craigellachie

Crazy Creek Falls

✉ 6162 Hwy 1, Malakwa
☎ Suspension Bridge: 250-836-2838
☎ Hot Pools: 250-836-4097
🕐 Suspension Bridge: Ostern–Mitte Okt.: tägl.
9–16:30 h
🕐 Hot Pools: tägl. 11–20:45 h
💰 Suspension Bridge: Erw.: CAD 9,50,
Kinder (3–16 J.): CAD 5,70
💰 Hot Pools: Erw.: CAD 9,50, Kinder (3–16 J.): CAD
5,70, Tagespass: Erw.: CAD 16,50, Kinder: CAD 9,55
@ inquiries@crazycreekresort.com
🌐 www.crazycreekwaterfalls.com

🏛 Übernachten

🚐 Crazy Creek Resort
Die Stellplätze des Campgrounds liegen
auf einer Wiesenfläche.
☎ 250-836-4097
📶 Ja   📺 Ja   🍴 Ja
🐕 Nein
⚡ Strom (15/30 Amp.), Wasser
💰 Campground: $–$$
💰 Studio/Suite: ✱✱

🌲 ENCHANTED FOREST

Nur wenige Kilometer östlich von Crazy
Creek kommen Sie schon zur nächsten
Attraktion, die besonders Kindern Freude
bereiten wird. Für den Enchanted Forest ist
der dichte, heimelige Wald der Monashee
Mountains ein idealer und stimmungsvoller
Hintergrund. Die Kinder können hier das
höchste Baumhaus erklimmen, in einem Bi-
bertümpel paddeln oder auf einem Boardwalk durch ein Sumpfgebiet spazieren. Entlang der Wege erfreuen über 350 fröhliche,
bunte Gestalten die Kinder- und Erwachse-
nenherzen. Der Enchanted Forest ist der
Fantasie und handwerklichen Geschicklichkeit von Doris und Ernest Needham
aus Revelstoke zu verdanken, die in den
Fünfzigerjahren des vorigen Jahrhunderts
Märchenfiguren formten und hier für ihre
Prachtstücke den geeigneten Platz fanden.
Der **"Verzauberte Wald"** wurde im Juli 1960
eröffnet, 1970 verkauften die Needhams
das Anwesen und setzten sich zur Ruhe.

deutsche Stadt zur Zeit des Mittelalters,
ein Schweizer Bergdorf, eine im Tudorstil
errichtete englische Stadt, ein Haida Fi-
scherdorf, fantasiereiche Modelle und vieles mehr zu sehen.

Das *Miniatureland* wurde 1970 von
Herb Egin und dessen Frau Fran gegründet,
die die Modelle selbst gebaut und bemalt
haben. Bewegung kommt ins Spiel, wenn
der eine oder andere Button gedrückt wird.
Im Souvenirshop gibt's Andenken und Erfrischungen.

✉ Hwy 1, 30 km östl. v. Sicamous
☎ 1-888-667-2109 (geb.frei)
🕐 Juni–Anf. Sept.: tägl. 9:30–17:30 h
💰 Erw. (16+): CAD 7, Kinder (3–15 J.): CAD 5

👁 CRAZY CREEK FALLS & SUSPENSION BRIDGE

Die turbulenten Crazy Creek Waterfalls
überquert man auf einer 74 Meter langen
Hängebrücke in 26 Meter Höhe und kommt
danach zu einer Aussichtsplattform.

Auf der gegenüberliegenden Seite des
Highways befinden sich ein RV-Park (Stellplätze auf einer Wiese), Hot Pools und Unterkünfte (Suiten und Studios).

📍 Hwy 1, 33 km östl. v. Sicamous

Hwy 1, 8462 Enchanted Way SE, Revelstoke
503-837-9477
Tägl.; Mai–Mitte Juni & Anf. Sept.–Mitte Okt.: 9–17 h,
Mitte Juni–Anf. Sept.: 8–20 h
Erw.: CAD 11, Sen. (62+)/Kinder (3–15 J.): CAD 8
info@enchantedforestbc.com
www.enchantedforestbc.com

In unmittelbarer Nähe befindet sich der **Sky Trek Adventure Park**, wo Jung und Alt Nervenkitzel pur erleben können.

Hwy 1, 8462 Enchanted Way SE, Revelstoke
1-866-944-9744 (geb. frei)
Mitte Mai–Mitte Okt.: 9/10–18 h
Preise je Attraktion: Erw.: CAD 25–45, Kinder: CAD 15–37
www.skytrekadventurepark.com

👁 THREE VALLEY GAP

Das landschaftlich reizvoll liegende **Three Valley Gap Chateau** liegt am Three Valley Lake inmitten der Monashee Mountains. Weithin sichtbar sind die roten Dachflächen des eleganten Hotelkomplexes, zu dessen Anwesen auch eine sehenswerte **Ghost Town** und verschiedene interessante Ausstellungen gehören.

In den Fünfzigerjahren des vorigen Jahrhunderts errichteten Gordon und Ethel Bell ein kleines Motel und eine Service Station am Rande der damals noch sehr einfachen Straßenverbindung. Im Laufe der Zeit kamen durch die Öffnung des Roger Passes erheblich mehr Reisende. Daher erweiterte die Familie Bell ihr Anwesen, um dem steigenden Besucherandrang gewachsen zu sein. Das Chateau ist ein reines Familienunternehmen, alle Familienmitglieder sind auf vielfältige Weise Mitarbeiter(innen) des Unternehmens.

👁 Sehenswürdigkeiten

▶ **Three Valley Gap Heritage Ghost Town, Oldtimer-Automuseum, Railway Roundhouse ★**

Zum Komplex gehört auch die Heritage Ghost Town, Oldtimer-Automuseum und das Railway Roundhouse. In der **Ghost Town** sind mehr als 25 restaurierte historische Gebäude zu besichtigen. so z. B. das **Hotel Bellevue**, das mit Original-Inventar ausgestattet ist, und die **Trapper Joe's Cabin**, wo der Fallensteller nach schwerer Arbeit die Nächte verbrachte. Auch ein typischer Saloon, ein General Store, ein Schulhaus, eine Kirche, eine Hufschmiede

Three Valley Gap

u.v.m sind zu besichtigen. Für Recht und Ordnung sorgte der Sheriff, in dessen Büro befindet sich eine Gefängniszelle, wo die "bösen Buben" dingfest gemacht wurden.

Durch die Ghost Town werden mehrmals täglich geführte Touren angeboten, die eine Stunde dauern, danach kann man noch alleine durchs Gelände schlendern.

Private und kommerziell genutzte Fahrzeuge und Kutschen, die bis 1945 zum Transport von allen Versorgungsgütern und Menschen dienten, bekommt man im **Wagon & Buggy Shop** zu sehen.

Im **Oldtimer-Automuseum** sind 14 Oldtimer ausgestellt, die Gordon Bell seit 1927 zusammengetragen hat. Die restaurierten Fahrzeuge stammen aus Westkanada aus den Jahren 1902 bis 1929, für Oldtimer-Fans ein absolutes MUSS.

Am **Railway Roundhouse** kommen alle Eisenbahnfans nicht vorbei. Der Rundlokschuppen hat einen Durchmesser von über 90 Meter, er diente als Wartungsstation für die Dampflokomotiven. Mithilfe der Drehscheibe konnte die Loks immer an die richtige Wartungsstelle bewegen. Natürlich fehlen auch eine Dampflok, wunderschöne Waggons mit edler Ausstattung und eine Reparaturecke nicht.

🕐 *Mitte April–Ende Mai & Anf. Sept.–Anf. Okt.: tägl. 9–17 h, Juni–Anf. Sept.: tägl. 8–20 h*

💲 *Erw.: CAD 12, Sen. (65+): CAD 10, Jugendl. (12–17 J.): CAD 7, Kinder (6–11 J.): CAD 5, Familien: CAD 30*

🌐 *www.3valley.com/heritage_resort/ghost_town.htm*

🏠 Übernachten

🏠 Three Valley Gap Resort

Die **"Cave"** (Höhle) ist eine ganz besondere Suite, die komplett, inklusive Badewanne und Kamin, aus dem Felsen gehauen ist. Ein Fenster gibt den Blick in den Garten frei. Der elektrische Kamin und die heimelige Ausstattung sorgen für wohltuende Wärme und eine sehr intime Stimmung. Der **"Room 400"** ist mit antiken Möbeln ausgestattet, das zweigeschossige **"Eagle's Nest"** hoch oben in der 6./7. Etage bietet einen tollen Ausblick.

Auch ein Indoor-Pool, Restaurant, Café, Souvenirshop u.v.m. gehört zu den An-nehmlichkeiten für Gäste. Der angrenzende See mit Sandstrand bietet Wassersportmöglichkeiten.

📧 *8903 Hwy 1, 19 km westl. v. Revelstoke*
☎ *250-837-2109 oder 1-888-667-2109 (geb.frei)*
@ *hello@3valley.com*
🌐 *www.3valley.com*
🕐 *Mitte April–Anf. Okt.*
💲 *Room 400, Eagle's Nest & Cave: ✱✱✱, sonst: ✱✱*

Nebenstrecke Revelstoke zum Mica Dam

	km
Revelstoke/Abzweig Hwy 23 Nord	0
Martha Creek PP	16
Wadey Recreation Site	25
Carnes Creek Recreation Site	36
Downie Creek Recreation Site	72
Mica Dam	145
Potlach Creek Recreation Site	147
Sprague Bay Recreation Site	156
Zurück nach Revelstoke	312

Für Reisende, die viel Zeit haben und die Einsamkeit der Bergwelt suchen, bietet sich eine Nebenstrecke zum **Mica Dam** auch: Kinbasket Dam an. Die Fahrt beginnt in Revelstoke am Abzweig Highway 23 North. Der Highway 23, der zuerst am Revelstoke Lake und später am Columbia River entlangführt, ist stellenweise kurvenreich und wesentlich weniger befahren als die Highways, die Sie schon hinter sich haben. **Bitte beachten Sie:** Es gibt keine Tankstelle oder Versorgungsmöglichkeit unterwegs. Rustikale, sehr einfach ausgestattete Forest Service Campgrounds liegen entlang der Strecke und in Staudammnähe. Eine Besichtigung der Mica-Staudammanlage von innen ist allerdings nicht möglich. Bis zum Mica Dam sind 145 Kilometer zurückzulegen und da es keine Alternativroute gibt, müssen Sie die gleiche Strecke wieder zurückfahren.

www.env.gov.bc.ca/bcparks/explore/parkpgs/
martha_crk
Anf. Mai–Sept.
Ja   46   Nein
Nein   Ja
$

Downie Creek Recreation Site

♨ MARTHA CREEK PROV. PARK

Der ruhig gelegene, gepflegte und 0,7 km²
große Provincial Park liegt wunderschön
zwischen dem Highway 23 Nord und dem
Revelstoke Lake. Einige Stellplätze befinden sich direkt am See wie auch die Picknickanlage mit Sandstrand und Spielplatz.
Eine Bootsanlegestelle ist vorhanden. Als
BC Hydro das Revelstoke Reservoir plante,
wurden sie verpflichtet, auch Freizeitan-
lagen einzurichten und so kam es Ende
der 1980er-Jahre zum Bau des Parks, der
dann 1993 eröffnet werden konnte. Benannt wurde er nach dem nördlich in den
See mündenden Bach Martha Creek.

🏠 Übernachten

▶ **Martha Creek PP Campground** ★
Der Campground ist spärlich bewachsen,
liegt aber sehr schön am See.
Hwy 23, 16 km nördl. v. Revelstoke
250-837-5734

♨ WADEY RECREATION SITE

Auf der Wadey Recreation Site findet man
neben dem Campground auch eine Boots-
anlegestelle und einen Picknickplatz.
Hwy 23, 25 km nördl. v. Revelstoke am Hwy 23,
kurze Gravel-Zufahrt vom Hwy
Mai–Mitte Okt.
Nein   30   Nein
Nein
$

♨ CARNES CREEK RECR. SITE ★

Die zweigeteilte Carnes Creek Recreation
Site liegt am Revelstoke Lake. Der südliche
Campground hat 27 Stellplätze und Boots-
anlegestelle, der nördliche 6 Stellplätze.
Hwy 23, Platz 1 ca. 36 km nördl. v. Revelstoke,
Platz 2 nach weiteren 3 km, südl. Zufahrt
asphaltiert
Mai–Mitte Okt.
Nein   33   Nein
Nein
$

♨ DOWNIE CREEK RECREATION SITE

Auf halbem Weg liegt die Downie Creek
Recreation Site. Der von Wald umrahmte
Campground liegt auf einer Rasenfläche,
Picknickplatz & Bootsrampe am See.
Hwy 23, 72 km nördl. v. Revelstoke, Zufahrt
asphaltiert
Ganzj.
22, einfache Ausstattung
$

Mica Dam

👁 MICA DAM

Der Mica Dam 145 Kilometer nördlich von Revelstoke ist ein wichtiges Wasserkraftwerk der BC Hydro. Es wurde 1973 in Betrieb genommen und produziert bis zu 1,7 Mio. kW Strom. Mit 244 Meter Höhe über dem südlich angrenzenden Revelstoke Lake Reservoir ist der Mica Dam der höchste Erddamm Nordamerikas. Das Gelände ist weiträumig eingezäunt, Betreten ist verboten. Ein Aussichtspunkt befindet sich am Highway kurz vor Beginn der Gravelroad. Der Staudamm liegt etwa in der Mitte des über 200 Kilometer langen **Kinbasket Lake**, der u.a. vom Columbia, Kicking Horse, Canoe und Wood River gespeist wird. Die Lage des Kinbasket Lake ist fantastisch, allerdings muss man dann noch einige Kilometer auf einer Forest Service Road weiterfahren, bis man den Blick auf die Gipfel der Rocky Mountains genießen kann. Benannt wurde der Kinbasket Lake nach dem Häuptling Kinbasket der Secwepemc (Shuswap) First Nations.

Im Ort **Mica Creek** zehn Kilometer südlich lebt ein Teil des Personals, das im Kraftwerk arbeitet. Als das Kraftwerk in den 1970er- und 80er-Jahren gebaut wurde, hatte der Ort bis zu 4.000 Einwohner und somit auch eine komplette Infrastruktur wie Schule, Poststation, Kirche, Feuerwehr, Hallenbad und Shops. Nach Fertigstellung des Damms reduzierte sich die Bevölkerung schnell wieder. Nahe Mica Creek liegt die Monashee Lodge, Basislager für Heli-Skiing, bei Interesse informieren Sie sich bitte in der Visitor Information Revelstoke.

🏠 Übernachten

🏕 Potlatch Creek Recr. Site Campground
Die Potlatch Creek Recreation Site mit Bootsrampe liegt nordwestlich vom Mica Dam.
🚗 *Ab Ende des Hwy 23 am Mica Dam weitere 2,5 km auf der Red Rock Forest Service Rd*
🛏 *14, rustikal*
💲 *Frei*

🏕 Sprague Bay Recr. Site Campground
Auf der Sprague Bay Recreation Site finden Bootsfahrer eine Bootsrampe, die bei jedem Wasserstand genutzt werden kann.
🚗 *Ab Ende des Hwy 23 am Mica Dam weitere 11 km auf der Red Rock Forest Service Rd*
🛏 *13, rustikal*
💲 *Frei*

Ende der Nebenstrecke

⌂ REVELSTOKE 🏕🛏➕❌📋🏛

🏔	Sicamous	78 km
	Canyon Hot Springs (Albert Canyon)	34 km
🚶🚶🚶🚶	Stadt	7.690
❄ ❄	-4 °C	
☀	+18 °C	
〰	480 m	
⊘	Stadt	40,76 km²
Zum Vergleich: Gerolstein / Eifel		
🚶🚶🚶🚶	Stadt	7.497
〰	358 m	
⊘	Stadt	64,4 km²

Der Touristenort Revelstoke liegt am Columbia River, umrahmt von den Gipfeln der Monashee und Selkirk Mountains. Von Westen kommend zweigt kurz nach Überquerung des Columbia River die Abfahrt vom Trans-Canada Hwy 1 zur Stadt ab, der Hwy 1 umfährt den Ort nördlich. Sie befinden sich dann auch schon auf der Hauptstraße des Ortes, der Victoria Rd, parallel zur Straße verläuft die Bahnlinie, die für die Entstehung dieses Ortes von großer Bedeutung war. Die Victoria Rd bringt Sie zum Grizzly Plaza, dem Mittelpunkt des Ortes, wo in den Sommermonaten allerlei Events stattfinden und an Samstagen Wochenmarkt ist, auf dem neben Kunsthandwerk auch heimisches Obst und Gemüse angeboten werden.

In Revelstoke finden Outdoor-Fans ganzjährig vielseitige Angebote von einfachen Wanderungen bis zu den Trendsportarten. Nördlich der Stadt liegt der **Mount Revelstoke National Park**, der im Sommer alle Natur- und Wanderfreunde und im Winter Skifahrer anlockt, Kanuten und Kajakfahrer können auf dem Revelstoke und **Williamson Lake** ihren Sport ausüben.

Gemütliche Restaurants und Cafés, einen gut bestückten Supermarkt (Cooper's Food, Victoria Rd) und die bekannten Fast-Food-Ketten lassen keine Wünsche offen.

Die Geschichte Revelstokes ist eng mit dem Bau der transkanadischen Eisenbahnstrecke Ende des 19. Jahrhunderts verbunden, hier befanden sich Betriebsbüros und Wartungsanlagen. In den 1880er-Jahren gab es in Revelstoke auch ein Versorgungsstützpunkt für die Bergwerke im südöstlichen Teil von British Columbia. Der enorme Bedarf an Bauholz für die Minenanlagen wurde durch die Transportmöglichkeit per Schiene begünstigt und so siedelten sich holzverarbeitende Betriebe an und boten Arbeitsplätze, was wiederum den Zuzug weiterer Bewohner begünstigte. Mit der Fertigstellung des Trans-Canada Hwy 1 über den **Rogers Pass** 1962 wurde das Gebiet schließlich auch für den Tourismus erschlossen.

Als Mitte der 1960er-Jahre in der Region mit dem Bau der Staudämme zur Energiegewinnung begonnen und große Wald- und Ackerflächen überflutet wurden, war dies kurzzeitig ein Problem für die Wirtschaft der Stadt. Jedoch konnten die Stauseen auch u.a. für Wassersportmöglichkeiten genutzt werden, wovon wiederum der Tourismus profitierte.

❗ Bitte tanken Sie vor der Weiterfahrt in Revelstoke, die Tankstelle auf dem Rogers Pass ist geschlossen.

ℹ VISITOR INFORMATION

🚗 *Vom Hwy 1 nach Überqueren des Columbia River über die Victoria St in den Ort fahren*
✉ *301 Victoria Rd, Revelstoke*
📞 *250-837-5345 oder 1-800-487-1493 (geb.frei)*
🕐 *Ganzj.: Mo–Fr 8:30–16:30 h,*
   Juni–Sept.: Mo–Fr 8:30–19 h, Sa & So 9–19 h
@ *info@revelstokechamber.com*
🌐 *www.revelstokechamber.com*

👁 Highlights

▶ **Railway Museum**
Die Entstehung des Railway Museums ist Eisenbahnfanatikern zu verdanken, die 1988 die Eisenbahnvergangenheit wieder zum Leben erwecken wollten. Sie kramten

Grizzly Plaza in Revelstoke

in Archiven und sammelten Spenden und so konnte 1994 das Museum eröffnet werden. Im Innen- und Außengelände des Museums sind restaurierte Lokomotiven, verschiedene Eisenbahnwaggons und viele Ausstellungsstücke rund um das Thema "Eisenbahn" zu besichtigen. Besonders stolz ist man auf die **CPR Lokomotive 5468**, die 1948 für die Strecke Kamloops nach Field gebaut wurde. Dies war die größte Lok der Canadian Pacific Railway.

- 719 Track St W, parallel zur Victoria Rd, Revelstoke
- 250-837-6060 oder 1-877-837-6060 (geb.frei)
- 11–16 h; Mai–Mitte Okt.: tägl., Mitte Okt.–Mitte Dez.: tageweise, Mitte Dez.–Anf. Febr.: geschlossen
- Erw.: CAD 10, Sen. (60+): CAD 8, Kinder (8–16 J.): CAD 5, Kinder (4–7 J.) CAD 2, Familien: CAD 22
- railway@telus.net
- www.railwaymuseum.com

► Revelstoke Museum

Im Revelstoke Museum wird über die Zeit der Entstehung des Ortes, des frühen Bergbaus der Region, dem Bau der Canadian Pacific Railway und der frühen Land- und Forstwirtschaft informiert und man kann zahlreiche Ausstellungsstücke bewundern. Das Museum ist im ehemaligen Post- und Zollamt untergebracht, es ist eines der vielen historischen Gebäude im Stadtbereich. Einen Standort-Plan der Historic Buildings erhält man in in der Visitor Information.

Im Museum steht auch eine Pelzpresse, die 1911 für die **Bekleidungsfirma Wells** angefertigt wurde. Der ortsansässige Fabrikant F.B. Wells kaufte seine Felle von den Trappern zur Weiterverarbeitung. Weitere Objekte sind ein restaurierter, kunstvoll geschmückter Stuhl, der zum Gedenken an 60 Jahre Herrschaft von Queen Victoria 1897 angefertigt wurde, und ein Sessel aus Zedernrinde und -holz, der in einer Goldschürfer-Cabin gefunden wurde.

Der **Big Bend Goldrausch** von 1865 bis ca. 1870 war erheblich weniger bedeutend als der *Cariboo* und *Yukon Goldrausch*, dennoch schätzt man, dass der Wert des geschürften Goldes um die 3 Mio. Dollar betrug. Das Zentrum lag nördlich von Revelstoke am Carnes, Downie und French Creek und am Goldstream River. Binnen kurzer Zeit entstand dort eine Stadt mit 5.000 Einwohner, es herrschte reges Leben und Treiben – Wild West pur. Die Goldschürfer kamen über wilde, raue Trails vom Shuswap Lake über die Monashee Mountains oder von Süden über den Columbia River aus den USA. Ab April 1866 befuhr Captain Leonard White mit dem Dampfschiff **SS 49** den Columbia River und brachte die Goldsucher mit Sack und Pack zu den Goldfeldern. So rasch wie er begann endete jedoch der Big Bend Goldrausch, 1870 waren nur noch wenige Hundert Mann in der Region.

📍 Von der Victoria St auf die Boyle Ave und weiter bis zur 1ˢᵗ St
✉ 315 – 1ˢᵗ St West, Ecke First St & Boyle Ave, Revelstoke
☎ 250-837-3067
🕐 Mo–Fr 10–17 h, Sa 11–17 h
💰 Erw.: CAD 5, Sen. (60+)/Jugendl.: CAD 4, Kinder unter 12 J.: frei, Familien: CAD 12
@ info@revelstokemuseum.ca
🌐 www.revelstokemuseum.ca

▶ Forestry Museum

Im Forestry Museum werden Gerätschaften der Forstwirtschaft gezeigt, man erfährt, wie man sich bei Waldbränden verhält und wie man sie verhindert. Es wird gezeigt, wie sich die Wälder British Columbias verändern und durch die Verbreitung des Borkenkäfers bedroht sind. Ein Souvenirshop bietet Holzarbeiten und nach dem Besuch kann man bei einer Kaffeepause auf dem Picknickplatz den Blick zum Revelstoke Dam genießen.

📍 4 km nördl. v. Revelstoke am Hwy 23 nahe Revelstoke Dam
☎ 250-837-8078
🕐 Anf. Juni–Anf. Sept.: Di–Sa 11–17 h
💰 Es wird um eine Spende gebeten.
@ info@bcforestrymuseum.ca
🌐 http://bcforestrymuseum.ca

Mount Revelstoke National Park

▶ Firehall Museum

Das Museum zeigt ein restauriertes Löschfahrzeug aus dem Jahr 1923. Dieses hat die Revelstoker Feuerwehr 1923 für CAD 3.500 gekauft, ist damit aber nur etwa 2.500 Kilometer gefahren. Neben dem Löschfahrzeug sind noch weitere Ausstellungsstücke aus dem Bereich der Brandbekämpfung zu sehen.

✉ 227 West – 4ᵗʰ St, Revelstoke

▶ Revelstoke Dam ★

Nördlich von Revelstoke am Highway 23 steht der gewaltige Revelstoke Hydro Dam der BC Hydro, der den Columbia River aufstaut. Der durch die Stauung entstandene, 130 Kilometer lange und bis zu 1,2 Kilometer breite Revelstoke Lake wird im Norden durch den **Mica Dam** (▶ S.152) begrenzt.

Das Kraftwerk wurde 1984 fertiggestellt, in den Folgejahren kamen weitere Generatoren dazu, die die Stromkapazitäten deutlich erhöhten. Heute können durch die vorhandenen Generatoren 1,8 bis 2,7 Mio. kW Strom produziert werden. Eine 175 Meter hohe Betonmauer staut das Wasser im Little Dallas Canyon und zusätzlich ein 122 Meter hoher Erddamm den Fluss. Der BC Hydro Dam gehört zu den größten und modernsten Wasserkraftwerken Nordamerikas.

Die Tour durch die Technikräume ist hochinteressant, interaktive Ausstellungsstücke und Videopräsentationen lockern das Besuchsprogramm auf. Schlusspunkt sollte eine Fahrt mit dem Aufzug auf die Staudammkrone sein, wo sich ein fantastischer Ausblick bietet. Kleine Erfrischungen sind erhältlich und natürlich fehlt auch ein Souvenirshop nicht.

Anmerkung: Die Anlage ist rollstuhlgeeignet. Es finden Eingangskontrollen statt.

📍 5 km nördlich von Revelstoke am Hwy 23
☎ 250-814-6697 oder 250-814-6600
🕐 Revelstoke Dam Visitor Centre: Mitte Mai–Anf. Sept.: Mi–Mo 10–16 h
💰 Erw.: CAD 6, Jugendl./Sen.: CAD 5, Familien: CAD 15, Kinder bis 5 J.: frei
🌐 www.bchydro.com/revelstoke

🏛 Übernachten

🏨 Super 8 Motel

Es liegt an der Westeinfahrt und hat unterschiedlich ausgestattete Zimmer/Suiten. Ein Indoor-Pool bietet Entspannung, ein kontinentales Frühstück ist inbegriffen.

- 📧 1700 W Victoria Rd, Revelstoke
- ☎ 250-837-0888
- @ info@super8revelstoke.com
- 🌐 www.super8revelstoke.com
- 💲 **

🏨 Swiss Chalet Motel

Es liegt im Zentrum der Stadt, die Zimmer und Suiten sind ansprechend eingerichteten, teilweise mit Balkon; Kühlschrank und Kaffeekocher in allen Zimmern, Frühstück ist inkl. – gutes Preis-Leistungsverhältnis.

- 📍 Vom Hwy 1 nach Überqueren des Columbia River re auf die Victoria Rd
- 📧 Victoria Rd, Revelstoke
- ☎ 250-837-4650 oder 1-877-837-4650 (geb.frei)
- @ questions@swisschaletmotel.com
- 🌐 www.swisschaletmotel.com
- 🕐 Ganzj.
- 💲 **

🏨 SameSun's Hostel Revelstoke

Unterkunft für den kleinen Geldbeutel entweder in Mehrbett- oder Familienzimmern.

- 📍 Hwy 1 nach Überqueren des Columbia River re auf die Victoria St, re auf die Boyle Ave bis zur 2nd St
- 📧 400 – 2nd St W, Revelstoke
- ☎ 250-837-4050
- 🌐 www.samesun.com/Revelstoke
- 🕐 Ganzj.
- 💲 *–**

🚐 Revelstoke Campground

Schön gelegener, bewaldeter Campground mit Hot Pool, Tischtennis uvm.

- 📍 Hwy 1, ca. 4,5 km östl. v. Revelstoke
- ☎ 250-837-2085 oder 1-800-562-3905 (geb.frei)
- @ revkoa@yahoo.com
- 🌐 www.revelstokecampground.com
- 🕐 Mai–Anf. Okt.

| 🚿 Ja | 🏕 177 | 🛁 Ja |
| 🚰 Ja | 📶 Ja | 📺 Ja |

- 🔌 Strom (max. 50 Amp.), Wasser Abwasser
- 💲 $$, Zelten: $, Tipis: $$
- 💲 Chalets: **, Cabins: *

🚐 Williamson Lake Campground

Bewaldeter Campground, am See gelegen

- 📍 Zufahrt vom Hwy 1 nach Überqueren des Columbia River re auf die Victoria Rd bis zur 4th St, die später in den Airport Way übergeht, weiter ca. 3,5 km bis zum Campground
- 📧 1817 Williamson Lake Rd, Revelstoke
- ☎ 250-837-5512
- @ info@williamsonlakecampground.com
- 🌐 www.williamsonlakecampground.com
- 🕐 Mitte April–Mitte Okt.

| 🚿 Ja | 🏕 48 | 🛁 Ja |
| 🚰 Ja | 📶 Ja | 📺 Ja |

- 🔌 Strom (15/30 Amp.), Wasser, Abwasser
- 💲 $-$$

Revelstoke Railway Museum

🏕 Martha Creek PP Campground ★

Leicht bewaldete Stellplätze in Seenähe, Plätze 23–46 liegen direkt am Seeufer.

📍 *16 km nördl. von Revelstoke am Hwy 23*
☎ 250-837-5734
🌐 *www.env.gov.bc.ca/bcparks/explore/parkpgs/ martha_crk*
🕐 *Anf. Mai–Sept.*

Nein	🚐 *46*	*Nein*
🚽 *Nein*		
💲 *$*		

Nach Ihrem Besuch in Revelstoke ist es endlich soweit, Sie kommen in die ersten Nationalparks, die Ihnen einzigartige Landschaften, schnee- und gletscherbedeckte Bergketten, glasklare bis türkisfarbene Seen, idyllische Fleckchen der Ruhe und Erholung und tolle Wanderwege bieten werden.

*Zum **Mount Revelstoke National Park** geht es vom Trans-Canada Hwy 1 kurvenreich über den **Meadows in the Sky Parkway** hinauf in eine fantastische Natur. Die Straße endet für Besucher auf dem 1.500 m hoch gelegenen Parkplatz, im Sommer bringt entweder ein Shuttle-Bus die Besucher noch eine Etage höher oder man wandert nach oben. Sie benötigen nun zum ersten Mal einen **Nationalparkpass**, den Sie in Revelstoke oder an der Mautstelle am Beginn des Parkway kaufen können.*

*Wieder zurück auf dem Trans-Canada Hwy 1 sind noch zwei kurze Spazierwege auf dem Nationalparkgelände interessant, der **Skunk Cabbage** und **Giant Cedars Boardwalk**, letzterer führt durch einen urigen Wald mit sehr altem Baumbestand.*

*Auf dem weiteren Weg gen Osten verlassen Sie den Nationalpark wieder und können sich, wenn Sie an kühleren Tagen unterwegs sind, einmal richtig aufwärmen in den heißen Quellen des **Canyon Hot Springs Resorts**.*

*Die Zeit außerhalb eines Nationalparks währt aber nur kurz, denn schon beginnt der **Glacier National Park**, der mit seinen gletscherbedeckten Bergriesen seinem Namen alle Ehre macht.*

⛰ MOUNT REVELSTOKE NATIONAL PARK

Der Mount Revelstoke National Park, der 2014 seinen hundertsten Geburtstag mit zahlreichen Events feierte, liegt abseits des Trans-Canada Hwy 1 nordöstlich von Revelstoke zwischen den Rocky Mountains im Osten und den Coast Mountains im Westen. Der 260 km² große Park schützt einen sehr alten Bestand an Zedern- und Hemlocktannen, in dem u.a. Cariboos, Grizzlys, Schwarzbären und Bergziegen leben.

Die Zufahrt **Meadows in the Sky Parkway** vom Trans-Canada Hwy 1 beginnt in 470 m ü.M und führt Sie auf einer engen, kurvenreichen, asphaltierten Straße durch drei unterschiedliche Wachstumszonen bis zum Pkw-Parkplatz und dem nahegelegenen **Balsam Lake** in 1.500 m ü.M. Ein kostenloser Shuttle-Bus verkehrt im Sommer vom Pkw-Parkplatz zum Heather Lake Shuttlebus-Parkplatz im Gipfelbereich in 1.938 m ü.M. Dieser kann auch über einen etwa einen Kilometer langen Wanderweg erreicht werden. Man befindet sich dann in fast baumloser und felsiger Zone, wo sich im Spätsommer die subalpinen Wiesen in eine farbenprächtige Blütenwiese verwandeln. Etwa 50 Prozent des Parks liegen in dieser fast baumlosen Zone. Eine fantastische Fernsicht bietet sich Ihnen auf dem Summit, den ein historischer **Feuerwachturm** markiert.

Von 1915 bis in die 1960er-Jahre wurden auf dem Mount Revelstoke internationale Skispinger-Wettbewerbe auf einer Naturschanze ausgetragen, auch einige Weltrekorde wurden hier aufgestellt. 1908 legte die Stadt Revelstoke einen Trail zum Gipfel an und zwischen 1911 und 1927 entstand dann der Meadows in the Sky Parkway. Die 26 Kilometer lange Parkstraße ist nur während der schneefreien Zeit geöffnet, normalerweise von Ende Mai/Anfang Juni bis Anfang Oktober. Am Beginn des Meadows in the Sky Parkway befindet sich die *Welcome-Station* (Mautstelle). Der Shuttlebus verkehrt erst, wenn auch die obere Region der Straße schneefrei ist. **Achtung:**

Mount Revelstoke National Park

Für Trailer und Busse ist ein Befahren des Parkway nicht erlaubt. Es ist weder eine Versorgungs- noch Campingmöglichkeit vorhanden.

Bitte beachten Sie: Besucher, die eine Parkeinrichtung besuchen, müssen einen Parkpass mit sich führen. Da auf der Rundreise weitere Nationalparks besucht werden, bietet sich bereits beim Eintritt in den Mt. Revelstoke National Park der Kauf eines Jahrespasses an.

🛈 VISITOR INFO WELCOME STATION

- Beginn Meadows in the Sky Parkway
- Mitte Mai–Mitte Okt. tägl. 8/9–17 h
- Shuttle-Bus: Mitte Juli–Schneefall tägl. 10–17:30 h
- Zeltplätze (Permit nötig): Jade und Eva Lake
- www.pc.gc.ca/pn-np/bc/revelstoke/index.aspx

🛈 VISITOR INFO PARK OFFICE

- 301B-3rd St, Revelstoke, Gebäude der Post
- 250-837-7500
- Ganzj.: Mo–Fr 8:30–12 h & 13–16:30 h

🛈 GEBÜHREN – REVELSTOKE NAT. PARK

Tagespass
- Erw. (17–64 J.): CAD 7,80, Sen. (65+): CAD 6,80, Kinder/Jugendl. (6–16 J.): CAD 3,90, Familien: CAD 19,60

Jahrespass (nur Revelstoke & Glacier NP)
- Erw.: CAD 39,20, Sen.: CAD 34,30, Kinder/Jugendl.: CAD 19,60, Familien: CAD 98,10

Jahrespass (27 Nationalparks)
- Erw.: CAD 67,70, Sen.: CAD 57,90, Kinder/Jugendl.: CAD 33,30, Familien: CAD 136,40

Generelle Informationen
- 250-837-7500
- Backcountry camping: 1-877-737-37836177
- Backcountry Permit & Übernachten (pro Person): CAD 9,80, Saisonpass: CAD 68,70
- Caribou Cabin (bei km 19 Meadows in the Sky Parkway, nur im Winter geöffnet, Buchung in der Visitor Info Revelstoke oder Glacier NP): CAD 14,70
- www.pccamping.ca

🚶‍♀️ Wandern Meadows in the Sky Parkway

▶ Upper Summit Trail
Der Trail verbindet den Parkplatz mit dem Gipfel und Endpunkt der Shuttlebus-Route.
- Pkw-Parkplatz
- 45 Minuten
- Leicht
- 1 km (einf. Strecke)
- 91 m

Blick auf Revelstoke vom Meadows in the Sky Parkway

▶ Balsam Lake Loop Trail
Der Trail umringt den kleinen Balsam Lake.
- Pkw-Parkplatz
- 30 Minuten
- Leicht
- 500 m (Rundweg)
- minimal

▶ First Footsteps Loop Trail ★
Er führt Sie zu Skulpturen und Kunstwerken der First Nations.
- Shuttlebus-Parkplatz oben
- 30 Minuten
- Leicht
- 800 m (Rundweg)
- 24 m

▶ Fire Tower Trail ★
Der Trail führt zum 1927 erbauten Fire Lookout, der bis 1988 als Feuerwachturm diente.
- Shuttlebus-Parkplatz oben
- 30 Minuten
- Leicht
- 350 m (Gesamtstrecke)
- 11 m

▶ Eva Lake Trail
Sehr schöne subalpine Wanderung.
- Shuttlebus-Parkplatz oben
- 2–3 Stunden (einf. Strecke)
- Moderat
- 7,1 km (einf. Strecke)
- 179 m
- Eva Lake (Permit nötig)

▶ Jade Lake Trail
Man erreicht den Lower & Upper Jade Lake nach Überqueren des Jade Lake Passes.
- Shuttlebus-Parkplatz oben
- 3–4 Stunden (einf. Strecke)
- Schwierig
- 9,4 km (einf. Strecke)
- 428 m
- Jade Lake (Permit nötig)

🚶 Wandern: Beginn am Highway 1

▶ Skunk Cabbage Boardwalk ★
Etwa 28 Kilometer östlich von Revelstoke kommt man zum Skunk Cabbage Trail ("Stinktier-Kohl"), am Trans-Canada Hwy 1 gelegen. Ein 1,2 Kilometer langer Rundweg führt durch ein Sumpfgebiet, das die Heimat von Bisamratten, Bibern, vielen Vogelarten und einer Kohlsorte ist, die während der Blütezeit im Frühjahr nicht gerade nach Rosen duftet. Infotafeln helfen bei der Identifizierung der Pflanzen und Tiere.

▶ Giant Cedars Boardwalk ★
Den Giant Cedars Trail Picknick- und Parkplatz erreicht man 30 Kilometer östlich von Revelstoke. Hier wandert man 500 Meter auf einem Holzplankenweg und über einige Stufen durch einen dunklen, gespenstigen Wald mit Riesenzedern, einige Exemplare sind schon fast 600 Jahre alt. Infotafeln erläutern das intakte und faszinierende Ökosystem des Waldes.

Skunk Cabbage Boardwalk

Skandinavier John Skogstrom war der erste Besitzer des **Spring Hotels**, sein Neffe Charles Carlson bewirtschaftete den Shop. Benannt wurde Albert Canyon nach Albert Rogers, einem Neffen Major Rogers, der den Rogers Pass entdeckte.

Bemerkung: Die Öffnungszeiten können zu Saisonanfang und -ende wetterbedingt evtl. variieren, ggf. in einer Visitor Info nachfragen.

- 🚏 *Hwy 1 ca. 35 km östl. v. Revelstoke*
- ☎ *250-837-2420*
- @ *info@canyonhotsprings.com*
- 🌐 *www.canyonhotsprings.com*
- 🕐 *Resort: Mitte Mai–Mitte/Ende Sept.*
- 🕐 *Mai, Juni & Sept.: 9–20 h, Juli/Aug.: 9–21 h*
- 💲 *Hot Springs: Erw.: CAD 11,50, Kinder (bis 14 J.)/ Sen. (60+): CAD 9,50, Familien: CAD 29,50*

🏛 **Übernachten**

🏕 **Canyon Hot Springs Resort & Campground**
Der Campgroundbereich ist teils bewaldet, teils auf einer Rasenfläche, im Mai und September reduzierte Anzahl Stellplätze in Poolnähe. Auch Chalets, einfache Blockhütten und Suiten können angemietet

---

👁 **CANYON HOT SPRINGS RESORT**

Revelstoke	34 km
Rogers Pass	36 km

Entspannung, besonders an kühlen Tagen, bietet ein Bad in den Canyon Hot Springs. Das Resort liegt in den Monashee Mountains mittig zwischen dem Mount Revelstoke und Glacier National Park. Der Hot Pool hat eine Wassertemperatur von 40 °C, zum Schwimmen eignet sich der zweite Pool, dessen Wassertemperatur beträgt etwa 32 °C.

Die Entdeckung der mineralhaltigen Quelle ist Arbeitern der Canadian Pacific Railway zu verdanken, als diese 1916 in Albert Canyon einen Rundlokschuppen errichteten, um Dampfloks warten zu können. Sie legten einen Pool in Albert Canyon (heute eine Ghost Town) südlich des heutigen Standorts an, der schon damals beliebt war. Heute fließt das Wasser über eine Pipeline zu den Hot Pools. Der

Giant Cedars Boardwalk

Canyon Hot Springs

werden. Ein Café und ein Shop bieten die wichtigste Versorgung.

- 🕐 *Wie Hot Pools*
- 💻 *Ja, Cabins & Chalets nur per Telefon*
- 🛏 *200*   ⏰ *Ja*
- 🚐 *Ja, geb.pflichtig*
- ⚡ *Strom, Wasser*
- 💰 *Campground: $$*
- 💰 *Blockhütten: ★★, Suiten: ★★★, Chalets: ★★★*

*Auf der Weiterfahrt gewinnt der Trans-Canada Hwy 1 allmählich an Höhe, bis Sie schließlich den **Rogers Pass** erreichen, den Mittelpunkt des Glacier National Parks. Besuchen Sie dort die interessante Visitor Information, dort steht das Personal mit Informationen und Ratschlägen bereit.*

*Genießen Sie während der Fahrt die grandiose Aussicht, die sich Ihnen bietet. Kurz vor dem Rogers Pass liegt der **Illecillewaet Campground**, dort starten einige anstrengende Wanderungen.*

*Nach Überqueren des Passes verliert der Highway schnell wieder an Höhe. Sie durchqueren zahlreiche Tunnel und kommen schließlich ins weite Tal des **Columbia River**, der zwischen den Rocky Mountains östlich und den Purcell Mountains westlich liegt. Sie passieren die Zeitzone (der Rogers Pass liegt in der Pacific Time Zone, Golden in der Mountain Time Zone, d.h. Sie müssen Ihre Uhren um eine Stunde vorstellen) und gelangen nach **Golden**, einem wichtigen Versorgungszentrum der*

Region. Hier sollten Sie Ihre Vorräte auffüllen, denn den nächsten großen Supermarkt finden Sie erst wieder in Banff.

🌲 GLACIER NATIONAL PARK

Wenige Kilometer östlich von Canyon Hot Springs beginnt der grandiose Glacier National Park. Dieser Park mit seinen 422 Gletschern und steilen, schroffen Bergwänden liegt in den Selkirk und Columbia Mountains im Westen der Rocky Mountains und bietet den in Kanada heimischen Wildtieren einen idealen Lebensraum in dichten Wäldern und Hochgebirgsregionen.

Der Park wurde, wie sein östlicher Nachbar **Yoho National Park**, 1886 gegründet, etwa zur gleichen Zeit war die transkontinentale Verbindung der Canadian Pacific Railway abgeschlossen. Im Zentrum des Parks liegt der Rogers Pass. Entdeckt wurde der Pass über die sonst undurchdringlichen Berge im Jahr 1881 von Major Albert Bowman Rogers, der Chefingenieur der CPR war, nach ihm wurde der Pass auch benannt. Der Pass ist seit 1971 eine *National Historic Site*.

Die Überquerung der Selkirk Mountains war für die CPR eine echte Herausforderung, doch mit der Entdeckung des Übergangs Rogers Pass waren nun die Transportwege vom Innern des Landes zum Küstenbereich geöffnet worden. In mühevoller Arbeit wurde 1885 die erste Eisenbahnstrecke über den Pass gebaut, die bis 1916 in Betrieb war. Widrige Wetterumstände und Lawinenabgänge, denen 62 Bahnbedienstete 1910 zum Opfer fielen, zwangen die CPR, nach einem weniger gefährlichen Weg über die Berge zu suchen. So bohrten Sie einen Tunnel durch Felsen, um die Züge unterirdisch über den Pass zu geleiten. Es entstand der acht Kilometer lange **Connaught Tunnel**, der 1916 fertiggestellt war und den Zugverkehr bis heute sicher über den Pass geleitet. Westlich des Passes stand entlang der heute stillgelegten Bahnlinie das *Glacier Hotel*, das einst eines der größten Hotels der CPR war, Reste sind noch vorhanden.

In den 1950er-Jahren begann dann der aufwendige Straßenbau über den Pass, der 1962 beendet werden konnte. Feierlich eröffnet wurde die Straße vom damaligen Premierminister John Diefenbaker.

Doch auch schon einige Jahre früher ab Juni 1940 konnte man von Revelstoke nach Golden fahren, allerdings benötigte man für die etwas mehr als 300 Kilometer ca. acht Stunden und das Befahren der Logging Road war sicherlich kein Vergnügen. Dieser **Big Bend Highway**, der Mitte bis Ende des 19. Jahrhunderts auch die Goldsucher ins Schürfgebiet Big Bend brachte, führte von Revelstoke nach Norden am Columbia River entlang bis nach Mica Creek (heute Highway 23 zum Mica Dam), dann ging es entlang des Columbia River, der in Mica Creek eine scharfe Rechtskurve nach Süden machte, weiter bis nach Golden. Viele Abschnitte der damaligen Straße sind heute in den Tiefen des Kinbasket Stausees verschwunden.

Die Wetterverhältnisse über den Rogers Pass sind unberechenbar und oft bleiben wegen der Regenfälle die grandiosen Berggipfel verborgen. Auch der Winter stellt sich meist schon Ende Oktober ein und kann bis Anfang Juni dauern. Im Winter muss man mit kurzzeitigen Straßensperrungen rechnen, weil man entweder Lawinen kontrolliert abgehen lässt oder massiver Schneefall die Straße kurzzeitig unpassierbar macht. Beachten sollte man stets, dass man sich in einem Lawinengebiet befindet. Ein Lawinenkontrollsystem überwacht die Berghänge, sodass eine gefahrlose Überfahrt über den Pass gewährleistet ist. Aktuelle Warnungen:
🌐 *www.seitnotiz.de/NPRKA7*

Das 1984 erbaute **Rogers Pass Infocentre**, das nur wenige Hundert Meter östlich der *Rogers Pass National Historic Site* liegt, informiert umfassend über den Park und seine Tier- und Pflanzenwelt. Man bekommt hier ein topografisches Modell der Region mit dem Verlauf der Eisenbahntrasse über den Pass zu sehen. Parkranger geben Tipps und Infos über Trails und beantworten alle anstehenden Fragen. Neben dem Rogers Pass Centre liegt die **Glacier Park Lodge**, die aktuell, wie auch die **Tankstelle** gegenüber, auf unbestimmte Zeit **geschlossen** ist.

Bitte beachten Sie: Auf dem Rogers Pass gilt Pacific Time, wenig später kommen Sie in die Mountain Time-Zone, Sie müssen Ihre Uhr also um eine Stunde vorstellen. Alle Besucher, die eine Parkeinrichtung besuchen, müssen einen **Parkpass** mitführen.

Die Route durch den Glacier National Park

Mitten durch den Park verläuft über den Rogers Pass (1.327 m) der zu jeder Jahreszeit befahrbare Trans-Canada Hwy 1, der jährliche Hunderttausende Besucher in die Region bringt. Etliche Trails führen vom Highway in mehr oder weniger weit entlegene Parkgebiete – achten Sie auf die Hinweistafeln. Im Winter lockt der meterhoch liegende Schnee Wintersportler in den Glacier National Park.

Nach Passieren der Parkgrenze West steigt der Highway stetig an, rechts und links de Straße befinden sich dichte Wälder und ab und zu wird der Blick frei auf den Illecillewaet River, der der ständige Begleiter ist. Keine Ortschaft ist weit und breit zu sehen, doch schon bald erblickt man die ersten schroffen Berggipfel. Nach einer 90-Grad-Kurve Richtung Norden, wo die Zufahrt zum idyllisch gelegenen **Illecillewaet Campground** abzweigt, kommt man zur **Rogers Pass National Historic Site**, dem höchsten Punkt der Straße und wenig später zum Glacier National Park **Information**

Unterwegs im Glacier National Park

Centre. Um ein Befahren des Passes zu allen Jahreszeiten und vor Lawinenabgängen so sicher wie möglich zu gestalten, verläuft die Straße in den Höhenlagen durch einige Tunnels. Wenn der Rogers Pass überquert ist, verliert der Highway schnell an Höhe und nach der Park-Ausfahrt und vielen Kilometer Einsamkeit erreicht man das Tal des Columbia River und trifft auf den Ort **Golden**.

Hinweis: Die Zeltplätze und einfach ausgestatteten Hütten in den Hochgebirgsregionen sind nicht näher beschrieben, da diese weit im Hinterland liegen und nur für sehr erfahrene Wanderer als Unterkunft in Betracht kommen. Informationen erhalten Sie bei Bedarf in der Visitor Information. Die Sehenswürdigkeiten, Städte, Wanderwege, Campgrounds usw. werden im Verlauf der Route beschrieben.

Viele Trails im Glacier National Park erfordern feste Wanderschuhe, entsprechende Kleidung und Verpflegung. Sie benötigen einen Parkpass und teilweise auch ein Übernachtungspermit (Wilderness Pass). Bedenken Sie, dass Sie sich bei Wanderungen in entlegenem Hochgebirgsgebiet befinden, das zudem auch Bärengebiet ist. **Beachten Sie** die Sicherheitsbestimmungen, dies gilt besonders für Kletter- und Hochgebirgstouren, holen Sie besonders vor längeren Touren Infos ein über die Trailbeschaffenheit und machen Sie sich auf

ihrer Wandertour bemerkbar. Begeben Sie sich möglichst nicht allein auf eine Bergtour. Hinterlassen Sie, wenn Sie allein unterwegs sind, zu Ihrer eigenen Sicherheit eine Nachricht, wohin Ihre Tour geht und wann Sie wieder zurück sein werden.

🄷 VISITOR INFO ROGERS PASS CENTRE

- *Hwy 1*
- *Lawinengefahr: 250-837-7500*
- *April & Ende Nov.–April: tägl. 7–16 h, Mitte Mai–Mitte Juni & Ende Sept.–Ende Nov.: 9–17 h, Mitte Juni–Ende Sept.: 8–19 h, Öffnungszeiten können variieren*
- *www.pc.gc.ca/pn-np/bc/glacier/index.aspx*

🄷 VISITOR INFO (GANZJÄHRIG)

- *301B – 3ʳᵈ St, Revelstoke*
- *250-837-7500*
- *Ganzj.: Mo–Fr 8–12 h & 13–16:30 h*

🄷 GEBÜHREN – GLACIER NATIONAL PARK

Tagespass
- *Erw. (17–64 J.): CAD 7,80, Sen. (65+): CAD 6,80, Kinder/Jugendl. (6–16 J.): CAD 3,90, Familien/Gruppen (bis 7 Pers.): CAD 19,60*
- *Fire Permit (inkl. Holz): CAD 8,80*

Jahrespass (nur Revelstoke & Glacier NP)
- *Erw.: CAD 39,20, Sen.: CAD 34,30, Kinder/ Jugendl.: CAD 19,60, Familien/Gruppen (bis 7 Pers.): CAD 98,10*

Jahrespass (27 Nationalparks)
- Erw.: CAD 67,70, Sen.: CAD 57,90, Kinder/ Jugendl.: CAD 33,30, Familien/Gruppen (bis 7 Pers.): CAD 136,40

Generelle Informationen
Generatoren dürfen nur zwischen 10–20 h betrieben werden
- Reservierung Campground Nordamerika (geb. frei): 1-877-RESERVE (737-3783)
- Backcountry: Wilderness Pass (Permit) & Übernachten (pro Person): CAD 9,80, Saisonpass: CAD 68,70
- www.pccamping.ca

🚶🌲 BOSTOCK CREEK TRAIL

Der Trail führt durch dichten Wald der Columbia Mountains zum **Bostock Pass**, der einen tollen Blick auf den Fidelity Mountain (2.545 m) und die meist schneebedeckte Corbin Spitze (2.576 m) freigibt. Abfahrt zum Trailhead nur für westwärts Fahrende.
- Hwy 1, 4 km östl. der Westeinfahrt des Parks
- 5 Stunden
- Moderat
- 7,8 km (einf. Strecke)
- 732 m

🚶🌲 HEMLOCK GROVE BOARDWALK ⭐

Der Wanderweg beginnt ca. zwölf Kilometer östlich des Parkeingangs. Vom Picknickplatz führt ein 0,4 Kilometer langer, gut begehbarer Trail über einen Holzplankenweg *(Boardwalk)* durch dichten Wald, in dem bis zum 350 Jahre alte Western-Hemlocktanne stehen. Der Weg ist barrierefrei.

🚶🌲 ROCKGARDEN TRAIL

Der stellenweise steile Rundweg führt durch ein besonders schützenswertes Felsengebiet, das mit Moosen und Flechten

Hemlock Grove Boardwalk

bedeckt ist, Überbleibsel der letzten Eiszeit. **Achtung:** Hunde sind nicht erlaubt.
- Hwy 1, ca. 15 km östl. der Westeinfahrt des Parks
- 30 Minuten
- Leicht, stellenweise felsig
- 0,5 km (Rundweg)
- Minimal

🚐 MT. SIR DONALD CAMPGROUND

Einfacher, rustikaler Campground ohne Service, Lagerfeuer ist nicht erlaubt.
- 5 km westl. v. Rogers Pass
- Juli–Aug.
- Nein   15   Nein
- Nein
- $

🚐 LOOP BROOK CAMPGROUND

Schön gelegener, wildromantischer, aber einfach ausgestatteter Campground.

🚐 4 km westl. v. Rogers Pass
🕐 Anf. Juli–Anf. Sept.
🚫 Nein   🏕 20   🔌 Nein
🚾 Nein   💰 CAD 8,80
💲 $

🚶 Wandern

▶ Loop Brook Trail
Entlang des Trails stehen noch Reste der ehemaligen Bahnstrecke (Brückenpfeiler).
📍 Campground Loop Brook
🕐 1 Stunde
⚡ Leicht
↔ 1,7 km (Rundweg)
⬆ 42

▶ 1885 Trail
Der Trail verläuft entlang eines Teilstücks der ehemaligen Eisenbahnstrecke.
📍 Campground Loop Brook
🕐 2 Stunden
⚡ Leicht
↔ 3,6 km (einf. Strecke)
⬆ Minimal

🚐 ILLECILLEWAET CAMPGROUND ⭐

Wunderschöner Campground, einige Stellplätze (RVs max. Länge: 7,5 m) liegen am Creek. Auf dem Campground befindet sich eine *Welcome-Station,* während der Saison ist ein Ranger anwesend.

🚐 2 km westl. v. Rogers Pass
🕐 Ende Juni–Mitte/Ende Sept.
🚫 Nein   🏕 60   🔌 Nein
🚾 Nein   💰 CAD 8,80
💲 $

🚶 Wandern

Achtung: Bevor Sie zu einer der u.g. Wanderung aufbrechen, informieren Sie sich bitte über die Trailbeschaffenheit und Ausrüstung, die benötigt wird.

▶ Abbott Ridge Trail
Der Trail verläuft in baumlosem Gebiet und endet auf einem schmalen Grat.
📍 Welcome Station Illecillewaet CG
🕐 6,5 Stunden
⚡ Schwierig
↔ 6,8 km (einf. Strecke)
⬆ 1.029 m

▶ Glacier Crest Trail
Nach einer anstrengenden Tour erreicht man den Höhenzug mit fantastischem Rundblick. Teile des Trails sind oft bis in den Sommer noch stellenweise schneebedeckt.
📍 Welcome Station Illecillewaet CG
🕐 6 Stunden
⚡ Moderat, steil
↔ 5,7 km (einf. Strecke)
⬆ 958 m

▶ Great Glacier Trail
Der Trail endet nicht weit von der Gletscherzunge des Illecillewaet Glacier und bietet einen fantastischen Blick auf den Mt. Sir Donald und Vaux Glacier.
📍 Welcome Station Illecillewaet CG
🕐 3 Stunden
⚡ Moderat
↔ 3,2 km (einf. Strecke)
⬆ 321 m

▶ Mount Sir Donald Trail
Auf den ersten Kilometern folgt der Trail dem Illecillewaet River, danach beginnt der steile Teil des Trails, später geht es per Zickzackweg aufwärts in felsiges Gebiet.
📍 Welcome Station Illecillewaet CG
🕐 5 Stunden
⚡ Schwierig
↔ 5,1 km (einf. Strecke)
⬆ 1.008 m

▶ Asulkan Valley Trail
Auf den ersten vier Kilometer wandert man durch das Asulkan Valley, danach steil nach oben bis zur Asulkan Cabin (Übernachtung möglich), dort bietet sich ein toller Blick auf den Asulkan Glacier. Cabin-Reservierung über *Alpine Club of Canada.*

Rogers Pass Monument mit Lawinenkanone

Welcome Station Illecillewaet CG
6 Stunden
Schwierig
6,9 km (einf. Strecke)
869 m

Alpine Club of Canada
403-678-3200
info@AlpineClubofCanada.ca
www.alpineclubofcanada.ca
$–$$

👁 ROGERS PASS NATIONAL HISTORIC SITE

An dieser historisch bedeutenden Stelle des Highways befindet sich neben einigen Picknicktischen die *Rogers Pass National Historic Site*, die an die Fertigstellung und Eröffnung des Trans-Canada Hwy 1 durch den Premierminister John Diefenbaker und an den aufwendigen Bau der Eisenbahnstrecke Ende des 19. Jahrhunderts erinnert. Einige Lawinenabgänge kosteten zahlreiche Menschenleben, was letztendlich zum Bau des Connaught Tunnel führte. An der Historic Site beginnt der Abandoned Rail Trail, der über ein Teilstück der aufgegebenen *abandoned* Eisenbahnstrecke führt.

ℹ ROGERS PASS VISITOR INFORMATION

⚬		
Canyon Hot Springs	36 km
Golden	80 km

Der Landschaft angepasst und auf den ersten Blick kaum wahrnehmbar ist die **Visitor Information** in Passhöhe. Ihr sollten Sie unbedingt einen Besuch abstatten, denn es werden interessante Filme (Lawinengefahr und Verhütung, Bärengefahr usw.) gezeigt – alle anstehende Fragen beantwortet das Personal.

Die nebenan stehende **Glacier Park Lodge** ist zurzeit geschlossen.

ℹ VISITOR INFO ROGERS PASS CENTRE

siehe S.164

🚶 Wandern

▶ Abandoned Rails Trail
Er verläuft auf der ehemaligen Eisenbahnstrecke zwischen Rogers Pass Monument und Rogers Pass Visitor Information.

Rogers Pass

🔵 Rogers Pass Historic Site
🔵 1 Stunde
🔵 Leicht, rollstuhlgeeignet
🔵 1,4 km (einf. Strecke)
🔵 Minimal

▶ Balu Pass Trail

Achtung Bärenland! Der Name des Trails wurde abgeleitet von "Baloo", dem Bären. Für diesen Trail gibt es saisonal Vorsichtsmaßnahmen: Es darf nur in Gruppen von mind. 6 Personen gewandert werden.

🔵 Rogers Pass Visitor Information
🔵 4 Stunden
🔵 Schwierig
🔵 6,4 km (einf. Strecke)
🔵 788 m

▶ Hermit Trail

Dieser sehr steile Trail ist nur für fitte Wanderer geeignet. Für alle Outdooraktive, die ihre Kletterkünste an den Felsen der **Hermit Range** testen möchten, ist dieser Trail Ausgangspunkt. Ein Zeltplatz befindet sich im Bereich Hermit Meadows.

🔵 1,5 km östl. v. Rogers Pass
🔵 4 Stunden
🔵 Schwierig, sehr steil
🔵 3,2 km (einf. Strecke)
🔵 819 m

🚶🌲🌲 BEAR CREEK FALLS TRAIL

Nachdem fast alle bisherigen Wanderungen zuerst bergauf gingen, geht es zu den **Bear Falls** nun einen knappen Kilometer durch den Wald bergab zum Fuß des Wasserfalls. Dort führt eine Holzbrücke über den Connaught Creek, wo sich der beste Blick auf die Falls bietet. Zurück geht's dann aber wieder wie gewohnt bergauf.

🔵 19 km östl. v. Rogers Pass
🔵 1 Stunde
🔵 Leicht
🔵 0,6 km (einf. Strecke)
🔵 62 m

🏛 GOLDEN 🅿️ℹ️➕❌📷🏛

Die Stadt Golden liegt zwischen den beiden Gebirgsketten der Rocky und Purcell Mountains am Zusammenfluss des Kicking Horse und Columbia River und am Nordende des Columbia River Wetlands, der Heimat von über 300 Vogelarten und kleinen Säugetieren.

Die wichtigsten Arbeitgeber der Stadt sind die Canadian Pacific Railway und die Holz verarbeitende Industrie. Auch die Tourismusbranche wächst kräftig in Golden durch die vielseits möglichen Outdoor-Aktivitäten von feucht-fröhlichem Wildwasserrafting auf dem Kicking Horse River über Bergtouren bis zum Skigebiet **Kicking Horse Mountain Resort**, das 14 Kilometer nordwestlich von Golden liegt.

⛷	Rogers Pass	80 km
	Field	74 km
👫👫	Stadt	3.701
❄ ❄	-10 °C	
☀	+18 °C	
〰	785 m	
⊘	Stadt	11,41 km²
Zum Vergleich: Bad Steben / Bayern		
👫👫	Stadt	3.540
〰	578 m	
⊘	Stadt	25,84 km²

Schon bevor die Eisenbahn das Gebiet um Golden erreichte, kam 1807 der Entdecker und Fellhändler David Thompson über die Rockies durch das nördlich von Golden zum Columbia River stoßende Blaeberry River Tal und weiter zum Zusammenfluss von Kicking Horse und Columbia River. Er war auf der Suche nach einem passierbaren Übergang über die Berge. Die Existenz der Stadt Golden geht jedoch auf den Bau der Canadian Pacific Railway zurück, die 1885 hier einen wichtigen Haltepunkt errichtete, der bis heute existiert. Nun kamen auch die ersten Touristen in den Ort, die die nahe Bergwelt erkunden wollten. So heuerte die CPR Schweizer Bergführer an, darunter Eduard Feuz sen. und Christian Hasler, die 1899 Kanada erreichten. Diese wohnten ab 1911 passend zur Herkunft in **"Swiss Village"**, auch **"Edelweiss"** genannt, 1,5 Kilometer nördlich von Golden.

Golden bietet alle Versorgungsmöglichkeiten, Sie sollten daher Ihren Vorratsschrank auffüllen, denn die Einkaufsmöglichkeiten in den folgenden Orten **Field** und **Lake Louise** sind dürftig. Der nächste Supermarkt mit "kanadischem Format" ist in Banff. Der Supermarkt in Golden befindet sich am Highway 95 Süd, der vom Trans-Canada Hwy 1 nach Süden abzweigt.

❗ Wenn Sie die Route entgegen der Beschreibung befahren, tanken Sie bitte in Golden, da die Tankstelle auf dem Rogers Pass aktuell auf unbestimmte Zeit geschlossen ist.

Golden

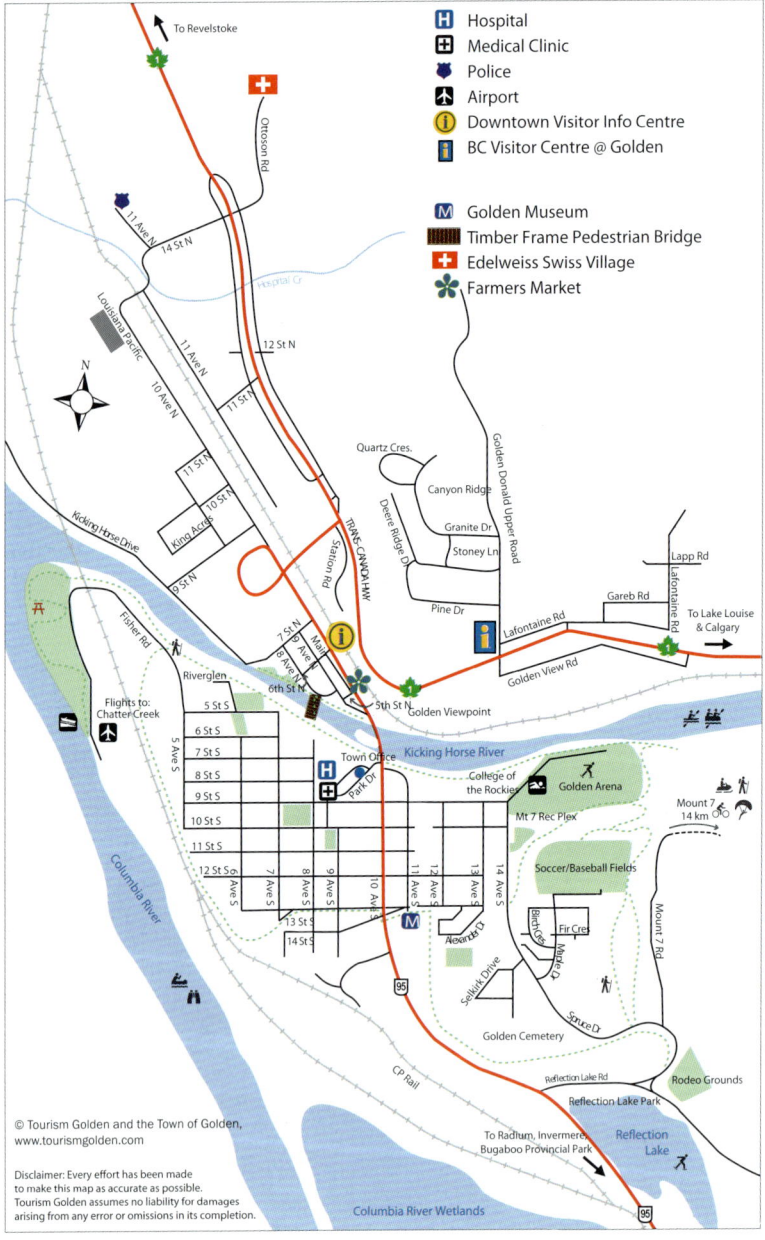

Legend

- H Hospital
- Medical Clinic
- Police
- Airport
- (i) Downtown Visitor Info Centre
- BC Visitor Centre @ Golden

- M Golden Museum
- Timber Frame Pedestrian Bridge
- Edelweiss Swiss Village
- Farmers Market

To Revelstoke

Ottoson Rd

11 Ave N
14 St N
Hospital Cr
Louisiana Pacific
11 Ave N
12 St N
10 Ave N
11 St N
N
11 St N
10 St N
King Acres
9 St N
Kicking Horse Drive
Fisher Rd
Riverglen
Flights to:
Chatter Creek

Quartz Cres.
Canyon Ridge
Granite Dr
Stoney Ln
Pine Dr
Golden Donald Upper Road
Deere Ridge Dr
Station Rd
TRANS-CANADA HWY.

Lapp Rd
Gareb Rd
Lafontaine Rd
To Lake Louise
& Calgary
Lafontaine Rd
Golden View Rd

7 St N
Main St
8 Ave N
6 St N
5 St N
Golden Viewpoint

5 St S
6 St S
7 St S
8 St S
9 St S
10 St S
11 St S
12 St S
13 St S
14 St S

Town Office
Park Dr
College of
the Rockies
Kicking Horse River
Golden Arena
Mt 7 Rec Plex
Soccer/Baseball Fields

Mount 7
14 km

5 Ave S
6 Ave S
7 Ave S
8 Ave S
9 Ave S
10 Ave S
11 Ave S
12 Ave S
13 Ave S
14 Ave S
Alexander Dr
Birch Cres
Maple Ct
Fir Cres
M

Columbia River

Selkirk Drive
Spruce Dr
Golden Cemetery

95
Mount 7 Rd

CP Rail
Reflection Lake Rd
Reflection Lake Park
Rodeo Grounds

To Radium, Invermere,
Bugaboo Provincial Park
Reflection
Lake

Columbia River Wetlands
95

© Tourism Golden and the Town of Golden,
www.tourismgolden.com

Disclaimer: Every effort has been made
to make this map as accurate as possible.
Tourism Golden assumes no liability for damages
arising from any error or omissions in its completion.

ℹ BRITISH COLUMBIA VISITOR INFO

📍 *Die BC Visitor Information liegt am Trans-Canada Hwy 1 ca. 1,2 km östl. d. Abfahrt zur Stadt.*

✉ *111 Donald Upper Rd, Golden*

📞 *250-344-7711*

🕐 *Kernöffnungszeiten: tägl. 9–16 h, im Sommer länger*

ℹ GOLDEN VISITOR INFO CENTRE/ CHAMBER OF COMMERCE

✉ *500 – 10th Ave N, Golden*

📞 *250-344-7125 oder 1-800-622-4653 (geb.frei)*

@ *info@tourismgolden.com*

🌐 *www.tourismgolden.com*

🕐 *Sommer: Mo–Sa 10–18 h*

👁 Highlights

▶ Golden Museum

Einen tiefen Blick in die Geschichte des Ortes bietet das kleine Museum. Man erfährt, welch entscheidenden Einfluss die Schweizer Bergführer auf die kanadische Bergsteigertradition haben und wie wichtig die CPR für die Entstehung der Stadt war. Es wird ein "Friedhofsrundgang" **Cemetery Walk** angeboten, der zu den Gräbern historisch wichtigen Bewohnern der Stadt führt und über deren Leben und Wirken informiert wird. Reservierung unter: ☎ 303-278-3557

📍 *Vom Hwy 1 auf den Hwy 95 S (12th Ave) wechseln und über eine Seitenstraße auf die 11th Ave fahren*

✉ *1302 – 11th Ave S, Golden*

📞 *250-344-5169*

🕐 *Mo–Sa 9–18 h*

💰 *Erw.: CAD 5, Sen.: CAD 3, Kinder: CAD 2, Familien: CAD 10*

@ *museum.golden@gmail.com*

🌐 *www.goldenbcmuseum.com*

▶ Northern Lights Wildlife Wolf Centre

Diese einzigartige Einrichtung richtet sich an Besucher, die sich für den Schutz und Erhalt der ansässigen Wölfe interessieren. Bei Führungen erfährt man vieles über die Gattung Wolf und wandert durch das Gelände, um die Tiere hautnah erleben zu können.

📍 *Hwy 1 ca. 9,5 km nördl. v. Golden re auf Moberly Branch Rd, danach li auf Golden Upper Rd später Oberg Johnson Rd bis Abzweig Short Rd*

✉ *1745 Short Road, Golden*

📞 *250-344-6798 oder 1-877-377-9653*

🕐 *Ganzj., Juli & Aug.: 9–19 h, Sept.: 10–18 h, Okt.–April: 12–17 h, Mai & Juni: 10–18 h*

💰 *20-minütige Tour: Erw.: CAD 12, Sen./Jugendl.: CAD 9, Kinder (4–11 J.): CAD 6, Familien: CAD 35*

@ *info@northernlightswildlife.com*

🌐 *www.northernlightswildlife.com*

▶ Kicking Horse Pedestrian Bridge

Die 46 Meter lange und ca. 95 Tonnen wiegende Holzbrücke, die den Kicking Horse River überspannt, liegt im Nordteil von Golden in der 8th Avenue. Sie ist die längste freitragende Holzbrücke in Kanada.

▶ Rafting

Es werden verschiedene Touren angeboten, Näheres bitte der Internetseite der Anbieter entnehmen.

Alpine Rafting

📍 *Vom Hwy 1 ca. 1,5 km östlich vom Abzweig Hwy 95 li auf die Golden Donald Upper Rd abbiegen*

✉ *101 Golden Donald Upper Rd, Golden*

📞 *250-344-6778 oder 1-888-599-5299 (geb.frei)*

💰 *Family Whitewater Rafting: Erw. CAD 65, Kinder CAD 35*

💰 *Afternoon Whitewater Rafting: CAD 95 pro Person*

💰 *Kicking Horse Classic Rafting: CAD 125 pro Person*

@ *info@alpinerafting.com*

🌐 *www.alpinerafting.com*

Wet N' Wild Adventures

📍 *vom Hwy 1 ca. 1,5 km östlich vim Abzweig Hwy 95 li auf die La Fontaine Rd abbiegen*

✉ *La Fontaine Rd, Golden*

📞 *250-344-6546 oder 1-800-668-9119 (geb.frei)*

💰 *Family Whitewater Rafting: Erw.: CAD 64, Kinder (5–12 J.): CAD 34*

💰 *Kicking Horse Classic: CAD 124 pro Person*

@ *info@wetnwild.bc.ca*

🌐 *www.wetnwild.bc.ca*

🏠 Übernachten

🛏 Ponderosa Motor Inn

Gemütliche Ein- und Mehrbettzimmer mit Kühlschrank, teilweise mit Küchenzeile, kontinentales Frühstück wird angeboten.

📍 *Hwy 1 nördl. von Downtown Golden in Edelweiß.*

✉ *1206 Hwy 1, Golden*

📞 *250-344-2205 oder 1-800-881-4233 (geb.frei)*

@ info@ponderosamotorinn.bc.ca
www www.ponderosamotorinn.bc.ca
Ⓑ Ganzj.
Ⓒ **

🏨 Days Inn Golden

Man übernachtet im komfortabel einge-richteten DZ oder Suiten, alle Zimmer mit Kühlschrank/Kaffeekocher, Suiten mit Kü-chenzeile. Speisen kann man im Golden Grill & Pizza Restaurant.

Ⓟ Vom Hwy 1 nach dem Abzweig Hwy 95 nächste Abfahrt re zur Goldenview Rd
✉ 1416 Goldenview Rd, Golden
☎ 250-344-2216 oder 1-888-411-4254 (geb.frei)
@ info@daysinngolden.ca
www www.daysinngolden.ca
Ⓑ Ganzj.
Ⓒ **

🏨 Caribou Hostel

Man übernachtet in Suiten (mit Kleinkü-che) oder Mehrbettzimmer, eine Küche ist vorhanden.

Ⓟ 13 km nordwestl. v. Golden im Blaeberry Valley, Hwy 1 Abzweig Hartley Rd bis zur Adolph Johnson Rd
✉ 1401 Adolph Johnson Rd, Golden
☎ 250-344-4870
@ info@caribouhostel.ca
www www.caribouhostel.ca
Ⓑ Ganzj.
Ⓒ Nur Barzahlung: Bett: *, App./Suite: *–**

🏕 Whispering Spruce Campground

Netter, teils bewaldeter Campground, ideal für Outdooraktive, familienfreundlich

Ⓟ Vom Hwy 1 nach dem Abzweig Hwy 95 nächste Abfahrt re zur Goldenview Rd
✉ 1430 Golden View Rd, Golden
☎ 250-344-6680
@ wsc@whisperingsprucecampground.com
www www.whisperingsprucecampground.com
Ⓑ Mitte April–Mitte Okt.
Ⓩ Ja　　Ⓐ 70　　Ⓒ Ja
Ⓩ Ja　　Ⓢ Ja　　Ⓓ Ja
Ⓞ Strom (15/30 Amp.), Wasser, Abwasser
Ⓒ $$
Ⓐ 20　　Ⓒ $$

🏕 Golden Municipal Campground ★

Bewaldeter, familienfreundlicher Camp-ground in Flussnähe mit kleinem Store

Ⓟ Zufahrt über Hwy 95, nach Überqueren des Kicking Horse River auf die 9thSt Richtung Osten bis zum Straßenende. Die "aktive" Eisenbahnli-nie verläuft am gegenüberliegenden Flussufer.
✉ 1411 – 9th St S, Golden
☎ 250-344-5412 oder 1-866-538-6625 (geb.frei)
@ info@goldenmunicipalcampground.com
www www.goldenmunicipalcampground.com
Ⓑ Mitte Mai–Mitte Okt., Winter: Nach Vorreservierung
Ⓩ Ja　　Ⓐ 72　　Ⓒ Ja
Ⓜ Münzduschen Ⓢ Ja　　Ⓓ Ja
Ⓞ Strom (15/30 Amp.), Wasser
Ⓒ $$

Wandern

Rotary Trail

Der sieben Kilometer lange Trail verläuft entlang des Kicking Horse und Columbia River, während der Wanderung kommt man automatisch auch an der Kicking Horse Pedestrian Bridge vorbei. Der städtische Campground liegt direkt am Trail. Es gibt mehrere Zugänge zum Trail, einen Plan können Sie sich mit dem folgenden Link ausdrucken:

www www.seitnotiz.de/NPRKA8

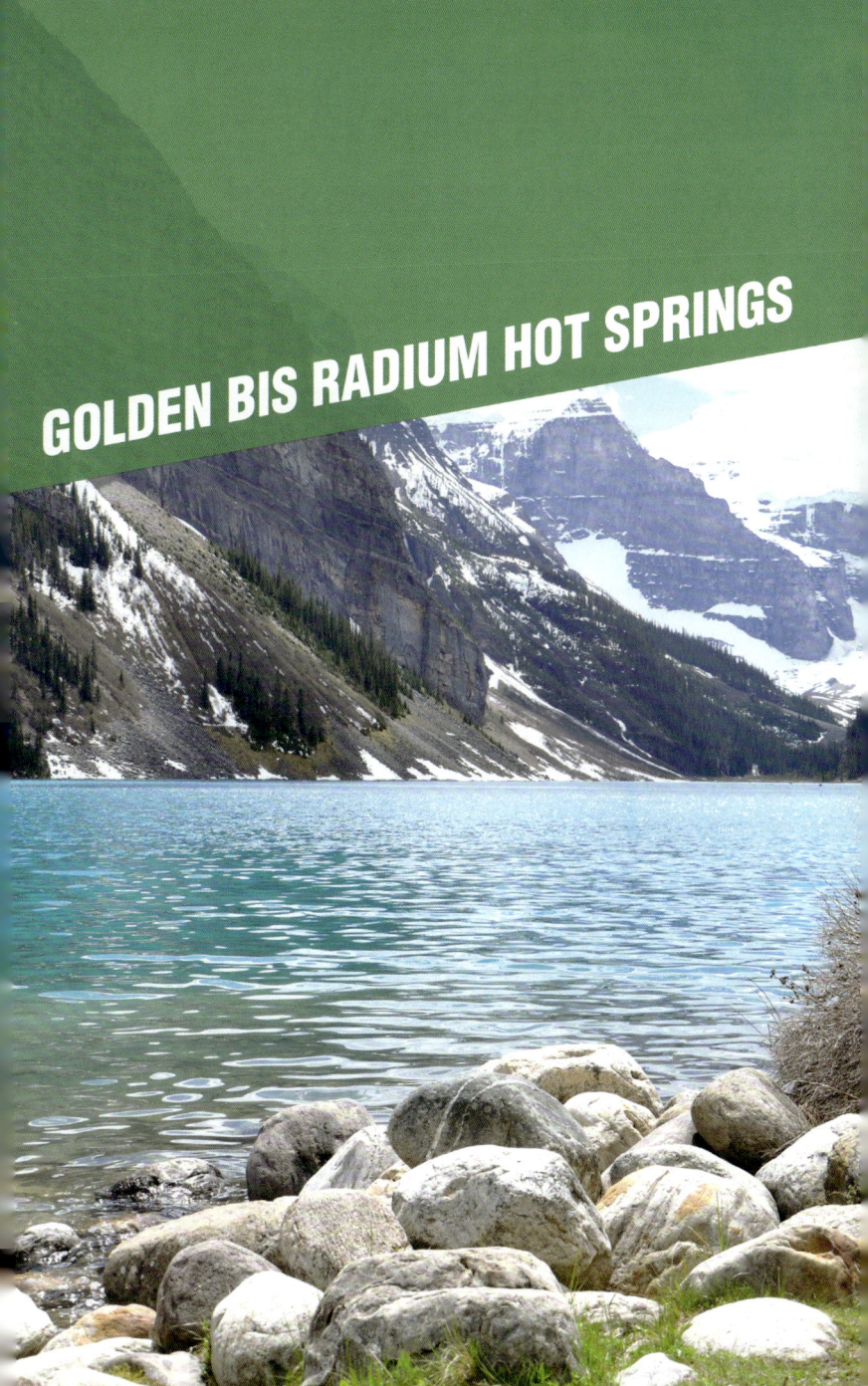

GOLDEN BIS RADIUM HOT SPRINGS

Golden bis Radium Hot Springs

Golden verlassen Sie in östlicher Richtung auf dem Trans-Canada Hwy 1.

Ausgestattet mit genügend Proviant geht die Reise nun weiter zu einem kurzen, aber landschaftlich besonders herausragenden Highlight der Rundreise – dem grandiosen Yoho National Park.

Vor dem Westeingang des Parks werden Sie noch mit einem Wunderwerk des kanadischen Straßenbaus konfrontiert, denn in dem sehr engen Tal des Kicking Horse River wurde eine 4-spurige Straße gebaut, die sich gut ins Landschaftsbild einfügt.

 YOHO NATIONAL PARK

Der nur 1.310 km² große Yoho National Park im Ostteil der Rocky Mountains ist zwar relativ klein, aber durch seine dicht beieinanderliegenden, schroffen Felsenhänge, traumhaften Landschaften, fantastischen Wasserfälle und malerisch liegenden Seen ein besonderer Park. Die Bezeichnung Yoho entstammt der Sprache der Cree First Nations und bedeutet "sehen, staunen", was auch durchaus zutreffend ist.

Emerald Lake im Yoho National Park

Das Jahr 1886 war für die Entstehung des Parks bedeutend, denn damals wurde das Gebiet um den **Mount Stephen** nahe Field von William Cornelius Van Horne zum Naturschutzgebiet erklärt und somit der Grundstein für den Nationalpark gelegt. 1901 wurde aus dem vorher namenlosen Schutzgebiet der Yoho National Park. Pfiffige ehemalige Eisenbahnarbeiter, die das Gebiet gut kannten, und Goldsucher durchquerten den Park, um sich Bergbau- und Holzfällerrechte zu sichern, diese wurden 1930 allesamt vollständig widerrufen.

Der Park grenzt im Osten an den Banff und im Süden an den Kootenay National Park. Die Grenze Banff/Yoho National Park auf dem **Kicking Horse Pass** ist gleichzeitig eine Wasserscheide, alle Flüsse westlich fließen in den Pazifik, alle Flüsse östlich in den Atlantik oder zur Hudson's Bay.

Das felsige, gebirgige Parkgebiet war für die Konstrukteure der Canadian Pacific Railway eine technische Herausforderung, galt es doch, die für eine Eisenbahn enormen Steigungen von 4 bis 4,5 Prozent zu überwinden, was auch zuerst mit einer Tragödie endete, als der erste Zug 1884 über die Strecke fuhr, entgleiste und drei Arbeiter tötete. Man plante und setzte weitere Maßnahmen um, die Strecke sicherer zu gestalten, doch die Lösung des Problems brachte erst der Bau des **Spiraltunnels**, der die Steigung auf ca. 2 Prozent reduzierte. J. E. Schwitzer, einer der Assistenten der Ingenieure der CPR, konstruierte dieses Tunnelsystem, das bereits in der Schweiz erfolgreich Höhenunterschiede gefahrlos passierbar machte. 1909 war der Spiraltunnel fertiggestellt und die alte, gefährliche Strecke konnte stillgelegt werden. Dennoch bleibt ein Restrisiko, denn Steinschlag, Schlamm- und Schneelawinen sind nach wie vor unvorhersehbare Naturereignisse.

Im Yoho National Park liegen 28 Bergriesen mit mehr als 3.000 Meter Höhe, man kann hier auf über 400 km Wanderwege in die Bergwelt eindringen, in der auch zahlreiche Wildtiere leben. Der zweithöchste Wasserfall Kanadas, die 254 Meter hohen **Takakkaw Falls**, liegen etwas abseits des Trans-Canada Hwy 1 wie auch der **Emerald Lake**, beide Sehenswürdigkeiten sind über asphaltierte Nebenstraßen erreichbar. Zum Kleinod **Lake O'Hara** kommt man nur per Pendelbus oder zu Fuß. Inmitten des Parks liegt das kleine Eisenbahnstädtchen **Field** und an der Abfahrt zum Ort befindet sich eine beachtenswerte Visitor Information.

Besonders interessant und weltweit bekannt sind die **Burgess-Shale-Funde** (Burgess-Schiefer/Schwarzschiefersedimente) nahe Field, für Geologen, Paläontologen und Paläoökologen eine wahre Schatzkammer. Neben einem Privatunternehmen bietet auch die Nationalparkverwaltung geführte Touren in die Gebiete der Burgess-Shale-Funde an (▶ **Highlights** Field, S.181).

Die Route durch den Yoho National Park

Von Golden kommend erreicht man über den Tans-Canada Highway 1 den Westeingang des Yoho National Parks, der auf kleinem Raum sehr viel Sehenswertes zu bieten hat. Dementsprechend sollte die Zeitplanung auch genug Luft lassen, um alle Highlights auch wirklich genießen zu können.

Der Trans-Canada Hwy 1 durchquert den Park und führt entlang des breiten Kicking Horse River Valley zum Kicking Horse Pass. Rechts und links des Highways erheben sich schroffe Berghänge, naturnahe Picknickplätze und Campgrounds laden zum Verweilen ein. Wer sich gerne zu Fuß oder per Mountainbike fortbewegen möchte, findet genügend geeignete Trails.

Sehr bald nach Passieren des Westeingangs des Parks kommt der Abzweig zum Parkplatz **Wapta Falls** und wenig später könnte eine Wanderung vom **Hoodoo Creek Campground** zu den Leanchoil Hoodoos spannend sein. Einen Abstecher wert ist die Fahrt zum **Emerald Lake**, eine asphaltierte Seitenstraße führt zu diesem idyllisch liegenden See.

Auf der Weiterfahrt wird das Flusstal des Kicking Horse River immer breiter, man kommt nach **Field**, eine kleine, freundliche Ortschaft am Fuße des Mt. Stephen, und zur Visitor Info des Parks. Naturnahe Übernachtung bietet der **Monarch** und **Kicking Horse Campground**, beide liegen highwaynah am Beginn der Yoho Valley Rd, die wenige Kilometer östlich von Field nach Norden abzweigt. Die Fahrt zu den 254 m hohen **Takkakaw Falls** bieten wir als Nebenstrecke an, da die Zufahrtstraße eine besondere Fahrtaktik für Fahrer längerer Wohnmobile erforderlich macht. Die nächste Sehenswürdigkeit Richtung Osten ist der **Spiral Tunnel Viewpoint**, wo anschaulich der Verlauf dieser Tunnelkonstruktion erklärt wird. Waldreich geht es weiter und bald verschwindet der treu an der Seite fließende Kicking Horse River im Wapta Lake, bzw. er hat dort seinen Ursprung. Und kurz vor Verlassen des Parks zweigt eine Seitenstraße zum Highlight des Parks **Lake O'Hara** ab. Das besonders schützenswerte Gebiet um den idyllisch liegenden See ist nur per Pendelbus (vorher reservieren) oder auf Schusters Rappen (keine Mountainbiker) erreichbar. Und schon endet der Yoho National Park auf dem **Kicking Horse Pass** und nach Überqueren des Passes ist man im nächsten Nationalpark der Route, dem **Banff National Park**, angekommen. Alle Infos über Sehenswürdigkeiten, Städte, Wanderwege, Campgrounds usw. erhalten Sie im Verlauf der Route.

Alle Besucher des Parks, die eine Parkeinrichtung besuchen, benötigen einen gültigen Parkpass. Ein Parkpass kann in der Visitor Info in Field oder Golden (BC Visitor Info) gekauft werden.

💡 Fast alle Trails im Park erfordern feste Wanderschuhe, angepasste Kleidung und Verpflegung. Sie benötigen einen Parkpass und ggf. auch ein Übernachtungspermit *(Wilderness Pass)*. Sie befinden sich bei einigen Wanderungen in entlegenem Hochgebirgsgebiet, das auch Bärengebiet ist. Informieren Sie sich vor längeren Wanderungen über die Beschaffenheit des Trails. Machen Sie sich unterwegs bemerkbar, wandern Sie mehrtägig möglichst nicht alleine und unterrichten Sie eine Vertrauensperson über Ihre Wanderpläne und Rückkehrzeit.

🅗 GEBÜHREN YOHO NATIONAL PARK

Tagespass

- 💰 Erw. (17–64 J.): CAD 9,80, Sen. (65+): CAD 8,30, Kinder/Jugendl. (6–16 J.): CAD 4,90, Familien/Gruppen (bis 7 Pers.): CAD 19,60
- 🔥 Firepermit (inkl. Holz): CAD 8,80
- 💲 CAD 8,80

Jahrespass für 27 Nationalparks

- 💰 Erw. (17–64 J.): CAD 67,70, Sen. (65+): CAD 57,90, Kinder/Jugendl. (6–16 J.): CAD 33,30, Familien/Gruppen (bis 7 Pers.): CAD 136,40

Generelle Informationen

Generatoren dürfen nur zwischen 8–9:30 h und 17–19 h betrieben werden. Mountainbiking ist nur auf gekennzeichneten Wegen gestattet.

- 📞 Infos ganzj. 1-888-773-8888 (geb.frei)
- 📞 Park Warden: 1-888-927-3367 (geb.frei)
- 📞 Reservierung Lake O'Hara: 519-826-5391 oder 1-877-737-3783 (geb.frei)
- 📞 Infos und Reservierung backcountry camping in der Visitor Info Field: 250-343-6783
- 💰 Backcountry Wilderness Permit & Übernachten (pro Person): CAD 9,80, Saisonpass: CAD 68,70

🅗 YOHO NATIONAL PARK VISITOR INFO

- 📍 Hwy 1, Field
- 📞 250-343-6783
- 📞 Infos und Reservierung geführte Wanderung Burgess Shale: 1-877-737-3783 (geb.frei), weitere Infos siehe *"Highlights Field"*
- 🕐 Mai–Mitte Juni & Anf. Sept.–Mitte Okt.: 9–17 h, Mitte Juni–Anf. Sept.: 9–19 h, Mitte Okt.–April: geschlossen, NP-Pässe erhältlich Do–So im Friends of Yoho Store, Visitor Centre
- @ yoho.info@pc.gc.ca
- 🌐 www.pc.gc.ca/pn-np/bc/yoho/index.aspx

👁 WAPTA FALLS

Die drei Kilometer lange Abfahrt zum Parkplatz Wapta Falls ist nur für ostwärts Reisende ausgeschildert. Für westwärts Fahrende gilt: Fahren Sie ca. 3 km weiter zum Westende des Parks und drehen dort um.

"Wapta" stammt aus dem Sprachschatz der Stoney People und bedeutet "Fluss". An den Wasserfällen stürzt der Kicking Horse River in seiner vollen Breite etwa 30 Meter in die Tiefe.

Wie kam es zum Namen **Kicking Horse** (etwa: um sich tretendes Pferd)? Eigentlich ganz einfach: Nahe der Wapta Falls wurde 1858 der Entdecker James Hector auf seiner Erkundungstour durch das Gebiet von seinem Packpferd getreten. James Hector

Wapta Falls

fiel zu Boden und blieb regungslos liegen. Nachdem er wieder zu sich kam, wurde dieses unschöne Ereignis zum Namensgeber des Kicking Horse River und Kicking Horse Pass. Eine andere Legende berichtet, dass seine Mitreisenden dachten, der regungslos darniederliegende James wäre tot. Sie begannen daher, seine letzte Ruhestätte zu graben, als kurz vor der Beförderung in die ewigen Jagdgründe sein Auge zuckte. Die völlig überraschten Freunde flößten James daraufhin eine starke Tasse Kaffee ein, die ihn vollends ins Leben zurückholte. Da es diese Legende auch auf die Packung des Kicking Horse Kaffees gebracht hat, kann man über den Wahrheitsgehalt vielleicht streiten. Dass der Koffeingehalt dieser kräftigen Mischung durchaus die Lebensgeister wecken kann, ist allerdings (nach unserem mehrmaligen, intensiven Test) unbestritten und in jedem gut sortierten Supermarkt nacherlebbar.

🏕 Wandern

▶ **Wapta Falls**
- Parkplatz Wapta Falls
- 1,5 Stunden
- Leicht
- 2,3 km (einf. Strecke)
- 30 m

▶ **Hunter Lookout Trail**
Der Trail führt zu zwei ehemaligen Feuerwachtürmen.

- Hwy 1, gegenüber Abfahrt zu den Wapta Falls
- 3–4 Stunden
- Moderat
- 3,6 km (Mt. Hunter Lookout, einf. Strecke)
- 6 km (oberer Lookout, einf. Strecke)
- 400 m

🚐 HOODOO CREEK CAMPGROUND ⭐

Campground auf fast baumlosem Gelände mit fantastischem Panorama-Blick.
- Hwy 1, ca. 7 km ab Westeingang des Parks
- Ende Juni–Anf. Sept.

Nein	30	Ja
Nein	$	

🏕 Wandern und Mountainbiking

▶ **Hoodoos Trail**
Der Weg ist stellenweise steil und führt zu den bizarren Hoodoos.
- Hoodoos CG zwischen Loop F und T
- 3 Stunden
- Moderat, steil
- 2,6 km (einf. Strecke)
- 325 m

▶ **Ice River Trail/Mountainbike Trail**
- Parkplatz Hoodoos
- Moderat
- 17,5 km (einf. Strecke)
- Minimal

Hoodoo Creek Campground

👁 OTTERTAIL VALLEY

🚶 Wandern und Mountainbiking

▶ Ottertail Trail
Der Mountainbike Trail endet in der Nähe des McArthur Creek Zeltplatz, danach führt ein 3 km langer Wanderweg zu den **Ottertail Falls**. Ab Zeltplatz kann man auf weiteren 10 km über den **Goodsir Pass** in den benachbarten Kootenay National Park gelangen.

- ➡ Hwy 1
- ↩ Moderat

McArthur CG
- ➡ McArthur CG: 16 km (einf. Strecke)
- ↩ McArthur CG: 285 m

Ottertail Falls
- ➡ Ottertail Falls: 17,7 km (einf. Strecke)

Goodsir Pass
- ➡ Goodsir Pass: 25 km (einf. Strecke)
- ↩ Goodsir Pass: 1.015 m

Sie kommen nun zum Abzweig Emerald Lake Rd, wo eine gut befahrbare Seitenstraße zum **Emerald Lake** in einer fantastischen Berglandschaft gelegen, führt. Zwar lässt schon der oft überfüllte Parkplatz ahnen, dass der See eine vielbesuchte Attraktion ist, aber schon nach einer kurzen Wanderung entlang des Sees hat man die tolle Aussicht und den ruhig liegenden See ganz für sich alleine.

Auf der Rückfahrt kurz vor Erreichen des Trans-Canada Hwy 1 sollten Sie noch zur **Natural Bridge** gehen, wo der Kicking Horse River in Jahrtausenden eine pittoreske Felsenbrücke geformt hat.

Wieder auf dem Trans-Canada Highway 1 erreichen Sie kurze Zeit später die Visitor Information des Parks und **Field**. Dieser kleine, etwas verträumt wirkende Ort vor einer grandiosen Bergkulisse verdankt seine Existenz der Eisenbahn, die auch noch heute der wichtigste Wirtschaftsfaktor ist – sichtbar an dem breiten Gleisbett und den unendlich langen Zügen, die dort auf die Weiterfahrt warten. Fast verschwindet das kleine Örtchen hinter den zahlreichen Waggons.

Östlich von Field beginnt die gigantische Konstruktion der Spiraltunnel, die es den Zügen ermöglicht, die Höhenunterschiede in den Rockies zu meistern. Der **Spiral Tunnel Viewpoint** östlich der Ortschaft erklärt anschaulich das Prinzip der Tunnelkonstruktion.

EMERALD LAKE & NATURAL BRIDGE ★

Etwa drei Kilometer westlich von Field zweigt die acht Kilometer lange, asphaltierte und ganzjährig befahrbare Emerald Lake Road ab. Bereits nach kurzer Strecke kommt man zum Naturphänomen **Natural Bridge**. "Schuld" an dieser pittoresken Felsenbrücke ist der wilde, wasserreiche Kicking Horse River, der in Jahrtausenden diese sehenswerte Steinbrücke geschliffen hat. Kurze Zeit später erreicht man den 1.302 Meter hoch gelegenen **Emerald Lake**, der zu den meistbesuchten Attraktionen des Yoho National Parks gehört.

Der See wurde vom Bergführer Tom Wilson 1882 entdeckt, als er nach einer Gruppe verirrter Pferde suchte und dabei auf den smaragdfarbenen *(emerald)* See stieß. Durch die Ende des 19. Jahrhunderts gebaute Eisenbahnstrecke wurde der See rasch zu einer Attraktion, sodass die CPR 1902 die ersten Hütten am See baute. Zwei Jahre später entstand eine befahrbare Straße vom Kicking Horse Tal zum See, die den Namen "Snow Peak Avenue" trug. 1986 unterzog man die Gebäude einer gründlichen Renovierung, heute bietet die **Emerald Lake Lodge** gemütliche Chalets, ein Restaurant und für Tagestouristen Getränke, Snacks und Souvenirs an.

Im Winter ist Ski-Langlauf populär, im Sommer kann man per Kanu über den See schippern oder eine Wanderung in die grandiose Bergwelt unternehmen.

> 💡 Wohnmobilfahrer sollten zeitig am Parkplatz eintreffen und ggf. die Besichtigung der Natural Bridge auf die Rückfahrt verschieben, denn der Emerald Lake steht auf dem Programmplan vieler Bustour-Anbieter und der Parkraum für größere Fahrzeuge (RVs) ist begrenzt.

🏃 Wandern

▶ Emerald Lake Rundweg
Der Trail ist bis zur Brücke am hinteren Ende des Sees rollstuhlgeeignet. Länge: 2,3 km (einf. Strecke), danach geht es entlang des Sees weiter über Stock und Stein zurück zur Lodge.
- Parkplatz Emerald Lake
- 2 Stunden
- Leicht
- 5,2 km (Rundweg)
- Minimal

▶ Emerald Basin
Man wandert den o.g. Trail bis zum Ende des Sees, dort zweigt der Weg zum Emerald Basin ab. Nach einem steilen Aufstieg endet er unterhalb von Gletscherzungen.

Emerald Lake

Natural Bridge

- Parkplatz Emerald Lake
- 3–4 Stunden
- Moderat
- 4,6 km (einf. Strecke)
- 225 m

▶ Hamilton Falls & Hamilton Lake

Bis zu den Falls ist der Trail einfach zu wandern, danach geht es steil weiter bis zum malerisch liegenden Hamilton Lake.

- Parkplatz Emerald Lake

Hamilton Falls
- 30 Minuten
- Leicht
- 0,8 km (einf. Strecke)
- Minimal

Hamilton Lake
- 3–4 Stunden
- Moderat
- 5,5 km (einf. Strecke)
- 850 m

☗ Mountainbiking

▶ Amiskwi Trail
- Emerald Lake Road/Natural Bridge
- 18,8 km (einf. Strecke)

▶ Kicking Horse Trail
- Amiskwi Trail
- 4,5 km (einf. Strecke)

▶ Otterhead Trail
- Kicking Horse Trail
- 8 km (einf. Strecke bis Tocher Ridge Jct.)

🏠 Übernachten

🏠 Emerald Lake Lodge
- Am Ende der Emerald Lake Rd
- 250-343-6321 oder 1-800-663-6336 (geb.frei)
- ellmanager@crmr.com
- www.crmr.com/emerald
- Ganzj.
- ***

🏙 FIELD 🛈✕🍴🛏

	Golden	74 km
	Lake Louise	24 km
👪	Stadt	ca. 200
❄❄	-10 °C	
☀	+13 °C	
〰〰	1.243 m	
⬭	Stadt	3,53 km²

Das Städtchen Field liegt inmitten des Yoho National Parks am Trans-Canada Hwy 1 zu

Füßen des Mount Stephen und im Tal des Kicking Horse River. Field verdankt seine Existenz der Canadian Pacific Railway, die hier ab 1880 für die Arbeiter des Eisenbahnbaus Unterkünfte errichtete. Mit Fertigstellung der Eisenbahnlinie kamen die ersten Touristen, es wurden Unterkünfte gebaut und Wanderwege angelegt. Und mit den Touristen kam das dringend benötigte Kapital. Erfahrene Schweizer Bergführer wurden angestellt, um die meist ungeübten, oft aber wohlhabenden Touristen sicher durch die Berge zu geleiten. 1886 errichtete die CPR in Field das **Mount Stephen House** für die Versorgung und Übernachtung der betuchten Reisenden. Bald entstanden auch Lodges in abgelegeneren Gebieten am Lake O'Hara, Emerald und Wapta Lake und im Yoho Valley. Doch der Erste Weltkrieg forderte seine Opfer, die Besucher blieben aus, das Mount Stephen House wurde ein Hostel und 1963 abgerissen. Benannt wurde Field zu Ehren des amerikanischen Investors Cyrus Field, den die CPR um Kapital anfragte – investiert hat er sein Geld hier allerdings nie.

Auch heute dominieren in Field Bahngleise und endlos lange Züge vor einer prächtigen Bergkulisse. Nur wenig vom gemütlichen "Städtle" ist vom Highway aus sichtbar, einen kurzen Besuch sollte man Field aber abstatten.

Field

🚩 **YOHO NATIONAL PARK VISITOR INFO**

✉ *Hwy 1, Field*
☎ *250-343-6783*
☎ *Infos u. Reservierung geführte Wanderung Burgess Shale: 1-800-343-3006 (geb.frei), weitere Infos ▶ "Highlights Field"*
🕐 *Mai–Mitte Juni & Anf. Sept.–Mitte Okt.: 9–17 h, Mitte Juni–Anf. Sept.: 9–19 h, Mitte Okt.–April: geschlossen, NP-Pässe erhältlich Do–So im Friends of Yoho Store, Visitor Centre*
@ *yoho.info@pc.gc.ca*
🌐 *www.pc.gc.ca/pn-np/bc/yoho/index.aspx*

👁 **Highlights**

▶ **Burgess Shale Touren**

1909 wurden vom Paläontologen Charles Walcott im Bereich **Mt. Burgess** und **Mt. Wapta** etwa 515 Mio. Jahre alte Fossilien von über 120 Meerestieren, in Burgess-Schwarzschiefer *(Burgess Shale)* eingebettet, gefunden. Ein weiterer Fundort war im **Raymond Quarry** (Steinbruch) am Mt. Stephen östlich von Field. Die Funde zählen seit 1981 zum UNESCO-Weltkulturerbe. Burgess-Schiefer gilt unter Paläontologen und Paläoökologen als "Schatzkammer" und ist weltweit einzigartig. Fundstücke sind in den Informationszentren in Field und Lake Louise ausgestellt. Touren werden von der Geoscience Foundation und Nationalparkverwaltung angeboten.

Burgess Shale Geoscience Foundation

Bitte **unbedingt** reservieren, die Teilnehmerzahl ist auf 15 Personen beschränkt. Alle Personen **müssen** eine Verzichtserklärung ausfüllen und dem Führer aushändigen. Es müssen extreme Höhenunterschiede bewältigt werden, daher sollte man fit sein. Achten Sie auf wetterfeste Kleidung, Versorgung und feste Schuhe, ein Ski- oder Wanderstock kann hilfreich sein. Es werden noch weitere Touren, z. B. für Kinder und Senioren, angeboten.

📻 Nach Überqueren der Brücke li auf die 2rd Rd
und weiter bis zur Kicking Horse Ave

✉ 201 Kicking Horse Ave, Field

☎ 250-343-6006

☎ Reservierung: 1-800-343-3006 (geb.frei) Mo–Fr
10–15:30 h

🕐 Mo–Fr 10–15 h

🌐 www.burgess-shale.bc.ca

Burgess Shale/Walcott Quarry

➡ *Treffpunkt: Yoho Trading Post/Hwy 1, Juli–Anf.
Sept. Fr–Mo 8 h*

🕐 *11 Stunden*

➡ *Moderat bis schwierig*

➡ *21 km (Rundweg)*

➡ *825 m*

💰 *Pro Person: CAD 126*

Mount Stephen Fossilienbett

➡ *Treffpunkt: Yoho Trading Post/Hwy 1, Ende Juni–
Mitte Sept. Sa & So 8:30 h*

🕐 *8 Stunden*

➡ *Schwierig*

➡ *8 km (Rundweg)*

➡ *795 m*

💰 *Erw.: CAD 94,50, Kinder (bis 12 J.): CAD 44,
Stud.: CAD 65*

💡 Weitere Touren werden angeboten,
Näheres auf der Internetseite.

💡 Vor kurzem entdeckte man im Kootenay National Park ebenfalls Fossilien
im Burgessschiefer am Fuße des Mt. Stanley. Weitere Informationen siehe S.204.

Führungen Nationalparkverwaltung

☎ *Reservierung Burgess Shale Tour: 1-877-737-
3783 (geb.frei) oder in der Visitor Info Field*

💰 *Reservierungsgebühr: CAD 11 (online), CAD 13,50
(telefonisch) wird nicht erstattet*

🌐 *www.pc.gc.ca/eng/pn-np/bc/yoho/natcul/
burgess.aspx*

Mount Stephen Fossilienbett

Für Kinder unter 8 Jahren nicht geeignet.

➡ *Treffpunkt: Yoho Visitor Info*

🕐 *7 Stunden*

➡ *7 km Rundweg*

➡ *800 m*

🕐 *7 h; Juni–Anf. Juli Fr, Mitte Juni–Mitte Sept. Sa–Mo*

💰 *Mt. Stephen Fossil Beds: Erw.: CAD 55, Sen.:
CAD 46,75, Kinder/Jugendl.: CAD 27,50*

Walcott Quarry

Der Steinburch *(quarry)* liegt entlang des
Bergrückens Mt. Wapta, man befindet
sich oberhalb der Baumgrenze. Auch diese Tour ist für Kinder bis 8 Jahre nicht
geeignet.

➡ *Treffpunkt: Takakkaw Falls Ende Yoho Valley Rd*

🕐 *10 Stunden*

➡ *22 km Rundweg*

➡ *825 m*

🕐 *Mitte Juli–Anf. Sept. Mi & Fr–Mo 7 h*

💰 *Geführte Touren Walcott Quarry: Erw.: CAD 70,
Sen.: CAD 59,50, Kinder (8–16 J.): CAD 35*

❗ Die beiden letztgenannten Touren der
NP-Verwaltung unbedingt reservieren,
es werden nur 12 Personen pro Tour angenommen.

🏛 Übernachten

Einige Privathäuser bieten **B&B** an, Infos in
der Visitor Information oder unter

🌐 *www.field.ca/accommodations*

🏨 Cathedral Mountain Lodge

Komfortabel eingerichtete Cabins, teils mit
offenem Kamin, Frühstück ist inklusive.

✉ *Yoho Valley Rd, 6 km östl. v. Field*

☎ *250-343-6442 oder 1-866-619-6442 (geb.frei)*

🕐 *Ganzj.*

⭐ *★★★*

@ *info@cathedralmountain.com*

🌐 *www.cathedralmountain.com*

🏨 Kicking Horse Lodge (Truffle Pigs Bistro)

Man übernachtet in modern eingerichteten
Zimmern oder Suiten mit Küchenzeile.

✉ *Field, Downtown*

☎ *250-343-6303*

🕐 *Ganzj.*

⭐ *★★–★★★*

@ *oink@trufflepigs.com*

🌐 *www.trufflepigs.com*

🏨 Fireweed Hostel

Im Hostel übernachtet man in Mehrbettzimmern oder Suiten, Küche und Laundry
sind vorhanden.

Field, Downtown

☎ *250-343-6999 oder 1-877-343-6999 (geb.frei)*

🕐 *Ganzj.*

💰 **–***

@ *info@fireweedhostel.com*

🌐 *www.fireweedhostel.com*

🚐 Monarch & Kicking Horse Campground ★

Die Stellplätze auf dem Monarch CG (kein Lagerfeuer) bieten einen grandiosen Blick. Auf dem Kicking Horse CG sind alle Stellplätze bewaldet mit viel Privatsphäre.

📍 *Abfahrt v. Trans-Canada Hwy 1 ca. 3 km östl. v. Field*

🏠 *Yoho Valley Rd, Field*

🕐 *Monarch: Anf.–Ende Mai, Ende Juni–Anf. Sept.*

🕐 *Kicking Horse: Ende Mai–Mitte Okt.*

📶 *Nein*

🛏 *Monarch: 44, Kicking Horse: 88*   ✅ *Ja*

🛏 *Kicking Horse: Ja*

💰 *$*   🔥 *Kicking Horse: CAD 8,80*

*Eine besondere Sehenswürdigkeit bieten wir als Nebenstrecke an – die Fahrt zu den 254 Meter hohen **Takakkaw Falls**. Die Zufahrt über die Yoho Valley Rd/ Takakkaw Rd (nur im Sommer befahrbar) ist mit längeren Wohnmobilen nicht einfach, doch mit etwas Geschick und Geduld ist die kurvenreiche Strecke zu meistern. Wer gut zu Fuß oder Biker ist, kann sein Fahrzeug am Beginn der Yoho Valley Rd abstellen und zu den Wasserfällen wandern oder radeln.*

Nebenstrecke ins Yoho Valley & zu den Takakkaw Falls

	km
Trans-Canada Hwy1/Abzweig Yoho Valley Rd	0
Upper Spiral Tunnel Viewpoint	2
Takakkaw Falls	13
Yoho Valley	13
Zurück zum Trans-Canada Hwy 1	26

Spannend ist die Nebenstrecke ins **Yoho Valley** und zu den **Takakkaw Falls**, da

Fahrer eines Wohnmobils erst einmal Ihre Fahrkünste unter Beweis stellen müssen. Das schöne Yoho Valley ist ein beliebtes Wandergebiet, das allerdings auch die Heimat von Grizzlys und Schwarzbären ist. Die 13 Kilometer lange Yoho Valley Road (auch: Takakkaw Rd) zweigt vier Kilometer östlich von Field vom Trans-Canada Hwy 1 ab. Am Beginn dieser asphaltierten, kurvenreichen, stellenweise steilen und engen Straße kommt man an den beiden Campgrounds **Monarch** und **Kicking Horse** und an der **Cathedral Mountain Lodge** vorbei.

Bitte beachten Sie: Die Yoho Valley Road ist für Trailer gesperrt, ein Parkplatz befindet sich am Beginn der Straße. Geöffnet ist sie von ca. Mitte Juni bis Anfang/ Mitte Oktober. Nach der Hälfte der Fahrt kommt man zu einer Kehre, wo man mit Fahrzeugen ab sieben Metern Länge die **Bustaktik** anwenden muss: Fahren Sie ab der ersten Kehre das kurze, gerade Stück bis zur zweiten Kehre rückwärts, dann wieder vorwärts problemlos weiter.

> ❗ Lassen Sie sich nicht von der Weite der ersten Kehre verleiten, diese doch vorwärts zu durchfahren, sondern fahren Sie den kurzen Straßenabschnitt unbedingt rückwärts!

Am Ende der Straße erreicht man den Parkplatz Takakkaw Falls im fantastischen Yoho Tal, das inmitten der Berge liegt und ideale Wandermöglichkeiten bietet. Hier sind auch Schwarzbären und Grizzlys beheimatet, daher sollte man auf dem Backcountry-Zeltplatz unbedingt auf eine bärensichere Aufbewahrung der Lebensmittel achten. Ferner sollte man geräuschvoll und mit möglichst mehreren Personen wandern.

Bemerkung: Einige Zeltplätze auf den Trails können (gegen Gebühr) reserviert werden, Näheres in der Visitor Info Field.

👁 UPPER SPIRAL TUNNEL VIEWPOINT

Kurz nach dem Beginn der Yoho Valley Road kommen Sie zum Upper Spiral Tunnel Viewpoint und blicken hier auf den oberen Ein- bzw. Ausgang des Spiraltunnels. Vielleicht werden Sie Zeuge, wenn ein Zug in den Tunnel fährt oder aus dem Tunnel kommt. Der Aussichtspunkt ist nur während der Öffnungszeiten der Yoho Valley Road erreichbar. Ein weiterer Aussichtspunkt **Lower Spiral Tunnel Viewpoint** liegt am Trans-Canada Hwy 1 östlich von Field.

👁 TAKAKKAW FALLS ⭐

Am Ende der Fahrstraße nach dem **Whiskey Jack Hostel** erreichen Sie den Parkplatz **Takakkaw Falls** mit schönem Picknickplatz. Der Name des Wasserfalls stammt aus dem Wortschatz der Cree First Nations und bedeutet etwa: "prächtig", womit passend die Takakkaw Falls beschrieben sind. Ein kurzer Wanderweg führt zu den grandiosen Wasserfällen, die beste Foto-Sicht haben Sie allerdings von einem Aussichtspunkt nahe der Brücke über den Yoho River. Die Gesamthöhe der zweithöchsten kanadischen Wasserfälle, die vom Wasser des Daly Gletschers gespeist werden, beträgt 384 Meter, die freie Fallhöhe 254 Meter.

🚶 Wandern

▶ Iceline Trail

Der Iceline Trail führt über das Little Yoho Tal oder den Celeste Lake. Er verläuft am unteren Ende diverser Gletscherfelder. Am Westende des Little Yoho Valley befindet sich der **Little Yoho Campground** und die **Stanley Mitchell Hütte** des *Alpine Club of Canada*.

Takakkaw Falls

🚐 *Whiskey Jack Hostel, Yoho Valley Rd*
🕐 *8–9 Stunden/2 Tage*
🔴 *Moderat bis schwierig*
🔴 *Über Little Yoho Valley: 20,8 km (Rundweg)*
🔴 *Über Celeste Lake: 17,5 km (Rundweg)*
🔴 *695 m (über Celeste Lake), 710 m (über Yoho Valley)*
🔵 *Little Yoho Campground (km 10,4, 10 Zeltplätze)*

Reservierung und Informationen
📞 *Reservierung: 403-678-3200*
📞 *Wilderness Pass & Zeltplatzreservierung:*
   250-343-6783
@ *Infos: info@alpineclubofcanada.ca*
🌐 *www.alpineclubofcanada.ca*
❌ *★*

🏛 Übernachten

🏛 Hi Yoho Park Whiskey Jack Hostel
Das einfach ausgestattete Hostel bietet Platz für 27 Personen in Mehrbettzimmern, Duschen sind vorhanden.
🟢 *Yoho Valley Rd, ca. 1 km südl. der Takakkaw Falls*
📞 *Reservierung: 1-866-762-4122 (geb.frei)*
🌐 *www.hihostels.ca*
🟢 *Mitte Juni–Ende Sept.*
🟢 *Ja*
❌ *★*

🏕 Takakkaw Falls (walk-in) Zeltplatz
Für den Gepäcktransport (300 m bis zum Zeltplatz) steht eine Karre bereit.
📍 *Am Ende der Yoho Valley Rd*
🟢 *Ende Yoho Valley Rd*
🟢 *Ende Juni–Mitte Okt.*
🟢 *Nein*   🟢 *Nein*   🔵 *35*
❌ *$*

🌲 YOHO VALLEY

Sie befinden sich nun, am Parkplatz Takakkaw Falls angekommen, am Ende der Fahrstraße im landschaftlich beeindruckenden Yoho Valley. Vom Yoho River begleitet, führt der Weg noch weiter bis zum Ende des Tals zu den Twin Falls und dem **Historic Twin Falls Chalet**. Entlang des Trails beginnen noch weitere Wanderungen mit fantastischen Ausblicken.

🚶 Wandern

▶ Yoho Pass zum Emerald Lake
Der Trail führt zum Yoho Lake und weiter über den Yoho Pass zum Emerald Lake.
🚐 *Takakkaw Falls Parkplatz*
🕐 *7–8 Stunden/2-Tages-Tour*
🔴 *Moderat, stellenweise steil*
🔴 *13 km (einf. Strecke)*
🔴 *530 m*
🔵 *Yoho Lake (8 Zeltplätze)*

▶ Laughing Falls Trail
Die Wasserfälle sind 30 m hoch, ein Zeltplatz ist in unmittelbarer Nähe.
🚐 *Parkplatz Takakkaw Falls*
🕐 *2–3 Stunden*
🔴 *Leicht bis moderat*
🔴 *3,9 km (einf. Strecke)*
🔴 *60 m*
🔵 *Laughing Falls (8 Zeltplätze)*

▶ Twin Falls Trail
Die beiden Wasserfälle stürzen aus zwei Felsenbetten ca. 80 m in die Tiefe. Das Twin Falls Chalet und der Twin Falls Campground liegen in der Nähe.
🚐 *Parkplatz Takakkaw Falls*
🕐 *6–7 Stunden/2 Tage*
🔴 *Moderat*
🔴 *7,9 km (einf. Strecke)*
🔴 *300 m*
🔵 *Twin Falls (8 Zeltplätze)*

🏛 Übernachten

🏛 Twin Falls Chalet
Das Historic Twin Falls Chalet, ursprünglich Twin Falls Tea House, wurde 1908 von der Canadian Pacific Railway gebaut und in den 1920er-Jahren erweitert. Der gesamte Komplex ist Eigentum von Parks Canada, sein offizieller Name ist seit der Ernennung 1992 zur Historic Site *"Twin Falls Tea House National Historic Site of Canada"*. Es wird heute privat bewirtschaftet, sein Betreiber nannte das Twin Falls Tea House 1962 um in Twin Falls Chalet.

Bemerkung: Auf Strom, Handy-Empfang und fließendes Wasser muss verzichtet werden. Es bietet Platz für 14 Personen.

🅟 8 km ab Parkplatz Takakkaw Falls
🅟 290 m
☏ 403-228-7079
🌐 www.twinfallschalet.ca
🕐 Juli–Anf. Sept.
🅿 Ja, dringend empfohlen
✷ *** (alle Mahlzeiten inkl., keine Kreditkarten)

Wenn Sie Ihre Tour ins Yoho Valley beendet haben, werden bei den Wohnmobilfahrern erneut Fahrkünste gefordert, da die Kehre in der Mitte der Wegstrecke nun in umgekehrter Richtung gefahren werden muss.

Ende der Nebenstrecke

....

Wieder zurück auf dem Trans-Canada Hwy 1 geht es weiter Richtung Osten zum schon erwähnten **Spiral Tunnel Viewpoint**.

Kurz vor Verlassen des Yoho National Parks, der auf dem Kicking Horse Pass nahtlos in den Banff National Park übergeht, zweigt die nicht öffentliche Straße (Gravel) zum **Lake O'Hara** ab. Zu diesem abseits liegenden, wunderschönen Fleckchen Erde, das wir als Ausflug anbieten, kommt man nur per Pendelbus oder zu Fuß, für Biker und private Fahrzeuge ist die Straße gesperrt.

👁 SPIRAL TUNNEL VIEWPOINT ★

Am **Lower Spiral Tunnel Viewpoint** wird auf Infotafeln die Geschichte, der Bau und der Verlauf des spektakulären Spiraltunnels erklärt. Um das gigantische Bauwerk tatsächlich zu realisieren, waren von 1907 bis 1909 etwa 1.000 Arbeiter beschäftigt, es mussten 54.000 m³ Felsen weichen. Kosten: CAD 1,5 Mio.

Es bietet sich ein Blick zum Ein- und Ausgang des Lower Spiraltunnels durch den Mount Ogden. Einen Verlauf des Tunnels können Sie sich auf der Internetseite ansehen.

🚗 Hwy 1, ca. 8 km östl. v. Field
🌐 www.seitnotiz.de/NPRKA9

👁 WAPTA LAKE

Der Wapta Lake mit kleiner Picknickanlage und der West Louise Lodge liegt direkt am Trans-Canada Hwy 1 in 1.586 Meter Höhe. "Wapta" kommt aus dem Sprachschatz der Stoney Indians und bedeutet "Fluss" und der Fluss, der dem Wapta

Highway 1 östlich von Field

Lake O'Hara

Lake entspringt, ist der schon bekannte Kicking Horse River.

🚶🌲 Wander- und Bikemöglichkeiten

▶ Sherbrooke Lake Trail
Der Trail steigt stetig steil an bis zum wunderschön gelegenen See, der vom Wapta Icefield gespeist wird.
- 🅟 *Picknickplatz am Wapta Lake*
- 🕐 *2 Stunden*
- ◐ *Moderat*
- ◐ *3,1 km (einf. Strecke)*
- ◐ *165 m*

▶ Paget Lookout Trail
Der Trail ist anfangs identisch mit dem o.g. Trail und verlässt diesen nach ca. 1,4 km. Danach geht es steil bergauf durch subalpines Gebiet und über Geröllfelder.
- 🅟 *Picknickplatz am Wapta Lake*
- 🕐 *2,5 Stunden*
- ◐ *Moderat, anstrengend*
- ◐ *3,5 km (einf. Strecke)*
- ◐ *520 m*

▶ Great Divide Route nach Lake Louise (Mountainbike-Tour)
- ◐ *Wenige hundert Meter östl. d. Wapta Lake/ Beginn Lake O'Hara Rd*
- ◐ *10,5 km (einf. Strecke)*
- ◐ *520 m*

Ausflug zum Lake O'Hara

	km
Trans-Canada Hwy 1/Abzweig Lake O'Hara Rd	0
Lake O'Hara	11
Zurück zum Trans-Canada Hwy 1	22

👁 LAKE O'HARA

Dieses Fleckchen Erde gehört sicherlich zu den besonders schützenswerten Paradiesen auf dieser Erde. Man wird, oben angekommen, mit einer paradiesischen Aussicht am türkisfarbenen Lake O'Hara in 2.034 m Höhe belohnt. **Übrigens:** Wer zum See wandert, kann ohne Reservierung mit dem Bus (wenn Plätze frei sind) gegen Gebühr wieder zurückfahren. Mountainbiking ist nicht erlaubt, Hunde können angeleint mitgeführt werden, sind aber im Shuttle-Bus und auf dem Campground nicht erlaubt.

Um die empfindliche Flora zu schützen, ist die Zufahrtstraße für den öffentlichen Verkehr gesperrt. Outdoor-Fans schätzen besonders die Kletter- und Wandertouren vom See in die Abgeschiedenheit der Hochgebirgswelt, wie z. B. über den Abbot Pass in den Banff National Park. Man sollte sich aber vor einer Tour über die notwendige Ausrüstung, den Trailzustand usw. informieren (Warden Station am See oder Visitor Info). Im Winter ist Langlauf möglich, allerdings verkehrt dann kein Shuttle-Bus. Der Shuttle-Bus befördert im Sommer (Mitte Juni bis Sept./Anf. Okt.) aktuell 42 Tagesbesucher zum See, einige Plätze werden täglich frei vergeben. Eine Reservierung ist möglich und zwingend nötig ab drei Monate vor Antritt per Telefon, dies gilt auch für den Nationalpark-Zeltplatz.

Es bestehen Gepäck-Beschränkungen für Gewicht und Größe (aktuell: max. 25 kg/97 cm lang/zwei Gepäckstücke pro Person). Bitte informieren Sie sich bei der Anmeldung oder Reservierung über alle Detail-Bestimmungen wie z. B. Stornierung.

Hinweis: Man benötigt einen Nationalpark-Pass, dieser kann auch beim Shuttlebus-Fahrer gekauft werden.

Bus-Shuttle und Zeltplatzübernachtung

Reservierung Bus-Shuttle
☎ 1-519-826-5391 (international) oder
1-877-737-3783 (geb.frei)
🌐 https://reservation.pc.gc.ca

Reservierung Übernachtung (Camping & Bus)
☎ 250-343-6433

Bus-Shuttle
20 Minuten vor Abfahrt an der Bushaltestelle einfinden!
🕐 Hinfahrt: Mitte Juni–Anf. Okt. tägl. 8:30, 10:30, 15:30, 17:30 h (ab Ende Juni)
🕐 Rückfahrt: Mitte Juni–Anf. Okt. tägl. 9:30, 11:30, 14:30, 16:30, 18:30 h (Ende Juni–Anf. Okt.)
💰 Zelten ab 17 J.: $, für Jahres-Wilderness-Pass Inhaber keine Gebühr
💰 Bus-Shuttle Hin- u. Rückfahrt: Erw.: CAD 14,70, Kinder (6–16 J.): CAD 7,30, Reservierungsgebühr: 1–2 Personen: CAD 4,50 (online), CAD 6,25 (tel.), ab 3 Pers.: CAD 11 (online), CAD 13,50 (tel.), Stornierung oder Änderungen ebenfalls bis CAD 11/CAD 13,50
💰 Bus-Shuttle nur Rückfahrt: Erw.: CAD 9,75, Kinder (6–16 J.): CAD 4,75
🌐 www.pc.gc.ca/eng/pn-np/bc/yoho/natcul/ohara/reserve.aspx

🚶 Wandern

Bitte beachten Sie: Für das abgelegene Wandergebiet müssen Sie bestens ausgerüstet, fit und für Trails über die Pässe auch hochgebirgserfahren sein. Viele Abschnitte können ganzjährig schneebedeckt, in schlechtem Zustand oder überwuchert sein. Wichtig sind wetterfeste Kleidung und Schuhe, Sonnenschutz, evtl. spezielle Ausrüstung (für Klettertouren) und ausreichende Versorgung. Bedenken Sie auch, dass eine beachtliche Anzahl Grizzlys und weitere Wildtiere hier heimisch sind.

► Lake O'Hara Shoreline Trail
Der Trail führt entlang des Lake O'Hara und bietet fantastische Ausblicke.
⊙ O'Hara Warden Cabin
🕐 1 Stunde
⊙ Leicht
⊙ 2,8 km (Rundweg)
⊙ Minimal

► Lake O'Hara Trail
Der Trail führt entlang der Shuttlebus-Route zum See, keine Beschränkungen für Wanderer. Wer auf dem Zeltplatz übernachten möchte, muss reservieren.
⊙ Bushaltestelle/Parkplatz Beginn Lake O'Hara Rd
🕐 4 Stunden
⊙ Moderat
⊙ 11 km (einf. Strecke)
⊙ 400 m

🏠 Übernachten

🏠 Lake O'Hara Lodge
Die Preise beinhalten Mahlzeiten und Shuttle-Bus (Sommer), im Winter geht es per Ski oder Skischuhe zur Lodge. Es können Zimmer und Cabins gemietet werden. Auf Mobiltelefon & TV muss verzichtet werden.
☎ 250-343-6418, nach Saisonende 403-678-4110
🌐 www.lakeohara.com
🕐 Sommersaison: Mitte Juni–Anf. Okt.
🕐 Wintersaison: Ende Jan.–Anf. April
⊙ ***

🏠 Elizabeth Parker und Abbot Pass Hütte
Beide Hütten werden vom *Alpine Club of Canada* verwaltet. Die Elizabeth Parker Hütte

(2.040 m, 24 Schlafplätze im Sommer, 20 im Winter) liegt in Seenähe. Die Abbot Pass Hütte (2.926 m, 24 Schlafplätze) auf dem gleichnamigen Pass erreicht man nur nach einer schwierigen Hochgebirgstour.

Reservierung (nicht per E-Mail) und Info
☎ 403-678-3200 ext. 0
@ info@alpineclubofcanada.ca
🌐 www.alpineclubofcanada.ca
🕐 Elizabeth Parker Hütte: ganzj.
🕐 Abbot Pass Hütte: im Winter geschlossen
♿ Ja
💰 *

🏕 **Lake O'Hara Zeltplatz**
📍 Lake O'Hara Rd, ca. 1 km unterhalb des Sees
🕐 Mitte Juni–Ende Sept.
♿ Ja   📶 Nein   ⛺ 30
💰 $

Ende des Ausflugs

Sie kommen nun zur **Kicking Horse Pass National Historic Site**, *verlassen den Yoho National Park und tauchen nahtlos ein in den* **Banff National Park**, *gleichzeitig markiert der Pass auch die Grenze zwischen British Columbia und Alberta.*
Und schon kommt nach wenigen Kilometer das nächste Highlight der Route, **Lake Louise**, *der bekannte Ort am gleichnamigen See. Hier gibt es ebenfalls wieder viele sehenswerte Fleckchen wie z. B. das bekannte Postkartenmotiv* **Lake Louise – der See** *oder den etwas abseits liegenden, sehenswerten* **Moraine Lake** *im Tal der zehn Gipfel* **Valley of the Ten Peaks**.

👁 KICKING HORSE PASS NATIONAL HISTORIC SITE

Der Trans-Canada Hwy 1 und die Canadian Pacific Railway passieren den 1.627 Meter hohen **Kicking Horse Pass**, der 1971 zur *Historic Site* erklärt wurde. Für die CPR ist dies der höchste Punkt der gesamten Strecke. Gleichzeitig bildet er die Grenze zwischen dem Yoho und Banff National Park und den Provinzen Alberta und British Columbia.
Entdeckt wurde der Pass während der Palliser Expedition in den Jahren 1857 bis 1860 unter der Führung des Iren John Palliser. Während dieser Expedition sollte der Westen Kanadas kartografisch erfasst und eine geeignete Route für die Canadian Pacific Railway gefunden werden.

🌲 BANFF NATIONAL PARK

Der Banff National Park ist weltweit der bekannteste Nationalpark im Westen Kanadas. Er liegt 130 Kilometer westlich von Calgary in der Provinz Alberta. 1885 gegründet, ist dies der älteste Nationalpark Kanadas und seit 1985 auch Teil der UNESCO *Canadian Rocky Mountains World Heritage Site*. Die schroffen Felswände, wunderschönen, türkisfarbenen Seen inmitten einer fantastischen Bergkulisse und tiefe, endlose Wälder sind einmalig und fesseln jährlich mehrere Millionen Besucher. Weitgehend unerforschte Gletscherfelder wie das Waputik, Wapta, Freshfield, Lyell und Teile des **Columbia Icefields** liegen im Park, der auch Heimat zahlreicher Tierarten (u.a. Schwarzbären, Grizzlys, Wölfe, Berglöwen und Elche) ist.
Früher waren hier Stoney/Nakoda First Nations heimisch, die Pelzhandel betrieben und den frühen Entdeckern David Thompson und Simon Fraser Wege über die Rocky Mountains zeigten. Im 20. Jahrhundert kamen die ersten Europäer, die eine geeignete Strecke für die Canadian Pacific Railway nach Westen suchten. Während des Baus der CPR stießen 1883 drei Arbeiter (Frank McCabe, Tom und William McCardell) auf heiße Quellen im östlichen Teil der Rockies, welches im Juni 1885 von der kanadischen Regierung zum Schutzgebiet erklärt wurde – dies war die Geburtsstunde des Banff National Parks. In den 1930er-Jahren wurde eine Straße von Banff nach Jasper gebaut, 1965 war dann auch der Trans-Canada Hwy 1 durch einen Teil des Parks fertig.

Tierbrücken im Banff National Park

Die Route im Banff National Park

Der Trans-Canada Hwy 1 verläuft im Süden des Parks entlang des Bow River und im Norden entlang des wilden Saskatchewan River. Picknickplätze laden ein zum Veweilen, Wanderwege beginnen, wunderschön liegende Campgrounds bieten Übernachtungsmöglichkeiten und Natur-Sehenswürdigkeiten sind zu besichtigen. Beidseitig wurden entlang des Highways von Banff nach Lake Louise zum Schutz vor Tierkollisionen Zäune gezogen, damit die Tiere aber trotzdem das Hindernis Highway überqueren können, wurden Brücken und Unterführungen gebaut.

Parallel zum Trans-Canada Hwy 1 verläuft von Banff bis Lake Louise der **Bow Valley Parkway** (Hwy 1A). Auf dem Bow Valley Parkway geht es geruhsamer vorwärts, die Höchstgeschwindigkeit beträgt 60 km/h. Es bestehen gute Chancen, hier einen Bären oder Elch zu sichten. Elche sind allerdings sehr scheu, leider leben auch nur noch ca. 70 Elche im Banff National Park. Den Wapitis begegnet man auch in Ortschaften und auf Campgrounds, sie sind erkennbar an einem hellen Hinterteil. Der Name Wapiti bedeutet in der Native-Sprache übersetzt durchaus passend *weißes Hinterteil*. Dickhornschafe sind besonders häufig am Straßenrand zu sehen. Über weite Strecken verläuft der Bow Valley Parkway durch dichten Wald, doch fallen auch weite Flächen mit verkohlten Baumstämmen auf. Hier handelt es sich entweder um Reste eines Waldbrandes oder es wurde gezielt ein kontrollierter Brand gelegt, um wieder Graslandschaften zu erhalten. Gräser gehören zu den ersten Pflanzen, die nach einem Brand wachsen. Sie sind Nahrung und Heimat für Kleinstlebewesen, die sich dann wieder ansiedeln. Entlang des Highways 1A von Lake Louise nach Banff liegen einige Highlights des Banff National Parks. Besonders beeindruckend sind die **Castle Cliffs** und der gut begehbare und beliebte **Johnston Canyon**. Wenig später erreicht man **Castle Junction**, dort befindet sich eine Tankstelle, ein kleiner Store, eine Lodge, ein Campground und ein Restaurant. Über eine kurze Verbindungsstraße kommt man zum parallel verlaufenden Trans-Canada Hwy 1. Beeindruckend ragt wenig später der **Castle Mountain** (2.766 m) aus den Wäldern hinauf in den Himmel, benannt nach der kastellartigen Form des Felsens und in Lake Louise angekommen, trifft der Bow Valley Parkway wieder auf den Trans-Canada Hwy 1.

Nördlich von Lake Louise beginnt der berühmte **Icefield Parkway** (Highway 93), der durch den nördlichen Teil des Banff National Parks und dann weiter durch den angrenzenden **Jasper National Park** führt. Der Icefield Parkway ist einer der schönsten und spektakulärsten Highways West-Kanadas. Auf 230 Kilometern fährt man durch eine unendlich schöne Landschaft. Weite Flusstäler und über 3.000 Meter hohe, teils vergletscherte Berggipfel sind die ständigen Begleiter – darum raten wir, den Icefield Parkway möglichst bei klarem Wetter zu befahren.

Gleich zu Beginn steigt der Icefield Parkway stetig an, bis er die höchste Stelle **Bow Summit** (2.088 m) erreicht. Danach geht es wieder abwärts zum **Saskatchewan River Crossing**, wo der Highway 11 (David Thompson Hwy) nach Westen abzweigt. Richtung Norden führt der Icefield Parkway dann einige Kilometer entlang des Saskatchewan River und kurz vor dem Ende des Banff Nationalparks, wenn man denkt, hier kann es nicht mehr weitergehen, steigt der Highway in einer weiten Kurve steil an bis zum **Sunwapta Pass** (2.035 m), der auch gleichzeitig die Grenze Banff/Jasper National Park ist. Entlang des Highways beginnen Wanderwege, liegen Picknickplätze, Campgrounds und Aussichtspunkte. Auch Mountain-Biker und Reiter finden geeignete Trails für eine Tour, bitte in einer Visitor Info nachfragen.

Der Touristenort **Banff** bietet neben zahlreichen Souvenirshops, Restaurants und Unterkünften auch alle Versorgungseinrichtungen. **Lake Louise** verfügt über deutlich weniger Selbstversorgungsmöglichkeiten, ein kleiner Supermarkt ist mit dem Nötigsten bestückt, nebenan befindet sich eine gut sortierte Bäckerei. Souvenir- und Bekleidungsshops sowie Restaurants sind dagegen reichlich vorhanden, wie für einen Touristenort üblich. In **Saskatchewan River Crossing** findet man neben Tankstelle und Unterkünften auch einen Shop für die Versorgung unterwegs.

Alle weiteren Informationen über die Sehenswürdigkeiten, Städte, Campground usw. erhalten Sie im Verlauf der Route.

⚠ Für Wanderungen ist auf gute, feste Schuhe, der Wanderzeit angepasste Kleidung und Verpflegung unbedingt zu achten. Man benötigt neben dem Parkpass meist auch eine Übernachtungspermit, wenn man unterwegs im Zelt übernachten will. Bedenken sollte man, dass man sich oft in entlegenem Hochgebirgsgebiet befindet, das zudem auch Bärengebiet ist. Beachten sollte man daher auch die Sicherheitsbestimmungen. Man sollte vor längeren Wanderungen Infos einholen über die Trail-Beschaffenheit und sich unterwegs bemerkbar machen. Auch sollte man möglichst nicht allein auf eine mehrtägige Wanderung gehen und eine Vertrauensperson über die Wander-Pläne und die Rückkehr informieren.

Für den Aufenthalt und den Besuch der Parkeinrichtungen benötigt man einen kostenpflichtigen **Parkpass**. Parkpässe können in einer Visitor Information und an den Parkgates bei der Einfahrt in die Nationalparks gekauft werden:

- **East Park Gate:** Trans-Canada Hwy 1 westlich von Canmore
- **David Thompson Gate (Sommer):** Besucher, die von Osten über den Highway 11 Richtung Saskatchewan River Crossing in den Park fahren
- **Niblock Gate (Sommer):** Highway 93 Icefield Parkway nördlich von Lake Louise

ℹ GEBÜHREN BANFF NATIONAL PARK

Tagespass
- 🪙 *Erw. (17–64 J.): CAD 9,80, Sen. (65+): CAD 8,30, Kinder/Jugendl. (6–16 J.): CAD 4,90, Familien/Gruppen (bis 7 Pers.): CAD 19,60*
- 🪙 *Firepermit (Erlaubnis Lagerfeuer inkl. Holz): CAD 8,80*
- 🪙 *Sanidump-Station: CAD 8,80*

Jahrespass für 27 Nationalparks
- 🪙 *Erw. (17–64 J.): CAD 67,70, Sen. (65+): CAD 57,90, Kinder/Jugendl. (6–16 J.): CAD 33,30, Familien/Gruppen (bis 7 Pers.): CAD 136,40*
- 🌐 *www.pc.gc.ca/pn-np/ab/banff/index.aspx*

Generelle Informationen
Generatoren dürfen nur zwischen 8–9:30 h und 17–19 h betrieben werden.
- ☎ *Parkaufseher: 403-762-1470 oder 1-888-927-3367 (geb.frei)*
- ☎ *Reservierung Campground Nordamerika (geb. frei): 1-877-RESERVE (737-3783)*
- 🪙 *Backcountry: Wilderness Pass (Permit): pro Person ab 17 J.: CAD 9,80, Saisonpass: CAD 68,70*
- 🪙 *CAD 8,80*
- 🪙 *Ja, CAD 11,70 (online), CAD 13,50 (tel.)*
- 🌐 *Reservierung: https://reservation.pc.gc.ca*
- 🌐 *Aktuelle Öffnungszeiten Campgrounds: www.pc.gc.ca/eng/pn-np/ab/banff/activ/camping.aspx*

Reservierung Backcountry Camping
Lake Louise & Icefield Parkway:
- ☎ *403-522-1264 oder o.g.*

ℍ BANFF NATIONAL PARK VISITOR INFO

- ✉ 224 Banff Ave, Banff
- ☎ 403-762-1550
- ☏ Backcountry Trails Office: 403-762-1556
- 🕐 Tägl.; Mitte Mai–Ende Juni: 9–18 h, Mitte Juni–Anf. Sept.: 9–19 h, Anf. Sept.–Mitte Mai: 9–17 h, 25. Dez. geschlossen
- @ banff.vrc@pc.gc.ca
- 🌐 www.pc.gc.ca/eng/pn-np/ab/banff/contact.aspx

ℍ LAKE LOUISE NATIONAL PARK VISITOR INFO

- ✉ Lake Louise Village
- ☎ 403-522-3833
- ☏ Backcountry Trails Office: 403-762-1556
- 🕐 Tägl.; Mai–Mitte Juni: 9–17 h, Mitte Juni–Anf. Sept.: 8:30–19 h, Anf. Sept.–Anf. Nov.: 9–17 h, Anf. Nov.–April: Do–So 9–16:30 h, 25. Dez. geschlossen
- @ ll.info@pc.gc.ca
- 🌐 www.pc.gc.ca/pn-np/ab/banff/contact.aspx

❗ Wichtig für Wohnmobilfahrer: In Banff wird *kein* LP (Propangas) verkauft, decken Sie sich bei Bedarf in Canmore oder Lake Louise ein.

⚙ Mountainbiking

In der Umgebung der Orte Banff und Lake Louise sind einige Trails auch für Mountainbiker freigegeben. Detaillierte Informationen hierzu erhalten Sie in den Visitor

Bow Valley Parkway

Informations. **Achtung**: Mountainbiking ist nur auf den gekennzeichneten Wegen gestattet. Diese Wege sind oft gleichzeitig auch Wanderwege – Rücksichtnahme sollte selbstverständlich sein.

Anmerkung: Sie kommen, wenn Sie der Routenführung folgen, ein zweites Mal nach Lake Louise (nach der Besichtigung der Metropole Calgary). Sollte also z. B. das Wetter schlecht sein, können Sie die eine oder andere Besichtigung auch auf den zweiten Besuch verschieben.

🏘 LAKE LOUISE 🅿 ℹ ✕ 🛒 🏛

🔺	Field	24 km
	Radium Hot Springs	130 km
👫👫	Stadt	1.200
❄❄		-14 °C
☀		+22 °C
〰〰	1.536 m, höchstliegende Gemeinde Kanadas	
⊘	Stadt	6.782,23 km²
Zum Vergleich: Sankt Goarshausen		
👫👫	Stadt	1.352
〰〰	100 m	
⊘	Stadt	7 km²

Lake Louise Village *Downtown,* man staune, besteht praktisch nur aus einem großen Parkplatz, begrenzt durch eine Häuserfront **Samson Mall**, in der sich einige Geschäfte (u.a. kleiner Supermarkt, Bäckerei mit reicher Auswahl an Süßem und Herzhaftem) Restaurants und Cafés angesiedelt haben. Ein Besuch der Visitor Information ist zu empfehlen, man erfährt dort Interessantes über die Entstehung der Rocky Mountains und bekommt neben Infomaterial auch Antwort auf alle Fragen.

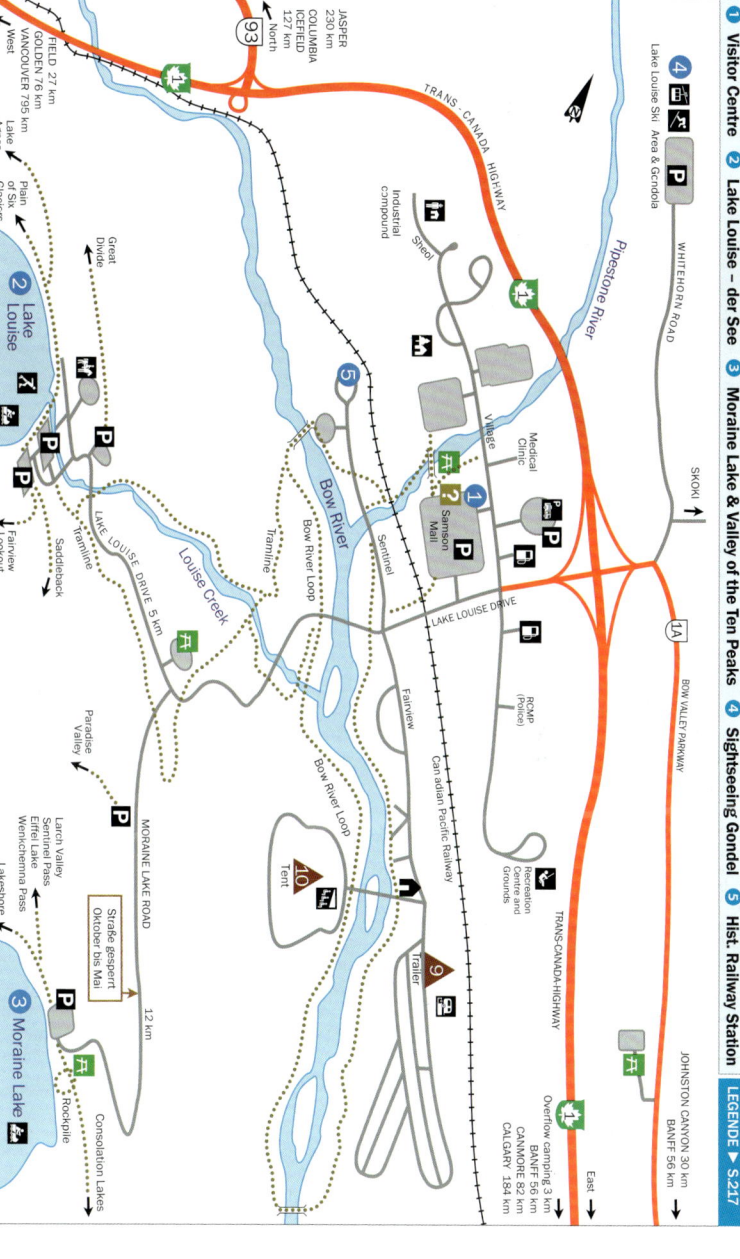

1 Visitor Centre
2 Lake Louise – der See
3 Moraine Lake & Valley of the Ten Peaks
4 Sightseeing Gondel
5 Hist. Railway Station

Lake Louise Ski Area & Gondola

JASPER 230 km
COLUMBIA ICEFIELD 127 km
North

TRANS - CANADA HIGHWAY

WHITEHORN ROAD

Pipestone River

SKOKI

Industrial compound

Sheol

Village

Medical Clinic

Samson Mall

Great Divide

ROMP (Police)

BOW VALLEY PARKWAY

LAKE LOUISE DRIVE

Bow River Loop

Tramline

Bow River

Louise Creek

LAKE LOUISE DRIVE 5 km

Saddleback

Fairview Lookout

Plain of Six Glaciers

Lake Agnes

FIELD 27 km
GOLDEN 76 km
VANCOUVER 795 km West

Sentinel

Fairview

Recreation Centre and Grounds

TRANS-CANADA-HIGHWAY

Canadian Pacific Railway

Bow River Loop

Paradise Valley

Larch Valley
Sentinel Pass
Eiffel Lake
Wenkchemna Pass
Lakeshore

MORAINE LAKE ROAD

Straße gesperrt
Oktober bis Mai

12 km

10 Tent

9 Trailer

3 Moraine Lake

Rockpile

Consolation Lakes

East

Overflow camping 3 km
BANFF 56 km
CANMORE 82 km
CALGARY 184 km

JOHNSTON CANYON 30 km
BANFF 56 km

2 Lake Louise

© Parks Canada / Maps are not to scale and the information was the best available at the time of publication. Karte nicht maßstabsgerecht.

193

Lake Louise – "Village"

❗ Hinweis für Wanderer: Bitte informieren Sie sich vor einer geplanten Wanderung in der Visitor Info, ob es wegen aktueller Bärenwarnungen oder Schneefall Auflagen wie Gruppenwandern oder Sperrungen gibt. Dies gilt besonders im Frühjahr, Spätsommer und Herbst.

Der besonders bei Outdoor-Aktiven beliebte Ort bietet vom einfachen Wandern bis zum Tauchsport eine Fülle von Aktivitäten (auch Trendsportarten wie: Skiken, Heli-Skiing, Nordic Walking u.v.m.) an.

In und um Lake Louise gibt es viele Übernachtungsmöglichkeiten, südlich von Downtown steht ganzjährig ein großer Campground zur Verfügung, im Sommer zusätzlich ein weiträumiger Zeltplatz.

🅷 LAKE LOUISE NATIONAL PARK VISITOR INFO

- 🌐 Lake Louise Village, Samson Mall
- ☎ 403-522-3833
- ☎ Backcountry Trail Office: 403-762-1556
- 🕐 Tägl.; Mai–Mitte Juni: 9–17 h, Mitte Juni–Anf. Sept.: 8:30–19 h, Anf. Sept.–Anf. Nov.: 9–17 h, Anf. Nov.–April: Do–So 9–16:30 h, 25. Dez. geschlossen
- @ ll.info@pc.gc.ca
- 🌐 www.pc.gc.ca/pn-np/ab/banff/contact.aspx

👁 Highlights

▶ Historic Railway Station

Die Historic Railway Station Lake Louise, das älteste Gebäude im Ort, war Ende des 19. Jahrhunderts bekannt als "Holt City" (später als "Laggan") und stand Reisenden bis 1909 zur Verfügung. Da immer mehr Touristen per Bahn anreisten, musste die Canadian Pacific Railway einen größeren Bahnhof bauen, den man bis 1990 nutzte. Ein Jahr später wurde in dem Gebäude ein kleines Café eröffnet und nach weiteren zwei Jahren erkannten drei Geschäftsleute die historische Bedeutung dieser Station und restaurierten das Schmuckstückchen und die Außenanlage. Und so kann man heute ganzjährig im Station Restaurant gemütlich speisen oder im Sommer im exquisiten Speisewagen sein Dinner genießen.

Bemerkung: Unbedingt reservieren, der Speisewagen hat nur 28 Sitzplätze!

- 🎯 Vom Lake Louise Dr kurz vor Überqueren des Bow River re auf die Sentinel Rd und weiterfahren bis zum Ende der Straße
- 🌐 200 Sentinel Rd, Lake Louise
- ☎ 403-522-2600
- 🕐 Station Restaurant: Mitte Mai–Mitte Okt.: 11:30–16, 17–21:30 h, Speisewagen: Sommer Fr & Sa 18–21 h

info@lakelouisestation.com
www.lakelouisestation.com

► Lake Louise – der See ★

Über den vier Kilometer langen Lake Louise Drive ab Lake Louise Village gelangt man zum traumhaft liegenden **Lake Louise**. Die Entdeckungsgeschichte des Sees geht auf den Bau der Canadian Pacific Railway 1882 zurück. Während der Bauzeit der Eisenbahnstrecke war in der Nähe des Sees ein Lager. Tom Wilson, ein Angestellter der CPR, der auch als Jäger und Fallensteller unterwegs war, vernahm eines Nachts, als er mit einer Gruppe Stoney Natives durch den Wald streifte, ein lautes Geräusch. Tom fragte seine Begleiter, was dieses Geräusch bedeuten würde und bekam von dem Stoney Edwin Hunter die Antwort, dass wohl eine Schneelawine in den See – in der Sprache der Natives *"Ho-run-num-nay"* (etwa übersetzt "See des kleinen Fisches") – gerutscht war. Das machte Tom neugierig und so machte er sich auf die Suche nach diesem See. Überwältigt von der Schönheit des smaragdfarbenen Gewässers und des dahinter liegenden Gletschers nannte er, der als erster Weißer dieses Kleinod erblickte, den See Emerald *(smaragd)* Lake. 1884 wurde der See jedoch zu Ehren Prinzessin Louise Caroline Alberta umbenannt in Lake Louise. Die Prinzessin, die auch Namensgeberin der Provinz Alberta ist, war die vierte Tochter von Queen Victoria, diese war die Gemahlin des Marquis of Lorne, der von 1878 bis 1883 Generalgouverneur von Kanada war.

Mit Fertigstellung der Bahnverbindung kamen auch die ersten Touristen in die fantastische Bergwelt. Bevor es eine Straße von Banff nach Lake Louise gab (ab 1920), mussten die Besucher ab Bahnhof **Holt City** per Pferdetrek in die abgelegenen Täler gebracht werden. Holt City hieß die Lake Louise Bahnstation bis 1885, danach bis 1914 **Laggan**.

Wenn man diesen See 1.731 m ü.M. mit dem grandiosen Blick auf den Mount Victoria (3.464 m) besucht, wird man sicherlich genauso überwältigt sein wie damals Tom Wilson. Dort, wo er die spekta-kuläre Aussicht genossen hat, steht heute das elegante **Chateau Lake Louise**, das zu den teuersten Hotels der Region zählt.

Seinen Ursprung hat das Hotel in einer Blockhütte, die 1890 am See errichtet wurde und nur aus einem Raum und zwei Schlafzimmern bestand. Drei Jahre später brannte das erste "Hotel" ab, mit dem Wiederaufbau und einer Vergrößerung vervielfältigte sich die Besucherzahl stetig. Um die Jahrtausendwende wurde unter der Leitung des Architekten Francis M. Rattenbury, der viele Gebäude im Tudor-Stil in Alberta und BC errichtet hatte, ein größeres Hotel am See gebaut, das kurze Zeit später noch um einen Anbau erweitert wurde. Die Nähe zum Wasser schützte auch dieses Hotel nicht – ein Teil wurde 1924 Opfer der Flammen. Der danach errichtete Neubau blieb bis 1986 unverändert, danach begannen umfangreiche Renovierungs- und Umbaumaßnahmen, um den modernsten Ansprüchen zu genügen. Das exquisite Hotel bietet neben Unterkünften auch zahlreiche exklusive Boutiquen, Souvenirläden, einige rustikale bis exquisite Restaurants (Reservierung empfohlen!) und einen rund um die Uhr geöffneten Feinkostladen. Der legendäre Afternoon Tea wird täglich von 12 bis 15 Uhr serviert, bitte vorher reservieren: ☎ 403-522-1601

Der natürliche Damm des Sees bildete sich im Laufe der Jahrtausende durch den Rückgang des Gletschers und der damit verbundenen Freisetzung von Geröllmassen, die sich dann am Beginn des Sees im Osten ansammelten. Durch das Steinmehl, welches vom Gletscherschmelzwasser in den See gespült wird, färbt sich das Wasser smaragdfarben.

Der See ist in den Sommermonaten ein beliebtes Ziel von Touristen aller Länder, daher sind die Parkplätze oft schon am frühen Vormittag überfüllt. Scharenweise pilgern die Besucher in Richtung See. Wenn Sie dem Gedränge entfliehen möchten, wandern Sie wenige Hundert Meter rechts des Sees entlang, dann können Sie sich in Ruhe auf die spektakulären Fotomotive konzentrieren. Eine weitere Möglichkeit bietet ein Bootsverleih am linken Seeufer. Hier können Sie sich ein Kanu mieten und gemütlich über den See schippern.

Lake Louise – der See

💡 Wohnmobilfahrer sollten sich möglichst früh am Vormittag einen Parkplatz sichern, besonders wenn eine Wanderung geplant ist.

Wandern

Lake Agnes und Tea-House
Der Trail gehört zu den beliebtesten Wegen. Das Tea-House wurde Anfang des 20. Jahrhunderts von der CPR erbaut und bietet im Sommer Snacks und Getränke.
- 🚗 *Rechter Uferweg Lake Louise*
- 🕐 *2,5 Stunden*
- 🥾 *Moderat*
- 🚶 *3,4 km (einf. Strecke)*
- ⛰ *385 m*

Lake Louise Uferweg
Der leicht begehbare Weg führt entlang des rechten Seeufers bis zum See-Ende.
- 🚗 *Ufer Lake Louise*
- 🕐 *1 Stunde*
- 🥾 *Leicht*
- 🚶 *2 km (einf. Strecke)*
- ⛰ *Minimal*

Plain of the Six Glaciers
Man folgt dem Uferweg bis zum Ende des Sees und wandert weiter bis zum **Tea House** (s.o.). Nach weiteren 1,6 km hat man noch einen besseren Blick auf den Gletscher.
- 🚗 *Rechter Uferweg Lake Louise*
- 🕐 *3–4 Stunden*
- 🥾 *Moderat*
- 🚶 *5,3 km (einf. Strecke)*
- ⛰ *365 m*

Fairview Lookout
Der kurze, steile Aufstieg lohnt sich, man wird mit einer tollen Aussicht belohnt.
- 🚗 *Linkes Ufer Lake Louise, nahe Bootsverleih*
- 🕐 *1 Stunde*
- 🥾 *Leicht*
- 🚶 *1 km (einf. Strecke)*
- ⛰ *100 m*

▶ Mount Whitehorn
Über die vier Kilometer lange Whitehorn Road (Abzweig vom Bow Valley Trail jenseits des Trans-Canada Hwy 1) gelangt man zu Parkplatz und Talstation der Mount Whitehorn Gondelbahn, die Besucher auf 2.042 Meter Höhe bringt. Im Sommer werden täglich Führungen und Vorträge angeboten. In der Nähe der Bergstation befindet sich ein SB-Restaurant und es beginnen hochalpine Wanderwege. Den Gipfel des Mount Whitehorn (2.637 m) erreicht man nach einer anstrengenden Wanderung und muss dabei 600 Höhenmetern überwinden. **Achtung**, unbedingt in Gruppen zu mind. 4 Personen wandern – Grizzly-Gebiet!
- ✉ *Whitehorn Rd, Lake Louise*
- ☎ *403-522-3555 oder 1-877-956-8473 (geb.frei)*
- 🕐 *Mitte Mai–Mitte Okt.: Kernöffnungszeiten tägl. 9–16 h, im Sommer länger*
- 💲 *Erw.: CAD 31,95, Kinder (6–15 J.): CAD 15,95*
- @ *info@lakelouisegondola.com*
- 🌐 *www.lakelouisegondola.com*

Im Winter ist das Gebiet Mt. Whitehorn DAS Skiparadies von Lake Louise mit über 140 Kilometer Pisten und Loipen. Das Skigebiet umfasst mehrere Berghänge, zehn Lifte führen zu den Startpunkten. Näheres: 🌐 www.skilouise.com

Wandern

Boulder Pass

Der Weg führt zu einer Seenlandschaft und über alpinen Wiesen weiter zum Boulder Pass mit tollen Ausblicken in abgelegene Regionen des Banff National Parks.

🔄 *Nach wenigen hundert Meter auf der Whitehorn Rd rechts auf die Temple Rd abbiegen, Trailhead ist am Ende der Straße*

🕐 *6–7 Stunden*

🔄 *Schwierig*

🔄 *8,6 km (einf. Strecke)*

🔄 *640 m*

▶ Moraine Lake & Valley of the Ten Peaks ★

Wenn wir wählen sollten, welcher See landschaftlich schöner liegt, der Lake Louise oder der **Moraine Lake**, würden wir uns für den Moraine Lake entscheiden. Aber bilden Sie sich selbst Ihr Urteil und besuchen Sie dieses Kleinod, das von zehn imposanten Berggipfeln umrahmt wird. Sie erreichen den etwa 1,5 Kilometer langen, knapp 300 Meter breiten und 1.884 m hoch gelegenen See südwestlich von Lake Louise Village über die zwölf Kilometer lange Moraine Lake Rd, die von der Lake Louise Rd abzweigt. Diese Straße ist von ca. Anfang/Mitte Oktober bis Ende Mai nicht befahrbar.

Vom Parkplatz führt ein kurzer Weg zum smaragdfarbenen See, der von der Wenkchemna Range umgeben ist. *Wenkchemna* stammt aus dem Sprachschatz der Stoney First Nations und bedeutet "zehn". Am Beginn des Sees befindet sich ein hoher "Steinhaufen", der den See auf natürliche Weise staut. Manch ein Besucher erklimmt in einer waghalsigen Klettertour diesen Steinberg. Besser, Sie lassen sich nicht zu dieser Kletterei verleiten, denn den Aussichtspunkt oben auf dem Steinberg erreichen Sie gefahrlos und bequemer über den **Rockpile Trail** (siehe unten). Diesen Aussichtspunkt sollte Sie **unbedingt** einplanen, denn er bietet einen wirklich grandiosen Blick über den gesamten See (Kamera nicht vergessen!).

Eine Lodge mit Restaurant und Souvenirshop befindet sich am rechten Seeufer. Oberhalb der Lodge ragt die Gletscherspitze des **Mount Temple** gen Himmel, mit 3.540 Meter der dritthöchste Berg der kanadischen Rockies. Am gleichen Seeufer bietet ein Kanu-Verleih Boote an, für eine Kanutour sollten Sie ca. 1,5 Stunden einplanen.

🕐 *Ende Mai–Ende Sept. 10–18 h, Sommer länger*

🔄 *ca. CAD 50 (1 Std.)*

❗ Die Parkmöglichkeiten am Moraine Lake sind sehr begrenzt. Wohnmobilfahrer sollten sich daher schon früh am Vormittag auf den Weg zum See machen.

Mount Whitehorn

Moraine Lake

Moraine Lake Lodge

☎ 403-522-3733 oder 1-877-522-2777 (geb.frei)
🕐 Juni–Anf. Okt., kein TV & Telefon, keine Kinder unter 8 J.
❂ ★★★ Frühstück, Afternoon Tea (Coffee), Kanutour, geführte Wanderung inkl.
@ info@morainelake.com
🌐 www.morainelake.com

Wandern

Rockpile Trail

Der Trail führt auf den schon genannten Aussichtspunkt, von dem man einen 360-Grad-Rundumblick hat. Der Weg verläuft in einer weiten Kurve um die Steinmoräne und über Steinstufen nach oben.

➡ Parkplatz
🕐 1 Stunde
➡ Leicht
➡ 0,7 km (einf. Strecke)
➡ 25 m

Sentinel Pass (2.611 m)

Larch Valley (s.u.) liegt auf dem Weg zum Pass. Der Aufstieg ist steil, 200 Höhenmeter sind zu überwinden. Über den Pass kann man ins Paradise Valley weiterwandern.

➡ Rechtes Seeufer, ca. 100 m nach der Lodge
🕐 5 Stunden
➡ Schwierig, steil
➡ 5,8 km (einf. Strecke)
➡ 725 m

Larch Valley/Minnestimma Lakes

Der populäre Trail führt durch Lärchenwald, der im Herbst in goldenen Farben schimmert. Über diesen Trail kann auch der Eiffel Lake (➡ 5,6 km einf. Strecke ➡ moderat ➡ 370 m) und über den Eiffel Lake der Wenckchemna Pass (➡ 9,7 km einf. Strecke ➡ schwierig ➡ 970 m) erreicht werden.

➡ Rechtes Seeufer, ca. 100 m nach der Lodge
🕐 3–4 Stunden
➡ Moderat, steil
➡ 4,3 km (einf. Strecke)
➡ 535 m

Consolation Lakes

Der populäre Trail führt zuerst durch subalpinen Nadelwald und später zu den beiden kristallklaren Seen, die durch einen Felsrutsch getrennt wurden.

➡ Parkplatz
🕐 2 Stunden
➡ Leicht
➡ 2,9 km (einf. Strecke)
➡ 65 m

❗ Wanderer mit dem Ziel **Larch** und **Paradise Valley** und **Consolation Lakes** sollten wegen der hohen Bärenpopulation möglichst in Gruppen von mind. vier Personen wandern.

🌲 **Wandern in und um**

Lake Louise Village

▶ Lake Annette
Der Wanderweg führt durch subalpinen Wald zum wunderschön gelegenen See.
- Bei km 2,5 Moraine Lake Rd
- 3–4 Stunden
- Leicht bis moderat
- 5,7 km (einf. Strecke)
- 245 m

▶ Paradise Valley & Giant Steps
Unterwegs bietet sich ein toller Blick auf den Mount Temple. Wunderschön anzusehen sind die Giant Steps Falls, die vom Mitre Glacier gespeist werden.
- Bei km 2,5 Moraine Lake Rd
- 6–7 Stunden
- Schwierig
- 10,3 bzw. 10,9 km (einf. Strecke)
- 385 m

▶ Bow River Loop
- Campground oder Parkplatz Sentinel Rd gegenüber der Historic Railway Station
- 2–3 Stunden
- Leicht
- 7,1 km
- Minimal

🏛 Übernachten

🏛 Fairmont Chateau Lake Louise
Bestens ausgestattetes Hotel der oberen Preisklasse, man übernachtet in elegant eingerichteten Zimmern/Suiten und speist in guten Restaurants. Ein Indoor- und Whirlpool, Fitnesscenter und weitere Annehmlichkeiten stehen zur Verfügung.
- Ab Hwy 1 re Richtung Lake Louise bis zum See
- 111 Lake Louise Dr, Lake Louise
- 403-522-3511 oder 1-866-540-4413 (geb.frei)
- chateaulakelouise@fairmont.com
- www.fairmont.com/lakelouise
- Ganzj.
- ★★★

🏛 Paradise Lodge & Bungalows
Man übernachtet in gemütlich eingerichteten Zimmer und Suiten, sie haben entweder eine Küchenzeile oder Kühlschrank, Mikro-

welle und Kaffeekocher, inkl. Frühstück
- Lake Louise Village 3 km Richtung Lake Louise, Paradise Lodge liegt ca. 1 km vor Erreichen des Sees.
- 105 Lake Louise Dr, Lake Louise
- 403-522-3595
- info@ParadiseLodge.com
- www.paradiselodge.com
- Mitte Mai–Mitte Okt.
- ★★★

🏛 Mountaineer Lodge
Die Lodge in Downtown bietet unterschiedlich eingerichtete Zimmer, größtenteils mit Mikrowelle und Kühlschrank ausgestattet.
- Hwy 1 re Richtung Lake Louise Village, dann Erste li
- 101 Village Rd, Lake Louise
- 403-522-3844 oder 1-855-556-8473 (geb.frei)
- info@mountaineerlodge.com
- www.mountaineerlodge.com
- Mai–Mitte Okt.
- ★★★

🏛 HI-Lake Louise Alpine Centre
Das 164-Betten-Hostel ist eine preiswerte Übernachtungsmöglichkeit in Mehrbett- und Familienzimmer. Gästen stehen u. a. Sauna, Küche, Laundry und Restaurant zur Verfügung. Reservierung während der Sommer- und Wintersaison empfohlen.
- Hwy 1 re Richtung Lake Louise Village, dann re in die Village Rd, 2. li Pipestone Rd
- 203 Village Rd, Lake Louise
- 403-522-2201 oder 1-866-762-4122 (geb.frei)
- www.hihostels.ca
- Ganzj.
- ★–★★

🚐 Lake Louise Campground
Riesiger Campground, alle RV-Stellplätze sind Doppelplätze (kein Lagerfeuer). Der Zeltplatz ist vor Bären geschützt (Elektrozaun).
- Hwy 1 re Richtung Lake Louise, dann die 2. li Fairview Dr bis zum Ende
- Zeltplatz: Ende Mai–Ende Sept., Campground: ganzj.
- Ja
- Reservierung: 1-877-737-3783 (geb.frei)
- Reservierung: https://reservation.pc.gc.ca
- Sommer: 189, Winter: 30

	Ja		Ja		CAD 8,80
	Strom				
	$$, Overflow: $				
	206		$		

Nahe Lake Louise

Anmerkung: *Bis zur nächsten Stadt* **Radium Hot Springs** *gibt es keine Tankstelle, tanken Sie daher in Lake Louise.*

Da die Sehenswürdigkeiten rund um Lake Louise nicht an einem Tag zu bewältigen sind, haben Sie wahrscheinlich eine Nacht auf dem Lake Louise Campground verbracht und wurden zum ersten Mal mitten in der Nacht durch das laute Tuten eines Güterzuges aufgeschreckt – ein Erlebnis, das zu jedem Kanada-Urlaub gehört.

Lake Louise verlassen Sie Richtung Süden über den Trans-Canada Hwy 1. Nach 25 Kilometer kommen Sie zur **Kreuzung Trans-Canada Hwy 1/Highway 93 Süd.** *Hier fahren Sie auf dem Banff-Windermere Parkway (Hwy 93 S) weiter und erreichen bald den* **Vermilion Pass** *(1.651 m), wo der* **Kootenay National Park** *beginnt.*

🚶 BOOM LAKE TRAIL

Zuerst ist der Trail steil, später führt er durch ein Waldgebiet. Er endet am hübsch gelegenen Boom Lake in 1.895 Meter Höhe. Meist ist der Trail erst ab Anfang Juni schneefrei.

- ➡ *Hwy 93, 7 km westl. Jct. Hwy1/93 am Boom Creek Picknickplatz*
- 🕐 *3–4 Stunden*
- ➡ *Moderat*
- ➡ *5,1 km (einf. Strecke)*
- ➡ *175 m*

🚶 VISTA, ARNICA LAKE UND TWIN LAKES TRAIL

Bis zum **Vista Lake** ist der Weg einfach, danach geht es steil bergauf zum **Arnica Lake** (2.150 m) und über den **Arnica Summit** dann zu den **Twin Lakes** (2.285 m).

- ➡ *Hwy 93, 8 km westl. Jct. Hwy1/93 am Vista Lake Viewpoint*
- 🕐 *Vista Lake: 45 Min., Arnica Lake: 4 Stunden, Twin Lakes: 7 Stunden*
- ➡ *Moderat bis schwierig*
- ➡ *Vista Lake: 1,5 km, Arnica Lake: 5,1 km, Twin Lakes: 8 km (einf. Strecken)*
- ➡ *Arnica Lake: 580 m, Twin Lakes: 715 m*

👁 VERMILION PASS & GRENZE ALBERTA/BRITISH COLUMBIA

Der **Vermilion Pass** (1.641 m) markiert die Grenze British Columbia/Alberta und Banff- und Kootenay National Park. Weite

Landstriche sind hier größtenteils kahl, schwarze Baumstammreste ragen zum Himmel, eine gespenstige Stille liegt über der Landschaft. Ursache war ein vom 9. bis 13. Juli 1968 wütender Waldbrand, der 24 km² Waldfläche vernichtete. Mittlerweile erholt sich die Natur langsam, frisches Grün sprießt und Blüten leuchten zwischen den verkohlten Baumstämmen – eine wichtige Nahrungsquelle für die hoffentlich zahlreich zurückkehrenden Tiere. Zu den ersten Pflanzen, die sich nach Waldbränden ansiedeln, gehört das schmalblättrige Weidenröschen mit seinen rosa bis weinroten Blüten, der Name **"Fireweed"**, wörtlich übersetzt "Feuerunkraut", wurde daraus abgeleitet. Diese schöne Pflanze breitet sich schnell aus und sorgt für einen weithin sichtbaren, leuchtenden Blütenteppich. Auch zwischen Geröll und Trümmern sorgt das schmalblättrige Weidenröschen schnell für Farbpunkte, daher heißt sie im Volksmund auch "Trümmerblume".

🚶 Wandern

▶ Fireweed Trail
Der kurze, behindertengerechte Trail mit Infotafeln führt durch einen Teil des ehemaligen Brandgebietes.

🕐 45 Minuten
➋ Leicht
➤ 0,8 km (Rundweg)

*Sie befinden sich nun im **Kootenay National Park** und Ihr Weg führt Sie ca. 100 Kilometer durch den Westteil der Rocky Mountains bis ins Tal des Columbia River. Einsamkeit pur, keine Ortschaft ist weit und breit zu sehen und doch ist die Fahrt auf dem **Highway 93** abwechslungsreich, bietet viele interessante Sehenswürdigkeiten und eine Fülle von schönen Wanderwegen.*

*Zunächst ist die Landschaft noch öde, denn die Fahrt geht mitten durch das ehemalige Waldbrandgebiet und inmitten dieser Einöde liegt der **Marble Canyon**, der dadurch besonders gespenstisch wirkt. Hier lohnt ein Wanderstopp.*

*Eine geologische und für die First Nations in früheren Zeiten spirituelle Besonderheit bietet der nächste Stopp, die Wanderung zu den **Paint Pots**. Danach ist für einige Zeit der Vermilion River der Begleiter und dort, wo der Highway 93 den Vermilion River überquert, befindet sich die historische **Kootenay Park Lodge**, wo im Sommer ein General Store, ein Restaurant, eine Visitor Info und eine Unterkunftsmöglichkeit auf Besucher wartet.*

🏔 KOOTENAY NATIONAL PARK

Der Kootenay National Park liegt im Osten British Columbias entlang des Highways 93 (*Banff-Windermere-Highway* oder *Kootenay Parkway*), der von Castle Junction ca. 100 Kilometer mitten durch den Nationalpark gen Süden nach **Radium Hot Springs** führt. Im Norden grenzt der Park an den Yoho National Park und im Nordosten an den Banff National Park. Der Park ist für die hier beheimateten Wildtiere ein wichtiges Schutzgebiet. Die Bergziege, die

Continental Divide

auch das Symbol des Kootenay National Parks ist, lebt ganzjährig in großer Zahl an den Hängen des **Mount Wardle** (2.805 m) nahe Kootenay Crossing.

Der Nationalpark wird durch seine Lage etwas abseits der Touristenroute nicht so stark frequentiert wie die bekannten Parks. Doch schon kurz nach der Einfahrt in den Park stellt man fest, dass die Landschaft und Vegetation im südlichen Teil der Rocky Mountains außerordentlich faszinierend ist. So begleiten Berggipfel von über 3.000 Meter Höhe wie auch zuerst der Vermilion River und später der Kootenay River die Fahrt. Am Südende des Parks erreicht man den Columbia River im südlichen **Rocky Mountain Graben**. In diesem Graben, der geprägt ist von weiten, trockenen Graslandschaften, wenig Niederschlägen und Sommertemperaturen von durchschnittlich 22 °C, bei denen selbst Kakteen gedeihen, liegt Radium Hot Springs.

Der 1920 gegründete Kootenay National Park ist 1.406 km^2 groß und Teil des **Rocky Mountain Parks**, der zur UNESCO Canadian Rocky Mountains World Heritage Site zählt. Der Kootenay war viele Tausend Jahre traditionelles Gebiet und Jagdrevier der Ktunaxa (Kootenays) und Kinbasket (Shuswap) Nations. George Simpson, Gouverneur der Hudson's Bay Company, war der erste Weiße, der über den Vermilion Pass zum gleichnamigen Fluss und Kootenay River kam und über den südlich liegenden Sinclair Pass zum Columbia River weiterzog. Seinen Spuren folgte 1841 James Sinclair. Er brachte 23 Familien vom Fort Garry (heute Winnipeg) zum Fort Walla Walla (USA/Washington). Man nimmt an, dass James Sinclair der Namensgeber des Sinclair Passes ist.

1911 begann die Provinzregierung mit dem Bau einer Straße durch den südlichen Teil der Rocky Mountains, um das Landesinnere mit dem Westen des Landes zu verbinden. Die Provinz- und Landesregierung vereinbarte 1920, dass beiderseits des Highways ein acht Kilometer breiter Streifen zum Nationalparkgebiet erklärt wird. Mit der Fertigstellung der Straße 1922 zwischen dem Windermere Valley und Calgary war nun eine weitere wichtige Handelsverbindung hergestellt worden.

Die Route durch den Kootenay National Park

Auf der Fahrt nach Radium Hot Springs passiert man auf dem Highway 93 zuerst den **Vermilion Pass** (1.651 m), wo der Banff National Park endet und der Kootenay National Park beginnt. Gleichzeitig ist hier auch eine Wasserscheide, die eine hohe Niederschlagsmenge verzeichnet. Entlang des Highways liegen schöne Picknickplätze und es beginnen einige Wanderwege. Der bald erreichte **Marble Canyon** ist gekennzeichnet von einem schrecklichen Waldbrand im Jahr 2003, wo die verkohlen Baumstämmen einen gespenstischen Eindruck hinterlassen.

Wenig später kommt man zum Parkplatz **Paint Pots**, dort weist ein Wanderweg zu jenen rost- und ockerfarbenen Minerallachen, die schon die First Nations zur Körperbemalung nutzten. Man befindet sich nun im Tal des Vermilion River, der jedoch meist wegen der dichten Wälder unsichtbar bleibt. Am Vermilion Crossing wird der Vermilion River überquert, dort befindet sich die historische **Kootenay Park Lodge**, die im Sommer eine Visitor Info und Speisen und Unterkunft bietet. Einen Abstecher in den Mount Assiniboine Provincial Park – allerdings nur zu Fuß – kann man vom Parkplatz Simpson River Trail unternehmen. Wenig später erreicht man **Kootenay Crossing**, nun ist der Kootenay River der ständige Begleiter.

Am **Kootenay Valley Viewpoint** wird auf einer Infotafel all das genau beschrieben, was sich im Blickfeld des Besuchers befindet – ein lohnender Stopp. Bis Radium Hot Springs geht es danach durch waldreiche Landschaft, der **Sinclair Pass** (1.486 m) wird überquert und kurz vor dem Westende des Parks kommt man zu den **Radium Hot Springs Pools**, die zu einem warmen Erholungsbad einladen.

Danach zwängt sich der Highway durch einen engen Felsspalt des Sinclair Canyons und man erreicht **Radium Hot Springs**.

> Wer einen Blick in den Canyon werfen möchte, sollte sein Fahrzeug auf dem Parkplatz der Hot Springs parken und die kurze Strecke zum Aussichtspunkt laufen.

Unterwegs im Kootenay

Im Kootenay National Park sind allerlei Outdoor-Aktivitäten möglich. Neben Wandertouren bieten sich Ausritte, Wildwasser-Rafting- und Kanutouren an, bei Bedarf kontaktieren Sie bitte die Visitor Information. Im gesamten Park gibt es neben dem Highway 93 keine öffentliche Straße, auch sucht man vergebens nach Ortschaften.

Alle Informationen über die Sehenswürdigkeiten, Wanderwege, Campgrounds usw. erhalten Sie im Verlauf der Route.

Bitte beachten Sie: Alle Besucher müssen einen Parkpass mit sich führen. Man bekommt ihn in einer Visitor Info oder am Kootenay West Park Gate Highway 93 östlich von Radium Hot Springs.

🅷 GEBÜHREN KOOTENAY NATIONAL PARK

Tagespass
- Erw. (17–64 J.): CAD 9,80, Sen. (65+): CAD 8,30, Kinder/Jugendl. (6–16 J.): CAD 4,90, Familien/Gruppen (bis 7 Pers.): CAD 19,60

Jahrespass für 27 Nationalparks
- Erw. (17–64 J.): CAD 67,70, Sen. (65+): CAD 57,90, Kinder/Jugendl. (6–16 J.): CAD 33,30, Familien/Gruppen (bis 7 Pers.): CAD 136,40
- Firepermit (Erlaubnis Lagerfeuer inkl. Holz): CAD 8,80
- Sanidump Station: CAD 8,80

Generelle Informationen
Generatoren dürfen nur zwischen 8–9:30 und 17–19 h betrieben werden.

- Infos: 1-888-773-8888 (geb.frei)
- Backcountry: Wilderness Pass (Permit): pro Person): CAD 9,80, Saisonpass: CAD 68,70
- Ja, CAD 8,80
- Ja, CAD 11,70 (online), CAD 13,50 (tel.)
- Reservierung Campground Nordamerika (geb. frei): 1-877-RESERVE (737-3783)
- https://reservation.pc.gc.ca
- Aktuelle Öffnungszeiten Campgrounds: www.pc.gc.ca/eng/pn-np/bc/kootenay/activ/camping.aspx

🅷 RADIUM CHAMBER OF COMMERCE

- 7556 Main St W, Radium Hot Springs
- 250-347-9331
- Ganzj.: Mo–Fr 8:30–18 h, Juli & Aug. tägl. 8:30–18 h
- @ info@radiumhotsprings.com
- www.radiumhotsprings.com

🅷 KOOTENAY NATIONAL PARK VISITOR CENTRE

- Visitor Centre: 250-347-9505 oder ganzj. 1-888-773-8888
- 7556 Main St East, Radium Hot Springs
- @ kootenay.info@pc.gc.ca
- Park Warden: 1-888-927-3367 (geb.frei)
- Mitte Mai–Mitte Okt. tägl. 9–17 h
- www.pc.gc.ca/eng/pn-np/bc/kootenay/visit.aspx

🅷 KOOTENAY PARK LODGE VISITOR INFORMATION

- Highway 93, Vermilion Crossing
- 250-434-9648
- Mitte Mai–Mitte Sept.
- www.kootenayparklodge.com

LEY GLACIER TRAIL

Auf den ersten beiden Kilometern wandert man kurvenreich durch ein Waldbrandgebiet, danach durch ein schönes Hängetal entlang des Stanley Creek unterhalb des Stanley Peak und blickt auf von Gletschern geformte Landschaft. Bitte achten Sie auf feste Schuhe und ausreichende Versorgung. Bei starkem Wind sollte der Trail **nicht** gewandert werden, denn im Brandgebiet besteht Unfallgefahr durch umfallende ausgetrocknete Baumstämme.

- *4 km westl. v. Vermilion Pass*
- *3-4 Stunden*
- *Moderat*
- *5,5 km (einf. Strecke)*
- *395 m*

STANLEY GLACIER: KOOTENAY FOSSILS REVEALED

Vor kurzem entdeckte man Fossilien im Burgessschiefer im Kootenay National Park am Fuße des Mt. Stanley. Die familienfreundliche, geführte Tour durchquert bunte Wildblumenwiesen und führt vorbei an plätschernden Wasserfällen. Besucher bekommen interessante Fossilien aus der Erdgeschichte gezeigt, ferner erfährt man etwas über das „Stan Animal“, einen 505 Millionen Jahre alten Räuber. Es ist eine Reservierung erforderlich:

- *1-877-737-3783 (geb.frei) oder*
- *www.reservations.parkscanada.gc.ca*
- ***Reservierung:** Online: CAD 11, per Telefon: CAD 13,50 (wird nicht erstattet)*
- ***Tour:** Erw. (17-64 J.): CAD 55, Kinder (8-16 J.): CAD 27,50, Sen. (65+): CAD 46,75, Kinder unt. 7 J. frei (1 Kind pro zahlendem Erwachsenen)*
- *Hwy 93, Stanley Glacier Parkplatz 15 km südl. v. Castle Jct., Sa-Mo Mitte Juni-Mitte Sept., Treffpunkt: 8 h*
- *7,5 Std.*
- *Moderat*
- *10 km*
- *450 m*

MARBLE CANYON ★

Hier sollten Sie eine Wanderpause einlegen, auch wenn das ehemalige Waldbrandgebiet von 2003 nicht grade einladend wirkt. Es geht steil durch den etwa einen Kilometer langen, drei Meter breiten und bis 40 Meter tiefen, gespenstisch wirkenden Canyon, durch den der Tokumm Creek fließt. Benannt wurde der Canyon nach

Marble Canyon

dem marmorfarbenen *(marble)* Dolomit und dem Kalkstein der Canyonwände.

Der Waldbrand zerstörte 2003 fast zwölf Prozent des Kootenay National Parks und griff auch auf den Marble Canyon über. Da alle sieben Brücken über den Canyon mit einem Sprinklersystem ausgestattet waren, blieben diese zwar vom Feuer verschont, doch die Pfosten und Geländer wurden zerstört. Einige Jahre blieb der Canyon gesperrt, seit Sommer 2007 ist er wieder für Besucher geöffnet. Landschaften, die vor dem Brand durch hohe Bäume verborgen blieben, sind nun sichtbar, was besonders am Ende des Trails beeindruckend ist. Bei der schweißtreibenden Wanderung durch den Canyon fehlt der Schutz des Waldes, daher sollten Wasserflasche und Sonnenschutz nicht fehlen. Einbildung oder Wirklichkeit? Manchmal scheint es, als rieche man noch immer den Brandgeruch.

- *Parkplatz Marble Canyon*
- *1 Stunde*
- *Leicht*
- *1,6 km (einf. Strecke)*
- *Minimal*

🏠 Übernachten

🏕 Marble Canyon Campground

Der Campground liegt auf der gegenüberliegenden Straßenseite etwa 200 m östlich des Canyons.

- *Ende Juni–Anf. Sept.*
- *Nein*   *61*
- *Ja*   *Nein*
- *$*

👁 PAINT POTS ⭐

Eine geologische Besonderheit erwartet Sie etwa drei Kilometer südlich vom Marble Canyon. Am Ende eines etwa 1,5 Kilometer langen Trails, der auch die **Ochre Beds** streift, kommen Sie zu drei Tümpeln mit ocker- bis rotfarbenem Wasser, den **Paint Pots** inmit-

ten eines feuchten und mooshaltigen Waldes. Die grünliche Färbung der größeren Tümpel kommt durch die Vermischung mit Süßwasser aus einem Nebenfluss zustande. Das eisenhaltige Tümpelwasser durchquert auf dem Weg nach oben mehrere Tonschichten und löst damit physikalische und chemische Reaktionen aus, die diese Färbung bewirken. Den ockerfarbenen Lehm nutzten die Ktunaxa (früher: Kootenay) wie auch die Stoney und Blackfoot Bands. Sie formten den Lehm zu walnussgroßen Kugeln, backten ihn und zermahlten ihn dann zu Pulver. Vermengt mit Fett nutzen sie ihn zur Färbung der Körper und der Tipis. Der Ort hatte für die First Nations auch eine sprituelle Bedeutung, denn sie waren überzeugt, dass hier Tiergeister wohnen. Als die ersten weißen Siedler den ockerfarbenen Lehm entdeckten, brachten sie ihn nach Calgary zur Farbengewinnung. Reste der Abbau-Maschinerie stehen noch an den ehemaligen Abbauflächen.

Unterwegs informieren Tafeln über die Historie der Paint Pots. Der Trail ist bis zu den Ochre Beds (ca. 1 km, einf. Strecke) rollstuhlgeeignet.

- *Parkplatz Paint Pots*
- *1 Stunde*
- *Leicht*
- *1,5 km (einf. Strecke)*
- *Minimal*

Paint Pots – Ochre Beds

🌲♣ NUMA CREEK TRAIL

Wenige Kilometer südlich der Paint Pots erreichen Sie den Picknickplatz **Numa Falls**. Am Südende des Platzes führt eine Brücke über den Numa Creek, wo sich der kleine Fluss durch einen engen Felsen zwängt und einen kleinen Wasserfall bildet. Der Trail endet in 1.525 m Höhe nahe des Numa Creek Campgrounds, wer dann noch höher hinaus möchte, kann weitere 7,5 Kilometer bis zum Numa Pass (2.350 m) wandern und den Trail mit dem Floe Lake Trail verbinden.

- 🚶 *Parkplatz am Hwy 93*
- 🕐 *3–4 Stunden*
- 🔄 *Leicht*
- 🔄 *6,6 km (einf. Strecke)*
- 🔄 *90 m*
- 🔄 *11, geb.pflichtig*

🌲♣ FLOE LAKE TRAIL

Der anstrengende Trail beginnt am Parkplatz Floe Lake/Hawk Creek ca. 23 Kilometer südlich des Vermilion Passes. Zuerst geht es einige Kilometer durch ein ehemaliges Waldbrandgebiet, danach kurvenreich nach oben bis zum 2.042 m hoch gelegenen **Floe Lake** und Campground. Mehrtägig weiterwandern kann man über den Numa Pass (2.350 m) und die Wanderung mit dem Numa Creek Trail verbinden.

- 🚶 *Parkplatz am Hwy 93*
- 🕐 *1–2 Tage*
- 🔄 *Moderat bis schwierig*
- 🔄 *10,7 km (einf. Strecke)*
- 🔄 *715 m*
- 🔄 *12, geb.pflichtig*

👁 VERMILION CROSSING

Man überquert auf der Weiterfahrt den **Vermilion River**, westlich des Highways lädt ein Picknickplatz am Fluss zu einer Pause oder einem kurzen Spaziergang

ein. Im Sommer bietet die historische **Kootenay Park Lodge** Unterkunft in Cabins (Blockhütten). Ein Shop hält Snacks und Erfrischungen parat und eine Visitor Information gibt Rat und Auskunft.

Die Lodge bietet seit der Eröffnung des Highways 1923 Unterkunft und Verpflegung und war früher bekannt als Vermilion River Bungalow Camp. Sie wurde neben weiteren Wildnslodges von der Canadian Pacific Railway errichtet, um Touristen in dieses Gebiet zu locken. Während der 90-jährigen Geschichte der Lodge wechselten fünf Mal die Besitzer. Die jetzigen Inhaber kauften die Lodge 1991 und nannten sie um in Kootenay Park Lodge.

- ✉ *Vermilion Crossing, Hwy 93*
- ☎ *250-434-9648 oder 1-844-566-8362 (geb.frei)*
- 🕐 *Lodge: Mitte/Ende Mai–Ende Sept./Anf. Okt.*
- 🕐 *Visitor Info: Mitte Mai–Mitte Sept.*
- 💲 ****
- @ *info@kootenayparklodge.com*
- 🌐 *www.kootenayparklodge.com*

🌲♣ Wandern

▶ Verdant Creek/Talc Lake Trail

Auf dieser Wanderung muss der Verdant Creek mehrfach durchwatet werden, da Brücken fehlen. Ab dem Redearth Pass geht es in den Banff National Park und zum 1,2 km entfernten Talc Lake. Ein Campground befindet sich bei km 8 am Verdant Creek.

- 🚶 *Hwy 93, ca. 300 m nördlich der Kootenay Lodge*
- 🔄 *16, geb.pflichtig*

Honeymoon Pass *(1.995 m)*
- 🕐 *3–4 Stunden*
- 🔄 *Moderat bis schwierig*
- 🔄 *5,6 km (einf. Strecke)*
- 🔄 *715 m*

Redearth Pass *(2.090 m)*
- 🕐 *7–8 Stunden*
- 🔄 *Moderat bis schwierig*
- 🔄 *18,2 km (einf. Strecke)*
- 🔄 *828 m*

*Waldreich und gebirgig geht es weiter gen Süden. Wer den abgelegenen **Mount Assiniboine Provincial Park** per Rucksacktour (backpacking) erwandern möchte, kann*

Vermilion Crossing

dies etwa sechs Kilometer südlich ab Parkplatz Simpson River in Angriff nehmen. Im
Mount Assiniboine Provincial Park liegt
das **"Matterhorn der Rocky Mountains"**,
der Mount Assiniboine (3.618 m), den Beinamen bekam der Berg durch seine Ähn-
lichkeit mit der Spitze des Matterhorns.
Wenig später kommt man zum **Kootenay
Crossing** wo der Highway den Kootenay River überquert. Einen besonders eindrucksvollen Blick in das schier endlose Tal hat
man vom **Kootenay Valley Viewpoint**, wo
man auf Infotafeln die Berggipfel "studieren" können, die vom Aussichtspunkt sichtbar sind.

Man verlässt danach das weite Tal und
durchquert die Kootenay Range über den
Sinclair Pass (1.486 m), bevor es bergab
zu den **Radium Hot Springs Pools** geht,
die nach der Durchfahrt eines kurzen
Straßentunnels erscheinen. Hier kann
man bei Lust und Laune eintauchen in die
Hot Pools, bevor man dann nach Durchfahren des Sinclair Canyon in den alpen-
ländisch angehauchten Ort **Radium Hot
Springs** kommt.

👣 SIMPSON RIVER TRAIL & MOUNT ASSINIBOINE PROVINCIAL PARK

Über den nachfolgenden Wanderweg ge-
langt man vom Kootenay National Park in
den weit abgelegenen **Mount Assiniboine
Provincial Park**, ebenfalls der UNESCO
Canadian Rocky Mountains World Heritage
Site zugehörig.

👣 Simpson River Trail

Der Trail führt entlang des Simpson River
bis zur Parkgrenze und bietet Zugang zum
Mt. Assiniboine Provincial Park.
- Parkplatz ca. 6 km südl. v. Vermilion Crossing
- Ganztagestour
- Einfach bis moderat
- 8,8 km (einf. Strecke bis zur Parkgrenze)
- 138 m

🌲 Mount Assiniboine Prov. Park

Der 390 km² große Mount Assiniboine Provincial Park kann entweder per Hubschrauber oder über Trails vom Kootenay und
Banff National Park und vom Spray Lake
südlich von Canmore erreicht werden. Gletscherbedeckte Berge, glasklare Seen und
wunderschöne Hochtäler sind die Highlights des Parks. Übernachten kann man
auf Zeltplätzen und in einfach ausgestattete Hütten. Permits und nähere Infos unter:
- ☎ 250-489-8540
- 🌐 www.env.gov.bc.ca/bcparks/explore/parkpgs/
  mt_assiniboine/campground_report.pdf

Der o.g. **Simpson River Trail** ist der einzige
Zugang vom Highway 93 zum Assiniboine
Provincial Park. Eine Übernachtungsmöglichkeit ist östlich der Parkgrenze in der
Surprice Creek Hütte (4 Schlafplätze, kostenlos, keine Reservierung). Über den Surprice Creek kommt man auch zum im östlichen Teil des Parks liegenden **Lake Magog**
und zur **Mount Assiniboine Parklodge**.
- ☎ 403-678-2883
- 💰 ★★★
- 🌐 www.assiniboinelodge.com

Im südöstlichen Teil des Parks erhebt sich majestätisch der höchste Berg und Namensgeber **Mount Assiniboine** (3.618 m). Das "Matterhorn der Rocky Mountains" ist die siebthöchste Erhebung der Rocky Mountains, die Erstbesteigung durch James Outram, einem Geistlichen aus England, war im Spätsommer 1901. Benannt wurde der Berg nach den Stoney Indians, deren Stämme in Alberta *"Assiniboines"* genannt wurden. Im Park gibt es keine Versorgungsmöglichkeiten. Man befindet sich im Hochgebirge, entsprechende Ausrüstung ist erforderlich. Weitere Infos unter:

🌐 www.env.gov.bc.ca/bcparks/explore/parkpgs/ mt_assiniboine

👁 KOOTENAY CROSSING

Nach Verlassen des Vermilion-River-Gebietes kommt man zum Kootenay River und gleichnamigen Crossing. Hier wird man erinnert an Robert Randolph Bruce, der von einem Highway von der Prärie in Alberta über die Rocky Mountains zum Windermere Lake in BC träumte. Dieser Traum wurde ihm von der Provinz BC und der Canadian Pacific Railway 1911 erfüllt.

🚴 Mountainbiking

► **Hector Gorge Trail**
🔵 1,8 km nördl. v. Dolly Varden Picknickplatz
🔵 9 km (einf. Strecke)

► **West Kootenay Trail**
🔵 Kootenay Crossing
🔵 12,8 km bis zur Parkgrenze (einf. Strecke)

► **Dolly Warden Trail**
🔵 Kootenay Crossing oder Crooks Meadows Gruppencampground 36 km nördl. v. Radium Hot Springs
🔵 10 km (einf. Strecke)

🚐 MCLEOD MEADOWS CAMPGROUND

Der McLeod Meadows Campground befindet sich am Kootenay River circa 27 km nördlich von Radium Hot Springs, etwa 500 m südlich liegt der Picknickplatz. In der Umgebung sieht man Erdlöcher, dies sind Eingänge zu den Behausungen der **Amerikanischen Erdhörnchen**. Immer wieder erblickt man ein aufrecht stehendes Erdhörnchen, das ein schrilles Geräusch von sich gibt und damit seine "Kolonie-Kollegen" vor möglichen Gefahren warnt.

🕐 Ende Juni–Anf. Sept.
🚿 Nein   🚐 80   🔵 Ja
🐾 Nein
💲 $

👣 Wandern und Mountainbiking

► **Dog Lake Trail**
Dieser einfache Trail eignet sich auch bestens für Familien mit Kindern.
🔵 Picknickplatz oder Campground McLeod
🕐 1,5 Stunden
🔵 Leicht
🔵 2,6 km (einf. Strecke)
🔵 Minimal

► **Pitts Creek zum Daer Creek (Mountainbiking)**
🔵 Picknickplatz McLeod Meadows
🔵 12 km (einf. Strecke)

👁 KOOTENAY VALLEY VIEWPOINT

Ein weiterer Höhepunkt ist der Panoramablick vom **Kootenay Valley Viewpoint** in 1.370 m Höhe. Unterhalb des Aussichtspunktes fließt der Kootenay River durch ein breites, waldreiches Tal, das von der Mitchell und Vermilion Range begrenzt wird. Eine Tafel benennt die einzelnen Berggipfel und interessanten Punkte im Blickfeld.

Olive Lake

🏃 Wandern

▶ Cobb Lake Trail
Den Marsch zum bildschön liegenden Cobb Lake sollte man möglichst in die Wanderpläne aufnehmen.

- 🔄 *Hwy 93, ca. 600 m südl. v. Kootenay Valley Viewpoint*
- 🕐 *2 Stunden*
- 🔄 *Leicht*
- 🔄 *2,8 km (einf. Strecke)*
- 🔄 *190 m*

👁 OLIVE LAKE

Nur einen Katzensprung vom Parkplatz entfernt liegt der glasklare Olive Lake mit Picknickplatz ca. 16 Kilometer nördlich von Radium Hot Springs. Der kurze Weg (ca. 300 m) zum See und zu einer Aussichtsplattform, wo man die im flachen Wasser schwimmenden Bachforellen beobachten kann, ist auch behindertengerecht. Aber Achtung: Vielleicht begegnet Ihnen ja auch ein Schwarzbär, denn diese suchen den See gerne zum "Essen fassen" auf.

🏃 Wandern

▶ Sinclair Creek Trail
Der stetig kurvenreich ansteigende Sinclair Creek Trail beginnt etwa einen Kilometer südlich vom Olive Lake und kann mit dem nachfolgenden Kindersley Pass Trail zur Rundtour (16,5 km) erweitert werden. Der Trail führt zur Quelle des Sinclair Creek unterhalb der Bergkette der Brisco Range.

- 🔄 *Parkplatz Hwy 93, 1 km südl. vom Olive Lake*
- 🕐 *4-6 Stunden*
- 🔄 *Schwierig, anstrengend*
- 🔄 *6,5 km (einf. Strecke)*
- 🔄 *937 m bis zum Kindersley-Sinclair Joch*

▶ Kindersley Pass Trail
Der Trail zum Kindersley-Sinclair-Joch ist länger und weniger steil als der vorherige Trail. Nach 8,5 Kilometer erreicht man den Kindersley Pass und die Parkgrenze. Danach beginnt der steilere Teil der Route bis zum Erreichen des Sinclair Creek Trails.

- 🔄 *Parkplatz Hwy 93, 3 km südl. vom Olive Lake*
- 🕐 *6-8 Stunden*
- 🔄 *Schwierig, anstrengend*
- 🔄 *10 km (einf. Strecke)*
- 🔄 *1.135 m bis zum Kindersley-Sinclair Joch*

▶ Kimpton Creek Trail
Der Trail führt am östlichen Ufer des gleichnamigen Creek, nach ca. 2 km geht es über Serpentinen bis auf 1.470 m Höhe. Btte feste Schuhe tragen, da der Trail oft nass und rutschig ist.

- 🔄 *Parkplatz Hwy 93, ca 6 km südl. vom Olive Lake*
- 🕐 *3 Stunden*
- 🔄 *Leicht bis moderat*
- 🔄 *4,8 km (einf. Strecke)*
- 🔄 *35 m*

👁 RADIUM HOT SPRINGS POOLS ⭐

Kurz bevor Sie Radium Hot Springs erreichen, kommen Sie zu den Radium Hot Springs Pool, wo nach langer Fahrt ein Bad in den heißen Quellen entspannend sein kann. Auch Massagen, Wellness und Aromatherapien werden angeboten. Die Wassertemperatur liegt zwischen 37 °C und 40 °C. Zur Abkühlung und zum Schwimmen gibt es ein angenehm temperiertes Kaltwasserbecken mit 27 °C, das allerdings zu den Öffnungszeiten der Hot Pools nicht immer zugängig ist. Im Sommer hat im Badebereich ein Café geöffnet, im Innenraum befindet sich cinc Cappuccinobar.

Die Quellen wurden viele hundert Jahre von den First Nations zur Behandlung von Krankheiten genutzt. Mit Sir George Simpson, der Gouverneur der Hudson's Bay Company war und 1841 ein Bad nahm, begann sozusagen die kommerzielle Nutzung der heißen Quellen. Ende des 19. Jahrhunderts sorgten die ersten sesshaft gewordenen Siedler dafür, dass die Quellen immer bekannter wurden. Roland Stuart, ein cleverer englischer Geschäftsmann, kaufte 1890 die Quellen für nur CAD 160. Kurze Zeit später entstanden ein Badehaus und ein kleiner Store – ein Wohnhaus für den

Verwalter kam 1914 dazu. Acht Jahre später wurden die Hot Springs Teil des **Kootenay National Parks** und Stuarts Besitz kurzerhand enteignet. In den Folgejahren erweiterte und renovierte man das Bad, bis dann von 1949 bis 1951 eine moderne Badeanstalt entstand. An der Quelle hat das leicht radioaktive und mineralhaltige Wasser eine Temperatur von ca. 44 °C. Etwa 1.800 Liter Quellwasser treten pro Minute aus der Tiefe der Erde an die Oberfläche, das selbst im Winter noch so heiß ist, dass das Bad ganzjährig geöffnet werden kann.

Bitte beachten Sie: Mitte/Ende April bis Anfang Mai schließt das Bad für einige Tage wegen Wartungsarbeiten.

📞 *250-347-9485 oder 1-800-767-1511 (geb.frei)*

🕐 *Heißwasserbecken: Mitte Okt.–Mitte Mai tägl.12–21/22 h, Mitte Mai–Mitte Okt. tägl. 9–23 h*

🕐 *Kaltwasserbecken: Mitte Okt.–Mitte Mai Fr 18–21 h, Sa & So 12–21 h, Mitte Mai–Anf. Sept. tägl. 9–21/23 h, Anf. Sept.–Mitte Okt. tägl. 12–21 h*

💲 *Einzelkarte: Erw. (18–64 J.): CAD 6,30, Kinder (3–17 J.)/Sen. (65+): CAD 5,40, Familien: CAD 19,10*

💲 *Tageskarte: Erw.: CAD 9,55, Kinder/Sen.: CAD 8,55, Familien: CAD 28,45*

@ *hot.springs@pc.gc.ca*

🌐 *www.pc.gc.ca/voyage-travel/sources-springs/radium/radium.aspx*

In der Umgebung der Hot Springs lebt die vom Aussterben bedrohte Gummiboa **Rubber Boa**. Sie wird 30 bis 80 cm lang, ist auf der Oberseite braun bis olivgrün, die Unterseite ist gelb bis cremefarben. Sie frisst kleinste Lebewesen (Mäuse, Salamander usw.) und ist unter Steinen, Holzstämmen oder in Erdlöchern zu finden. Die Schlange ist ungiftig und für Menschen ungefährlich.

🏃🏔 Wandern in der Nähe der Hot Springs

▶ **Redstreak Creek Trail**

Der Trail führt durch Nadelwald entlang des Redstreak Creek.

🔄 *Brücke über den Sinclair Creek Hwy 93, 3 km nördl. der Hot Springs*

🕐 *1,5 Stunden*

➡ *Leicht*

🔄 *2,3 km (einf. Strecke)*

➡ *193 m*

▶ Sinclair Canyon – Juniper Trail

Der Juniper Trail führt entlang des nördlichen Teils des Sinclair Canyon. Hier zwängt sich auf etwa zehn Kilometer Länge der Sinclair Creek durch den Canyon. Wer den Canyon nicht auf gleichem Wege zurücklaufen möchte, kann den 1,5 Kilometer langen Gehweg entlang der Straße zurück zum Parkplatz nehmen.

- Parkplatz Radium Hot Springs Pools
- 2 Stunden
- Leicht
- 3,2 km (einf. Strecke)
- 106 m

Redwall Fault

🏛 RADIUM HOT SPRINGS

Kurz nach Verlassen des Kootenay National Parks sehen Sie auch schon die ersten Häuser der Stadt Radium Hot Springs. Auffällig sind einige Hotels mit "alpinem Charme", auch die Namen der Unterkünfte lassen "alpenländische" Gefühle aufkommen.

🏔	Field	130 km
	Banff	135 km
👪	Stadt	800
❄❄	-9 °C	
☀	+19 °C	
〰	840 m	
⊘	Stadt	6,34 km²
Zum Vergleich: Kaub / Rheinland-Pfalz		
👪	Stadt	910
〰	74 m	
⊘	Stadt	12,98 km²

In der Ortsmitte stoßen Sie auf die Kreuzung Highway 95/93, der Highway 95 Nord führt weiter nach Golden und nach Süden geht es auf dem Highway 93/95 nach Cranbrook und zum Highway 3.

Radium Hot Springs, im weiten Tal des Columbia River zwischen den Rocky Mountains und den Purcell Mountains gelegen, ist das Versorgungszentrum der Region. Die Bevölkerung lebt von der Holzwirtschaft und dem Tourismus durch die naheliegenden Hot Springs und schneesicheren Winter. Touristisch hat der Ort nicht sonderlich viel zu bieten. Der etwa 20 Kilometer südlich von Radium Hot Springs liegende, ca. 4,5 Meter tiefe **Windermere Lake** ist im Sommer ein beliebtes Ziel für Wassersport-Liebhaber.

ℹ KOOTENAY NATIONAL PARK VISITOR CENTRE

- ☎ Visitor Centre: 250-347-9505 oder ganzj. 1-888-773-8888
- ✉ 7556 Main Street East, Radium Hot Springs
- 🕐 Mitte Mai–Mitte Okt.: tägl. 9–17 h
- ☎ Park Warden: 1-888-927-3367 (geb.frei)
- @ kootenay.info@pc.gc.ca
- 🌐 www.pc.gc.ca/eng/pn-np/bc/kootenay/index.aspx

ℹ RADIUM HOT SPRINGS CHAMBER OF COMMERCE

- ✉ 7556 Main St West, Radium Hot Springs
- ☎ 250-347-9331
- 🕐 Ganzj.: Mo–Fr 8:30–18 h, Juli & Aug.: tägl. & 8:30–18 h
- @ info@radiumhotsprings.com
- 🌐 www.radiumhotsprings.com

🏛 Übernachten

🏨 Alpen Motel

Die Zimmer des Motels sind ausgestattet mit einem Kühlschrank und Kaffeekocher, im Preis enthalten ist ein Hot-Pool-Pass.

- 🚗 *5022 Hwy 93, 3 km südl. d. Hot Springs*
- ☎ *250-347-3891 oder 1-888-788-3891 (geb.frei)*
- 🌐 *www.alpenmotel.com*
- 🕐 *Ganzj.*
- 💰 ★★

🏨 Motel Bavaria

Das Motel bietet Zimmer mit Kühlschrank, Kaffeekocher und Mikrowelle und Family Suites (mit Küchenzeile).

- 🚗 *Über die Kreuzung I Iwy 93/95 auf die parallel z. Hwy verlaufende Main St Richtung Süden, später re auf die McKay St zum Motel*
- ✉ *4872 McKay St, Radium Hot Springs*
- ☎ *250-347-9915 oder 1-888-749-1119 (geb.frei)*
- 🌐 *www.motelbavaria.ca*
- 🕐 *Ganzj.*
- 💰 ★★

🏕 Canyon Resort Campground

- 🚗 *An der Kreuzung Hwy 93/95 re Richtung Golden, nach ca. 400 m re auf die Sinclair Creek Rd bis zum Campground am Ende der Straße*
- ✉ *5012 Sinclair Creek Rd, Radium Hot Springs*
- ☎ *250-347-9564*
- 🌐 *www.canyonrv.com*
- 🕐 *Mitte April–Mitte Okt.*
- 🚿 *Ja*   📶 *98*   ♿ *Ja*
- 🐕 *Ja*
- 🔌 *Strom (15/30/50 Amp.), Wasser, Abwasser*
- 💰 $$

🏕 Redstreak Campground ★ (National Park Campground)

Der weiträumige, bewaldete Campground liegt oberhalb von Radium Hot Springs. Ein 1,8 km langer Trail führt zur Stadt und ein 2,7 km langer Weg zu den Hot Springs.

- 🚗 *An der Kreuzung Hwy 93/95 li Richtung Süden bis zum Abzweig li Redstreak Rd und weiter zum Campground*
- 🕐 *Anf. Mai–Mitte Okt.*
- 🚿 *Ja*
- 📶 *Alle Anschlüsse: 50, Strom: 38, einf. Stellplätze: 144*
- ♿ *Ja*   🐕 *Ja*
- 🔌 *Strom (15/30 Amp.), Wasser, Abwasser*
- 💰 $–$$ ⭕ *CAD 8,80*

🏕 Dry Gulch Provincial Park Campground ★

Der Campground südlich von Radium Hot Springs ist eine günstige und schöne Variante, wenn kein Service wie Duschen oder Sanidump benötigt wird. Die Stellplätze liegen am Hang. **Tipp:** Steuern Sie die oberen Plätze an.

- 🚗 *An der Kreuzung Hwy 93/95 li ca. 4,5 km nach Süden bis zum Park*
- ☎ *250-422-3003*
- 🌐 *www.env.gov.bc.ca/bcparks/explore/parkpgs/dry_gulch*
- 🕐 *Mai–Okt.*
- 🚿 *Nein*   📶 *26*   ♿ *Nein*
- 🐕 *Nein*
- 💰 $

Für die Rückfahrt zum Trans-Canada Hwy 1 gibt es leider keine Alternative, Sie müssen also auf der schon bekannten Strecke zurückfahren. Doch auch dies kann reizvoll sein, denn gerade auf dieser Strecke haben wir im Spätsommer/Herbst meistens zwei völlig verschiedene "Routen" kennengelernt: Da war z. B. die Hinfahrt total verregnet, kein Highlight konnte uns überzeugen, das Wohnmobil zu verlassen, doch über Nacht waren die Regenwolken weitergezogen und wir konnten auf der Rückfahrt alle Ausflüge nachholen – oder: Die Hinfahrt war klar und wir konnten bei Sonnenschein allerlei unternehmen, bei der Rückfahrt war die Landschaft wie durch ein Wunder verzaubert und von einer dicken Schneedecke bedeckt. Aber auch ohne eine Wetterkapriolen – genießen Sie die Rückfahrt und holen Sie das nach, was Sie auf der Hinfahrt ausgelassen hatten.

Wenn Sie dann nach etwas mehr als einhundert Kilometer wieder den **Vermilion Pass** *passiert haben und sich im* **Banff National Park** *befinden, folgen Sie dem Trans-Canada Hwy 1 nach Süden.*

Schon bald sehen Sie auf der linken Seite den breiten, beeindruckenden Felsenberg **Castle Mountain** *(2.766 m). Kurz bevor Sie Banff erreichen, zweigt eine Seitenstraße ab ins* **Sunshine Valley**, *das im Sommer ein beliebtes Wandergebiet und im Winter ein perfektes Skigebiet ist. Wenig später erreichen Sie die Touristenstadt* **Banff**.

Radium Hot Springs bis Calgary

⚜ BANFF NATIONAL PARK ▶ S.189

👁 CASTLE MOUNTAIN VIEWPOINT

Das weithin sichtbare, 2.766 Meter hohe, Felsenmassiv bekam von James Hector 1858 den Namen **Castle Mountain**, weil ihn die Silhouette des Bergmassivs an ein Schloss *(castle)* erinnerte. 1946 nannte man den Berg zu Ehren des amerikanischen Präsidenten Dwight D. Eisenhower um in Eisenhower Mountain, 1976 bekam

er wieder seinen ursprünglichen Namen zurück – als "Entschädigung" wurde ein Gipfel am Südende des Castle Mountain dann zum *Mount Eisenhower*. Die Erstbesteigung gelang 1884 Arthur P. Coleman, einem Professor der Uni Toronto, der sich besonders für die Geologie der Bergwelt interessierte und mehrere Gipfel der Rocky und Selkirk Mountains bestieg.

Der Viewpoint ca. sieben Kilometer südlich der Kreuzung Highway 93/Trans-Canada Hwy 1 bietet einen exzellenten Blick über das Bow River Tal auf den Castle Mountain und die umliegenden Gipfel. Südlich erblickt man den **Pilot Mountain** (2.954 m), nordwestlich den **Mount**

Castle Mountain Viewpoint

Temple (3.544 m, dritthöchster Berg im Banff National Park), gegenüber, am Südende des Castle Mountain, erhebt sich der **Mount Ishbel** (2.904 m).

Anmerkung: Der Viewpoint liegt an der Gegenfahrbahn, ostwärts Fahrende können den Viewpoint nicht direkt anfahren.

🏃🚵 Wandern und Mountainbiking

▶ Redearth Trail zum Shadow Lake

Die Tour auf der ehemaligen Feuerwehrzufahrt beginnt ca. neun Kilometer südlich der Kreuzung Hwy 93/Trans-Canada Hwy 1. Bei km 10,5 endet die Bike-Strecke, zu Fuß geht es noch 2,4 Kilometer weiter bis zur **Shadow Lake Lodge** (1.840 m hoch gelegen). Nach einem weiteren Kilometer erreicht man den Shadow Lake. Der Zeltplatz Redearth liegt etwa in der Mitte der Strecke, der Zeltplatz Shadow Lake kurz vor Erreichen der Lodge. Entlang des Trails beginnen weitere, teils schwierige Hochgebirgswanderungen **Hinweis:** Fahrradschloss nicht vergessen!

- ➡ Parkplatz Redearth am Hwy 1
- 🕐 Ganztägig
- ➡ Moderat
- ➡ Shadow Lake: 12 km (einf. Strecke)
- ➡ Shadow Lodge: 14,5 km (einf. Strecke)
- ➡ 325 m

Übernachten

Shadow Lake Lodge

Unterschiedlich ausgestattete Cabins mit Gas-Heizung, Waschbecken und Solarstromversorgung, die Duschen liegen zentral. Das lizensierte Restaurant bietet Rundumversorgung mit Frühstück, Dinner und Lunch.

- ☎ 403-762-0116 oder 1-866-762-0114 (geb.frei)
- 🌐 www.shadowlakelodge.com
- 🕐 Ganzj., keine Hunde erlaubt
- 🅿 Ja
- ➡ Cabins: ✱✱✱

▶ Bourgeau Lake Trail

Der Parkplatz und Trail-Beginn ist am Highway 1 kurz nach der Brücke über den Wolverine Creek. Der See liegt fantastisch vor einem Felsmassiv. Wer am See noch

Kraftreserven hat, kann zum **Harvey Pass** hochklettern.

- ➡ Parkplatz, 17 km südl. Kreuzung Hwy 93/Hwy 1
- 🕐 Je nach Ziel 4–8 Stunden
- ➡ Moderat bis schwierig
- ➡ Bourgeau Lake: 7,4 km (einf. Strecke)
- ➡ Harvey Pass: 9,7 km (einf. Strecke)
- ➡ Bourgeau Lake: 725 m
- ➡ Harvey Pass: 1.035 m

*Banff, das nächste Highlight der Route, ist nun zum Greifen nah. Die erste, westliche Abfahrt vom Trans-Canada Hwy 1 führt Sie auf direktem Weg in die Innenstadt, über die zweite Abfahrt wenige Kilometer weiter kommen Sie rechts zu den **Tunnel Mountain Campgrounds** oder links zu den grandios liegenden Seen **Lake Minnewanka**, **Two Jack Lake** und **Johnson Lake**.*

*Für "Sightseeing Banff und Umgebung" sollten Sie wieder etwas Zeit einplanen, denn viele interessante Sehenswürdigkeiten, Wanderwege, der **Sulphur Mountain** und auch ein Stadtbummel werden Sie begeistern. Sollte z. B. schlechtes Wetter Ihre Sightseeing-Pläne durchkreuzen – kein Problem, Banff liegt noch ein weiteres Mal auf der Route.*

🏨 BANFF 🅿🛈🏥✕🔖📷

🏔	Radium Hot Springs	135 km
	Canmore	24 km
🏃	Stadt	8.421
❄✷		-9 °C
☀		+16 °C
〰	1.383 m, höchstgelegene Stadt Kanadas	
⊘	Stadt	4,88 km²
Vergleich: Mittenwald / Oberbayern		
🏃	Stadt	7.570
〰	923 m	
⊘	Stadt	132,85 km²

215

"If we can't export the scenery, we'll import the tourists." (Wenn wir die Landschaft nicht exportieren können, so importieren wir die Touristen.)

Dieser Ausspruch, den William C. Van Horne beim Eisenbahnbau Ende des 19. Jahrhunderts tätigte, war und ist der Schlüssel zum touristischen Erfolg des Ortes. Die Stadt liegt im Ostteil der Rocky Mountains im Süden des grandiosen Banff National Park. Banff ist ein beliebtes Ziel von Touristen aus aller Welt und ein wichtiges Versorgungszentrum. Umgeben ist die Stadt vom Tunnel Mountain (1.690 m), Mount Rundle (2.949 m), Cascade Mountain (2.998 m), Mount Norquay (2.134 m) und Sulphur Mountain (2.281 m). Banff ist zudem ein bekannter Wintersportort mit zwei Skigebieten: **Mount Norquay** und **Sunshine Valley**. Im Sommer schätzen die Besucher die vielen Outdoor-Aktivitäten, die rund um Banff möglich sind.

Daneben bietet die Stadt zahlreiche Sehenswürdigkeiten, in Museen und Galerien kann man sich über die Geschichte, Natur, Kunst und Kultur informieren oder sich in den innerstädtischen Parks oder am Bow River eine Ruhepause gönnen. Zu den Highlights gehört auch ein Besuch der **Banff Upper Hot Springs** und eine Gondelfahrt auf den **Sulphur Mountain**.

Auch die heimischen Wapitis lieben "ihre Stadt", wundern Sie sich also nicht, wenn Sie in der City, auf dem Campground oder am Bow River auf Wapitis treffen.

Die Geschichte Banffs ist wieder eng mit dem Bau der Eisenbahn verbunden. Die CPR erreichte 1883 Banff und Lake Louise (damals: **Laggan Station**). Lord Steven, der damalige Vorsteher der CPR, benannte das Gebiet um Banff nach seinem Geburtsort Banffshire in Schottland. Bereits 1888 baute die CPR das **Banff Springs Hotel** und ab ca. 1911 konnte die Stadt auch über eine Straße erreicht werden. Als einzige Stadt innerhalb eines Nationalparks wurde Banff 1990 unabhängig.

Banff hat alle Versorgungsmöglichkeiten, ein Safeway Supermarkt liegt in Downtown Banff Ave/Elk St. Unterkünfte aller Preisklassen, viele Shops, nationale und internationale Küche wie auch güns-

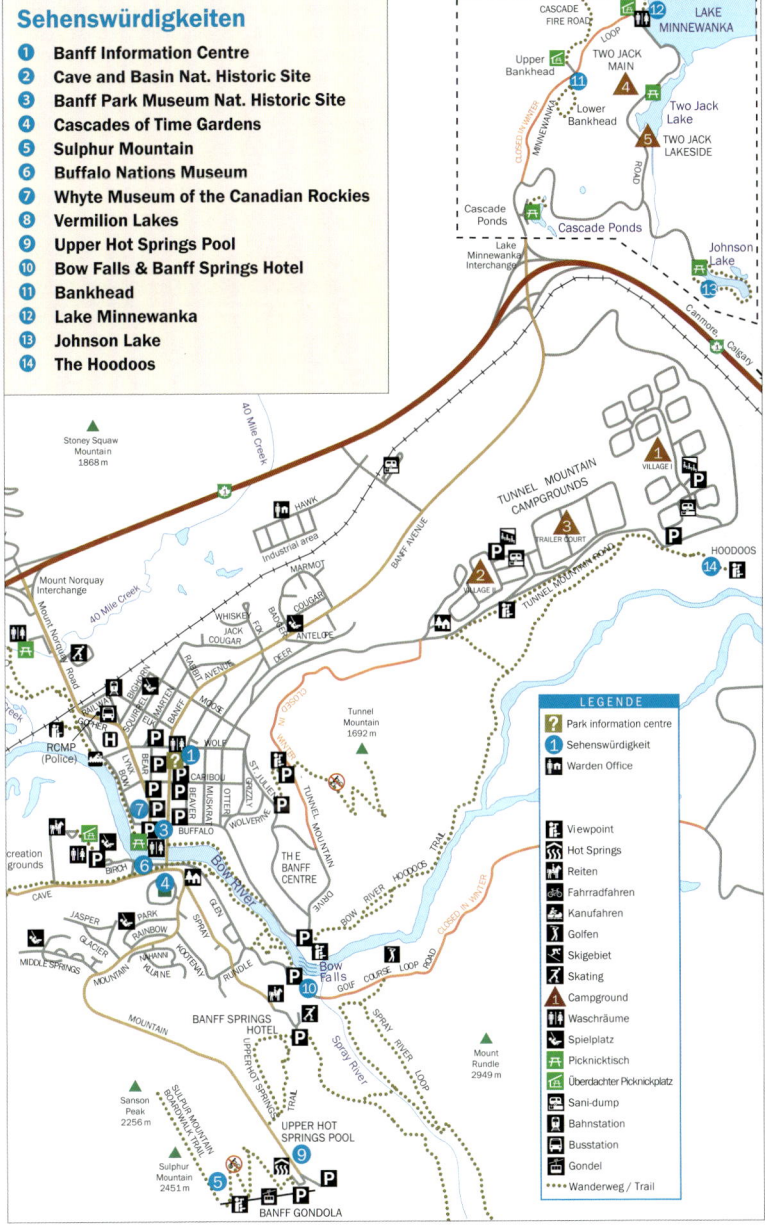

Sehenswürdigkeiten

1. Banff Information Centre
2. Cave and Basin Nat. Historic Site
3. Banff Park Museum Nat. Historic Site
4. Cascades of Time Gardens
5. Sulphur Mountain
6. Buffalo Nations Museum
7. Whyte Museum of the Canadian Rockies
8. Vermilion Lakes
9. Upper Hot Springs Pool
10. Bow Falls & Banff Springs Hotel
11. Bankhead
12. Lake Minnewanka
13. Johnson Lake
14. The Hoodoos

LEGENDE

- ? Park information centre
- 1 Sehenswürdigkeit
- Warden Office
- Viewpoint
- Hot Springs
- Reiten
- Fahrradfahren
- Kanufahren
- Golfen
- Skigebiet
- Skating
- Campground
- Waschräume
- Spielplatz
- Picknicktisch
- Überdachter Picknickplatz
- Sani-dump
- Bahnstation
- Busstation
- Gondel
- ••••• Wanderweg / Trail

tige Fast-Food-Restaurants sind ebenfalls vorhanden. Über spezielle Events und Festivals informiert die Visitor Info oder die folgende Internetadresse: 🌐 www.banff.ca

🛈 VISITOR INFORMATION

- 🔵 224 Banff Ave, Banff
- ☎ 403-762-1550
- ☎ Backcountry Trail Officer: 403-762-1556
- 🕐 Tägl.; Mitte Mai–Ende Juni: 9–18 h, Mitte Juni–Anf. Sept.: 9–19 h, Anf. Sept.–Mitte Mai: 9–17 h, 25. Dez. geschlossen
- @ banff.vrc@pc.gc.ca
- 🌐 www.banff.ca
- 🌐 Umfangreiches Kartenmaterial Stadt Banff: www.banffmaps.ca

▶ Öffentlicher Personennahverkehr

Innerhalb des Ortes verkehrt täglich von 6:15 bis 23:30 Uhr der Roam Bus auf zwei Routen. Auf der u. g. Internetseite können Sie die Route und Haltestellen ausdrucken. Eine weitere Route verbindet stündlich Banff mit Canmore, kostenlos können auch, wenn Platz vorhanden, Fahrräder und Hunde mitgenommen werden. Fahrscheinautomaten

(abgezähltes Kleingeld) sind im Bus. **Bitte beachten Sie:** Es wird kein Wechselgeld erstattet. Ein Wechselgeldbeleg kann bei Bedarf gedruckt und an verschiedenen Stellen eingetauscht werden: z. B. Town Hall (110 Bear St).

- ☎ 403-762-0606
- 🕐 Mo–Fr 9–16 h
- 🚌 **Lokal:** Einzelticket ab 13 J. CAD 2, Sen./Kinder/6–12 J.) CAD 1, Zehnerkarte CAD 17,50, Tagespass (im Bus erhältlich) CAD 5, 3-Tages-Pass CAD 12
- 🚌 **Regional:** Einzelticket: Einzelticket ab 13 J.: CAD 6, Sen./Kinder (6–12 J.) CAD 3, Tagespass CAD 15/CAD 7,50
  Tagespässe im Bus erhältlich
- 🌐 Busroute, Fahrplan & Infos: www.roamtransit.com

👁 Highlights

▶ Banff Park Museum

Das Banff Park Museum gehört zu den ältesten Sehenswürdigkeiten Banffs. Es liegt in der Nähe der Brücke über den Bow River und informiert über die Naturgeschichte des Landes. Man bekommt eine Fülle von präparierten Tieren und Insekten aus den Rockies gezeigt und Einblicke in die Pflanzenwelt. Ein intensiver Tier- und Pflanzensammler war Norman Bethune Sanson auf seinen Wanderungen viele Tausend Kilometer durch die Berge. Norman war von 1896 bis 1937 als Museumskurator angestellt.

Das 1895 gegründete Museum ist seit 1903 in dem imposanten Gebäude untergebracht. Es wurde von John Stocks entworfen und spiegelt den Architekturstil der damaligen Zeit wider. 1985 wurde das Museum aufgrund seiner Architektur und der Darstellung der Naturgeschichte des kanadischen Westens zur National Historic Site of Canada erklärt.

- 🔵 91 Banff Ave, Banff
- ☎ 403-762-1558
- 🕐 Mitte Mai–Anf. Sept.: tägl. 10–17 h, Anf. Sept.–Mitte Okt.: Mi–So 10–17 h, Mitte Okt.–Mitte Mai: geschlossen
- 🚌 Erw.: CAD 3,90, Sen. (65+): CAD 3,40, Kinder/Jugendl. (6–16 J.): CAD 1,90, Familien: CAD 9,80
- @ banff.vrc@pc.gc.ca
- 🌐 www.pc.gc.ca/lhn-nhs/ab/banff/index_e.asp

▶ Whyte Museum of the Canadian Rockies

Ein Besuch des Whyte Museums of the Canadian Rockies ist zu empfehlen. Das am Ende der Banff Ave/Ecke Birch Ave ncbcn der Post liegende Museum wurde von Peter und Catharine Whyte gegründet und 1968 als Peter Whyte Gallery eröffnet. 1985 bekam es seinen heutigen Namen. Da die Gründer des Museums mit den Stoney First Nations sehr verbunden waren, ist der Kultur und Kunst der First Nations ein Teil der Ausstellung gewidmet. Daneben sind die Schwerpunktthemen die Naturgeschichte der kanadischen Rockies, die Entwicklung des Tourismus und die zum Teil abenteuerlichen Expeditionen auf die Gipfel der Rockies. Ein Teil des Museums ist internationalen Künstlern gewidmet. Besonders imposant für die kleinen Besucher ist die Bärenausstellung im unteren Bereich. Es werden geführte Touren und spezielle Kinder- und Familienprogramme veranstaltet.

- ✉ 111 Bear St, Banff
- ☎ 403-762-2291-300
- 🕐 Tägl. 10–17 h, 25. Dez. & 1. Jan. geschlossen
- 💲 Erw. CAD 8, Stud. CAD 4, Kinder unter 12 J. frei
- @ info@whyte.org
- 🌐 www.whyte.org

▶ Buffalo Nations Luxton Museum ★

Im sehenswerten Buffalo Nations Luxton Museum, das durch seine Holzumzäunung an ein Fort erinnert, werden der Alltag und

Luxton Museum

die Geschichte der in den Rockies heimischen First Nations präsentiert.

Die Idee zum Museum hatte der Geschäftsmann, Journalist und Abenteurer Norman K. Luxton, er pflegte eine enge Freundschaft mit den Stoney First Nations. Luxton (1876–1962) war bekannt als **"Mr. Banff"**, er veröffentlichte die Wochenzeitung *"Banff Crag & Canyon"*, baute das King Edward Hotel und Lux Theatre

Banff Avenue

und gründete den Goat Curio Shop (heute Banff Indian Trading Post), das später zum Buffalo Nations Museums führte. Die Stoney ernannten ihn zum Ehrenhäuptling und gaben ihm den Namen *Chief White Shield*. Nach Luxtons Tod wurde das Museum unter dem Namen *Glenbow Alberta Institute* weitergeführt. 1992 kaufte es dann die Buffalo Nations Cultural Society.

Im Museum sind lebensnahe Szenen der First Nations nachgestellt, die einen schönen Einblick in das alltägliche Leben und die Kultur der Natives geben. Daneben ist traditionelles Kunsthandwerk und Kleidung zu bewundern.

Danach bietet sich ein Besuch der nur wenige Meter östlich liegenden **Banff Indian Trading Post** an.

- 🚩 *Nach Überqueren des Bow River die 1. Straße re*
- ✉ *1 Birch Ave, Banff*
- ☎ *403-762-2388*
- 🕐 *Mai–Sept.: tägl. 10–19 h, Okt.–April: 11–17 h*
- 💲 *Erw.: CAD 10, Sen. (65+): CAD 9, Kinder (6–12 J.): CAD 4*
- 🌐 *www.buffalonationsmuseum.com/visit*

▶ Cave & Basin National Historic Site ★

Die Cave & Basin National Historic Site am Ende der Cave Ave ist der Geburtsort des Banff National Parks. Hier entdeckten 1883 Arbeiter der Canadian Pacific Railway die heißen Quellen, die wenige Jahre später zur Gründung des Nationalparks führten. Eine Ausstellung zeigt die Ent-

Cave & Basin National Historic Site

wicklung des Nationalparks, weiter sehen Sie eine Nachbildung der Badeanstalt von 1887, die allerdings seit 1993 nicht mehr genutzt wird. 2013 sind umfangreiche Renovierungs- und Modernisierungsarbeiten beendet worden, sodass nun auch interaktive Darbietungen angeboten werden. Im Außenbereich führen Wege durch eine Sumpflandschaft, wo es in natürlichen Pools und Quellen brodelt und von Kleinlebewesen und Pflanzen wimmelt. Man beachte: In sieben Pools rund um Banff lebt die 3–6 mm dicke **Banff Springs Snail**. Diese Schneckenart ist vom Aussterben bedroht, weil durch nachlassende Regenfälle die Quellen austrocknen oder Gäste in den Naturquellen verbotenerweise baden und so das Wasser mit Körperpflegemittelreste verunreinigen.

Stärken können Sie sich im Galletly Building, Es werden Führungen durch die National Historic Site angeboten.

- 🚩 *Nach Überqueren des Bow River die 2. Straße li*
- ✉ *311 Cave Ave, Banff*
- ☎ *403-762-1566*
- 🕐 *Mitte Mai–Anf. Sept.: tägl. 10–17 h, Anf. Sept.– Mitte Okt.: Di–So 10–17 h, Mitte Okt.–Mitte Mai: Mi–So 11–17 h*
- 💲 *Erw.: CAD 3,90, Sen. (65+): CAD 3,40, Kinder/ Jugendl. (6–16 J.): CAD 1,90, Familien: CAD 9,80*
- @ *banff.vrc@pc.gc.ca*
- 🌐 *www.pc.gc.ca/eng/lhn-nhs/ab/caveandbasin/ne.aspx*

Wandern

Sundance Trail & Sundance Canyon Loop
- 🔄 *Cave & Basin Historic Site*
- ➤ *Leicht*
- ↔ *5,5 km (Gesamtstrecke)*
- ↕ *145 m*

Marsh Loop Trail
- 🔄 *Cave & Basin Historic Site*
- ➤ *Leicht*
- ↔ *2,5 km (Gesamtstrecke)*

▶ Banff Springs Hotel

Das traditionelle Banff Springs Hotel, das einem schottischen Schloss nachempfunden ist, ist das Wahrzeichen von Banff. Es liegt eingebettet zwischen dem Mt. Rundle und Sulphur Mountain im Tal des Bow und Spray River. Das Hotel wurde von 1887 bis

1888 von der CPR erbaut. 1926 zerstörte ein Feuer das komplette Hotel, danach wurde es im heutigen Stil errichtet und gleichzeitig auch erweitert. Eine gründliche Renovierung und eine weitere Vergrößerung wurde in den 80er-Jahren vorgenommen, um so als Unterkunft für die Calgary-Winterolympiade 1988 gerüstet zu sein. 1992 erklärte die Regierung das Hotel zu einer *National Historic Site of Canada*.

Banff Springs Hotel

Das Hotel ist luxuriös ausgestattet. Von schmucken, stilvollen Gästezimmer bis zur Präsidenten-Suite findet sich je nach Geldbeutel eine passende Bleibe. Gästen stehen beheizte Swimmingpools mit Wellness- und Fitnesszentrum und ein Tennis- und Golfplatz zur Verfügung. Speisen kann man je nach Appetit in einem der Restaurants und die Urlaubskasse erleichtern fällt leicht, wenn man durch die edlen Boutiquen und Shops im Erdgeschoss bummelt. Fakten zum Hotel unter: "Übernachten".

🔜 *Nach Überqueren des Bow River li auf Spray Ave zum Hotel*

@ *banffsprings@fairmont.com*

🌐 *www.fairmont.com/Banffsprings*

▶ Bow Falls

Die Bow Falls liegen unterhalb des Fairmont Banff Springs Hotels in der Nähe des Golfplatzes. Hier fließt das Wasser des Bow River einige Meter über Kalksteinfelsen in die Tiefe. Zufahrt wie Banff Springs Hotel.

▶ Hoodoos

Die außergewöhnlichen Gesteinsformationen sind über die Tunnel Mountain Rd zu erreichen. Vom Parkplatz in der Nähe der Tunnel Mountain Campgrounds führt ein gut begehbarer Weg zu Aussichtspunkten, wo sich neben den "Steinmännchen" auch ein schöner Blick ins Tal des Bow River und zum Mount Rundle bietet.

▶ Sulphur Mountain/Banff Gondola ★

Ein Schönwetter-Highlight ist eine Fahrt mit der Gondelbahn auf den Sulphur Mountain. Nach der 8-minütigen Fahrt von der Talstation (1.583 m) bis zur Bergstation (2.281 m) bietet sich Ihnen ein fantastischer Weitblick. In Höhe der Bergstation befinden sich neben Restaurants und einem Souvenierladen auch (behindertengerechte) Aussichtsplattformen. Das Summit SB-Restaurant bietet während der Öffnungszeiten der Gondelbahn und das 2006 eröffnete Regal View Garden Restaurant von Juni bis September Speisen und Getränke an. Von Anfang Februar bis Mitte Oktober findet jeden Samstag von 17 bis 21 Uhr das **Banff Alpine Lights** – Speisen in luftiger Höhe und den Sonnenuntergang genießen – statt. Im Preis inbegriffen sind eine Gondelfahrt und ein mehrgängiges Dinner, Reservierung wird empfohlen.

☎ *1-800-760-6934*

🌐 *www.brewster.ca/rocky-mountains/ destinations/banff/activities/banff-gondola*

Über einen etwa einen Kilometer langen Holzplankenweg mit über 360 Treppenstufen gelangt man zum **Sanson Peak** (2.337 m). **Achtung:** Bei Nässe und nach Frostnächten sind die Holzplanken sehr rutschig.

Auf dem Sanson's Peak befindet sich die 1903 erbaute, historische **Sanson's**

Sulphur Mountain

Peak Wetterstation und die *Cosmic Ray National Historic Site*, die in den 1950er-Jahren errichtet wurde, um kosmische Strahlungen während des Internationalen Geophysikalischen Jahres vom 1. Juli 1957 bis 31. Dezember 1958 zu studieren. Weltweit waren 66 Länder mit insgesamt 99 Stationen an der Studie beteiligt. Die Anlage auf dem Sulphur Mountain wurde 1978 geschlossen und 1981 abgebaut.

Zu den ersten Pionieren, die den Sulphur Mountain bezwangen um Wetterdaten aufzuzeichnen, zählte Norman Bethune Sanson. Von 1896 bis 1931 wanderte er über eintausend Mal den 5,5 Kilometer langen Trail vom Tal zur Wetterstation und bezwang dabei jedes Mal einen Höhenunterschied von 655 Meter.

🔘 *Nach Überqueren des Bow River weiter auf der Spray Ave, später Mountain Ave bis zum Ende der Straße*

✉ *Mountain Ave, Banff*

☎ *403-762-2523*

🕐 *Mai–Anf./Mitte Okt.: tägl. 8/9–17/19 h*

💰 *Erw. (ab 16 J.): CAD 39,95, Kinder (6–15 J.): CAD 19,95, One-Way Ticket Down: 15.5.–12.10. Erw. CAD 19,95, Kinder CAD 9,95*

🌐 *www.banffgondola.com*

▶ Upper Hot Springs

Ein tolles Erlebnis ist ein Bad im wohltemperierten Wasser der Upper Hot Springs. Kostenlos gibt's eine prächtige Aussicht. Besonders wohltuend an kühleren Tagen, wenn das Wasser dem Körper Wärme spendet und die Berge schon schneebedeckt sind.

Die Wassertemperatur an der Quelle beträgt 47,3 °C, das Wasser des Freibeckens ist auf angenehme ca. 37 °C bis 40 °C heruntergekühlt. Neben dem warmen Freibecken befindet sich noch ein Kinder- und ein Tauchbecken in der Anlage. Der leichte Geruch des Wassers kommt von den im Wasser gelösten Mineralien Sulfat, Kalzium, Bicarbonat, Magnesium und Natrium.

Die Badeanstalt wurde 1932 eröffnet, im Laufe der Jahre erweitert, erneuert und mehrfach renoviert. Ganzjährig haben ein Souvenirladen, eine Snackbar und ein Café geöffnet, im Frühling und Sommer werden auf der Terrasse Getränke angeboten.

🔘 *Siehe Zufahrt Sulphur Mountain*

✉ *Mountain Ave, Banff*

☎ *403-762-1515 oder 1-800-767-1611 (geb.frei)*

🍴 *Banff Hot Springs Cafe: 403-760-6686*

🕐 *Ganzj., Nov.–Mitte Mai: So–Do 10–22 h, Fr & Sa 10–23 h; 25. Dez.–2. Jan.: tägl. 10–23 h, Mitte Mai–Okt.: tägl. 10–22/23 h*

💰 *Erw.: CAD 7,30, Kinder (3–17 Jahre), Sen. (65+): CAD 6,30, Familien: CAD 22,50*

💰 *Handtuch: CAD 1,90, Badebekleidung: CAD 1,90*

@ *hot.springs@pc.gc.ca*

🌐 *www.hotsprings.ca*

▶ Vermilion Lakes

Einen Ort der Ruhe findet man an den Vermilion Lakes. Die Zufahrtstraße (5,7 km) zweigt im Norden von Banff kurz vor der Kreuzung Trans-Canada Hwy 1/Mt. Norquay Rd nach Westen ab und verläuft parallel zum Trans-Canada Hwy 1. Die drei flachen Seen liegen in einer weiten, einzigartigen Sumpflandschaft. Das ganze Jahr über nisten und leben hier zahlreiche Wasservogelarten und mit etwas Glück entdeckt man vielleicht auch einen Elch oder kann einen Biber in Aktion beobachten. Es werden geführte Touren angeboten, Näheres erfahren Sie in der Visitor Information.

❗ Achtung Wohnmobilfahrer: Fahren Sie langsam und vorsichtig, da auch Wanderer und Biker die enge, schlechte Straße nutzen. Alternativ bietet sich eine Wanderung/Biketour an, da es entlang der Strecke auch nur sehr wenig Parkmöglichkeit gibt.

▶ Cascade Rock Garden

Farbenprächtige Blumenmeere, verschiedenartige Hecken, Sträucher und Bäume, dazwischen verschlungene Pfade, Pavillons, Ruhebänke und Stille sind die Highlights dieses Ruhepols am Rande des Stadtzentrums. In der ansprechend gestalteten Gartenanlage befindet sich auch das **Banff National Park Verwaltungsgebäude**.

Das Grundstück wurde 1934 von **Parks Canada** erworben, nachdem ein Feuer das Bretton Hall Sanatorium, das seit den 1890er-Jahren hier stand, vernichtet hatte. Das 1935/1936 errichtete Verwaltungsgebäude und die Gartenanlage hat der Architekt Beckett aus Ontario entworfen.

- ✉ *Banff Ave, jenseits des Bow River*
- 🕐 *Ganzj., empfehlenswert von Juni–Sept./Okt.*
- 💲 *Frei*

▶ Mount Norquay

Das nördlich von Banff liegende Skigebiet bietet schon seit 1926 ideale Wintersportbedingungen. Die Talstation der Lifte am Ende der Straße liegt in 1.630 Metern Höhe und bringt die Skifahrer zu den Abfahrten auf 2.133 Meter. Skisaison ist von Ende November bis April. Von Anfang Januar bis Ende Februar wird von 17 bis 21/22 Uhr freitags **"Night Skiing"** und samstags **"Night Tubing"** angeboten. Während der Sommermonate beginnen am Ende der Straße schöne Trails. Mitte Juni bis Mitte Oktober bringt ein Sessellift Besucher täglich von 9 bis 19/20 Uhr bequem nach oben, natürlich mit grandioser Aussicht unterwegs.

- 🚗 *Hwy 1 Abfahrt Banff West, weiter ca. 6,5 km auf der Mt. Norquay Rd*
- ✉ *Mt. Norquay Rd, Banff*
- ☎ *403-762-4421*
- 🕐 *Liftzeiten Winter: tägl. 9–16 h, Anf. Jan.–Ende Feb.: Zusätzlich Fr & Sa 17–21/22 h*
- @ *admin@banffnorquay.com*
- 🌐 *www.banffnorquay.com*

Vermilion Lakes

Cascade Rock Gardens

Wandern und Mountainbiking

Upper Stoney Squaw Trail
(auch Mountainbike-Trail)
Der Trail führt steil nach oben zum Gipfel des Stoney Squaw Mountain.
- Parkplatz Ende Mt. Norquay Rd
- Moderat
- 2 Stunden
- 2,1 km (einf. Strecke)
- 190 m

► Sunshine Valley
Das Ski- und Wandergebiet Sunshine Valley liegt westlich der Stadt und ist erreichbar vom Trans-Canada Hwy 1 über die Sunshine Rd, die acht Kilometer westlich von Banff nach Süden abzweigt. Skifahrer finden hier ideale Wintersportbedingungen, zwölf Lifte befördern die Skitouristen nach oben zu den Abfahrten, Skisaison ist von Ende November bis Anfang Mai. Die Talstation liegt in 1.658 Meter, die Bergstation in 2.730 Meter Höhe. Informationen:
- www.skibanff.com

❗ Während der Sommermonate fährt keine Bergbahn.

Der Sommer im Sunshine Valley bietet besonders im Bereich der **Sunshine Meadows** schöne Wanderungen. Erreichbar ist das Wandergebiet über die sieben Kilome-

ter lange Sunshine Road. Vom Parkplatz geht es entweder mit dem Shuttle-Bus in 15 Minuten oder zu Fuß hinauf zum Sunshine Village und dem Wandergebiet Sunshine Meadows in 2.220 Metern Höhe. Der Shuttle-Bus verkehrt auf einer sechs Kilometer langen Privatstraße und überwindet dabei 500 Höhenmeter – zu Fuß sicherlich ein anstrengender Zwei-Stunden-Marsch. Es werden auch geführte Wanderungen angeboten, Näheres in der Visitor Info Banff oder über die folgende Internetadresse:
- www.seitnotiz.de/NPRKA10

Informationen Sunshine Valley
- Saison: 403-762-7889 (Ende Juni–Anf. Okt.)
- Nebensaison: 403-760-4403
- Ticket-Office: tägl. ab 8 h
- Shuttle Bus ab Parkplatz Skigebiet zu den Sunshine Meadows: Mitte Juni–Anf. Okt., ca. stündl. ab 8/9 Uhr, Hunde sind nicht erlaubt.
- Hin- und Rückfahrt (Abfahrt Parkplatz Skigebiet): Erw.: CAD 27, Kinder (3–12 J.): CAD 16
- Hin- und Rückfahrt (Abfahrt Banff): Erw.: CAD 55, Kinder (3–12 J.): CAD 30
- Rucksackwanderer (mehrtägig) zum oder vom angrenzenden Mt. Assiniboine PP, Egypt Lake oder Healy Pass: einfache Fahrt CAD 16
- sunshinemeadowsbanff@hotmail.com
- www.sunshinemeadowsbanff.com

Wandern

Rock Isle Lake Trail
Schöne Wanderung zu einem Aussichtspunkt mit Blick auf den Rock Isle Lake.
- Sunshine Village, erreichbar entweder per Shuttle-Bus oder per 6,5 km Wanderung
- 1 Stunde
- Leicht
- 1,8 km (einf. Strecke)
- 105 m

Grizzly-Larix Lakes Loop Trail
Der Loop Trail um die beiden Seen über üppig blühende Wiesen kann auch als Erweiterung des vorigen Trails gewandert werden.
- Rock Isle Lake
- 2 Stunden
- Leicht
- 4,9 km (Rundweg)
- 65 m

▶ **Rundfahrt Bankhead** ▶ **Lake Minnewanka** ▶ **Two Jack Lake** ▶ **Johnson Lake ★**

Diese schöne und abwechslungsreiche Tagestour führt Sie zu den drei idyllisch liegenden Seen nordöstlich von Banff. Die Rundreise beginnt an der Kreuzung Trans-Canada Hwy 1/Lake Minnewanka Rd, der östlichen zweiten Abfahrt vom Trans-Canada Hwy 1. Nach nur wenigen Meter kommen Sie zum weiträumigen **Cascade Ponds Picknickplatz**, einem idealen Plätzchen für einen kurzen Spaziergang.

Bald danach erreichen Sie das historische Bankhead, wo sich ehemals eine Bergwerkstadt befand. Heute führt östlich der Straße ein 1,1 Kilometer langer Lehrpfad (Rundweg) durch die Ruinen von Bankhead (Lower Bankhead). Der Ort **Bankhead** und der zwei Kilometer entfernte Ort **Anthracite** waren Anfang des 20. Jahrhunderts wichtige Bergwerkssiedlungen. Die naheliegende Bahnlinie war ideal für den Abtransport der Kohle. Bankhead wurde 1903 von der Pacific Coal Company, einer Tochtergesellschaft der Canadian Pacific Railway, gegründet und lieferte Kohle für Loks. Die Stadt blühte in den darauffolgenden Jahren auf, hatte bald bis zu 1.500 Einwohner, Schulen, Kirchen und bis zum Alberta Prohibition Act vom 1. Juli 1916 (er dauerte bis 1923) auch einige Saloons. Die Arbeitsbedingungen der Grubenarbeiter waren hart und die Bezahlung hing sehr von den schwankenden Kohlepreisen ab. Die Unzufriedenheit der Arbeiter, erhöhte Kosten, schwierige Abbaubedingungen und nachlassende Kohlequalität waren in der 18-jährigen Stadtgeschichte präsent. Moderne elektrische Hilfsmittel erhöhten zwar die Kohleproduktion, konnten aber auch verheerende Explosionen auslösen. 1907 entstand eine Brikettfabrik, mit Briketts konnte man zwar heizen, doch für die Lokomotiven waren sie ungeeignet und so musste Kohle von anderen Gruben herbeigeschafft werden. Als dann 1922 ein acht Monate dauernder Streik die Stadt lahmlegte und es keine Einigung zwischen den Parteien gab, bedeutete dies das Ende der ehemals blühenden Stadt.

Wandern

C-Level Cirque Trail

C-Level war zu Kohleabbauzeiten das höchste Kohleflöz (1.920 m) des Gebietes, es sind noch Gebäudereste zu sehen. Cirque ist ein geologisches Phänomen und beschreibt ein halbkreisförmiges Becken, das durch Gletscher entstanden ist. Dort bleibt der Schnee oft lange liegen und bildet einen kleinen Teich, der von den Gletschern oberhalb der Geröllhalde gespeist wird, wodurch spärliches Pflanzenwachstum möglich ist.

⤵ *Parkplatz Upper Bankhead, Lake Minnewanka Rd*
🕐 *2-3 Stunden*
➋ *Moderat*
⬌ *4,2 km (einf. Strecke)*
➋ *455 mi*

▶ **Lake Minnewanka ★**

Das nächste Highlight auf der Rundtour ist der größte künstlich angelegte See im Banff National Park, der von schroff abfallenden Felswänden umrahmt ist. Der Lake Minnewanka ist 18 Kilometer lang, erreicht eine maximale Tiefe von 100 Meter und liegt 1.450 Meter hoch. Das Gebiet um den See war für viele Jahrhunderte Jagdgebiet der Stoney People. Da sie der festen Meinung waren, dass dort Geister ihr Unwesen trieben, nannten sie den See "Minn-waki", was in etwa "See der Geister" bedeutet. Selbst die ersten Europäer sprachen vom "Devil's (Teufels) Lake". So wundert es auch nicht, das ein tiefer Bergdurchbruch am Ende des Sees **Devil's Gap** heißt. Dieser kann entweder bequem während einer Bootstour, per

Cascade Ponds

Lake Minnewanka

moderater, mehrtägiger Wanderung oder per Mountainbike-Tour erreicht werden. Zwischen dem Lake Minnewanka und Devil's Gap (bei km 29,5, Nationalparkgrenze) liegen die Ghost Lakes (mit Zeltplatz).

Bereits 1886 entstand am See das Strandhotel Beach House und wenig später das kleine Sommerdorf **Minnewanka Landing** mit Hotels und Restaurants. Um den sumpfigen Uferbereich für Boote befahrbar zu machen und den Wasserstand zu erhöhen, begann man 1895 mit der Aufstauung des Sees. Später diente die Stauung der Energiegewinnung. Mit der letzten Aufstauung 1941 verschwand Minnewanka Landing sozusagen in der Versenkung und ist heute ein beliebtes Ziel für Taucher. Näheres:
- www.seitnotiz.de/NPRKA12

Am linken Seeufer liegen sehr schöne Picknickplätze, stille Buchten und kleine Halbinseln, ideale Plätzchen, um die grandiose Aussicht zu genießen. Wanderwege beginnen, eine Snackbar ist für das leibliche Wohl zuständig und wer möchte, kann ein Boot mieten und dabei vielleicht sein Abendbrot angeln. Es werden auch geführte Angeltouren angeboten. Am Bootshaus startet eine einstündige **Rundfahrt** in überdachten Booten zum Devil's Gap am Ostende des Sees.
- 403-762-3473 oder 1-877-423-7433 (geb.frei)
- Tägl. stündl. Mitte Mai–Mitte Okt., im Sommer zusätzliche Fahrten
- Erw.: CAD 54,95, Kinder: CAD 27,50
- www.seitnotiz.de/NPRKA13

Wandern

Stewart Canyon Trail
Einfache Wanderung entlang des Sees zur Brücke über den Stewart Canyon.
- *Parkplatz Lake Minnewanka*
- *1 Stunde*
- *Leicht*
- *1,5 km (einf. Strecke)*
- *Minimal*

Aylmer Pass Trail
Der Trail ist bis km 7,8 (Aylmer Jct.) identisch mit dem Aylmer Lookout Trail (siehe unten). Der Trail zum Pass (2.285 m) und Aylmer Lookout ist während der Beerensaison (Mitte Juli bis Ende September) nur für Gruppen ab vier Personen geöffnet. Der Zeltplatz Lm8 ist ebenfalls während dieser Zeit gesperrt. Der Hintergrund: Die Trails liegen im Bärengebiet – und Bären lieben Beeren.
- *Parkplatz Lake Minnewanka*
- *Mindestens einen Tag einplanen*
- *Schwierig*
- *16,9 km (einf. Strecke)*
- *810 m*
- *Km 7,8*

Trailreport
- www.seitnotiz.de/NPRKA11

Aylmer Lookout Trail
Der Abzweig zum Trail befindet sich wenige Kilometer südlich vom Aylmer Pass. Es gelten die gleichen Einschränkungen.

- Parkplatz Lake Minnewanka
- 7–8 Stunden
- Moderat
- 11,8 km (einf. Strecke)
- 560 m

Lake Minnewanka zum Devil's Gap (Mountainbiking erlaubt)

Dieser Trail ist bis km 7,8 (Aylmer Junction) identisch mit dem Aylmer Lookout Trail.

- Parkplatz Lake Minnewanka
- Mehrtägig, Mitte Juli–Mitte Sept.: Keine Biker
- Moderat
- 29,5 km (einf. Strecke)
- 45 m
- Km 7,8; km 9,3; km 11,1; km 18,8; km 20,6; km 25,7

► Two Jack Lake und Johnson Lake

Und weiter geht die Rundreise zum **Two Jack Lake**. Am See befindet sich ein Picknickplatz mit Bootsrampe und im See eine hübsche, kleine Halbinsel, die auch ein Postkartenmotiv sein könnte. Westlich der Straße liegt der Two Jack Main und östlich der Two Jack Lake Campground. Infos siehe Kapitel "Übernachten".

Der letzte idyllisch liegende See auf der Rundtour ist der **Johnson Lake**, die Zufahrt zum Parkplatz zweigt von der Minnewanka Rd nach Osten ab. Vom Parkplatz erreicht man nach wenigen Schritten den kleinen See mit Picknickplatz und Bademöglichkeit.

Wandern

Johnson Lake Loop

Der Trail führt durch Douglas-tannen-Wald und umkreist den idyllisch liegenden See.

- Picknickplatz
- 1 Stunde
- Leicht
- 3,5 km (Rundweg)
- Minimal

Johnson Lake zu Cascade Ponds/Picknickplatz am Anfang der Rundtour

Der Trail kann auch in umge-kehrter Richtung ab den Casca-de Ponds (Beginn der Rundtour) gewandert werden.

- Parkplatz Johnson Lake
- 2–3 Stunden
- Moderat
- 4,2 km (einf. Strecke)
- 120 m

► Wander- und Mountainbikemöglichkei-ten im Stadtbereich von Banff

Sulphur Mountain Trail

Der Trail führt kurvenreich zur Bergstation.

- Parkplatz Upper Hot Springs
- 4–5 Stunden
- Moderat
- 5,5 km (einf. Strecke)
- 655 m

Tunnel Mountain Trail

Die Mühe lohnt sich, denn oben bietet sich ein 360-Grad-Ausblick.

- St. Julien Rd (nahe Banff Zentrum) oder Tunnel Mountain Dr (Zufahrt zu den Campgrounds)
- 2–3 Stunden
- Moderat
- 2,4 km (einf. Strecke)
- 260 m

Fenland Loop Trail

Unterwegs wird auf Infotafeln die Flora und Fauna erläutert.

- Mt. Norquay Rd zwischen Bahnlinie und Hwy 1
- 1 Stunde
- Leicht
- 2,1 km (Rundweg)

Two Jack Lake

Pavillon im Banff Park am Bow River

Spray River Loop – Trail & Mountainbiking
- Nahe Fairmont Springs Hotel
- Leicht
- 11,4 km (Rundweg)
- 65 m

Spray und Goat Creek – Mountainbiking
- Fairmont Springs Hotel
- Moderat
- 19 km (einf. Strecke)
- 360 m

Rundle Riverside – Mountainbiking
- Kiosk Golf Course Rd
- Schwierig
- 14 km (einf. Strecke)
- 180 m

🏨 Übernachten

🏨 Fairmont Banff Springs Hotel
Das erste Hotel am Platze ist das legendäre Banff Springs Hotel (▶ S.220). Man übernachtet in geschmackvoll eingerichteten Zimmern oder Suiten und entspannt im hoteleigenen Pool und Fitness-Center. Mehrere Restaurants sorgen für das leibliche Wohl.
- Vom Hwy 1 die östl. Abfahrt re (Banff/Lake Minnewanka) Banff Ave, dieser folgen bis nach der Brücke über den Bow River, danach li auf die Spray Ave bis zum Hotel
- 405 Spray Ave, Banff
- 403-762-2211 oder 1-866-540-4406 (geb.frei)
- @ banffsprings@fairmont.com
- www.fairmont.com/banffsprings
- Ganzj.
- ★★★

🏨 Aspen Lodge
Die Lodge hat modern eingerichtete Zimmer (mit Bügeleisen, Kaffeekocher & Mini-Kühlschrank, teilw. Balkon), kontinentales Frühstück ist inklusive.
- 401 Banff Ave, Banff
- 403-762-4401 oder 1-877-886-8857 (geb.frei)
- @ info@banffaspenlodge.com
- www.banffaspenlodge.com
- Ganzj.
- ★★–★★★

🏨 YWCA Banff Hotel
Man übernachtet in Familienzimmern mit Küchenzeile oder in Mehrbettzimmern. Kontinentales Frühstück ist inklusive.
- Vom Hwy 1 Zufahrt über die Banff Ave, nach Überqueren des Bow River li auf die Spray Ave
- 102 Spray Ave, Banff
- 403-762-3560
- @ info@ywcabanff.ab.ca
- www.ywcabanff.ca/hotel
- ★–★★

🏨 HI-Banff Alpine Centre
Über 230 Betten in Mehrbett- oder in Familienzimmern, 2 bestens ausgestattete Küchen, freier Internetzugang, Restaurant, Pub uvm. werden angeboten.
- Vom Hwy 1 die 2. östliche Abfahrt Banff auf die Banff Ave bis zur Tunnel Mountain Rd, dieser folgen bis Hidden Ridge Way (westlich der Campgrounds)
- 801 Hidden Ridge Way/Tunnel Mtn. Rd, Banff
- 403-762-4123 oder 1-866-762-4122 (geb.frei)
- www.hihostels.ca/westerncanada/332/HI-Banff_Alpine_Centre.hostel
- Ganzj.
- ★–★★

Reservierung der drei folgenden Campgrounds
☎ 1-877-737-3783 (1-877-RESERVE) (geb.frei)
🌐 https://reservation.pc.gc.ca

🏛 Tunnel Mountain Village I ★

Alle 3 Campgrounds sind weiträumig angelegt und bewaldet. Die Stellplätze des Tunnel Mtn. Trailer liegen parallel zu den Straßen im Campground mit allen Anschlüssen.

🇵 *Östlicher Exit (Banff/Lake Minnewanka) vom Hwy 1 re Richtung Banff, nach ca. 600 m li auf die Tunnel Mtn Road zu den Campgrounds, Village I ist der erste Campground*
✉ *Tunnel Mountain Rd, Banff*
🕐 *Mitte Mai–Anf. Okt.*
📶 *Ja*   🏕 *618*   ♿ *Ja*
🚿 *Ja*   💲 *CAD 8,80*
💲 *$*

🏛 Tunnel Mountain Trailer

🇵 *Siehe oben, Tunnel Mountain Trailer ist der zweite Campground*
✉ *Tunnel Mountain Rd, Banff*
🕐 *Mitte Mai–Anf. Okt.*
📶 *Ja*   🏕 *321, kein Lagerfeuer*
♿ *Ja*   🚿 *Ja*
🔌 *Strom, Wasser, Abwasser*
💲 *$$*

🏛 Tunnel Mountain Village II ★

🇵 *Siehe oben, Tunnel Mountain Village II ist der dritte Campground*
✉ *Tunnel Mountain Rd, Banff*
🕐 *Ganzj.*
📶 *Ja*   🏕 *188*   ♿ *Ja*
🚿 *Ja*   🔌 *Strom (15/30 Amp.)*
💲 *$$*

🚐 Two Jack Main

Beide Campgrounds sind weiträumig angelegt und bewaldet, Campground Main liegt im Wald, Campground Lake in Seenähe.

🇵 *Östlicher (2.) Exit (Banff/Lake Minnewanka) vom Hwy 1, danach li auf die Lake Minnewanka Rd Richtung Norden, Two Jack Lake erreicht man nach dem Lake Minnewanka*
✉ *Lake Minnewanka Rd, Banff*
🕐 *Ende Juni–Anf. Sept.*
📶 *Nein*   🏕 *380*   ♿ *Ja*
🚿 *Nein*   💲 *CAD 8,80*
💲 *$*

🚐 Two Jack Lake/oTENTik

Es werden auch 10 Kombis aus Zelt und Cabin (sog. oTENTik, wetterfest, 6 Schlafplätze, Tisch, Stühle), Feuerstelle und Picknicktische angeboten (ggf. reservieren).

🇵 *Siehe oben*
✉ *Lake Minnewanka Rd, Banff*
🌐 *www.pc.gc.ca/eng/pn-np/ab/banff/activ/ camping/otentik.aspx*
🕐 *Mitte Mai–Anf. Okt.*
📶 *Ja*   🏕 *64, 10 oTENTik*
♿ *Nein*   🚿 *Ja*   💲 *CAD 8,80*
💲 *$, oTENTik: **

*Nach Ihrem Banff-Aufenthalt fahren Sie wieder zurück auf den Trans-Canada Hwy 1 und Richtung Osten weiter. Schon bald verlassen Sie den Banff National Park und kommen nach **Canmore**, ebenfalls eine Touristenstadt am Rande der Rocky Mountains mit einer netten Innenstadt und allen Annehmlichkeiten, die eine Stadt bietet.*

Tunnel Mountain Campground

🏔 CANMORE ☐👤➕✖🛒🏛

◈	Banff	24 km
	Abzweig Highway 40 Süd	29 km
👪	Stadt	12.288
❄❄	-12 °C	
☀	+21 °C	
〰	1.309 m	
⊘	Stadt	68,9 km²
Vergleich: Quakenbrück / Niedersachsen		
👪	Stadt	12.881
〰	24 m	
⊘	Stadt	17,95 km²

Canmore, seit 1965 unabhängig, liegt in den östlichen Rocky Mountains, 24 Kilometer südlich von Banff zwischen dem Bow River und dem Trans-Canada Hwy 1. Canmore ist ein beliebtes Reiseziel für alle Sportbegeisterten, denn 71 Kilometer Wander- und Mountainbiketrails und die naheliegenden Seen bieten reichlich Outdoor-Aktivitäten. Helikopter bringen zu entlegenen Zielen und zeigen die Bergwelt aus der Vogelperspektive. Wer die Unterta-gewelt erforschen möchte, kann sich einer Höhlentour anschließen. Infos bekommt man in der Visitor Info. Im Winter können sich alle Wintersportfans im nahegelege-nen **Nordic Centre** vergnügen.

Im Stadtbereich sind alle Versorgungs-einrichtungen und Geschäfte vorhanden, ein Safeway Supermarkt befindet sich auf der Railway Ave, Exit 86 Richtung Towncen-ter. Auffällig sind die vielen Sportgeschäfte und das junge, sportliche Publikum. Kunst und Kultur kommt in zahlreichen Galerien nicht zu kurz und auf verschiedenen Festi-vals und Events kann man sich vergnügen. Einen aktuellen Veranstaltungskalender erhalten Sie in der Visitor Info oder auf:
🌐 *www.tourismcanmore.com/explore/festivals-events*

Die Stadt entstand 1883, als die ersten Kohlebergwerke im Gebiet des Bow River eröffnet wurden. In Canmore war ein Teil der Verwaltung und auch ein Stützpunkt der CPR untergebracht. Die North West Mounted Police errichtete 1890 Kasernen in Canmore, die aber nur bis 1929 genutzt wurden, danach baute man sie zu privaten Wohnungen um. 1989 kaufte die Stadt die

Canmore Visitor Info

Gebäude und restaurierte sie, heute stehen sie im Historic RMCP Park.

Das letzte Kohlebergwerk schloss im Juli 1979 seine Pforten, was für viele erst einmal Arbeitslosigkeit bedeutete. Zum Glück entschloss man sich 1980, einige Disziplinen der Olympischen Winterspiele von Calgary 1988 in und um Canmore auszutragen, was Arbeitsplätze schaffte und zu einer raschen Zunahme der Bevölkerung und auch des Tourismus führte.

In Canmore und Umgebung wurden einige bekannte Kinofilme (z. B. X-Men 2, Auf Messers Schneide u.v.m.) gedreht und auch die indische Filmindustrie, bekannt für extravagante Musikszenen, nutzt die großartige Bergwelt für ihre Produktionen.

VISITOR INFORMATION

- Vom Hway 1 Exit 86 auf den Bow Valley Trail, nach ca. 2 km zur Railway Ave, weiter bis 10th St, auf dieser bis zur 7th Ave
- 907 - 7th Ave Downtown Canmore
- 403-678-1295
- Tägl. 8:30–17 h
- info@tourismcanmore.com
- www.tourismcanmore.com

TRAVEL ALBERTA INFOCENTER

- Vom Hwy 1 Exit 86 auf Bow Valley Trail, nach ca. 800 m links
- 2801 Bow Valley Trail, Canmore
- Generelle Infos Alberta:1-800-252-3782 (geb.frei)
- Ganzjährig

👁 Highlights

▶ Canmore Museum & Geoscience Centre

Das Canmore Museum informiert über die Geschichte der Stadt vom frühen Bergbau bis zu den Olympischen Winterspielen 1988. Ein Teil des Museums ist der Archäologie gewidmet, es werden Fossilien und interessante Gesteinsformationen der Rockies gezeigt. Die multimediale Darbietung der Geologie der Rockies per DVD oder Computerprogrammen erfreut besonders Kinder. Im Museumsshop sind Bücher über die Region, lokale Kunst uvm. erhältlich.

Unter den vom Museum organisierten Veranstaltungen gehört der **Miner's Day**, mit dem man an die Schließung des letzten Kohlebergwerkes am 13. Juli 1979 erinnert. Er findet alljährlich im Juli statt.

- 902B - 7th Ave, Canmore
- 403-678-2462
- Mitte Mai–Anf. Sept.: Mo & Di 12–17 h, Mi–So 10–18 h, Anf. Sept.–Mtte Mai: Mo–Fr 12–17 h, Sa & So 11–17 h
- Frei, um eine Spende wird gebeten
- www.cmags.org

Das Museum verwaltet auch die restaurierten, historischen Gebäude der **North West Mounted Police** (NWMP) und spätere **Royal Canadian Mounted Police** (RCMP). Im Park befindet sich ein Tea-House für den kleinen Hunger und ein Souvenirshop.

- 609 Main St, Canmore
- Sommer: Mo & Di 13–16 h, Mi–So 10–17 h, Winter: Fr–Mo 13–17 h
- Es wird um eine Spende gebeten

▶ Canmore Nordic Centre Prov. Park

Der nordwestlich gelegene Nordic Centre Provincial Park entstand zu den Olympischen Spielen 1988, hier wurden einige Wettkämpfe ausgetragen. Der Park ist ganzjährig Ziel für Sportbegeisterte, besonders hervorzuheben sind die Mountainbike-Trails, die zu den besten in West-Kanada gehören. Auch Wanderwege sind reichlich vorhanden und alle, die im Sommer den Winter vermissen, können sich auf einer über 6,5 Kilometer langen Rollski-Bahn austoben. Im Winter sind 65 Kilometer präparierte Pisten, Langlaufloipen und beleuchtete Strecken für "Night-Skiing" vorhanden.

In der **Day Lodge** befindet sich ein Fast-Food-Restaurant, Duschen, Umkleideräume, in der Nähe ein Mountainbike- und Skiverleih und ein Shop mit Sport-Zubehör.

- Ab Main St re auf die 8th Ave, weiter auf dem Rundle Dr/Spray Lakes Rd/Smith Dorrien Trial bis zum Olympic Way
- 1988 Olympic Way Suite 100, Canmore
- 403-678-2400
- Tägl. 9–17:30 h, Café, Duschen etc. bis 17 h
- www.albertaparks.ca/canmore-nordic-centre

Stadtzentrum Canmore

▶ Spray Valley Provincial Park

Der Provincial Park liegt südwestlich von Canmore, Namensgeber ist der 1,6 Kilometer breite, 21 Kilometer lange und durchschnittlich etwa 50 Meter tiefe Spray Lake. Am nördlichen Ende des Sees (Three Sisters Dam) am Abzweig zum Campground **Spray Lake West** ist im Sommer eine Rangerstation besetzt. Komfortabel übernachten kann man in der **Mount Engadine Lodge**, allerdings auch zu "komfortablen" Preisen. Der Park grenzt im Westen an den Banff National Park, im Süden an den **Peter Lougheed Provincial Park** und im Osten an den **Bow Valley Wildland Provincial Park**. Dieser Park ist Naturschutzzone und Schutzgebiet für die hier in großer Zahl lebenden Wölfe, Pumas, Bären und viele weiteren Wildtieren.

Im Parkgebiet liegt das vom Highway sichtbare Bergmassiv **The Three Sisters** (2.941 m), auch *The Three Nuns* genannt, da die drei Bergspitzen betenden Nonnen ähneln. Einige Trails führen in den angrenzenden **Banff National Park**, achten Sie auf Vorschriften (Permits, Parkpass usw.).

Der Spray Lake Provincial Park ist ab Canmore über die Spray Lake Road (Gravel) oder vom Highway 40 (Kananaskis Country) über die Abfahrt zum Peter Lougheed Provincial Park und weiter auf dem Smith Dorrien/Spray Trail (Highway 742, Gravelroad/Logging Road) erreichbar.

🌐 *www.albertaparks.ca/spray-valley.aspx*

Übernachten

Mount Engadine Lodge

Gemütlich ausgestattete Zimmer, teilweise mit Balkon. Im Preis sind alle Mahlzeiten inklusive.

🚗 *Zufahrt (37 km) ab Canmore über Spray Lakes Rd (Hwy 742, Gravelroad) oder weiter auf dem Hwy 1 bis zum Abzweig Hwy 40, auf diesem bis zum Abzweig Peter Lougheed PP, danach auf dem Smith Dorrien/Spray Trail (30 km, gravel) bis Abzweig Mt. Shark Rd*

✉ *Am Südausgang des Parks gelegen, Mt. Shark Rd Abzweig, Canmore*

☎ *403-678-4080*

@ *mountengadine@castleavery.ca*

🌐 *www.mountengadine.com*

🗓 *Ganzj.*

⭐ *****

Spray Lake West Campground

🚗 *Zufahrt (20 km) ab Canmore über Spray Lakes Rd (Hwy 742, Gravelroad) oder über Hwy 40 über Peter Lougheed PP und Smith Dorrien/Spray Trail (47 km, gravel)*

☎ *403-673-3985*

🕐 *Mitte Mai–Mitte Sept.*

🚫 *Nein*   🏕 *50*   ☀ *Nein*

🚻 *Nein*

💲 *$*

🎽 Wandern und Mountainbiking rund um Canmore

▶ Mt. Shark Mountainbiking Trail System

- *Ab Canmore 39 km über Smith-Dorrien/Spray Trail (Gravel-Hwy 742) nach Süden zum Abzweig Mount Shark Rd, Mt. Shark Rd weiter bis zum Mt. Shark Picknickplatz und Beginn der Trails*
- *Leicht, für Anfänger geeignet*

▶ Goat Creek Mountainbike Trail

- *Ab Canmore 9 km auf dem Smith-Dorrien/Spray Trail zum Trailbeginn kurz nach dem Canmore Nordic Centre*
- *3 Stunden*
- *Leicht*
- *18 km (einf. Strecke)*

▶ Karst Spring Mountainbike- und Wanderweg

Trail zum Watridge Lake, über einen Boardwalk geht es weiter zur Karstquelle.

- *Ab Canmore 39 km über Smith-Dorrien/Spray Trail (Gravel-Hwy 742) nach Süden zum Abzweig Mount Shark Rd, Mt. Shark Rd weiter bis zum Mt. Shark Picknickplatz und Beginn der Trails*
- *3,5 Stunden*
- *Leicht*
- *9,5 km (einf. Strecke)*
- *200 m*

▶ Grassi Lakes Trail

Die populäre Wanderung führt zu den beiden idyllischen Seen, das Gebiet ist beliebt bei Sportkletterern. Kurz nach Beginn kommt eine Gabelung, wo man zwischen dem leichten Weg über eine Feuerwehrzufahrt oder der schwierigen, steilen Tour entscheiden kann.

- *Smith-Dorrien/Spray Trail (Gravel-Hwy 742), Beginn 1 km nördl. v. Nordic Centre Abzweig*
- *2 Stunden*
- *Leicht bis moderat*
- *1,9 km (einf. Strecke)*
- *250 m*

🏠 Übernachten

🏨 Best Western Pocaterra Inn

Bestens ausgestattete Zimmer und Suiten (Kaffeekocher, Bügeleisen, Mikrowelle, Kühlschrank, teilw. mit Balkon und Kü-

chenzeile), kontinentales Frühstück inkl.

- *Vom Hwy 1 nächste Abfahrt re (Mountain View Ave) nach Bow Valley Trail (Exit 86)*
- ✉ *1725 Mountain Ave, Canmore*
- ☎ *403-678-4334*
- @ *info.bwp@royalhotelgroup.ca*
- 🌐 *www.pocaterrainn.com*
- 🕐 *Ganzj.*
- 💰 *** – ****

🏨 Bow Valley Motel

Preisgünstiges und zweckmäßig ausgestattetes Motel im Herzen der Stadt, alle Zimmer mit Kühlschrank, Kaffeekocher oder Küchenzeile.

- *Vom Hwy 1 Exit 86 re auf den Bow Valley Trail Richtung Canmore Downtown, bei Boston Pizza re auf die Railway Ave bis zur 8th St zum Motel*
- ✉ *610 – 8th (Main) St, Canmore*
- ☎ *403-678-5085 oder 1-800-665-8189 (geb.frei)*
- @ *rooms@bowvalleymotel.ca*
- 🌐 *www.bowvalleymotel.ca*
- 🕐 *Ganzj.*
- 💰 ****

🏨 The Hostel Bear

Man übernachtet in Mehrbett- oder Familienzimmern. Küche, Laundry, gemütliche Gemeinschaftsräume uvm. sind vorhanden.

- *Vom Hwy 1 Exit 86 (Bow Valley Trail/Hwy 1A Richtung Canmore Downtown, das Hostel liegt direkt am Hwy 1A*
- ✉ *1002 Bow Valley Trail/Hwy 1A, Canmore*
- ☎ *403-678-1000 oder 1-888-678-1008 (geb.frei)*
- @ *info@thehostelbear.com*
- 🌐 *www.thehostelbear.com*
- 🕐 *Ganzj.*
- 💰 *** – ****

🚐 Spring Creek RV Campground

Wenig bewaldeter Campground mit tollem Blick auf die umliegenden Berge.

- *Vom Hwy 1 Exit 86 auf den Bow Valley Trail/Hwy 1A, weiter und beim Kreisverkehr Abzweig re auf Spring Creek Gate; oder vom Hwy 1 Exit 89 re auf den Benchlands Trail, nach 200 m li auf den Bow Valley Trail und beim Kreisverkehr re auf Spring Creek Gate*
- ✉ *1 Spring Creek Gate, Canmore*
- ☎ *403-678-5111*
- @ *info@SpringCreekRV.ca*
- 🌐 *www.SpringCreekRV.ca*
- 🕐 *Mitte April – Mitte Okt.*

Lac des Arcs

- 🅿️ Ja
- 🅿️ Ja
- 🅿️ Ja
- 🅿️ Strom (15/30/50 Amp.), Wasser, Abwasser
- 🅿️ $$

- 🅿️ 115, Zelten nicht gestattet
- 🅿️ Ja   🛜 Nein

Weiter geht die Fahrt auf dem Trans-Canada Hwy 1 gen Osten. Wenn man die bergige Landschaft an sich vorüberziehen lässt, ahnt man nicht, dass man wenige Kilometer später das platte Land – die Prärie – erreicht, in der die Ölmetropole **Calgary** liegt.

Sie streifen den **Lac des Arcs** und kommen zum Abzweig Highway 1X, einer Verbindungsstraße zum gegenüberliegenden Highway 1A und Zufahrt zum **Bow Valley Provincial Park** mit einem sehr schönen, weiträumigen Campground.

Wenige Kilometer östlich erreichen Sie die Kreuzung Highway 1/40. Hier bietet sich bei schönem Wetter eine Nebenstrecke ins **Kananaskis Country** an, bevor Sie dann wieder einmal Großstadtluft schnuppern und in den Trubel der Ölmetropole **Calgary** eintauchen können. Wer zuerst Calgary ansteuern möchte, kann auch auf dem Rückweg die Nebenstrecke nachholen, da sie sich ehrlicherweise nur dann lohnt, wenn Sie die schroffen Berghänge und landschaftlich herrlich liegenden **Kananaskis Lakes** auch klar sehen können. Wie auch immer, an der Kreuzung Trans-Canada Hwy 1/40 müssen Sie diese Entscheidung treffen.

Achtung: Im Kananaskis Country gibt es nur sehr eingeschränkt Einkaufsmöglichkeiten, füllen Sie Ihren Vorratsschrank in Canmore auf.

Ohne Fahrt ins Kananaskis Country starten Sie durch und fahren vierspurig Richtung Calgary weiter, geradewegs in die Prärie. Calgarykenner, die nur die Nebenstrecke fahren möchten, starten nach der Rückkehr vom Kananaskis Country wieder Richtung Canmore, ob auf dem Trans-Canada Hwy 1 oder dem gegenüberliegenden Highway 1A, der über die Verbindungsstraße Highway 1X erreichbar ist, und treffen auf (▶ S.263) wieder auf die "normale" Route.

👁 BOW VALLEY PROVINCIAL PARK & BOW RIVER VALLEY

Der Bow Valley Provincial Park liegt im Norden des Kananaskis Country östlich von Canmore. Zum Park gehören zwei Campgrounds: der bewaldete **Bow Valley** in der Nähe des Bow River und der fast baumlose **Willow Rock** in Highwaynähe. Die Zufahrt zum Provincial Park über die Higway 1X zweigt 25 Kilometer östlich von Canmore vom Trans-Canada Hwy 1 nach Norden ab. An der Zufahrtstraße befindet sich die Sanidump-Station und im Sommer bietet ein kleiner Store am Parkeingang die wichtigsten Dinge des Alltags zum Kauf an. Dort befinden sich auch die Duschen. Weitere drei einfach ausgestattete Campgrounds des **Bow River Valley** (Bow River, Three Sisters und Lac Des Arcs) liegen zwischen Canmore und der Kreuzung Trans-Canada Hwy 1/Hwy 40, achten Sie auf die Ausfahrten.

ℹ BOW VALLEY INFORMATION CENTRE

- ✉ Suite 201 – 800 Railway Ave, Canmore
- ☎ 403-673-3663
- ⏱ Ende Okt.–März: Mo–Fr. 9–12 h, 13–16:30 h, sonst: Di–Sa. 9–12 h, 13–16:30 h,
- 🌐 www.bowvalleycampgrounds.com

🏛 Übernachten

🛏 Bow River Campground
- 📍 Hwy 1, 1 km östl. v. Canmore
- ⏱ Mai–Sept.
- 📶 Nein   🍴 39   ♿ Nein
- 🐕 Nein
- 💲 $

🛏 Three Sisters Campground
- 📍 Hwy 1, Deadmans Flat 16 km östl. v. Canmore
- ⏱ Mitte April–Nov.
- 📶 Nein   🍴 30   ♿ Nein
- 🐕 Nein
- 💲 $

🛏 Lac des Arcs Campground
- 📍 Hwy 1, 25 km östl. v. Canmore
- ☎ Reservierung: 1-877-537-2757 (geb.frei) oder
- 🌐 www.reserve.albertaparks.ca
- ⏱ Mai–Anf. Sept.
- 📶 Ja   🍴 28   ♿ Nein
- 🐕 Nein
- 💲 $

🛏 Bow Valley Campground ★
- 📍 Den Hwy 1 am Exit 114 ca. 27 km östlich von Canmore verlassen, dann li auf den Hwy 1X Nord, nach ca. 1 km li auf die Zufahrtsstraße zum Campground
- ☎ Reservierung: 1-877-537-2757 (geb.frei) oder
- 🌐 www.reserve.albertaparks.ca
- ⏱ Mai–Mitte Okt.
- 📶 Ja
- 🍴 173, Loop F mit Strom- und Wasseranschluss
- 🐕 Ja   🚻 Ja, geb.pflichtig
- ⚡ Strom (15 Amp.), Wasser
- 💲 $–$$

🛏 Willow Rock Campground
- 📍 Siehe Bow Valley CG
- ☎ 403-673-2163
- ⏱ Ende März–Okt.
- 📶 Nein   🍴 158 (34 m. Strom)
- 🐕 Ja   🚻 Ja
- ⚡ Strom (15 Amp.)   💳 $–$$

Mit Verlassen des Trans-Canada Hwy 1 und Auffahrt auf den Highway 40 Süd beginnt die abwechslungsreiche Nebenstrecke ins Kananaskis Country. Wenn Sie diese Strecke nicht fahren möchten, können Sie bis ▶ S.243 weiterblättern.

Nebenstrecke ins Kananaskis Country und zum Highwood Pass

▶ ABZWEIG HIGHWAY 40 SÜD

Canmore	29 km
Calgary	86 km

Die Nebenstrecke über den Highway 40 Süd ins **Kananaskis Country** führt Sie tief hinein den Ostteil der Rocky Mountains zu den fantastisch liegenden **Kananaskis Lakes**, dem **Peter Lougheed Provincial Park** und weiter bis zum **Highwood Pass** (2.206 m), dem höchsten Punkt, der in Kanada per asphaltierter Straße passierbar ist. Auf dem Highwood Pass kehren Sie dann wieder um und fahren zum Ausgangspunkt Trans-Canada Hwy 1 zurück.

	km
Abzweig Hwy 40 Süd	0
Kananaskis Country	0
Barrier Lake Visitor Info	6
Abzweig Sibbald Creek Trail (Hwy 68)	8
Kananaskis Village	26

	km
Mount Kidd RV Park	31
Eau Claire Campground	38
Fortress Service Station mit Store, Tankstelle und Sanidump-Station	43
Abzweig Peter Lougheed PP und Kananaskis Lakes	50
Peter Lougheed PP	52
Kananaskis Lakes	63
Zurück zum Hwy 40	76
Highwood Pass	94
Kreuzung Hwy 40/1	161

👁 KANANASKIS COUNTRY

Das grandiose Kananaski Country mit seinen Provincial Parks und den Schutzzonen für Pflanzen und Wildtiere ist ein beliebtes Naherholungsgebiet für die Bewohner der 75 Kilometer östlich liegenden Großstadt Calgary. Der Highway 40 verläuft mitten durch das Country und durch eine phantastische Hochgebirgslandschaft bis zum

höchsten Punkt des Highways, dem Highwood Pass. Danach verliert er schnell an Höhe und erreicht in Longview den Highway 22 südlich von Calgary.

Dieser Highway wurde bereits 1952 angelegt, damals als eine Gravelroad, seit 1976 ist die Straße asphaltiert und problemlos befahrbar. Eine Tankmöglichkeit besteht bei **Fortress Junction**, ca. 43 Kilometer südlich vom Trans-Canada Hwy 1. Wenig später weist eine asphaltierte Seitenstraße den Weg zum **Peter Lougheed Provincial Park** und zu den **Kananaskis Lakes**. Bis zu diesem Abzweig ist der Highway 40 ganzjährig befahrbar, über den Highwood Pass ist er im Winter (1. Dezember bis ca. Mitte Juni) gesperrt. Wir kehren auf dem höchsten Punkt des Highways, dem **Highwood Pass** (2.206 m), um und fahren zurück zum Trans-Canada Hwy 1.

Die Zufahrt zum Ostteil des Kananaskis Country, **Elbow River Valley** 25 km westlich von Calgary, ist vom Trans-Canada Hwy 1, Exit 161, weiter auf dem Hwy 22 Süd/Hwy 758 und Hwy 66 möglich. Mit einem geländegängigen Fahrzeug kann man auch vom Highway 40 südlich der Barrier Lake Visitor Info über die *Sibbald Creek Road* (Highway 68)/Powderface Trail zum Elbow River Valley gelangen. Das im Südteil des Kananaskis Country liegende **Sheep River Valley** erreicht man südlich von Calgary über den Hwy 22/Hwy 762/Hwy 549 und Hwy 546.

In den Gebieten **Sheep River Valley** (Schutzgebiet für Dickhornschafe) und **Elbow River** liegen rustikale Campgrounds. Vogelkundler finden hier eine große Anzahl Raubvögel, die im Frühjahr und Herbst in den Schutzzonen Station machen. Das Elbow River Valley verbindet die Prärie-Landschaft mit den Ostausläufern der Rocky Mountains. **Anmerkung**: Bevor Sie eine Gravelroad befahren, bitte Infos über den aktuellen Straßenzustand einholen. Eine grobe Karte: 🌐 www.seitnotiz.de/NPRKA14

Der Kananaskis Provincial Park, später umbenannt in **Peter Lougheed Provincial Park**, wurde am 22. September 1978 vom damaligen Premier von Alberta, Peter Lougheed, eröffnet. Der Name Kananaskis entstand schon viele Jahre früher und soll von einem Stoney namens *Kin-oh-ah-kis* stammen. In der Sprache der Stoney bedeutet dieser etwa "Zusammenfluss der Gewässer". Das Gebiet war früher Heimat der Stoney-Nakoda, Siksika, Blood und Kootenai First Nations.

Mehr als 4.200 km² Natur bieten ganzjährig sportliche Aktivitäten. Im Sommer locken die Wander- und Mountainbike-Trails und die Seen zum Fischen und zu Kanu- oder Kajaktouren. Im Winter bietet das Wintersportgebiet **Nakiska** (1.525 m bis 2.260 m) im Bereich des **Mt. Allan** Abfahrten aller Schwierigkeitsgrade. Das Nakiska Skigebiet wurde zur Winterolympiade 1988 eröffnet, die Ski-Saison dauert von Anfang Dezember bis Mitte April.

ℹ️ VISITOR INFORMATION BARRIER LAKE

Die Visitor Information bietet neben Beratung auch Publikationen. Man erhält backcountry-permits (CAD 12 ab 12 J.) und für Wohnmobilfahrer wichtig: Hier ist eine Sanidump Station, Frischwasser gibt es von Mitte Mai bis Oktober.

- Hwy 40, 8 km südl. v. Hwy 1, Kananaskis
- 403-678-0760
- Tägl., Kernöffnungszeiten 9–16 h
- www.albertaparks.ca/kananaskis-country/ information-facilities/kananaskis-contacts.aspx

ℹ️ PETER LOUGHEED PROV

- Zufahrt zum Peter Lough Hwy 40, 50 km südl. v.
- 403-678-0760
- Kernöffnungszeiten 9. Mitte Nov. geschlossen
- Siehe Visitor Information Barrier Lake

ℹ️ ELBOW VALLEY VISITOR INFORMATION

Die VI liegt an der Osteinfahrt zum Kananaskis Country westlich von Bragg Creek.

- Bragg Creek Hwy 22, südl. v. Calgary
- 403-678-0760
- Öffnungszeiten variieren, unter o.g. Telefonnummer nachfragen; Weihnachten–Neujahr & Mitte Feb.–Mitte März geschlossen; Mitte Nov.–Mitte Feb. & Mitte März–Ende April: Sa 9:30–16 h, im Sommer tägl. geöffnet
- Siehe Visitor Information Barrier Lake

🚶 Wandern und Mountainbiking

▶ Skogan Pass – North Approach MB Trail

- 7 km östl. v. Canmore, Exit Alpine Resort Haven v. Hwy 1, weiter ca. 1 km bis zum Beginn der Trails
- 5 Stunden
- Schwierig
- 8,3 km (einf. Strecke)
- 670 m

Bow River

...ey Mountainbike Trail

- Hwy 40, 9 km südl. am Barrier Dam Picknickplatz
- 7 Stunden
- Leicht
- 15,5 km (einf. Strecke)
- 50 m

► Ribbon Falls Hiking & Mountainbike Trail

- Hwy 40, südl. am Ribbon Creek Picknickplatz
- Ende Mai–Nov.
- 6 Stunden
- Moderat bis schwierig
- 9 km (einf. Strecke)
- 375 m
- Ribbon Lake: 20, Ribbon Falls: 10
- $
- Ja
- Reservierung Campground 403-678-3136

► Prairie View Lookout Hiking Trail

Nach Überqueren des Barrier Dam steigt der Trail an und bietet exzellente Ausblicke.

- Hwy 40, 9 km südl. a. Barrier Dam Picknickplatz
- 6 Stunden
- Moderat
- 5 km (einf. Strecke)
- 500 m

► Baldy Pass – South Approach Hiking Trail

Etwas anstrengender Trail mit wunderschönen Panoramen.

- Hwy 40, 14,7 km südl. v. Hwy 1 (Baldy Pass Parkplatz)
- 4 Stunden
- Moderat
- 3,7 km (einf. Strecke)
- 570 m

► Wedge Pond Hiking Trail Loop

Ein idealer Spaziergang nach langer Fahrt um den kleinen See

- Hwy 40, 30 km südl. am Wedge Pond Picknickplatz
- 30 Minuten
- Leicht
- 1 km (Rundweg)
- 10 m

► Eau Claire Hiking Trail Loop

Lehrpfad für eine kurze Wanderpause

- Hwy 40, 38 km südl. an Einfahrt Eau Claire CG
- 30 Minuten
- Leicht
- 1,5 km (Rundweg)
- Minimal

🏛 Übernachten Kananaskis Country entlang des Highway 40

🏨 Sundance Lodge

Übernachtung im Tipi/Trapperzelt möglich, ein Shop versorgt mit dem Wichtigsten.

- Hwy 40, 22 km südl. v. Hwy 1, Kananaskis
- 403-591-7122
- info@sundancelodges.com
- www.sundancelodges.com
- Mitte Mai–Mitte Sept.
- Ja | 30 | Nein
- Ja
- $-$$ | Trapperzelt, Tipi: $$$

🏛 HI-Kananaskis Wilderness Hostel

Rustikales Hostel mit Familien- und Mehrbettzimmer, Laundry und Küche

- Ab Kananaskis Village Hwy 40 Richtung Nakiska Skigebiet, östl. der Brücke über den Kananaskis River weitere ca. 1,5 km bis zum Hostel.
- 1 Ribbon Creek Rd, Kananaskis Village
- Reservierung: 1-866-762-4122 (geb.frei)
- www.hihostels.ca
- Ganzj., Mitte Okt.–Anf. Nov. & Anf.–Mitte April: geschl., Winter: Mo geschlossen
- Ja
- *–**

🚐 Mount Kidd RV Park

Waldreicher Campground zu Füßen des Mt. Kidd, im Winter stehen Stellplätze mit Stromanschluss zur Verfügung.

- Hwy 40, ca. 31 km südl. v. Hwy 1, Kananaskis
- 403-591-7700
- admin@mountkiddrv.com
- www.mountkiddrv.com
- Ganzj.
- Ja | 229
- Ja, Münzduschen
- Ja | Nein | Ja
- Strom, Wasser, Abwasser
- $$

🚐 Eau Claire Campground

Einfache Ausstattung, weiträumig, Stellplätze liegen im Wald.

- Hwy 40, ca. 38 km südl. v. Hwy 1
- Mitte Juni–Anf. Sept.
- Nein | 51 | Nein
- Nein
- $

Kananaskis Village

🏘 KANANASKIS VILLAGE

Nach etwa 26 Kilometer auf dem Highway 40 Richtung Süden kommt die Abfahrt zum Kananaskis Village, das auf einer kleinen Anhöhe liegt. Im Sommer ist es hier sehr ruhig, doch im Winter, man ahnt es, ist das Gegenteil der Fall, wenn das nebenliegende **Nakiska Skigebiet** die Wintersportler anlockt und die Quartiere, Freizeiteinrichtungen, Restaurants und Bars zum Leben erweckt werden. Mehrere Skilifte sind in Betrieb und bringen die Skifahrer von 1.525 m auf 2.261 m Höhe zu den Abfahrten.

☎ 403-591-7777
@ information@skinakiska.com
🌐 Schneeinfo: http://skinakiska.com/conditions/snow-report
🌐 www.skinakiska.com
🕐 Saison: Dez.–Mitte April tägl. 9–16 h

Im Sommer ist eine Versorgung eingeschränkt möglich, man kann auf der Restaurantterrasse einen Snack oder Kaffee oder auf dem **Village Rim Trail** die Aussicht genießen.

"Stadt"- und Wanderplan
🌐 www.seitnotiz.de/NPRKA15

🏨 Übernachten

🏨 Delta Lodge
Gemütlich eingerichtete, geräumige Zimmer und Suiten, alle mit Minikühlschrank und Bügeleisen. Gäste entspannen im Innen- oder Außenpool oder betätigen sich sportlich im Fitness-Center.

✉ Kananaskis Village
☎ 403-591-7711 oder 1-866-432-4322 (geb.frei)
@ kan.reservations@deltahotels.com
🌐 www.deltahotels.com
🕐 Ganzj.
💲 **–***

👁 PETER LOUGHEED PROVINCIAL PARK UND KANANASKIS LAKES ⭐

Im Süden des Kananaskis Country liegt der landschaftlich schöne Peter Lougheed Provincial Park. Die Seitenstraße zum Park und den beiden Seen **Lower und Upper Kananaskis Lake** zweigt vom Highway 40 nach 50 Kilometer Richtung Westen ab. Man kommt zur Peter Lougheed Visitor Info, wo man neben Informationen ggf. auch Permits für Backcountry-Übernachtungen erhält.

Im Park sind ganzjährig vielfältige Outdoor-Aktivitäten möglich. Im Winter finden Wintersportler 85 Kilometer gespurte Loipen im Bereich der beiden Seen. Die Seen eignen sich wegen der Höhenlage nicht zum Schwimmen, doch wer ein Boot im Schlepptau hat, kann auf See das tolle Bergpanorama genießen. Wanderer finden reichlich Trails und auf einsam liegenden Zeltplätzen kann auf mehrtägigen Wanderungen übernachtet werden. Wohnmobilfahrer finden auf einem der sechs Campgrounds Ruhe und Entspannung.

Der 5,25 km² große und 1.689 m hoch gelegene **Lower Kananaskis Lake** ist umrahmt von dichten Wäldern, der **Upper Kananaskis Lake** auf 1.720 m Höhe ist umgeben von Felswänden der Rocky Mountains und 7,8 km² groß. Hier endet die asphaltierte Seitenstraße.

Bis Mitte des 20. Jahrhunderts waren die Seen durch den Kananaskis River miteinander verbunden, das Wasser des oberen Sees floss über Kaskaden hinab in den unteren See, heute dient das Gefälle der Energieerzeugung.

Im Norden grenzt der **Spray Valley Provincial Park** an den Peter Lougheed Provincial Park, der über den **Smith-Dorrien/ Spray Trail** (Gravel, vor Befahren Infos einholen) erreichbar ist. Dieser zweigt auf der Zufahrt zu den beiden Seen nach Norden ab und erreicht nach ca. 62 km **Canmore**.

🌲 Wandern und Mountainbiking

▶ Boulton Creek Trail

Der Weg führt entlang des Boulton Creek zu einer Blockhütte aus dem Jahr 1930 und über einen Bergrücken wieder zurück.

- Boulton Creek Picknickplatz
- 1,5 Stunden
- Leicht
- 4,9 km (Gesamtstrecke)
- Minimal

▶ Elk Pass Hiking Trail

Der Trail ist Teil des Trans-Canada Trails, er führt meist über einen Schotterweg.

- Elk Pass Picknickplatz, kurz vor Erreichen der Seen, Hunde sind nicht erlaubt
- 1,5 Stunden
- Leicht
- 6,1 km (einf. Strecke)
- 210 m

Upper Kananaskis Lake

Lower Kananaskis Lake

▶ Marl Lake Trail

Der Weg führt gut markiert zum Marl See mit wunderschönem Bergpanorama.

- Elkwood Campground
- 1,5 Stunden
- Leicht
- 1,5 km (Rundweg)
- Minimal

▶ Rawson Lake Trail

Entlang dieses Trails blickt man u.a. auf den Mt. Indefatigable (2.670 m).

- Upper Lake Parkplatz
- 2 Stunden
- Moderat
- 4 km (einf. Strecke)
- 320 m

▶ Upper Lake Loop Trail

Der Trail führt im Uhrzeigersinn um den See, überquert ein Bergsturzgebiet und nach Überqueren mehrerer Brücken landet man wieder am Ausgangspunkt.

- Upper Lake Parkplatz
- 6 Stunden
- Moderat
- 15,7 km (Gesamtstrecke)
- 60 m
- Point Campground am Westufer: 20 Zeltplätze, backcountry Permit CAD 12 (pro Person ab 16 J.) erforderlich
- Permit:403-678-3136 oder eine Visitor Info
- $

🏛 Übernachten

⛺ Canyon Campground

- Mitte Mai–Anf. Sept.
- Nein ⛺ 52 Ja
- Nein
- $

⛺ Elkwood Campground

- Reservierung: 1-877-537-2757 (geb.frei)
- www.reserve.albertaparks.ca
- Reservierungsgebühr: CAD 12 (pro Person ab 16 J.)
- Mitte Mai–Anf./Mitte Okt.
- Ja, CAD 12 ⛺ 130 Nein
- Ja, geb. pfl. Strom (15 Amp.), Wasser
- $-$$

⛺ Boulton Creek Campground

- Reservierung & Gebühr siehe Elkwood CG
- Mitte Mai–Mitte Okt., Store schließt früher
- Ja ⛺ 118 Ja
- Ja Strom (15 Amp.), Wasser
- $-$$

⛺ Lower Lake Campground

- Mitte Mai–Mitte Sept.
- Nein ⛺ 95 Nein
- Nein 9, walk-in
- $

Peter Lougheed Provincial Park

🏕 Interlakes Campground
🕐 *Mitte Mai–Mitte Okt.*

Nein   48   *Nein*

Nein

$

⛺ Übernachten Backcountry

Bei mehrtägigen Trails im Peter Lougheed Provincial Park kann auf mehreren Zeltplätzen übernachtet werden. Einzelheiten auf der Internetseite des Parks:

🌐 *www.seitnotiz.de/NPRKA16*

Nach Ihrem Besuch des Peter Lougheed Provincial Parks und der Kananaskis Lakes fahren Sie wieder zurück zum Highway 40, setzen Ihre Fahrt gen Süden fort und erreichen nach ca. 15 Kilometer den Highwood Pass.

👁 HIGHWOOD PASS

Der Highwood Pass ist der höchste Punkt Kanadas, der über eine asphaltierte Straße erreichbar ist. Auf Passhöhe (2.206 m) liegt ein Picknickplatz mit beeindruckender Aussicht auf die bizarren Felshänge der Kananaskis Range.

Der asphaltierte Highway 40 führt weiter Richtung Süden durch die **Highwood/Cataract Area**, geht nach ca. 55 Kilometer über in den Highway 541 und mündet bei Longview südlich von Calgary auf den Highway 22 Süd. In das Wander- und Mountainbikegebiet der südlich gelegenen Highwood/Cataract Area mit rustikalen Campgrounds kommt man über die **Forestry Trunk Rd** (Highway 940, schlechte Forest Service Road – keine Wohnmobile!), die am Highwood House Store (Übergang des Highway 40 in den Highway 541) abzweigt.

Anmerkung: Der Highway 40 ist bis zur Abfahrt zu den Kananaskis Lakes ganzjährig befahrbar, über den Highwood Pass ist er vom 1. Dezember bis ca. Mitte Juni gesperrt.

Karte
Wer sich für den südlichen Teil des Highway 40 interessiert, findet auf dem folgenden Kartenlink die wichtigsten Stationen:

🌐 *www.campingalberta.com/highcountry/highcmap.pdf*

🥾 Wandern

🥾 Ptarmigan Cirque Trail
Dieser Trail führt von subalpinem in alpines Gelände, unterwegs informieren Tafeln über die Flora und Fauna.

- Gegenüber Parkplatz Highwood Pass
- 1,5–2 Stunden
- Moderat
- 4,5 km (Rundweg)
- 258 m

ᴬᴬᴬ Highwood Meadows Trail

Einfach begehbarer Trail durch eine subalpine Landschaft.

- Parkplatz Highwood Pass
- 1 Stunde
- Leicht
- 1 km (einf. Strecke)
- Minimal

Wir beenden unsere Tour ins Kananaskis Country auf der Passhöhe und kehren um. Genießen Sie noch einmal die herrliche Gebirgslandschaft auf dem Weg zurück zum Trans-Canada Hwy 1.

Ende der Nebenstrecke

Sie befinden sich nach der Rückkehr aus dem Kananaskis Country wieder auf dem Trans-Canada Hwy 1 Ost und fahren weiter durch ödes Ranchland, das nur ab und zu von bewaldeten Flächen unterbrochen wird und bald tauchen auch schon die ersten Häuser von **Calgary** auf. Sie passieren den Vergnügungspark **Calaway Park**, wenig später liegt in Highwaynähe der **Calgary West Campground**, den Sie als Übernachtungsort nutzen können, wenn Sie mit dem Wohnmobil unterwegs sind und die Stadt "wohnmobilfrei" in Angriff nehmen möchten, wozu wir unbedingt raten.

Wie jede Großstadt hat auch Calgary eine Menge Sehenswürdigkeiten zu bieten. Wer einmal wetterunabhängig ausgiebig shoppen möchte, sollte bequeme Schuhe anziehen und sich auf dem **+15 Skywalk System**, einem Wegesystem, das mitten durch Downtown 4,6 m hoch über der Straße verläuft, auf den Weg machen. Durst und Hunger stillen – kein Problem, selbst ein Park mit Ruhebänken, Teichanlagen und Spielplatz, die **Devonian Indoor Gardens**, sind über das Wegesystem erreichbar. Bei klarem Wetter sollte auch eine Fahrt auf den **Tower**, das Wahrzeichen Calgarys, auf dem Programm stehen. Von dort haben Sie einen fantastischen Weitblick über die Wolkenkratzer der Stadt bis zu den Rocky Mountains.

Highwood Pass

Kananaskis Country – Barriere Lake

CALGARY BIS JASPER

Calgary bis Jasper

⛪ CALGARY 🏠ℹ➕✖☑🏛

⚘	Abzweig Highway 40	86 km
	Cochrane	37 km
🧍‍♂️🧍‍♀️🧍	Stadt	1.149.552
	Metropolregion	1.214.839
❄ ❄	-10 °C	
☀	+17 °C	
〰	1.048 m	
⊘	Stadt	825,29 km²
	Metropolregion	5.107,55 km²
Zum Vergleich: Köln		
🧍‍♂️🧍‍♀️🧍	Stadt	1.017.155
〰	53 m	
⊘	Stadt	405,17 km²

Calgary ist die viertgrößte Stadt Kanadas. Sie liegt am Zusammenfluss von Bow und Elbow River ca. 80 Kilometer östlich der Rocky Mountains im Westteil der Prärie. Im Stadtgebiet liegen ca. 40 Parks, der schönste, **Prince's Island Park**, befindet sich auf einer Insel inmitten des Bow River nördlich von Downtown.

Die Straßen im Stadtgebiet sind schachbrettartig angelegt, somit fällt die Orientierung relativ leicht. Es gilt: Eine Street verläuft immer von Nord nach Süd und eine Avenue von West nach Ost. Zur weiteren Strukturierung ist die Stadt in geografische Teile "zerlegt". So finden sich Bezeichnungen wie SE (South-East), SW (South-West), NE (North-East) und NW (North-West).

In Downtown sind viele Bürobebäude und Einkaufszentren durch das **+15 Skywalk System** miteinander verbunden. Dieses Wegesystem besteht aus verglasten Fußgängerbrücken und Passagen, die 15 feet (4,57 m) über den Straßen durch die Hochhäuser verlaufen. Mittlerweile verbinden mehr als 62 Fußgängerbrücken etwa 18 Kilometer Fußwege miteinander. Daher nicht umsonst unser Hinweis, den Stadt-bummel besser mit bequemen Schuhen zu machen. Karten des +15 Skywalk Systems: www.seitnotiz.de/NPRKA3

Der Architekten Harold Hanen hat dieses System erdacht und konstruiert, so kann man seit der Eröffnung 1970 ohne Rücksicht auf Wetterkapriolen shoppen oder sein Büro in Downtown erreichen. Dies ist gerade im Winter komfortabel, wenn die extreme Kälte die Prärie fest im Griff hält. Zu dieser Zeit kann der **Chinook**, ein warmer, föhnartiger Wind, von Westen kommend in kürzester Zeit die Kälte ablösen und die Temperatur um fast 20 °C steigen lassen. Über das Skywalkway-System kommt man auch in die schmucke Grünanlage **Devonian Indoor Garden** mit Kinderspielplatz, Ruhezonen, Teichanlagen uvm.

In der Tiefe Albertas liegen beträchtliche Mineralöl- und Gasreserven, die um 1914 im Gebiet rund um Calgary entdeckt wurden und später zu einem Boom der Mineralöl- und Gasindustrie führten. In den 60er-Jahren hatten über 450 Ölfirmen ihre Zentralen in Calgary und die meisten Arbeitsplätze hingen direkt oder indirekt mit diesem Industriezweig zusammen. Die größten Ölkonzerne haben auch heute noch ihren Hauptsitz in Calgary, doch es

haben sich weitere Wachstumsbranchen wie Finanz- und Versicherungswesen, Wissenschaft und Technik, Raumfahrt und Filmindustrie und Transport und Logistik angesiedelt, was zu einer krisenunabhängigen und stabilen Wirtschaftslage beiträgt und der Stadt nach wie vor einen hohen jährlichen Bevölkerungszuwachs beschert. So wundert es auch nicht, das Alberta zurzeit keine Provincial Sales Tax (PST) erhebt.

Die frühen Bewohner der Region waren First Nations der Blackfoot, auch Black-feet-Gruppe (ind. Siksika): Kainah (auch: Blood), Piegan, Sacree, (auch: Sarsi) und Siksika Bands. Die Blackfoot wurden nach den dunkelfarbenen Mokkasins benannt, die sie trugen. Südöstlich von Calgary liegt die Sacree Indian Reservation der Tsuu T'ina First Nations. Der erste europäische Siedler war der Viehzüchter Sam Livingston, der vom California Goldrush Mitte des 19. Jahrhunderts kam und sich um 1870 auf dem heutigen Stadtgebiet niederließ. Probleme mit amerikanischen Whiskyhändlern führten dazu, dass die North West Mounted Police 1875 das **Fort Calgary** errichtete. Doch schon über hundert Jahre früher war in diesem Teil Albertas der Kartograf David Thompson für die North West Company unterwegs, um das Gebiet kartografisch zu erfassen.

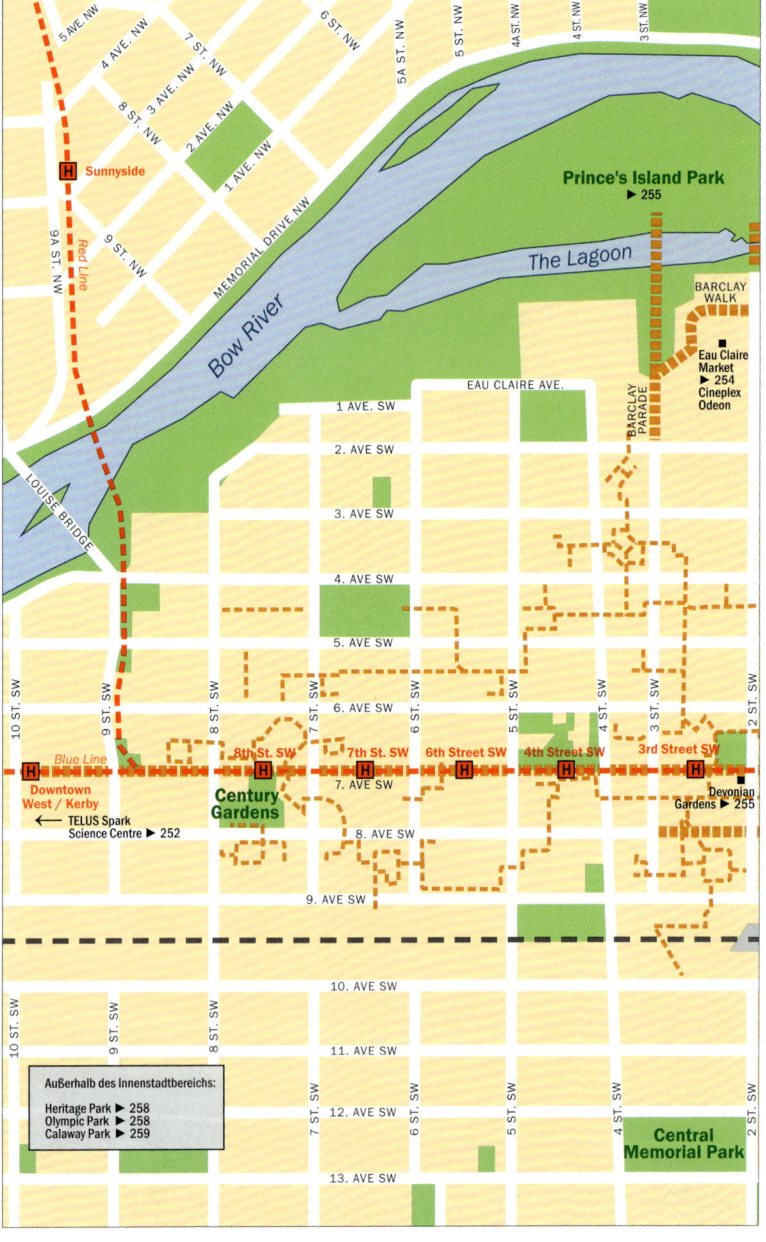

5 AVE. NW
4 AVE. NW
7 ST. NW
6 ST. NW
8 ST. NW
3 AVE. NW
2 AVE. NW
1 AVE. NW

H Sunnyside

Red Line

9A ST. NW
9 ST. NW

Memorial Drive NW

Bow River

LOUISE BRIDGE

5A ST. NW
5 ST. NW
4A ST. NW
4 ST. NW
3 ST. NW

Prince's Island Park
► 255

The Lagoon

BARCLAY WALK

BARCLAY PARADE

■ Eau Claire Market
► 254
Cineplex Odeon

EAU CLAIRE AVE.

1. AVE. SW
2. AVE. SW
3. AVE. SW
4. AVE. SW
5. AVE. SW
6. AVE. SW
7. AVE. SW
8. AVE. SW
9. AVE. SW
10. AVE. SW
11. AVE. SW
12. AVE. SW
13. AVE. SW

10 ST. SW
9 ST. SW
8 ST. SW
7 ST. SW
6 ST. SW
5 ST. SW
4 ST. SW
3 ST. SW
2 ST. SW

Blue Line

H **Downtown West / Kerby**
← TELUS Spark
Science Centre ► 252

H **8th St. SW**
Century Gardens

H **7th St. SW**

H **6th Street SW**

H **4th Street SW**

H **3rd Street SW**

Devonian
Gardens ► 255

Central Memorial Park

Außerhalb des Innenstadtbereichs:
Heritage Park ► 258
Olympic Park ► 258
Calaway Park ► 259

Map labels:

CRESCENT RD.

Centenary Park

5 AVE. NE
4 AVE. NE
3 AVE. NE
2 AVE. NE
1 AVE. NE

1 ST. NE
2 ST. NE
3 ST. NE
4 ST. NE
5 ST. NE

EDMONTON TR. NE

MARSH RD. NE
MEREDITH RD. NE
MEMORIAL DRIVE NE

CENTRE ST. N
SAMIS RD.

RIVERFRONT AVE. SW
Sien Lok Pk.
Chinese Cultural Centre ▶ 252
DAQUING AVE.
2 AVE. SE
3 AVE. SE

Bow River
RIVERFRONT AVE. SE

James Short Park

4 AVE. SE
5 AVE. SE

LANGEVIN BRIDGE

MACLEOD TR. SE

5 AVE. SE

Red & Blue Line
Centre Street
City Hall
Blue Line
1st Street SW
Stephen Avenue ▶ 253
Olympic Plaza
7 AVE. SE
8 AVE. SE
Glenbow Museum ▶ 251
Calgary Tower ▶ 254
9 AVE. SE

Prehistoric Park & Zoo ▶ 256
Fort Calgary Historic Park ▶ 256

Red Line

10. AVE SE
11. AVE SE
12. AVE SE
13. AVE SE

Stampede Park ▶ 257

N W O S

2 ST. SW
1 ST. SW
CENTRE ST. S
1 ST. SE
2 ST. SE
3 ST. SE
4 ST. SE
5 ST. SE

CALGARY BIS JASPER

249

Als die transkanadische Eisenbahnstrecke Calgary erreichte und Personen und Güter transportiert werden konnten, wuchs die Stadt stetig. Die Siedler betrieben Landwirtschaft und Viehzucht und nutzten das Weideland der Prärie, sodass Calgary zum Zentrum der Rinderzucht wurde, was sich heute in der jährlich stattfindenden **Calgary Stampede** widerspiegelt. 1894 wurde Calgary (damals ca. 6.000 Bewohner) unabhängig und zehn Jahre später wurden die vorhandenen Straßennamen in ein Nummernsystem umgewandelt. Wenige Jahre später hatte Calgary auch eine städtische Eisenbahn. Viele Sandsteingebäude in der 8th und 9th Street entstanden zur damaligen Zeit.

Die Eröffnung des **Icefield Parkway** im Jahr 1940, der Calgary mit den Touristenhochburgen **Banff** und **Jasper** verband, die Fertigstellung des Trans-Canada Hwy 1 durch den **Yoho National Park** im Jahr 1956 und die 1988 ausgerichteten Olympischen Winterspiele waren für die Wirtschaft und den Tourismus der Stadt ein großer Erfolg. Die **Canadian Pacific Railway** bewältigt den Güterschienenverkehr. Nördlich der Stadt und östlich des Highway 2 (Deerfoot Trail) liegt der Flughafen **Calgary International Airport**, der drittgrößte Flughafen Kanadas, der von den meisten europäischen Fluggesellschaften angeflogen wird.

Anmerkung für Reisende, die ihre Rundtour in Calgary starten: Bitte bedenken Sie, dass Sie durch die lange Flugdauer und Zeitverschiebung aus Versicherungsgründen wahrscheinlich die erste Nacht in einem Hotel verbringen müssen. Wenn Sie die Stadtbesichtigung Calgary vor der Rundroute machen möchten, ist es ratsam, direkt ein Hotel in der Innenstadt zu buchen. Starten Sie zuerst die Rundtour, raten wir zu einem flughafennahen Hotel. Erkundigen Sie sich, ob der Wohnmobilvermieter einen Shuttle-Service zum Hotel, zur Vermietstation oder zum Flughafen am Ende der Reise anbietet. Für eine Taxifahrt vom Flughafen nach Downtown Calgary muss man mit etwa CAD 40 bis 45 plus evtl. anfallende Flughafengebühr und Trinkgeld rechnen. Mit dem **Calgary City Transit Service** kommt man kostengünstiger in die Innenstadt (CAD 9,50).

🌐 www.calgarytransit.com

🄗 VISITOR INFORMATION AIRPORT

✉ 2000 Airport Rd N.E., Calgary, Ankunft
☎ 403-735-1234
🕐 Tägl. 6–23 h

🄗 VISITOR INFORMATION DOWNTOWN CALGARY TOWER

✉ 101 – 9th Ave S.W., Calgary
☎ 403-750-2362
🕐 Sommer: Mo–Fr 9–19 h, Sa & So 9–17 h, Winter: tägl. 9–17 h

▶ Öffentlicher Personennahverkehr (Calgary City Transit)

Die Parkplätze in Downtown sind rar, zudem besteht an den Straßenrändern von 7–9 h und 15:30–18 h Parkverbot. Wohnmobilfahrer sollten die Innenstadt meiden. Man kann gut auf öffentliche Verkehrsmittel ausweichen. Busse und elektrische Straßenbahnen (LRT oder C-Train) verkehren auf dichtem Netz.

❗ Die Fahrer haben kein Wechselgeld, sie verkaufen auch keine Fahrkarten. Fahrscheinautomaten und Verkaufsstellen sind in Downtown reichlich vorhanden.

Public Transport Calgary
🌐 Per Bus: www.seitnotiz.de/NPRKA17
🌐 Per C-Train: Plan siehe nächste Seite

Customer Service Centre
✉ 125 – 7th Ave SE, Calgary
🕐 Mo–Sa 10–17:30 h
☎ 403-262-1000
🕐 Telefonisch: Mo–Fr 6–21 h, Sa, So & Feiertage 8–18 h
🎫 Erw.: CAD 3,15 (10er-Block: CAD 31,50, Kinder (7–18 J.): CAD 2,10 (10er-Block: CAD 21)
🎫 Tagesticket: Erw.: CAD 9,50, Kinder: 6,75

Man kann auch per Fahrrad die Stadt erkunden, das Radwegenetz ist gut ausgebaut. Wo Sie Fahrräder mieten können, erfahren Sie in der Visitor Info oder auf der u. g. Internetadresse. Die Busse (max. 2 Fahrräder) und der C-Train befördern Fahrräder.

RED LINE (Crowfoot / Somerset - Bridlewood)

BLUE LINE (69ᵗʰ Street / Saddletown)

7ᵗʰ Avenue Free Fare Zone (gebührenfreie Zone)
CTrain Transfer Stationen

CTrain

Werktage: Bis 6:30 h, 9–15 h und nach 18 h, es können max. 4 Fahrräder pro C-Train befördert werden.

Fahrradvermieter: www.seitnotiz.de/NPRKA18

Weitere Infos: www.calgarytransit.com/getting-around/bikes-transit

▶ Kulinarisches

Das Angebot an internationaler Küche ist in Calgary ausgesprochen vielseitig, auf der folgenden Internetseite können Sie sich je nach Geschmack ein passendes Restaurant aussuchen:

www.visitcalgary.com/things-to-do/restaurants-dining

Ein besonderer Tipp ist das **1886 Buffalo Cafe**, das seit dieser Zeit exzellentes Frühstück und Lunch in historischer Umgebung serviert. Die Spezialität des Hauses ist *Kenny's Special* mit Rührei, Käse, grünem Pfeffer und Zwiebeln.

187 Barclay Parade SW, Calgary (Am Nordende der 3ʳᵈ St SW nahe Prince's Island Park)

403-269-9255

Mo–Fr 6–14 h, Sa & So 6–15 h

http://1886buffalocafe.ca

👁 Highlights Innenstadt

▶ Glenbow Museum ★

Das Glenbow Museum liegt in Downtown in der Nähe des Calgary Tower. Es informiert über die Geschichte Westkanadas, zeigt aber auch internationale Kunst und Kultur. Mehr als 80 asiatische Skulpturen geben den Besuchern Einblick in die Kunst, Kultur und Religion Asiens und verbinden so die einheimische mit der Kultur der wachsenden Zahl der asiatischen Bevölkerung. Hier sind besonders die von der Bumper Development Corp. Ltd. dem Museum dauerhaft zur Verfügung gestellten buddhistischen und hinduistischen Exponate des 18. Jahrhunderts hervorzuheben. Ein weiterer Bereich befasst sich mit der westafrikanischen Kunst und Kultur.

Als Schwerpunkt präsentiert das Museum die Geschichte und Kultur Westkanadas und der First Nations, insbesondere der **Blackfoot-Indianer**, die in den Ebenen Albertas und Montanas (USA) lebten und deren Nachfahren noch hier ansässig sind. Man bekommt Einblicke in alltägliche und rituelle Szenen und in die indianische Kunst.

Calgary City Hall

Ein Großteil der Kunstwerke Nordamerikas stammt aus dem 19. bis 21. Jahrhundert, besonders beeindruckend sind die fantastischen Landschaftsmalereien. In der Abteilung **Mavericks** werden wichtige Persönlichkeiten der Geschichte vorgestellt. In der Welt der Edelstein- und Mineraliensammlung bekommen Sie Schätze aus der Mineralogie gezeigt. Es gibt darüber hinaus wechselnde Ausstellungen und einen Museumsshop.

Das Museum ist dem Anwalt und Unternehmer Eric Lafferty Harvie (1892–1975) zu verdanken, der durch Ölfunde in den 1940er-Jahren zu Reichtum kam und Anfang der 50er-Jahre mit der Sammlung von historisch und kulturell interessanten Objekten begann. 1966 spendete er diese wundervolle Sammlung den Bewohnern von Alberta.

✉ *130 – 9th Ave SE, Calgary*
☎ *403-268-4100*
🕐 *Museum: Kernöffnungszeiten Di–Sa 9–17 h, So 12–17 h*
🕐 *Museumsshop: Mo–Sa 10–17:30 h, So 12–17:30 h*
🎟 *Erw.: CAD 16, Senioren (65+): CAD 11, Stud./ Jugendl. (7–17 J.): CAD 10, Familien: CAD 40*
@ *glenbow@glenbow.org*
🌐 *www.glenbow.org*

▶ TELUS Spark Science Centre

"Wissenschaft hautnah erleben", so könnte das Motto des TELUS Spark Science Centre lauten, denn hier werden alle Altersgruppen auf unterhaltsame Weise mit Naturkunde und -wissenschaft vertraut gemacht. Man bekommt wissenschaftliche Experimente und Demonstrationen gezeigt und erlebt Phänomenales live. Das **HD Digital Dome Theatre** ist mit modernster Projektionstechnologie ausgestattet und zeigt Filme und Shows, das Programm ändert sich alle drei Monate. Im **TELUS Creative Kids Museum** wird es Kindern ermöglicht, über Kunst ihre Kreativität auszudrücken. Hier wird Spiel und Spaß mit spannenden Experimenten verbunden.

🚆 *Von Downtown mit C-Train bis Calgary Zoo, dem Hinweiß 'Fußweg Richtung Zooparkplatz' folgen*
✉ *220 St. George's Dr NE, Calgary*
☎ *403-817-6800*
🕐 *Kernöffnungszeiten: tägl. 10–16/17 h*
🎟 *Erw.: CAD 19,95, Kinder (3–12 J.): CAD 12,95, Jugendl. (13–17 J.): CAD 15,95, Senioren (65+): CAD 17,95, Parkgebühr: CAD 5; einige Aktivitäten haben separate Preise.*
@ *info@sparkscience.ca*
🌐 *www.sparkscience.ca*

▶ Chinese Cultural Centre

Wer chinesische Kunst und Kultur liebt, sollte das Calgary Chinese Cultural Centre besuchen. Mittelpunkt des Zenrums ist die **Dr. Henry Fok Cultural Hall**, eine Imitation der Hall of Prayers des 1420 errichteten Pekinger *Temple of Heaven*. Das Deckengewölbe schmücken künstlerisch wertvolle Gemälde von 561 Drachen und 16 Phönixen. Im gesamten Gebäude befinden sich unschätzbare Kunstgegenstände, wertvolle Keramik- und Porzellanfiguren, Gefäße, wertvolle Roben der Herrscher und vieles mehr. Das Museum ist im unteren Bereich des Kulturzentrums und zeigt das Leben der Chinesen in Kanada und die Entwicklung von Chinatown.

Im **Cultural Centre Restaurant** wird chinesisches Essen serviert, auch ein Zentrum der Traditionellen Chinesischen Medizin fehlt nicht.

In **Chinatown Calgary** zwischen der 4th Ave und dem Bow River findet man auch asiatische Spezialitätengeschäfte und Restaurants. Es riecht fernöstlich und nicht alles Angebotene ist bekannt – fragen Sie daher ruhig nach oder lassen sich eine Kostprobe geben.

In den 80er-Jahren drohte Chinatown Calgary, das zu den größten Chinesenvierteln Kanadas zählt, den Glaspalästen der Innenstadt zum Opfer zu fallen, doch einer Gruppe engagierter Bürger, die sich für den Erhalt der Kultur der chinesischen Einwanderer aussprach, ist zu verdanken, dass 1991 mit dem Bau des Zentrums begonnen wurde und man es ein Jahr später eröffnen konnte.

- ✉ *197 - 1st Street SW, Calgary*
- ☎ *403-262-5071*
- 🕐 *Centrum: tägl. 9–21 h, an gesetzl. Feiertagen geschlossen*
- 🕐 *Museum: April–Okt.: Mo–So 11–17 h, Nov.–März: Mo–Sa 11–17 h*
- 🕐 *Restaurant: Mo–Fr 10–23 h, Sa 9–23 h, So & Feiertage 9–22 h*
- 💰 *Museum: Erw.: CAD 5, Kinder (6+), Stud./Sen. (60+): CAD 3*
- @ *info@culturalcentre.ca*
- 🌐 *www.culturalcentre.ca*

▶ Stephen Avenue

Die Stephen Ave (8th Avenue SW) in Downtown Calgary ist eine der belebtesten Straßen der Stadt. Sie reicht von der 1st St SE bis zur 4th St SW. Zahlreiche Boutiquen, Einkaufs-

zentren, Cafés, Pubs, Bars und Galerien reihen sich aneinander und in edlen Restaurants lässt es sich gut und teuer speisen. In Spitzenzeiten tummeln sich hier bis zu 10.000 Menschen pro Stunde und amüsieren sich auch an Darbietungen der Straßenkünstler, die ab und zu Kostproben ihrer Kunst geben.

Benannt wurde die 1992 als eine *Canadian Heritage Site* ausgezeichnete Straße nach dem ersten Präsidenten der Canadian Pacific Railway Lord George Mount Stephen. Viele Gebäude sind als Folge eines Großbrandes 1886, der Teile der Stadt zerstörte, aus Sandstein gebaut. Die Stephen Ave ist von 6 bis 18 Uhr Fußgängerzone.

▶ Calgary Opera & Jack Singer Concert Hall

Liebhaber klassischer Musik erfreuen sich vielleicht an einer Aufführung in der **Calgary Opera** oder in der **Jack Singer Concert Hall** bei einem Konzert des Calgary Philharmonic Orchestra. Zwar ist die

Downtown Calgary

Spielplanvielfalt nicht mit der gewohnten in der Heimat vergleichbar, dies sagt aber nichts über die Qualität der Aufführungen. Allerdings sollte dann das "kleine Schwarze" und/oder Anzug/elegante Kombination im Gepäck sein.

- ✉ 1315 - 7th St SW, Calgary
- ☎ 403-262-7286
- 🕐 Ticketverkauf: Mo–Fr 9–17 h
- @ info@calgaryopera.com
- www www.calgaryopera.com

Jack Singer Concert Hall

- ✉ 205 - 8th Ave SE, Calgary
- ☎ Ticketverkauf: 403-571-0849
- @ info@calgaryphil.com
- www www.calgaryphil.com

► Family of Man/Family of Horses

Beim Stadtrundgang fallen einige Statuen und Gemälde auf, die interessantesten sind **The Family of Man**, zehn dünne, etwa 6,5 Meter hohe Herren aus Aluminium (Durchschnittsgewicht etwa 680 kg). Sie wurden vom Engländer Mario Armengol für den Britischen Pavillon der Expo 1967 hergestellt und stehen am Macleod Trail Richtung Süden. Die **Family of Horses** schmücken seit 1989 den Rathausplatz. Das Bronze-Kunstwerk wurde vom einheimischen Künstler Harry O'Hanlon geschaffen.

► Calgary Tower ★

Der 191 Meter hohe Calgary Tower ist das Wahrzeichen der Stadt, das jedes Jahr etwa eine halbe Million Touristen besuchen und den grandiosen Ausblick weit über die Stadtgrenze hinaus bis zu den Rocky Mountains genießen. Während der Winterolympiade 1988 brannte auf dem Tower das olympische Feuer und wurde so zur weltgrößten Fackel. Sie brannte 16 Tage 24 Stunden täglich und war noch in 25 Kilometer Entfernung zu sehen, der Gasverbrauch pro Stunde lag bei 850 m³.

Der Tower, der bei seiner Eröffnung **The Husky Tower** hieß und erst im November 1971 in "Calgary Tower" umbenannt wurde, war im Juni 1968 nach 15 Monaten Bauzeit fertiggestellt und kostete CAD 3,5 Mio. 2005 bekam die Aussichtsplattform einen Glasfußboden von elf Meter Länge

und etwa 1,3 Meter Breite. Nun können (schwindelfreie) Besucher in 160 Meter Höhe frei über der 9th Avenue stehen.

Im oberen Bereich bekommt man im rotierenden **Sky 360 Restaurant** in 155 Meter Höhe exzellente Speisen serviert (bitte reservieren) und kann dabei auch bei Nacht den atemberaubenden Blick auf Calgary genießen. Wer nicht in schwindelnder Höhe speisen möchte, kann seinen Hunger im **Ruth's Chris Steak House** bei moderaten Preisen stillen.

- ✉ 101 - 9th Ave SW, Calgary
- ☎ 403-266-7171
- 🕐 Tägl. außer 25. Dez.; Juli & Aug. 9–22 h, Sept.–Juni 9–21 h
- 💲 Jugendl./Erw. (13–64 J.): CAD 18, Sen. (65+): CAD 16, Kinder (4–12 J.): CAD 9
- @ info@calgarytower.com
- www www.calgarytower.com
- ☎ Reservierung Sky 360 Restaurant: 403-532-7966
- 🕐 Restaurant: Mo–Sa 11–14 h & 17–22 h, So 10–14 h & 17–22 h
- www www.sky360.ca
- ✉ Steakhouse: 115 - 9th Ave SE, 2nd Floor Calgary Tower, Calgary
- ☎ Reservierung Steakhouse: 403-246-3636
- 🕐 Steakhouse: Mo–Fr 11–14 h, Mo–Sa 16–22 h, So 16–21 h
- www www.ruthschris.com/Restaurant-Locations/calgary

► Eau Claire Market

Besonders viel Spaß macht ein Bummel durch die bunte Welt des O'Claire Market, wo kleine Geschäfte Alltägliches, Genuss für verwöhnte Gaumen, aber auch Fast Food, leckere Schleckereien für zwischendurch und farbenfrohe Accessoires anbieten. Wer nach flippigen Outfits sucht, wird hier bestimmt fündig. Im Markt befindet sich auch das **Cineplex Odeon** mit sechs Leinwänden und mehr als 1.700 Sitzplätzen, ein Spielbereich für Kinder und Restaurants, Bars und Cafés. Der Markt liegt in der Nähe des Prince's Island Parks im Norden von Downtown.

- ✉ Ecke 2nd Ave/2nd St SW, Calgary
- ☎ Kino: 403-263-3167
- 🕐 Geschäfte: Mo–Mi 10–18 h, Do & Fr 10–17/20 h, Sa 10–18 h, So & Feiertag 11–17 h
- @ Kino: www.cineplex.com
- www Eau Claire Market: www.eauclairemarket.com

Devonian Gardens

▶ Devonian Gardens ★

Erholung nach einer Shopping-Tour bietet ein Besuch in einem der weltgrößten Indoor-Gärten, den Devonian Gardens. Der Indoor-Garten liegt in Downtown Calgary über dem Toronto Dominion Square. Über drei Stockwerke bummelt man auf etwa einem Hektar durch eine ansprechend gestaltete Grünanlage mit mehr als 20.000 einheimischen und tropischen Pflanzen. Skulpturen und kleine Teiche, in denen sich Koi-Karpfen und Forellen tummeln, Springbrunnen und Wasserfälle lockern die Gartenlandschaften auf und die Kleinen können sich auf einem netten Spielplatz austoben. Etwa 1,5 Kilometer Spazierwege führen durch den Park, der passend zu den Jahreszeiten bepflanzt wird. Zur Weihnachtszeit wird der Garten zu einem Lichtermeer und erstrahlt in festlichem Glanz.

Der behindertengerechte Park wurde vom Architekten J. H. Cook entworfen und 1977 eröffnet. Es werden auch geführte Touren angeboten.

✉ *Toronto Dominion Square (4th Level), 317 – 7th Ave SW, Calgary*
☎ *Geführte Touren: 403-221-3782*
🕐 *Mo–Mi & Sa 9:30–18 h, Do & Fr 9:30–20 h, Sa & Feiertage 12–17 h (außer Weihnachten und Neujahr)*
💲 *Kein Eintritt, eine Spende ist willkommen*
🌐 *www.calgary.ca/CSPS/Parks/Pages/Locations/Downtown-parks/Devonian-Gardens.aspx*

▶ Prince's Island Park

Die grüne Insel der Stadt ist der 20 ha große Prince's Island Park, der nördlich von Downtown im Bow River liegt. Gerne werden die Wege des Parks von Einheimischen in den Pausen für die Fitness an der frischen Luft genutzt. Doch es bleibt noch genügend Platz, um ein paar ruhige Minuten abseits der Hektik der Großstadt einzulegen.

Der Holzfäller Peter Anthony Prince aus Quebec ist Namensgeber des Parks. Er kam 1886 nach Calgary und gründete die Eau Claire Sägemühle. Um das Holz schneller zur Sägemühle befördern zu können, legte man am Bow River einen Seitenkanal an und so entstand im Bow River eine Insel. Der Seitenkanal ist heute eine Lagune. Peter Anthony starb 1925, die Sägemühle wurde noch bis 1944 betrieben. 1947 entschloss sich die Stadt Calgary, das Land von der Familie Prince zu kaufen und legte den Park an.

✉ *4th St/1st Ave SW, Calgary*
🕐 *Tägl. 5–23 h*

Im Park liegt eines der besten Restaurants der Stadt, das 1995 eröffnete **River Café**. Das Gebäude ist einer Fischerlodge der Rockies nachempfunden und bietet saisonale, kanadische Speisen an. Die Zutaten stammen von einheimischen Farmern und aus biologischem Anbau. Reservierung wird empfohlen. Parkmöglichkeit im O'Claire Market.

Prince's Island Park

✉ 25 Prince's Island Park, Calgary
☎ Reservierung: 403-261-7670
🕐 Mo–Fr 11–22/23 h, Sa & So 10–22/23 h, Sa & So
Brunch 10–15 h, Weihnachten & Januar geschlossen
@ info@river-cafe.com
🌐 www.river-cafe.com

👁 **Highlights östlich der Innenstadt**

▶ **Fort Calgary**

Das Fort Calgary ist die Geburtsstätte der Stadt. Hier errichtete 1875 die North West Mounted Police am Zusammenfluss von Elbow und Bow River ein Fort zum Schutz der Bewohner und zur Eindämmung des regen Whiskyhandels. 1914 kaufte die Grand Trunk Pacific Railway das Gelände und zerstörte alle Gebäude bis auf das 1906 erbaute **Deane House**, heute eine *Historic Site*, welches der Leiter des Forts, Richard Deane, bewohnte. Es beherbergt ein Restaurant mit überwiegend kanadischer Küche. Achtung: Das Deane House ist wegen Sanierungsarbeiten bis Herbst 2014 geschlossen.

1975 bekam die Stadt das Gelände zurück und begann mit der Freilegung der Überreste. Eine Ausstellung informiert über die Geschichte der Stadt und der 1873 gegründeten North West Mounted Police.

Deane House Restaurant
✉ 806 – 9th Ave SE, Calgary
☎ 403-269-7747, Reservierung empfohlen
🕐 Ganzj. Di–Fr 11–15 h, Wochenende 9–14 h, Mo geschlossen
🌐 www.fortcalgary.com

Fort Calgary Interpretive Centre
✉ 750 – 9th Ave SE, Ecke 9th Ave & 6th St SE, Calgary
☎ 403-290-1875
🕐 Ganzj., tägl. 9–17 h; 24.–26. Dez., 1. Jan. und Karfreitag geschlossen
💰 Erw.: CAD 12, Stud./Sen. (65+): CAD 11, Jugendl. (7–17 J.): CAD 7, Kinder (3–6 J.): CAD 5
@ info@fortcalgary.com
🌐 www.fortcalgary.com

▶ **Prehistoric Park und Zoo**

Der 1920 gegründete **Calgary Zoo** liegt auf St. George's Island östlich von Downtown. Im Zoo haben etwa 1.000 Tiere von mehr als 275 Arten eine Heimat gefunden, darunter tropische Vogelarten, Meeresbewohner, einheimische Tiere und natürlich auch Affen, Giraffen und Tiger. Wenn die lieben Kleinen Abwechslung suchen, finden sie diese auf Spielplätzen, bei Veranstaltungen oder einer Karusselfahrt (kostenpflichtig). Im **Prehistoric Park** reist man viele Millionen Jahre zurück in die Zeit, als Dinosaurier die Erde bevölkerten. Man findet lebensgroße Exemplare in einer der Zeit nachempfundenen Landschaft. Für das leibliche Wohl ist ebenfalls gesorgt, es gibt neben saisonal geöffneten Restaurants und Kiosks zwei Cafés (ganzjährig geöffnet) und speziell für die Kleinen Süßwaren und im Sommer auch Eis.

🚆 Von Downtown mit C-Train bis Calgary Zoo, dem Hinweis 'Fußweg Richtung Zooparkplatz' folgen
✉ 1300 Zoo Rd NE, Calgary
☎ 403-232-9300 oder 1-800-588-9993 (geb.frei)
🕐 Kernöffnungszeiten: tägl. 10–17 h

Calgary Zoo

🔄 *Je nach Saison Erw.: CAD 23/24,95, Sen.(60+): CAD 21/22,95, Kinder (3–15 J.): CAD 15/16,95 Parken: CAD 8*

🌐 *www.calgaryzoo.org*

▶ Calgary Exhibition and Stampede

Calgary-Besucher können das ganze Jahr über an zahlreichen Events teilnehmen. Doch besonders beliebt ist die Calgary Exhibition and Stampede, die jedes Jahr im Juli stattfindet, über eine Million Besucher aus der ganzen Welt anlockt und Calgary für zehn Tage in eine Westernstadt verwandelt und den sonst so geschäftigen Alltag vergessen lässt. Zum ersten Mal wurde das zehntägige Spektakel am Labour Day (2. September) 1912 vom Amerikaner Guy Weadick (1885–1963) veranstaltet, heute startet die Stampede im Juli. Das Festival beginnt immer mit einer riesigen Parade, im gesamten Stadtgebiet wird das allseits beliebte Pfannkuchenfrühstück angeboten und abends (bzw. nachts) wird der Himmel über Calgary von Feuerwerken bunt erleuchtet. Besonders erfreuen sich die Zuschauer an den Wildwest-Rodeoshows, dem Bullenreiten, wo hohe Preisgelder die Blessuren erträglich machen, daneben findet ein Wettkampf im Tipi-Aufbau statt, es gibt Planwagenrennen, zahlreiche Bühnenshows und viele weitere Attraktionen.

💡 Calgary ist während der Stampede im Ausnahmezustand, wundern Sie sich nicht, wenn Ihnen die Sprache und das Outfit der Bewohner aus alten Westernfilmen irgendwie bekannt vorkommt. Wenn Sie die Calgary Stampede erleben wollen, sollten Sie lange vor der Reise Ihre Unterkunft reserviert und ggf. Ihre Eintrittskarten für die Rodeos und Planwagen-Rennen gesichert haben.

✉ *Östl. v. Downtown Calgary am Elbow River im Stampede Park zw. Macleod Trail und 14th Ave*

☎ *Allgemeine Infos: 403-261-0101 oder 1-800-2610-1010 (geb.frei)*

☎ *Ticketbüro: 403-269-9822 oder 1-800-661-1767 (geb.frei) oder 800-2610-1010 (geb.frei international)*

Calgary Stampede

- ☺ Mo–Fr 8:30–17 h
- ☺ Preise variieren je nach Spektakel
- ☺ Parkeintritt: Erw.: CAD 18, Sen.(65+): CAD 9, Kinder (7–12 J.): CAD 9
- @ info@calgarystampede.com
- ⊕ www.calgarystampede.com

👁 Highlights westlich der Innenstadt

▶ Heritage Park

"How the West was Once" (Wie der Westen früher war), dies spürt man hautnah während eines Besuchs des 25 ha großen Heritage Parks südwestlich von Downtown. Man wird hier zurück in die junge Geschichte Mitte des 19. und Anfang des 20. Jahrhunderts entführt. Es ist das größte "lebende" historische Dorf Kanadas. Mittelpunkt bilden über 150 restaurierte Gebäude aus der Pionierzeit, ein Fort der Hudson's Bay Company von 1860, ein Native-Dorf und vieles mehr. Man kann aktiv am Leben der Pioniere teilnehmen und z. B. lernen, wie man Butter oder Speiseeis herstellt.

Auch die Transportmittel sind der damaligen Zeit angepasst: So verkehrt eine **Dampflokomotive** und macht Station an drei historischen Bahnhöfen, der Raddampfer **SS Moyie** dreht seine Runden auf dem Glenmore Reservoir und mit **Pferdekutschen** kann man gemütlich durchs Gelände fahren. Im **Lakeview Vergnügungspark** wird Spiel und Spaß für Groß und Klein geboten und wenn sich der kleine Hunger meldet, gibt es in der Alberta Bakery von 1912 oder im Vulcan Ice Cream Salon Leckeres. Die Trading Post und ein Souvenirshop bietet Mitbringsel oder Andenken zum Kauf an.

Am Eingang liegt das **Gasoline Museum**, wo sich besonders Autofans wohlfühlen werden. Dort werden gepflegte Oldtimer und historische Tanksäulen gezeigt. Außerhalb des Parks und ganzjährig können Sie über den **Heritage Town Square** flanieren, im **Railway Café** oder im **Selkirk Grille** speisen und durch Shops bummeln.

> 💡 Für diese Attraktion sollte man einen Tag Zeit einplanen, damit man auch alle Attraktionen, Darbietungen und Sehenswürdigkeiten besichtigen und besuchen kann.

- ✉ 1900 Heritage Dr SW, Calgary
- ☎ 403-268-8500
- ☺ Historical Village: tägl. Mitte Mai–Anf. Sept.: 10–17 h, danach bis Mitte Okt. nur an Wochenenden 10–17 h
- ☺ Gasoline Alley Museum: ganzj. tägl. 9:30–16 h
- ☺ Railway Café: täglich 9–16 h
- ☺ Selkirk Grille: tägl. 11–16 h, Di–So 17–21 h
- ☺ Sommerpreise Historical Village & Museum: Erw.: 1 Tag CAD 25,75, 2 Tage CAD 32,25, Sen. (65+): 1 Tag CAD 20,25, 2 Tage CAD 25,25, Kinder (3–6 J.): 1 Tag CAD 13,25, 2.Tage CAD 16,50, Kinder/Jugendl.: (7–14 J.): 1 Tag CAD 18,50, 2 Tage CAD 23
- ☺ Museum im Winter v. Mitte Okt. bis Mitte Mai: Erw.: CAD 10,50, Kinder (3–6 J.): CAD 5,25, Kinder (7–14 J.): CAD 6,50, Sen.: CAD 8,25
- @ info@heritagepark.ca
- ⊕ www.heritagepark.ca

▶ Canada Olympic Park

Der Canada Olympic Park liegt am Westende von Calgary am Trans-Canada Hwy 1. Die Touristenattraktion war 1988 Austragungsort der Winterolympiade. Im Sommer können Besucher an verschiedenen, meist kostenpflichtigen, Aktivitäten teilnehmen. Man kann erste Klettererfahrungen an der Kletterwand sammeln oder mit dem Mountainbike über die Routen flitzen. Die Routen sind meist ab Mitte/Ende Juni freigegeben. Und wer sein Equipment nicht dabei hat – kein Problem, alles kann auch geliehen werden. Ganz Mutige lassen für acht Minuten ihren Adrenalinspiegel etwas in die Höhe schnellen und wagen einen Sommer einen Bungee-Sprung. Die 4- bis 16-jährigen Kids können im Sommer erste "Flugerfahrungen" beim Eurobungee machen. Nervenkitzel pur bietet eine rasante Fahrt aus unterschiedlicher Höhe vom Ski-Jump-Tower mit der **Zip-Line** (Seilrutsche), die Geschwindigkeiten bis zu 140 km/h erreicht. Nach einer Einführung durch das Personal geht es dann gut gesichert abwärts. Kinder unter zwölf Jahren müssen in Begleitung eines Erwachsenen sein und wer leichter als 32 Kilogramm oder schwerer als 115 Kilogramm ist, kann nicht teilnehmen. Bitte feste Schuhe tragen und eine Stunde Zeit einplanen.

- ☎ 403-247-5452
- ☺ Sommer, wetterabhängig
- ☺ CAD 65, tel. Vorbuchung erforderlich

Im Winter ist es ein beliebtes Wintersport-gebiet, es werden Wettkämpfe ausgetragen und die Einrichtungen inklusive der Sprungschanzen zu Trainingszwecken genutzt. Sechs Lifte sorgen für ein schnelles Erreichen der Ski-Abfahrten. Wintersport ist ab etwa November bis März möglich, eine Beschneiungsanlage hilft nach, falls die nötige Schneedecke fehlt.

🕐 Winter: Mitte/Ende Nov.–Anf. April

Besonderer Anziehungspunkt ist der **Ski Jump Tower**. Aus unterschiedlichen Höhen können wagemutige Skispringer ihre Flüge beginnen. Selbst als Besucher verspürt man ein Grummeln im Bauch bei der Fahrt im verglasten Lift nach oben und erst recht beim Blick in die Tiefe.

🕐 Tower: Mitte/Ende Mai–Okt. 10–17 h

Weitere Freizeiteinrichtungen wie z. B. Minigolf (kostenpflichtig/Sommer) bieten Unterhaltung für die ganze Familie. Fürs leibliche Wohl sorgen ein Restaurant, ein Teahouse und ein Schnellimbiss.

✉ 88 Canada Olympic Rd SW, Calgary
☎ 403-247-5452
🕐 Foodcourt: Anf. Juli–Ende Sept.: Mo–Do 9–18 h, Fr–So 9–17 h
🕐 Parköffnungszeiten Sommer: Ende Mai–Mitte/ Ende Sept.
🌐 Alle Öffnungszeiten: www.winsportcanada.ca/ cop/aboutcop/hours_of_operation.cfm
🌐 Trails- und Parkmaps: www.winsportcanada.ca/ cop/aboutcop/explorethepark.cfm
🌐 www.winsport.ca

▶ Calaway Park

"Your Smile is Our Mission!" (Dein/Euer Lachen ist unser Ziel). Das haben sich die Betreiber des Calaway Parks auf die Fahnen geschrieben – und das gelingt ihnen auch. Der größte Spaßpark Westkanadas wurde 1982 eröffnet, er liegt nur wenige Kilometer westlich von Calgary. 33 Fahrgeschäfte bieten Nervenkitzel für waghalsige und abenteuerlustige Besucher und Spiel und Spaß für die ganz Kleinen. Auch Shows sind fester Bestandteil der Einrichtung und natürlich gibt es genügend Möglichkeiten für einen Imbiss zwischendurch. Mit dem Eintrittspreis sind alle Kosten für die Belustigungen, Shows usw. abgedeckt. An der Zufahrt zu

Park liegt der gleichnamige Campground (Näheres: Übernachten Calgary).

🚗 Exit 169, Hwy 1, Calgary
✉ 245033 Range Rd 33, Calgary
☎ 403-240-3822
🕐 Mitte Mai–Ende Juni: Fr 10–19 h, Sa & So 10–19 h, Ende Juni–Anf. Sept.: tägl. 10–19 h, Anf. Sept.–Mitte Okt.: Sa & So 11–18 h
💰 Pers. (7–49 J.): CAD 37,95, Erw. (50+): CAD 29, Kinder (3–6 J.): CAD 31, Familien: CAD 119,95, nach 14 h CAD 21,95 pro Person ab 3 J.
@ calaway@calawaypark.com
🌐 www.calawaypark.com

🏛 Übernachten

🏨 Fairmont Palliser ★

Im Palliser, das 1914 von der CPR eröffnet wurde, nächtigt man in einer der besten Hotels in Downtown. Die Einrichtung ist elegant und die Zimmer/Suiten sind ausgestattet mit Kaffeekocher, Bügeleisen und Minibar. Fitness-Center, Indoor- und Whirlpool und Restaurants vorhanden.

🚗 Vom Hwy 1 Ausfahrt 14 St West S, weiter ca. 2 km bis Auffahrt 9 Ave SW und auf dieser bis zum Hotel
✉ 133 – 9th Ave SW, Calgary
☎ 403-262-1234 oder 1-866-540-4477 (geb.frei)
@ palliserhotel@fairmont.com
🌐 www.fairmont.com/palliser
🕐 Ganzj.
💰 ★★★

🏨 Hyatt Regency Calgary

Das Hyatt in Downtown hat gehobene Ausstattung und bietet alle Annehmlichkeiten eines exklusiven Hotels. Die unterschiedlich ausgestatteten Zimmer und Suiten haben Minibar und Kaffeekocher.

🚗 Vom Hwy 1 Ausfahrt 14 St West S, weiter ca. 2 km bis Auffahrt 9 Ave SW und auf dieser weiter, am Calgary Tower li in die Centre St SW bis zum Hotel
✉ 700 Centre St S, Calgary
☎ 403-717-1234
@ salescalrc@hyatt.com
🌐 www.hyattregencycalgary.com
🕐 Ganzj.
💰 ★★★

🏨 Travelodge Hotel Calgary Airport

Das Hotel liegt in Flugplatznähe und ist gut geeignet für Reisende, die ihre Tour in Calgary beginnen und das Wohnmobil bei Cruise Canada oder Canadream gebucht haben.

- ✉ 2750 Sunridge Blvd. N.E., Calgary
- ☎ 403-291-1260 oder 1-800-578-7878 (geb.frei)
- @ whg7102f@whg.com
- 🌐 www.travelodge.ca/property/travelodge-hotel-calgary-airport-south
- 🕐 Ganzj.
- 💰 **

🏨 Econolodge Motel Village

Die Zimmer sind zweckmäßig eingerichtet, teilweise mit Mikrowelle und Mini-Kühlschrank oder Küchenzeile, im Preis enthalten ist ein continentales Frühstück.

- 📍 Vom Hwy 1 nach Überqueren des Crowchild Trail bis Banff Trail, wenden, nach ca. 200 m liegt das Motel re
- ✉ 2440 – 16th Ave NW, Calgary
- ☎ 403-289-2561 oder 1-866-501-0542 (geb.frei)
- @ Motelvillage@EconoLodgeCalgary.com
- 🌐 www.econolodgecalgary.com
- 🕐 Ganzj.
- 💰 **

🏨 HI Calgary City Centre

Man übernachtet günstig und zentrumnah im Mehrbett- oder Familienzimmer, Frühstück, Internetzugang uvm. ist inklusive.

- 📍 Vom Hwy 1 Ausfahrt 14 St West S, weiter ca 2 km bis Auffahrt 9 Ave SW und auf dieser weiter, am Calgary Tower vorbei, li abbiegen in die 4 St SE, danach die 2. re zum Hostel
- ✉ 520 – 7th Ave SE, Calgary
- ☎ 403-269-8239 oder 1-866-762-4122 (geb.frei)
- 🌐 www.hihostels.ca
- 🕐 Ganzj.
- 💰 *–**

🏕 Calgary West Campground ★

Der Campground liegt im Westen der Stadt in Hanglage. Es wird ein kostenloser Shuttleservice zur ca. 1 km entfernten Bushaltestelle angeboten, von dort geht es per Bus zuerst zur Crowfoot C-Train Station und mit dem Light Rail Train zu den meisten Attraktionen in Calgary.

- 📍 Hwy 1, südl. Abfahrt Valley Ridge/Crestmont Blvd nahe Olympic Park, Exit 177
- ✉ 221 – 101st St, Calgary
- ☎ 403-288-0411 oder 1-888-562-0842 (geb.frei)
- @ calgarycampground@yahoo.com
- 🌐 www.calgarycampground.com
- 🕐 Mitte April–Mitte Okt.

| 🛏 Ja | 🚐 320 | 🔌 Ja |
| 🚽 Ja | 📶 Ja | |

- 💧 Strom (20/30 Amp.), Wasser, Abwasser
- 💰 $$–$$$

🏕 Calaway RV Park & Campground

- 📍 Hwy 1, Exit 169, in unmittelbarer Nähe des Calaway Erlebnisparks westlich von Calgary
- ✉ 245033 Range Rd 33, Calgary
- ☎ 403-249-7372
- @ calaway@calawaypark.com
- 🌐 www.calawaypark.com
- 🕐 Mitte Mai–Anf. Sept.

| 🛏 Ja | 🚐 104 | 🔌 Ja |
| 🚽 Ja, CAD 2 | 📶 Ja, geb.pflichtig | |

- 💧 Strom (15 Amp.), Wasser, Abwasser
- 💰 $$

🏕 Mountainview Camping

Netter, mäßig bewaldeter Campground mit vielen Aktivitäten (u.a. Minigolf, Spielplatz)

- 📍 Hwy 1, 3 km östlich von Calgary, dann li auf die Range Rd 284
- ✉ 244024 Range Rd, Calgary
- ☎ 403-293-6640
- @ information@calgarycamping.com
- 🌐 www.calgarycamping.com
- 🕐 März–Okt.

| 🛏 Ja | 🚐 196 | 🔌 Ja |
| 🚽 Ja, geb.pfl. | 📶 Ja, geb.pflichtig | |

- 💧 Strom (15/20/30/50 Amp.), Wasser, Abwasser
- 💰 $$

Die Route verlässt Calgary nicht über den Trans-Canada Hwy 1 sondern über den parallel verlaufenden **Highway 1A (Crowchild Trail)**. Diesen erreichen Sie im Stadtgebiet Calgary vom Trans-Canada Hwy 1 über den Banff Trail NW, der nach ca. 500 m auf den Crowchild Trail mündet, oder vom Trans-Canada Hwy 1 Exit 177 nahe Canada Olympic Park über den Stoney Trail (Hwy 201), nach ca. 4 km erreichen Sie die Auffahrt auf den Crowchild Trail NW. Kaum haben Sie die letzten Häuser Calgarys passiert, sind Sie wieder umgeben von spärlich besiedeltem, landwirtschaftlich genutztem Prärieland. Sie kommen zur alten Westernstadt **Cochrane**, unserem nächsten Ziel. Wind, Wasser und Wogen gibt es auf dem Naherholungsgebiet **Ghost Lake,** je näher Sie den Bergen kommen, umso grüner wird das breite Tal des **Bow River**. Sie passieren

Umgebung von Cochrane

ein großes Zementwerk in Exshaw, noch einmal den **Lac des Arcs** und erreichen wenige Kilometer später **Canmore**, wo Sie auf den Trans-Canada Hwy 1 treffen.

Anmerkungen: *Natürlich können Sie ab Calgary auch wieder den schnelleren Weg zurück nach Canmore über dem Trans-Canada Hwy 1 fahren, in Canmore treffen Sie dann wieder auf die Hauptstrecke. Wer die Nebenstrecke Kanananaskis Country nachholen möchte und auf dem Highway 1A unterwegs ist, zweigt an der Kreuzung Highway 1A/1X etwa 30 Kilometer westlich vom Ghost Lake nach Süden zum Trans-Canada Hwy 1 ab und fährt auf diesem ca. fünf Kilometer nach Osten bis zum Abzweig Highway 40 (▶ S.235).*

	COCHRANE 🏠🖼️ℹ️✖️🅿️🏛️	
⛺	Calgary	37 km
	Canmore	69 km
👫👫👫	Stadt	17.580
❄️❄️		-11 °C
☀️		+16 °C
〰️〰️		1.136 m
⏱️	Stadt	30,03 km²
Zum Vergleich: Buchen / Odenwald		
👫👫👫	Stadt	18.163
〰️〰️		337 m
⏱️	Stadt	138,99 km²

Die Westernstadt Cochrane liegt inmitten des weiten Weidelandes im Tal des Bow River am Hwy 1A. Im Stadtbereich stehen einige "westernstyle" Gebäude, die an die Zeit erinnern, als der Beruf Cowboy noch weitverbreitet war. Und passend zu diesem optischen Eindruck finden alljährlich auch einige Events statt: so z. B. Anfang August das **Heritage Festival** und im September das **Lions Rodeo**. Das aktuelle Programm erfährt man in der Visitor Info oder unter 🌐 *www.cochrane-tourism.ca/events2.html.*

Die Land- und Forstwirtschaft und kleine Industriebetriebe sind die wichtigsten Arbeitgeber der Bevölkerung. Auch für den Tourismus wird Cochrane immer attraktiver, da im Stadtbereich einige historische Gebäude restauriert wurden. Die endlose Prärie bietet für Pferdesportler weite Ausritte und der etwa 1.220 Meter hohe, stadtnahe **Big Hill** ist ein wichtiges Naherholungsgebiet der Region.

Die Stoney Indians waren die frühen Bewohner der Gegend, sie leben heute in Reservationen nahe Cochrane. Sie nannten den Hügel "Manachaban" (etwa: großer Berg). Die Stadt verdankt ihre Existenz und ihren Namen dem irischen Einwanderer Senator Matthew Henry Cochrane (1823–1903), der 1881 die Cochrane Ranche Ltd. gründete. Die Ranch züchtete Rinder und trieb diese in die Viehhöfe nach Calgary zur Eisenbahnlinie, von dort konnten die Tiere dann weitertransportiert werden.

In Cochrane sind alle Versorgungseinrichtungen vorhanden. Eisliebhaber sollten unbedingt einen Abstecher zu **Mackay's Icecreamshop** (220 – 1st St West) machen und das "beste Eis Albertas" probieren.

Nahe Cochrane

🌐 Zufahrt in Cochrane vom Bow Valley Trail über 2nd Ave West
✉️ 220 – 1st St W, Cochrane
☎️ 403-932-2455
🕐 Sommer: 10–22 h, Winter: Mo–Do 11–17 h, Fr–So 10–18 h
🌐 www.mackaysicecream.com

ℹ️ COCHRANE VISITOR INFORMATION CENTRE

✉️ 209 – 2nd Ave W, Cochrane
☎️ 403-851-2960
🕐 Mitte Mai–Anf. Sept.: Mo–Fr 10–18 h, Sa & So 10–20 h
@ cochranetourism@gmail.com

ℹ️ HISTORIC WESTERSON CABIN COCHRANE RANCHE HISTORIC SITE

✉️ Kreuzung Hwy 1A/22, Cochrane
☎️ 403-932-4705
🕐 Mitte Mai–Anf. Sept.: Mi–So 9–17 h
🌐 www.cochrane-tourism.ca

👁️ Highlights

▶ Cochrane Ranche

Die Cochrane Ranche, seit 1977 eine *Historic Site,* liegt im Norden der Stadt. Das ca. 60 ha große Parkgelände bietet Wanderwege, Picknickplätze, ein Museum und eine Visitor Information. Vom Standort der Bronze-Statue **Men of Vision** hat man einen schönen Blick östlich über die Prärie und westlich bis zu den Rocky Mountains. Im Sommer werden geführte Touren angeboten, die über die frühe Viehhaltung und Geschichte des Senators Cochrane informieren.
🕐 Ganzj.

▶ McDougall Church

Die McDougall Church war die erste protestantisch-methodistische Kirche im Süden Albertas. Sie wurde 1875 von Reverend George McDougall und dessen Sohn John errichtet, um die Stoney First Nations zu missionieren. Im Sommer finden sonntagnachmittags Gottesdienste statt.
✉️ Hwy 1A, 28 km westl. v. Cochrane nahe Morley
🕐 Während der Sommermonate für Besucher geöffnet

🏛️ Übernachten

🛏️ Days Inn & Suites

Komfortabel ausgestattetes Hotel mit Fitnessraum und Pool, alle Zimmer/Suiten mit mit Mikrowelle und Kühlschrank. Ein kontinentales Frühstück ist inkl.
✉️ 5 West Side Dr, Cochrane
☎️ 403-932-5588
🌐 www.daysinn.com
🕐 Ganzj.
💲 $$

🏛 Historic Rockyview

Schon die Fassade des Hotels lässt ahnen, dass es sich um ein historisches Gebäude handelt. Die Zimmer sind nett eingerichtet. Wer Appetit auf ein deftiges Steak hat, kann im rustikalen Steakhouse seinen Appetit stillen, oft mit Live-Musik, oder im Saloon einen netten Abend verbringen.

- 📍 Vom Hwy 1A auf die 2 Ave W bis zur 1ˢᵗ St
- ✉ 304 – 1ˢᵗ St W. Cochrane
- ☎ 403-932-2442
- 🕐 Ganzj.
- 💲 **

🏕 Bow Riversedge Campground

Der Campground ist sehr spärlich bewaldet, aber schön angelegt.

- 📍 Vom Hwy 1A li auf den Cowboy Trail S, li auf die Griffin Rd bis zum CG
- ✉ 900 Griffin Rd E, Cochrane
- ☎ 403-932-4675
- @ info@bowriversedge.com
- 🌐 www.bowriversedge.com
- 🕐 April–Okt.

🛏 Ja	🚐 143	🔌 Ja
🚿 Ja, geb.pflichtig	📶 Ja	🐕 Ja
⚡ Strom (30/50 Amp.), Wasser, Abwasser		
💲 \$\$		

👁 GHOST LAKE

Der 1.188 m hoch gelegene, 13 Kilometer lange und 1,5 Kilometer breite Ghost Lake liegt sieben Kilometer westlich von Cochrane. Für den See wurde der Bow River aufgestaut, der 1929 errichtete Staudamm befindet sich am Ostende des Sees. Ein weiterer Zufluss des Sees ist der Ghost River, der in der Palliser Range nördlich des Sees entspringt Der Ghost Lake dient neben der Naherholung auch der Stromgewinnung. Die beliebtesten Sportarten sind Fischen, Boots- und Segeltouren, Surfen und Tauchen. Am See liegen zwei Bootsrampen, Picknickplätze und ein Campground. Da der See am östlichen Rand der Prärie liegt, herrscht immer ein mehr oder weniger starkes Lüftchen.

🏛 Übernachten

🏕 Ghost Lake Campground

- ☎ 403-851-0766
- @ info@ghostlakerecreations.com
- 🕐 Mai–Mitte Okt.
- 🌐 www.ghostlakerecreations.com

🛏 80	🚐 Nein	🔌 Nein
🚿 Nein	📶 Nein	
💲 \$		

▶ BOW VALLEY PROV. PARK ► S.234

In Canmore stößt der Highway 1A auf den Trans-Canada Hwy 1. Wer den schnellen Weg ab Calgary zurück in die Berge oder die Nebenstrecke ins Kananaskis Country nach der Stadtbesichtigung gewählt hat, trifft in Canmore wieder auf die Hauptroute.

🏙 CANMORE ► S.230

	Cochrane	69 km
	Banff	28 km

Auf der Fahrt Richtung Banff passieren Sie bald wieder die Einfahrt in den Banff National Park (Achtung: **Nationalparkgebühr** wird fällig, falls Sie keinen gültigen Parkpass haben) und kommen ein zweites Mal nach Banff, wo Sie nochmals Ihre Eindrücke vertiefen oder Ihren Vorratsschrank auffüllen können. Zu Letzterem raten wir, denn das nächste große Einkaufszentrum befindet sich erst in Jasper.

Westlich von Banff verlassen Sie den Trans-Canada Hwy 1 und fahren auf dem landschaftlich wunderschönen und weniger befahrenen **Bow Valley Parkway** (Highway 1A) geruhsam (max. 60 km/h) nach Lake Louise. Entlang dieser kurzen, waldreichen Strecke liegen drei naturnahe Nationalpark Campgrounds. Das Highlight **Johnston Canyon** erreichen Sie schon nach wenigen Kilometern.

Indian Summer am Highway 1A

Wenig später erreichen Sie **Castle Junction**, wo eine Querverbindung zum Trans-Canada Hwy 1 nach Westen abzeigt. Hier können Sie zur **Alternativroute** (▶ S.267) nach Lake Louise zum vierspurigen Trans-Canada Hwy 1 überwechseln, der Sie ein paar Minuten eher nach Lake Louise bringt. An der Kreuzung befindet sich eine Tankstelle, eine Unterkunftmöglichkeit und ein kleiner Store. Wer dem Felsenberg **Castle Mountain** (2.766 m) näher kommen möchte – vom Parkplatz Castle Lookout können Sie sich ihm per anstrengender Tour nähern.

Schließlich landen Sie wieder in **Lake Louise**, bevor Sie dann zum absoluten Höhepunkt des kanadischen Westens starten – dem legendären **Icefield Parkway** (Highway 93).

👁 BOW VALLEY PARKWAY

Der 50 Kilometer lange, kurvenreiche Bow Valley Parkway (Highway 1A) beginnt sechs Kilometer westlich von Banff und verläuft parallel zum Bow River und Trans-Canada Hwy 1 nach Norden, bis er in Lake Louise wieder auf den Trans-Canada Hwy 1 trifft. Entlang dieser waldreichen Straße, die auch durch das Sawbach Waldbrandgebiet 1993 führt, beginnen schöne Wanderwege, man trifft auf Höhepunkte des Banff National Parks (Parkpasspflicht!) wie z. B. den **Johnston Canyon** und kann auf naturnahen Campgrounds übernachten. Der Verkehr ist nicht so dicht wie auf dem Trans-Canada Hwy 1, die Höchstgeschwindigkeit auf der etwas engeren Straße ist durchgehend 60 km/h. Wer morgens oder abends unterwegs ist, hat gute Chancen, Tieren zu begegnen.

❗ Vom 1. März bis zum 25. Juni ist der 18 km lange Abschnitt vom Abzweig nahe Banff bis Johnston Canyon von abends 18 bis morgens 9 Uhr zum Schutz der Tiere gesperrt. Während dieser Zeit muss man auf dem Trans-Canada Hwy 1 bis Castle Junction fahren und dort auf den Highway 1A wechseln.

🌲 BANFF NATIONAL PARK ▶ S.189

🏛 BANFF ▶ S.215

Canmore	28 km
Lake Louise	54 km

👁 JOHNSTON CANYON ⭐

Der Wanderweg durch den engen Johnston Canyon gehört zu den schönsten Trails des Bow Valley Parkway. Der Trail schlängelt sich entlang der Felsen über einen asphaltierten Weg und über schmale Stege, die an den Felswänden befestigt sind. Handläufe sind angebracht, sodass der Trail, der bis zu den Lower Falls nur geringe Steigungen aufweist, gut zu begehen ist. Bedenken sollte man, dass es in der Schlucht durch die geringe Sonneneinstrahlung etwas kühler ist.

Nach etwa einem Kilometer erreicht man die zehn Meter hohen **Lower Falls**. Einen besonders "feuchten" Eindruck der Lower Falls bekommt man, wenn man den niedrigen Tunnel auf der rechten Seite durchkriecht. Der Wanderweg zu den **Upper Falls** ist etwas steiler und anstrengender. Man erreicht die 30 Meter hohen Upper Falls nach weiteren ca. 1,4 Kilometer.

Ink Pots

Wer dann noch Energie hat, immerhin sind bereits 120 Höhenmeter überwunden, kann noch zu den Ink Pots weiterwandern. Der Trail zu den **Ink Pots** ist drei Kilometer lang, weitere etwa 100 Höhenmeter sind zu überwinden. Nach den Upper Falls führt der Weg noch eine Weile durch den Wald bis zum Johnston Valley, das, umgeben von Berggipfeln, die sechs grünlichen, blubbernden Quellwasserlachen präsentiert.

Bis zu den Upper Falls sollte man inkl. Rückweg etwa 1,5 Stunden einplanen, weitere zwei Stunden bis zu den Ink Pots.

🏛 Übernachten

🏨 Johnston Canyon Resort
Im Resort wird Frühstück, Lunch und Dinner serviert, bei Bedarf bitte vorreservieren. Man übernachtet in unterschiedlich ausgestatteten Bungalows oder Cottages.
☎ 403-762-2971 oder 1-888-378-1720 (geb.frei)
@ info@johnstoncanyon.com
🌐 www.johnstoncanyon.com
🕐 Mitte Mai–Mitte/Ende Okt.
💲 ★★–★★★

🏕 Johnston Canyon Campground
Uriger, weiträumiger Campground im Wald
🕐 Ende Mai–Ende Sept.

📶 Nein	🚐 132	🔌 Ja
🚿 Ja	⛺ CAD 8,80	
🔥 $		

Johnston Canyon

👁 SILVER CITY GHOST TOWN

Auf einer weiten Wiesenfläche ca. einen Kilometer südlich von Castle Junction befand sich Ende des 19. Jahrhunderts die boomende Bergbaustadt **Silver City** mit über 1.000 Einwohnern, General Store und einem halben Dutzend Hotels. 1883, als die Eisenbahnstrecke der CPR fertiggestellt war, glaubte man, hier mit dem Abbau von Silber und Kupfer schnellen Reichtum erlangen zu können. Die Bevölkerung wuchs sprunghaft an in der Hoffnung auf ein sorgenfreies Leben. Doch die Mineralien waren nur spärlich vorhanden, sodass die Minen zwei Jahre später bereits wieder geschlossen werden mussten und Silver City zur Ghost Town wurde. Doch ein Minenarbeiter, Joe Smith, blieb in Silver City, suchte weiter an den Berghängen nach Mineralien und lebte in der nach und nach verfallenden Stadt bis zu seinem Tod im Jahre 1937. **Anmerkung**: Leider gibt es am Highway keinen Hinweis auf die ehemalige Ghosttown.

👁 CASTLE JUNCTION

Castle Junction mit Tankstelle (nur Regular Gas) & Store liegt am Abzweig der Querverbindung zum Trans-Canada Hwy 1. Zu

Castle Junction

Füßen des gleichnamigen Berges bietet es neben dem wichtigsten Reiseproviant auch Chalets zur Übernachtung an.

🏨 Übernachten

🏨 Castle Mountain Resort
Die Chalets sind im rustikalen Stil mit allem Komfort und Küchenzeile eingerichtet.
- ☎ *403-762-3868 oder 1-877-762-2281 (geb.frei)*
- @ *info@castlemountain.com*
- 🌐 *www.castlemountain.com*
- 💰 ***–****

🏨 HI-Castle Mountain Hostel
Saubere Mehrbettzimmer (Bettwäsche inkl.), gemütliches Wohnzimmer, Küche und Warmwasserduschen
- 🚏 *Querverbindung Hwy 1A nach Hwy 1*
- ☎ *403-762-2367 oder 1-778-328-2220 (geb.frei)*
- 🌐 *www.hihostels.ca*
- 🕐 *Ganzj., im Winter kurzfristig Schließung möglich*
- 💰 ***

🚐 Castle Mountain Campground
Einfacher, rustikaler Campground im Wald
- ✉ *Nahe Castle Junction*
- 🕐 *Ende Mai–Mitte Sept.*
- 📶 *Nein*   ⛺ *43*   💧 *Nein*
- 🚻 *Nein*   🔥 *CAD 8,80*
- 💰 *$*

🚐 Protection Mountain Campground
Einfacher, rustikaler Campground im Wald
- ➡ *12 km nördl. v. Castle Junction*
- 🕐 *Ende Juni–Anf. Sept.*
- 📶 *Nein*   ⛺ *89*   💧 *Nein*
- 🚻 *Nein*   🔥 *CAD 8,80*
- 💰 *$*

🚶 Wandern

▶ Silverton Falls Trail
Der kurze Trail ist steil, daher bitte Vorsicht; die Wasserfälle sind absolut sehenswert.
- 📍 *Parkplatz Rockbound Lake Trail, 200 m südl. v. Castle Jct.*
- 🕐 *1 Stunde*
- ➡ *Leicht*
- ➡ *1,1 km (einf. Strecke)*
- ➡ *130 m*

▶ Rockbound Lake Trail

Trailbeginn wie Silverton Falls Trail, er ist stellenweise sehr steil, streift den Tower Lake und erreicht später den von steilen Felshängen umgebenen Rockbound Lake.

- ⬤ *Parkplatz Rockbound Lake Trail, 200 m südl. v. Castle Jct.*
- ◔ *7–8 Stunden*
- ⬤ *Moderat*
- ⬤ *8,4 km (einf. Strecke)*
- ⬤ *760 m*

▶ Castle Lookout Trail

Der Weg führt durch ein Waldgebiet zu einer Wiesenfläche unterhalb des gewaltigen Felsenberges Castle Mountain. Der weithin sichtbare Berg ist 2.766 Meter hoch und wurde von James Hector 1858 so genannt, weil ihn die Silhouette des Bergs an ein Schloss *(castle)* erinnerte. 1946 wurde er zu Ehren des amerikanischen Präsidenten Dwight D. Eisenhower in Eisenhower Mountain umgenannt, 1976 bekam er aber wieder seinen ursprünglichen Namen zurück – als "Entschädigung" wurde ein Gipfel am Südende des Castle Mountain dann zum Mount Eisenhower. Die Erstbesteigung gelang im Jahr 1884 dem Professor für Geologie an der Uni Toronto Arthur P. Coleman, der sich sehr für die Geologie der Bergwelt interessierte und in den Rocky und Selkirk Mountains mehrere Gipfel bestieg.

- ⬤ *Parkplatz Castle Lookout, 5 km nördl. v. Castle Jct.*
- ◔ *3–4 Stunden*
- ⬤ *Moderat*
- ⬤ *3,7 km (einf. Strecke)*
- ⬤ *520 m*

....

Alternativroute Trans-Canada Hwy 1 nach Lake Louise

Der schnelle Weg von Castle Junction nach Lake Louise führt über den Trans-Canada Hwy 1, der parallel zum Bow Valley Parkway 1A verläuft. Wer ein paar Minuten eher in Lake Louise landen möchten, fährt am Castle Junction nach Westen bis zum Trans-Canada Hwy 1 und weiter Richtung Norden nach Lake Louise.

Landschaftlich ist dieser Highway-Abschnitt ebenfalls sehr schön und abwechslungsreich, bietet Aussichtspunkte und Wandermöglichkeiten. Tieren wird man hier aber nicht begegnen, da der Highway zum Schutz von Mensch und Tier beidseitig mit Zäunen versehen ist.

⁂ WANDERN ENTLANG DER ALTERNATIVROUTE

▶ Taylor Lake Trail

Der steile Trail führt auf einer ehemaligen Feuerwehrzufahrt durch den Wald, später über subalpine Wiesen zum schönen See.

- ⬤ *Parkplatz Taylor Lake Trail ca. 9 km nördl. d. Kreuzung Hwy 1/Hwy 93*
- ◔ *4–5 Stunden*
- ⬤ *Moderat*
- ⬤ *6,3 km (einf. Strecke)*
- ⬤ *585 m*

▶ O'Brien Lake Trail

Der Trail verläuft ca. 4 km auf dem Taylor Lake Trail bis zum Abzweig O'Brien Lake, den man nach weiteren ca. 2 km erreicht.

- ⬤ *Parkplatz Taylor Lake Trail ca. 9 km nördl. d. Kreuzung Hwy 1/Hwy 93*
- ◔ *6 Stunden*
- ⬤ *Moderat*
- ⬤ *8,1 km (einf. Strecke)*
- ⬤ *640 m*

In Lake Louise endet die Alternativroute, dort treffen sich der Trans-Canada Hwy 1 und der Bow Valley Parkway 1A.

Ende der Alternativroute

....

LAKE LOUISE ▶ S.192

	Banff	54 km
	Saskatchewan River Crossing	79 km

Unterwegs auf dem Icefield Parkway

Bevor Sie ab Lake Louise nach Norden aufbrechen, ein **Tipp:** Wenn es Ihr Zeitplan erlaubt, warten Sie möglichst auf klares Wetter für die Fahrt über den **Icefield Parkway**. Was sich Ihnen landschaftlich bis Jasper bietet, kann man nur mit den Worten "einmalig, grandios, spektakulär" beschreiben.

Schon nach kurzer Fahrt auf dem Icefield Parkway wenige Kilometer nördlich von Lake Louise erreichen Sie den ersten Viewpoint **Hector Lake**, der den Blick frei gibt zum größten Natursee des Banff National Parks. Wenig später kommen Sie zum rustikalen Campground **Mosquito Creek**. Der **Bow Lake** präsentiert sich mit der schon in den 1920er-Jahren erbauten **Num-Ti-Jah Lodge**, und wenn Sie den höchsten Punkt des Icefield Parkway, den **Bow Summit** (2.069 m), erreicht haben, ist ein absolutes MUSS eine kurze Wanderung vom etwas abseits des Icefield Parkway liegenden Parkplatz zum Viewpoint **Peyto Lake**, wo sich ein grandioser Blick auf den im Tal liegenden See bietet. Bevor Sie den **Mistaya Canyon** erreichen, streifen Sie die **Waterfowl Lakes**, wo ein sehr schön gelegener Campground zum Übernachten einlädt. Am **Saskatchewan River Crossing**, dem einzigen "bewohnten" Flecken entlang des Icefield Parkway, finden Sie eine Tankstelle, einen Shop mit Souvenirs und dem Nötigsten zur Versorgung, ein Restaurant und eine Übernachtungsmöglichkeit. Hier zweigt der **David Thompson Highway 11** nach Osten ab, wo wenige Kilometer östlich außerhalb des Nationalparkgebietes der wildromatische **Thompson Creek Provincial Park Campground** liegt.

👁 ICEFIELD PARKWAY

Der Icefield Parkway (Highway 93) beginnt nördlich von Lake Louise und endet in Jasper. Er ist sicherlich DAS Highlight für alle Kanada-Besucher. Zu Recht, denn diese Straße, die durchschnittlich auf etwa 1.500 Meter Höhe verläuft, führt mitten durch die Rocky Mountains mit beiderseits mächtigen Felswänden, schnee- und gletscherbedeckten Berggipfeln, breiten Flusstälern, endlosen Wäldern und traumhaft liegenden Seen. Auf einfachen, aber landschaftlich sehr schön gelegenen Campgrounds kann man ohne Geräuschkulisse beim abendlichen Lagerfeuer den Tag ausklingen lassen, da Trucks den Icefield Parkway nicht befahren dürfen und auch keine Eisenbahnlinie diesen Bereich befährt.

Einzige Abzweigung auf der Strecke ist der Highway 11, **David Thompson Highway**, der am **Saskatchewan River Crossing** nach

Osten abbiegt. Am Crossing sind von Frühling bis Herbst eine Tankstelle, ein Motel und ein Shop geöffnet. Entlang der Straße laden Aussichtspunkte und Picknickplätze zu einer Unterbrechung der Fahrt ein. Trails führen zu spektakulären Aussichtspunkten oder wunderschön liegenden Seen. Die mächtigen Eisfelder des **Columbia Icefields**, **Bow Glacier** und **Crowfoot Glacier** beeindrucken ebenso wie die wild tosenden Wasserfälle. Der höchste Punkt des Highways ist der **Bow Summit** (2.065 m), dies ist der zweithöchste Pass Kanadas, über den eine Straße führt. Südlich vom Columbia Icefield überquert der Highway den 2.035 Meter hohen **Sunwapta Pass**. Bevor man von Süden kommend den Sunwapta Pass erreicht, geht es über eine weit ausladende Kurve "**Big Bend**", traditionell auch "Big Hill" genannt, elf Kilometer und 425 Höhenmeter nach oben. Nordwärts Fahrende sollten unbedingt oberhalb der Kurve auf dem Aussichtspunkt einen kurzen Fotostopp einlegen, der Blick zurück ist phänomenal. Absoluter Höhepunkt ist das **Columbia Icefield**, das etwa in der Mitte der Strecke mit seiner gigantischen Gletscherzunge des **Athabasca Glacier** Besucher anlockt. Wer Kosten und Zeit nicht scheut, kann sich bequem per Gruppentour auf den Gletscher fahren lassen oder auch eine schwierige (geführte) Gletschertour wagen.

Der Highway ist ganzjährig geöffnet, Höchstgeschwindigkeit ist 90 km/h. Die Visitor Info Columbia Icefield ist im Winter geschlossen. Wer den Icefield Parkway fährt, muss einen **Nationalparkpass** besitzen, Mautstationen befinden sich am Beginn der Straße. Rechnen sollte man im Mai/Anfang Juni und Ende September/Oktober mit leichten Schneefällen auf den höher gelegenen Strecken, diese sind aber meist nur von kurzer Dauer und beeinträchtigen wenig. Nur die Ausfahrten zu den Viewpoints und Picknickplätzen sind dann evtl. nicht geräumt und sollten vorsichtig befahren werden.

Wir empfehlen, den Parkway bei klarer Sicht zu fahren, nur dann kann man die Natur und das atemberaubende Bergpanorama genießen. Wer zusätzlich alle Sehenswürdigkeiten entlang des Highways besichtigen möchte, sollte mindestens eine Übernachtung einplanen.

Einziger Wermutstropfen: Wenn man im Mai/Anfang Juni oder September bis Mitte Oktober unterwegs ist, hat man nur wenig Alternativen zur Übernachtung. Eine Möglichkeit ist der nördlich von Lake Louise liegende, länger geöffnete **Mosquito Creek Campground**. Alle weiteren Nationalpark Campgrounds sind entweder noch oder schon im "Winterschlaf". Eine weitere Alternative ist der **Thompson Creek Provincial Campground** östlich von Saskatchewan River Crossing am Highway 11 oder Icefield Centre RV (ohne Service) am Columbia Icefield. Diese Plätze sind etwas früher bzw. auch etwas länger geöffnet.

👁 MOSQUITO CREEK

🏛 Übernachten

🏠 Mosquito Creek Hostel

Einfach ausgestattetes Hostel mit Mehrbett- u. Familienzimmern. Strom, Duschen und Telefon fehlen, eine komplett ausgestattete Küche steht zur Verfügung.

- 📍 *Das Hostel liegt 25 km nördl. von Lake Louise am Hwy 93 neben dem Mosquito Creek CG*
- ☎ *778-328-2220 oder 1-866-762-4122 (geb.frei)*
- 🌐 *www.hihostels.ca*
- 🕐 *Ganzj., von Mitte Okt.–Anf. Mai nicht durchgehend geöffnet, bei Bedarf vorher informieren*
- 💲 *∗–∗∗*

🏕 Mosquito Creek Campground ★

Einfach ausgestatteter, schön gelegener Platz unterhalb des Mount Hector (3.394 m). Auf dem Campground befindet sich eine Schutzhütte mit Herd (*kitchen shelter*).

- 🕐 *Juni–Mitte Okt.*

Nein	*32*	*Nein*
Nein	*CAD 8,80*	
$		

🚶 Wandern

▶ Molar Pass Trail

Der Trail beginnt rechts des Highways und führt stetig aufsteigend entlang des Molar

Mosquito Creek

Creek bis zu einer Weggabelung, wo es südlich weiter zum Molar Pass geht.

- Nahe Mosquito Creek Campground (hier parken) 25 km nördl. v. Lake Louise, Zeltplatz bei km 5
- 7–8 Stunden
- Schwierig
- 9,8 km (einf. Strecke)
- 530 m

Bow Glacier Falls Trail

► Helen Lake & Dolomite Pass Trail

Nach einem kurzen, steilen Aufstieg durch den Wald erreicht man den Helen Lake inmitten eines fantastischen Bergpanoramas. Weiter geht es zum Katherine Lake und danach zum Dolomite Pass.

- Crowfoot Glacier Viewpoint, 32 km nördl. v. Lake Louise

Helen Lake
- 4 Stunden
- Moderat
- 6 km (einf. Strecke)
- 455 m

Dolomite Pass
- 5–6 Stunden
- Schwierig
- 9 km (einf. Strecke)
- 550 m

◉ BOW LAKE ☆

Der 3,2 km² große und 1.920 m ü.M. liegende Bow Lake wird umrahmt von den vergletscherten Berggipfeln der **Waputik Range** und **Crowfoot Mountains**. Der Highway führt entlang des Sees, einige Parkflächen sind ideale Fotostopps. Die Zufahrt zur **Num-Ti-Jah Lodge** befindet sich am Nordende des Sees. Die Existenz der Lodge ist Jimmy Simpson zu verdanken, der im Alter von 19 Jahren seine Heimat England verließ und 1896 nach Kanada kam. Er war Bergführer und Jäger und kam 1898 zum Bow Lake. Sein Traum war, hier eines Tages eine Blockhütte zu bauen – was er 25 Jahre später auch tat. Er nannte sie Num-Ti-Jah, was in der Sprache der Stoney Natives etwa "Baummarder" bedeutet. Als 1937 der Highway von Banff nach Jasper fertig war, erweiterten Jimmy und seine Frau Billie die "Blockhütte" und begannen mit dem Bau der Lodge, die bis ins Jahr 1950 stetig erweitert, danach aber nicht mehr verändert wurde. Seine Kinder Margaret, Mary und Jimmy boten u.a. Touren für Touristen an. Nach dem Tod seines Vaters übernahm Jimmy 1972 die Lodge. Seit 1996 ist auch Jimmy im Ruhestand und hütet die Geschichten rund um den Bow Lake. Zu Ehren des Pioniers und Bergführers Jimmy Simpson sen. wurde 1973 nördlich des Sees ein Berg nach ihm benannt: Mount Jimmy Simpson (2.966 m).

Die Lodge bietet ländlich eingerichtete Zimmer ohne störenden Einfluss von TV und Telefon, Duschen sind vorhanden und im Restaurant wird gesunde Kost serviert.
- ☎ 403-522-2167
- ★★–★★★
- www.sntj.ca

🚶 Wandern

Für einen kurzen Spaziergang eignet sich der Uferweg, wenn man keine der angebotenen Wanderungen machen möchte.

► Bow Glacier Falls Trail ★
Der Trail führt am See entlang bis zum Bow Creek, danach steigt er stetig an und verläuft entlang des Creek bis zu den Falls, wo der Bow River entspringt. Entlang des Creek erleichtern einige Treppenstufen den Aufstieg.
- Num-Ti-Jah Lodge
- 2 Stunden
- Moderat
- 4,6 km (einf. Strecke)
- 155 m

► Bow Lake zur Bow Hütte
Die vom Alpine Club of Canada verwaltete Hütte liegt auf 2.350 m. Der Trail führt ins Hochgebirge, vorab Infos über den Zustand einholen.
- Num-Ti-Jah Lodge
- 4–5 Stunden
- Schwierig
- 7 km (einf. Strecke)
- 400 m
- www.alpineclubofcanada.ca/huts/bow-hut

Bow Lake

👁 BOW SUMMIT & PEYTO LAKE ⭐

Ein weiteres Highlight liegt 41 Kilometer nördlich von Lake Louise auf dem Bow Summit (2.069 m). Eine Stichstraße zweigt hier zum Parkplatz **Peyto Lake Viewpoint** ab. Von dort führt ein kurzer, stellenweise steiler Trail zum Viewpoint, der einen überwältigenden Blick über den türkisfarbenen See präsentiert. Der See liegt in 1.880 Meter Höhe, ist 5,3 km² groß und wird vom Gletscherwasser des Peyto Glacier gespeist. Die Farbe des Sees stammt von feinen Gesteinspartikeln, die mit dem Schmelzwasser in den See gelangen. Oft herrscht auf dem Aussichtspunkt reger Andrang, was man bei der Größe des Parkplatzes schon ahnt. Aber dort parken "nur" die Wohnmobile und Autos, die Busparkplätze liegen etwas näher am See. Geh-Behinderte können den Busparkplatz nutzen.

> ❗ Durch die Höhenlage kann es im Mai und ab Ende September schneien oder ein Regenguss den Trail mit einer Eisschicht belegen. Dann erweist sich ein Wanderstock als hilfreich.

Der Peyto Lake wurde nach Ebenezer William "Bill" Peyto benannt. Bill wurde 1869 in Welling, Kent (England) geboren und hatte noch acht Geschwister. Als Teenager verließ er England und erreichte im Februar 1887 Halifax (Nova Scotia) an der Ostküste Kanadas. Mit der Canadian Pacific Railway fuhr er westwärts, landete in Golden und fand dort bei der CPR Arbeit. Doch dieses Leben war nicht nach seinem Geschmack. Er zog in die Berge und war dort u.a. als Bergführer unterwegs. Er besaß eine reichhaltige Büchersammlung und beschäftigte sich intensiv mit der Geologie und Paläontologie. 1893 überquerte er den Bow Summit und erkundete das Mistaya Valley und Peyto Lake Gebiet. Nach verschiedenen Kriegsdiensten (u.a. im Burenkrieg in Südafrika), der Geburt eines Sohnes und seiner zweiten Heirat im Jahr 1921 ließ er sich letztlich nieder und arbeitete als Parkwächter im Gebiet des Healy Creek nahe der Stadt Banff. Er verstarb 1943 in einem Hospital in Calgary.

🚶 Wandern

▶ Peyto Lake Trail

Der Trail führt durch den Wald und später über Geröll zum See hinunter.

- 🔄 *Peyto Lake Viewpoint*
- 🕐 *2 Stunden*
- 🔵 *Moderat*
- 🔄 *2,5 km (einf. Strecke)*
- 🔵 *275 m*

Peyto Lake

Mistaya Canyon

WATERFOWL LAKES

🏛 Übernachten

🛏 Waterfowl Lakes Campground
Eine tolle Landschaft erwartet Sie auf dem Campground, der zwischen dem Upper und Lower Waterfowl Lake.

- 📍 56 km nörd. v. Lake Louise
- 🕐 Ende Juni–Anf. Sept.
- 🚰 Nein
- 🏕 116
- 🚿 Ja
- 🔌 Nein
- 💰 CAD 8,80
- 🚻 $

🚶 Wandern

▶ Chephren Lake Trail & Cirque Lake Trail
Die Trails führen durch Fichtenwald und bieten fantastische Aussicht auf den Howse Peak (3.290 m) und Mt. Chephren (3.266 m). Beide Trails verlaufen bis zur Weggabelung (2 km) identisch, danach geht es links zum Cirque und rechts zum Chephren Lake.

- 📍 Nordende Waterfowl Lakes CG am Info-Kiosk
- 🕐 2–3 Stunden
- ↗ Leicht

Chephren Lake
- 🕐 3,5 km (einf. Strecke)
- ↗ 80 m

Cirque Lake
- 🕐 4,2 km (einf. Strecke)
- ↗ 150 m

MISTAYA CANYON ⭐

Der nächste Stopp bietet sich 66 Kilometer nördlich von Lake Louise an. In Highwaynähe liegt das Naturwunder, der bizarre Mistaya Canyon, den der Mistaya River in vielen Jahrtausenden geformt hat. Vom Parkplatz gelangt man über einen 500 Meter langen Weg zur Brücke über den Canyon. Der Canyon hat seitlich keine Absperrungen, bitte Vorsicht bei Nässe.

🚶 Wandern

▶ Sarbach Lookout Trail
Der Trail führt zum Sarbach Lookout in 2.075 m Höhe, wo bis 1971 ein Feuerwachturm stand, der heute umwuchert ist. Wer also einen freien Rundumblick genießen möchte, muss auf den Nordgrat des Mt. Sarbach (3.155 m) klettern, Achtung: Vor der steilen Klettertour Infos einholen, nur für geübte Kletterer!

- 📍 Parkplatz Mistaya Canyon
- 🕐 4–5 Stunden
- ↗ Moderat
- 🕐 5,2 km (einf. Strecke)
- ↗ 595 m

🏨 SASKATCHEWAN RIVER CROSSING 🅿🍴🛏🏛

Lake Louise	79 km
Jasper	153 km

Am Saskatchewan River Crossing, das im breiten Tal des gleichnamigen Flusses liegt, zweigt der Highway 11 (**David Thompson Highway**) nach Osten ab. Von Frühling bis zum Herbst ist das Crossing bewirtschaftet, die Tankstelle ist von 7 bis 23 Uhr geöffnet. Auf dem Parkplatz fällt der Blick auf die beiden Berge **Mount Wilson** (3.240 m) im Norden, benannt nach einem der ersten Erforscher des nördlichen Teils des Banff National Parks, und **Mount Murchison** (3.333 m).

Der Standort des Crossings, das von George Brewster 1948 erbaut wurde, war ursprünglich etwa 1,5 Kilometer südlich. Als 1963 der Highway 93 eröffnet wurde, verlagerte man es an seinen heutigen Standort, gleichzeitig bekam es auch mit Robert und Naomi Smead neue Besitzer. Seit 1975 ist es in Händen der Familie Fikowski, heute führen die drei Söhne das Resort, das ihr Vater gekauft hatte. In Spitzenzeiten bewirtschaften über 80 Angestellte das Resort mit 66 Zimmer, einem Speiselokal, einer Cafeteria, einem Pub und einem reichhaltigen Souvenirshop, der auch die wichtigsten Lebensmittel bereithält.

❶ Achtung Wohnmobilfahrer: Hier befindet sich eine Sanidump-Station und Trinkwasser kann nachgefüllt werden. Bitte beachten Sie, dies ist die einzige Tankstelle zwischen Lake Louise und Jasper.

Saskatchewan River Crossing

🚶🌲 Wandern

▶ Glacier Lake Trail
Die Wanderung führt zu einem der schönstgelegenen Seen im Banff National Park.
- 🔄 Hwy 93, 1 km nördl. v. Saskatchewan River Crossing.
- 🕐 6 Stunden
- ➡ Moderat
- ↔ 8,9 km (einf. Strecke)
- ⬇ 210 m

🏛 Übernachten

🏨 The Crossing Resort
Man übernachtet entweder im DZ, Familienzimmer oder in Suiten, die über Kaffeekocher, Minikühlschrank und Balkon verfügen. Gäste können die Sauna, Fitnessraum und Solarium nutzen.
- ☎ 403-761-7000 oder 1-800-387-8103 (geb.frei)
- @ info@thecrossingresort.com
- 🌐 www.thecrossingresort.com
- ➡ Ja, geb. pflichtig
- 🕐 Anf. April–Mitte Okt.
- 💲 **–***

🏕 Thompson Creek Prov. Campground ★
Schöner Campground, gute Alternative zu den Nationalpark-Campgrounds, da er im Frühling eher und im Herbst länger geöffnet ist. Feuerholz gibt es beim Host.
- 📍 10 km östl. vom Crossing am Highway 11 außerhalb des Banff National Parks.
- ☎ 403-721-2184
- 🕐 Mai–Mitte Okt.

🔌 Nein	🏕 55	🚿 Nein
🚽 Nein		
💲 $		

*Unsere Route führt nun weiter entlang des breiten **Saskatchewan River**, der im Sommer oft nur wenig Wasser führt. Die Breite des Flussbettes lässt allerdings ahnen, welche Wassermassen es nach der Schneeschmelze fassen muss.*

Das nächste Teilstück des Icefield Parkway bietet wieder lohnenswerte Stopps. Schon nach wenigen Kilometer wird das Tal enger und die Felswände rücken immer näher. Und wenn man denkt, die Straße ist

Big Bend

zu Ende, geht es über eine weit ausladende Kurve, den **Big Bend**, steil hinauf zum **Sunwapta Pass** (2.035 m). Verpassen Sie nicht den **Viewpoint** oberhalb des Big Bend, er bietet einen grandiosen Blick zurück.

Wenig später können Wanderfreunde die bekannteste Tour entlang des Icefield Parkway unternehmen, den **Parker Ridge Trail**, der in 2,5 Kilometer über einen Zickzackweg 250 Höhenmeter überwindet.

Sie überfahren den **Sunwapta Pass**, verlassen den Banff National Park und tauchen ein in den grandiosen **Jasper National Park**, dessen Highlights ebenfalls meist in Highwaynähe präsentiert werden. Im Sommer bietet der höchstgelegene Campground **Wilcox Creek** naturnahe Übernachtung. Und wenig später liegt es dann vor Ihnen, das prachtvolle **Columbia Icefield**, das neben dem sichtbaren, etwa einen Kilometer breiten **Athabasca Glacier** noch weitere Gletscherfelder beinhaltet mit einer Gesamtfläche von etwa 325 km².

Besuchen sollten Sie unbedingt die Visitor Information mit angrenzendem Souvenirshop. Eine Cafeteria bietet Speisen und Getränke, die Sie auf der Aussichtsterrasse mit Blick auf dem Gletscher genießen können. An der Visitor Info startet auch die abenteuerliche Gletschertour mit dem **Ice Explorer**, der Sie hinauf auf das Gletscherfeld bringt.

👁 RAMPART CREEK

🚶 Wandern

▶ Sunset Pass Trail

Der Weg steigt stetig an, es geht durch dichten Wald, später über eine Wiese bis zum Pass und Parkgenze in 2.165 m Höhe.

- 🚗 Hwy 93, etwa 92 km nördl. von Lake Louise oder 4 km nördl. v. Rampert Creek CG an der Norman Creek Bridge
- 🕐 6–7 Stunden
- ⬤ Schwierig
- ⬤ 8,2 km (einf. Strecke)
- ⬤ 725 m

▶ Sunset Lookout Trail

Der Trail zweigt nach ca. 1,5 km vom Sunset Pass Trail ab und führt zum ehemaligen Standort eines Feuerwachturms.

- 🚗 Siehe Sunset Pass Trail
- 🕐 3–4 Stunden
- ⬤ Moderat
- ⬤ 4,5 km (einf. Strecke)
- ⬤ 390 m

🏛 **Übernachten**

🏠 **Rampart Creek Hostel**
Gäste übernachten in Mehrbettzimmern, eine Küche ist vorhanden. Auf Telefon und fließend Wasser muss verzichtet werden, Strom "liefert" die Sonne.

- *Das Hostel liegt 200 m nördl. v. Campground auf der gegenüberliegenden Seite des Highway.*
- *778-328-2220 oder 1-866-762-4122 (geb.frei)*
- *www.hihostels.ca*
- *Ganzj., im Frühling und Herbst kurzfristige Schließung möglich*
- *＊*

🏕 **Rampert Creek Campground**
Der rustikale Campground ist der nördlichste im Banff National Park. Auf dem Campground schaut man auf die steile Felswand *(rampart)* des Mount Wilson (3.240 m), der nach dem Händler Tom Wilson benannt, der im 19. Jahrhundert durch die Rockies zog.

- *88 km nördl. v. Lake Louise*
- *Juni–Mitte Okt.*

Nein	*50*	*Nein*
Nein	*CAD 8,80*	
$		

👁 **BRIDAL VEIL FALLS VIEWPOINT**

Die **Bridal Veil Falls** fallen 47 Meter tief in den Nigel Creek. Die Wasserfälle sind die zweithöchsten im Banff National Park.

- *111 km nördl. v. Lake Louise ob*

🚶 **Wandern**

▶ **Nigel Pass Trail**
Nigel Pass, Nigel Creek und Nigel Peak sind benannt nach Nigel Vavasour, der als Führer die Forschungsexpedition von Collie und Hugh Stutfield im Athabasca Gebiet 1897 bis 1898 begleitete. Der Nigel Peak (3.211 m) wurde erstmals 1919 bestiegen. Der Nigel Pass (2.195 m) liegt an der Grenze Jasper und Banff National Park. Achtung: Die letzten Kilometer bis zum Pass sind steil und felsig. Jenseits des

Bridal Veil Falls

Passes hat man einen tollen Blick ins Tal des Brazeau River.

- *1 km nördl. v. Bridal Veil Falls Viewpoint, 112 km nördl. v. Lake Louise oberhalb der weiten Kurve*
- *4–5 Stunden*
- *Moderat*
- *7,2 km (einf. Strecke)*
- *365 m*

▶ **Panther Falls Trail**
Der Trail führt zum Viewpoint der 61 m hohen und fast 8 m breiten Panther Falls.

- *Siehe Nigel Pass Trail*
- *1 Stunde*
- *Moderat, rutschig, bitte Vorsicht*
- *1 km (einf. Strecke)*

🌲 **PARKER RIDGE TRAIL**

Diese Wanderung gehört zu den schönsten im nördlichen Teil des Banff National Parks. Auf einem Zickzack-Weg geht es nach oben bis zu einem Grat. Man blickt auf den **Saskatchewan Mountain**

(3.344 m), den gleichnamigen Gletscher und ein Bergpanorama, das man so schnell nicht vergißt! Der Saskatchewan Glacier ist Teil des Columbia Icefields. Der Wanderweg ist äußerst beliebt und erscheint vom Parkplatz in 2.000 m Höhe nicht besonders lang. Doch es geht auf relativ kurzer Strecke 275 Höhenmeter nach oben bis über die Baumgrenze. Aufmerksame Wanderer entdecken Fossilien, die in Felsen eingebettet sind, und Bergziegen und Dickhornschafe sind zu sehen. Der Grat ist nach ca. 2 km erreicht, nach weiteren ca. 500 m fällt der Blick auf den Saskatchewan Glacier. Der Trail ist erst ab Anfang Juli schneefrei. Um die empfindliche Flora in dieser Höhe nicht zu beschädigen, sollte der Trail während der Schneeschmelze mit besonderer Vorsicht begangen werden.

- 🚗 *Hwy 93, ca. 117 km nördl. v. Lake Louise oberhalb der weit ausladenden Kurve*
- 🕐 *2 Stunden*
- 🥾 *Anstrengend*
- 🔁 *2,7 km (einf. Strecke)*
- ⛰ *250 m*

🏨 Übernachten

🏠 Hilda Creek Hostel

Hilda Creek Hostel (6 Schlafplätze) ist das höchstgelegene Wilderness Hostel Kanadas und nur für Outdoor-Fans geeignet, die ohne Komfort wie z. B. Strom und fließendes Wasser auskommen. Eine Küche ist vorhanden. Eine Reservierung wird empfohlen.

- 🚗 *Hwy 93, ca. 1 km nördl. v. Parker Ridge Trailhead*
- 📞 *Reservierung: 1-778-328-2220 oder 1-866-762-4122 (geb.frei)*
- 💻 *www.hihostels.ca/westerncanada/1719/HI-Hilda_Creek_Wilderness_Hostel.hostel*
- 💲 *Variieren*
- 🐾 ***

🌲 JASPER NATIONAL PARK/ SUNWAPTA PASS

Der Jasper National Park, der zur UNESCO Canadian Rocky Mountains World Heritage Site gehört, ist mit 10.878 km² der größte Nationalpark der kanadischen Rocky Mountains und reicht vom Columbia Icefield im Süden bis zum **Willmore Wilderness Provincial Park** im Norden. Im Westen grenzt er an den **Mount Robson Provincial Park** und im Osten an das Yellowhead County. Der Park birgt eine faszinierende Landschaft mit alpiner Tundra, felsigen, gletscherbedeckten Berggipfeln, weiten Flusstälern, endlosen Wäldern und idyllisch liegende Seen.

Der Nationalpark ist Schutzzone für die reichhaltige Flora und zahlreiche heimatete Tierarten. Man findet in den Rocky Mountains mehr als 20.000 Insekten- und Spinnenarten, über 1.000 Pflanzenarten, viele Amphibien, Reptilien, Säugetiere (u.a. Schafe, Elche, Bären, Wölfe), mehrere hundert Vogelspezies und in den Gewässern etwa 40 Fischarten. Im Park liegt die höchste Erhebung Albertas, der **Mount Columbia** (3.750 m). Der **Athabasca Glacier**, der Teil des Columbia Icefields ist, gehört zu den Gletschern Nordamerikas, die am besten zugänglich sind.

Der Park ist mit ca. 1.200 Kilometer Trails ein wahres Wanderparadies. Kurze Wanderwege bis zu mehrtägigen *backpacking* Hochgebirgs-, Kletter- und Gletschertouren stehen zur Auswahl. Übernachtung auf mehrtägigen Touren bieten ca. 100 Wildniszeltplätze, für die man neben dem Parkpass noch eine Permit benötigt, erhältlich in der Visitor Info. Hier informieren bestens mit der Bergwelt vertraute Ranger umfassend über Gefahren, Wegbeschaffenheit u.v.m. Entlang des Highways liegen schöne Picknickplätze und Aussichtspunkte.

David Thompson, ein Forschungsreisender und Pelzhändler der North West Company des Britischen Empire, war der erste Europäer, der Anfang des 19. Jahrhunderts den Athabasca Pass südwestlich vom heutigen Ort Jasper überquerte und zum **Henry House** kam, welches seine Begleiter jenseits von Jasper errichtet hatten. Viele Jahrzehnte war dies die einzige Route durch die kanadischen Rockies. Zwei Jahre später (1813) baute die North West Company an der heutigen Ostgrenze des Parks das **Jasper House**, benannt nach dem Mitarbeiter Jasper Hawes, der den Handelsposten leitete. 1830 verlegte man den Posten nach

Icefield Parkway

kann man auf dem Icefield Parkway weiterfahren und wenige Kilometer südlich von Jasper auf den Highway 93A Süd wechseln. Der nördliche Abschnitt des Hwy 93A bis zum Abzweig Mount Edith Cavell Road ist gut befahrbar.

Der **Yellowhead Highway** (Highway 16) durchquert den Park vom Yellowhead Pass im Westen bis kurz vor Pocahontas im Osten. Zu besonders schönen und abgelegenen Gebieten des Parks zweigen vom Yellowhead Highway die beiden Seitenstraßen **Maligne Lake Rd** und **Miette Hot Springs Rd** ab.

Inmitten des Parks liegt zu Füßen der Victoria Cross Range der Touristenort **Jasper.** Jasper ist Versorgungsmittelpunkt der Region, man findet hier Restaurants, Hotels, Boutiquen, Souvenirshops, Sportzubehör, Supermärkte, Tank-

Westen an den Athabasca River in die Nähe des Jasper Lake. Dieser wurde 1884 von der Hudson's Bay Company geschlossen. Den Jasper Forest Park gründete man 1907, er wurde 1930 zum Nationalpark erklärt. Vier Jahre nach der Gründung des Jasper Forest Parks entstand der Ort **Jasper**, zunächst als Bahnhof "Fitzhugh" der Grand Trunk Pacific Railway, 1913 erhielt der Ort den offiziellen Name Jasper.

stellen u.v.m. Doch trotz des reichhaltigen Angebotes wirkt die Stadt gemütlich.

Alle Informationen über die Sehenswürdigkeiten, Wanderwege, Campgrounds usw. erhalten Sie im Verlauf der Route.

Parkpässe können neben der Visitor Info meist an Parkgates bei der Einfahrt in die Nationalparks gekauft werden.

Die Route durch den Jasper National Park

Durch den südlichen Teil des Parks führt der grandiose Icefield Parkway. Dieser mündet in Jasper in den Highway 16 (Yellowhead Highway). Parallel zum Icefield Parkway verläuft von den **Athabasca Falls** bis Jasper der Highway 93A, eine Seitenstraße zweigt vom Hwy 93A ab zum **Mount Edith Cavell**. Von den Athabasca Falls bis zum Abzweig Mount Edith Cavell Road ist die Straße in einem schlechten Zustand. Alternativ

ⓘ GEBÜHREN JASPER NATIONAL PARK

Tagespass
- Erw. (17-64 J.): CAD 9,80, Sen. (65+): CAD 8,30, Kinder/Jugendl. (6-16 J.): CAD 4,90, Familien/Gruppen (bis 7 Pers.): CAD 19,60
- Firepermit (Erlaubnis Lagerfeuer inkl. Holz): CAD 8,80
- ja, CAD 8,80

Jahrespass für 27 Nationalparks
- Erw. (17-64 J.): CAD 67,70, Sen. (65+): CAD 57,90, Kinder/Jugendl. (6-16 J.): CAD 33,30, Familien/Gruppen (bis 7 Pers.): CAD 136,40
- www.pc.gc.ca/pn-np/ab/jasper/visit.aspx

Generelle Informationen

Generatoren dürfen nur zwischen 8–9:30 h und 17–19 h betrieben werden.

☎ *Parkaufseher: 1-780-852-6155*

☎ *Reservierung Campground: Nordamerika (geb. frei): 1-877-RESERVE (737-3783)*

⊙ *Backcountry Wilderness Pass (Permit): pro Person ab 17 J.: CAD 9,80, Saisonpass: CAD 68,70*

⊙ *Ja, CAD 11 (online), CAD 13,50 (tel.)*

www *www.pccamping.ca*

⊞ JASPER NATIONAL PARK INFORMATION CENTRE

✉ *500 Connaught Dr, Jasper*

☎ *780-852-6176*

☎ *Backcountry Trailoffice: 780-852-6177*

🕑 *Nov.–Mitte März: Mi–So 10–17 h, Mitte März– Mitte Mai & Mitte Sept.–Okt.: tägl. 9–17 h, Mitte Mai–Mitte Sept.: tägl. 9–19 h*

@ *npnj.jnp@pc.gc.ca*

www *www.pc.gc.ca/eng/pn-np/ab/jasper/index.aspx*

⊞ PARKS CANADA INFORMATION ICEFIELD CENTRE

☎ *780-852-6288*

🕑 *Tägl. Anf./Mitte Mai–Ende Sept. 10–17 h*

⊙ WILCOX CREEK

🏛 Übernachten

Wilcox Creek Campground

Der höchstgelegene Campground des Nationalparks für RVs befindet sich auf 2.040 m, die Zufahrt ist steil und eng.

🚗 *2 km nördl. v. Sunwapta Pass*

🕑 *Anfang Juni–Ende Sept., wetterabhängig*

☎ *Nein*　　🛏 *46*　　🚪 *Ja*

🚿 *Nein*　　🔒 *CAD 8,80*

⊙ *$*

🚶 Wandern

▶ Wilcox Pass (2.375 m) Trail

Der Wilcox Pass wurde vor dem Highwaybau zur Überquerung der Berge genutzt. Wer den Trail nicht komplett gehen möchte – nach 1,2 Kilometer kommt man zu einen Viewpoint mit Ausblick auf den Athabasca Glacier. Der Beginn des Trails ist steil, oberhalb der Baumgrenze führt er durch alpines Gebiet.

🔁 *Zufahrt zum Wilcox Creek Campground*

🕑 *4–5 Stunden*

⚫ *Moderat*

↔ *4 km (einf. Strecke)*

📈 *390 m*

⊙ COLUMBIA ICEFIELD ☆

Die beeindruckendste Sehenswürdigkeit entlang des Icefield Parkway ist das Columbia Icefield nördlich des Sunwapta Passes. Der Gletscher liegt 3.000 Meter hoch und ist das Überbleibsel eines riesigen Eisfeldes, das einmal den Westen Kanadas bedeckte. Das größte Eisfeld der Rocky Mountains besteht heute aus etwa 325 km^2 Eis, das bis zu 360 Meter dick ist. Es setzt sich aus den Gletschern Columbia, Dome, Stutfield, Saskatchewan und Athabasca zusammen. Die Temperaturen im Bereich des Icefield Centre betragen im Juli von 3 °C bis 15 °C und im Januar von -9 °C bis -19 °C, durchschnittlich fallen im Jahr etwa sieben Meter Schnee. Vom Icefield Parkway sichtbar ist die etwa einen Kilometer breite, sechs Kilometer lange und bis 300 Meter dicke Gletscherzunge des Athabasca Glacier. In der Umgebung liegen unter anderem die höchsten Gipfel der Rocky Mountains, u.a. die **Twin Peaks** (North Peak 3.733 m & South Peak 3.581 m), **Mount Bryce** (3.507 m), **Mount Kitchener** (3.480 m), **Snow Dome** (3.451 m), **Stutfield Peak** (3.450 m), **Mount Athabasca** (3.491 m) und **Mount Columbia** (3.747 m), der Namensgeber des Gletschers.

Die Entdecker des Columbia Icefields waren Norman Collie und Hermann Woolley, die am 18. August 1898 bei der Erforschung der wilden kanadischen Rocky Mountains den Gipfel des Mt. Athabasca bestiegen und dabei dieses ausgedehnte Eisfeld entdeckten, das umgeben von unbekannten und namenlosen Berggipfeln

Columbia Icefield

vor ihnen lag. In den folgenden vierzig Jahren fanden nur wenige Bergsteiger den Weg hierher, doch in den 1920er-Jahren gab es bereits eine anstrengende Expedition zu Pferde zum Columbia Icefield zwischen den beiden Eisenbahnstationen Jasper und Lake Louise.

Als 1940 die 230 Kilometer lange Straßenverbindung von Lake Louise nach Jasper fertiggestellt war, wurde am Columbia Icefield das erste, im schweizerischen Stil errichtete Chalet eröffnet. Mit Fertigstellung der ersten abenteuerlichen Straßenverbindung im vorigen Jahrhundert waren nun Gletscherausflüge per Fahrzeug möglich. Die Brewster Transport Company kaufte 1969 die Konzession für die Snowmobile-Touren. Nach mehreren Versuchsobjekten ging 1981 der erste "Snowcoach" in Betrieb, der die Besucher sicher und komfortabel auf den Gletscher brachte. Heute hat die Brewster-Flotte mehrere **Ice Explorer** (auch behindertengerechte) im Einsatz, jedes Fahrzeug bietet Platz für 56 Passagiere. Die Touren können im Visitor Center gebucht werden, dort befindet sich auch ein Hotel, ein SB-Restaurant und ein Souvenirshop.

🛈 PARKS CANADA INFORMATION ICEFIELD CENTRE

☎ 780-852-6288
🕐 *Tägl. Anf./Mitte Mai–Ende Sept. 10–17 h*

👁 Highlights

▶ Icewalk Tour

Dem Gletscher nahe kommt man auf einer geführten Icewalk Tour, je nach Fitness werden zwei Touren angeboten, die normale Tour (ca. 3–4 Stunden) und die Deluxe-Tour (5–6 Stunden). Die Gruppen werden mit 12 bis 15 Personen übersichtlich klein gehalten und von erfahrenen Berg- und Gletscherführern begleitet. Man sollte gut gerüstet, d.h. mit Wanderstiefel, warmer Kleidung, Sonnenschutz, Marschverpflegung, Fernglas und Kamera ausgestattet sein, Spikes und unentbehrliche Spezialausrüstungen können geliehen werden, notfalls sogar Wanderstiefel. Ob man aber in geliehenen Schuhen "blasenfrei" diese Wanderung übersteht, wagen wir zu bezweifeln.

Reservierungen

Hotelrezeption des Icefield Chalets oder Jasper Adventure Centre Ltd.
✉ *604 Connaught Dr, Jasper*
☎ *780-852-5595 oder 1-800-565-7547 (geb.frei) oder 1-780-852-5595 (aus Übersee)*
@ *iceman@icewalks.com*
🌐 *www.icewalks.com*
🕐 *Juni–Sept.*
🚌 *Ice Cubed Tour: Erw.: CAD 85, Kinder (7–16 J.): CAD 45*
🕐 *Tägl. außer sonntags und donnerstags, Beginn: 10 h*
🚌 *Deluxe Tour: Erw.: CAD 105, Kinder (7–16 J.): CAD 55*
🕐 *Sonntags & donnerstags, Beginn: 10 h*

► Glacier Adventure / Snowcoach Tour ★

Die ca. 1,5 Stunden dauernden Snow-coach-Touren auf den Gletscher starten an der Visitor Info alle 15 bis 30 Minuten, ab-hängig vom Wetter. Zunächst werden alle Teilnehmer der Tour mit einem Reisebus an den Rand des Gletschers gebracht, dort steigt man um in den mit dicken, profilstar-ken Reifen ausgestatteten Ice-Explorer, der sich mühsam auf dem Gletscher vorwärts bewegt. Auf dem Gletscher angekommen, öffnen sich die Türen, man begibt sich vorsichtig aufs Eis und genießt das gran-diose Gefühl, inmitten der Eiswüste zu stehen. Vielleicht probieren Sie auch einen Schluck des vielgepriesenen Gletscher-wassers, das ein Jungbrunnen sein soll. Für diesen Ausflug sollten warme Kleidung und feste Schuhe getragen werden.

Tipp: Um eine längere Wartezeit bis zum Beginn der nächsten freien Gletschertour zu vermeiden, melden Sie sich direkt nach der Ankunft für eine Ice-Explorer-Fahrt an und erkunden zuerst die Umgebung rund um die Vi-sitor Info.

☎ *1-877-423-7433 (geb.frei)*
@ *icefield@brewster.ca*
🌐 *www.brewster.ca/ rocky-mountains/activities*
🕐 *Mitte. April–Mitte Okt.; April & Okt. 10–16 h, Mai & Sept. 9–17 h, Juni & Aug. 9–18 h*
💰 *Erw.: CAD 54,95, Kinder (6–15 J.): CAD 27,50*

🏛 Übernachten

🏠 Glacier View Inn

Die gut ausgestatteten Zimmer im 3. Stock des Icefield Centre bieten Gletscher- oder Bergsicht, Restaurant und Cafeteria befinden sich im Gebäude.

☎ *1-877-442-2623 (geb.frei)*
@ *GlacierViewInn@brewster.ca*
🌐 *www.brewster.ca/ rocky-mountains/hotels*
🕐 *Ende April–Mitte Okt.*
💰 *****

⛺ Columbia Icefield Zeltplatz

Uriger Platz, wunderschön im Wald gelegen
📍 *1 km südl. v. Columbia Icefield*
🕐 *Mitte/Ende Mai–Mitte Okt.*
📶 *Nein*　　🏕 *33*　　🚿 *Nein*
🔥 *Nein*　　🅿 *CAD 8,80*
💰 *$*

🚐 Columbia Icefield RV

Asphaltierte Plätze im Parkbereich, kein Service, kein Komfort
🕐 *April–Okt.*
📶 *Nein*　　🚐 *100*　　🚿 *Nein*
💰 *$*

🚶 Wandern

Auch ohne teure Snowcoach-Tour kann man zumindest zum Fuß des Gletschers gelangen, wenn auch mit etwas mehr An-strengung. Da es durch baumloses Gebiet geht, sollten feste Schuhe und warme Klei-dung selbstverständlich sein. Am Parkplatz

herrschen meist noch moderate Temperaturen – am Rand des Gletschers fegt aber ein kühler Wind. Auf dem Rückweg kann für nicht so fitte Wanderer ein Wanderstock hilfreich sein, denn die stellenweise steilen Wege führen über Geröll.

> ❗ Bitte begeben Sie sich *nicht* ohne Führung auf den Gletscher und bleiben Sie außerhalb der Absperrung. Alleingänge auf den Gletscher führen nicht selten zu Abstürzen in verdeckt liegende Gletscherspalten.

► Athabasca Glacier Forefield Trail

Entlang des Weges ist die Rückbildung der Gletscherzunge der letzten Jahrzehnte markiert.

- 🔴 *Parkplatz gegenüber des Icefield Centre, Athabasca Glacier Rd*
- 🕐 *1,5 Stunden*
- 🔴 *Moderat, steinig, stellenweise steil*
- ➡ *2 km (einf. Strecke)*

► Athabasca Glacier Trail

Der Trail führt bis zum unteren Ende der Gletscherzunge. Bitte den Gletscher **nicht** betreten!

- 🔴 *Parkplatz gegenüber des Icefield Centre*
- 🕐 *45 Minuten*
- 🔴 *Moderat, steinig, stellenweise steil*
- ➡ *1 km (einf. Strecke)*

Auch wenn der Blick auf das prächtige Eisfeld noch so schön ist, irgendwann heißt es: weiterfahren. Sie folgen nun dem Flusslauf des Sunwapta River, kommen an der neuesten Touristenattraktion **Glacier Skywalk** *vorbei, kleine Wasserfälle plätschern entlang des Highways ins Tal und bald weist eine Stichstraße den Weg zu den* **Sunwapta Falls***, wo sich der Fluss durch einen engen Canyon quält. Wenig später mündet der Sunwapta River in den Athabasca River. Auch dieser Fluß muss irgendwann durch einen engen Canyon und Sie bekommen so das nächstes Highlight geboten – die* **Athabasca Falls***. Wer ein besonders schönes Übernachtungsplätzchen sucht, findet zwischen den beiden Wasserfällen den* **Honeymoon Lake Campground** *am idyllischen Honeymoon Lake gelegen. Wenig später erreichen Sie die Kreuzung Hwy 93/16 und die wichtigste Stadt dieser Region* **Jasper***.*

Ein weiteres Highlight, der **Mount Edith Cavell***, liegt etwas abseits des Icefield Parkway. Er kann allerdings mit dem Wohnmobil nicht so einfach erreicht werden, daher bieten wir ihn als* **Alternativroute** *(► S.285) an. Die schmale, kurvenreiche und steile Mount Edith Cavell Rd ist für längere Wohnmobile (ab 25 ft) nicht geeignet. Sie zweigt vom parallel zum Icefield Parkway verlaufenden Highway 93A (Alternativroute) ab. Der Highway 93A ist im südlichen Bereich von den Athabasca Falls bis zum Beginn Mt. Edith Cavell Road in sehr schlechtem Zustand, daher raten wir, auf dem Icefield Parkway weiterzufahren und südlich von Jasper auf den Hwy 93A Süd bis zum Beginn der Mt. Edith Cavell Road zu fahren, dieser Teil ist gut befahrbar.*

Ob Sie den Abstecher zum Mount Edith Cavell nun einplanen oder nicht, sicher ist, dass Sie sich dem Ende des Icefield Parkway nähern und wieder in bewohntes Gebiet und nach **Jasper** *kommen.*

Sunwapta Falls

👁 GLACIER SKYWALK

Die neueste Attraktion unterwegs auf dem Icefield Parkway ist der Glacier Skywalk, wo der Adrenalinspiegel deutlich ansteigen wird. Schwindelfreie Besucher können auf dem 500 m langen Rundweg teils auf gläsernem Boden 280 Meter über dem Sunwapta River schweben und den grandiosen Panoramablick genießen.

✉ Ca. 7 km nördl. v. Columbia Icefield
🌐 http://glacierskywalk.ca
🕐 Mai & Sept. 10–17 h, Juni–Aug. 9–18 h, Anf.–Mitte Okt. 10–16 h
💰 Erw. (16+): CAD 29,95, Kinder (6–15 J.): CAD 14,95

👁 BEAUTY CREEK & JONAS CREEK

👣 Wandern

▶ Beauty Creek Trail & Stanley Falls Trail

Unterwegs trifft man auf kleine Wasserfälle, bis die pittoresken Stanley Falls erreicht werden. Vorsicht, unterwegs gibt es keine Absicherungen.

📍 1 km südl. Beauty Creek Hostel, Trailbeginn (kleine Parkbucht rechts) ist nicht bezeichnet
🕐 2 Stunden
📊 Moderat
📏 3,2 km (einf. Strecke)
⛰ Beauty Creek: 40 m, Stanley Falls: weitere 110 m

🏠 Übernachten

🏠 Beauty Creek Hostel

Rustikales Hostel mit Küche, ohne Strom, Duschen und Telefon. Man übernachtet in Mehrbettzimmer. Solarzellen liefern Licht, der Herd wird mit Propangas betrieben.

📍 18 km nördl. v. Columbia Icefield
📞 778-328-2220 oder 1-866-762-4122 (geb.frei)
🌐 www.hihostels.ca
🕐 Mitte Mai–Mitte Okt.
💰 *

🏕 Jonas Creek Campground

Rustikaler, ruhig gelegener Campground

📍 9 km nördl. v. Beauty Creek Hostel
🕐 Mitte Mai–Anf. Sept.

Nein	25	Nein
Nein	CAD 8,80	
$		
12 walk-in	$	

👁 SUNWAPTA FALLS ⭐

Die Sunwapta Falls erreichen Sie 48 Kilometer nördlich vom Columbia Icefield über eine 0,5 Kilometer lange Stichstraße. Vom Parkplatz führt ein kurzer Weg zu den tosenden Wasserfällen.

Sunwapta bedeutet in der Stoney Indian Sprache etwa "turbulenter Fluss". Der Geologe und Forschungsreisende A. P. Coleman entdeckte 1892 den Wasserfall und übernahm den Namen der Stoney. Besonders bizarr erscheinen die Wasserfälle im Winter, wenn das Wasser gefriert und außergewöhnliche Gebilde entstehen lässt. Die meisten Besucher besuchen nur die nahe am Parkplatz liegenden **Upper Falls**, doch über einen etwa 1,5 Kilometer langen Wanderweg erreicht man die **Lower Falls**. Bitte beachten Sie, dass Sie sich im Bären- und Pumagebiet aufhalten, wandern Sie daher geräuschvoll und möglichst nicht allein.

🏠 Übernachten

🏠 Sunwapta Falls Resort

Das Sunwapta Falls Resort mit Restaurant und Souvenirshop liegt am Abzweig Hwy 93. Man übernachtet in DZ oder Suiten.

📞 780-852-4852 oder 1-888-922-9222 (geb.frei)
@ info@sunwapta.com
🌐 http://sunwapta.com
🕐 Anf. Mai–Mitte Okt.
💰 ***

🏕 Honeymoon Lake Campground ⭐

Am idyllischen Honeymoon Lake liegt ein netter, rustikaler Campground. Durch seine Lage umrahmt von einem einmalig schönen Bergpanorama ist er auch tat-

Honeymoon Lake

sächlich ein geeignetes Plätzchen für den "Honeymoon".

- 🎯 *4 km nördl. d. Sunwapta Falls*
- 🕐 *Ende Juni–Anf. Sept.*
- 🚫 *Nein*
- 🚻 *35*
- 🛗 *Nein*
- 🍴 *Nein*
- 🏕 *CAD 8,80*
- 💲 *$*

🚐 MOUNT KERKESLIN CAMPGROUND

Der ruhig gelegene Campground liegt inmitten eines Mischwaldes und unweit des Athabasca River. Am Fluß hat man einen fantastischen Blick auf die umliegenden Gipfel der Whirlpool Mountains, den Mt. Fryatt (3.361 m), Mt. Christie (3.103 m), Mt. Edith Cavell (3.363 m) und dem Namensgeber Mt. Kerkeslin (2.984 m).

- 🎯 *68 km nördl. v Columbia Icefield*
- 🕐 *Ende Juni–Anf. Sept.*
- 🚫 *Nein*
- 🚻 *42*
- 🛗 *Nein*
- 🍴 *Nein*
- 🏕 *CAD 8,80*
- 💲 *$*

👁 ATHABASCA FALLS ⭐

Die Athabasca Falls liegen etwas abseits des Icefield Parkway am Highway 93A, der ca. 72 Kilometer nördlich vom Columbia Icefield nach Westen abzweigt. Vom Park-

platz gelangt man über einen kurzen Weg zu den turbulenten Wasserfällen.

Die Wasserfälle sind zwar nur 24 Meter hoch, doch der breite Fluss muss sich hier durch einen sehr engen Canyon quälen und entsprechend reißend donnert der Athabasca River durch die Schlucht. Über eine Brücke kommt man zu verschiedenen Aussichtspunkten. Zum wieder still dahinfließenden Fluß führt ein schmaler, uriger Weg durch einen Felsspalt, der vor vielen Jahrhunderten ebenfalls Teil des Wasserfalls war. Die Athabasca Falls sind immer gut besucht, was schon die Größe des Parkplatzes ahnen lässt – zusätzlich steht er auch auf dem Plan vieler Busrundtouren. Ruhigere Zeiten sind der frühe Morgen und der späte Nachmittag.

🏛 Übernachten

🏛 Athabasca Falls Hostel

Das größte Hostel im Jasper National Park bietet eingeschränkten Komfort, kein fließendes Wasser oder Duschen, Solarzellen versorgen mit Strom, aufbereitetes Wasser zum Kochen ist vorhanden. Man übernachtet in Familien- und Mehrbettzimmern.

- 🎯 *2 km südl. d. Athabasca Falls*
- ☎ *778-328-2220 oder 1-866-762-4122 (geb.frei)*
- 🌐 *www.hihostels.ca*
- 🕐 *Mai–Sept.: tägl., Nov. geschlossen, Okt.–April Di geschlossen*
- 💲 ***

Die folgende **Alternativroute** führt über den **Highway 93A nach Jasper**. Wir empfehlen Erstreisenden, den Icefield Parkway weiterzufahren und den Mount Edith Cavell südlich von Jasper über den Nordteil des Highway 93A anzufahren.

Alternativroute zum Mount Edith Cavell und über Highway 93A nach Jasper

	km
Highway 93 Icefield Parkway/ Abzweig Hwy 93A	0
Geraldine Lakes Trail	1
Moab Lake & Athabasca Pass Trail	8
Wabasso Campground	14
Abzweig Mt. Edith Cavell Rd	18
Mount Edith Cavell	32
Junction Hwy 93A/93 südlich von Jasper	52

Der parallel zum Icefield Parkway verlaufende Highway 93A ist eine 26 Kilometer lange Alternative zum Highway 93/Icefield Parkway. Er stößt wenige Kilometer südlich von Jasper wieder auf den Highway 93. Diese Straße ist auf den ersten acht Kilometer Richtung Norden bis zum Abzweig Mount Edith Cavell Rd in einem schlechten Zustand, Slalomfahren ist angesagt, Schlaglöcher säumen den Weg und das Inventar des Wohnmobils wird "umsortiert".

Nach dem Abzweig Edith Cavell Rd ist der Zustand deutlich besser. Wer diese Holperstrecke meiden, zum **Mount Edith Cavell** aber hochfahren möchte, kann südlich von Jasper auf den Highway 93A wechseln und sich von Norden problemlos der Zufahrt zum Mt. Edith Cavell nähern.

🚶🌲 GERALDINE LAKES TRAIL

Den Parkplatz des Trails erreicht man über die Geraldine Lake Road (Gravelroad, nicht für RVs), die zwei Kilometer nördlich der Kreuzung Highway 93/93A nach Westen abzweigt. Eine Zeltmöglichkeit findet man am Ende des zweiten Sees. **Achtung:** Der Trail ist nicht für Anfänger geeignet, es geht über Geröllfelder, stellenweise ist der Trail nicht markiert und Kletterkünste sind gefragt.

Athabasca Falls

- Km 6, Geraldine Lakes Rd
- Tagestour
- Schwierig
- Erster See: 1,8 km,
  zweiter See: 6,2 km (einf. Strecke)
- Erster See: 200 m, zweiter See: 608 m

👁 MOAB LAKE & ATHABASCA PASS TRAIL

Der Parkplatz Moab Lake Trail liegt am Ende der nach Westen abzweigenden, fast sieben Kilometer langen Moab Lake/Whirlpool Rd (Gravelroad) und führt durch das Whirlpool River Valley zum Moab Lake. Danach kann man auf den Spuren der frühen Pelzhändler auf ihrer traditionellen Route mehrtägig über den Athabasca Pass weiterwandern. Unterwegs liegen in regelmäßigen Abständen Zeltplätze. **Wichtig**: Bitte vor der Tour Infos über den Zustand des Trails einholen.
- Ende Moab Lake Rd

Moab Lake Trail
- 45 Minuten
- Leicht
- 0,5 km (einf. Strecke)
- Minimal

Athabasca Pass Trail
- Mehrtägige Tour
- Schwierig
- 51 km (einf. Strecke)
- 560 m

🚐 WABASSO CAMPGROUND

Der Campground ist weiträumig angelegt und liegt zwischen dem Highway 93 und 93A am Athabasca River. 51 Stellplätze haben Stromanschluss.

- Bei km 23, Hwy 93A
- Mitte Juni–Anf. Sept.
- Ja   231   Ja
- Nein   CAD 8,80
- $
- 6 walk-in $

Mount Edith Cavell

👁 MOUNT EDITH CAVELL

Zum Fuße des 3.363 Meter hohen Mount Edith Cavell kommt man vom Highway 93A über die 14 Kilometer lange enge, steile und kurvenreiche Mount Edith Cavell Rd. Es geht stetig bergauf, man überwindet insgesamt einen Höhenunterschied von 550 Meter. Einige Viewpoints bieten Ausblicke auf das Astoria Valley und die umliegenden Gletscher. Der Parkplatz am Ende der Straße ist Ausgangspunkt schöner Wanderungen über subalpine, bunten Wiesen bis zum Fuße des **Cavell Glacier** und zu Aussichtspunkten mit Blick auf den **Angel Glacier**. Für längere Wohnmobile (ab ca. 24 ft) und Trailer ist die Straße nicht freigegeben. Trailer können am Beginn der Straße geparkt werden. Die Straße ist ab Anfang Juni bis ca. Mitte Oktober geöffnet.

Unterwegs auf dem Highway 93A

Anmerkung: Der Parkplatz am Ende der Mt. Edith Cavell Rd ist nicht sehr groß, bitte bedenken Sie dies, bevor Sie nach oben starten.

Der Mount Edith Cavell ist benannt nach der englischen Krankenschwester **Edith Louisa Cavell** (1865–1915), die während des Ersten Weltkriegs in Belgien in einem Krankenhaus des Roten Kreuzes beschäftigt war, das nicht nur verwundete Soldaten versorgte, sondern auch Hunderten Soldaten der alliierten Streitkräfte zur Flucht über die neutralen Niederlande nach England verhalf.

1915 wurde sie von deutschen Soldaten verhaftet, am 12. Oktober des gleichen Jahres wegen Hochverrats zum Tode verurteilt und hingerichtet. Einem englischen Geistlichen sagte sie in der Nacht vor ihrer Hinrichtung: *"I realise that patriotism is not enough, I must have no hatred or bitterness towards anyone."* etwa: "Ich erkenne, dass es nicht genügt, Patriotin zu sein, ich darf auch keinen Hass gegenüber irgendjemanden hegen." Dieser Satz findet sich wieder auf einer ihr gewidmeten Statue auf dem St. Martin's Place nahe Trafalgar Square in London. Auch ein Brüsseler Hospital trägt ihren Namen. 1919 wurde ihr Leichnam exhumiert und nach London gebracht, wo er in der Norwich Cathedral beigesetzt wurde.

Wer bequem zum Mount Edith Cavell starten möchte, kann in Jasper eine etwa 3-stündige Tour buchen. Die Unternehmen bieten noch weitere Touren an. Näheres auf den Internetseiten der Anbieter.

Jasper Adventure Centre
Mt. Edith Cavell Tour, Abfahrt tägl. 13 Uhr
- *604 Connaught Dr, Jasper*
- 780-852-5595 oder 1-800-565-7547 (geb.frei)
- @ *info@jasperadventurecentre.com*
- *www.jasperadventurecentre.com*
- *Pro Person: CAD 65, Kinder bis 12 J.: CAD 40*

Sundog Tours
Mt. Edith Cavell Tour, Abfahrt tägl. 13:30 Uhr
- 780-852-4056 oder 1-888-786-3641 (geb.frei)
- @ *tours@sundogtours.com*
- *www.sundogtours.com*
- *Pro Person: CAD 65, Kinder bis 12 J.: CAD 40*

🚶 Wandern

► Path of the Glacier Loop Trail
Der Trail führt zum kleinen Gletschersee unterhalb des Cavell Glacier.
- *Parkplatz am Ende der Mt. Edith Cavell Rd*
- *1 Stunde*
- *Leicht*
- *1,6 km (Gesamtstrecke)*
- *70 ml*

► Cavell Meadows Loop Trail ★

Der Trail führt zu zwei Aussichtspunkten mit spektakulärem Blick auf den Angel Glacier.

- 🚐 *Parkplatz am Ende der Mt. Edith Cavell Rd*
- 🕐 *3 Stunden*
- ⬗ *Moderat*
- ⬌ *7 km (Gesamtstrecke)*
- ⬗ *500 m*

🏠 Übernachten

► Mount Edith Cavell Hostel

Es bietet eingeschränkten Komfort, kein fließendes Wasser, Solarzellen versorgen mit Strom, aufbereitetes Wasser zum Kochen ist vorhanden. Man übernachtet in Mehrbettzimmern.

- 🚐 *Ende Mt. Edith Cavell Rd in Parkplatznähe*
- ☎ *403-670-7580, Reservierung: 1-866-762-4122 (geb.frei)*
- 🌐 *www.hihostels.ca*
- 🕐 *Wenn Zufahrtsstraße frei; im Winter geht's per Skier über die Piste zur Hütte, Zugang über einen key lock code, den man unter o.g. Telefonnummer erfährt*
- ⬗ *★*

Wieder zurück vom Mount Edith Cavell zweigt nach ca. 3 km eine Straße (11 km) zur **Mormot Basin Ski Area**, da im Sommer kein Lift in Betrieb ist, lohnt eine Fahrt zur Ski Area nicht. Weitere 2,5 km Richtung Norden trifft der Highway 93A wieder auf den Highway 93/Icefield Parkway und Sie können Ihre Fahrt nach Jasper fortsetzen.

Ende der Alternativroute

··

👁 WABASSO LAKE

🚶 Wandern

► Wabasso Lake Trail

Am Wabasso Lake nisten im Frühjahr und Herbst viele Wasservögel. Der See ist durch fleißige Biber entstanden, die im Nordbe- reich riesige Dämme errichtet haben. Der Trail führt über mehrere niedrige Grate, die eine schöne Aussicht garantieren.

- 🚐 *Parkplatz 14 km südl. v. Jasper*
- 🕐 *2 Stunden*
- ⬗ *Leicht bis moderat*
- ⬌ *3,1 km (einf. Strecke)*
- ⬗ *40 m*

► Valley of the Five Lakes Trail

Der Trail führt zu fünf kleinen Seen, an denen gute Wildtier- und Wasservogelbeobachtungen möglich sind. Der Trail kann mit dem Wabasso Lake Trail kombiniert werden, dann müssen allerdings 5,5 km (einf. Strecke) hinzugerechnet werden.

- 🚐 *Parkplatz 9 km südl. v. Jasper*
- 🕐 *2 Stunden*
- ⬗ *Leicht*
- ⬌ *4,6 km (Rundweg)*
- ⬗ *66 m*

*Jasper, die nette, kleine Touristenstadt, ist zu allen Jahreszeiten eine Reise wert. Als Wintersportort bekannt, hat die Stadt auch in den warmen Monaten eine Menge Aktivitäten zu bieten – Wanderungen, Kletter- und Biketouren, Wildwasserrafting, Ausflüge per Bus oder Auto zu wunderschönen Zielen uvm. Südwestlich liegt der Hausberg **Whistlers Mountain** und nördlich die beiden Seen **Patricia** und **Pyramid Lake**. Über eine Seitenstraße gelangt man zum grandiosen **Maligne Canyon**, mysteriösen **Medicine Lake** und inmitten der Berge liegenden **Maligne Lake**. Einen weiteren Ausflug wert sind die östlich liegenden **Miette Hot Springs**, wo ein warmes Bad vor grandioser Bergkulisse genossen werden kann.*

Jasper bis Cache Creek

JASPER ☐☐☐☐☒☐☐

●–●●	Saskatchewan River Crossing	153 km
	Tête Jaune Cache	100 km
🚶🚶	Stadt	4.432
❄❄	-12 °C
☀	+17 °C
〰〰	1.060 m
⊘	Stadt	5,41 km²
Zum Vergleich: Borkum		
🚶🚶	Stadt	5.132
〰〰	6 m
⊘	Stadt	30,74 km²

Der Touristenort Jasper am Nordende des Icefield Parkway liegt entlang des Yellowhead Highway 16 im breiten Tal des Athabasca River zu Füßen der Victoria Cross Range. Wie schon in der Beschreibung des Jasper National Parks zu lesen war, ist die Geschichte und Namensgebung des Ortes eng mit der Entdeckung des Jasper National Parks verbunden.

Interessante Events und Festivals finden während des Jahres statt, so z. B. das Winterfestival *"Jasper in January"*, der *"Canada Day"* Anfang Juli, das *"Jasper Heritage Folk Festival"* ebenfalls im Juli, jedoch nur jedes zweite Jahr (2017) und das *"Rodeo Festival"* im August. Eine Übersicht der Events während Ihres Besuchs erhalten Sie in der Visitor Information.

Die Stadt ist ein wichtiges Versorgungszentrum dieser Region. Auffallend sind die vielen Souvenirshops entlang des parallel zur Eisenbahnlinie verlaufenden **Connaught Dr**. Eine weitere wichtige Einkaufsstraße ist die **Patricia St**, die parallel zum Connaught Dr verläuft. Restaurants und Cafés laden zum Verweilen ein und zwei Supermärkte sorgen für die Verpflegung der Bewohner und Reisenden. Zu empfehlen ist **Robinson Foods** Connaught Dr/

© Parks Canada / Maps are not to scale and the information was the best available at the time of publication. **Karte nicht maßstabgerecht.**

Ecke Balsam Ave. Der Markt hat auch ein reichhaltiges Angebot an Frischwaren.

Für Outdoor-Aktive bietet Jasper ganzjährig eine Vielzahl von Möglichkeiten und lässt keine Wünsche offen. Das Angebot an Wanderwegen ist sehr groß. Wir können Ihnen nur eine Auswahl bieten, daher besorgen Sie sich in der Visitor Info einen Trailplan. Im Winter lockt 19 Kilometer südlich von Jasper das **Marmot Basin Skiresort** Wintersportler an. Neun Lifte bringen die Skifahrer von der Basisstation in 1.697 Meter auf 2.612 Meter Höhe, wo 84 Abfahrten aller Schwierigkeitsgrade beginnen. Im Sommer ist das Ski-Resort geschlossen.

Zufahrt südl. von Jasper über Hwy 93,93A und Marmot Basin Rd

780-852-3816 oder 1-866-952-3816 (geb.frei)

Ende Nov.–Anf. Mai

www.skimarmot.com

JASPER BIS CACHE CREEK

LEGENDE ▼ S.217

Jasper

ℹ JASPER NATIONAL PARK INFORMATION CENTRE

Die Visitor Information liegt im Central Park der Stadt. Das Gebäude wurde 1913 als erste Parkverwaltung gebaut und war Wohnstätte des ersten Parkverwalters S. Maynard Rogers.

- ✉ 500 Connaught Dr, Jasper
- ☎ 780-852-6176
- ☎ Backcountry Trailoffice: 780-852-6177
- ☎ Parkaufseher: 780-852-6155
- 🌐 www.visit-jasper.com
- 🕐 Nov.–Mitte März: Mi–So 10–17 h, Mitte März–Mitte Mai & Mitte Sept.–Okt.: tägl. 9–17 h, Mitte Mai–Mitte Sept.: tägl. 9–19 h
- @ pnj.jnp@pc.gc.ca

► Personenbeförderung

Jasper und die Umgebung haben kein öffentliches Nahverkehrsnetz, aber zu Fuß, per Taxi, Mietwagen oder Fahrrad (Rent a bike (z. B.): Source for Sports ✉ 406 Patricia St, Freewheel Cycle ✉ 618 Patricia St) ist das überschaubare Stadtgebiet sehr gut zu erkunden. Zusätzlich bieten Unternehmen auch geführte Touren zu den Sehenswürdigkeiten rund um die Stadt an, Informationen erhalten Sie entweder in der Visitor Info oder bei den unten genannten Unternehmen.

Jasper Adventure Tours

- ✉ 604 Connaught Dr, Jasper
- ☎ 780-852-5595 oder 1-800-565-7547 (geb.frei)
- @ info@jasperadventurecentre.com
- 🌐 www.jasperadventurecentre.com

Sundog Tours

- ✉ 414 Connaught Dr, Jasper
- ☎ 780-852-4056 oder 1-888-786-3641 (geb.frei)
- @ tours@sundogtours.com
- 🌐 www.sundogtours.com

Walks and Talks Jasper

- 📍 626 Connaught Dr, Jasper
- ☎ 780-852-4994 oder 1-888-242-3343 (geb.frei)
- @ info@walksntalks.com
- 🌐 www.walksntalks.com

Der legendäre Zug **"Rocky Mountaineer"** macht auf seiner *Journey through the Clouds* und *Rainforest to Gold Rush* Station in Jasper. Alle Eisenbahnfreunde informieren sich am besten wie folgt:

- ☎ 1-877-460-3200 (geb.frei)
- ☎ 0-800-189-9311 (geb.frei in Deutschland)
- ☎ 001-604-606-7245 (international)
- 🌐 www.rockymountaineer.com/de

Wer individuell nach Jasper reisen möchte, kann auch per **Via Rail** oder mit dem **Greyhound Bus** die Stadt erreichen.

- ☎ 1-888-VIA-RAIL (1-888-842-7245) geb.frei

CRD Int. GmbH (Bahnteam Deutschland):
040-300-616-70
www.viarail.ca
Greyhound International: 1-214-849-8100
www.greyhound.com

Highlights

► Historische Gebäude
Auch wenn die Stadt auf den ersten Blick einen jungen Eindruck macht, kann man tatsächlich einige für kanadische Verhältnisse "historische" Gebäude entdecken:

Bahnhof Jasper
Connaught Dr, Jasper

Poststelle
Patricia St, Jasper

Alte Feuerwache
Patricia St, Jasper

Gebäude der CIBC Bank
Connaught Dr, Jasper

Visitor Information – National Historic Site
Connaught Dr, Jasper

► Jasper Yellowhead Museum
Wer sich für die Geschichte des Jasper National Parks und der Stadt Jasper interessiert, sollte das Yellowhead Museum besuchen. Es informiert über die ersten Siedler, den frühen Pelzhandel, die ersten Forschungsreisenden und Landvermesser, die das Gebiet um den Athabasca Pass erkundeten, und die Entwicklung des Tourismus. Da auch der Bau der Canadian Northern Railway (heute Canadian National Railway CN) die Entstehung der Stadt beeinflusste, ist auch dies ein Thema, über das berichtet wird.
400 Bonhomme St, Jasper
780-852-3013
www.jaspermuseum.org
Museum: Sommer tägl. 10–17 h, Winter Do–So 10–17 h
Erw.: CAD 6, Schüler/Sen.: CAD 5, Familien: CAD 13, Kinder bis 5 J.: frei

► Lake Edith und Lake Annette
Die beiden Seen Edith & Annette Lake liegen ca. sechs Kilometer östlich von Jasper und sind über die Maligne Lake Rd/Lodge Rd/Annette Lake Rd erreichbar. Wanderwege führen um die Seen oder in die umliegende Bergwelt, man kann auf Picknickplätzen verweilen oder im Sommer im Lake Annette schwimmen gehen. Die Lodge Rd führt weiter zur Fairmont Jasper Parklodge.

Wandern

Lake Annette Loop Trail
Parkplatz Lake Annette
1 Stunde
Leicht, rollstuhlgeeignet
2,4 km (Rundweg)

Lake Edith Loop Trail
Parkplatz Lake Edith
1,5 Stunde
Leicht
4,9 km (Rundweg)

► Lac Beauvert
Der Lac Beauvert liegt südöstlich von Jasper und wird erreicht über Old Fort Point/Lac Beauvert Rd, die südlich von Jasper vom Highway 93A (Verlängerung der Hazel Ave), abzweigt. Die Straße endet am See, ein Wanderweg führt weiter zur luxuriösen Fairmont Jasper Parklodge. Entlang der Lac Beauvert Rd starten einige Trails.

Wandern

Lac Beauvert Loop Trail
Parkplatz am Lac Beauvert
1,5 Stunden
Leicht
3,9 km (Rundweg)

Old Fort Point Loop Trail
Auf diesem Trail müssen einige Treppenstufen überwunden werden.
Parkplatz Lac Beauvert Rd nach der Brücke über den Athabasca River
1,5 Stunden
Leicht, steile Abschnitte
3,8 km (Rundweg)
130 m

Pyramid Lake

▶ Patricia Lake und Pyramid Lake ★

Sie erreichen die beiden landschaftlich sehr schön liegenden Seen (1.183 m) über die knapp sieben Kilometer lange Pyramid Lake Rd, die ab Connaught Dr über die Cedar und Pyramid Ave erreicht wird. Nach vier Kilometern zweigt eine Straße zu den Patricia Bungalows am Patricia Lake ab, die Pyramid Rd verläuft am See weiter und erreicht wenig später den Pyramid Lake, wo die asphaltierte Straße endet. Der See wurde nach Prinzessin Patricia of Connaugt benannt, der Tochter eines Generalgouverneurs. Für einen Spaziergang zur idyllischen **Pyramid Island** parken Sie Ihr Fahrzeug am Ende der Fahrstraße und gelangen über eine Brücke zur kleinen Insel, die ein ideales Plätzchen für ein Picknick ist. Dieser Weg ist behindertengerecht.

> 💡 Ruhige und idyllische Picknickplätze liegen am Südufer des Pyramid Lake, erreichbar über eine kurze Seitenstraße am Beginn des Sees.

Wandern

Patricia Lake Circle Trail

Der Trail führt teilweise durch einen Espenwald, unterwegs kann man Enten und Biber beobachten.

🔘 *Parkplatz bei km 3,5 Patricia Lake Rd*
🕐 *1,5 Stunden*
🔄 *Leicht*
🔄 *4,8 km (Rundweg)*
🔄 *75 m*

Pyramid Overlook Trail
🔘 *Parkplatz Pyramid Lake*
🕐 *1 Stunde*
🔄 *Leicht*
🔄 *1,1 km (einf. Strecke)*

▶ Whistlers Mountain ★

Ein faszinierendes Ausflugsziel ist der Whistlers Mountain, der nach dem Pfeifen (*whistle*) der hier lebenden Murmeltiere benannt wurde. Schon die Fahrt mit der Jasper Tramway nach oben ist ein Erlebnis, da die Bergstation am Rand eines Felsenvorsprungs in 2.277 Meter liegt.

Der Bau der Seilbahn, die 973 Meter Höhe überwindet, begann 1963 unter der Aufsicht und Durchführung der deutschen Firma PHB Pohlig Heckel Bleichert. Bereits im Sommer 1964 konnte sie in Betrieb genommen werden. In der Bergstation befinden sich ein Souvenirshop und das **Treeline Restaurant**, das eine tolle Aussicht über das Athabasca River Valley und noch weit darüber hinaus bietet.

Anmerkung: Die Bergstation liegt in baumlosem, steinigem Gebiet, feste Schuhe und warme, wetterfeste Kleidung sollten im Gepäck sein, wenn Sie sich oben auf Tour begeben wollen. Für den Trail zum Summit (2.464 m) kann auch ein Wanderstock hilfreich sein. Rechnen Sie im Frühjahr und Herbst mit Schnee auf der Höhe.

- ⊃ *Auf Hwy 93 ca. 3 km nach. Süden zum Abzweig Whistlers Rd*
- ☎ *780-852-3093 oder 1-866-850-8726 (geb.frei)*
- ◔ *Ende März–Mitte Mai & Anf. Sept.–Ende Okt.: tägl. 10–17 h, Mitte Mai–Ende Juni: 9–18 h, Ende Juni–Anf. Sept.: 9–20 h*
- ◎ *Erw.: CAD 37, Kinder (6–15 J.): CAD 18,50, Familien: CAD 92,50*
- @ *info@jaspertramway.com*
- ⊕ *www.jaspertramway.com*

Wandern

Whistlers Summit Trail
Der anstrengende Trail führt durch baumloses Gelände, ist er steil und steinig, die Aussicht ist jedoch grandios, besonders auf der Spitze des Berges bei der 360-Grad-Rundumsicht.

- ⊃ *Bergstation*
- ◔ *1 Stunde*
- ◕ *Moderat*
- ⊃ *1,1 km (einf. Strecke)*
- ⊝ *150 m*

Whistlers Trail
Dieser Trail ist nur für fitte Wanderer geeignet. Er führt in Serpentinen durch drei Vegetationszonen hinauf zur Bergstation. Im Frühling und Herbst sind die oberen Wanderwege meist noch schneebedeckt.

- ⊃ *Whistlers Rd, Zufahrt zur Talstation nahe Jasper Hostel*
- ◔ *6–8 Stunden*
- ◕ *Schwierig*
- ⊃ *6,8 km (einf. Strecke)*
- ⊝ *1.200 m*

🏠 Übernachten Jasper

🏠 Fairmont Jasper Park Lodge
Wer keine Kosten scheut, wird sich in der luxuriösen Jasper Park Lodge wohlfühlen. Man übernachtet in DZ oder Suiten, kann sich im Spa-Bereich verwöhnen lassen oder in Restaurants genüsslich speisen.

Bergstation Whistlers Mountain

- ⊃ *Old Lodge Rd, Jasper, erreichbar über Maligne Lake Rd*
- ☎ *780-852-3301 oder 1-800-257-7544 (geb.frei)*
- @ *jasperparklodge@fairmont.com*
- ⊕ *www.fairmont.com/jasper*
- ◔ *Ganzj.*
- ◎ *****

🏠 Astoria Hotel
Bei der Fahrt durch die Stadt Jasper sticht die historische Fassade des Astoria Hotels mit vier Spitzdächern ins Auge. Die Zimmer sind hübsch eingerichtet u.a. mit Mini-Kühlschrank. Im Haus befindet sich ein Restaurant und eine Bar & Grill.

- ⊃ *404 Connaught Dr, Jasper*
- ☎ *780-852-3351 oder 1-800-661-7343 (geb.frei)*
- @ *info@astoriahotel.com*
- ⊕ *www.astoriahotel.com*
- ◔ *Ganzj.*
- ◎ ****

🏠 Patricia Lake Bungalow

Man hat die Wahl zwischen Zimmer, Cottage, Cabin oder Suite, teilweise mit Küchenzeile oder Kaffeekocher und Mikrowelle.

- ✉ *Pyramid Lake Rd, 4,5 km nördl. v. Jasper*
- ☎ *780-852-3560 oder 1-888-499-6848 (geb.frei)*
- @ *info@patricialakebungalows.com*
- 🌐 *www.patricialakebungalows.com*
- 🕐 *Mai–Mitte Okt.*
- 💲 *＊＊–＊＊＊*

🏠 HI-Jasper Hostel

Man übernachtet in Familien- oder Mehrbettzimmer, eine Küche, WiFi uvm. ist vorhanden. Im Sommer gibt's einen Shuttle-Service (kostenpflichtig) nach Jasper.

- ✉ *Whistlers Rd, Zufahrt zur Tramway, 4 km südl. v. Jasper*
- ☎ *780-852-3215 oder 1-866-762-4122 (geb.frei)*
- 🌐 *www.hihostels.ca*
- 🕐 *Ganzj.*
- 💲 *＊–＊＊*

🏠 HI-Maligne Canyon Wilderness Hostel

Das Hostel liegt nahe der Maligne Lake Rd. Es gibt kein fließendes Wasser, man übernachtet in Mehrbettzimmern. Zum Kochen stehen aufgereitetes Wassser und ein Gasherd zur Verfügung.

- ✉ *Maligne Lake Rd, Jasper*
- ☎ *403-670-7580*
- 🌐 *www.hihostels.ca*
- 🕐 *Ganzj., Okt.–April Mi geschlossen*
- 💲 *＊*

🏕 Wapiti Campground Sommer

Schöner, bewaldeter Campground in weiträumigem Gelände

- 📍 *5,4 km südl. v. Jasper am Hwy 93*
- 🕐 *Mitte/Ende Mai für einige Tage, Mitte Juni–Ende Sept.*
- ☎ *Reservierung: 1-877-737-3783 (geb.frei)*

🛏 Ja	🏕 362	🚿 Ja
🚻 Ja	💲 CAD 8,80	
⚡ Strom		
💲 $–$$		

🏕 Wapiti Campground Winter

- 📍 *5,4 km südl. v. Jasper am Hwy 93*
- 🕐 *Mitte Okt.–Anf. Mai*
- ☎ *Reservierung: 1-877-737-3783 (geb.frei)*

🛏 Ja	🏕 93	🚿 Nein
🚻 Ja	💲 CAD 8,80	⚡ Strom
💲 $–$$		

🏕 Whistlers Campground

Weiträumiger Campground zu Füßen des Whistlers Mtn. mit einigen Full-hook-up Plätzen (sollte man vor Ankunft reservieren).

- 📍 *3,5 km südl. v. Jasper, Zufahrt vom Hwy 93*
- 🕐 *Anf. Mai–Mitte Okt.*
- ☎ *Reservierung: 1-877-737-3783 (geb.frei)*

🛏 Ja	🏕 781	🚿 Ja
🚻 Ja	💲 CAD 8,80	
⚡ 120 (alle Anschlüsse), 126 (Strom), 535 kein Anschluss		
💲 $–$$		
🚶 Walk-in	💲 $	

🏕 Snaring River Campground

Wunderschön am Snaring River gelegener, bewaldeter Campground

- 📍 *13 km östl. v. Jasper, Zufahrt über Hwy 16/ Celestine Rd*
- 🕐 *Mitte Mai–Mitte Sept.*

🛏 Nein	🏕 66	🚿 Nein
🚻 Nein	💲 CAD 8,80	
💲 $		

Besuch auf dem Campground

Wichtig für Wohnmobilfahrer: Bevor Sie weiterfahren, ist es ratsam, die Holding Tanks zu leeren und Frischwasser nachzufüllen. Neben den Campgrounds gibt es noch eine Möglichkeit hierzu am Highway 93A S (ab Jasper Town über die Hazel Ave Süd) kurz nach dem Bahnübergang im Industrial Park.

Nebenstrecke zum Maligne Canyon, Medicine Lake & Maligne Lake

	km
Jasper	0
Highway 16/Abzweig Maligne Lake Rd	6
Sixth Bridge	9
Maligne Canyon	15
Medicine Lake	27
Maligne Lake	51
Zurück nach Jasper	102

Die Fahrt von Jasper über die 45 Kilometer lange, asphaltierte **Maligne Lake Road** zum landschaftlich einzigartig liegenden **Maligne Lake** gehört zu den Höhepunkten im Jasper National Park. Die Zufahrtstraße zweigt vom Highway 16 ca. sechs Kilometer östlich von Jasper ab.

Nachdem man den **Maligne Canyon** passiert hat, führt die Straße durch das Tal des Maligne River zum Naturwunder **Medicine Lake**, dann einige Kilometer am See entlang und später am Maligne River bis zum Maligne Lake. Es liegen Picknickplätze und Aussichtspunkte an der Strecke – eigentlich ist die gesamte Strecke ein einziger Aussichtspunkt, da die schroffen Felsenabhänge der **Colin Range** und **Roche Bonhomme** im Norden und der **Maligne Range** im Süden einfach grandios anzuschauen sind. Um den Ausflug auch tatsächlich genießen zu können, sollten Sie sich einen Tag Zeit nehmen.

Bitte beachten Sie: Es gibt entlang der Maligne Lake Road keine Übernachtungsmöglichkeit.

☖☖☖ WANDERN

☖☖ Maligne Canyon Trail

Zum Picknickplatz Fifth Bridge, wo sich der Maligne und Athabasca River treffen, zweigt nach etwa drei Kilometer eine 1,6 Kilometer lange Zufahrtstraße ab. Am Parkplatz beginnt die anstrengende Wanderung durch den Maligne Canyon hinauf zum Beginn des Canyons. Die bizarren Felsengebilde sind allerdings erst im letzten oberen Teil des Canyons zu sehen.

- Parkplatz Fifth Bridge
- 2 Stunden
- Moderat, viele Treppenstufen und steil
- 2,1 km (einf. Strecke)
- 130 m

☖☖ Overlander River Trail/ Mountainbike Trail

Dieser Trail, der den Spuren der frühen Erforscher der Gegend folgt, führt entlang des Athabasca River und den Abhängen der Colin Range. Etwa in der Mitte des Trails trifft man auf die Überreste einiger Behausungen. Hier standen die Cabins der Familie John Moberly, die sich um die 19./20. Jahrhundertwende hier niederließen und bis 1909 wohnten. Da es damals noch keine Straße nach Edmonton gab, war die Familie ca. drei Monate unterwegs, wenn sie einmal im Jahr die Felle ihrer erlegten Tiere in der 350 km entfernten Stadt verkaufte. Bitte achten Sie auf Wildtiere, es könnten Dickhornschafe und Grizzlys den Weg kreuzen.

- Parkplatz Sixth Bridge
- Tagestour
- Moderat
- 15,5 km (einf. Strecke)
- 65 m

◉ MALIGNE CANYON ★

Der Maligne Canyon gehört zu den bizarrsten Felsengebilden in den kanadischen

Rocky Mountains. Der Canyon erreicht stellenweise eine Tiefe von mehr als 50 Meter und ist nur wenige Meter breit. Es ist schon fantastisch, durch welche dunklen Schluchten und über reißenden Wasserfälle sich der Maligne River windet und wie sich im Laufe der Jahrtausende die Felsen glatt geschliffen und tiefe Wasserlöcher gebildet haben. Leider ist wegen der Tiefe des Canyons nicht alles für Besucher sichtbar. Nach der anstrengenden Canyon-Tour kann man sich im **Maligne Canyon Restaurant** stärken, ein Shop bietet Andenken zum Verkauf.

☎ 780-852-3583
🕐 April, Mai & Okt.: tägl. 9–18 h, Juni–Sept.: 8–19 h
🌐 www.malignecanyon.com

Folgende Unternehmen bieten u.a. auch geführte Touren durch den Canyon und das Maligne Valley an:

Maligne Canyon

Jasper Adventure Centre
✉ 604 Connaught Dr, Jasper
☎ 780-852-5595 oder 1-800-565-7547 (geb.frei)
@ info@jasperadventurecentre.com
🌐 www.jasperadventurecentre.com
🔄 Geführte Wandertour: Erw.: CAD 65, Kinder: CAD 35
🔄 Mit Bootstour Maligne Lake: Erw.: CAD 109, Kinder: CAD 60

Sundog Tours, Jasper
✉ 414 Connaught Dr, Jasper
☎ 780-852-4056 oder 1-888-786-3641 (geb.frei)
@ tours@sundogtours.com
🌐 www.sundogtours.com
🔄 Geführte Wandertour: Erw.: CAD 65, Kinder: CAD 35
🔄 Mit Bootstour Maligne Lake: Erw.: CAD 109, Kinder: CAD 60

Walks and Talks
✉ 626 Connaught Dr, Jasper
☎ 780-852-4994 oder 1-888-242-3343 (geb.frei)
@ info@walksntalks.com
🌐 www.walksntalks.com
🔄 Geführte Wandertour: Erw.: CAD 70, Kinder: CAD 45

🚶🌲 Wandern

► Maligne Canyon Trail
Der Trail führt über insgesamt sechs Brücken durch den Canyon. Oberhalb der ersten Brücke kann man bei genauer Betrachtung Fossilien in den Felsen erkennen. Nach der ersten Brücke geht es steil bergab und über viele Treppenstufen nach unten. Man sollte wenigstens bis zur dritten Brücke laufen, da an dieser Stelle der Boden der Schlucht am tiefsten liegt. Man wandert dann zwar weniger als einen Kilometer lang, doch durch die vielen Stufen und den steilen Weg recht schweißtreibend – vor allem auf dem Rückweg, der zwangsläufig ausschließlich bergauf verläuft.

Auch im Winter ist der Canyon eine sehenswerte Attraktion, wenn das Wasser zu bizarren Eisgebilden erstarrt ist. Die Wege werden im Winter nicht geräumt – frohes Rutschen. Die o.g. Unternehmen bieten auch Ice-Walks durch den Canyon an.

- Parkplatz Maligne Canyon
- Moderat
- 3,7 km (einf. Strecke)
- 130 m

👁 MEDICINE LAKE ★

Nach etwa 21 Kilometer Fahrt auf der Maligne Lake Rd kommt man zum Picknickplatz Medicine Lake. Der sechs Kilometer lange See in 1.436 Meter Höhe weist eine geologische Besonderheit auf: Er hat keinen sichtbaren Abfluss, sondern wird über ein unterirdisches Drainagesystem aus Karsthöhlen be- und entwässert, das u.a. auch den Maligne Canyon speist. So ist der See im Winter, wenn die Zuflüsse vereist sind, häufig trocken und füllt sich erst wieder mit der Schneeschmelze und in den warmen Monaten durch Regen. Der Wasserstand des Sees schwankt mitunter um 20 Meter. In den 70er-Jahren beschäftigten sich Forscher mit dem Phänomen und erforschten mittels eines biologisch abbaubaren Färbemittels das unterirdischen Abflusssystem, das eines der umfangreichsten der Welt ist.

Dieses merkwürdige "Verhalten" des Sees hat schon die First Nations beschäftigt, die hinter dem schwankenden Wasserspiegel höhere Mächte vermuteten und ihn daher "Medicine Lake" nannten.

🥾 Wandern

▶ Beaver Lake Trail/Mountainbike Trail

Einfach begehbarer Trail entlang des Beaver River zum gleichnamigen, idyllisch gelegenen See. Wenn aus dem Spaziergang eine Wanderung werden soll, kann man weiter zum ersten Summit Lake (5 km) wandern, der Weg zum zweiten Summit Lake (1 km) ist etwas beschwerlicher und stellenweise schlammig.

- Beaver Creek Picknickplatz am Südende des Medicine Lake
- 1 Stunde
- Leicht
- 1,6 km (einf. Strecke)
- Minimal

▶ Jacques Lake Trail

Der Trail führt entlang einer Feuerwehrstraße bis zu Beaver Lake, danach geht es auf gut bezeichnetem Weg bis zum Campground am Ende des Jacques Lake.

- Beaver Creek Picknickplatz am Südende des Medicine Lake
- 1–2-Tagestour, Zeltplatz am Nordende Jacques Lake
- Moderat
- 12 km (einf. Strecke)
- 90 m

Medicine Lake

Maligne Lake

👁 MALIGNE LAKE ⭐

Am Ende der Fahrstraße kommt man zum 1.675 Meter hoch gelegenen Maligne Lake, der umringt ist von den Bergen der Maligne und Queen Elizabeth Range. Zahlreiche Tierarten sind in der Einsamkeit der umliegenden Wälder heimisch, darunter Elche, Karibus, Harlekinenten und natürlich Bären. Wanderern bietet das Gebiet abwechslungsreiche Touren, im Winter ist Skilanglauf beliebt. Der Maligne Lake ist der größte und mit 96 Metern tiefste Natursee in den kanadischen Rocky Mountains. Er hat eine Länge von 22,3 Kilometer und ist zwischen 100 Meter und zwei Kilometer breit. Er entstand vor Tausenden von Jahren, als sich eine halbe Milliarde Kubikmeter Gestein aus den Felswänden östlich des Sees löste und den See aufstaute. Im südlichen Bereich des Sees, etwa 14 Kilometer vom Bootsanleger entfernt, liegt das Postkartenmotiv **Spirit Island**, das man per Bootstour erreicht. Die früher hier ansässigen Stoney Indians nannten den See ursprünglich "Caba Imne (Beaver Lake)".

1907 traf sich **Mary Schaffer**, eine Quäkerin aus Philadelphia, von der man annimmt, dass sie die erste, nicht einheimische Touristin im Jasper National Park

war, mit **Samson Beaver**, einem Mitglied der Stoney Indians. Dieser hatte im Alter von 14 Jahren den legendären See in Begleitung seines Vaters besucht und gab Mary eine grobe Skizze der Route zum See. Mary machte sich mit ihrer Freundin Mollie Adams und den Führern Billy Warren und Sid Unwin am 8. Juni 1908 auf den Weg von Lake Louise nach Norden. Als die Truppe über den Maligne Pass zum Maligne River abstieg und noch immer kein See in Sicht war, kamen Zweifel an der Skizze auf. Doch Sid wollte sich nicht geschlagen geben, sondern eine höher gelegene Stelle aufsuchen und nachsehen, ob der See in greifbarer Nähe sei – und er entdeckte den See, der sich östlich des Lagers befand. Fast einen Monat nach Beginn der Expedition in Lake Louise erreichten sie ihr Ziel. Sie bauten ein Floß, tauften es "HMS Chaba" und nahmen Zelte und Verpflegung mit auf die Reise, um das Seegebiet zu erkunden. Sie verbrachten insgesamt zwei Wochen auf und am See, fanden jedoch keinerlei Hinweise auf menschliche Siedlungen. Mary Schaffer, die auch eine begeisterte Fotografin und Autorin war, schrieb ihre Abenteuerreisen durch den Banff und Jasper National Park auf und trug mit dazu bei, dass dieser See Jahre später eine populäre Touristenattraktion wurde. Im südwestlich gelegenen Yoho National Park im Bereich des Lake O'Hara sind der **Mount Schaffer** (2.692 m) und der **Schaffer Lake** nach ihr benannt.

Am See befindet sich ein Selbstbedienungsrestaurant mit einer großen Außenterrasse und natürlich gibt es auch einen Souvenirshop. Am linken Seeufer kann man Boote mieten. Wer auf eigene Faust eine Bootstour auf dem See unternehmen möchte, findet nahe Spirit Island und am Südende des Sees Zeltplätze. Näheres:
- www.pc.gc.ca/eng/pn-np/ab/jasper/activ/explore-interets/lac-maligne.aspx

Wunderschöne und kaum frequentierte Picknickplätze findet man am linken Seeufer südlich der Bootsvermietung. Ein weiterer Picknickplatz liegt in der Nähe des Parkplatzes am rechten Seeufer.

Obwohl große Parkplätze vorhanden sind, werden diese während der Hauptreisezeiten schon mal knapp, hier gilt: früh vor Ort sein. Entsprechend herrscht auch Andrang zu der **Bootstour Spirit Island**. Die beheizten Boote haben verglaste Dachkonstruktionen. Erfahrene Reiseführer begleiten die Touren und informieren über Geschichte, Geologie, Flora und Fauna. Während der Bootstour kann man Spirit Island einen kurzen Besuch abstatten. Die Touren beginnen, wenn der See eisfrei ist (ca. Ende Mai).

Wer zeitlich eng ist, sollte bereits in Jasper Fahrkarten kaufen oder eine "all inclusive" Tour über die Adventure-Unternehmen in Jasper (siehe Maligne Canyon) buchen. Daneben verkehrt von Maligne Tours ab Jasper ein Pendelbus zum Maligne Lake mit Stopp am Maligne Canyon.

- Einf. Fahrt: Erw.: CAD 30, Hin- und Rückfahrt: CAD 60, einf. Fahrt zum Maligne Canyon: CAD 20, Kinder 5–14 J.: halber Erw.Preis
- www.malignelake.com/jasper-maligne-shuttle

Buchung Spirit Island Tours

Maligne Lake
- Rechts neben der Maligne Lodge am See
- Tägl. stündl. Abfahrt: Juni 10–15/16 h, Juli & Aug.: 10–17 h, Sept.–Anf. Okt.: 10–16 h
- Erw.: CAD 67, Kinder (6–12 J.): CAD 33,50
- www.malignelake.com

Maligne Tours – Zentrales Buchungsbüro
- 616 Patricia St, Jasper
- 780-852-3370
- Tägl.
- maligne@malignelake.com

Fairmont Jasper Park Lodge – Rezeption
- Old Lodge Rd, Jasper
- 780-852-3301
- Tägl.

Best Western Jasper Inn
- 98 Geikie St, Jasper
- 780-852-4461
- Tägl.

▶ **Bootsverleih**

Der Bootsverleih befindet sich am linken Seeufer im **Curly Philips Boathouse**. Das Gebäude, Restteil eines ehemaligen Lagers, wurde 1928 vom Bergführer Donald "Curly" Philips erbaut, der dazu beitrug, die Rocky Mountains für den Tourismus zu erschließen. Beachten Sie: Bei Anmietung eines Bootes muss ein Kreditkartenabdruck hinterlegt werden. Alle Boote müssen um 18:30 Uhr zurück sein.
- Kanu: CAD 30 pro Stunde, CAD 90 pro Tag
- Kajak/Ruderboot: CAD 35 pro Stunde, CAD 100 pro Tag

▶ **Wandern**

▶ **Opal Hills Loop Trail**
Dieser Trail ist nichts für Flachlandtiroler, denn er ist sehr steil. Der "Lohn" ist eine grandiose Aussicht auf das Maligne Valley.
- Parkplatz 1
- 4–5 Stunden
- Schwierig, keine Hunde
- 8,2 km (Rundweg)
- 460 m

▶ **Mary Schaffer Loop Trail**
Der einfach begehbare Trail wandelt auf den Pfaden der berühmten Mary Schaffer.
- Parkplatz 1
- 1,5 Stunden
- Leicht
- 3,2 km (Rundweg)

▶ Bald Hills Trail

Am Ende der ehemaligen Zufahrt zum Feuerwachturm auf 2.170 m Höhe bietet sich ein toller Ausblick.

- ⮞ Parkplatz 2
- 🕒 4–5 Stunden
- ➋ Schwierig, keine Hunde
- ⮞ 5,2 km (einf. Strecke)
- ➋ 500 m

▶ Moose Lake Loop Trail

Die Landschaft entlang des Trails ist faszinierend. Felsbrocken, die von einem Erdrutsch vor Tausenden von Jahren stammen, haben diesen See gebildet.

- ⮞ Parkplatz 2
- 🕒 1 Stunde
- ➋ Leicht
- ⮞ 2,7 km (Rundweg)
- ➋ 59 m

▶ Lorraine Lake & Mona Lake

Der Trail führt durch einen Kiefernwald, nach ca. 2 km zweigt ein kurzer Stichweg zum Lorraine Lake ab. Der Trail endet nicht am Mona Lake, sondern man kann weiterwandern, erreicht nach weiteren 2,4 Kilometern den Evelyn Creek (Picknick- und Zeltplatz) und bei km 10,3 den Little Shovel Pass (2.240 m). Auf dem Weg zum Pass liegt bei km 8,3 der Little Shovel Zeltplatz. Der Trail ist Teil des 44 km langen und mehrtägigen **Skyline Trails**. Infos hierüber in der Visitor Info oder in Wanderführern.

- ⮞ Parkplatz 2
- 🕒 Mona Lake: 2–3 Stunden
- ➋ Mona Lake: Leicht bis moderat
- ➋ Little Shovel Pass: Moderat
- ⮞ Mona Lake: 2,5 km (einf. Strecke)
- ➋ Mona Lake: 100 m
- ➋ Little Shovel Zeltplatz: 300 m
- 🕒 Little Shovel Pass: 445 m

Ende der Nebenstrecke

Neben dem Tagesausflug zum Maligne Lake möchten wir Sie zu einer weiteren beeindruckenden Tour einladen, die Sie zu den **Miette Hot Springs** bringt. Diese Tour ist nicht nur dann interessant, wenn Sie sich ein warmes Bad in luftiger Höhe *gönnen möchten, sondern auch wegen der faszinierenden Landschaft entlang der Miette Hot Springs Road.*

Nebenstrecke zu den Miette Hot Springs

	km
Jasper	0
Abzweig Snaring River CG	13
Pocahontas / Beginn Miette Hot Springs Rd	40
Pocahontas Campground	42
Miette Hot Springs	56
Zurück nach Jasper	112

Für diese Nebenstrecke fahren Sie, immer dem Flussbett des Athabasca River folgend, ab Jasper etwa 40 Kilometer auf dem Yellowheay Highway 16 nach Osten. Achten Sie bitte bei der Weiterfahrt auf Dickhornschafe, die schon mal für einen Verkehrsstau sorgen. Sie lecken im Bereich des Talbot Lake an einer salzhalti-

Verkehr auf dem Highway 16

Pocahontas Campground

gen Felswand und spazieren dabei auch gemütlich auf dem Highway herum. Verständlicherweise sind diese Tiere ein tolles Fotomotiv, doch beachten Sie unbedingt den fließenden Verkehr, denn der Highway 16 ist die einzige Verbindung von und nach Edmonton, entsprechend stark ist auch das Verkehrsaufkommen.

Einige Kilometer begleitet Sie der Jasper Lake nördlich und der Talbot Lake südlich der Straße bis Sie dann den Abzweig Miette Hot Springs Rd erreichen, wo sich die **Pocahontas Cabins** befinden. Hier kann man in gemütlich eingerichteten Blockhäusern (teilweise mit Küchenzeile oder Mini-Kühlschrank, Mikrowelle und Kaffeekocher) übernachten. Das Poco's Café bietet schmackhafte Speisen.

☎ *Reservierung: 1-888-852-7737 (geb.frei)*
@ *resmail@mpljasper.com*
💲 **–***
🌐 *www.mpljasper.com/hotels/pocahontas_cabins*

Die 16 km lange Miette Hot Springs Rd führt durch den **Fiddle River Canyon** mit steilen Felsabhängen der Ashlar Ridge. Auf halber Strecke liegt der Viewpoint **Ashlar Ridge**, hier lohnt ein Fotostopp. Die Straße ist asphaltiert, kurvenreich und eng, aber problemlos befahrbar.

▶ POCAHONTAS

Etwa 200 Meter westlich der Pocahontas Cabins kommt man zum Parkplatz und zum Ausgangspunkt einer historischen Wanderung durch das ehemalige Bergbaugelände Pocahontas. Hier stand von 1910 bis 1921 eine Kohlenmine, deren Erträge die Grand Trunk Pacific Railway während des Ersten Weltkriegs nach Osten beförderte, um die Truppenschiffe für die Fahrt über den Atlantik zu beladen.

Hunderte Minenarbeiter, meist Immigranten aus Europa, arbeiteten im Bergwerk und wohnten hier. Nach der Schließung der Mine zogen die meisten Familien weg. Heute ist nur noch das Haus des ehemaligen Leiters zu sehen, die weiteren Gebäudereste sind vielfach überwuchert. Bei der Wanderung durch die *Historic Site* bekommt man unterwegs Informationen über die jeweiligen Standorte. Der meistbegangene Rundweg (ca. 1 km) ist behindertengerecht.

Wer einen Blick auf die unspektakulären **Punchbowl Falls** werfen möchte – wenig später kann man von einem Parkplatz zu dem Wasserfall spazieren, er ist nur einen Katzensprung entfernt.

🏨 Übernachten

🏕 Pocahontas Campground ★
Die Abfahrt zum weiträumigen, schönen und bewaldeten Campground befindet sich bei km 2 auf der Miette Hot Springs Rd.

🕐 *Mitte Mai–Mitte Sept.*

🚿 Ja	🛏 140	🔌 Nein
🚻 Nein	⚡ CAD 8,80	
🐾 $		

Unterwegs zu den Miette Hot Springs

👁 MIETTE HOT SPRINGS

Die Miette Hot Springs sind die heißesten Quellen der kanadischen Rocky Mountains. Das Wasser hat eine Temperatur von fast 54 °C, wenn es die Quelle verlässt – pro Minute etwa 800 Liter. Es ist reich an Kalzium, Sulfat und Schwefelwasserstoff, was den leichten Geruch nach verfaulten Eiern erklärt. Für die Becken der Hot Springs wird das Wasser abgekühlt, gechlort und gefiltert. Die Badetemperatur in den beiden Becken beträgt ca. 40 °C und 37 °C. Genießen Sie den traumhaften Blick, während Sie im warmen Wasser ruhen. Im Gebäude befindet sich auch ein Café und ein Souvenirladen, in Parkplatznähe stehen Picknicktische.

Der Entdeckung und der kommerzielle Nutzen der Hot Springs geht zurück auf den Beginn des 19. Jahrhunderts. Damals führten die First Nations Arbeiter der Hudson's Bay Company und der North West Company zu den drei heißen Quellen im Sulphur Creek Valley, wo man 1913 ein erstes, einfaches Becken errichtete. Dieses wurde von streikende Minenarbeitern der nahen Pocahontasmine 1919 zu einer einfachen Badeanstalt umgestaltet. Die Hot Springs wurden zunehmend bekannter, daher er-richtete die Nationalparkverwaltung eine feste, dauerhafte Anlage, die Bauarbeiten hierzu waren 1938 abgeschlossen. Bis 1984 wurde diese Anlage genutzt. Um der stetig steigenden Zahl der Badegäste gerecht zu werden, wurde am heutigen Standort eine neue Badeanstalt gebaut, die 1986 eröffnet wurde. Reste der Grundmauern des ehemaligen Bades sind noch erhalten

Reste der alten Badeanlage

und über einen kurzen Spazierweg erreichbar. In der Nähe der alten Badeanstalt liegen auch die heißen Quellen.

- 📞 780-866-3939 oder 1-800-767-1611 (geb.frei)
- 🕐 Tägl.; Mitte Mai–Mitte Juni & Anf. Sept.–Mitte Okt.: tägl. 10:30–21 h, Mitte Juni–Anf. Sept.: 9–23 h
- 💰 Einzelkarte: Erw.: CAD 6,05, Kinder/Sen.: CAD 5,15, Familien: CAD 18,35, Tageskarte: Erw.: CAD 8,55, Kinder/Sen.: CAD 7,55, Familien: CAD 28,45
- 💰 Miete Handtuch/Badebekleidung: je CAD 1,90
- 🌐 www.hotsprings.ca

🏠 Übernachten

▶ Miette Hot Springs Resort
Das Resort mit Restaurant und Übernachtungsmöglichkeit in rustikalen Cabins, DZ oder Chalets (teilweise mit Küchenzeile), ist familiengeführt. Die Chalets haben TV, Handy-Empfang ist nicht möglich, ein Telefon befindet sich Souvenirshop.

- 📞 780-866-3750
- 🌐 www.mhresort.com
- 🕐 Mitte Mai–Mitte Okt.
- ✪ ★★
- 💬 Ja, nur per Telefon

🥾 Wandern

▶ Utopie Pass Trail
Nach ca. 500 Meter erreicht man die Reste der ehemaligen Badeanstalt und nach weiteren 200 Meter die heißen Quellen. Nach den Quellen wird der Fiddle River überquert (bei hohem Wasserstand evtl. nicht passierbar) und danach führt der Trail steil nach oben auf den Pass.

- Südende des Parkplatzes
- 🕐 2 Stunden
- Einfach
- 3 km (einf. Strecke)
- Moderat
- 482 m

▶ Sulphur Skyline Trail
Vom Parkplatz geht es stetig aufwärts, zuerst moderat, später steil bis zum Grat. Auf dem Grat wird man nicht nur mit heftigem Wind, sondern in erster Linie mit einem atemberaubenden Panoramablick

belohnt. Bitte früh starten, nachmittags bilden sich oft Unwetter.

- Südende des Parkplatzes
- 🕐 4,8 km (einf. Strecke)
- 4–5 Stunden
- Schwierig, da sehr steil
- 700 m

Wenn Sie Ihren Ausflug zu den Miette Hot Springs beendet haben, fahren Sie wieder auf gleichem Weg zurück nach Jasper.

Ende der Nebenstrecke

....

*Jasper verlassen Sie nach Ihrer Besichtigungstour Richtung Westen auf dem **Yellowhead Highway 16** und passieren bald den **Yellowhead Pass** (1.110 m), der die Grenze zwischen Alberta und British Columbia markiert.*

*Nach Überqueren des Passes befinden Sie sich in landschaftlich nicht weniger schönen **Mount Robson Provincial Park**. Bis zum Wahrzeichen des Provincial Parks, dem Mount Robson, liegen noch zwei Seen auf der Strecke – rechts des Highway der **Yellowhead Lake**, an dessen Ufer der **Lucerne Campground** liegt, und später links des Highways der **Moose Lake**.*

*An der Visitor Information des Mt. Robson Provincial Parks angekommen, ist der mächtige **Mount Robson**, der mit seinen 3.954 m der höchste Berg der kanadischen Rocky Mountains ist, nicht mehr zu übersehen. Ein wahres Wanderparadies befindet sich im Umfeld des Bergriesen wie auch Campgrounds, eine Tankstelle, ein Restaurant und ein Souvenirshop.*

🥾 VIRL, DOROTHY & CHRISTINE LAKE TRAIL

Vorsicht beim Überqueren der Eisenbahnschienen! Entlang des etwas anstrengenden Trails bieten sich sehr schöne Ausblicke. Der schönste See ist der Christine Lake, denn er ist bestückt mit vielen kleinen Felsen und Inselchen. Benannt wurde er 1917 nach der Ehefrau Christine des Landvermessers Matheson.

- Hwy 16, Meadows Cr Bridge, 11 km westl. v. Jasper
- 2 Stunden
- Moderat
- 4,4 km (einf. Strecke)
- 250 m

👁 YELLOWHEAD PASS HISTORIC SITE

Auf der *Yellowhead Pass Historic Site* (1.110 m) mit schönem Picknickplatz ist neben der Grenze Alberta/British Columbia auch eine Wasserscheide, östlich fließen die Flüsse Miette, Athabasca und Mackenzie River in den arktischen Ozean, westlich über den Fraser River in den Pazifik. Gleichzeitig ist hier die Westgrenze des Jasper National Parks und die Ostgrenze des Mount Robson Provincial Parks. Und da die Zeitzone von **Mountain** auf **Pacific Time** wechselt, bekommt man eine Stunde geschenkt und kann die Uhr eine Stunde zurückstellen.

Schon viele Jahrhunderte lang war der als **Lederroute** und **Lederpass** *(Leather Pass)* bekannte Trail den First Nations bekannt. Im frühen 19. Jahrhundert waren hier auch Trapper, Landvermesser und Forscher unterwegs. Etwa zur gleichen Zeit suchte auch die Hudson's Bay Company für ihre Transporte einen geeigneten Weg über den Pass und schickte James MacMillan und den Trapper **Pierre Bostonais** (bekannt als Pierre Hastination) auf Expedition. Pierre, ein blonder Irokese, bekam von französischen Trappern den Spitznamen **"Tête Jaune"**, zu deutsch "Gelbkopf" englisch *"yellow head"*, dieser Spitzname setzte sich später als die Bezeichnung für den **Yellowhead Highway** und den **Yellowhead Pass** durch. Ein kleiner Ort an der Kreuzung Hwy 16/ Hwy 5 heißt ebenfalls **Tête Jaune Cache**.

Heute führt der bestens befahrbare Yellowhead Highway 16 durch das Quelltal des Fraser River, parallel zur Straße verläuft die CN Railway.

👁 YELLOWHEAD LAKE

🏛 Übernachten

🏕 Lucerne Lake Campground
Der bewaldete, gepflegte Campground ist einfach ausgestattet und weiträumig angelegt. Der See bietet sich zum Schwimmen, Fischen und für Bootstouren an.

- 10 km westl. v. Yellowhead Pass
- Mitte Mai–Mitte Sept., je nach Wetter auch früher geschlossen
- Nein   36   Nein
- Nein
- $

🚶 Wandern

▶ Yellowhead Lake Loop Trail
Der Trail beginnt an der Info-Tafel und führt durch den Wald zum Strand.

Unterwegs auf dem Highway 16

- Campground Lucerne Lake
- 1 Stunde
- Leicht
- 2,5 km (Rundweg)
- Minimal

▶ **Yellowhead Mountain Trail**
Die Zufahrt (1 km) zum Parkplatz befindet sich am Ostende des Whitney Lake. Bei km 2, nach einer steilen Wanderung, erreicht man einen Aussichtspunkt mit exzellentem Ausblick. Vorsicht, Grizzly-Gebiet!

- Parkplatz, 1,5 km westl. v. Yellowhead Lake
- 4–5 Stunden, ca. 1 Stunde bis zum Aussichtspunkt
- Schwierig
- 8,5 km (einf. Strecke)
- 800 m

Yellowhead Lake

♦♦♦ MOUNT ROBSON PROVINCIAL PARK

Der 1913 gegründetete, 2.249 km² große Mount Robson Provincial Park ist der zweitälteste Provincial Park British Columbias und seit 1990 Teil der *Rocky Mountains World Heritage Site*. Highlight des Parks ist der höchste Berg der kanadischen Rocky Mountains, der **Mount Robson**. Die immer schnee- und gletscherbedeckte Spitze des 3.954 Meter hohen Berges ragt weit sichtbar nach oben. Doch nur selten zeigt sich der Berg komplett, oft verdecken Wolken oder Dunst den Gipfel. Besonders beeindruckend ist der Blick vom Parkplatz der Visitor Information, wo der mächtige Berg 3.115 Meter in die Höhe ragt.

Der Park bietet ein reiches Betätigungsfeld für Bergsteiger, Kletterer, Mountainbiker und Wintersportler. Zahlreiche Tierarten, darunter auch mehr als 170 Vogelarten, sind in der Einsamkeit der unberührten Bergwelt zu Hause. In den Niederungen leben Hirsche, Elche, Wapitis und Schwarzbären, während Grizzlys, Cariboos, Bergziegen und -schafe die höhergelegenen Gebiete bevorzugen. Über 2.170 km²

des Parks sind unberührte Wildnis, u.a. schützt er das Quellgebiet des Fraser River. Hierher kehren die Königslachse zum Laichen im Herbst zurück, was man besonders gut im naheliegenden **Rearguard Falls Provincial Park** beobachten kann.

Die Bergtouren sind nicht ungefährlich, da rutschige Felsen und Klippen, schlechte Wege, reißende Flüsse u.v.m. besondere Vorsicht erfordern. Bleiben Sie auf den Wegen und besprechen Sie vor der Wanderung die Tour mit den Parkrangern, besonders wenn Wanderungen in die Gletscher- und Kletterregionen geplant sind. Informieren Sie eine Vertrauensperson über Ihre Wanderpläne und packen Sie ein Erste-Hilfe-Set ins Gepäck. Unerfahrene Wanderer können sich einer geführten Tour anschließen.

Die Erstbesteigung des Mount Robson gelang 1913 den Bergsteigern Konrad Kain, W. W. Foster und Albert H. MacCarthy. Konrad Kain wurde am 10. August 1883 in Naßwald (Niederösterreich) geboren und seine schon in jungen Jahren ausgeprägte Liebe zu den Bergen und sein Hobby, Berge zu erkunden, machten ihn weit über die Grenzen Niederösterreichs bekannt. So wurde ihm 1908 vom Alpine Club of Cana-

Moose Lake

da eine Stelle als Bergführer in den Rocky Mountains angeboten, die er gerne annahm. 1909 kam er nach Kanada und beteiligte sich an der noch nicht abgeschlossenen Vermessung der Rockies. In Asien gelangen ihm einige Erstbesteigungen im Altaigebirge, auch in Neuseeland betätigte sich der freiheitsliebende Zeitgenosse als Bergführer. Er kam jedoch immer wieder nach Kanada zurück, da ihn die noch nicht erklommenen Bergriesen nicht loslassen. Die Erstbesteigung des Mount Robson war einer seiner größten Erfolge. Er starb am 2. Februar 1934 in Cranbrook, BC. Nach ihm wurde der **Mount Kain** (2.880 m) benannt, der südöstlich vom Mount Robson in der Rainbow Range liegt.

Die Texqakallt First Nations, die das obere Frasertal bewohnten, nannten den Berg *"Yuh-hai-has-kun"*, etwa "Berg der spiralförmigen Wege". Und wenn man auf diesem Berg blickt, versteht man, warum dieser Name gewählt wurde, denn die verschiedenen Gesteinsschichten ziehen sich tatsächlich wie spiralförmige Wege bis zum Gipfel. Der Berg wurde 1815 nach dem Mitarbeiter der Hudson's Bay und North West Company Colin Robertson benannt.

Die reich ausgestattete Visitor Information des Parks befindet zu Füßen des Mount Robson. Nebenan liegt eine Tankstelle, ein Restaurant, ein Souvenirshop und in der Nähe Campgrounds.

Wer keine Kosten scheut, kann auch per Helicopter über das Mt. Robsongebiet schweben oder sich per Heli in luftige Höhen befördern lassen. Preise und Infos:

@ *info@robsonhelimagic.com*
🌐 *www.robsonhelimagic.com*

Lust auf eine feuchtfröhliche Rafting- oder Floattrip-Tour auf dem Fraser River? Infos:

@ *info@mountrobsonwhitewater.com*
🌐 *www.mountrobsonwhitewater.com*
💰 *Z. B. Whitewater Rafting: CAD 99*

🛈 VISITOR INFORMATION MOUNT ROBSON

✉ *Yellowhead Hwy 16, 64 km westlich vom Yellowhead Pass*
🕐 *Anf. Mai–Mitte Juni & Sept.; 8–17 h, Mitte Juni–Anf. Sept.: 8–19 h, Sept.: 8–17 h, Okt.: 9–16 h*
🌐 *www.env.gov.bc.ca/bcparks/explore/parkpgs/ mt_robson*

Reservierung Zeltplatz Berg Lake Trail

☎ *1-800-689-9025 (geb.frei) oder 1-519-826-6850 (international)*
💰 *Reservierungsgeb.: CAD 6, max. CAD 18*
💰 *Erw.: CAD 10, Kinder (6–15 J.:): CAD 5*
🌐 *www.discovercamping.ca*

Mount Robson

☀♣♣ **Wandern**

▶ **Lookout Trail**

Der leicht begehbare Rundweg beginnt im Osten des Parkplatzes, nach 700 m trifft er auf den Trail zu den Overlander Falls.

- 🅿 *Parkplatz Visitor Information*
- 🕐 *1,5 Stunden*
- ◆ *Leicht, einige steile Abschnitte*
- ◆ *4 km (Rundweg)*

▶ **Overlander Falls Trail**

Die Overlander Falls sind neun Meter hoch und fast 31 Meter breit. Sie sind nach einer Gruppe Einwanderer *(Overlanders)* u.a. auch aus Europa, benannt, die sich 1862 in Fort Garry (heute Winnipeg/Manitoba) auf dem Weg nach Westen zu den Cariboo-Goldfeldern machten. Unter der 125 Mann starken Truppe war auch die schwangere Irin Catherine Shubert und ihre drei Kinder. Während die Gruppe den Thompson River hinuntertrieb, kündigte sich bei Catherine die Geburt an, Catherine und einige Angehörige der Truppe gingen daher an Land. Dort brachten einige Native-Frauen Catherine in ihr Dorf, wo sie ihr viertes Kind gebar. Sie gab ihm den Namen Rose, der *"Ruhm, Kraft, Stärke"* bedeutet. Rose war nun der lebende "Beweis" für die Zielstrebigkeit und den Mut der wenig bekannten Overlanders.

Wanderweg 1

Einfach begehbarer Weg zum Wasserfall.

- 🅿 *Parkplatz a. Hwy 16, 1,5 km östl. der Visitor Info*
- 🕐 *45 Minuten*
- ◆ *Leicht*
- ◆ *500 m (einf.Strecke)*

Wanderweg 2

Führt entlang des Fraser River zu den Falls.

- 🅿 *Hargreaves Rd, Robson Meadows CG*
- 🕐 *1,5 Stunden*
- ◆ *Leicht*
- ◆ *2 km (einf. Strecke)*

▶ **Kinney Lake Trail/Mountainbike Trail**

Führt durch dichten Regenwald mit Riesenzedern entlang des Robson River, Zeltplatz am Kinney Lake. Der nächste Trail verläuft bis zum Kinney Lake auf gleicher Strecke.

- 🅿 *Parkplatz Ende Kinney Lake Rd*
- 🕐 *3 Stunden*
- ◆ *Moderat*
- ◆ *4,5 km (einf. Strecke)*
- ◆ *131 m*
- ◆ *14*

▶ **Berg Lake Trail**

Dieser schwierige Trail, der nach dem Kinney Lake beginnt (keine Mountainbiker), führt durch das "Tal der tausend Wasserfälle" nach oben zum Berg Lake. Schwierige Wanderwege führen noch weiter (z. B.

Toboggan Falls, Robson Pass). Entlang des Trails liegen Zeltplätze. **Achtung** Bärengebiet, es ist eine Registrierung und eine Permit (erhältlich in der Visitor Info) nötig.

- 🔵 *Parkplatz Ende Kinney Lake Rd*
- 🔵 *Mind. 2, besser 3 Tage*
- 🔵 *Schwierig*
- 🔵 *22 km (einf. Strecke)*
- 🔵 *725 m*
- 🔵 *Infos: www.env.gov.bc.ca/bcparks/explore/ parkpgs/mt_robson/berg.html*

🏠 Übernachten

🏕 Robson Meadows Campground ★
Weiträumiger, bewaldeter Campground
- 🔵 *Zufahrt gegenüber der Visitor Info Mt. Robson*
- 🔵 *Reservierung: 1-800-689-9025 (geb.frei)*
- 🔵 *Mitte Mai–Sept. wetterabhängig*
- 🔵 *Ja*
- 🔵 *125*
- 🔵 *Ja, CAD 5*
- 🔵 *Nein*
- 🔵 *Ja*
- 🔵 *$*

🏕 Robson River
Bewaldeter Campground am Robson River mit viel Privatsphäre
- 🔵 *Zufahrt über Kinney Lake Rd nahe der Tankstelle*
- 🔵 *Mitte Mai–Anf. Sept.*
- 🔵 *Nein*
- 🔵 *19*
- 🔵 *Nein*
- 🔵 *Ja*
- 🔵 *$*

🏕 Lucerne Lake Campground ▶ S.306

🏕 Emperor Ridge Campground
Bewaldeter Campground nahe der Tankstelle
- 🔵 *Zufahrt über Kinney Lake Rd nahe der Tankstelle*
- 🔵 *250-566-8438*
- 🔵 *Mitte Mai–Anf. Sept.*
- 🔵 *Ja*
- 🔵 *Ja*
- 🔵 *$*

🏕 Mount Robson Lodge & Mount Robson Shadows Campground
Die rustikalen, gemütlichen Cabins (teilweise mit Küchenzeile) eignen sich als Unterkunft für zwei bis sechs Personen.
- 🔵 *Hwy 16, 5 km westl. v. Mt. Robson*
- 🔵 *250-566-4821*
- 🔵 *info@mountrobsonlodge.com*
- 🔵 *www.mountrobsonlodge.com*
- 🔵 *Mitte Mai–Mitte Okt.*
- 🔵 *Ja*
- 🔵 *25*
- 🔵 *Nein*
- 🔵 *Ja*
- 🔵 *Campground: $, Cabins: ***

Wir hoffen, der Mount Robson hat sich in seiner vollen Schönheit gezeigt und es ist ein tolles Erinnerungs-Foto geglückt.

*Auf der Weiterfahrt Richtung Westen erreichen Sie den Rastplatz **Mount Terry Fox Provincial Park**, der zum Gedenken an einen jungen Mann eingerichtet wurde, der nicht nur in Kanada bekannt und verehrt wird, sondern in vielen Ländern der Erde.*

*Sie kommen zum **Rearguard Falls Provincial Parks**, hier führt ein kurzer Weg hinunter zu den Wasserfälle. Sie sind besonders im Herbst interessant, wenn die Lachse auf der Wanderschaft zu ihren Laichplätzen sind. Kurze Zeit später erreichen Sie **Tête Jaune Cache** und die Kreuzung Highway 16/Highway 5.*

🐾 MOUNT TERRY FOX PROV. PARK

Der Mount Terry Fox Provincial Park liegt zehn Kilometer westlich der Mount Robson Visitor Info. Von der schönen Picknickanlage hat man einen prächtigen Blick auf den Mount Terry Fox.

Terry *Terrance Stanley* Fox wurde am 28. Juli 1958 in Winnipeg (Manitoba) geboren, wuchs in Port Coquitlam (BC) auf und war ein begeisterter Sportler. Mit 18 Jahren diagnostizierte man bei ihm Knochenkrebs, als Folge musste sein rechtes Bein oberhalb des Knies amputiert werden. Sein Aufenthalt in der Klinik hat ihn geprägt, er war überwältigt vom Leid der schwer- und todkranken Kinder, sodass er sich entschloss, trotz seiner Behinderung – er trug mittlerweile eine Prothese – quer durch Kanada zu laufen, um Geld für die Krebsforschung zu sammeln. Seinen Lauf nannte er **Marathon of Hope** (Marathon der Hoffnung). Sein Ziel war, täglich 42 Kilometer zu laufen. Er startete am 12. April 1980 in St. John's (Newfoundland) und lief 143 Tage und 5.373 Kilometer bis Thunderbay (Ontario), wo er am 1. September aufgeben musste, da der Krebs seine Lunge angegriffen hatte und ihm daher die Kraft zum Weiterlaufen fehlte. Knapp CAD 17 Mio. hatte er bis dahin "erlaufen". Im folgenden Jahr, am 28. Juni 1981, starb er im Alter von 22 Jahren.

Während seines unermüdlichen Laufes bewegte sein Schicksal alle Kanadier, sein Engagement wird noch heute weltweit geschätzt und geehrt. In vielen Ländern – auch Deutschland – wird jedes Jahr der **Terry Fox Run** zugunsten der Krebsforschung veranstaltet. Zum Gedenken bekam der 2.639 Meter hohe Berg am 17. Juli 1981 von der Provinzregierung BC den Namen Mount Terry Fox, am 22. September 1981 wurde das Gebiet rund um den Berg zum Mount Terry Fox Provincial Park.

Terry Fox hat zu Lebzeiten und posthum viele Auszeichnungen erhalten, u.a. bekam er 1980 den Dogwood-Orden, die höchste zivile Auszeichnung der Provinz British Columbia. In Ontario wurde seine letzte Etappe umbenannt in Terry Fox Courage Highway, 1982 wurde die Terry-Fox-Briefmarke aufgelegt und zahlreiche Schulen sind nach ihm benannt. 2005 wurden insgesamt 20 Mio. kanadische Ein-Dollar-Münzen mit seinem Bild in Umlauf gebracht. Anlässlich der Winterolympiade Vancouver 2010 wurde die Einführung eines **Terry Fox Preises** bekanntgegeben, mit dem Sportler geehrt werden sollen, die weltweit mit Mut, Demut und athletischen Fähigkeiten die Menschen berührt haben – wahre, selbstlose und entschlossene Helden. Im Komitee sind auch Familienmitglieder von Terry. Seine Eltern Betty und Rolly trugen bei der Eröffnung Paralympics 2010 in Vancouver die Fackel, während Bilder aus dem Leben von Terry im Stadion gezeigt wurden.

👣👣 Wandern

Die sehr anstrengende Wanderung auf den Mount Terry Fox beginnt am Highway 5, ca. 19 Kilometer südlich von Tête Jaune Cache gegenüber der **Mount Terry Fox Rest Area**. Zum Parkplatz am Trailhead kommt man über die östlich des Highways abzweigenden Stone Rd, Tinsley Rd, weiter über die Bahnlinie zum Parkplatz. Die Tour muss an einem Tag bewältigt werden, es gibt keinen Zeltplatz – eine sportliche Herausforderung. In 17 Serpentinen geht es steil nach oben zu einem Grat, zum Teil in baumlosem, steinigem Gebiet. Unbedingt genügend Verpflegung mitnehmen. Hochgebirgserfahrung ist vorteilhaft, für Anfänger nicht geeignet!

▶ **Mount Terry Fox Trail**
- *Gegenüber der Mount Terry Fox Rest Area*
- *Tagestour*
- *Schwierig*
- *9 km (einf. Strecke)*
- *1.800 m*
- *www.env.gov.bc.ca/bcparks/explore/parkpgs/ mt_terry*

Blick zum Mount Terry Fox

Rearguard Falls

🌲 REARGUARD FALLS PROV. PARK

Die tosenden Rearguard Falls erreicht man über einen kurzen, steilen Boardwalk. Ein Besuch lohnt sich besonders im Herbst, wenn die Königslachse mehr als 1.200 Kilometer vom Pazifik zu ihrer Geburtsstätte Fraser River zurücklegen, um dort zu laichen. Geschwächt von der langen Reise versuchen die Tiere, mit letzter Kraft über den Wasserfall in das ruhige Wasser oberhalb der Fälle zu gelangen.

🔄 11 km westl. v. Mt. Robson Visitor Info

🕐 Ganzj.

🌐 www.env.gov.bc.ca/bcparks/explore/parkpgs/
rearguard

*An der **Kreuzung Highway 16/Highway 5** verlassen Sie den Yellowhead Highway 16 und fahren, nachdem Sie den Fraser River überquert haben, auf dem Highway 5 (Yellowhead Highway South) gen Süden.*

*Vom wenig interessanten Örtchen **Tête Jaune Cache** südlich der Kreuzung sieht man am Highway nicht viel. Rechts erheben sich die **Cariboo Mountains** mit dem nördlichen Teil des **Wells Gray Provinicial Parks** und links die Ausläufer der Rocky Mountains. Nach kurzer Fahrt kommen Sie zum **Jackman Flats Provincial Park** mit einzig-artigem Ökosystem, wenig später erreichen Sie **Valemount**, hier sollten Sie mal wieder einen Blick in den Vorratsschrank werfen. Im Süden von Valemount befindet sich ein großes Naturschutzgebiet, wo über 140 Vogelarten und viele Kleintiere leben.*

*Nächster Ort nach vielen Kilometer Einsamkeit ist **Blue River**, hier fällt Mike Wiegele's Helicopter Ski Resort ins Auge. Wer mit einem geländegängigen Fahrzeug unterwegs ist, kann über eine Seitenstraße einen Abstecher zum **Murtle Lake** machen, einem Highlight des Wells Gray Provincial Park. Auch südlich von Blue River sind Sie wieder größtenteils mit der Natur und dem North Thompson River allein, da nur wenige Ortschaften entlang des Highways liegen. Der nächste größere Ort ist **Clearwater**, das Tor zum Wells Gray Provincial Park.*

🏛 TÊTE JAUNE CACHE

◆	Jasper	100 km
	Valemount	19 km
🚶	Stadt	ca. 500
〰	844 m	

Tête Jaune Cache liegt im Robson Valley 18 Kilometer westlich vom Mount Robson am Zusammenfluss von Robson und Fraser River und wird umragt von den Berggipfeln der Monashee, Premier und Rocky Mountains. Der Ort war im frühen 19. Jahrhundert ein bedeutender Stützpunkt beim Bau der Grand Pacific Railway und hatte ca. 3.000 Einwohner. Hier war auch Endstation für die Raddampfer, die auf dem Fraser River verkehrten und alle zum Bau notwendigen Materialien und Bautrupps beförderten. Heute umfasst der Ort nur noch ein paar Häuser. Benannt wurde die Ortschaft nach Pierre Bostonais, der schon von der Beschreibung des Yellowhead Passes bekannt ist.

zum Parkgebiet. Dadurch hat sich ein Ökosystem entwickelt, das in British Columbia einmalig ist. Seltene Pflanzen und Flechtenarten siedelten sich zwischen den Sanddünen an, unter anderem der Zwerg- oder Kriechwacholder und Stereocaulon (eine Flechtenart), die es sonst nirgendwo in British Columbia gibt. Auch mehr als 40 Vogelarten sind neben Elchen, Rotwild, Kojoten und Marder hier heimisch. Der 6,15 km² große Park wurde 2000 zum Schutz dieser seltenen Natur gegründet.

🚩 *10 km nördl. v. Valemount*

🕐 *Ganzj.*

🌐 *www.env.gov.bc.ca/bcparks/explore/parkpgs/jackman_flats*

🏠 Übernachten

🏨 Mica Mountain Lodge

Man übernachtet in komfortabel ausgestatteten Cabins mit Küchenzeile. Im Sommer werden ATV-Touren und White-Water-Rafting und im Wnter Snow-Cat-Touren angeboten.

🚩 *Zufahrt v. Hwy 5 ca. 600 m südl. Jct. Hwy 16/Hwy 5 über Blackman/Old Tête Jaune Cache Rd*

✉ *15658 Old Tete Jaune Rd, Tête Jaune Cache*

📞 *250-566-9816 oder 1-888-4440-6422 (geb.frei)*

@ *adventure@micamountainlodge.bc.ca*

🌐 *www.micamountainlodge.bc.ca*

🕐 *Ganzj.*

🛏 *Cabins: **

🏕 JACKMAN FLATS PROV. PARK

Die Vegetation auf dem Jackman Flats Provincial Park ist einzigartig. Hier brachten am Ende der Eiszeit starke Stürmc Sand vom Graben des Fraser River und des heutigen, südöstlich liegenden Kinbasket Lake

🚶 Wandern

🅿 *Alle Trails beginnen am Parkplatz.*

► Big Dune Trail

🕐 *2 Stunden*

🥾 *Leicht*

🔄 *6,2 km (Rundweg)*

Jackman Flats Provincial Park

► **Juniper Trail**
- 🕐 *1 Stunde*
- ➡ *Leicht*
- ➡ *3,4 km (Rundweg)*

► **Pine-Tree Trail**
- 🕐 *45 Minuten*
- ➡ *Leicht*
- ➡ *1,4 km (Rundweg)*

► **Lichen Loop**
- 🕐 *1 Stunde*
- ➡ *Leicht*
- ➡ *2,3 km (Rundweg)*

Hinweis: *Kurz vor Erreichen der Stadt Valemount achten Sie bitte auf die Mt. Terry Fox Rest Area, gegenüber führt die Stone Rd/Ginsley Rd zum Parkplatz des Mt. Terry Fox Trails (► S.311).*

🏕 VALEMOUNT 📷 ⓘ ✕ ✉ 🏛

⛏	Tête Jaune Cache	19 km
	Blue River	91 km
👪	Stadt	1.065
❄❄	-11 °C	
☀	+16 °C	
〰	800 m	
⊘	Stadt	5,17 km²
Vergleich: Neuharlingersiel / Niedersachsen		
👪	Stadt	1.013
〰	2 m	
⊘	Stadt	24,55 km²

Nach kurzer Fahrt erreicht man 20 Kilometer südlich von Tête Jaune Cache wieder eine Stadt, die alle wichtigen Versorgungsmöglichkeiten bietet. Der Supermarkt **IGA Marketplace** liegt auf der Hauptstraße (5ᵗʰ Ave), eine **Swiss Bakery** (deftiges Brot, 🕐 *Di-Sa* ☎ *250-566-4035*) finden Sie jenseits der Bahnlinie auf der Zufahrtsstraße

(Main St) zum Museum.

Valemount ist umgeben von mächtigen Gipfeln der Rocky, der Cariboo und Monashee Mountains und bietet ganzjährig Outdoor-Aktivitäten von Rafting- bis zu Berg- und Mountainbiketouren. Im Winter werden die Wintersportmöglichkeiten geschätzt, die vom Heli-skiing über Snowmobil-Touren bis zum klassischen Langlauf reichen. Westlich blickt man auf die Premier Mountain Range, den nördlichen Ausläufer der Cariboo Mountains, wo 14 Berggipfel nach Premierminister benannt sind, darunter auch der **Mount Pierre Elliott Trudeau** (1919–2000), der als Politiker in den 1960er- bis 80er-Jahren die Geschicke des Landes maßgeblich mitgestaltete und dessen ältester Sohn Justin nun in die Fußstapfen seines Vaters getreten ist. Einen besonders guten Blick auf den 2006 offiziell ernannten **Mount Pierre Trudeau** (2.640 m) hat man von der Visitor Information. Der höchste Berg der Premier Range ist der **Mount Sir Wilfrid Laurier** (3.516 m). Sir Wilfrid Laurier war von 1896 bis 1911 siebter Premierminister (und erster Französisch sprechender) Kanadas.

Die Geschichte Valemounts reicht zurück bis zu den ersten europäischen Pelzhändlern David Thompson und Pierre Hastination (Bostonais), die um 1805 als Jäger und Fallensteller unterwegs waren. Um 1862 zogen die schon beschriebenen Overlanders durch dieses Gebiet und am Beginn des 20. Jahrhunderts wurde mit dem Bau der Great Northern and Grand Trunk Railway auch dieser Teil Kanadas erschlossen. In Valemount wurde 1928 ein Bahnhof gebaut, der zum stetigen Zuwachs der Bevölkerung beitrug wie auch die Vollendung des Highways 1960. Die wichtigsten Erwerbsquellen der Stadt sind die Land- und Forstwirtschaft und der wachsende Tourismus.

ⓘ VISITOR INFORMATION
- ✉ *785 Cranberry Lake Rd, Ecke Hwy 5, Valemount*
- ☎ *250-566-9893*
- @ *visitorcentre@valemount.ca*
- 🌐 *www.visitvalemount.ca*
- 🕐 *Mo-So Kernöffnungszeiten: 9/10–16/17 h, Juli & Aug.: bis 20:30 h*

Valemount

👁 Highlights

▶ Valemount Museum ★

Das Valemount Museum ist im 1914 erbauten Bahnhofsgebäude untergebracht. Ursprünglich stand dieses Gebäude am Swift Creek nahe Valemount, bis es 1927 nach Valemount verbracht und in Valemount Train Station umbenannt wurde. Hier war der Warteraum für die Reisenden und Wohnsitz des Stationsvorstehers bis 1981. Um das historische Gebäude zu retten, kaufte die Valemount Historic Society das Gebäude sechs Jahre später symbolisch für einen Dollar, restaurierte es und richtete das *Valemount and Area Museum* ein, das 1992 eröffnet wurde. Im Museum "erzählt" jeder Raum eine eigene Geschichte und man erfährt Interessantes über das Leben der Trapper, die frühe Forst- und Landwirtschaft, die Geschichte der Eisenbahn u.v.m.

🚗 *Vom Hwy 5 li auf 5th Ave bis über die Bahnlinie, danach li bis zum Museum*

✉ *1090 Main St, Valemount*

☎ *250-566-4177*

@ *administrator@valemountmuseum.ca*

🌐 *www.valemountmuseum.ca*

🕐 *Mitte Mai, Juni & Sept.: Di–Sa 10–17 h, Juli & Aug.: tägl. 10–18 h*

💲 *Erw.: CAD 3, Kinder: CAD 2, Familien: CAD 8 (nur Barzahlung)*

▶ Kinbasket Lake

Der ehemals kleine Kinbasket Lake südöstlich von Valemount wurde u.a. durch das Aufstauen des Columbia River zu einem riesigen Wasserreservoir. Der Stausee ist 214 Kilometer lang und reicht von Valemount bis nach Donald im südlichen Teil von BC. Etwa in der Mitte des Sees befindet sich der **Mica Dam** (▶ S.152). Viele kleine Gemeinden wurden sozusagen "geopfert" für diesen Stausee. Benannt wurde der See nach dem Häuptling Kinbasket der Secwepemc (Shuswap) First Nations.

Die 26 Kilometer lange Zufahrtstraße Cedarside Rd (asphaltiert), später Canoe Forest Rd (Forest Service Rd) zweigt ca. 3 km südlich von Valemont nach Osten ab. Sie teilt sich am See in die östlich verlaufende East Canoe und in die West Canoe Forest Service Rd, die je noch etwa 60 Kilometer am See entlang nach Süden führen. Entlang dieser Straßen liegen einfache Forest Service Campgrounds.

Wichtig: Vor dem Start zum Kinbasket Lake bitte Infos über den Straßenzustand einholen. Mit einem Wohnmobil können diese Strecken nicht befahren werden.

▶ George Hicks Regional Park

Dieser westlich der Stadt liegende Park bietet jedes Jahr ab Ende August für ca. einen Monat ein besonderes Highlight, denn dann kommen die Königslachse (Chinook Salmon) vom Pazifik 1.200 Kilometer über den Fraser River zum Swift Creek, um hier zu laichen. Im Swift Creek Park befindet sich eine Aussichtsplattform mit Infotafel.

Benannt wurde der Park nach George Hicks, der einige Zeit in Valemount lebte und arbeitete. In jungen Jahren war er in der Holzwirtschaft beschäftigt, versuchte sein Glück als Goldwäscher und ging auf die Jagd. Während der Kriegsjahre verließ er für kurze Zeit die Stadt, kam jedoch 1946 wieder nach Valemount zurück. Er hatte u.a. eine eigene Sägemühle und setzte sich mit seiner Frau Anne aktiv für viele Belange des Bezirks ein. Das Parkgebiet war in den 1920er-Jahren Teil seines Anwesens. Er starb 1982 mit 81 Jahren.

🕐 *Vom Hwy 5 an der Visitor Info rechts und gleich wieder rechts auf die Cranberry Lake Rd bis zum Parkplatz (300 m)*

🕐 *ganzj.*

▶ Robert W. Starratt Wildlife Sanctuary ★

In dem Naturschutzgebiet südlich von Valemount kann man von Aussichtstürmen das Tierleben und die Vegetation studieren. Ein Weg mit Informationstafeln führt über einen Damm und kleine Stege durch das Sumpfgelände. Die Gesamtlänge des Rundweges beträgt sieben Kilometer. Über 140 Vogelarten, Biber, Otter und Elche leben in dem Gebiet, die beste Zeit zur Tierbeobachtung ist der frühe Morgen oder die Abenddämmerung. Ursprünglich war hier ein flacher Gletschersee, der durch die Canadian National Railway zu Beginn des Eisenbahnbaus mit Drainagen versehen wurde. Benannt wurde das Naturschutzgebiet nach Mrs. Starrat, die zum Gedenken an ihren Ehemann etwa 2 km² Land spendete.

🕐 *Hwy 5, ca 2 km südl. v. Valemount am Best Western Hotel*

🏛 Übernachten

🏨 Ramakada Motel

Inmitten einer grünen Oase gelegen und dennoch zentrumnah. Die ländlich eingerichteten Zimmer haben entweder eine Kleinküche oder Küchenzeile.

✉ *1290 Main St, Valemount*
☎ *250-566-4555 oder 1-888-923-5656 (geb.frei)*
@ *ramakada@valemount.com*
🌐 *www.valemount.com/ramakada*
🕐 *Ganzj.*
💲 **

🏨 Alpine Inn

Man übernachtet in zweckmäßig ausgestatteten Zimmern, entspannt im Whirl-pool, in der Sauna oder im Indoor-Swimmingpool.

✉ *1470 – 5th Ave, Valemount*
☎ *250-566-4471 oder 1-877-566-4471 (geb.frei)*
@ *alpineinn@telus.net*
🌐 *www.alpineinnvalemount.com*
🕐 *Ganzj.*
💲 **

🏕 Irvin's RV Park ★

Kaum bewaldeter, sehr gepflegter Campground mit tollem Blick auf das umliegende Bergpanorama.

✉ *Hwy 5, 1 km nördl. v. Valemount*
☎ *250-566-4781*
🌐 *www.irvins.ca*
🕐 *April–Okt.*
🚗 *Ja* 🏕 *96* 🔌 *Ja*
🚿 *Ja, Münzduschen* 📶 *Ja*
⚡ *Strom (30/50 Amp.), Wasser, Abwasser*
💲 *$–$$*

🏕 Yellowhead Campground & RV Park

Der Campground ist bewaldet, einige Stellplätze liegen am Swift Creek.

✉ *Hwy 5, 1 km nördl. v. Valemount*
☎ *250-566-0078*
@ *rcamping@yellowheadcampground.com*
🌐 *www.yellowheadcampground.com*
🕐 *Mai–Sept.*
🚗 *Ja* 🏕 *44* 🔌 *Ja*
🚿 *Ja* 📶 *Ja* 🚽 *Ja*
⚓ *28* ⚡ *Strom, Wasser*
💲 *$–$$*

〰 PYRAMID CREEK FALLS PROVINCIAL PARK

Der Pyramid Creek Falls Provincial Park wurde 1996 gegründet. Er ist vom Highway 5 etwa 60 Kilometer südlich von Valemount und von der Bahnlinie aus sichtbar. Zum östlich des North Thompson River liegenden Wasserfall führt keine Straße, auch keine bezeichnete Trails. Bahnreisende sind im Vorteil, denn die Zugführer von Personenzügen stoppen für ein Foto.

🌐 *www.env.gov.bc.ca/bcparks/explore/parkpgs/pyramid*

🏠 BLUE RIVER 🏠🛈🍴🏛

⛰	Valemount	91 km
	Clearwater	107 km
👪	Stadt	ca. 500
❄ ❄	-9 °C	
☀	+16 °C	
〰	681 m	

Der kleine Ort Blue River besticht durch seine schöne Lage im North Thompson River Valley zwischen den Cariboo und den Monashee Mountains. Ortsmittig liegt der **Blue River Community Park** mit Spielplatz und dem **Eleanor Lake** mit einem hübschen Freibad. Auffällig ist der Mix von Traditionellem im ursprünglichen Ort und dem Modernen im Skizentrum Mike Wiegele. Die wichtigsten Versorgungsmöglichkeiten sind vorhanden (Janie's General Store ⊜ *Pine St*, Blue River Market ⊜ *Cedar St*).

Das Gebiet um Blue River bietet ganzjährig Outdoor-Aktivitäten – im Sommer z. B. Kanutouren auf den zahlreichen Seen und Wanderungen in die umgebende Bergwelt. Westlich des Ortes führt die Murtle Lake Road (Forest Service Rd) in den **Wells Gray Provincial Park** zum Murtle Lake, die allerdings nur mit geländegängigem Fahrzeug befahren werden kann. Eine Verbindungsstraße zum Hauptteil des Wells Gray Provincial Parks existiert nicht. Zu allen Jahreszeiten werden im **Mike Wiegele Resort** sportliche Aktivitäten angeboten. So geht es per Hubschrauber hinein bzw. hinauf in die Bergwelt zum Heli-Skiing und -Snowboarding, Heli-Fishing und vielem mehr. Kein ganz billiges Vergnügen – wer eine der 3, 5 oder 7-tägigen Touren bucht, wird sich von einigen Tausend Dollar trennen müssen.
⊜ *1 Harrwood Dr, Blue River*
☎ *250-673-8381 oder 1-800-661-9170 (geb.frei)*
🌐 *www.wiegele.com*

Die First Nations Kanadas waren die Ersten, die die Route entlang des North Thompson River kannten. Bereits um

Blue River – Eleanor Lake

1890 ließ sich Frank Bowen in dem Gebiet nieder, ihm folgten weitere Siedler. Diese erwarben Land im Bereich des Goose Lake, den man später nach dem ersten hier geborenen weißen Kind in Eleanor Lake umnannte. Anfang des 20. Jahrhunderts erreichte die Eisenbahnlinie Blue River, sie gehört heute zur Hauptstrecke der CN Railway. Mit dem Bau der Eisenbahn entstand auch eine Straßenverbindung. Dies wirkte sich wohl positiv auf die Geschäftigkeit der damals sieben Bewohner aus, denn bereits 1922 errichtete man den ersten Store und das erste Hotel.

Heute ist neben der Forstwirtschaft der Tourismus die wichtigste Einnahmequelle der Stadt, dies ist besonders der Eröffnung von Mike Wiegele's Resort 1996 zu verdanken. Mike Wiegele, der 1938 in Österreich geboren wurde, 1959 nach Kanada auswanderte und lange Jahre in Lake Louise junge Skifahrer zu internationalen Erfolgen führte, erfüllte sich in Blue River seinen langgehegten Traum eines eigenen Resorts.

👁 Highlight

▶ River & Jeep Safari Blue River
Wenn Sie auf Ihrer Tour durch den Westen Kanadas noch kein Bild eines Wildtieres

Clearwater – Dutch Lake

in der natürlichen Umgebung geschossen haben – auf der spektakulären **River** oder **Jeep Safari** sind die Chancen extrem hoch, wenn nicht sogar sicher. Es geht per Boot und/oder per Jeep durch eine tolle Berglandschaft, erfahrene Führer leiten die Touren und geben eine Menge Informationen zum Besten. Eine Reservierung ist nicht erforderlich.

- ✉ *Kurz vor Blue River, auf Hinweis achten*
- ☎ 250-673-2309, 1-877-494-5322 *(geb.frei) oder von Europa 00-800-733-23277*
- ⏰ *Mitte Mai–Anf. Okt., tägl. 9–16 h ca. alle 30 Min.*
- 🚌 *Bootstour: Erw: CAD 82,50, Kinder: halber Erw.preis, Boots-und Jeeptour-Kombi: CAD 150*
- @ *info@riversafari.com*
- 🌐 *www.riversafari.com*

🏨 Übernachten

🏨 Glacier Mountain Lodge
Man übernachtet in gemütlich eingerichteten Zimmer/Suiten (Kleinküche & Balkon).
- ✉ *Yellowhead Hwy 5, Blue River*
- ☎ 250-673-2393 oder 1-877-452-2686 *(geb.frei)*
- @ *info@glaciermountainlodge.com*
- 🌐 *www.glaciermountainlodge.com*
- ⏰ *Ganzj.*
- 💰 **–***

🏨 Saddle Mountain Lodge und Restaurant
Die am Highway liegende Lodge mit Restaurant bietet Zimmer mit Miniküche.

- ✉ *Hwy 5, 300 m südl. v. Blue River CG*
- ☎ 250-673-8381
- @ *reservations@wiegele.com*
- 🌐 *www.wiegele.com*
- ⏰ *Juni–Sept.*
- 💰 *–**

🚐 Blue River Campground & RV Park ★
Die Stellplätze liegen unter hohen Bäumen, kinderfreundlicher Campground.
- ✉ *Hwy 5, Blue River*
- ☎ 250-673-8203 oder 1-866-675-8203 *(geb.frei)*
- @ *contact@blueivercampground.ca*
- 🌐 *www.blueivercampground.ca*
- ⏰ *Mai–Mitte Okt.*

🚿 Ja		🚐 42		⚡ Ja
🧺 Ja		📶 Ja		♿ Ja

- ⚡ *Strom, Wasser, Abwasser*
- 💰 $$

Zwischen Blue River und der nächsten Stadt **Clearwater** liegen die kleinen Orte *Avola* und *Vavenby*. In Avola soll es den **World famous Burger** *(Hwy 5 li auf Diamond Dr, später li auf Avola Village Rd)* geben, in Vavenby kann man die **Aveley Historic Sheep Ranch** besuchen. Diese wurde 1906 von Tam Moilliet gegründet und zählt heute zu den größten Schafzuchten British Columbias. Sie bietet saisonal Touren und Unterkunft in urigen, über 100 Jahre alten Blockhütten an. Näheres: 🌐 *www.aveleyranch.com*. Wenige Kilometer nördlich von Clearwater kommt man zum gepflegten Ort Birch Island, wo man bei Bedarf auf dem Birch Island Campground (🖰 www.birchislandcampground.ca) rasten kann. Die Bewohner dieser Region leben größtenteils von der Forst- und Landwirtschaft. Birch Island, man mag es kaum glauben, war früher die größte Ansiedlung im nördlichen Teil des Highway 5.

In Clearwater bieten wir einen Ausflug in den weitab vom Highway 5 gelegenen, einzigartigen **Wells Gray Provincial Park** an. Am Beginn der Clearwater Valley Rd befindet sich eine gut ausgestattete Visitor Info. Der nur im südlichen und südwestlichen Teil touristisch erschlossene Wells Gray Provincial Park hat neben unberührter Natur auch einige sehenswerte Wasserfälle zu bieten, die spektakulärsten sind über kurze Wanderwege erreichbar. Die Clearwater Valley Rd endet nach 71 km am **Clearwater Lake**, wo sich auch ein Campground befindet. Bis zum Abzweig Helmcken Falls (km 46) ist die Straße asphaltiert, danach wechselt der Fahrbahnbelag und es geht auf einer relativ gut befahrenen Gravelroad bis zum Clearwater Lake weiter. Die drei wichtigsten Wasserfälle **Spahats-**, **Dawson-** und **Helmcken Falls** liegen noch im asphaltierten Bereich.

Wenn Sie nicht in den Wells Gray Provincial Park fahren möchten, bietet sich eine Übernachtung auf dem südlich von Clearwater liegenden North Thompson River Provincial Park oder auf einem privaten RV-Park in Clearwater an, bevor Sie weiter in Richtung Süden starten.

Vergleich: Schönau / Schwarzwald		
🏃 Stadt	2.384
〰 540 m	
⌀ Stadt	14,7 km²

🏠 **CLEARWATER** 🏕🛈➕✖📧🖼		
✦ Blue River	107 km
Barriere	70 km
🏃 Stadt	2.331
❄❄ -3 °C	
☀ +19 °C	
〰 406 m	
⌀ Stadt	55,68 km²

Clearwater ist das Tor zum Wells Gray Provincial Park und die größte Stadt im North Thompson Valley. Die wirkliche Größe des Ortes nimmt man vom Highway aus nicht unbedingt wahr, da die geschäftigen Ortsteile westlich und östlich des Highway etwas abseits liegen. Den westlichen Stadtteil erreicht man über die Old Thompson Rd und den östlichen über die Clearwater Village Rd. Eine große Shopping-Mall mit einem Supermarkt (Buy-Low Foods 🖰 Murtle Cres 🕐 tägl. 9–19 h) wurde Ende 2014 eröffnet, sie liegt gegenüber der Visitor Info. Im Clearwater Valley sind vielfältige Outdoor-Aktivitäten möglich von Wander- über Kanu- und Wildwasser- bis zu Skitouren.

Die ersten Bewohner dieser Gegend waren die Secwepemc (Shuswap) First Nations, sie waren Halbnomaden und zogen mit den Jahreszeiten, die ihren Lebensrhythmus bestimmten. Die Winter verbrachten sie in Erdhäusern *keekwilli* auch: *kekuli,* dort konnten sie die kalte Jahreszeit geschützt verbringen, für die heißen Sommertage wurden Hütten aus Schilfmatten errichtet. Am nördlich gelegenen **Mahood Lake** entdeckten Archäologen über 50 Fundstücke und viele Piktogramme dieser frühen Bewohner.

Die ersten Europäer waren Landvermesser, Pelzhändler und Goldsucher im frühen 19. Jahrhundert. Sie schleppten leider auch Krankheiten ein, die – wie so oft in der Geschichte der Ureinwohner aller Kontinente – vielen Natives das Leben kosteten.

Zu dieser Zeit entstand auch die erste europäische Siedlung **Raft River**, später Clearwater. 1916 war die Canadian Pacific Railway im North Thompson Valley angekommen und die Dampfschiffroute von Kamloops nach Vavenby 30 Kilometer westlich von Clearwater, die lange Jahre die einzige Transportmöglichkeit war, konnte eingestellt werden. Mit der Eisenbahn und dem Ausbau der Straßenverbin-

Blick ins Clearwater River Valley

VISITOR INFORMATION

- Hwy 5, Abzweig z. Wells Gray PP, Clearwater
- 250-674-2646 oder 250-674-3530
- Mai–Mitte Okt., Kernöffnungszeiten 9–16 h, im Sommer länger geöffnet
- info@wellsgray.ca
- www.clearwaterbcchamber.com
- www.env.gov.bc.ca/bcparks/explore/parkpgs/wells_gry

Übernachten

Ace Western Motel
Man übernachtet in modern eingerichteten Zimmern mit Miniküche.
- Hwy 5, 429 Murtle Cres., Clearwater
- 250-674-2266 oder 1-877-674-2266 (geb.frei)
- info@acewesternmotel.com
- www.acewesternmotel.com
- Ja
- Ganzj.
- *–**

Clearwater Country Inn & RV Park
Die Zimmer sind teilweise mit Küchenzeile ausgestattet, im Freien gibt es einen beheizten Pool mit Wasserrutsche. Der bewaldete RV-Park bietet alle Anschlussmöglichkeiten.
- 485 Eden Rd, Clearwater
- 250-674-3121 oder 1-888-242-3533 (geb.frei)1
- park@clearwatercountryinnandrvpark.com
- www.clearwatercountryinnandrvpark.com

- Ganzj.
- Ja
- Zimmer: *–**
- RV Park: $

Dutch Lake Resort & RV Park ★
Wer einige Tage verweilen möchte, fühlt sich im Dutch Lake Resort sicherlich wohl. Gut ausgestattete Cabins wie auch einige RV-Stellplätze liegen am See.
- Zufahrt über Old North Thompson Hwy, der etwa 1 km westlich der Abfahrt zum Wells Gray PP nach Norden abzweigt, weiter auf der Dutch Lake Rd zum Resort.
- 361 Ridge Dr, Clearwater
- 250-674-3351 oder 1-888-884-4424 (geb.frei)
- chris@dutchlake.com
- www.dutchlake.com
- Campground: April–Okt.
- Cabins: ganzj.
- Ja
- 65
- Ja
- Ja
- Nein
- Strom (15/30 Amp.), Wasser, Abwasser
- $$
- Cabins: **–***

Clearwater Wells Gray KOA
Bewaldeter RV-Park mit allem Komfort
- 373 Clearwater Valley Rd, Clearwater
- 250-674-3909 oder 1-888-837-1161 (geb.frei)
- www.clearwaterbckoa.com
- Mai–Sept.
- Ja
- 87
- Ja
- Ja
- Ja
- Strom (max. 50 Amp.), Wasser, Abwasser
- $$

North Thompson River Provincial Park ▶ S.328

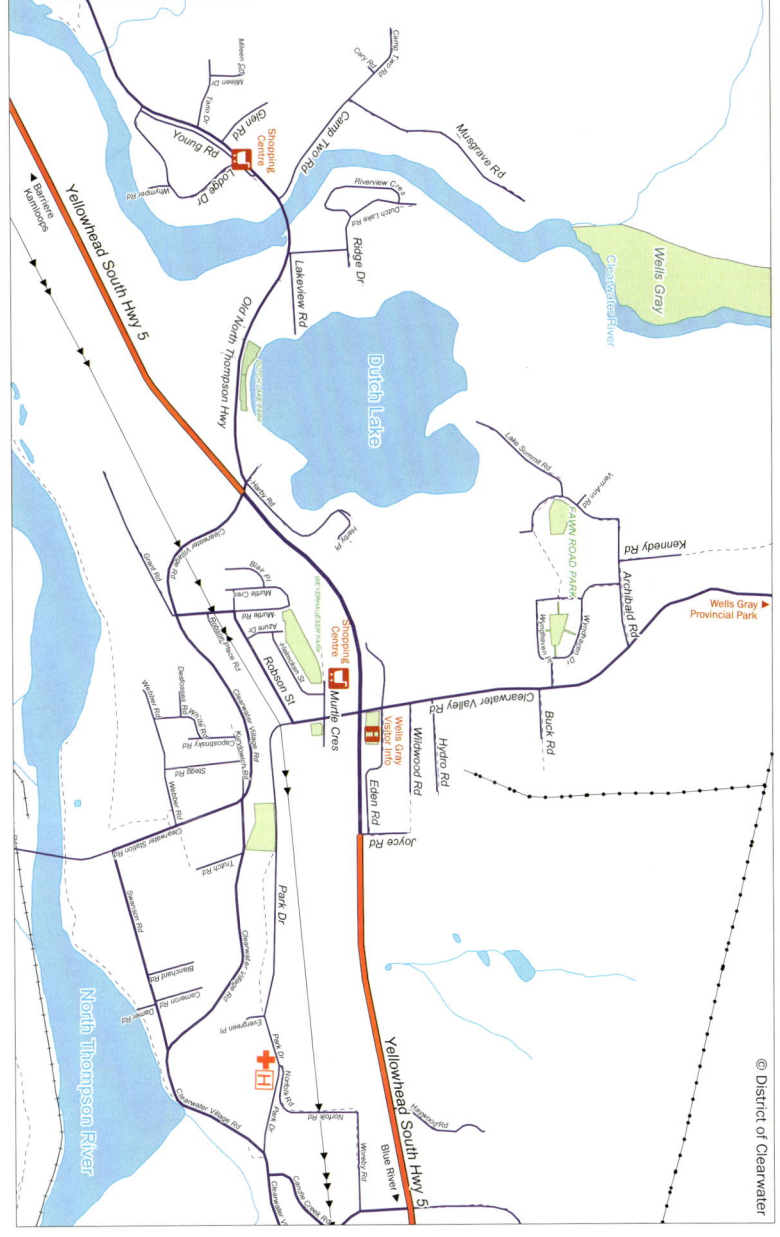

Ausflug in den Wells Gray Provincial Park ★

	km
Clearwater/Abzweig in den Wells Gray PP	0
Spahats Falls	10
Parkplatz Green Mnt. Viewpoint	37
Dawson Falls	42
Pyramid CG	45
Helmcken Falls	46
Clearwater Lake CG / Falls Creek CG	71
Zurück nach Clearwater	142

Der noch weitestgehend unberührte **Wells Gray Provincial Park** liegt nördlich von Clearwater in den Cariboo Mountains. Dem Norden des Parks mit seinen vielen vergletscherten Gipfeln, die meist weder erklommen noch benannt sind, wird man nur per Sightseeing-Flug tatsächlich nahekommen können. Ein- und mehrtägige Wander- und Kletterrouten sind im südlichen, touristisch erschlossenen Bereich des Parks möglich. Die Landschaft des Parks fasziniert besonders im Herbst durch farbenprächtige Natur, im Zentrum findet man eine weite vulkanische Hochebene, die unterbrochen wird durch großartige Schluchten mit zahlreiche Wasserfällen. Die höchsten Erhebungen des Parks liegen bei ca. 3.000 Meter, die größten Seen sind der **Azure** (682 m ü. M.), **Hobson** (858 m ü. M.), **Clearwater** (680 m ü. M.), **Murtle** (1.067 m ü. M.) und **Mahood Lake** (630 m ü. M.).

Neben den Trails sind die vielen Seen bei Kanu- und Kajakfahrern beliebt. Auch zu Pferde lässt sich der Park wunderbar erkunden. Einige Unternehmen bieten geführte Touren per Boot, Kanu/Kajak, Ausritte und auch Wandertouren an, z. B. **Wells Gray Adventures** Clearwater ⓦ www.skihike.com oder **Clearwater Lake Tours** am Clearwater Lake (Ende der Fahrstraße) ⓦ www.clearwaterlaketours.com. Im Win-

ter sind Teile des Parks beliebte Wintersportgebiete. Im Bereich der Majerus Farm liegt das **Murtle River Nordics**, dort können sich Skilangläufer über 30 Kilometer Langlaufloipen freuen. Saison ist von Anfang/Mitte Dezember bis Anfang März.

Im Wildnisgebiet des Parks sind viele Tierarten heimisch, so z. B. Schwarzbären und Grizzlys, Kojoten und Wölfe. Entlang der Fahrstraße tummeln sich gerne Schwarzbären auf der Suche nach etwas Essbarem, achten Sie daher auf Ihre Fahrweise und halten Sie Distanz.

Der 5.400 km² große Park wurde 1939 gegründet und nach Arthur Wellsley Gray benannt, der von 1933 bis 1941 Minister of Lands in British Columbia war. 1996 wurde die Park noch um die Gebiete Clearwater River und Trophy Mountain erweitert.

Vom Ort Clearwater bis zum Clearwater Lake führt die Clearwater Valley Rd, die bis zu den Helmcken Falls bei km 46 asphaltiert ist, danach beginnt eine gut befahrbare Gravelroad, die bei km 71 am See endet. Schon nach wenigen Hundert Meter auf der Clearwater Valley Rd befinden Sie sich inmitten der Einsamkeit, die Sie immer weiter hinein in die Bergwelt bringt.

Der Park wird in mehrere Gebiete unterteilt:

- **Murtle Lake**, er ist über eine 27 Kilometer lange Forest Service Road ab **Blue River** (Highway 5, nördlich von Clearwater) erreichbar. Vom Parkplatz führt ein 2,5 Kilometer langer Weg zum See. Entlang des etwa 100 Kilometer langen Seeufers liegen insgesamt 69 Zeltplätze. Mehrere Trails beginnen direkt am See.
- **Mahood Lake**, er liegt an der Südwestseite des Parks, verfügt über einen Campground für Wohnmobile und ist über den Highway 97 ab **100 Mile House** oder vom Highway 24 über eine Logging Road erreichbar. Um zum Mahood Lake zu kommen, fährt man in Clearwater weiter auf dem Highway 5 Richtung Süden bis nach Little Fort, wechselt dort auf den Highway 24 West bis zum Highway 97 (ca. 95 km). Danach fährt man auf dem Highway 97 ca. 12 km nach Norden bis 100 Mile House, verlässt nördlich des Ortes den Highway 97 und fährt auf der Canim Lake Rd

Clearwater River

auf asphaltierter Straße nach Osten bis zum Canim Lake (ca. 43 km). Am Südufer des Canim Lake zweigt dann die Zufahrt (Gravelroad) zum Mahood Lake (ca. 44 km) ab. Eine weitere Möglichkeit ist die Zufahrt direkt vom Highway 24 ca. 64 km nach der Kreuzung Highway 5/24. Dort zweigt die Mahood Lake Rd (Logging Road, für Wohnmobile nicht geeignet) nach Norden ab und erreicht nach 65 Kilometer den Mahood Lake. Auf dem Mahood Lake kann man Wasserski fahren oder surfen – da der See nicht von Gletscherwasser gespeist wird, ist im Sommer die Wassertemperatur schwimmtauglich.

- **Spahats Creek**, das wunderschöne Wandergebiet beginnt zehn Kilometer nördlich von Clearwater und wird über die Clearwater Valley Rd erreicht.
- **Wells Gray Corridor**, er liegt entlang der Clearwater Valley Rd. Hier beginnen einige Trails, liegen Wasserfälle und drei Campgrounds: **Pyramid**, **Clearwater Lake** und **Falls Creek**.
- **Trophy Mountain**, dieses Gebiet mit über 45 subalpinen Seen bietet ein- und mehrtägige Wanderungen. Die Zufahrt (20 km, gravel, nur geländegängige Fahrzeuge) zweigt bei km 12 von der Clearwater Valley Rd nach Osten zu einem Parkplatz ab.

- **Clearwater/Azure Lake**, beide sind je 22 Kilometer lang und beliebt bei Kanu-, Kajak- und Motorbootfahrer. Der Clearwater Lake liegt am Ende der Clearwater Rd.
- **Backcountry-Gebiete**, dort kann man ein- und mehrtägige Wanderungen unternehmen, Zeltplätze liegen entlang der Trails. Die Parkplatz-Zufahrten sind nur für geländegängige Fahrzeuge geeignet (z. B. Battle Mountain, Table Mountain). Näheres in der Visitor Info.
- **Clearwater River**, entlang des Flusses kann man wandern, fischen oder einfach die Landschaft genießen. Eine Forest Service Rd führt ab Clearwater am Westufer des Flusses entlang.

Bevor Sie in den Park starten, sollten Sie der **Visitor Information** einen Besuch abstatten. Hier finden Sie hilfreiches Informations- und Kartenmaterial und das Personal ist für alle Fragen offen. Bitte beachten Sie: Im gesamten Wells Gray Provincial Park gibt es keinen Handy-Empfang.

👁 Highlights des Provincial Parks

► Wasserfälle und Viewpoints
- Bei **km 10** führt eine kurze Abfahrt zum Parkplatz **Spahats Falls** ★. Vom

Aussichtspunkt Spahats Falls eröffnet sich ein wundervoller Blick auf den 75 Meter hohen Wasserfall, der durch vulkanisches Gestein nach unten donnert. Bitte achten Sie auf der Zufahrt auf eine Seitenstraße (gravel, 1 km – leicht zu übersehen!) zum **Shadden Lookout** ★. Vom kleinen Picknickplatz am Ende der Straße hat man einen fantastischen Blick in das Clearwater River Valley.

- Bei **km 37** führt eine 3,6 Kilometer lange, enge, kurvenreiche und steile Gravelroad zum **Green Mountain Aussichtspunkt**. Für Wohnmobil-Fahrten nur bedingt, für eine 2 bis 3-stündige Wanderung aber gut geeignet.
- Bei **km 42** liegt der Parkplatz **Dawson Falls**, zu den 91 m breiten und 16 m hohen Falls, die auch "Klein-Niagara-Fälle" genannt werden, kommt man über eine kurze Wanderung.
- Die Abfahrt zu den **Helmcken Falls** ★ befindet sich bei **km 46**. Eine vier Kilometer lange Seitenstraße führt zum Parkplatz, von dort geht es zu den vierthöchsten Wasserfällen Kanadas, wo der Murtle River 141 Meter tief in den aus vielen unterschiedlichen Gesteinsschichten bestehenden Canyon stürzt. Die 1913 von Landvermessern entdeckten Fälle wurden in Erinnerung an den Arzt John S. Helmcken benannt, der für die Hudson's Bay Company in British Columbia arbeitete, den Wasserfall jedoch selbst nie gesehen hat.
- Zwischen Ende August und Ende September zur Zeit der Lachswanderung sollten bei **km 60** die Stromschnellen **Bailey's Chutes** auf dem Besuchs-Programm stehen, um den beindruckenden Kampf der Fische gegen die Gewalt des Wassers zu beobachten.

Spahats Falls

Weitere schöne Wasserfälle des Parks sind nur über Wanderwege bzw. über die Clearwater River Rd (schlechte Logging Road), die ab Clearwater westlich des Clearwater River zum Ostende des Mahood Lake führt, erreichbar:

Ab Mahood Lake Campground:
- **Canim Falls**, 18 m hoch, zwischen Mahood und Canim Lake
- **Deception Falls**, 40 m hoch, am Nordostufer des Mahood Lake

Über die Clearwater River Road (gravel) ab Clearwater:
- **Sylvia Falls**, nahe Ostende des Mahood Lake
- **Goodwin Falls**, nahe Ostende des Mahood Lake

Ab Falls Creek Campground (am Ende der Clearwater Valley Rd):
- **Osprey Falls**, nahe Falls Creek Campground
- **Sticta Falls**, 15 m hoch, östlich vom Falls Creek Campground

Ab Pyramid Campground:
- **Majerus Falls**, nördlich vom Pyramid Campground
- **Horseshoe Falls**, nordöstlich vom Pyramid Campground

Über Rd 80 (gravel), sie zweigt bei km 12 nach Osten ab:
- **Silvertip Falls**, 198 m hoch, im Trophy Mountain Gebiet

Wells Gray Air Service

Wer die abgelegenen Parkgebiete aus der Luft betrachten möchte – hierfür bietet der **Wells Gray Air Service** bei **km 28** auf der Clearwater Valley Rd einen Flugdienst an.

- Aspen Hill, Clearwater Valley Rd
- April–Okt.: 250-674-3115
- Pro Person: 30 Min.: CAD 100, 45 Min.: CAD 135, 60 Min.: CAD 170
- @ wgair@mercuryspeed.com

♦♦♦ Wandern

Bitte beachten Sie: Dies ist nur eine Auswahl der Wandermöglichkeiten im Park. Für mehrtägige Wanderungen, Hochgebirgs- und Kettertouren kontaktieren Sie bitte die Visitor Information.

► Trophy Meadows Trail

Der einfache Trail führt über subalpine Wiesen und durch Waldgebiete.

- Parkplatz Trophy Mountain, Zufahrt 9 km, (Forest Service Rd Nr. 80, 10 und 201) von der Clearwater Valley Rd bei km 12
- 1 Stunde
- Leicht
- 1 km (einf. Strecke)
- 200 m

► Trophy Ridge Trail

Vorsicht: Auf diesem alpinen Wanderweg sind gefährliche Klippen zu überwinden.

- Wie Trophy Meadows Trail
- 3–4 Stunden
- Moderat, steile Felsabschnitte
- 6 km (einf. Strecke)
- 395 m

► Sheila Lake Trail

Der Trail ist eine Erweiterung des Trophy Meadows Trails, man erreicht nach weiteren 1,5 km den idyllisch liegenden See.

- Parkplatz Trophy Mountain, Zufahrt 9 km, (Forest Service Rd Nr. 80, 10 und 201) von der Clearwater Valley Rd bei km 12
- 2 Stunden
- Leicht
- 2,5 km (einf. Strecke)

► Helmcken Falls Rim Trail

Man wandert zuerst durch den Wald, später entlang des Murtle River und wenn der Murtle River schmaler wird und seine Fließgeschwindigkeit schneller, tauchen die spektakulären Wasserfälle auf. Für kleine Kinder und nicht Schwindelfreie nicht geeignet.

- Parkplatz bei km 42
- 2,5 Stunden
- Einfach
- 4 km (einf. Strecke)
- 180 m

Helmcken Falls

▶ Ray Farm Loop Trail

Die **Ray Farm** war die erste Siedlung im Park. Einige Hütten stehen noch dort, die Besitzer John und Alice Ray sind hier begraben.

- Parkplatz bei km 56
- 1 Stunde
- Leicht
- 3 km (Rundweg)

▶ Bailey's Chute Loop Trail

Dieser Rundweg führt zuerst zu den oberen Stromschnellen und zu den Donkey Falls, danach weiter über den kleinen West Lake zurück zum Viewpoint Bailey's Chute.

- Parkplatz bei km 59
- 1,5 Stunden
- Leicht
- 5 km (Rundweg)

▶ Easter Bluff/Chain Meadows Loop Trail

Der Trail führt entlang des Clearwater Lake zu den Eastern Bluffs und Clearwater Lake Lookout, zurück geht es über Chain Meadows und Osprey Falls Lookout.

- Clearwater Campground
- 6–7 Stunden
- Leicht bis moderat
- Bei km 7,5: Clearwater Lake Lookout, bei km 9,5: Easter Bluff, bei km 11: Chain Meadows Lake, bei km 16: Osprey Falls, bei km 17: Campground Clearwater
- 225 m

🏠 Übernachten

🏨 Wells Gray Guest Ranch

Wie im Wilden Westen fühlt man sich auf der 1912 von Siedlern erbauten Ranch. Es werden u.a. geführte Reit-, Kanu- und Abenteuertouren angeboten, im Western Saloon wird Herzhaftes serviert. Preise der Vor- und Nachsaison sind inkl. Frühstück.

- Km 27, Clearwater Valley Rd, Clearwater
- 250-674-2792 oder 1-855-467-4346 (geb.frei)
- reservation@wellsgrayranch.com
- www.wellsgrayranch.com
- Campground: Mitte Mai–Ende Sept.
- Campground: $
- Ja
- Zimmer: **

🏨 Blue Grouse Country Inn

Es werden geführte Wander-, Reit- und Kanutouren angeboten, die im ländlichen Stil gehaltenen Zimmer sind mit Minikühlschrank und Kaffeekocher ausgestattet, Frühstücksbüffet ist im Preis enthalten.

- Km 24, Clearwater Valley Rd, Clearwater
- 250-674-0200 odre 1-866-326-8747 (geb.frei)
- info@bluegrousecountryinn.com
- www.bluegrousecountryinn.com
- Mai–Mitte Okt., Ende Dez.–Ende März
- **

Clearwater Lake

🏠 Helmcken Falls Lodge

Diese Lodge ist schon fast historisch, sie wurde 1948 erbaut, in den Folgejahren jedoch erweitert und modernisiert. Kein TV und Telefon. Es werden geführte Wander-, Reit- und Kanutouren angeboten.

- ✉ Km 35, 6664 Clearwater Valley Rd, Clearwater
- ☎ 250-674-3657
- @ info@helmckenfalls.com
- 🌐 www.helmckenfalls.com
- 🕐 Mai–Okt.
- 🛏 16   ☕ Ja
- ⚡ Strom (15 Amp.), Wasser
- 🔌 Campground: $
- 📶 Ja, geb.pflichtig
- 🔌 Zimmer/Cabins: **–***

🏕 Pyramid Campground ★

Weiträumiger, idyllischer Campground, der schönste Campground im Wells Gray PP.

- ✉ Abfahrt bei km 45 Clearwater Valley Rd
- 🕐 Mitte Mai–Ende Sept.
- 🚻 Nein   🛏 50   ☕ Nein
- 📶 Nein
- 🔌 $

🏕 Clearwater Lake und
Falls Creek Campground ★

Die weiträumig angelegten Campgrounds liegen an der Cleawater Valley Rd nahe Clearwater Lake.

- ✉ Ende Clearwater Valley Rd
- 🕐 Mitte Mai–Ende Sept.
- 🚻 Ja   🛏 80   ☕ Ja, CAD 5
- 📶 Nein
- 🔌 $
- 🌐 Reservierung: www.discovercamping.ca
- ☎ 1-800-689-9025 (geb. frei)

🏕 Mahood Lake Campground

Der Campground liegt im Westteil des Parks am Mahood Lake. Eine Zufahrt-Beschreibung ist im Abschnitt "Gebiete".

- ✉ Im Südwestteil des Parks
- 🕐 Mitte Mai–Anf. Sept.
- 🚻 Ja (s.o.)   🛏 34   ☕ Nein
- 📶 Nein   🛏 Ja
- 🔌 $

🏕 Übernachten Backcountry

Alle u. g. Campgrounds sind nur per Boot/Kanu erreichbar, gebührenpflichtig während der Service-Zeiten. Weitere Zeltplätze liegen entlang der mehrtägigen Trails.

- 🔌 Pro Person (ab 6 J.)/Nacht: CAD 5

🏕 Clearwater Lake

- 🕐 Ganzj., Service Mitte Mai–Ende Sept.
- 🛏 Ja (siehe oben)
- 🔌 12 Campgrounds, insgesamt 33 Zeltplätze

🏕 Azure Lake

- 🕐 Ganzj., Service Mitte Mai–Ende Sept.
- 🛏 Ja (siehe oben)
- 🔌 4 Campgrounds, insgesamt 21 Zeltplätze

🏕 Mahood Lake

- 🕐 Ganzj., Service Mitte Mai–Mitte Sept.
- 🔌 3 Zeltplätze, keine Gebühr

🏕 Murtle Lake

- 🕐 Ganzj., Service Mitte Juni–Ende Sept.
- 🛏 Ja (siehe oben)
- 🔌 20 Campgrounds, 69 Zeltplätze

Ende des Ausflugs

Nach der Rückkehr aus dem Wells Gray Provincial Park geht die Reise weiter entlang des North Thompson River auf dem **Highway 5 Richtung Süden** nach Kamloops. Die zuerst noch wald- und wiesenreiche Landschaft mit vielen Farmen in der Flussebene wird, je näher man Kamloops kommt, immer wüstenähnlicher und eintöniger – auch die Fahrt auf dem Highway 5 verliert ihren Reiz, da dieser fast kerzengerade nach Süden führt. Die kleinen Ortschaften **Little Fort**, **Darfield** und **Barriere** bieten eingeschränkte Versorgungsmöglichkeiten. Eine Visitor Info befindet sich in Barriere etwa mittig zwischen Clearwater und Kamloops.

In **Little Fort** zweigt der Highway 24 nach Westen ab, der zum Highway 97 führt. Wir bieten ab Little Fort eine **Alternativroute** bis zur Hat Creek Ranch am Abzweig Highway 99 nördlich von Cache Creek an (▶ S.386), wo man wieder auf die Hauptroute stößt. Allerdings muss man dann auf die erneute Stippvisite von Kamloops und den Besuch der **Highland Valley Kupfermine** verzichten.

Picknickplatz im North Thompson River Provincial Park

🌲 NORTH THOMPSON RIVER PROVINCIAL PARK

Im 1,26 km² großen, 1967 gegründeten North Thompson River Provincial Park trifft das grüne Wasser des Clearwater River auf das schlammige Wasser des North Thompson River, das von einem Aussichtspunkt gut zu sehen ist.

Entlang des Flusses sind Reste von *kekulis* (Gruben-/Erdhäuser) der Shuswap First Nations zu finden, die vor der Besiedelung durch Weiße saisonal hier gelebt haben. Kurze Trails (Northside Trail 1,1 km, Southside Trail 0,5 km, Terrace Loop 1,2 km und River Trail) beginnen im Park.

🏛 Übernachten

🏕 North Thompson River PP Campground ★
Der bewaldete Campground ist weiträumig angelegt, einige Stellplätze liegen in Flussnähe.

- 🅖 Hwy 5, 5 km südl. v. Clearwater
- 📧 Reservierung: 1-800-689-9025 (geb.frei)
- 🌐 www.env.gov.bc.ca/bcparks/explore/parkpgs/n_thm_rv
- 🕓 Mai–September

| 🅟 Ja | 🅢 60 | 🅓 Ja, CAD 5 |
| 🅣 Nein | 🅦 Ja | 🅒 $ |

🏕 BARRIERE 🏕📶ℹ✕🅿🏠

| 🏔 | Clearwater | 70 km |
| | Kamloops | 66 km |

Die Bewohner des kleinen Ortes Barriere, wo der gleichnamige Fluss in den North Thompson River mündet, leben hauptsächlich von der Land- und Fortwirtschaft. Freizeitmöglichkeiten im District machen den Ort zunehmend auch touristisch interessant. So sind im Winter Skilanglauf, Eisstockschießen und Fahrten mit dem Snowmobile möglich, im Sommer locken zahlreiche Trails und Ausflüge zu Pferde. Bekannt ist das Anfang September stattfindende **Thompson Valley Fall Fair and Rodeo**, wo Cowboys ihr Können darbieten. Übernachtungen möglich in B&B Privatpensionen und Motels, Auskunft bei Bedarf in der Visitor Info.

ℹ VISITOR INFORMATION BARRIERE
- ✉ 3 - Connor Rd, Barriere
- ☎ 250-672-9221
- 🌐 www.barrierechamber.com

*Vielleicht haben Sie nun nach der sehr langen Fahrt durch die Natur langsam Sehnsucht nach einer größeren Stadt, möchten gerne wieder einmal Shoppen oder müssen die Vorräte auffüllen. Nun ja, dies alles können Sie in **Kamloops** bestens verwirklichen. Kurz vor Erreichen der Stadt bietet sich eine Übernachtung oder ein Picknick im **Paul Lake Provincial Park** an.*

🌲 PAUL LAKE PROVINCIAL PARK

Die Zufahrt zum Provincial Park zweigt 5 km nördlich von Kamloops vom Hwy 5 nach Osten ab.

Der Park liegt in einem Mischwald aus Douglastannen, Kiefern und Espen. Bei der Gründung des Parks 1961 war er ca. 4 km² groß, 1996 kamen weitere 2,6 km² hinzu. Der Park schützt besonders den Lebensraum der Falken, Weißkopf-Seeadler und Weißbrustsegler.

Am schön gelegenen See befindet sich neben einer Bootsrampe ein 400 Meter langer Sand-Badestrand und eine sehr schöne Picknickanlage. Im Sommer wird der Park gerne als Wochenendausflug genutzt, man sollte sich dann ggf. früh einen Stellplatz sichern.

🏠 Übernachten

🏕 Paul Lake PP Campground ★
Die mit Laub- und Nadelbäumen weiträumigen Stellplätze liegen oberhalb des Sees, zu dem ein 0,5 km langer Trail führt.
- 📍 Hwy 5, Abzweig Paul Lake/Pinantan Lake Rd, weitere 17 km zum Park
- ☎ 250-320-9305, Reservierung: 1-800-689-9025
- 🌐 www.env.gov.bc.ca/bcparks/explore/parkpgs/paul_lk
- 🕐 Mitte Mai–Mitte Sept., evtl. auch früher oder länger offen, je nach Schneefall

📶 Ja	🛏 90	🚿 Ja, CAD 5
🍽 Nein	🐕 Ja	
💲 $		

🥾 Wandern

▶ Gibraltar Rock Trail
Bitte Vorsicht auf dem Felsen. Bänke findet man entlang des Trails. Oben angekommen hat man einen fantastischen Ausblick.
- 🅿 Parkplatz
- 🕐 2 Stunden
- ⚠ Moderat, letzte 300 m extrem steil
- ↔ 2 km (einf. Strecke)
- ⬆ 900 m

🏘 KAMLOOPS ▶ S.126

🛤		
Barriere	66 km	
Logan Lake	60 km	

Anmerkung 1: *Eilige Reisende oder diejenigen, die vielleicht die* **Highland Valley Kupfermine** *bereits kennen, können ab Kamloops über den Trans-Canada Hwy 1/97 Richtung Westen auf der schon in entgegengesetzter Richtung gefahrenen Strecke nach Cache Creek fahren und dort wieder auf die Route (▶ S.336) stoßen.*

Anmerkung 2: *Wer schnell zurück nach Vancouver fahren will, kann Vancouver über den Coquihalla Highway 5 ab Kamloops in weniger als einem Tag erreichen. Der Coquihalla Highway 5 führt über den* **Surry Lake Summit** *(1.444 m) und* **Coquihalla Summit** *(1.244 m) und erreicht nach ca. 205 Kilometern Hope. Von dort geht es dann auf dem Trans-Canada Hwy 1 nach Vancouver. Dies ist die schnellste Verbindung Kamloops-Vanouver (ca. 355 km).*

Die Hauptroute führt von Kamloops in südlicher Richtung auf dem Highway 5 (Coquihalla Highway) weiter über das **Thompson-Plateau**. Highlight dieser Strecke ist die westlich der Ortschaft **Logan Lake** liegende, gigantische Kupfermine. Quasi auf Tuchfühlung zu den Abgrabungen führt der asphaltierte und gut befahrbare Highway.

Um zur Mine zu gelangen, fahren Sie zunächst südwestlich von Kamloops auf den Highway 5 Süd, verlassen diesen beim Exit 336 (Logan Lake/Lac Le Jeune Provin-

Paul Lake Provincial Park

cial Park) und fahren **westwärts** auf den Highway 97D. Übernachten können Sie bei Bedarf auf dem nur wenige Kilometer **östlich** des Exit 336 liegenden **Lac Le Jeune Provincial Park**.

Bis nach Logan Lake fahren Sie durch ein spärlich bewaldetes Hügelland. Nach Durchqueren des Ortes wechseln Sie auf den Highay 97C Richtung Ashcroft. Wenig später beginnt dann die Abraumhalde der **Highland Valley Kupfermine**, die sich über viele Kilometer gen Westen zieht und den einen oder anderen Stopp wert ist.

♨ LAC LE JEUNE PROVINCIAL PARK

Der 1956 gegründete Lac Le Jeune Provincial Park liegt südlich von Kamloops in 1.280 Meter Höhe. Er hat einen schönen Sandstrand mit Picknickplatz und Bootsrampe.

In diesem Park ist eindrucksvoll sichtbar, welch gravierende Schäden der Befall des **Borkenkäfers** (pine beetle) anrichtet.

Der ehemals dichte Kiefernbewuchs des Parks, wo sich mittlerweile aber wieder frisches Grün zeigt, wurde in der Vergangenheit Opfer dieses Schädlings und viele Bäume mussten daher gefällt werden. Der bereits für den Baum tödliche Befall ist erkennbar an den rötlich verfärbten Nadeln, die später abfallen und ein kahles, kraftloses Baumgerippe übrig lassen. Um den Schädling ausrotten zu können, müsste die Wintertemperatur einige Wochen lang unter -40 °C liegen, was aber durch die globale Erwärmung nicht mehr der Fall ist. Alte Bäume sind besonders anfällig für den Schädlingsbefall.

Besucher sollten daher immer darauf achten, möglichst nur regional angebotenes Feuerholz für das abendliche Lagerfeuer zu benutzen. Nicht gebrauchtes Holz wird liegengelassen, damit die Schädlinge mit eventuell befallenem Holz nicht in andere Regionen weitertransportiert werden.

Anmerkung: Durch die Höhenlage des Parks sind die Nächte im Frühjahr und Herbst empfindlich kalt.

🏛 Übernachten

🏕 Lac Le Jeune PP Campground ★
Der Campground ist terrassenförmig angelegt, einige Stellplätze bieten freien Blick über den See.

- 🚗 Hwy 5 Exit 336, ca. 6 km bis zum Park
- ☎ 250-320-9305, Reservierung: 1-800-689-9025
- 🌐 www.env.gov.bc.ca/bcparks/explore/parkpgs/laclejeune
- 🕐 Mitte Mai–Ende Sept.

🚿 Ja	🏕 144	🚽 Ja, CAD 5
🔌 Nein	🐕 Ja	
💧 $		

🚶 Wandern

▶ Gus Johnson Trail
Der Trail umrundet den See, er führt durch den Wald und über Feuchtwiesen.

- 🅿 Parkplatz Day Use
- 🕐 2,5 Stunden
- ↔ Leicht
- ↔ 8 km
- ⬆ Minimal

Lac le Jeune Provincial Park

LOGAN LAKE

	Kamloops	60 km
	Ashcroft	58 km
	Stadt	2.073
	-8 °C	
	+16 °C	
	1.067 m	
	Stadt	4,96 km²
Zum Vergleich: Langeoog / Nordsee		
	Stadt	2.150
	5 m	
	Stadt	19,67 km²

Der Geschichte des Ortes im Herzen des Highland Valley ist eng verbunden mit dem Bergbau. Bereits 1871 waren hier Prospektoren unterwegs auf der Suche nach Bodenschätzen. 1970 gründete man den Ort Logan Lake, um für die Bergwerksarbeiter und deren Familien Wohnungen und Versorgung bieten zu können. Der Ort wuchs in den Folgejahren schnell, bedingt natürlich auch durch die riesige Kupfermine. Die Lage des Ortes und das Angebot an Freizeitaktivitäten zog nicht nur weitere Firmen an, sondern diente auch dem Tourismus.

Die Visitor Information des Ortes ist passend zur Geschichte in einem Bagger untergebracht, davor steht ein riesiger Transporter. Beides sind Spenden der Kupfermine. So können die ausrangierten Fahrzeuge weiterhin sinnvoll genutzt werden. Die wichtigsten Versorgungsmöglichkeiten sind vorhanden.

VISITOR INFORMATION LOGAN LAKE

- Hwy 97D, Logan Lake, am Südende des Sees
- 250-523-6322 oder 1-800-331-6495 (geb.frei)
- Ganzj.: tägl. 9–16/17 h
- tourism@loganlake.ca
- www.loganlake.ca

Übernachten

Logan Lake Lodge
Man übernachtet in zweckmäßig eingerichteten Zimmern oder in einer Suite mit Miniküche, Kinder bis 12 Jahre kostenlos.
- 111 Chartrand Ave nahe Visitor Info, Logan Lake
- 250-523-9466
- loganlakelodge@gmail.com
- www.loganlake.com
- Ganzj.
- **

Municipal Campground
Netter Campground mit weiträumigen, spärlich bewachsenen Stellpätzen, teilweise am See gelegen.
- Hwy 97D, Abfahrt am östlichen Ende des Sees
- Reservierung: 250-523-6283 oder 250-523-6225
- campground@loganlake.net
- http://visitloganlake.com/campground
- Mitte Mai–Mitte Okt.
- Ja   42
- Nein, eine Sanidump-Station befindet sich im Public Works Yard kurz vor der Kreuzung Hwy 97D/Hwy 97C
- Ja   Ja
- Strom (30 Amp.)
- $

HIGHLAND VALLEY COPPER MINE ★

Wenige Kilometer westlich von Logan Lake sticht das gigantische Abraumfeld der Highland Valley Copper Mine ins Auge. Sie ist mit einer Fläche von 340 km² die größte überirdische Kupfermine Kanadas und gehört auch zu den größten der Welt. Der Abraum, der nach der Kupfergewinnung übrig bleibt, wird zum Dammbau genutzt. Es ist geplant, die Grube in den nächsten Jahren zu fluten und sie in ein riesiges Naherholungsgebiet zu integrieren. In der Mine gewinnt man neben Kupfer auch noch das Nebenprodukt Molybdän. Es sind etwa 1.000 Arbeiter beschäftigt, die 365 Tage im Jahr rund um die Uhr mit Schaufelbaggern graben und den abgetragenen Abraum auf Lkws verladen, um ihn zu den

Highland Valley Copper Mine

in der Grube befindlichen Zerkleinerungs-maschinen zu bringen.

Eine gute Sicht bietet ein Viewpoint mit Infotafel oberhalb des Highway, achten Sie auf die Seitenstraße zum Viewpoint. Hier kann man sich ein Bild über die Ausmaße der Mine machen, blickt tief hinunter und sieht, wie weit die Grabungen bereits vor-gedrungen sind.

Während der Sommermonate werden kostenlose Touren (Dauer: 2,5 Std.) durch die Mine angeboten. Infos in der Visitor info Logan Lake.

☎ Tour-Reservierung: 250-523-3802

*Nachdem Sie das Westende der Kupfermi-ne passiert haben, verläuft der Highway kurvenreich hinein in die "Wüste", durch den Ort **Ashcroft** und weiter zum Trans-Ca-nada Highway 1. Dort steuern Sie Ihr Fahr-zeug nach Norden Richtung **Cache Creek**, durchqueren Cache Creek von Süd nach Nord und befinden sich dann auf dem Highway 97 Nord. Reisende, die ab Kam-loops den schnellen Weg Trans-Canada Hwy 1 nach Westen gefahren sind, treffen in Cache Creek wieder auf die Hauptroute.*

*Nach elf Kilometer kommen Sie zum Abzweig Highway 99 und zur **Historic Hat Creek Ranch**, die noch aus Goldrausch-zeiten stammt. Hier treffen auch die Rei-senden wieder auf die Hauptstrecke, die die Alternativroute von Little Fort über den Highway 24 gefahren sind.*

🏛 ASHCROFT ℹ️➕❌✉️🏨

Wenn man Ashcroft inmitten einer spär-lich bewachsenen Landschaft durch-quert, kann man sich schwer vorstellen, dass gerade dieser kleine Ort ehemals eine boomende Stadt war. Als der Gold-rausch im Cariboo Mitte/Ende des 19. Jahrhunderts begann und 1884 die Cana-dian Pacific Railway ihren Endpunkt hier hatte, war Ashcroft die "Mile 0", von der in den Sommermonaten die Postkutschen und im Winter die Pferdeschlitten zu den Goldfeldern aufbrachen. Ashcroft hatte Werkstätten, Unterkünfte, Kirchen, selbst eine Zeitung wurde hier gedruckt. Es gab z. B. auch ein Opernhaus, das 1889 erbaut wurde und noch heute für Musikdarbietungen genutzt wird. Bis etwa 1920 dauerte diese Periode. Sie fand ein jähes Ende, als 1920 die Pacific Great Eastern Railway über Prince George den Norden British Columbias erschloss und Ashcroft seinen strategischen Versorgungsstützpunkt verlor.

	Logan Lake	58 km
	Cache Creek	10 km
	Stadt	1.800
	-6 °C	
	+29 °C	
	335 m	
	Stadt	50,90 km²
Zum Vergleich: Juist / Nordsee		
	Stadt	1.772
	3 m	
	Stadt	16,43 km²

1916 brannte ein Teil der Stadt nieder und die Bewohner begannen, die verbleibenden Ressourcen zum Überleben zu nutzen – das Wasser des Thompson River. Sie bewässerten die Ebenen und schufen fruchtbare Oasen, die hauptsächlich mit Kartoffeln und Tomaten bepflanzt wurden. Noch heute ist die Landwirtschaft eine wichtige Erwerbsquelle, unschwer erkennbar an den vielen, mit schwarzer Folie bedeckten Feldern.

ℹ VILLAGE OF ASHCROFT

✉ *601 Bancroft St, Ashcroft*
☎ *250-453-9161*
🌐 *www.ashcroftbc.ca*

👁 Highlights

▶ Ashcroft Museum

Wer etwas über die frühen Siedler, den Goldrausch, das große Feuer 1916 und die First Nations erfahren will, sollte dieses Museum besuchen. Es gibt historische Bilder, die Nachbildung einer kleinen Kohlemine um 1890 u.v.m. zu sehen. Seit 1982 ist das Museum in einem auffälligen roten Backsteingebäude untergebracht, es wurde 1917 erbaut und beherbergte früher das Postamt.

✉ *Ecke 4th/Brink St, Ashcroft*
☎ *250-453-9232*
🕐 *Mitte April–Ende Okt.: Mo–Fr 9–17 h, Juli & August auch an Wochenenden geöffnet*
💲 *Es wird um eine Spende gebeten.*

Ashcroft

Highland Valley Copper Mine – ein Stausee entsteht

► Historische Gebäude

Ashcroft ist ein überschaubares Örtchen, die folgenden historischen Gebäude findet man meist an der Hauptstraße, wenn nicht anders angegeben.

- **St. Alban's Anglican Church,** erbaut 1891
- **Zion United Church**, erbaut 1892
- **BX Express & Mail Company**, erbaut 1911, befindet sich in der Railway Ave gegenüber dem Millennium Park (auch: Heritage Place Park)
- **Fire Hall**, wurde 1918 nach dem Original von 1899, das beim Brand 1916 vernichtet wurde, wieder aufgebaut. Sie steht in der Nähe der Brücke über den Thompson River, die Feuerglocke hängt im Turm des Ashcroft Shopping Plazas.
- **Einige Privathäuser** in Ashcroft wurden im späten 19. und frühen 20. Jahrhundert erbaut.

CACHE CREEK BIS VANCOUVER

Cache Creek bis Vancouver

🏠 **CACHE CREEK ▶ S.124**

Ashcroft	10 km
Lillooet	86 km

Bemerkung: *Am Abzweig Highway 99 Hat Creek Ranch treffen auch jene Reisenden wieder auf die Hauptroute, die die **Alternativroute** von Little Fort über den Highway 24 gefahren sind.*

🏠 HISTORIC HAT CREEK RANCH

Die Historic Hat Creek Ranch an der Kreuzung Highway 97/99 zeigt Interessantes aus der Transportgeschichte des Cariboo Country während und nach dem Goldrausch. Die Ranch wurde 1860/1861 von dem aus Kamloops kommenden Donald McLean, einem pensionierten Handelsvertreter der Hudson's Bay Company und dessen Söhnen errichtet. Sie war bei Postkutschenreisenden und Goldsuchern als Unterkunft und Verpflegungsstätte beliebt. Im Laufe der

Jahre wurde die Ranch erweitert, Teile der Gebäude sind noch im Original erhalten. Historische Dokumente deuten allerdings darauf hin, dass die ehemalige McLean Ranch östlich des Hat Creek stand und erst in den 1880er-Jahren zum heutigen Standort gebracht wurde, nachdem William Cargile das Anwesen 1881 gekauft hatte.

Durch das Hauptgebäude **Hat Creek Roadhouse** werden Führungen angeboten, dazu trägt das Personal historische Kostüme und vermittelt so ein wirklichkeitsnahes Bild der damaligen Zeit. Beeindruckend sind die Böden und Tapeten des Rasthauses, die noch im Original-Zustand erhalten sind. In der Schmiede stehen alte Landwirtschaftsgeräte, u.a. auch eine Original-Postkutsche, die entlang der Cariboo Wagon Road benutzt wurde. Als Attraktion werden Postkutschenfahrten angeboten und man kann die eigene Geschicklichkeit beim Gold waschen und Bo-

Hat Creek Ranch

Highway 99 – Fraser River

genschießen (beides gebührenpflichtig) testen. Ein Restaurant bietet Speisen und Getränke – auch ein Souvenirshop fehlt nicht.

In einiger Entfernung liegt das **Shuswap Village**, das viele Jahre von den Shuswap Nations bewohnt wurde. Der heute hier lebende Stamm zeigt eine interessante Ausstellung, außerdem ist ein traditionelles Winterhaus *(kekuli)* zu besichtigen. Wer möchte, kann im *kekuli* übernachten. Im Juli findet das **Historic Hat Creek Ranch Rodeo** statt, Anfang August feiern die First Nations ein **Pow Wow** und zeigen u.a. Tänze in traditioneller, handgefertigter Kleidung.

Die unten genannten Eintrittspreise beinhalten: Tour durch das Hat Creek Roadhouse, McLean Cabin, Shuswap Native Village und eine Kutschfahrt. Goldwaschen, Bogenschießen und Reiten gegen Gebühr. Für eine Übernachtung im *kekuli* (Platz für 18–20 Personen) sind Matratze und Bettzeug mitzubringen. Dies gilt auch für eine Übernachtung im Teepee (6–8 Personen). In Cabins haben bis zu 6 Personen Platz, sie sind mit Bad, Kühlschrank und Kaffeekocher ausgestattet.

✉ Kreuzung Hwy 97/99, Cache Creek
☎ 250-457-9722 oder 1-800-782-0922 (geb.frei)
@ contact@hatcreekranch.ca
🌐 www.hatcreekranch.com
🕐 Mai–Okt.: 9–17 h, Touren & Kutschfahrten tägl. 10–16:30 h
💰 Erw.: CAD 13,50, Sen. (55+): CAD 12
   Kinder (6–12 J.): CAD 8, Familien: CAD 25

🏠 **Übernachten**

🏕 **Campground Hat Creek Ranch**
🕐 Mai–Sept.
🅿 Ja
🏕 8 mit Stromanschl., weitere einf. Stellplätze
❌ Nein   ✅ Ja   ⚡ Strom
💲 $
🛏 Kekuli: 1–5 Pers. CAD 50, Teepee: bis 4 Pers. CAD 45, Planwagen: 2 Pers. CAD 60, Miner's Tent: 4–6 Pers. CAD 45, Cabin: ★★

Die Fahrt geht nun westwärts weiter auf dem etwas engeren, kurvenreichen Highway 99 durch spärlich bewaldetes Ranchland entlang der Marble Range. Der highwaynahe Marble Canyon Provincial Park, in dem die beiden Seen Turquoise und Crown Lake liegen, ist als Übernachtungsplatz nur für kürzere Wohnmobile geeignet. Sie kommen nach Pavilion, Wohnort der Ts'kw'aylaxw First Nations, wenig später erreichen Sie den Fraser River, der hier durch einen engen Canyon fließt und ab und zu einen Fotostopp wert ist. Lillooet, das auf einem Hochplateau liegende, freundlich gesinnte Städtchen, war ebenfalls ein wichtiger Ort zur Zeit des Cariboo Goldrauschs.

Marble Canyon – Crown Lake

✻ MARBLE CANYON PROV. PARK

Den 1956 gegründeten Marble Canyon Provincial Park liegt direkt am Highway 99. Bade- und Angelmöglichkeit bietet der nahegelegene Crown Lake. Eine geologische Besonderheit des Parks ist der **Limestone Canyon** (Muschelkalk), der mit normalen Felsformationen nicht zu vergleichen ist. Für Kletterfreunde wurden in den letzten Jahren einige Dutzend Kletterrouten markiert. Seit 2001 gehört zum Park auch der **Pavilion Lake**, der auf traditionellem Territorium der Ts'kw'aylaxw People auch: Pavilion First Nation Indian Band, liegt. Auf dem Grund dieses 65 Meter tiefen Sees sind einzigartige kalkhaltige Strukturen zu finden, die korallenähnlich aussehen und wahrscheinlich von Mikroben gebildet wurden. Sie sind besonders für Astrobiologen und Geologen interessant, da sie Aufschlüsse über die frühesten Lebensformen auf der Erde geben. Forscherteams untersuchen per Taucher und Unterwasserbooten die Schätze, die zu den ältesten Überresten des frühen Lebens der Erde gehören. Einige Zonen des Pavilion Lake sind für Freizeit-Taucher freigegeben. Näheres:

🌐 www.env.gov.bc.ca/bcparks/explore/parkpgs/ marble_can/scuba.pdf

🏛 Übernachten

⛺ Marble Canyon PP Campground
Die Stellplätze sind parkplatzähnlich eng und relativ kurz, daher für lange Wohnmo-

bile ungeeignet. Zwei Plätze liegen etwas "privater", jedoch erfordert das Einparken eine gewisse Geschicklichkeit.

📍 Hwy 99, 39 km westl. v. Cache Creek
📞 250-320-9305 (Mai–Sept.)
🌐 www.env.gov.bc.ca/bcparks/explore/parkpgs/ marble.html
🕐 Ganzj., Service Mai–Sept.
🚮 Nein ⛽ 30 ♿ Nein
🔥 Nein
🐕 $

🏛 LILLOOET 🅿ℹ➕✕🔲🏛

🔀	Cache Creek	86 km
	Pemberton	98 km
👪	Stadt	2.322
❄❄	-3 °C	
☀	+30 °C	
〰	239 m	
⊘	Stadt	7,69 km²
Zum Vergleich: Leutesdorf am Rhein		
👪	Stadt	1.847
〰	75 m	
⊘	Stadt	10,79 km²

Lillooet liegt idyllisch auf einem Plateau über dem Fraser River an der Kreuzung Highway 99/12. Das Klima der Region ist von heißen und trockenen Sommern geprägt, die gemessene Rekordtemperatur war 39,9 °C. Aufgrund dieses Klimas ist die Vegetation einzigartig und hat wüstenähnlichen Charakter. Seit einigen Jahren wird daher auch Wein angebaut.

The St'ált'imc Natives, die sich selber Lillooets nannten, waren lange Zeit hier ansässig, sie nannten den Ort *cayoush flats,* denn es gab hier bestes Weideland für ihre Ponys, die "Cayuses". Um 1860 benannte der damalige Gouverneur James Douglas die Stadt um nach den hier lebenden Natives.

Lillooet war während des Goldrauschs eine sehr geschäftige Stadt, war die zweitgrößte Siedlung nördlich von San Francisco und westlich von Chicago und hatte zu dieser Zeit beachtliche 16.000 Einwohner. In Lillooet begann der legendäre Cariboo Gold Trail, der hoffnungsvolle Goldschürfer von hier aus nach Norden führte. Der Gedenkstein **Mile 0** gegenüber dem Museum erinnert an die historische Zeit. 1914 erreichte die Pacific Great Eastern Railway Lillooet, was der Stadt zu einem weiteren Boom verhalf. In Lillooet sind alle Versorgungseinrichtungen vorhanden, ein Supermarkt befindet sich auf der Hauptstraße. Die nahegelegenen Seen Carpenter und Seton Lake bieten Wassersportlern viele Möglichlichkeit. Daneben gibt es dort auch einige schöne Wander- und Bike-Routen.

Mile 0

Ein schönes Plätzchen für eine Kaffeepause ist der Picknickplatz Naxwit der BC Hydro am Ufer des Seton River drei Kilometer westlich von Lillooet am Hwy 99.

ℹ VISITOR INFORMATION

- 790 Main St, Lillooet
- 250-256-4308
- Mai, Juni, Sept. & Okt.: Di–Sa 10–16 h, Juli & Aug.: tägl. 9–17 h
- lillmuseum@cablelan.net
- www.lillooetbc.com

Blick auf Lillooet

👁 Highlights

▶ Historisches in Downtown

Da Lillooet überschaubar ist, kann man die historischen Orte gut zu Fuß zu entdecken. Beginn: Brücke über den Fraser River.

Bridge of the 23 Camels

Als der Goldrausch 1858 begann und die Beförderung der Waren ein echtes Problem darstellte, hatte man die zündende Idee, 23 Kamele als Transporttiere zu importieren. Doch die Tiere stanken so extrem, dass sämtliche Pferde und Maultiere in Panik gerieten und die Arbeit verweigerten. Der Transport mit Kamelen wurde folglich alsbald wieder eingestellt. Die mächtige, den Fraser River überspannende Hängebrücke wurde zur Erinnerung an die Kamel-Aktion zur **Bridge of the 23 Camels** ernannt.

CN Rail Station

1914 wurde die Bahnverbindung der Pacific Great Eastern Railway (seit 1972 BC Railway) nach Lillooet erweitert. 1920 wurde eine Bahnhof errichtet, der heutige stammt allerdings aus dem Jahr 1986. Fast 50 Jahre gab es eine Zugverbindung der BC Rail von North Vancouver über Lillooet nach Prince George, die 2002 eingestellt wurde. Heute verkehren nur noch endlos lange Güterzüge und der **Rocky Mountaineer** auf seiner mehrtägigen *"Rainforest to Goldrush"*-Tour von Vancouver nach Jasper.

Lillooet Museum

Das 1969 eröffnete Museum, das auch die Visitor Information Lillooet beherbergt, befindet sich am Standort der ehemaligen, 1861 erbauten, ersten Kirche Lillooets, der **St. Mary The Virgin Church**. Diese wurde Mitte des 20. Jahrhunderts abgerissen, an gleicher Stelle errichtete man wieder eine Kirche und übernahm aus der alten den Altar, die Glocke und das Melodeon. Im Museum wird über die Geschichte des Ortes, die First Nations und die Zeit des Goldrauschs informiert.

✉ *790 Main St, Lillooet*
☎ *250-256-4308*
🕐 *Siehe Visitor Info*
💰 *Es wird um eine Spende gebeten.*

Mile 0 Gedenkstein

Der Gedenkstein gegenüber dem Museum erinnert an die Mile 0 der **Old Cariboo Road**. Die Original Mile 0 befindet sich im Ostteil Lillooets auf der gegenüberliegenden Seite des Fraser River. Wichtige Orte und Roadhouses von Lillooet bis Barkerville, dem Zentrum des Cariboo Goldrauschs, wurden nach der Entfernung zu Lillooet benannt, z. B. 70 Mile House, 100 Mile House usw.

Miyazaki House

Das Miyazaki House wurde zwischen 1878 und 1890 von Caspar und Cerise Phair nach ihrem Stammhaus in Irland gebaut. Die beiden gehörten zu den ersten Siedlern Lillooets, ihr Sohn war das erste Kind weißer Eltern, das hier geboren wurde. In den 1940er-Jahren übernahm die Familie Myazaki das Haus, Dr. Miyazaki leitete 50 Jahre die japanisch-kanadische Gesellschaft. Er spendete sein Heim 1984 der Gemeinde Lillooet. Im Juli und August finden freitagabends ab 19 Uhr auf dem Gelände Musikdarbietungen von Country Music bis Jazz und Rock 'n' Roll statt.

✉ *643 Russell Lane, Lillooet*
💰 *Frei*

St. Andrew's United Church

Diese kleine Methodistenkirche wurde 1896 errichtet, die Orgel und die Buntglasfenster sind noch im Original erhalten.

Hangman's Tree

Der legendäre Hangman's Tree war in der Zeit, als der **"hängende Richter"** Matthew Baillie Begbie für Recht und Ordnung sorgte, sicherlich gefürchtet. Überlieferungen sprechen von zwei Verurteilten, die hier gehängt und begraben wurden, einer Legende nach sollen sich acht Verurteilte beim "Aufknüpfen" wieder losgeschwungen haben. Der Baum ist aus Sicherheitsgründen in zwei Teile zerlegt worden und nicht mehr unbedingt sehenswert, dennoch lohnt sich wegen der Aussicht der "Aufstieg" zum Park ab der St. Andrew's Church.

Camel Barn

Der ehemalige Kamelstall war der Aufenthaltsort der berühmt-berüchtigten Kamele Lillooets. Im Zweiten Weltkrieg wurde es zum Theater umgerüstet (Log Cabin Theatre) und für Aufführungen genutzt – es soll das kleinste Theater des gesamten Kontinents gewesen sein.

Old Suspension Bridge

Die Old Bridge am Ostende der Main St wurde 1913 als Hängebrücke aus Stahlkabel und Holz erbaut. Sie ersetzte die Handkurbelfähre, mit der man seit 1860 den Fluss überqueren konnte. Fußgänger und Radfahrer können die Brücke überqueren.

▶ Kaoham Shuttle Train

Ein besonderes Vergnügen bereitet eine Fahrt mit dem Kaoham Shuttle Train, der in enger Partnerschaft der CN mit der Seton Lake Indian Band unterhalten wird. Der Shuttle-Train verkehrt seit November 2002 täglich entlang der beiden westlich von Lillooet liegenden Seen **Seton** und **Anderson Lake** zwischen Lillooet, Shalalth und Seton Portage, D'Arcy wird nicht täglich angefahren und muss vorgebucht werden. Shalalth liegt im südlichen Bereich des Seton Lake, Seton Portage zwischen den beiden Seen und D'Arcy am Südende des sich anschließenden Anderson Lake. Benannt sind die Seen nach dem Pelzhändler der Hudson's Bay Company Alexander Anderson, der auf der Suche nach einem Transportweg vom südlichen Fraser River nach Kamloops war und dessen Vetter Major Seton, einem Truppenkommandant der 74th Highlander.

Bereits 1861 gab es eine fast fünf Kilometer lange Schienenverbindung zwischen den beiden Seen, um die Goldsucher mit ihrer gesamten Habe von einem zum anderen See befördern zu können. Die ersten Schienen waren aus Holz, über die man die Transportkarren zog, als Eisenschienen lagen, zogen Maultiere die Waggons. Dies war tatsächlich die erste "Zugstrecke" in British Columbia, eine Gedenktafel in Seton Portage erinnert daran. 1914/1915 waren die Schienen bis Lillooet verlegt, die heutige Streckenführung entspricht noch genau derselben. Die etwa 24 Kilometer lange Fahrt im "Schienenbus" von Lillooet nach Seton Portage entlang der Nordküste des Sees ist beeindruckend, sie führt entlang der schroffen Felswände, durchquert einen Tunnel und bietet beste Möglichkeiten, Tiere in ih-

rer natürlichen Umgebung zu sehen, wofür der Zugführer auch gerne einen Foto-Stopp einlegt. Jeden Freitag wird ein Tagesausflug nach Seton Portage angeboten: Abfahrt vormittags ab Lillooet, Rückfahrt nachmittags. Auskünfte bekommt man in der Visitor Info oder über die u.g. Kontaktdaten.

> ❗ Seton Portage und Shalalth sind per schlechte Gravelroad/Forest Service Rd ab Lillooet erreichbar. Vor Befahren bitte über den Zustand der Straße informieren. Wohnmobilfahrer sollten diese Strecke meiden.

✉ *1200 Shalalth Rd, Shalalth*
☎ *250-259-8300*
@ *shuttle@tsalalh.net*
🌐 *Fahrplan/Preise: www.tsalalh.net/shuttle.html*

🏛 Übernachten

🏨 4Pines Motel

Das Motel liegt in einer Seitenstraße. Man übernachtet in zweckmäßig eingerichteten Zimmern (mit Küchenzeile) oder in der Honeymoon-Suite.
✉ *108 – 8th Ave, Lillooet*
☎ *250-256-4247 oder 1-800-753-2576 (geb.frei)*
@ *4pines@4pinesmotel.com*
🌐 *www.4pinesmotel.com*
💲 *Ganzj.*
⭐ *＊–＊＊*

🏨 Hotel DeOro

Die Zimmer des zentral gelegenen Hotels sind gemütlich eingerichtet mit kleinem Kühlschrank und Mikrowelle, saisonal (Sommer) ist ein kontinentales Frühstück inklusive.
✉ *Main St, Lillooet*
☎ *250-256-2355 oder 1-888-256-2354 (geb.frei)*
@ *info@hoteldeoro.com*
🌐 *www.hoteldeoro.com*
📶 *ja*
⭐ *＊＊*

🏕 Fraser Cove Campground

Der empfehlenswerte Campground liegt oberhalb des Fraser River nahe der Historic Suspension Bridge.
➤ *Zufahrt über Davis Rd, sie zweigt vom Hwy 99 östlich der Brücke über den Fraser nach Norden ab.*
✉ *1234 Davis Rd, Lillooet*

Seton Lake

☎ 250-256-0142 oder 1-800-936-2040 (geb.frei)
@ frasercove@gmail.com
🌐 www.frasercove.com
🕐 Ganzj.
🏕 Ja   🚐 20   🚿 Ja
🚻 Ja   🛜 Ja
⚡ Strom (15/30/50 Amp.), Wasser, Abwasser
💲 $–$$ 🛏 Cottage: ★★

🏕 Cayoosh Municipal Campground

Der spärlich bewaldete Campground liegt nahe am Fraser River und Cayoosh Creek.
📍 Zufahrt nach Überqueren des Fraser River über den Hwy 99/Cayoosh Park Rd
✉ 100 Cayoosh Park Rd, Lillooet
☎ 250-256-7527
🕐 Mitte Mai–Mitte Okt.
🏕 Nein   🚐 20   🚿 Ja, CAD 10
🚻 Ja   🛜 Ja
⚡ Strom (30/50 Amp.), Wasser, Abwasser
💲 $–$$ 🛏 Cottage: ★★

🏕 Seton Dam Campground ★

Einfacher, schön gelegener Campground. Er ist eine Alternative zu den privaten Plätzen und hat wenigstens ein paar bewaldete Plätze, die man bei den hohen Temperaturen im Sommer zu schätzen weiß.
📍 5 km westl. v. Lillooet am Cayoosh Creek
✉ Hwy 99, Lillooet
🏕 Nein   🚐 45   🚿 Nein
🚻 Nein
💲 $

Westlich von Lillooet tauchen Sie wieder ein in die typisch kanadische Bergwelt. Sie treffen auf den **Seton Lake**, an dessen Ostende die BC Hydro eine Power-Station, den wildromantischen Seton Dam Campground am Cayoosh Creek und die schön gelegene **Naxwit Picknickanlage** bewirtschaftet. Auf den nächsten Kilometer ist dann die volle Konzentration des Fahrers gefragt, der steile, kurvenreiche Abschnitt **Duffey Lake Road** des Highway 99 beginnt.

Nach der spektakulären Fahrt durch den Cayoosh Canyon erreichen Sie den grandios liegenden **Duffey Lake Provincial Park**. Der hier sehr enge Highway verläuft entlang des Duffey Lake, nutzen Sie unbedingt die spärlich vorhandenen Parkmöglichkeiten entlang des Sees für einen Fotostopp.

👁 HIGHWAY 99 – DUFFEY LAKE ROAD

Kaum haben Sie Lillooet Richtung Westen verlassen, steigt der Highway 99, auch **Duffey Lake Road** genannt, steil an. Kurvenreich, eng und mit stellenweise bis zu 15 Prozent Steigung geht es durch denCayoosh Canyon und entlang der Cayoosh Range mit gewaltigen, steilen Felswänden, gleichzeitig durchqueren Sie eine der schönsten Landschaften des kanadischen Westens. Plätschernde Wasserfälle und eine grandiose Bergwelt bietet sich Ihnen, im Verlauf der Straße sind auch einspurige Brücken zu überqueren. Für den Fahrer erfordert diese Strecke Konzentration und Einhalten der

*Bären an der
Naxwit Picnic Site*

Pemberton nur eine schlechte Gravelroad, die mit Wohnmobilen nicht zu befahren war. Wenn Sie die Fahrt durch den Canyon hinter sich gebracht haben, erwartet Sie ein schönes Hochtal bis zum **Joffre Lakes Provincial Park**. Danach müssen Sie die 15 % Steigung am Beginn der Duffey Lake Road wieder abwärts bewältigen bis zum **Lillooet Lake**. Nutzen Sie bitte die Motorbremse für die steile Abfahrt und fahren Sie langsam.

♨ DUFFEY LAKE PROVINCIAL PARK

Geschwindigkeitsbeschränkung. Bedingt durch die Streckenführung gibt es nur sehr wenige Stopp-Möglichkeiten, sodass man leider kaum eine Möglichkeit hat, dieses grandiose Panorama per Foto mit nach Hause zu nehmen. **Tipp**: Sollten Sie mit Beifahrer(in) unterwegs sein, dann drücken Sie diesem(r) die Kamera in die Hand.

Wesentlich intensiver nimmt man diese Strecke allerdings in umgekehrter Richtung vom Duffey Lake nach Lillooet wahr, zumindest als Beifahrer, wenn man den steilen Abhang hautnah "spürt". Gerade wegen dieser einmalig schönen Landschaft und abenteuerlichen Straßenführung wird diese Strecke gern befahren. Das war nicht immer so, bis 1991/92 gab es von Lillooet nach

Der Duffey Lake Provincial Park liegt einmalig schön inmitten gletscherbedeckter Berge. Der Park wurde 1993 gegründet und ist besonders bei Kanu- und Kajakfahrern beliebt. Der enge Highway verläuft entlang des Sees und bietet fantastische Ausblicke. Es gibt keinen Picknickplatz oder Campground, nutzen Sie daher die Parkbuchten am See.

Der Park ist Heimat einiger Wildtiere, dazu gehören auch Grizzlys und Schwarzbären. Bezeichnete Wanderwege gibt es nicht, Wildniswandern ist jedoch erlaubt. Entlang des Duffey Lake und durch den Cayoosh Creek führte die traditionelle Route der am Lillooet Lake nahe Mount Currie lebenden Lillooet First Nations und den St'ált'imc Natives am Fraser River. Sie gingen in diesem Gebiet auf die Jagd und

Duffey Lake

trafen sich zum Erfahrungsaustausch.

📍 *54 km westl. v. Lillooet*

🕐 *Ganzj.*

🌐 *www.env.gov.bc.ca/bcparks/explore/parkpgs/duffeylk.html*

*Nach Überqueren des **Cayoosh Summit** (1.260 m), den Sie allerdings nicht "spürbar" überqueren, kommen Sie zum Parkplatz **Joffre Lakes Provincial Park**, neben dem Duffey Lake ebenfalls ein Höhepunkt der Strecke. Auch wenn Sie kein Wanderfreund sind, sollten Sie den kurzen Weg zum untersten der drei Seen laufen. Bereits dort bietet sich Ihnen ein spektakulärer Blick über den Lower Joffre Lake zum weit oben liegenden **Matier Glacier** – ein tolles Fotomotiv. Auf der Weiterfahrt müssen Sie die Steigung, die Sie nahe Lillooet nach oben gefahren sind, nun wieder hinunterfahren. Es sind Gefälle bis zu 15 Prozent zu überwinden, bis Sie den **Lillooet Lake** und wenig später den Ort **Mount Currie** erreichen.*

*Mount Currie ist Startpunkt eines Ausflugs zum **Birkenhead Lake Provincial Park** weitab in den Bergen. Bis zum "Saatkartoffelort" **Pemberton** verläuft der Highway durch ein Hochtal, in Pemberton beginnt der ebenfalls landschaftlich wunderschöne **Sea to Sky** Abschnitt des Highway 99, der, wie sein Name schon verrät, Sie quasi vom "Himmel zum Meer" geleitet.*

🏔 JOFFRE LAKES PROVINCIAL PARK ★

Ein Highlight der Strecke ist der 1988 gegründete Joffre Lakes Provincial Park. Der Parkplatz liegt direkt am Highway 99. In den Sommermonaten tummeln sich auf dem Trail zum Middle und Upper Joffre Lake zahlreiche Wanderfreunde. Im Winter genießen Wintersportler die sich bietenden Winteraktivitäten, Zelten ist dann wegen Lawinengefahr nicht erlaubt.

Ein Muss ist der kurze Wanderweg (500 m) zum **Lower Joffre Lake**, denn hier bietet sich ein tolles Postkartenmotiv – der Blick über den ruhigen See hinauf zum **Matier Gletscher** in 2.721 Meter Höhe und die umliegende Bergwelt.

📍 *77 km westl. v. Lillooet*

🕐 *Ganzj.*

🅰 *26, Juni–Sept. geb.pflichtig*

🌐 *www.env.gov.bc.ca/bcparks/explore/parkpgs/joffre.html*

🥾 Wandern

Die Gletscher im Bereich Upper Lake sollten nur gut ausgerüsteten Bergsteigern vorbehalten bleiben. Die 26 Zeltplätze liegen am Upper Lake, besonders stark frequentiert an den Wochenenden.

▶ Joffre Lakes Trail ★

Wer neugierig auf den Middle und Upper Joffre Lake ist, sollte seine Wanderschuhe schnüren, Verpflegung einpacken und dem Weg vom **Lower Joffre Lake** (1.213 m ü. M.) über den **Middle Joffre Lake** (1.490 m ü. M.) zum **Upper Joffre Lake** in 1.564 m Höhe folgen. Dort angekommen sind Sie dem schon von unten bewunderten Matier Glacier sehr nahe. **Beachten Sie**, dass der Trail ins Hochgebirge führt und steil, felsig und stellenweise rau ist. Im Juni/Anfang Juli kann in den höheren Lagen noch Schnee liegen. Denken Sie an wetterfeste, warme Kleidung – immerhin befinden Sie sich am

Middle Joffre Lake

Upper Joffre Lake Ende Mai

Ende des Weges 400 Meter höher und in Gletschernähe. Zur Moskitosaison an Mückenschutz denken. Am Upper Lake unterhalb des Gletschers gibt es einen Zeltplatz.

- *Parkplatz*
- *5–6 Stunden*
- *Schwierig, beste Wanderzeit: Juni–Sept.*
- *Middle Joffre Lake: ca. 4 km, Upper Joffre Lake: 5,5 km (einf. Strecke)*
- *400 m*

Der folgende Ausflug startet ab Mount Currie, kurz nach Erreichen des Lillooet Lake.

Ausflug zum Birkenhead Lake Provincial Park

	km
Mount Currie/Abzweig Anderson Lake Rd	0
Abzweig zum Birkenhead Lake PP	34
D'Arcy	38
Zurück nach Mount Currie	76

Um zum Birkenhead Lake zu gelangen, verlassen Sie den Highway 99 in **Mount Currie** und fahren in Richtung Birken/ D'Arcy. Die schmale, stellenweise holprige Straße führt durch ein enges Tal, vorbei am hübsch gelegenen **Gates Lake** bis nach **D'Arcy**. Das Örtchen liegt am Südwestende des langgezogenen **Anderson Lake**. Dort endet die asphaltierte Nebenstraße. Für die Rückfahrt nach Mount Currie müssen Sie die gleiche Strecke zurückfahren.

💡 D'Arcy machte auf uns leider keinen sehr einladenden Eindruck. Parkmöglichkeiten sind nur wenige vorhanden und aus Kaffeepausen im "Heritage Park" am Anderson Lake wurde nichts. Auch in der kurz vor D'Arcy liegenden Native-Siedlung wurden wir nicht sonderlich freundlich aufgenommen, völlig untypisch für unsere bisher gemachten Erfahrungen. Unser Fazit: Wer nicht unbedingt zum Birkenhead Lake Provincial Park fahren möchte, könnte auf diesen Ausflug verzichten.

Anderson Lake

🏚 D'ARCY

Der Ort D'Arcy wurde während des Gold-rauschs Mitte des 19. Jahrhunderts ge-gründet, damals hieß er allerdings **Port Anderson**, denn ab hier fuhren Dampfschiffe über den Anderson Lake nach **Seton Portage** am Westende des Seton Lakes und von dort ging es dann über den Seton Lake nach Cayoosh Flats, dem heutigen Lillooet. Nach dem Goldrausch waren fast nur noch First Nations hier ansässig, doch nachdem die Pacific Great Eastern Railway den Ort er-reichte, kamen auch wieder weiße Siedler in das Gebiet und leben heute in Gemein-schaft miteinander. Benannt ist der Ort nach dem Vizepräsidenten (1912–1918) der Pacific Railway D'Arcy Tate.

Die Highline Rd, eine schlechte Forest Service Road (nur Allradfahrzeuge) ver-bindet D'Arcy mit Seton Portage und auf einer weniger gut befahrbaren Gravelroad (Bridge River Rd) kann man nach Lillooet gelangen. Wer diese (Tor)Tour machen möchte, sollte sich vor Befahren über den Straßenzustand informieren. **Achtung:** Für Wohnmobilfahrer nicht geeignet.

🐾 BIRKENHEAD LAKE PROV. PARK

Abseits vom Highway inmitten der Pacific Range liegt malerisch schön der Birken-head Lake Provincial Park. Man erreicht

ihn südlich von **D'Arcy** über die Blackwater Valley Rd (17 km, gravel). Der Park wurde 1963 gegründet und nach dem Truppen-transportschiff Birkenhead benannt, das am Kap der Guten Hoffnung nach Beschä-digung an einem Felsen sank.

Hinweis: Im Park sind Grizzlys und Schwarzbären heimisch. Bitte verstauen Sie daher alles Essbare im Fahrzeug und lassen Sie keine Reste liegen.

🏛 Übernachten

🏕 Birkenhead Lake PP Campground
Der Campground hat weiträumige Plätze, Badestrand, Bootsrampe und einen schö-nen Picknickplatz. Das Baden ist durch die Höhenlage (715 m) sehr "erfrischend".

📞 *604-986-9371, Reservierung: 1-800-689-9025 (geb.frei)*

🌐 *www.env.gov.bc.ca/bcparks/explore/parkpgs/ birkenhe.html*

🕐 *Mitte Mai–Ende Sept.*

📷 *Ja*   🚻 *91*   😊 *Ja, CAD 5*

🍴 *Nein*

💲 *$*

🚶 Wandern

▶ Wilderness Trail
Der Wanderweg führt durch Küstenwald zu einer Lichtung mit exzellentem Ausblick.

➡ *Parkplatz*

🕐 *1,5 Stunden*

➡ *Leicht*

➡ *2 km (einf. Strecke)*

▶ Birkenhead Lake Trail/Mountainbike Trail

Der Trail führt am westlichen Seeufer entlang nach Süden zu der privaten Community Birkenhead Lake Estates, diese ist über einen privaten Forstweg zu erreichen.

- ● Parkplatz
- 🕒 3 Stunden
- ● Leicht
- ● 8 km (einf. Strecke)

▶ Goat Lookout Trail

Kurz, rau und steil geht es aufwärts mit fantastischen Ausblicken über den See.

- ● Parkplatz
- 🕒 1 Stunde
- ● Moderat, steil
- ● 1 km (einf. Strecke)

Ende des Ausflugs

🏠 PEMBERTON 🅿️ℹ️✖️🚽🏛️

🔀	Lillooet	98 km
	Whistler	30 km
👥	Stadt	2.369
❄️❄️		-3 °C
☀️		+18 °C
〰️		204 m
⊘	Stadt	10,89 km²
Zum Vergleich: Mespelbrunn / Bayern		
👥	Stadt	2.243
〰️		269 m
⊘	Stadt	15,53 km²

Der durch virusfreie Saatkartoffeln bekannt gewordene Ort Pemberton liegt inmitten der Coast Mountains zu Füßen des Mount Currie (2.596 m) in einem fruchtbaren, weiten Tal. Pemberton ist der größte Ort des Distrikts, zu dem auch die Orte **Mt. Currie**, **Pemberton Valley**, **D'Arcy**

und **Birken** gehören. Er entwickelte sich in den letzten Jahren immer mehr zu einem beliebten Touristenort abseits des teuren Pflasters Whistler. Pemberton bietet Wintersport- und im Sommer Wander- und Bikemöglichkeiten und Ausflüge in die Gletscherregionen. Eine Übersichtskarte der Wander- und Mountainbike-Trails:
🌐 www.seitnotiz.de/NPRKA19

Benannt ist die seit 1956 eigenständige Stadt nach Despard Pemberton, einem Vermessungsingenieur der Hudson's Bay Company, der Mitte des 19. Jahrhunderts am Nordende des Lillooet Lake **Port Pemberton** gründete. Durch diesen Hafen am Lillooet Lake und über den Lillooet River, der den Lillooet Lake mit dem Harrison Lake und Fraser River im Süden verbindet, war das fruchtbare Tal und über den Old Cariboo Trail auch Lillooet mit dem Süden verbunden. Bevor europäische Siedler in das Tal kamen, war hier die Heimat der Salish First Nations. Im Nachbarort **Mount Currie** ist heute die Verwaltung der Lil'wat Nations, einer Gruppe der Binnen-Salish.

Nach Abklingen des Goldrauschs gegen Ende des 19. Jahrhunderts verlagerten die Siedler ihren Sitz von Port Pemberton zum heutigen Stadtgebiet, da sie hier wesentlich bessere Bedingungen und größere Nutzflächen für die Landwirtschaft durch die weit nach Nordwesten reichenden Pemberton Meadows vorfanden. So war die Land- und Forstwirtschaft auch lange Zeit die wichtigste Einnahmequelle und bescherte den Bewohnern 1967 weltweite Berühmtheit durch die erste virusfreie Saatkartoffel der Welt. **Pemberton Meadows**, das fruchtbare und farmreiche Tal, ist nach wie vor bekannt für seine Saatkartoffeln. Interessiert an einer Tour durch eine Destillerie nahe Mt. Currie, die aus biodynamisch angebauten Kartoffeln Wodka brennt (natürlich mit Kostpoben)? Näheres unter: 🌐 www.pembertondistillery.ca

1914 erreichte der erste Passagierzug aus dem Süden den Ort, was Stadt und Umgebung attraktiv für Händler und weitere Siedler machte. 1975 wurde der Highway 99 von Whistler nach Pemberton erweitert, 1980 war dann die Straßenverbindung nach Lillooet komplett – damals allerdings noch eine Gravelroad. Diese Komplettie-

Pemberton

rung der Infrastruktur brachte den erhofften Zugang zum Tourismus. Hier läuft das Leben zwar noch geruhsamer als im geschäftigen Whistler, eine deutliche Zunahme ist aber in den letzten Jahren spürbar. In Pemberton sind alle wichtigen Versorgungseinrichtungen vorhanden, ein Supermarkt liegt in unmittelbarer Nähe des Bahnhofs.

Wer mit einem geländegängigen Fahrzeug unterwegs ist, kann ab Mount Currie natürliche Hot Springs besuchen. Über die Richtung Süden verlaufende Lillooet Lake Forest Service Rd, ehemals die Original Cariboo Wagon Rd, geht's zu den Hot Springs **Skookumchuck/St. Agnes Well** (geb.pflichtig, 56 km südl., ⓦ www.skookumchuckhotsprings.com) und zu den **Sloquet Hot Springs**, die man nach weiteren 30 Kilometer Richtung Süden erreicht. **Achtung:** Vor der Fahrt in der Visitor Info über Straßenzustand, Öffnungszeiten etc. informieren.

💡 Wichtig für Wohnmobilfahrer: An der Visitor Info Pemberton befindet sich eine kostenlose Sanidump-Station.

ℹ VISITOR INFORMATION

- ✉ Kreuzung Hwy 99/Portage Rd, Pemberton
- ☎ 604-894-6175, Okt.–April: Chamber of Commerce: 604-894-6477
- @ info@tourismpembertonbc.com
- ⓦ www.tourismpembertonbc.com
- 🕐 Mai–Sept.: tägl. 9–17 h

👁 **Highlights**

▶ **Pemberton District Museum**

Einen Streifzug durch die Geschichte der Region kann man in diesem Museum unternehmen. Es zeigt Erinnerungsstücke aus der Zeit des Goldrauschs, gibt Einblicke in das Leben der First Nations und der ersten weißen Siedler. Ferner wird die Ankunft der Eisenbahn dokumentiert, die das Leben der Bewohner rasant veränderte. Engagierten Pionierfrauen ist es zu verdanken, dass dieses Museum entstand. Sie begannen vor einigen Jahrzehnten, Erinnerungen zu sammeln.

- 📍 Im Innenstadtbereich nahe der Eisenbahnlinie Richtung Pemberton Meadows
- ✉ 7455 Prospect St, Pemberton
- ☎ 604-894-5504
- ⓦ www.pembertonmuseum.org
- 🕐 Mai–Sept.

🏛 **Übernachten**

🏨 **Pemberton Valley Lodge**

Man übernachtet in geschmackvoll eingerichteten Zimmern/Suiten mit Küchenzeile, Balkon oder Kamin und entspannt im Fitness-Studio oder Swimming-Pool.

- ✉ 1490 Sea to Sky Hwy 99, Pemberton
- ☎ 604-894-2000 oder 1-877-894-2800 (geb.frei)
- ⓦ www.pembertonvalleylodge.com
- 🕐 Ganzj.
- ⚙ ***

🏠 Greenwood Country Inn

Geschmackvoll eingerichtete Zimmer und Suiten, teils mit Küchenzeile

📍 *Vom Hwy 99 in Pemberton an der Ampel rechts auf die Portage Rd, nach Überqueren der Bahngleise weiter bis zur Prospect St, li bis zur Aster St, re weiter auf der Aster St, später wechseln auf die Dogwood St bis zum Abzweig Greenwood St, dieser bis zum Ende folgen.*

✉ *1371 Greenwood St, Pemberton*

☎ *604-894-5607 oder 1-877-977-5607 (geb.frei)*

@ *greenwoodcountryinn@gmail.com*

www *www.greenwoodcountryinn.com*

🕐 *Ganzj.*

💲 ***–****

🏕 Nairn Falls Provincial Park Campground ► S.350

*Richtung Süden kommen Sie nun zunächst zum **Nairn Falls Provincial Park** mit einem gepflegten Campground. Die sehenswerten Nairn Falls erreichen Sie über einen Wanderweg entlang des Green River.*

*Wer sich in die Abgeschiedenheit des riesigen **Garibaldi Provincial Parks** begeben möchte, muss nicht nur gut zu Fuß sein, sondern sich auch bestens in Hoch-*

gebirgsregionen zurechtfinden, erst recht, wenn mehrtägige Wanderungen geplant sind. Nur wenige Zufahrten, meist Gravel- oder Forest Service Roads, führen vom Highway 99 zu den Parkplätzen und Trailheads. Kontaktieren Sie bitte immer vor mehrtägigen Ausflügen in den Garibaldi Provincial Park eine Visitor Information.

*Der nächste Ort dürfte Ihnen nach der Winterolympiade 2010 zumindest namentlich nicht mehr fremd sein, Sie kommen nach **Whistler**, einem ganzjährigen Paradies für Sportfreaks. Riesige Parkplätze, die meistens auch gut belegt sind, bieten zentrumnah einer großen Anzahl von Fahrzeugen aller Größen Platz. Wenn das Wetter es zulässt, sollten Sie die beiden Hausberge **Whistler Mountain** und **Blackcomb Mountain** erklimmen. Völlig entspannt ist dies mit der Whistler Village Gondola zur Bergstation Whistler Mountain und der grandiosen **Peak2Peak Gondola** zur Bergstation Blackcomb Mountain möglich. Wer sich für das ehemalige Olympia-Gelände interessiert – einige Kilometer südlich von Whistler Village weist ein Hinweisschild zum Whistler **Olympic Park**.*

Nairn Falls

♣ NAIRN FALLS PROVINCIAL PARK

Der Nairn Falls Provincial Park mit seinem 60 Meter hohen, tosenden Wasserfall liegt am Highway 99, am Parkeingang befindet sich ein kleiner Picknickplatz. Besonders interessant sind die Felsenformationen am Wasserfall. Hier hat das Wasser über Jahrtausende strudelähnliche Formen in den Stein "gefressen", die im englischen passend als **Potholes** (etwa: Strudellöcher) bezeichnet werden. Der Park wurde 1966 zum Schutz der Natur und Kultur der Lil'Wat Nations gegründet, die ihn als spirituellen Ort verehrten.

Neben dem Wasserfall hat der Park noch eine Besonderheit zu bieten: Hier lebt die mit der Boa Constrictor verwandte **Rubber Boa**. Der Name klingt allerdings angsteinflößender als die von ihr ausgehende Gefahr ist. Die kleine Schlangenart wird etwa 45 cm lang, ist dickleibig mit einem kurzen, stumpfen Schwanz und eigentlich nur nachtaktiv. Sollten Sie dennoch auf ein Exemplar stoßen, erkennen Sie das Tier an der braun- bis olivfarbenen Oberseite und der cremefarbenen Unterseite. Die Schlange frisst Nagetiere und lebt in deren Höhlen oder unter größeren Blättern. Sie steht unter Artenschutz und stellt keine Gefahr für Menschen dar. Sollten Sie auf ein zusammengerolltes, braunes Bündel stößt, stören Sie das Tier nicht und setzen Sie einfach ihre Wanderung fort.

🏛 Übernachten

🛏 Nairn Falls PP Campground ★

Die Stellplätze sind weiträumig angelegt, einige befinden sich entlang des Green River. **Wohnmobilfahrer:** Eine (kostenlose) Sanidump-Station ist in Pemberton neben der Visitor Info am Highway 99.

- ✉ Hwy 99, 2 km südl. von Pemberton
- ☎ 604-986-9371, Reservierung: 1-800-689-9025 (geb.frei)
- 🌐 www.env.gov.bc.ca/bcparks/explore/parkpgs/nairn_falls
- 🕐 Mitte Mai–Ende Sept.

| 🚻 Ja | 🏕 94 | 🔌 Nein |
| 🚿 Nein | 💲 $ | |

⚥⚥ Wandern

▶ Nairn Falls Trail ★

Der Trail verläuft entlang der traditionellen Route der Lil`wat Nations entlang des Green River. Bei Nässe bitte Vorsicht an den Wasserfällen, da es dort über blanken Fels und steil abwärts zu den Aussichtspunkten geht. Feste Schuhe und ggf. ein Wanderstock sind hilfreich.

- 🅿 Parkplatz
- 🕐 1 Stunde
- 🔵 Leicht
- ↔ 1,5 km (einf. Strecke)
- 🔵 Minimal

▶ One Mile Lake Trail

Am One Mile Lake zwischen Pemberton und Nairn Falls Provincial Park befindet sich ein Badestrand und Spielplatz.

- 🅿 Campground zwischen Stellplätzen # 92 und 93
- 🕐 1 Stunde
- 🔵 Leicht
- ↔ 2 km (einf. Strecke)
- 🔵 Minimal

♣ GARIBALDI PROVINCIAL PARK

Nördlich von Vancouver und östlich vom Highway 99 liegt der 1.950 km² große Garibaldi Provincial Park in unmittelbarer Nachbarschaft zum südlich liegenden **Pinecone Burke** und **Golden Ears Provincial Park**. Vom Highway 99 führen einige Gravelroads zu den Parkplätzen und Trailheads. Diese Zufahrten sind zwischen zwei und 16 Kilometer lang.

Der Park wurde 1927 gegründet und verdankt seinen Namen dem Kapitän eines Schiffes der Royal Navy, George Henry Richards, das Mitte des 19. Jahrhunderts im Howe Sound Vermessungsarbeiten durchführte. Der Kapitän verehrte den italienischen Freiheitskämpfer Giuseppe Garibaldi und benannte nach ihm eine der höchsten Erhebungen und die Region. Noch höher als der 2.678 Meter hohe **Mount Garibaldi** ragt der Gipfel des **Wedge Mountain** empor – 2.891 Meter. Übrigens: Die Squamish First

Garibaldi Lake

Nations nannten den Mount Garibaldi *Chee-kye,* was übersetzt "schmutziger Schnee" bedeutet. Viele Gipfel im Park entstanden durch vulkanische Aktivitäten. Der natürliche Damm des Garibaldi Lake ist das Resultat eines Vulkanausbruchs des Clinker Peak.

Der größte Teil des Parks ist ein Felsen- und Eismeer, nur wenige Bereiche sind bewachsen und leuchten im Herbst in allen Farben. Einige Gipfel eignen sich für alpines Klettern, Auskünfte hierzu erhält man beim Alpine Club of Canada oder der Federation of Mountain Clubs of BC. Eine Klettertour auf den Black Tusk (2.319 m) Mountain sollte unterbleiben, da der Fels sehr instabil ist.

Der Park bietet neben Wintersport in den Bereichen **Diamond Head**, **Black Tusk** und **Garibaldi Lake** vor allem Wanderern viele Möglichkeiten, die Natur zu erkunden. Über 90 Kilometer Trails führen durch wilde Landschaften, vorbei an glasklaren Seen und über schnee- und gletscherbedeckte Berge. Aufgrund der weiten, unberührten Natur sind auch zahlreiche Tiere hier beheimatet, allen voran die Bären, die hier zahlreich vertreten sind. Bitte beachten Sie: Offene Feuer und motorisierte Fahrzeuge sind im Park verboten.

Informieren Sie sich vor Beginn einer Wanderung über den Zustand der Routen. Die Parkplätze und Ausgangspunkte für Wanderungen erreichen Sie vom Highwy 99 über fünf Parkeinfahrten (Gravel-, Loggingroads). Auf einigen Trails ist Mountainbiking erlaubt. Picknickplätze findet man beim Red Heather, Elfin Lakes, Garibaldi Lake und Taylor Meadows Zeltplatz.

🌐 *www.env.gov.bc.ca/bcparks/explore/parkpgs/garibaldi*

🚶 Wandern

❗ Der Garibaldi Provincial Park ist Hochgebirgsgebiet! Wer im Park wandern möchte, muss sehr gut ausgerüstet sein, ausreichend Proviant mitführen, feste, wasserdichte Schuhe und geeignete Kleidung tragen und ggf. Kletterausrüstung mit sich führen. Eine Person des Vertrauens sollte über die Tour unterrichtet sein. Alles Mitgebrachte muss auch wieder mitgenommen werden. Die Seen werden von Gletscherwasser gespeist und sind entsprechend kalt. Die höheren Regionen sind oft ganzjährig schnee- und eisbedeckt und Wege schlecht markiert. Die Wetterbedingungen können sich schnell ändern, auch im Hochsommer muss man mit Schneefall rechnen. Offenes Feuer ist nicht erlaubt, Hunde sind ebenfalls nicht zugelassen.

Aktueller Trailreport

🌐 www.env.gov.bc.ca/bcparks/explore/parkpgs/
garibaldi/trail_report.pdf

▶ Übernachtungsgebühren

Hütten und Zeltplätze: Alle Zeltplätze sind ganzjährig gebührenpflichtig und müssen vor Eintritt in den Park bezahlt sein. Den Zahlungsnachweis immer mitführen.

🌐 https://secure.camis.com/DiscoverCamping/
Backcountry

Eine Reservierung ist nicht möglich, die Zahlung der Gebühr garantiert keinen Stellplatz. Gleiches gilt für die Hütten, ggf. sollte man daher ein Zelt mitführen. Für den südlichen Eingang Diamond Head Area können die Gebühren am Parkplatz entrichtet werden.

Hütten und Backcountry Zeltplätze

Zelten ist nur auf bezeichneten Plätzen erlaubt.

💰 Erw. (ab 16 J.): CAD 15, Kinder (5-15 J.): CAD 10
🌐 www.env.gov.bc.ca/bcparks/explore/parkpgs/garibaldi

▶ Wandern Parkeingang Wedgemount Lake

📍 Abzweig zum Parkplatz 13 km nördlich von Whistler, weitere 4 km Gravelroad (nur Allradfahrzeuge) zum Parkplatz und Trailhead.

Übernachten

Wedgemount Lake Hut (für max. 6 Personen, einf. Ausstattung)

🕐 Ganzj., kein Winterservice

Wedgemount Lake Zeltplatz

🕐 Ganzj., kein Winterservice
🏕 20

Wandern

Wedgemount Lake Trail

Der Trail gehört zu den schwierigsten im Park. Unterhalb des Sees sind die Kletterkünste und gute Orientierung gefragt, bis man zum türkisfarbenen See gelangt.

🔵 Parkplatz
🕐 8–10 Stunden
🔴 Schwierig, sehr steil
🔵 7 km (einf. Strecke)
🔵 1.200 m

▶ Wandern Parkeingang Singing Pass – Whistler Village oder Whistler Mtn.

Trailhead und Parken in Whistler auf den Tagesparkplätzen, für Wanderer, die in dem Gebiet übernachten wollen, gibt es eine ausgeschilderte Parkmöglichkeit auf dem Parkplatz 4 in Whistler.

Übernachten

Russet Lake Hut (max. 6 Personen, einf. Ausstattung)

🕐 Ganzj.

Russet Lake Zeltplatz

🕐 Ganzj., kein Winterservice
🏕 7

Wandern

Singing Pass Trail

Der Trail folgt dem Fitzsimmons und Melody Creek bis zum Singing Pass, wo im Sommer bunte Wildblumen das Auge erfreuen. Der Singing Pass kann auch von der Whistler Bergstation über den Piccolo, Flut und Oboe Lake erwandert werden.

🔵 Whistler Village
🕐 7–8 Stunden
🔴 Schwierig
🔵 11,5 km (einf. Strecke)
🔵 1.000 m

Singing Pass – Russet Lake Trail

Unterwegs bieten sich tolle Ausblicke auf den Overlord Gletscher.

🔵 Singing Pass
🕐 2 Stunden
🔴 Moderat
🔵 3 km (einf. Strecke)
🔵 250 m

▶ Wandern Parkeingang Cheakamus Lake

📍 Abzweig vom Hwy 99 ca. 3 km südlich von Whistler an der Function Junction, weitere 8,5 km via Logging Rd zum Parkplatz und Trailhead.

Übernachten

Cheakamus Lake Zeltplatz

🕐 Ganzj., kein Winterservice
🏕 10

Helm Creek Zeltplatz
🕐 *Ganzj., kein Winterservic*
🔺 *9*

Singing Creek Zeltplatz
🕐 *Ganzj., kein Winterservice*
🔺 *7*

Wandern

Cheakamus Lake Trail
Der Wanderweg führt durch dichten Wald zum Cheakamus Lake.
➲ *Parkplatz*
🕐 *2 Stunden*
➲ *Leicht*
➲ *3 km (einf. Strecke)*
➲ *Minimal*

Cheakamus Lake – Singing Creek Trail
Der Trail führt entlang des Cheakamus Lake zum Singing Creek.
➲ *Cheakamus Lake*
🕐 *2 Stunden*
➲ *Leicht*
➲ *4 km (einf. Strecke)*
➲ *Minimal*

Cheakamus Lake zu den Black Tusk Meadows über Helm Creek
Anfangs geht es am Cheakamus River bis zu einer Brücke, danach in Serpentinen aufwärts zum Helm Creek Zeltplatz und weiter zu den Black Tusk Meadows.
➲ *Cheakamus Lake*
🕐 *9–10 Stunden*
➲ *Moderat*
➲ *14,5 km (einf. Strecke)*
➲ *600 m*

► Wandern Parkeingang Garibaldi Lake/ Black Tusk
🅟 *Abzweig zum Parkplatz vom Hwy 99 ca. 23 km südlich von Whistler, weiter 2,5 km auf befestigter Straße zum Garibaldi Lake Parkplatz.*

Übernachten

Garibaldi Lake Zeltplatz
🕐 *Ganzj., Service Mai–Mitte Nov.*
🔺 *50*

Schwarzbär bei Whistler

Taylor Meadows Zeltplatz
🕐 *Ganzj., Service Mai–Mitte Nov.*
🔺 *40*

Wandern

Garibaldi Lake Trail
Der steile Trail windet sich in Serpentinen durch einen dichten Wald nach oben.
➲ *Parkplatz*
🕐 *7–8 Stunden*
➲ *Moderat, anstrengend*
➲ *9 km (einf. Strecke)*
➲ *810 m*

Taylor Meadows Trail
Der Trail folgt zuerst dem Garibaldi Lake Trail, nach ca. 6 km teilt sich der Weg und führt weiter zu den Taylor Meadows.
➲ *Parkplatz*
🕐 *6–7 Stunden*
➲ *Moderat, anstrengend*
➲ *7,5 km (einf. Strecke)*
➲ *850 m*

Garibaldi Lake – Panorama Ridge Trail
Man hat unterwegs fantastische Ausblicke auf den Garibaldi Lake, Table Mountain und einige Gletscherfelder.
➲ *Garibaldi Lake*

🕐 *3–4 Stunden*
➋ *Moderat, anstrengend*
➡ *5 km (einf. Strecke)*
➋ *630 m*

▶ **Wandern Parkeingang Diamond Head**
📍 *Abzweig zum Parkplatz vom Hwy 99 über die Mamquam Rd, 4 km nördlich von Squamish. Bis zur Mashiter Creek Bridge ist die Straße befestigt, danach geht es auf einer Logging Rd weiter zum Parkplatz in 914 m Höhe.*

Übernachten

Elfin Lakes Hut
Gasanschluss für Licht, Heizung und Kochen ist vorhanden. keine Reservierung möglich, wenn die Hütte (33 Pers.: 11 Doppel-, 11 Einzelkojen) belegt ist, bleibt nur Zelten. **Tipp:** Frühzeitig am Tag aufbrechen!
🕐 *Ganzj.*

Elfin Lakes Zeltplatz
🕐 *Ganzj.*
➋ *35*

Rampart Ponds Zeltplatz
🕐 *Ganzj., kein Winterservice*
➋ *12*

Red Heather Campground
🕐 *Nur Wintercamping*

Wandern

Red Heather Meadows Trail
Der Trail verläuft auf einer ehemaligen Jeep Rd, die zu den Elfin Lakes führte.
➡ *Parkplatz*
🕐 *4–5 Stunden*
➋ *Moderat*
➡ *5 km (einf. Strecke)*
➋ *450 m*

Elfin Lakes Trail
Der Trail verläuft auf einer ehemaligen Jeep Rd, die zu den Elfin Lakes führte.
➡ *Parkplatz*
🕐 *7–8 Std.*
➋ *Moderat, anstrengend*
➡ *11 km*
➋ *600 m*

Elfin Lakes – Opal Cone
Es geht zuerst hinunter zum Ring Creek und danach steil hinauf zum Opal Krater, einem erloschenen Vulkan.
➡ *Elfin Lakes*
🕐 *5–6 Std.*
➋ *Moderat*
➡ *6,5 km*
➋ *250 m*

Elfin Lakes – Little Diamond Head
Die anstrengende Wanderung führt vorbai an Gargoyles (seltsame Lavaskulpturen) bis zum Little Diamond Head.
➡ *Elfin Lakes*
🕐 *5–6 Std.*
➋ *Moderat, anstrengend*
➡ *7 km*
➋ *625 m*

🏛	**WHISTLER** 🖼ℹ❌🍴📷	
🌌	Pemberton	30 km
	Squamish	61 km
👪	Stadt	9.824
❄❄	-8 °C	
☀	+17 °C	
〰	675 m	
⊘	Stadt	12,94 km²
Vergleich: Linsengericht / Hessen		
👪	Stadt	9.878
〰	166 m	
⊘	Stadt	29,82 km²

Der sehr bekannte Touristen- und Wintersportort **Whistler** liegt wunderschön in den Coast Mountains ca. 122 Kilometer nördlich von Vancouver am Highway 99/**Sea to Sky Highway**. Die Innenstadt (Whistler Village) ist Fußgängerzone, große Parkplätze am Stadtrand sind vorhanden und bieten den Besucherströmen Platz zum Parken. Zahlreiche Sportbekleidungs-, Souvenir-

Whistler Village

und Kunstgewerbeshops, Restaurants aller Preisklassen und Cafés reihen sich in der Fußgängerzone aneinander, in der auch das Nachtleben nicht zu kurz kommt. Whistler Village ist ein beliebter Treffpunkt und wenn die Sonne scheint, ist auf den vielen Außenterrassen der Lokale kaum ein Plätzchen zu ergattern. Restaurant-Guide: 🔴 *www.whistler.com/dining*

Die Stadt ist weiträumig angelegt und verteilt sich auf viele Stadtteile, die sich über mehrere Kilometer am Highway 99 aufreihen. Wichtigster Stadtteil ist Whistler Village, in den weiteren Stadtteilen findet man Übernachtungsmöglichkeiten und die passende Infrastruktur. Ein Rad- und Wandernetz verbindet die Stadtgebiete. Die meisten Gebäude sind im alpinen Stil erbaut.

Die wichtigsten Stadtteile von Whistler

- Whistler Village (Innenstadt)
- Blackcomb Village
- Whistler Creekside
- Alta Vista, Brio, Blueberry Hill
- Alpine Meadows
- Emerald Estates
- Nesters, Whistler Cay

Auf die beiden Hausberge **Blackcomb Mountain** (2.284 m) und **Whistler Mountain** (2.182 m) führen in der Wintersaison und im Frühsommer 38 Sessel- und Schlepplifte zu den Ski- und Gletscherskigebieten. Es wird Heli-Skiing, Snowboar-

ding, Gletscher-Skifahren, Eisklettern und vieles weitere angeboten – eigentlich gibt es nichts, was es in Whistler nicht gibt. So auch gemütliches Golfen (18-Loch-Golfplatz) bis zur rasanten Abfahrt an einem Stahlseil hängend bei einer **Zipline-Tour**. Und Mountainbike Fans finden im **Mountainbike-Park** abenteuerliche Strecken.

Wanderern steht im Tal wie auch in den Bergregionen ein weites Wegenetz zur Verfügung. Mehr als 100 Hotels, Lodges und Resorts bieten Übernachtung – nach preiswerten Hotels oder Motels sucht man allerdings vergebens. Auch der RV-Park hat stolze Preise!

💡 Eine günstige Übernachtung für Wohnmobilfahrer bietet der 30 km nördlich liegende Nairn Falls Provincial Park.

Das Whistler Valley war früher ein traditioneller Handelsweg der Lil'wat und Squamish Natives zwischen Vancouver und Lillooet und durch seinen reichen Tierbestand auch ein ideales Jagdgebiet. Viele Tausend Coast Salish People, zu denen auch die Lil'wat und Squamish gehören, lebten zwischen dem Howe Sound und Lillooet. Anfang des 20. Jahrhunderts kamen die ersten britischen Siedler und nannten das Gebiet "London Mountain" – eine Hommage an ihre Heimat. Der spätere Wechsel des Namens hin zu "Whistler" ist der hiesigen Tierwelt zu verdanken, denn die Hänge

© and Courtesy of Tourism Whistler

WHISTLER
CANADA

BLACKCOMB
MOUNTAIN

FAIRMONT CHATEAU
WHISTLER GOLF CLUB

Painted Cliff Rd

Spearhead Dr

Blackcomb Gondola to Rendezvous Lodge

Blackcomb Way

Squamish
Lil'wat Cultural
Centre

Fitzsimmons Creek

Glacier Rd

Valley Trail

P

P

P

P

P

Bergbahn
Blackcomb
Mountain

Blackcomb Way

Lorimer Rd

Bergbahn Whistler
Mountain,
Peak2Peak
Gondola

VISITOR INFO

Village Gate Blvd

Main St.

Northlands Blvd

Whistler Way

WHISTLER VILLAGE

Sea to Sky Hwy 99

◄ Pemberton,
Nairn Falls Prov. Park

N

WHISTLER
GOLF CLUB

Olympic Park
Squamish, Vancouver ▼

der Berge wurden von Murmeltier-Herden bewohnt, deren Pfeifen *(whistle)* weithin zu hören war. Zu den ersten britischen Siedlern gehörten Alex und Myrthle Philip, die sich am **Alta Lake**, im Westteil des heutigen Whistler, niederließen. Hier entstand die erste Lodge (Rainbow Lodge). Die Fertigstellung der Eisenbahnlinie der Pacific Great Eastern Railwag sorgte schnell für weitere Zuwanderung. Erwerbsquelle Nummer eins war damals die Holzindustrie. Mitte des 20. Jahrhunderts begann man mit dem Ausbau des Ortes als Wintersportgebiet und legte so den Grundstein für die heutige touristische Bedeutung. 1966 brachte der erste Sessellift die Besucher auf den Whistler Mountain, 1980 folgte die Erschließung des größeren Bruders, des Blackcomb Mountain.

Mit der Vergabe der Olympischen Winterspiele 2010 an Vancouver und Whistler startete auch in Whistler ein ungeheurer Bauboom, weitere Unterkünfte wurden gebaut und die gesamte Infrastruktur erweitert. Der Highway 99 zwischen Vancouver und Whistler wurde auf 120 km zu einer begradigten "Rennstrecke". Viele Bäume und Felsen mussten weichen. Kritisch betrachtet ging ein wenig Romantik der Region verloren und dem Massentourismus wurde Tür und Tor geöffnet – andererseits ist der Tourismus auch eine wichtige Erwerbsquelle der Bergregionen.

Ein Supermarkt "Whistler MarketPlace IGA" befindet sich in der Fußgängerzone auf dem Northlands Blvd. Im Norden von Whistler Village am Blackcomb Way liegen stadtnah fünf große Tages-Parkplätze (Lot 1–3 gebührenpflichtig) für Busse, Wohnmobile und Pkws. Zufahrt vom Highwy 99 zu den Parkplätzen über die Lorimer Rd, danach den Hinweisen folgen. Frei Parken kann man auf dem Tages-Parkplatz Lot 4 & 5, Blackbomb Base II Lot 6, 7 & 8. Für einen Besuch von **Whistler Village** ist die Karte dieses Reiseführers ausreichend, weiterführende Karten erhalten Sie kostenlos an vielen Stellen.

🅟 *Parken Tagesticket: Sommer: CAD 12, Winter: CAD 8, nach 17 Uhr frei*

ℹ VISITOR INFORMATION

✉ *4230 Gateway Dr, Whistler Village*
☎ *604-935-3357 oder 1-877-991-9988 (geb.frei)*
🕐 *April–Mitte Sept.: tägl. 8–22 h, Mitte Sept.–Mitte Dez.: tägl. 8–18 h, Mitte Dez.–Mitte April: Mo–Do 8–19/20 h, Fr & Sa 8–22 h*
@ *activity@tourismwhistler.com*
🌐 *www.whistler.com*
🌐 *www.resortac.com/images/maps/whistlermap.pdf*

Whistler Village

► Öffentlicher Personennahverkehr

Den öffentlichen Personennahverkehr bewältigen Busse, Cabs und Taxis.

Resort Cabs
☎ 604-938-1515
🌐 www.resortcabs.com

Whistler Taxi
☎ 604-932-3333
🌐 www.whistlertaxi.com

Whistler Transit System
☎ 604-932-4020
💰 Pro Person (passend, Fahrer haben kein Wechselgeld):
CAD 2,50, Kinder bis 4 J.: frei, Tagespass: CAD 7
🌐 http://bctransit.com/whistler

👁 Highlights

► Squamish Lil'wat Cultural Centre

Wer sich mit der Kultur, dem Leben und der
Geschichte der First Nations beschäftigen
möchte, sollte das Squamish Lil'wat Cultural Centre besuchen. In Whistler treffen die
beiden Kulturen der Lil'wat Nations, die sich
bis nach Mount Currie ausbreiten, und die
Squamish Nations, die von Nord Vancouver
bis nach Whistler reichen, aufeinander. Daher lag es nahe, die beiden Kulturen auch
unter einem Dach zu präsentieren. Im Theater werden Filme präsentiert, im Außenbereich steht ein traditionelles Squamish
Longhouse **Tl'aktaxen Lam**, Versammlungs-
ort der Squamish People, und ein traditionelles **Pit House (**Erdhaus/Grubenhaus) der
Lil'wat. Im Gift Shop wird Handgefertigtes
zum Kauf angeboten und im Café werden
Speisen der modernen und traditionellen
Küche serviert. Ein Besuch des Cafés ist
auch ohne Ausstellungsbesuch möglich.
📍 Vom Hwy 99 li auf die Lorimer Rd und weiter bis
zum Blackcomb Way
✉ 4584 Blackcomb Way, Whistler
☎ 1-866-441-7522 (geb.frei)
🕐 Sommer: Di–So 10–17 h
💰 Erw.: CAD 18, Sen. (65+)/Studenten: CAD
13,50, Kinder (6–12 J.): CAD 8,
Familien: CAD 49
@ info@slcc.ca
🌐 www.slcc.ca

► Bergbahnen

Im Sommer sind eine Gondelbahn bis zur
Whistler Mountain Bergstation **Roundhouse
Lodge** in 1.850 Meter Höhe, ein Sessellift
Peak Express bis zum Gipfel des **Whistler
Mountain** in 2.182 Meter Höhe und die
2008 erbaute **Peak2Peak Gondelbahn** in
Betrieb. Zur Talstation des Sessellifts Peak
Express führt von der Roundhouse Lodge
ein 600 Meter langer, steiler Weg. Die ins-
gesamt 4,4 Kilometer lange Peak2Peak
Gondola schwebt 436 Meter hoch über den
Fitzsimmons Creek und verbindet auf einer
Länge von 3,024 Kilometer freitragend die
Bergstationen Whistler und Blackcomb
Mountain – ein tolles Erlebnis, das Sie sich
nicht entgehen lassen sollten. Für den besonderen Kick sorgen einige Gondeln mit
gläsernem Boden. Die Bergstation Blackcomb Mountain mit der **Rendezvous Lodge**
befindet sich auf 1.860 Meter Höhe. Lassen
Sie sich dort einen Hamburger schmecken,
der frisch zubereitet wird und "kanadische"
Ausmaße hat. Und auf welchem Trail Sie
auch unterwegs sind, die fantastischen
Ausblicke werden Sie fesseln und noch
lange in Erinnerung bleiben.

Beachten Sie: Am Sommersaison-Ende
sind die Bahnen nur an Wochenenden in
Betrieb und die Öffnungszeiten variieren.
☎ 1-800-766-0449 (geb.frei)
🕐 Sommerbetrieb: Ende Mai–Ende Sept. Kernöff-
nungszeiten tägl. 10–17 h, Ende Sept.–Mitte
Okt. nur an Wochenenden. Sessellift zum Gipfel
stellt um 16 Uhr den Betrieb ein
🕐 Mountainbikepark: Anf. Mai–Mitte Okt.
🕐 Winterbetrieb: Ende Nov.–Mitte Mai
💰 Erw.: CAD 54,95, Sen. (65+), Jugendl. (13–18 J.):
CAD 47,95, Kinder (7–12 J.): CAD 27,95
🌐 www.whistlerblackcomb.com
🌐 Mountainbikepark: www.whistlerbike.com

► Bear Viewing & Ecology Tour

Im Bereich des Whistler und Blackcomb
Mountains sind neben vielen Wildtieren bis
zu 50 Schwarzbären und Muttertiere mit
ihren Jungen heimisch. Qualifizierte Führer, die bestens die Flora und Fauna rund
um Whistler kennen, bringen Besucher zu
den Futterstellen und Schlafplätzen dieser
prächtigen Tiere. Treffpunkt ist die Basisstation des Wizard Express, Blackcomb
Base, 15 Minuten vor Tourstart. Zu den

Schanzen im Whistler Olympic Park

schen. Unweit des Olympic Parks im Olympischen Dorf wohnten die Athleten und Athletinnen, die Trainer und die Offiziellen. Insgesamt konnten ca. 2.400 Personen untergebracht werden, die Kosten betrugen etwa CAD 119,7 Mio. Zu den offiziellen Gastgebern der Spiele zählten erstmals in der Geschichte auch vier First Nations: die Lil'wat, die Musqueam, die Squamish und die Tsleil-Waututh, alle Mitglieder der Coast Salish People. Der Austragungsort in Whistler war Teil ihres traditionellen Territoriums. Kunstwerke der First Nations konnte man im Olympischen Dorf bewundern.

Im Sommer ist der Park vor allem für Sportfans und Mountainbiker interessant. Aktivitäten wie z. B. Mountainbiking-Trails finden Sie auf der Internetseite.

- Preise abhängig vom Umfang des genutzten Angebots
- Sommer Parkeintritt: CAD 10 pro Fahrzeug
- www.whistlerolympicpark.com

> Die Zufahrt zum Olympic Park vom Highway 99 gilt als *Bear Watching Hotspot*, entlang der Straße werden sehr häufig Bären gesichtet.

Plätzen wird man mit 4x4 Fahrzeugen gebracht, es sind nur kurze Wege zu Fuß zu gehen. Bitte feste Schuhe und wetterfeste Kleidung tragen, Insektenschutz und Kamera nicht vergessen, Ferngläser werden zur Verfügung gestellt. Für Kinder unter 9 Jahren ist die Tour weniger geeignet. Weitere Infos in der Visitor Info.

- Basisstation Wizard Express, Blackcomb Way
- Buchung: 1-800-944-7853
- 3 Stunden
- Mitte–Ende Mai & Mitte Juli–Mitte Aug.: 6 & 18 h, Juni–Mitte Juli: 6, 12 & 18 h, Mitte Aug.– Mitte Sept.: 7, 12 & 17 h, Mitte–Ende Sept.: 8, 12 & 16 h, Okt.: 15 h
- Erw.: CAD 189, Kinder & Jugendl. (9–18 J.)/Sen. (65+): CAD 179
- www.whistler.com/activities/bear-viewing

▶ Olympic Park und Olympic Village

Der Olympic Park liegt 16 km südwestlich von Whistler Village. Achten Sie auf ein Hinweisschild am Highway 99 (Callaghan Valley Rd). Bis zum Olympic Park sind weitere neun Kilometer zurückzulegen. Kurz vor Erreichen des Olympic Parks führt ein Seitenweg zu den **Alexander Falls**, die über drei Stufen 43 m tief ins Tal rau-

▶ Wandern Whistler Mountain

Harmony Lake Trail

Der Trail durch alpines Gebiet streift den pittoresken Harmony Lake und gibt den Blick auf den Blackcomb frei. Er kann mit dem nächsten Trail kombiniert werden.

- Roundhouse Lodge
- 1,5 Stunden
- Moderat
- 2,5 km (Rundweg)
- 130 m

Harmony Meadows Loop Trail

Der Trail folgt dem Harmony Lake Trail bis zu einer Gabelung, wo er nach rechts abzweigt. Er bietet fantastische Ausblicke ins Fitzsimmons Valley. Zurück geht es über den High Note Trail und Harmony Trail.

- Roundhouse Lodge
- 1 Stunde
- Moderat
- 1,1 km (einf. Strecke)
- 80 m

Blackcomb Mountain

Peak Interpretive Trail

Der Trail umwindet weit über der Waldgrenze den Gipfel des Whistler Mountains.

- ⊙ Whistler Peak
- ⊙ 1 Stunde
- ⊙ Leicht
- ⊙ 1,6 km (Rundweg)
- ⊙ 30 m

Peak Express Traverse Trail

Der Trail führt von der Roundhouse Lodge zur Talstation des Peak Express Sessellifts.

- ⊙ Roundhouse Lodge
- ⊙ 30 Minuten
- ⊙ Leicht
- ⊙ 0,6 km (einf. Strecke)
- ⊙ 55 m

Weitere Wanderwege

- ⊙ www.seitnotiz.de/NPRKA20

► Wandern Blackcomb Mountain

Alpine Walk Loop Trail ★

Populärer Trail über subalpine Wiesen mit tollen Ausblicken. Nahe Fitzsimmons Lookout müssen Felsbrocken überwunden werden.

- ⊙ Rendezvous Lodge
- ⊙ 1 Stunde
- ⊙ Leicht bis moderat
- ⊙ 1,6 km (Rundweg)
- ⊙ 65 m

Weitere Wanderwege

- ⊙ www.seitnotiz.de/NPRKA21

🏠 Übernachten

🏨 Fairmont Chateau Whistler

Spitzenklasse-Hotel, man übernachtet in komfortablen Zimmern oder Suiten. Gäste konnen in der Sauna, im In- oder Outdoorpool oder Fitness-Center entspannen.

- ⊙ Vom Hwy 99 li auf die Lorimer Rd, nach 12 km re auf den Blackcomb Way
- ✉ 4599 Chateau Blvd, Whistler
- ☎ 604-938-8000 oder 1-800-606-8244 (geb.frei)
- @ chateauwhistlerresort@fairmont.com
- ⊙ www.fairmont.com/whistler
- ⊙ Ganzj.
- ⊙ ★★★

🏨 Pan Pacific Whistler Village Centre

In der luxuriösen Herberge im Stadtzentrum übernachtet man in komfortablen 1-3-Zimmer-Suiten (Balkon, Küchenzeile, Kamin). Sauna, Fitnessraum und Whirl- und Outdoor-Pool dient der Entspannung. Frühstück inkl.

- ⊙ Vom Hwy 99 li auf die Lorimer Rd, nach 300 m re auf den Blackcomb Way
- ✉ 4299 Blackcomb Way, Whistler
- ☎ 604-966-5500 oder 0800-4892-921 (geb.frei)
- ⊙ www.panpacific.com/WhistlerVillageCentre
- ⊙ Ganzj.
- ⊙ ★★★

🏨 Alpenglow

Das Alpenglow liegt im Village North, man übernachtet in 1- bzw. 2-Raum-Apartments (mit Küchenequipment), Balkon und Kamin. Enspannung bietet die Sauna, der Fitnessbereich oder der beheizte Pool.

- Vom Hwy 99 re auf Lorimer Rd, danach re auf den Northland Blvd
- 4369 Main St, Whistler
- 1-866-580-6642 (geb.frei)
- www.whistler-alpenglow.com
- Ganzj.
- ★★−★★★

HI-Whistler

Das barrierefreie Hostel südlich von Whistler Village bietet Unterkunft in Familien- und Mehrbettzimmern. Es verfügt über eine Küche, freien Internetzugang u.v.m.

- Abfahrt v. Hwy 99 ca. 7 km südl. v. Whistler über Westside Rd/Cheakamus Lake Rd
- 1035 Legacy Way, Whistler
- 604-962-0025, Reservierung: 1-866-762-4122 (geb.frei)
- www.hihostels.ca/whistler
- Ganzj.
- ★−★★

Riverside RV Resort & Campground

Schöner RV Park mit bewaldeten Stellplätzen umgeben von tollem Bergpanorama.

- Vom Hwy 99 ca. 1,5 km nördl. v. Whistler Village Abfahrt li auf den Spruce Grove Way/Mons Rd
- 8018 Mons Rd, Whistler
- 604-905-5533
- info@riversidewhistler.com
- www.whistlercamping.com
- Ganzj.
- Ja   67   Ja
- Ja   Ja   Ja
- Strom, Wasser, Abwasser
- $$–$$$
- 37, im Winter nicht möglich
- $–$$
- Cabins: ★★★, Yurts (bis 5 Pers.): ★★

Whistler RV-Park & Campground

Teils bewaldete, teils freie Stellplätze auf einer Anhöhe mit grandiosem Weitblick.

- 12 km südl. v. Whistler Creek Village, Zufahrt über Brew Main Rd (1 km)
- 55 – Hwy 99, Whistler
- 604-905-2523
- info@whistlerrvpark.com
- www.whistlerrvpark.com
- RV-Park: ganzj., Zeltplatz: Mai–Sept.
- Ja   102   Nein
- Ja   Ja
- Strom, Wasser, Abwasser

- $$–$$$
- 44, im Winter nicht möglich $

Wenn auch der Highway 99 von Whistler nach Vancouver heute einer meist 4-spurigen Rennstrecke gleicht, sollten Sie sich trotzdem Zeit für die Strecke nehmen, besonders südlich von Squamish, wenn der Highway am **Howe Sound**, einem Fjord des Pazifiks, der von der Strait of Geogia bis nach Squamish reicht, entlangführt.

Furchtlose Zeitgenossen können ca. 13 km südlich von Whistler über die Cal Cheak Forest Service Rd zur **Whistler Bungee Bridge** fahren und sich dort 53 Meter tief Richtung Cheakamus River fallen lassen (http://whistlerbungee.com). Zu Fuß kann man vom Parkplatz Brandywine Falls Provincial Park (Sea to Sky Trail, ca. 1,5 km) zur Bungee Brücke gelangen.

Südlich von Whistler erreichen Sie den **Brandywine Falls Provincial Park**. Der prächtige Wasserfall liegt nur wenige Hundert Meter vom Parkplatz entfernt.

Nach diesem Stopp trennen Sie nur noch wenige Kilometer von Squamish, kurz vor der Stadt liegt noch der nette **Alice Lake Provincial Park** mit weiträumigem Campground und zwei Badeständen am See.

Squamish ist das Mekka aller Felsenkletterer, die sich auf den Granitmonolithen im Umkreis der Stadt nach oben hangeln. Nicht selten sieht man vom Highway diese Kletterkünstler an der Felswand "kleben".

Südlich von Squamish treffen Sie auf die neueste Attraktion, die **Sea to Sky Gondola**, die ab Mai 2014 Besucher vom Highway hinauf zur Summit Lodge bringt. Danach treffen Sie noch auf einen weiteren sehenswerten Wasserfall im **Shannon Falls Provincial Park**, der ebenfalls über einen kurzen Wanderweg zu erreichen ist. Eine schöne, highwaynahe Picknickanlage befindet sich unterhalb des Wasserfalls.

BRANDYWINE FALLS PROV. PARK ★

Dem Brandywine Falls im gleichnamigen Provincial Park sollten Sie einen Besuch abstatten, der Viewpoint ist über einen kurzen

Fußweg (ca. 15 Minuten) vom Parkplatz am Hwy 99 zu erreichen. Dort bietet sich ein eindrucksvoller Blick auf den im Tal liegenden Daisy Lake und den pittoresken, 61 Meter hohen Wasserfall.

Der eigenwillige Name der Wasserfälle geht auf eine nette Anekdote zurück: Als die Eisenbahnstrecke gebaut wurde, wetteten die Landvermesser Jack Nelson und Bob Mollison, wer die Höhe des Wasserfalls genauer schätzen könne. Wetteinsatz war eine Flasche Wein und eine Flasche Brandy. Nach der exakten Vermessung stand Bob Mollison als Sieger fest und war nun Besitzer der Spirituosen. Der Verlierer taufte den Wasserfall auf den Namen Brandywine – vielleicht während der Wettfeier, bei der die Beiden vermutlich nicht nur Wasser genossen haben ...

◉ *Hwy 99, 15 km südl. v. Whistler*
◉ *Ganzj.*
◉ *www.env.gov.bc.ca/bcparks/explore/parkpgs/ brandywine_falls*

Brandywine Falls

🚶🌲 **Wandern und Mountainbiking**

▶ **Swim Lake Trail**
Kurz vor der Bahnlinie führt ein kurzer, stellenweise steiler Trail zum Swim Lake.
◉ *Parkplatz*
◉ *1 Stunde*
◉ *Leicht*
◉ *1 km (einf. Strecke)*

▶ **McGuire Station Mountainbike Trail**
◉ *Parkplatz*
◉ *45 Minuten*
◉ *Moderat*
◉ *3,3 km (einf. Strecke)*

▶ **Sea to Sky Mountainbike Trail**
Ein Teilstück des geplanten, 180 km langen Sea to Sky Trails führt in 1,5 km zur Whistler Bungee Bridge, wo man den Adrenalinspiegel in die Höhe treiben kann.
◉ *Parkplatz*
◉ *http://whistlerbungee.com*

Brandywine Falls – Blick auf den Daisy Lake

🌲 ALICE LAKE PROVINCIAL PARK

Den 1956 gegründeten Alice Lake Provincial Park erreicht man über eine kurze Zufahrt vom Highway 99. Der Park ist sehr beliebt, dementsprechend gut besucht ist er in Ferienzeiten und an Wochenenden, eine Reservierung ist dann ratsam. Der Park ist benannt nach der Ehefrau (Alice) des Siedlers Charles Rose, der sich 1888 hier niederließ. Am See liegen zwei Picknickplätze und zwei Badestrände (Süd-/Nordstrand). Der Park grenzt im Osten an den Garibaldi Provincial Park, einige Trails führen in diesen Park.

🏨 Übernachten

🏕 Alice Lake PP Campground ★
- Hwy 99, 13 km nördl. v. Squamish
- Reservierung: 1-800-689-9025 (geb.frei)
- www.env.gov.bc.ca/bcparks/explore/parkpgs/alice_lk
- Mitte März–Okt.
- Ja
- 96, 55 mit Stromanschl.
- Ja, CAD 5
- Ja
- Ja
- Strom, pro Nacht: CAD 8
- $-$$
- 12, walk-in
- $

🚶 Wandern

▶ Four Lakes Loop Trail
Auf der Wanderung tangiert man vier Seen: Stump (der auch umrundet werden kann), Fawn und Edith Lake und zurück zum Alice Lake (Mai–Mitte Sept. für Biker verboten).
- Stump Lake Parkplatz nahe Campground oder Alice Lake Südbadestrand
- 2 Stunden
- Leicht
- 6 km (Rundweg)
- Minimal

▶ Alice Lake Loop Trail ★
Der See-Rundweg eignet sich bestens für ein kurzes "Füße vertreten".
- Parkplatz
- 45 Minuten
- Leicht
- 2 km (Rundweg)
- Minimal

🏘 SQUAMISH 🅿ℹ➕❌🏕⛺

Die Stadt Squamish liegt am Highway 99 am Ende des Howe Sound. Der **Howe Sound** und die Vulkankegel der südlich liegenden Cascade Mountains und nördlich liegenden Coast Mountains entstanden durch heftige Eruptionen nach dem Rückgang der letzten Eiszeit vor ca. 10.000 Jahren. Der Monolith **Stawamus Chief** nahe Squamish ist aus dem Magma eines alten Vulkans entstanden, er ist der zweitgrößte Granitmonolith der Welt. In der Umgebung

Alice Lake

Highway 99 – Squamish am Ende des Howe Sound

von Squamish sind noch mehrere Granit-felsen zu finden.

Die First Nations kamen bereits vor ca. 5.000 Jahren über die zugefrorene Bering-straße bis an den Howe Sound und wurden hier sesshaft, da sie hier ideale Lebens-bedingungen vorfanden. Nachfahren der Sko-mish Squamish People leben noch heute in der Region.

⬩	Whistler	61 km
	Vancouver	78 km
👪	Stadt	17.479
❄❄	+0 °C	
☀	+22 °C	
〰	18 m	
⬄	Stadt	16,82 km²
Zum Vergleich: Alzey / Rheinland-Pfalz		
👪	Stadt	17.902
〰	194 m	
⬄	Stadt	35,21 km²

Im Juni 1792 kam Captain George Vancou-ver auf seiner Entdeckungsreise mit der "Discovery" in den Howe Sound und berei-tete damit den Zugang in das Gebiet. Im darauffolgenden Jahrhundert zogen, vom Ruf des Goldes berauscht, Händler, Goldsu-cher und Abenteurer durch das Land nach Norden zu den Goldfeldern. 1889 waren es

Alec Robertson und seine Frau, die als erste Weiße Squamish zu ihrer Heimat machten und so den Grundstein zur heutigen Stadt legten. Ihnen folgten weitere Siedler, die vor allem das Potenzial für die Forstwirt-schaft und die perfekte Meeresverbindung mit Vancouver für einen regen Handel er-kannten. 1956 war die Eisenbahnstrecke Vancouver–Squamish fertiggestellt und ein paar Jahre später folgte der Highway-An-schluss zum Alta Lake Resort, dem späteren Ort Whistler. In den Folgejahren entwickelte sich neben der Forstwirtschaft vor allem der Tourismus zur Top-Einkommensquelle, da das Gebiet ganzjährig eine Vielfalt von Freizeitaktivitäten ermöglichte. Dies hat sich bis heute nicht geändert, das Tal und der angrenzende Garibaldi Provincial Park zählt ungebrochen zu einem der beliebtesten Ziele für Outdoor-Fans. Besonders der welt-größte 625 Meter hohe Granitfels, genannt **The Chief**, ist bei Freikletterern äußerst be-liebt. Achten Sie auf die Kletterer, die gut sichtbar am Felsen "kleben". Aber nicht nur "The Chief" ist ein beliebtes Kletterziel – in der Umgebung von Squamish sind mehr als 1.500 Klettertouren möglich. Auch Surfer treffen sich zahlreich im Howe Sound, da sie hier ideale Wind-Bedingungen vorfinden. Eigentlich kein Wunder, denn Squamish be-deutet übersetzt etwa *Mutter des Windes*. Und da die Sportmöglichkeiten beim Surfen und Klettern nicht aufhören, ist der neu ge-schaffene Beiname *Outdoor Recreation Ca-pital of Canada* fast noch passender.

Squamish ist daneben auch ein belieb-ter Drehort internationaler Filmprodukti-onen. Das jüngste im deutschsprachigen

Raum bekannte Projekt, das zu weiten Teilen hier gedreht wurde, ist die Serie "Men in Trees". Aber auch zahlreiche weitere Filmprojekte wie "Doppelmord", "Insomnia", "Andromeda" und "Highlander" nutzten die einmalige Kulisse rund um die Stadt.

In Squamish und dem nördlich liegenden Ort Brackendale, der fast mit Squamish verwachsen ist, findet man alle Versorgungseinrichtungen. Ein Supermarkt liegt in Squamish an der Pemberton Ave/Ecke 2nd St.

🛈 VISITOR INFORMATION

Das neu erbaute Rundgebäude, in dem u. a. die Visitor Information untergebracht ist, ist vom Highway 99 gut zu sehen.
- ✉ 102 – 38551 Loggers Lane, Squamish
- ☎ 604-815-5084
- 🕐 Kernöffnungszeiten: 9 – 17 h
- 🌐 www.exploresquamish.com

👁 Highlights

▶ West Coast Railway Heritage Park

Für Eisenbahnfans ist ein Besuch des am 10. Juli 1994 eröffneten West Coast Railway Heritage Parks ein Muss. Hier bekommt man vieles rund um die Geschichte dieses Transportmittels vermittelt. Im Freigelände stehen u. a. 14 Lokomotiven, gebaut zwischen 1910 und 1953, daneben noch 19 Personenwagen, die von 1890 und 1962 benutzt wurden. "Welch ein Komfort steht uns heute in den Zügen zur Verfügung", denkt man, wenn man einen Blick in die Waggons wirft. Da es auch ein Leben außerhalb der Eisenbahn gab, sind zusätzlich Fahrzeuge, darunter eine Lkw-Zugmaschine und ein Feuerwehrauto zu sehen. Eine Mini-Eisenbahn fährt in den Sommermonaten durch den Park, sie startet an der **Wilkie Station** und ist besonders für Kinder gedacht. Während der Sommermonate bietet eine Snackbar Erfrischungen und kleine Mahlzeiten.
- 🚩 Abfahrt vom Hwy 99 südlich der Brücke über den Mamquam River über Centennial Way/ Government Rd zum Heritage Park
- ✉ 39645 Government Rd, Squamish
- ☎ 604-898-9336
- 🕐 Ganzj.: tägl. 10 – 16/17 h, Weihnachten & Neujahr geschlossen

- 💰 Erw.: CAD 18, Sen.: CAD 15, Schüler/Stud.: CAD 13, Kinder (2 – 9 J.):CAD 5, Familien: CAD 55
- 💰 Mini-Rail: CAD 5
- @ info@wcra.org
- 🌐 www.wcra.org

▶ Brackendale Eagles Provincial Park

Nahe Brackendale im Brackendale Eagles Provincial Park überwintert die höchste Konzentration der **Weißkopfseeadler** (Bald Eagles) Nordamerikas. Der Park liegt jenseits des Squamish River in den Ausläufern der Coast Mountains. Von Mitte Dezember bis Mitte Januar sind die meisten Tiere auf den Überwinterungsplätzen. Dieser hübsche Greifvogel, dessen weißer Kopf namensgebend ist, mit seinem dunklem Körper, Schwanz und Flügel ernährt sich u.a. von Fischen (Lachsen), die er im Squamish, Cheakamus und Mamquam River reichlich vorfindet. Ein Aussichtspunkt mit Display, das über den Lebenszirkel der Lachse und Weißkopfseeadler informiert, befindet sich auf dem Damm des Squamish River in Brackendale. Zufahrt vom Highway 99 über Mamquam Rd und weiter auf der Government Rd nach Norden zu Aussichtspunkten.

▶ Stawamus Chief Provincial Park

Der Stawamus Chief Provincial Park wurde 1997 gegründet und schützt das Gebiet um den zweitgrößten Monolithen der Welt. Er wurde nach dem First Nation-Dorf "STAa-mus" benannt, das am Ende des Squamish River lag. Alljährlich kommen aus aller Herren Länder Felsenkletterer hierher, um die Felsen zu erklimmen. Die Kletter- und Wandertouren beginnen am Parkplatz oder Campground des Parks.

> ❗ Für alle Touren ist eine gute Ausrüstung und Erfahrung nötig. Weitere Auskünfte über die Klettertouren gibt es in der Visitor Info Squamish. Einige Kletterbereiche sind während der Brutzeit der Wanderfalken von Mitte März bis Ende Juli gesperrt.

Übernachten
- ✉ Hwy 99, südl. v. Squamish
- 🕐 Zeltplätze: ganzj., Campground: Anf. Mai–Mitte Okt.
- 🚫 Nein   🚐 15 (nur kürzere RVs)

Sea to Sky Gondola – Bergstation

☹ Nein   ☹ Nein   ◉ $
⚡ 47, walk-in   ◉ $
🌐 www.env.gov.bc.ca/bcparks/explore/parkpgs/
stawamus

Wandern
Über die u.g. Trails werden die Gipfel über die Rückseite der Felsen erreicht. Sie beginnen am Parkplatz, sind steil und schwierig.

Gipfel 1
⟷ 1,5 km (einf. Strecke)   ⟷ 540 m

Gipfel 2
⟷ 1,7 km (einf. Strecke)   ⟷ 590 m

Gipfel 3
⟷ 1,8 km (einf. Strecke)   ⟷ 630 m

Shannon Falls Trail
⟷ Parkplatz
🕐 1 Stunde
⟷ Leicht
⟷ 1,5 km (einf. Strecke)

► Sea to Sky Gondola
Die neue Attraktion eröffnete im Mai 2014 ihre Pforten und bringt die Besucher vom Highway 99 ca. 850 Höhenmeter hinauf zur Summit Lodge und weiter in schwindelerregender Höhe über die 100 m lange Sky Pilot Suspension Bridge (Hängebrücke) zum Spirit Viewing Aussichtspunkt. Hier bietet sich ein 360-Grad-Rundumblick über den Howe Sound und die grandiose Bergwelt. Ferner bieten sich Wander-, Bike- und Klettermöglichkeiten.
⟷ Hwy 99, 2 km südl. v. Squamish

🌐 www.seatoskygondola.com
🕐 Kernöffnungszeiten: tägl. 9/10–16/17 h, genaue Öffnungszeiten ggf. auf der Internetseite checken.
◉ Erw.: CAD 37,95, Sen. (65+): CAD 35,95, Jugendl. (13–18 J.): CAD 23,95, Kinder (6–12 J.): CAD 13,95, Familien: CAD 95,95, Online ordern spart Dollars

🏨 Übernachten Squamish

🏨 Sea to Sky Hotel
Man übernachtet in gemütlichen Standardzimmern oder Suiten, alle mit Minikühlschrank, Mikrowelle, Bügeleisen und Kaffeekocher. Den Gästen stehen ein Fitnessraum und ein Whirlpool zur Verfügung.
➤ Vom Hwy 99 im Stadtteil Garibaldi Highlands nördlich von Squamish li auf Garibaldi Way, 2. re Tantalus Mall und weiter bis zum Hotel
✉ 40330 Tantalus Way, Squamish
☎ 604-898-4874 oder 1-800-531-1530 (geb.frei)
@ info@seatoskyhotel.com
🌐 www.seatoskyhotel.com
🕐 Ganzj.
◉ **

🏨 Squamish International Hostel
Diese preiswerte Unterkunft ist besonders bei Freizeitaktiven beliebt. Es werden Mehrbett- und Familienzimmer angeboten, eine Küche ist vorhanden.
➤ Vom Hwy 99 bei McDonald's Restaurant nach li (Loggers Ln), dann scharf rechts auf die River Rd und weiter zum Hostel
✉ 38220 Hwy 99, nahe Visitor Info, Squamish
☎ 604-892-9240 oder 1-800-449-8614 (geb.frei)
@ info@squamishhostel.com

www.squamishhostel.com

Ganzj., unbedingt reservieren

*–**

WhistlePunk Hollow Adventure RV Park

Die Stellplätze auf dem Campground sind teilweise bewaldet und bieten auch großen Wohnmobilen und Trailer genügend Platz.

Abfahrt vom Hwy 99 li auf Finch Dr, dann li auf Loggers Ln, später re auf Centennial Way zum RV Resort

1940 Centennial Way, Squamish

604-898-3343 oder 1-877-898-3343 (geb.frei)

info@whistlepunkhollow.com

www.whistlepunkhollow.com

Ganzj.

| Ja | 65 | Nein |
| Ja | Ja | Ja |

Strom (30/50 Amp,)

$$

Yurts: **

Paradise Valley Campground

Uriger, bewaldeter Campground zwischen Cheakamus River und Tenderfoot Creek nahe der Tenderfoot Creek Salmon Hatchery, die besichtigt werden kann.

Abfahrt vom Hwy 99 nördl. v. Squamish über Squamish Valley Rd (gegenüber Abfahrt z. Alice Lake PP), weiter auf der Paradise Valley Rd zum Campground

3520 Paradise Valley Rd, Squamish

604-898-1486 oder 1-800-922-1486 (geb.frei)

info@paradisevalleycampground.net

www.paradisevalleycampground.net

Mai–Mitte Okt.

| Ja | 49 | Nein |

Ja (geb.pflichtig)

Strom, Wasser, Abwasser

$$

Alice Lake Provincial Park ▶ S.363

♨ SHANNON FALLS PROV. PARK ★

Die 355 Meter hohen und über Steinstufen ins Tal stürzenden **Shannon Falls** sind die dritthöchsten Wasserfälle British Columbias. Die Fälle werden vom Wasser des Mt. Habrich und Mt. Sky Pilot gespeist. Zum unteren Viewpoint führt ein 350 Meter langer Trail, ein weiterer Viewpoint ist über

Shannon Falls

mehrere Stufen erreichbar. Im Winter erstarren die Fälle zu bizarren Gebilden und sind Ziel für wagemutige Eiskletterer.

Auf dem Weg zu den Falls befindet sich ein kleiner Kiosk, am Parkeingang ein Picknickplatz, wo aber nur in ruhigen Zeiten (wann immer die sein mögen) ein Picknick auch Spaß macht.

Die Fälle wurden nach einem Herrn namens Shannon benannt, der 1890 die Wasserfälle und das umliegende Land kaufte, um dort Tonziegel zu produzieren. 1900 verkaufte er das Land an die Britannia Copper Mine, später war hier ein Lager, wo die Arbeiter, die beim Bau des Highway mitwirkten, wohnten. 1976 kaufte die Carling O'Keefe Brauerei das Land und nutzte das klare Gebirgswasser für die Bierbrauerei. O'Keefe spendete das Land 1982 an die British Columbia Parks.

Für die ersten hier lebenden Squamish First Nations hatte der Park eine spirituelle Bedeutung. Sie erzählten sich, dass eine zweiköpfige Schlange mit Namen "Saynoth-ka" im Howe Sound und im Küstenbereich leben würde, die sich an Land und im Wasser fortbewegen könne. Diese Geschichte ist fast eine kanadische Version des schottischen Ungeheuers "Loch Ness". Eine weitere Geschichte der First Nation besagt, dass die Shannon Falls von der Schlangenbestie geformt wurden, die mit ihrem mächtigen Körper immer wieder den Berg hinaufkroch und so die Überlaufrinne für die Wasserfälle bildete.

Hwy 99, 2 km südl. v. Squamish

Ganzj., Kiosk in der Wintersaison geschlossen

www.env.gov.bc.ca/bcparks/explore/parkpgs/shannon

Immer näher rückt das Ziel Vancouver und somit das Ende der Route durch die Nationalparks West-Kanadas – doch ein interessantes Plätzchen wartet noch darauf, besucht zu werden: das **BC Museum of Mining**. Sie werden mit einem großen Hinweisschild am Highway 99 bereits auf das Museum in Britannia Beach hingewiesen.

Für uns "der schönste Platz auf Erden" ist der im weiteren Routenverlauf folgende **Porteau Cove Provincial Park**, der beides bietet: Wasser und Berge. Direkt am Meer liegende Stellplätze, wo die Brandung hautnah zu spüren ist, lassen das kleine Minus des Parks, die am Parkrand vorbeiführende Bahnlinie, schnell vergessen. Wer einen Sonnenuntergang auf dem Pier sitzend erlebt, weiß letztendlich Platz zu schätzen.

Nun trennen Sie nur noch wenige Kilometer von Vancouver West/Horseshoe Bay und die Rundreise geht tatsächlich ihrem Ende entgegen.

BC Museum of Mining

👁 BRITANNIA BEACH – BC MUSEUM OF MINING ★

Diese interessante Sehenswürdigkeit – gut vom Highway 99 aus sichtbar – lässt sicherlich so manchen Vorbeifahrenden grübeln, was das wohl sein mag. Das achtstöckige, terrassenförmige Gebäude hat eine äußerst lebendige Geschichte hinter sich. Dr. Forbes war 1888 im Gebiet um den Howe Sound unterwegs, um nach Bodenschätzen zu suchen, und erschoss dabei einen Hirsch. Die scharrende Hufen des sterbenden Tieres förderten einen kupferhaltigen Stein zutage, was letztendlich zur Entstehung der Britannia Mine geführt haben soll. 1899 gelang es dem Bergbauingenieur George Robinson, einige Geldgeber vom riesigen Potenzial des Kupferfundes zu überzeugen, er bekam das nötige Kapital und konnte den Bodenschatz zutage fördern.

1912 kaufte die Britannia Mining & Smelting Company die Mine, vier Jahre später wurde Mine Nr. 2 in Betrieb genommen. Durch den Ersten Weltkrieg stieg die Nachfrage nach Kupfer und somit auch der Preis. 1921 zerstörte ein Brand die zweite

Mine, was den damaligen Generaldirektor der Mine, Carlton Perking Browning, veranlasste, Mine Nr. 3 zu bauen. Bis 1929 war die Britannia Mine der größte Kupferproduzent des britischen Commonwealth. Während der nächsten zehn Jahre kamen noch Zink- und Pyritproduktion hinzu. Während des Zweiten Weltkrieges stiegen die Kupferpreise erneut an. 1946, die Arbeiter waren zwischenzeitlich gewerkschaftlich organisiert, kam es zum ersten Streik und als später der Kupferpreis fiel und viele Arbeiter in Städte umsiedelten, war dies das Ende der Mine. 1959 ging sie in Konkurs. Die Vermögenswerte übernahm die Howe Sound Company. 1963 kaufte die Anaconda Mining Co. das Gebiet und reaktivierte den Betrieb. Sie konnte die Produktion in den nächsten elf Jahren zwar noch steigern, doch die Betriebskosten und Steuern stiegen in Größenordnungen, die eine Bewirtschaftung nicht mehr rentabel machte. Schließlich entschloss man sich, die Mine am 1. November 1974 endgültig zu schließen. Während der langen Geschichte der Mine wurden 50 Millionen Tonnen Erz verarbeitet, es waren 60.000 Arbeiter aller Ethnien, Religionen und Sprachen beschäftigt. 1975 gab man die Mine für die Öffentlichkeit zur Besichtigung frei, seit 1988 ist sie eine *National Historic Site*.

"Begrüßt" wird man von einem 235 Tonnen Super Truck – wer wissen möchte, was es mit dem *"honey wagon"* auf sich hat, sollte an einer interessanten und auch spaßigen Tour unter Tage teilnehmen, die einen Eindruck vom harten Leben der Arbeiter vermittelt. **Beachten Sie:** Unter Tage beträgt die Temperatur ganzjährig konstant ca. 12 °C. Nach der Untertagefahrt kann man sein Glück beim Goldwaschen testen – wenn man fündig wird, darf man das Gold behalten.

- ✉ *Hwy 99, Britannia Beach, ca. 11 km südl. v. Squamish*
- ☎ *604-896-2233 oder 1-800-896-4044 (geb.frei)*
- @ *company.store@bcmm.ca*
- www *www.britanniaminemuseum.ca*
- ⏱ *Ganzj.: tägl. 9–17 h, Touren: Mo–Fr 11 h, 13 h, 15 h, Sa, So: stündl. 10–15 h*
- 🚻 *Nein*
- 💰 *Erw. CAD 27, Sen./Jugendl. (13–18 J.): CAD 23, Kinder (5–12 J.): CAD 18,50, Fam.: CAD 99*

🌲 PORTEAU COVE PROV. PARK

Der Porteau Cove Provincial Park mit einem sehr schönen Campground liegt direkt an der Ozeanküste am Highway 99. Hier lässt es sich herrlich auf einem der angeschwemmten Baumstämme relaxen.

Der Name Porteau (Wassertor) geht zurück auf John F. Deeks, der die Sand- und Kiesablagerungen an der Küste abtrug und nach Vancouver lieferte. Bis zur Fertigstellung der Eisenbahnlinie von Vancouver nach Squamish gab es eine tägliche Fährverbindung der *Union Steamship Company* mit den beiden Fähren Lady Cynthia und Lady Cecilia zwischen Vancouver und Squamish mit Stopp am Anleger Porteau Cove.

Allseits beliebt ist der große Picknickplatz des Parks direkt an der Küste mit Badestrand und Anlegeplatz. Vor der Küste liegen Schiffswracks und Riffs, wo Taucher gerne in der Tiefe Ausschau nach Überresten halten. Ein kurzer Trail führt zu einem Viewpoint, der einen schönen Blick auf den Howe Sound ermöglicht.

🏛 Übernachten

Einige RV-Stellplätze liegen direkt an der Küste. Einziger Wermutstropfen ist die sehr nah verlaufende Eisenbahnstrecke, dadurch stört schon mal ein kräftiges Tuten die nächtliche Ruhe.

🏕 **Porteau Cove PP Campground** ★
- 📍 *Hwy 99, 44 km nördl. v. Vancouver*
- ☎ *Reservierung: 1-800-689-9025 (geb.frei)*

Porteau Cove Provincial Park

Fahrt über die Lions Gate Bridge – der Abschied von Kanada

www.env.gov.bc.ca/bcparks/explore/parkpgs/
porteau

Ganzj., Nov.–Febr. eingeschränkter Service

Ja   44   Ja, CAD 5

Ja   Strom, pro Nacht: CAD 8

$$

16, walk-in

$

HORSESHOE BAY / VANCOUVER

Je nach Ihren weiteren Reiseplänen werden Sie, da Sie nun in Horseshoe Bay angekommen sind, entweder auf dem Highway 99/1 Richtung Süden nach Vancouver/Delta oder, wenn Sie die Strecke in umgekehrter Richtung fahren möchten, den Sea to Sky Highway 99 Richtung Norden einschlagen.

Ist Horseshoe Bay der Endpunkt Ihrer Reise, rückt der Abschied vom sicher liebgewonnenen Wohnmobil nahe. Sollte Ihr Vermieter bei den großen Anbietern in Delta angesiedelt sein, müssen Sie noch ein kleines Abenteuer bestehen und die Innenstadt von Vancouver durchqueren. Da diese Strecke mit Sicherheit noch einmal volle Konzentration abverlangt, ersparen wir Ihnen die Suche nach dem besten Weg.

Nord nach Süd: Quer durch Vancouver

In Horseshoe Bay angekommen fahren Sie auf dem Highway 99/Trans-Canada Hwy 1 Richtung Vancouver bis zum **Exit 13**. Hier zweigt der Highway 99/1A ab, dem Sie nach Süden folgen. Zuerst fahren Sie über die **Lions Gate Bridge** und durch den **Stanley Park**, bevor Sie Downtown Vancouver erreichen. Geradeaus weiter geht es (der Highway 99/1A hat hier zusätzlich den Straßennamen **Georgia St**) und nach etwa einem Kilometer biegen Sie rechts in die **Howe St** (= Highway 99, 1A entfällt) ab.

Sie folgen dem Highway 99 nun stur über die **Granville Bridge** und weiter geradeaus, bis er nach etwa neun Kilometer nach links in die **70 Ave W** abknickt und wenige Hundert Meter später rechts auf die **Oak Bridge** führt. Von dort geht es rund 14 Kilometer geradeaus, bevor Sie am **Exit 28**, der Kreuzung mit dem Highway 17A, dem Hinweis **"River Road North"** zu den Vermietern folgen.

Es klingt komplizierter, als es ist – wenn Sie sich permanent auf dem Highway 99 halten und sich nicht wundern, dass dieser "Highway" mitten durch Großstadtstraßen führt, kann nichts passieren.

Alternativroute »Hope bis Kamloops über Princeton und Merritt«

km Hauptstrecke	Hwy	Station	Übernachtungsempfehlung
0	3	**Hope** 🅿 🚻 ➕ ❌ 🅿 🖼 nette Kleinstadt, Museum, hist. Gebäude, Holzfiguren mit einer Kettensäge geschnitzt, **Coquihalla Canyon PP**, Drehort von Rambo I, Wanderweg durch Othello Tunnels, **Hope Slide**, 18 km südöstl. a. Hwy 3 ▶ S.105	**Othello Tunnels CG**, nahe Coquihalla Canyon PP 🅿 Hwy 1, Wallace Rd bis 6 Ave, Kawkawa Lake Rd, Othello Rd 🕐 ganzj. ❌ $$ ➖ ja 🟠 ja ➖ ja 🔵 alle Anschlüsse **Wild Rose CG**, netter CG 🅿 Exit 165 v. Hwy 1 🕐 April–Okt. ❌ $$ ➖ ja 🟠 ja ➖ ja 🔵 alle Anschlüsse **Coquihalla CG**, stadtnah 🅿 Hwy 1/ Wallace Rd bei 6ᵗʰ Ave/Kawkawa Lk Rd 🕐 ganzj. ❌ $$ ➖ ja 🟠 ja (geb.) 🔵 alle Anschlüsse
18	3	**Hope Slide**, Gedenkstätte eines verheerenden Erdrutsches, Rest Area ▶ S.374	
20	3	Sunshine Valley Community	**Sunshine Valley RV Campground** 🕐 ganzj. ❌ $$$ ➖ ja 🟠 ja
26	3	Beginn **Manning Provincial Park**, waldreicher, wunderschöner Park, Rest Area, zahlreiche Wander- und Bike-Routen, Kanu- u. Kajaktouren, grandiose Aussicht auf dem Cascade Lookout ▶ S.374	
35	3	Rhododendron Flats	
	3	Allison Pass Summit (1.342 m)	
63	3		**Coldspring CG**, einf. Ausstattung, teilweise bewaldet 🅿 2 km westl. der Visitor Info 🕐 Mai–Mitte Okt. ❌ $ ➖ nein 🟠 nein
65	3	Abzweig re zum Lightning Lake CG (4 km) und Manning Park Resort, li zum **Cascade Lookout** (8 km, asphaltiert, eng, kurvenreich), nach 1 km Richtung Princeton Abfahrt zur **Manning PP Visitor Info**	**Lightning Lake CG**, weiträumig, mitten im Wald 🅿 Abfahrt am Manning Resort 🕐 Mai–Mitte Okt. ❌ $ ➖ nahe Visitor Info 🟠 ja
69	3		**Hampton CG**, uriger CG, teils offene, teils bewaldete Stellpl., einf. Ausstattung 🅿 4 km östl. der Visitor Info 🕐 Mitte Juni–Anf. Sept. ❌ $ ➖ nein 🟠 nein
77	3		**Mule Deer CG**, am Hwy 3, einf. ausgestattet, relativ offene Stellpl. 🅿 12 km westl. der Visitor Info 🕐 Mitte April–Mitte Sept. ❌ $ ➖ nein 🟠 nein
81	3	Ende Manning Provincial Park, Tankstelle (auch Propane), kleiner Store	
	3	Sunday Summit (1.282 m)	

km Hauptstrecke	Hwy	Station	Übernachtungsempfehlung
133	3	**Princeton** ▣ ▣ ✚ ✖ ▣ ▦ historisch interessante Stadt, Museum, Ghost Towns ► S.377	
133	3	Abzweig zum **Otter Lake Provincial Park**, Strand mit Picknickplatz im PP und im 5 km entfernten Tulameen	**Otter Lake PP CG**, weiträumig, im Wald gelegen, Stellpl. in Seenähe ⬢ 33 km westl. v. Princeton, Zuf. über Otter Lake Rd (asphaltiert) ◉ Mitte Mai–Ende Sept. ⬤ $ ⬤ nein ⬤ nein
	3/5A	Kreuzung Hwy 3/5A	
	5A	Weiter auf dem Hwy 5A	
161	5A	**Allison Lake Provincial Park**, kleiner Picknickplatz am See liegt links des Highways ► S.381	**Allison Lake PP CG**, bewaldeter, einf. ausgestatteter CG ⬢ re d. Hwys ◉ Mitte Juni–Mitte Okt. ⬤ $ ⬤ nein ⬤ nein
188	5A	Abzweig zum **Kentucky-Alleyne Provincial Park** (11 km), sehr schöner, ruhig gelegener Park mit den beiden Seen Kentucky & Alleyne, sowie den Tümpeln West- und East Bond ► S.381	**Kentucky-Alleyne PP CG**, 3 CGs, einf. ausgestattet, Stellpl. in Seenähe ⬢ Abzweig v. Hwy 5A 18 km nördl. v. Allison ◉ West Bond & Alleyne Lake: ganzj., Kentucky: Mitte Mai–Sept. ⬤ $ ⬤ nein ⬤ nein
218	5A/97C	Hwy 5A trifft auf Hwy 97C	
222	5A/97C	**Merritt** ▣ ▣ ✚ ✖ ▣ ▦ "Country Music Capital of Canada", hist. Gebäude, im Umkreis größte Rinderzucht Kanadas ► S.382	**Cleybanks RV Park**, spärlich bewaldet, am Coldwater River, keine Generatoren ⬢ Hwy 5A/97C Richtung Merritt, später Voght St ◉ ganzj. ⬤ $–$$ ⬤ ja ⬤ ja ⬤ nein ⬤ alle Anschlüsse
225	5A	Weiter auf dem Hwy 5A Nord	
230	5A	**Nicola Ranch Historic Site**	
231	5A	Abzweig zum **Monck Provincial Park** (12 km), wunderschöne Picknickanlage am See, Wandern ► S.384	**Monck PP CG**, schön, spärlich bewaldet mit Seeblick, terrassenförmig angelegt ⬢ Abf. v. Hwy 5A ca. 9 km nördl. v. Merritt ◉ Mitte April–Mitte Okt. ⬤ $ ⬤ ja ⬤ nein
245	5A	**Quilchena Historic Resort**, Hotel, Ranch, General Store, Heuwagenfahrten, Ausritte ► S.385	**Quilchena CG**, im Bereich des Golfplatzes, eher für Golfer ◉ Ostern–Mitte Okt. ⬤ $$ ⬤ alle Anschlüsse
310	5A/5	Kreuzung Hwy 5A/5	
315	5	**Kamloops** ▣ ▣ ✚ ✖ ▣ ▦ ► S.126	
		Weiter auf der Hauptroute ► S.126	

Mit dieser Alternativroute weichen Sie von der Hauptroute ab und verlassen Hope über den Highway 3 (Crowsnest Highway) Richtung Osten. Die nächsten ca. 130 Kilometer von Hope nach Princeton sind landschaftlich sehr schön und abwechslungsreich. Wenige Kilometer südöstlich von Hope treffen Sie auf **Hope Slide**, wo 1965 ein verheerender Erdrutsch stattfand. Wenig später passieren Sie die Sunshine Valley Community. In den 1940er-Jahren war hier das japanisches Internierungslager Tashme, später ein Heim für schwer erziehbare Jungen. Heute ist hier eine kleine Gemeinde angesiedelt, die auch einen wunderschönen, neu angelegten Campground beheimatet.

Etwas später erreichen Sie den Eingang des **Manning Provincial Park**. Entlang des Highways liegen naturnahe Campgrounds und Wanderwege, wenige Kilometer vor

*Erreichen der Visitor Information des Parks überqueren Sie den **Allison Pass** (1.341 m). Die **Visitor Information** liegt inmitten des Parks, kurz vorher zweigt eine enge, kurven-reiche und steile Seitenstraße nach Norden zum Aussichtspunkt **Cascade Lookout** ab. Gegenüber der Abfahrt zum Cascade Look-out befindet sich die **Manning Park Lodge**, über die nach Süden führende Seitenstra-ße kommen Sie zum **Lightning Lake** und dem gleichnamigen Campground. Rich-tung Princeton verliert der Highway nach Überqueren des **Sunday Summit** (1.282 m) schnell an Höhe und Sie erreichen **Prince-ton**. Der Ort hat eine reiche Bergbau-Ge-schichte, einige Ghost-Towns in der Umge-bung sind stumme Zeugen.*

🏛 HOPE ▶ S.105

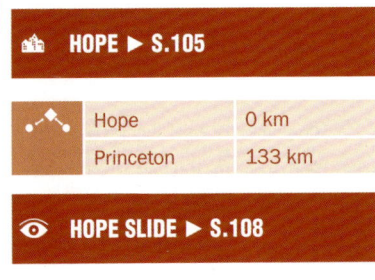

Hope	0 km
Princeton	133 km

👁 HOPE SLIDE ▶ S.108

🚐 SUNSHINE VALLEY RV CAMPGROUND ★

Wunderschöner Platz, der seinem Namen alle Ehre macht – Sonnenschein vorausge-setzt. Ein kleiner Laden, ein sehr schöner Indoor Pool (im Sommer zusätzlich ein Out-door Pool), saubere Duschen und die tolle Lage sind besonders hervorzuheben.

📍 2 km südl. v. Hope Slide
☎ 604-869-0066
🌐 www.holidaytrailsresorts.com/
    sunshine-valley-rv-campground
🕐 Ganzj.

🛏 Ja	🛌 110	🚻 Ja
🚿 Ja	📶 Ja	
⚡ Strom, Wasser, Abwasser		🚐 Ja
💲 $$-$$$, Cabins: ★★–★★★		

🦫 MANNING PROVINCIAL PARK

Etwa 26 Kilometer östlich von Hope kommen Sie zum Westeingang des **E. C. Manning Provincial Parks**, der im Norden der Casca-de Mountains liegt, die bis in den südlich an-grenzenden Staat Washington/USA reichen. Im Westen grenzt der Manning Park an den **Skagit Valley Provincial Park** und im Süden bildet die Parkgrenze gleichzeitig die Gren-ze zu den USA. Insgesamt ca. 55 Kilometer kurvenreicher 2- bis 4-spuriger Highway ver-laufen durch das bewaldete Parkgebiet. Am Highway beginnen viele Wanderwege und Picknickplätze laden zu einer Pause ein. Am Osteingang westlich von Princeton befindet sich neben einer Tankstelle (mit Propan-gas) auch ein Store und etwa in der Mitte zwischen Hope und Princeton liegt die kom-merziell betriebene **Manning Park Lodge**. An der Lodge führt eine fünf Kilometer lange Zufahrt (Gibson Pass Rd) nach Süden zum hübsch liegenden **Lightning Lake** und Light-ning Lake Campground. Eine Seitenstraße in nördlicher Richtung führt zum **Cascade Lookout**, der bei klarem Wetter unbedingt ein Ziel sein sollte, nach einem weiteren Kilometer Richtung Osten kommen Sie zur Visitor Information des Parks.

Der Park mit seiner sehr waldreichen Landschaft, den Seen und Flüssen bieten im Sommer vielseitige Outdoor-Aktivitäten, im Winter sind Ski-Abfahrten und -langlauf möglich. Über 200 Vogelarten und mehr als 60 Säugetiere sind im Park beheimatet, unter besonderem Schutz stehen die Grizz-lys. Die höchste Erhebung des Parks ist der südlich des Lightning Lake liegende **Frosty Mountain** mit seinem östlichen **Lower Summit** (2.410 m) und westlichen **Higher Summit** (2.426 m).

Der 709 km² große Park wurde 1941 ge-gründet und nach dem von 1936 bis 1941 für British Columbia tätigen Forstdirektor Ernest C. Manning (1890–1941) benannt. Dieser war Förster mit Leib und Seele, starb aber bereits bei einem Flug-zeugabsturz. Mehrmals wurden Größe und Grenzen des Parks verändert, bis er 1999 seine heutige Größe erreicht hatte. Mit der Fertigstellung des Highway 3 im Jahr 1949

Sunshine Valley RV Campground

konnte man den Park sowohl von Westen als auch von Osten erreichen.

Der Manning Park ist traditionelles Territorium der Upper Similkameen und der Sto:lo Indian Band, dies belegen u.a. Piktogramme, die man im Parkgebiet fand. Auch einige historische Pfade, die von den First Nations, den Minenarbeitern und den frühen Pelzhändlern benutzt wurden, verlaufen durch den Park, an deren Verlauf noch Reste alter Trapperhütten, Ranches, Bergwerkschächte und Feuerwachtürme zu finden sind.

Kanu-/Kajakfahren ist auf dem Lightning Lake möglich, ein Bootsverleih befindet sich am See. Picknickplätze liegen u.a. an der Westeinfahrt, am Sumallo Grove, am Coldspring Campground, am Lightning Lake und am Blowdown nahe Hampton Campground. Besonders reizvoll ist im Sommer die Fahrt auf der Valley View/Blackwell Rd zum **Cascade Lookout** mit grandioser Aussicht. Die enge, kurvenreiche und steile Straße ist bis zum Viewpoint (bei km 8) asphaltiert. Danach führt ene Gravelroad (weitere 7 km) bis zum Picknickplatz Sub-Apine Meadows.

ℹ VISITOR INFORMATION

- ✉ *Hwy 3 gegenüber dem Manning Park Resort*
- ☎ *250-668-5953*
- 🕐 *Mitte Juni–Mitte Sept: Tägl. 9–18 h*
- 🌐 *www.env.gov.bc.ca/bcparks/explore/parkpgs/ecmanning*

🚶🚶🚶 Wandern und Mountainbiking

Reihenfolge von West nach Ost. Infos über weitere Wanderwege uvm. finden Sie auf der Internetseite oder in der Visitor Info.

▶ Rhododendron Flats Trail

Dieser Trail ist besonders schön während der Blütezeit der Sträucher Ende Mai/Juni.
- 📍 *Parkplatz Rhododendron Flats*
- 🕐 *30 Minuten*
- ◗ *Leicht*
- ⬤ *500 m (einf. Strecke)*

▶ Lightning Lake Loop Trail ★

Die leichte Wanderung umringt den See, eine Abkürzung über die Rainbow Bridge ist etwa in der Mitte des Sees möglich.
- 📍 *Lightning Lake oder Spruce Bay Parkplatz*
- 🕐 *3–4 Stunden*
- ◗ *Leicht*
- ⬤ *9 km (Gesamtstrecke)*
- ⬤ *Minimal*

▶ Lightning Lake Chain Trail

Der Wanderweg führt entlang der Seen Lightning, Flash, Strike und Thunder Lake. Nahe Strike Lake liegt ein Zeltplatz.
- 📍 *Lightning Lake oder Spruce Bay Parkplatz*
- 🕐 *5 Stunden*
- ◗ *Leicht*
- ⬤ *12 km (einf. Strecke)*
- ⬤ *Minimal*

▶ Poland Lake Trail

Der teilweise steile Trail führt größtenteils entlang einer Feuerwehrzufahrt.
- 📍 *Strawberry Flats Parkplatz, Zufahrtstraße Lightning Lakc, danach weiter (gravel) zum Parkplatz*
- 🕐 *5–6 Stunden*
- ◗ *Schwierig*
- ⬤ *8 km (einf. Strecke)*
- ⬤ *435 m*

Lightning Lake

▶ Beaver Pond Nature Trail

Der kurze Trail ist besonders für Tierbeob-
achtungen in den Teichen geeignet.

- Parkplatz Beaver Pond 0,5 km östl. der Visitor Info
- 30 Minuten
- Leicht
- 500 m (Gesamtstrecke)

▶ Castle Creek/Monument 78 Trail (Mountainbike-Trail)

- Parkplatz Monument 78/83, 1,5 km westl. v. Hampton Campground
- 5–6 Stunden
- Moderat
- 12 km (einf. Strecke)
- 200 m

🏚 Übernachten

🏚 Manning Park Resort

Das Resort bietet Unterkunft in der Lodge,
in Chalets oder im Hostel (*first come, first
served*). Ein Restaurant und ein Shop mit
den wichtigsten Lebensmitteln, Kanu-,
Boots-, Kajak- und Mountainbikeverleih ist
im Sommer und ein Wintersportgeräte-ver-
leih im Winter verfügbar.

💡 Zwischen Hope und Princeton gibt es
kein Mobilfunk-Empfang. Ein Münzte-
lefon befindet sich in der Lodge.

- 7500 Hwy 3, Manning Park
- 250-668-5922 oder 1-800-330-3321 (geb.frrei)
- @ info@manningpark.com
- www.manningpark.com
- Ganzj.
- Hostel: *, Chalet & Lodge: ✱✱–✱✱✱

💡 **Campgrounds** sind in der Reihenfolge
von West nach Ost aufgeführt, eine
Sanidump-Station (CAD 5, Öffnungszeit
wetterabhängig) befindet sich an der Visitor Information. **Bitte beachten Sie:** Die
Öffnungszeiten können sich wetterbedingt
verschieben. Der Lightning Lake Campground ist sehr beliebt, daher in der Hauptreisezeit ggf. reservieren.

▶ Coldspring Campground

Netter, einfach ausgestatteter Campground

- Hwy 3, ca. 2 km westl. d. Visitor Info
- Mai–Mitte Okt.
- Nein | 66 | Nein
- Nein | $

▶ Lightning Lake Campground ★

Sehr weiträumiger, ruhig gelegener Campground mitten im Wald

- Hwy 3, nahe Visitor Info
- Mitte Mai–Mitte. Okt.
- Ja | 143 | Nein
- Ja | $$

▶ Hampton Campground

Uriger Campground, teils wenig bewaldet

- Hwy 3, ca. 4 km östl. d. Visitor Info
- Mitte Juni–Anf. Sept.
- Nein | 99 | Nein
- Nein | $

▶ Mule Deer Campground

Rustikaler Campground am Highway, teils
offene, teils bewaldete Stellplätze

- Hwy 3, ca 12 km östl. d. Visitor Info
- Mitte April–Mitte Sept.
- Nein | 49 | Nein
- Nein | $

▶ Wintercamping

Wintercamping ist möglich auf dem Lone Duck nahe Lightning Lake oder Cambie Creek Gruppenplatz ca. 7 km westlich der Visitor Info (Cambie Creek Parkplatz).

◉ *Cambie: Mitte Okt.–März, Lone Duck Group Campsite: ganzj.*

◉ $

▶ Backcountry Zeltplätze

◉ *CAD 5/pro Nacht ab 6 Jahre (zahlbar online im voraus, oder bar im Manning Park Resort, Manning Park Visitor Info oder Lightning Lake Gate House)*

◉ www.env.gov.bc.ca/bcparks/registration

Buckhorn Wilderness Camp (Heather Trail)	◭ 10
Frosty Mtn. Wilderness Site (Frosty Mtn. Trail)	◭ 2–3
Grainger Creek Wilderness Camp (Hope Pass/Grainger Creek Trail)	◭ 3
Kicking Horse Wilderness Site (Heather Trail)	◭ 8
Mowich Wilderness Site (Skyline II Trail)	◭ 4
Nicomen Lake Wilderness Site (Heather Trail)	◭ 6
Pacific Crest Wilderness Camp (Pacific Cr. Trail)	◭ 4
Poland Lake Wilderness Site (Poland Lake Trail)	◭ 6
Strike Lake Wilderness Site (Lightning Lake Chain Trail)	◭ 8

❗ Auf Buckhorn & Kicking Horse ist kein offenes Feuer erlaubt.

🏠 PRINCETON

Princeton liegt an der Kreuzung der Highways 3 und 5A am Zusammenfluss von Similkameen und Tulameen River. Touristisch bietet Princeton ganzjährig Outdoor-Aktivitäten wie Wander- und Biketouren, Wintersport und Wassersport auf den über 40 Seen und beiden Flüssen. Es herrscht weitgehend trockenes Klima, die Temperaturen reichen von +40 °C im Sommer bis -40 °C im Winter. Die wichtigste Erwerbsquelle der Bewohner ist die Vieh- und Holzwirtschaft. Es sind alle Versorgungseinrichtungen vorhanden, ein Supermarkt (Cooper's Food) befindet sich in der Bridge St (Hauptstraße).

•◆•	Hope	133 km
	Merritt	90 km
👪👪	Stadt	2.677
❄ ❄	-2 °C	
☀	+26 °C	
〰〰	650 m	
⊘	Stadt	10,47 km²
Zum Vergleich: Eheleben (Thüringen)		
👪👪	Stadt	2.850
〰〰	245 m	
⊘	Stadt	40,74 km²

Die Geschichte von Princeton ist im Vergleich zu den meisten Städten BCs sehr bewegt. Bevor die ersten weißen Siedler kamen, war **Yak-Tulamn** (etwa: "der Platz,

Beaver Pond

an dem rote Erde verkauft wird") Heimat der Upper Similkameen Indian Band, die Minenarbeiter waren und Handel mit Ocker und betrieben. Selbst aus den Präriegebieten und aus Oregon kamen Natives angereist, um hier das heilige Ocker zu kaufen, das bei Stammeszeremonien für die Bemalung der Gesichter verwendet wurde. Ocker wurde gegen Büffelfelle, Adlerfedern und andere, damals wertvolle Gegenstände getauscht.

Die Besiedelung durch die Weißen schleppte – wie so oft – Krankheiten ein, die die Zahl der Natives stark reduzierte. Zum Glück überlebten einige, die heute noch die Tradtionen weiterführen. Das **Snaza'ist Discovery Centre** in Hedley (35 Kilometer westlich Princeton) zeigt Bilder und Exponate der Similkameen. Dort kann man auch an einer interessanten Minentour (Mascot Gold Mine Tour) teilnehmen, durchaus einen Ausflug wert. Reservierung erwünscht.

☎ 250-292-8733
🕐 Juli–Anf. Sept.: tägl. 12:30 h
@ info@mascotmine.com
🌐 www.mascotmine.com

Für die Hudson's Bay Company entdeckte Alexander Caulfield Anderson eine Route vom Fort Hope ins Landesinnere, sie war bekannt als **Brigade Trail**, verlief entlang des Tulameen River und streifte **Vermilion Forks**. So wurde Vermilion Forks (das heutige Princeton) Anfang des 19. Jahrhunderts Rastplatz für die Reisenden von Küste zu Küste und ins Landesinnere. Der erste weiße Siedler, John Fall Allison, kam 1858 nach Vermilion Forks, steckte sich Gold-, Kupfer- und Kohleclaims ab und gründete die erste Rinderranch. Allison heiratete zunächst die Native Nora Yakumtikum und bekam mit ihr vier Kinder. Später heiratete er Susan Louisa Moir. Als sie 1928 starb, hinterließ sie 14 Kinder, 65 Enkel und 17 Ur-Enkel. Wen wundert es daher, dass heute noch Bewohner der Region Nachfahren von John Fall Allison und dessen Frauen sind. 1860 wurde aus Vermilion Forks Princeton. Die Namensänderung wurde zu Ehren des ältesten Sohnes von Queen Victoria, Edward Prince of Wales, der spätere König Edward VII, anlässlich des königlichen Besuchs in Ost-Kanada vorgenommen.

Der Bergbau war ebenfalls ein wichtiger Baustein in der Geschichte Princetons, da aus den beiden Flüssen Similkameen und Tulameen nördlich von Princeton einige Jahrzehnte Seifengold (Waschgold) gewaschen wurde. 1895 löste ein Goldfund bei **Granite Creek** (auch bekannt als Granite City) nahe **Coalmont** einen Goldrausch aus, sodass Granite Creek zur drittgrößten Stadt British Columbias wurde. Um 1910 waren die Goldfunde versiegt, heute erinnern noch Ruinen und ein Friedhof an diese Zeit.

Princeton ist auch für den Kohlebergbau Anfang des 20. Jahrhunderts bekannt. In Spitzenzeiten gab es hier 15 Kohlegruben, die letzte schloss 1945. Doch damit noch nicht genug, auch Kupfer fand man etwa zehn Kilometer südlich von Princeton am Copper Mountain. Im Bereich des Untertagebaus entstand eine separate Gemeinde. 1957 gab man den Untertagebau zugunsten eines Tagebaus auf, als Folge mussten 600 Bewohner ihre Häuser verlassen. Eindrucksvoll sind die mittlerweile erreichten Ausmaße des Tagebaus, die man begutachten kann, wenn man Richtung Manning PP fährt.

Auch der Bau der Eisenbahnstrecke ist ein wichtiges Thema in der Geschichte des Ortes. So verband die Kettle Valley Railway, die am 23. April 1915 durch den traditionellen "Last Spike" in Princeton vollendet wurde, nun Vancouver mit dem Kootenay im Osten. 1974 wurde die Eisenbahnstrecke stillgelegt, heute führen Rad- und Wanderwege auf den ehemaligen Trassen durch wunderschöne Landschaften. Auch einige historische Gebäude sind in Princeton zu entdecken, so z. B. die **St. Paul's United Church** in der 1st St, bei Interesse lassen Sie sich bitte in der Visitor Info einen Standort-Plan der historischen Gebäude geben. Das altehrwürdige historische Princeton Hotel wurde am 8. April 2006 durch ein Feuer leider komplett zerstört.

🛈 VISITOR INFORMATION & DISTRICT CHAMBER OF COMMERCE

✉ 105 Hwy 3 East, Princeton
☎ 250-295-3103
🌐 www.princeton.ca
🕐 Jan.–Juni: Mo–Fr 9-17 h, Juli & Aug.: tägl. 9-17 h, Sept.–Mitte Dez.: Mo–Sa/So 9–17 h

Princeton

👁 Highlights

▶ Princeton District Museum & Archives

Hier kann man sich ausführlich über die Geschichte des Ortes informieren. Es bietet u.a. interessante Ausstellungsstücke aus der Pionierzeit und Kunstwerke der First Nations.

🎯 Vom Hwy 3 li abbiegen auf die Vermilion Ave

✉ 167 Vermilion Ave, Princeton

☎ 250-295-7588

@ princetonmuseum@gmail.com

🌐 www.princetonmuseum.org

🕐 April–Juni & Sept.–Okt.: Fr, Sa, So 12–16 h, Juli & Aug.: tägl. 10–18 h sonst: nach Vereinbarung

▶ Ghost Towns

In der Umgebung von Princeton liegen sechs **"Ghost Towns"**, wovon drei Geisterstädte noch besucht werden können. **Blakeburn** und **Granite City** sind über die Coalmont-Tulameen/Otter Rd, die vom Highway 5A in Princeton nach Westen abzweigt, erreichbar. Bis Tulameen ist die Straße asphaltiert, die Nebenstraßen nach Granite City und Blakeburn sind Forest Service Roads. **Allenby** erreicht man über die vom Highway 3 nach Süden verlaufende Copper Mtn/Allenby Rd.

Granite Creek

Die Stätte, an der John Chance 1883 Goldnuggets fand. Der Ort wurde 1911 durch ein Feuer zerstört, einige Überreste der Holzgebäude stehen noch.

Allenby

Allenby entstand 1916 am Fuß des Copper Mountain südlich von Princeton, um das Kupfererz zu verarbeiten. Heute sind noch einige Ruinen des ehemals sehr geschäftigen Ortes zu sehen.

Blakeburn

Auf dem Weg nach Granite Creek kommt man an Blakeburn vorbei. Der Ort entstand 1914 mit der ersten Kohlengrube. 1930 kam es unter Tage zu einer Explosion, die 45 Männer tötete. Um 1940 wurde die Grube geschlossen. Reste einiger Gebäude sind noch vorhanden.

▶ Tulameen und Coalmont

Die beiden Örtchen stammen ebenfalls aus der Zeit des Kohlebergbaus. Coalmont liegt 12 Kilometer und Tulameen 30 Kilometer nordwestlich von Princeton. Zufahrt siehe Otter Lake Provincial Park.

▶ Princeton Castle

Das historische Princeton Castle entstand etwa um 1900. Es ähnelte einem mittelalterlichen Schloss, heute sind noch Ruinen zu sehen. Das Princeton Castle Resort bietet Übernachtungen, ein Restaurant und sportliche Aktivitäten an. Zufahrt siehe "Übernachten Princeton".

▶ Otter Lake Provincial Park

Um zum Park zu gelangen, fahren Sie vom Hwy 3 in Princeton links auf den Hwy 5A. Nach Überqueren des Tulameen River zweigt die kurvenreiche, enge Otter Lake/Tulameen-Coalmont Rd nach Westen ab. Bis zum Otter Lake Provincial Park (33 km) ist die Straße asphaltiert. Beim Campground befindet sich ein kleiner Strand mit Picknickplatz, ein größerer Badestrand ist im 5 km entfernten Tulameen. Vom Otter Lake führt parallel zum Highway 5A eine Gravelroad (Coalmont Rd) weiter nach Norden und erreicht nach 43 km den Highway 5A nahe Aspen Grove, 25 km südlich von Merritt.

Übernachten

Otter Lake PP Campground ★
Die Stellplätze sind weiträumig angelegt, einige Plätze liegen in Seenähe.

- ⊙ Ende Otter Lake Rd
- ☎ Reservierung: 1-800-689-9025 (geb.frei)
- ⊕ www.env.gov.bc.ca/bcparks/explore/parkpgs/otter_lk
- ⊙ Mitte Mai–Ende Sept.
- 🚐 45   🛏 Nein   🍴 Nein
- 💰 $

🏠 Übernachten Princeton

🏠 Evergreen Motel
Familiengeführtes Motel, zweckmäßig eingerichtete Zimmer mit Kühlschrank, Mikrowelle oder Küchenzeile. Im Preis enthalten ist ein kontinentales Frühstück.

- ✉ 250 Hwy 3 East, Princeton
- ☎ 250-295-7179 oder 1-888-295-7179 (geb.frei)
- @ info@evergreenmotelprinceton.ca
- ⊕ www.evergreenmotelprinceton.ca
- ⊙ März–November
- 💰 ★–★★

🏠 Sandman Inn
Man übernachtet in zweckmäßig eingerichteten Zimmern mit Mikrowelle, Kühlschrank und Kaffeekocher.

- ✉ 102 Frontage Rd, Princeton
- ☎ 250-295-6923 oder 1-800-726-3626) (geb.frei)
- @ reservations@sandman.ca
- ⊕ www.sandmanhotels.ca/hotels/princeton
- 💰 ★★

🏠 Princeton Castle Resort
Man übernachtet in DZ (Kühlschrank, Mikrowelle, Kaffeekocher), Suiten (mit Kü-

chenzeile) und Chalets (4–6 Pers., mehrräumig, mit Küchenzeile). Saisonal kann in einfach ausgestatteten Cabins (m. Küche, max. 6 Pers.) und Cabanas (max. 4 Pers.) übernachtet werden.

- ⊙ Zufahrt vom Hwy 5A über Old Hedley Rd/Princeton Summerland Rd am Ostende der Stadt und weiter bis zum Abweig Rainbow Lake
- ✉ 375 Rainbow Lake Rd, Princeton
- ☎ 250-295-7988 oder 1-888-228-8881 (geb.frei)
- @ info@castleresort.com
- ⊕ www.castleresort.com
- 🏠 Resort: ganzj., RV-Park/Cabin/Cabana: Mai–Okt.
- 🚐 Ja   🛏 48   🍴 Ja
- 🍴 Ja
- 💰 Zimmer/Suite: ★★, Chalet: ★★–★★★
- 💰 RV-Stellplatz: $$
- 💰 Cabin: ★★, Cabana: ★ (Bettzeug mitbringen)

Princeton verlassen Sie auf dem Highway 5A Nord, der durch ein reizvolles und spärlicher bewaldetes Hochtal mit endlosem Weideland und vielen Seen zu beiden Seiten der Strecke führt. Ortschaften werden Sie, wie auch auf dem ersten Teil der Alternativroute,

Otter Road – Schuhbaum

Allison Lake

kaum ausfindig machen können und auch der Verkehr auf der Straße ist eher mäßig. Für einen Pausenstopp eignet sich der Pick-nickplatz des *Allison Lake Provincial Parks*. Kurz vor der Siedlung Aspen Grove zweigt eine Seitenstraße zum einsam liegenden *Kentucky Alleyne Provincial Park* ab (sehr zu empfehlen), kurze Zeit später vereinen sich die beiden Highways 5A und der von Osten kommende Highway 97C bis zur Stadt *Merritt*, die im weiten Nicola Valley am Cold-water River liegt. Im *Nicola Valley* haben sich die größten kanadischen Rinderfarmen mit riesigen Weideflächen angesiedelt. *An-merkung:* Wenn Sie Merritt nicht besuchen wollen, fahren Sie über den Exit 286 auf den Freeway 5 Richtung Norden und über den Exit 290 wieder auf den Highway 5A Nord.

ALLISON LAKE PROVINCIAL PARK

Der nur 0,23 km² große, 1960 gegründete, Allison Lake Provincial Park liegt am High-way 5A, die Picknickplätze und Bootsan-legestelle befinden sich am Südende des Sees links vom Highway 5A.

🏛 Übernachten

🛏 Allison Lake PP Campground
Der bewaldete, nicht sehr schöne Camp-ground liegt rechts des Highways.

Hwy 5A, 28 km nördl. v. Princeton
604-668-5953
www.env.gov.bc.ca/bcparks/explore/parkpgs/allison_lk
Ganzj., Service Mitte Juni–Mitte Okt.
Nein · 22 · Nein
Nein · $

KENTUCKY-ALLEYNE PROV. PARK

Der 1,4 km² große, 1981 gegründete und ruhig gelegene Kentucky-Alleyne Provin-cial Park zählt für uns zu den schönsten Übernachtungsplätzen. Allerdings ist der beliebte Campground an Wochenenden oft schon früh am Nachmittag belegt. Der Park liegt im Weideland von BC, das umliegende Land ist Teil der größten Rin-derfarm British Columbias, der über 120 Jahre alten **Douglas Lake Ranch**.

Die Zufahrt (Bates Rd) vom Highway 5A zweigt 18 km nördlich von Allison nach rechts ab, nach ca. 11 km erreicht man den Park. Die erste Abfahrt führt zum **Ken-tucky Lake**, nach weiteren ca. 400 Metern erreicht man den **Alleyne Lake**. Im Park liegen neben den beiden Seen Alleyne und Kentucky noch und die "Tümpel" **West** und **East Bond**. Um den Kentucky Lake führt ein vier Kilometer langer Wanderweg. Kürzere Wege verbinden die beiden Seen Kentucky und Alleyne, an beiden Seen gibt es Boots-rampen.

Kentucky-Alleyne Provincial Park

Anmerkung: Der wenig bewaldete Park liegt 991 m hoch, daher sind im Frühjahr und Herbst die Nächte empfindlich kalt und evtl. auch stürmisch.

🏠 Übernachten

Die Campingplätze am Alleyne Lake und West Pond sind ganzjährig nutzbar, abhängig von der Befahrbarkeit der Bates Rd, Service nur zu den u.g. Zeiten. Die Stellplätze sind wenig bewaldet und befinden sich in Seenähe, Stellplatz 1 bis 31 am Kentucky Lake, 36 bis 41 am West Pond und 42 bis 58 am Alleyne Lake.

🛏 Kentucky Alleyne PP Campground ★

- 🌐 www.env.gov.bc.ca/bcparks/explore/parkpgs/ kentucky_alleyne
- ☎ Reservierung: 1-800-689-9025 (geb.frei)
- 🕐 West Pond und Alleyne Lake: ganzj., Kentucky: Mitte Mai–Ende Sept.

🆓 Nein	🚻 58	🔌 Nein
🚿 Nein	♿ Ja	💲 $

🏨 MERRITT 🖥ℹ➕✖🖼🏛

Merritt liegt im schönen Nicola Valley und ist ein wichtiges Versorgungszentrum der Region. Der Coquihalla Freeway 5, eine Schnellverbindung von Hope nach Kamloops, führt nur drei Kilometer östlich an Merritt vorbei. Die Stadt trägt den Beinamen *"Country Music Capital of Canada",* im Juli steigt das **Mountain Music Festival** und zieht viele Tausend Besucher in seinen Bann. Weitere attraktive Events sind die **Nicola Valley Ro-**deo Fair Days Anfang September, **Merritt Country Christmas Week** und **Merritt Walk of Stars** im Juni. Die Seen im Umkreis bieten im Sommer ideale Wassersportbedingungen. Wer gerne wandert oder per Mountainbike unterwegs ist, findet hier genügend Trails. Im Winter sind Motorschlittenfahrten, Skilanglauf und Schneewanderungen äußerst beliebt. Im Stadtgebiet findet man zahlreiche Wandmalereien von bekannten Künstlern und in Gehwegen eingelassene **"Walk Stars".** Es sind alle Versorgungsmöglichkeiten vorhanden. Den Supermarkt Extra Food erreicht man von der Nordeinfahrt Highway 5A Exit 290 (Voght St) stadteinwärts, nach 600 m zweigt die die River Ranch Rd nach Süden zum Supermarkt ab.

🔺	Princeton	90 km
	Kamloops	95 km
🧍‍♂️	Stadt	7.113
❄❄	-5 °C	
☀	+25 °C	
〰	595 m	
⊘	Stadt	24,82 km²
Vergleich: Gundelsheim am Neckar		
🧍‍♂️	Stadt	7.278
〰	154 m	
⊘	Stadt	38,45 km²

Das **Nicola Valley** war vor der Besiedelung durch Europäer Mitte des 19. Jahrhunderts Heimat der First Nations. Die ersten wei-

ßen Siedler betätigten sich als Viehzüchter, noch heute ein wichtiger Wirtschaftsfaktor der Region. Die Gründung der Stadt
ist William Henry Voght zu verdanken, der
sich 1872 am Zusammenfluss von Nicola
und Coldwater River niederließ. Namensgeber der Stadt war der Bergbauingenieur
und Förderer der Canadian Pacific Railway
William Hamilton Merritt, ihre Unabhängigkeit bekam die Stadt 1911.

Bis in die 1930er-Jahre war auch der
Kohlebergbau ein wichtiger Industriezweig,
nach dem Zweiten Weltkrieg wurde dieser
teilweise durch die Forstwirtschaft abge-
löst. Von 1961 bis in die 80er-Jahre baute
man auch noch Kupfer ab. Mit dem 1986
fertiggestellten Coquihalla Freeway 5 wurde die Stadt mit dem nördlichen Bereich
British Columbias und über den nach Osten verlaufenden Okanagan Freeway 97C
mit dem Okanagan Valley und Kelowna
verbunden. Beides bescherte der Stadt
und vor allem dem Tourismus weiteren
Aufschwung.

ℹ VISITOR INFORMATION BRITISH COLUMBIA

✉ *Kreuzung Hwy 5 & 97C (Exit 286), Merritt*
☎ *250-315-1342*
@ *BCVCMerritt@gov.bc.ca*
🕐 *Kernöffnungszeiten: ganzj. 9–16/17 h*

ℹ VISITOR INFORMATION MERRITT

✉ *2202 Voght St, Merritt (Merritt Baillie House)*
☎ *250-378-4224*
@ *info@merritt.ca*
🌐 *www.merritt.ca*
🕐 *Okt.–April: Di–Sa 10–16 h, Mai–Sept.: tägl. 10–18 h*

👁 Highlights

▶ Nicola Valley Museum & Archives

Das Museum informiert über die verschiedenen Epochen der Stadt und zeigt eine
Sammlung von historischen Gegenständen
aus der Zeit der Pioniere, der frühen Viehwirtschaft, des Kohle-Bergbaus, ein Modell
einer Kipphalde, Kunst und Schmuck der
First Nations und eine Modelleisenbahn mit
originalgetreuen Gebäuden aus Merritt.

🚗 *Vom Hwy 5A/97C li auf die Voght St, danach li auf
die Coldwater Ave und weiter bis zum Museum*
✉ *1675 Tutill Court, Merritt*
☎ *250-378-4145*
@ *nvma@uniserve.com*
🌐 *www.nicolavalleymuseum.org*
🕐 *Sommer: Mo 10–15 h, Di–Sa 9–17 h,
sonst: Mo, Di, Fr 10–15 h, Mi & Do 10–16 h*
💰 *Erw: CAD 2, Kinder: CAD 1 (als Spende erbeten)*

Merritt – Coldwater Hotel

► Historische Gebäude

Baillie House

Auf dem Grundstück stehen einige Gebäude aus der Zeit Anfang des 20. Jahrhunderts. Das Wohnhaus wurde 1908 errichtet, es beherbergt die Visitor Information.

Coldwater Hotel

Im Herzen von Merritt steht das markante Coldwater Hotel. Es entstand 1908, seine kupferne Kuppel ist ein Wahrzeichen. Im Gebäude befinden sich neben dem Hotel ein Restaurant und ein Pub.

Douglas Lake Ranch

Die Ranch stammt aus dem Jahr 1886, beherbergt Kanadas größte, privat bewirtschaftete Rinderzucht. Auf ca. 141.600 ha Weideland werden annähernd 18.000 Rinder und ca. 500 Pferde gehalten. Die Ranch liegt am Douglas Lake, Abzweig vom Highway 5A ca. 20 Kilometer östlich von Merritt.

🌐 www.douglaslake.com

Nicola Ranch Historic Site ★

Sie liegt acht Kilometer östlich von Merritt am Highway 5A und gehört zu den größten Ranches in Kanada. Auf dem Gelände stehen mehrere historische Gebäude aus den Jahren 1876 bis 1913: **Murray Church** (1876), **Blacksmith's Shop** (Schmiede 1890) und **Red Barn** (Scheune 1904). Einige Gebäude können zur Selbstbewirtschaftung auch angemietet werden. Es werden keine Führungen angeboten, man kann auf eigene Faust durch das Gelände streifen und sich umsehen. Ein kurzer Stopp lohnt sich.

🏨 Übernachten

🏨 Super 8 Motel

Funktional eingerichtete Zimmer, teils mit Küchenzeile oder Mikrowelle/Kühlschrank, kontinentales Frühstück ist inklusive.

🧭 Hwy 5A Richtung Innenstadt, das Motel liegt kurz nach Überqueren des Hwy 5.
✉ 3561 Voght St, Merritt
☎ 250-378-9422
@ super8merritt@gmail.com
🌐 www.super8.com
💲 ★–★★

🏕 Claybanks RV Park & Campground

Bewaldeter Campground am Coldwater River, Generatoren sind nicht erlaubt.

🧭 *Folgen Sie Richtung Merritt dem Hwy 5A/97C später li auf die Voght St bis zum Campground*
✉ 1300 Voght St, Merritt
☎ 250-378-6441
@ claybanks@merritt.ca
🌐 www.claybanksrv.ca
🕐 Ganzj., Wintersaison: Nov.–März

🚐 Ja		🚐 44		🚽 Winter: 8
🚿 Ja		🔥 Ja		📶 Nein

⚡ Strom (15/30 Amp.), Wasser, Abwasser
💲 $–$$
⚡ 20   💲 $

🏕 Monck Provincial Park CG ► S.385

*Merritt verlassen Sie über die Voght St/ Princeton Kamloops Highway 5A Nord. Einige Kilometer östlich von Merritt zweigt vom Highway 5A die Zufahrt zum **Monck Provincial Park** ab mit einem netten Picknickplatz und terrassenförmig angelegten Campground.*

*Der Highway 5A verläuft danach für einige Zeit am Südufer des Nicola Lake entlang und durchquert das Gebiet der Douglas Lake Ranch, streift die **Nicola Ranch Historic Site** (siehe Highlights Merritt) und das **Quilchena Historic Resort**. Weiter führt die Strecke durch spärlich bewaldetes Hügelland, vorbei an kleinen Seen, die sich sehr schön in die Landschaft einfügen.*

*Bald erreichen Sie die Stadt **Kamloops**, wo sie sich bei Bedarf wieder mit Vorräten für die Weiterfahrt eindecken können, bevor Sie Ihre Fahrt in Richtung Osten auf der Hauptroute (► S.110) fortsetzen.*

⚜ MONCK PROVINCIAL PARK

Der 1951 gegründete Monck Provincial Park liegt am Nordwestufer des über 60 km² großen Nicola Lake. Auf der Parkfläche stand früher ein altes Gehöft, das der Parkverwaltung geschenkt wurde. Archäologische Funde inklusive zweier Grubenhäuser der First Nations hat man im Picknickbereich am See entdeckt. Auf dem schönen Picknickplatz mit Badestrand liegen überdachte Tisch-Bank-Kombinationen. Ein fünf Kilometer langer, teilweise steiler Rundweg durchquert den Park, er beginnt am Parkeingang.

Bitte beachten Sie: Surfen und Kanufahren kann wegen aufkommender Stürme gefährlich werden.

Monck Provincial Park

🏛 Übernachten

🏕 Monck PP Campground ★

Die spärlich mit Gelbkiefern bewachsenen Stellplätze des wunderschönen Campgrounds sind terrassenförmig angelegt mit Seeblick von fast allen Plätzen. Der 630 m hoch gelegene Park ist ideal für Sonnenhungrige (mit Sonnenschutz!).

🔴 Hwy 5A, Abzweig Monck Park Rd ca. 9 km nordöstl. v. Merritt, weitere 12 km zum Park

🌐 www.env.gov.bc.ca/bcparks/explore/parkpgs/monck

☎ 250-315-0253, Reservierung: 1-800-689-9025 (geb.frei)

🕐 Full Service: Mai–Sept., Mitte–Ende April & Anf.–Mitte Okt. eingeschränkter Service

🚿 Ja   🛏 120   💵 Ja, CAD 5

🔴 Nein   🔵 Ja

💳 $, die meisten Kreditkarten werden angenommen, wenn Gatehouse offen

🏛 QUILCHENA HISTORIC RESORT

"The Spirit of the Wild West is still alive."

Das Hotel ist im viktorianischen Stil erbaut. Sein Gründer **Joseph Guichon** kam ursprünglich aus Frankreich und folgte, wie auch seine Brüder Charles, Laurent und Pierre 1857 dem Ruf des Goldes, der sie nach British Columbia brachte. Die Goldschürf-Erträge fielen bald nur noch dürftig aus, sodass sie weiterzogen ins weite Ranchland des Nicola Valley. Joseph baute ein Hotel, das bei den Durchreisenden als Unterkunft beliebt war. 1917 musste dieses aber schließen, da durch den Ersten Weltkrieg die Gästezahl eingebrochen war. 1958 wurde es wieder eröffnet und bietet seither Ruhe und Erholung inmitten des weiten Graslandes.

Das im Familienbesitz befindliche Resort mit General Store und Restaurant betet Wildwestromantik. Die Zimmer sind individuell eingerichtet, teilweise mit Etagenbädern. Den Gästen werden Ausritte, Heuwagenfahrten u.v.m. geboten. Ein Campground mit allen Anschlussmöglichkeiten befindet sich im Bereich des Golfplatzes.

🔴 23 km nordöstl. v Merritt

✉ 6500 Hwy 5A, Douglas Lake

☎ 250-378-2611

🌐 www.douglaslake.com/quilchena.html

🕐 Ostern–Mitte Okt., Hunde nicht erlaubt

⭐ **

💲 Campground: $$

🏛 KAMLOOPS ▶ S.126

Zurück zur Hauptroute (▶ S.126)

Alternativroute »Little Fort bis Hat Creek Ranch Abzweig Hwy 99 West«

km Haupt-strecke	km Neben-strecke	Hwy	Station	Übernachtungsempfehlung
0		5	Little Fort 🏠 ❌ 🏛	
		5/24	Kreuzung Hwy 5 / 24, weiter auf dem Hwy 24 Richtung Westen	
48		24	Abzweig zum **Bridge Lake Provincial Park**, kleiner Park, Picknickplatz, Achtung Mücken! ▶ S.387	**Bridge Lake PP CG**, einfach ausgestattet, bewaldet 🚩 am Hwy 24 🕐 Mitte Juni–Mitte Sept. 🔄 $ 🚻 nein 🍴 nein
87		24	Abzweig zum Green Lake PP über Watch Lake Rd/Green Lake Rd	
102			Abzweig North Green Lake Rd nach rechts	
			Green Lake Provincial Park, sehr schön gelegen, 3 Campgrounds, Picknickplätze, Badestrände, Wassersport ▶ S.388	
103				**Green Lake PP Emerald Bay CG**, weiträumig, bewaldet, Picknickplatz 🚩 North Green Lake Rd 🕐 Mitte Mai–Mitte Okt. 🔄 $ 🚻 Kreuzung N Green Lake/S Green Lake Rd 🍴 nein
115			Little Arrowhead Picknickplatz	
117				**Green Lake PP Arrowhead CG**, einf. Ausstattung, parkplatzähnlich 🚩 North Green Lake Rd 🕐 Mitte Mai–Anf. Sept. 🔄 $ 🚻 Kreuzung N Green Lake/S Green Lake Rd 🍴 nein
119			Blue Springs Picknickplatz	
123			Kreuzung North Green Lake/North Bonaparte/South Green Lake Rd, Sanidump	
	0		Alternative: South Green Lake Rd nach Osten zum Sunset View CG	
	12			**Green Lake PP Sunset View CG**, weiträumig, Picknickplatz, walk-in Zeltplätze 🕐 Mitte Mai–Anf. Sept. 🔄 $ 🚩 Kreuzung N Green Lake/S Green Lake Rd 🍴 nein
	24		Zurück zur Kreuzung North Green Lake/North Bonaparte/South Green Lake Rd	

km Haupt-strecke	km Neben-strecke	Hwy	Station	Übernachtungsempfehlung
123			Weiter auf der North Bonaparte Rd nach Westen	
131		97	**70 Mile House** 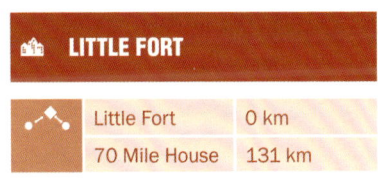 nicht viel mehr als eine Ansammlung von Häusern mit minimaler Infrastruktur, touristisch nicht von Bedeutung ▶ S.389	
141		97	Abzweig Chasm Rd vom Hwy 97	
144		97	**Chasm Provincial Park**, geologisch interessant, Picknickplatz ▶ S.389	
148		97	Zurück zum Hwy 97	
164		97	**Clinton** kleiner Ort, entstand zu Cariboo Goldrauschzeiten, Museum, hist. Gebäude ▶ S.390	**Willow Spring's Campground & RV** 5 km südl. v. Clinton am Hwy 97 Mai–Okt. ja ja, alle Anschlüsse **Downing PP CG**, enge Stellpl. auf Parkplatz, Tisch/Bank/Kombi & Feuerstelle auf Wiesenfläche 17 km westl. v. Clinton, **Campground wegen Überflutung bis auf weiteres geschlossen**
193		97/99	Hat Creek Ranch/Abzweig Hwy 99 West und Weiterfahrt auf der Hauptroute ▶ S.336	

Diese Alternativroute ab **Little Fort bis Hat Creek Ranch Abzweig Hwy 99 West** bietet sich an, wenn Sie auf den zweiten Besuch der Stadt Kamloops verzichten können. Sie führt über den Highway 24, der auch **Interlakes Highway** oder **Fishing Highway** genannt wird, zum Cariboo Highway 97, der Sie zur Hat Creek Ranch und damit zurück zur Hauptroute bringt.

Die Alternativroute startet in Little Fort/ Highway 5 Süd. Sie zweigen in Little Fort nach Westen auf den Highway 24 ab, der schon bald ansteigt und kurvenreich bis zum **McDonald Summit** (1.311 m) führt. Oben angekommen, säumen beide Seiten der Straße dichte Wälder und sanfte Hügel, immer wieder zweigen rechts und links Straßen ab, die zu landeinwärts liegenden Seen führen. Später verläuft der Highway entlang des **Lac des Roches**, wo eine nette Rest Area liegt.

Sie kommen zum Abzweig **Bridge Lake Provincial Park**, etwa einen Kilometer weiter zweigt die Bridge Lake Business Rd zum kleinen Ort Bridge Lake (mit historischem General Store) ab. Auf der Weiterfahrt erreichen Sie den Sheridan Lake und den Abzweig Horse Lake/Mahood Lake Rd (Gravel/Logging Rd), der in den Westteil des Wells Gray Provincial Parks führt. Am

Abzweig liegen einige Geschäfte, u.a. auch eine Tankstelle und ein Shop.

Kurz vor **Lone Butte**, wo sich ein kleiner General Store befindet, verlassen Sie den Highway 24 und fahren links auf der Watch Lake Rd, später Green Lake Rd, zum **Green Lake Provincial Park**, an dessen Ufer mehrere Campgrounds und Picknickplätze liegen.

LITTLE FORT

Little Fort	0 km
70 Mile House	131 km

BRIDGE LAKE PROVINCIAL PARK

Der 11 ha große und 1.133 m hoch gelegene Bridge Lake Provincial Park liegt nördlich vom Highway 24. Im 1956 gegründeten Park befindet sich eine Bootsrampe, Picknickplatz und ein kleiner Campground. Besonders beliebt ist der Park bei Anglern und Kanu- und Kajakfahrern.

🏛 Übernachten

🛏 Bridge Lake PP Campground

Stellplätze unter Bäumen, Mückenschutz nicht vergessen, kein Trinkwasser verfügbar

- 🚩 Hwy 24, 48 km westl. v. Little Fort
- ☎ 250-320-9305
- 🌐 www.env.gov.bc.ca/bcparks/explore/parkpgs/bridge_lk
- 🕐 Mitte Mai–Sept.
- 🚫 Nein   🚐 13   🛒 Nein
- 🚿 Nein   ⛺ 3 walk-in
- 💲 $

🌲 GREEN LAKE PROVINCIAL PARK ★

Der wunderschöne und ruhig gelegene Green Lake Provincial Park wurde im Juli 1975 als Freizeitpark gegründet. Er liegt im Ranchland Cariboo Country, das nur spärlich mit Küstenkiefern- und Espenwälder bewachsen ist. Der See ist 14 km lang, etwa 1,5 km breit und seine Küstenlinie beträgt fast 57 km. Die grüne Farbe des Sees, nach der er auch benannt ist, kommt vom geringen Fischanteil und der hohen Konzentration von Algen und Mikroorganismen. Am Westende des Sees nisten zahlreiche Wasservögel.

Lac des Roches

Der Park ist nicht nur für eine Übernachtung zu empfehlen, sondern bietet auch vielfältige Wassersportaktivitäten. Man erreicht den Park vom Highway 24 ca. 87 Kilometer westlich von Little Fort über die Watch Lake/später N Green Lake Rd. Nach etwa zwei Kilometer auf der N Green Lake Rd Richtung Westen kommt man zum sehr schönen **Emerald Bay Campground**, nach weiteren etwa acht Kilometern erreicht man den Little Arrowhead Picknickplatz mit Bootsrampe und wenig später den kleinen **Arrowhead Campground** mit Badestrand und engen Stellplätzen. Auf den Blue Springs Picknickplatz und Badestrand trifft man nach weiteren ca. drei Kilometern, nach etwa fünf Kilometern auf die Kreuzung N Green Lake/N Bonaparte/S Green Lake Rd. Dort befindet sich eine Sanidump-Station. Wenn man der S Green Lake Rd nach Osten folgt, erreicht man nach zwölf Kilometern den **Sunset View Campground** mit Picknickplatz, Badestrand und Bootsrampe (Motorboote erlaubt), Richtung Westen erreicht man nach ca. neun Kilometern den Highway 97 (Cariboo Highway). **Anmerkung**: Bei der Sanidump-Station unbedingt dem Schild: "To Hwy 97" zur Weiterfahrt folgen. Die Sanidump-Station schließt meist bereits Anfang September.

🏛 Übernachten

🛏 Campgrounds im Green Lake PP

- ☎ 250-320-9305, Reservierung: 1-800-589-9305 (geb.frei)
- 🌐 www.env.gov.bc.ca/bcparks/explore/parkpgs/green_lk
- 🕐 Mitte Mai–Mitte Okt., Arrowhead & Sunset je nach Wetter auch früher geschlossen
- 🚫 Ja
- 🚐 Arrowhead: 16, Emerald Bay: 51, Sunset View: 54
- 🛒 Ja (CAD 5), an der Kreuzung N Green Lake Rd/S Green Lake Rd
- 🚿 Nein   💧 Ja, Sunset View & Emerald Bay CG
- 💲 $

*Zur Weiterfahrt folgen Sie am Westende des Sees dem Hinweis "To Hwy 97" und erreichen nach neun Kilometer den Hwy 97/ Cariboo Highway und den kleinen Ort **70 Mile House**. Eine geologische Besonderheit*

Green Lake

erwartet Sie im **Chasm Provincial Park**. Eine parallel zum Highway 97 verlaufende Seitenstraße (Chasm Rd, **Achten Sie auf die Abfahrt nach links, kein Hinweis am Hwy**) bringt Sie zum Park und wieder zurück zum Highway 97. Nun erwartet Sie noch das Westernstädtchen **Clinton**, bevor Sie dann ca. 29 Kilometer südlich von Clinton zum Abzweig Highway 99/Hat Creek Ranch kommen und der normalen Route (▶ S.336) weiter folgen.

🏠 70 MILE HOUSE

Der kleine Ort 70 Mile House ist touristisch nicht interessant, für die Versorgung gibt es einen General Store und eine Tankstelle, übernachten kann man in einem Motel. Die Bezeichnung 70 Mile House resultiert aus der Zeit des Cariboo Gold Rush Ende des 19. Jahrhunderts, als hier ein Roadhouse stand, das 70 Meilen entfernt zur Mile 0 in Lillooet lag.

🏔	Little Fort	131 km
	Clinton	33 km
👥	Stadt & Umland	1.074
❄❄	-5 °C
☀	+23 °C
〰	1.091 m

Das Roadhouse wurde 1862 errichtet. Es war das erste Rasthaus entlang der Cariboo Wagon Road und diente ab 1863 zuerst als Unterkunft für die Arbeiter des Straßenbauunternehmers G.B. Wright. Zwölf Jahre später übernahm es J. & W. Saul, dieser verkaufte es an William Boyd.

Die Familie Boyd war etwas standhafter und bewirtschaftete das Rasthaus immerhin 20 Jahre. Doch diesem Roadhouse widerfuhr das gleiche Schicksal wie vielen anderen: Es brannte 1956 nieder und wurde nicht wieder aufgebaut.

🏠 CHASM PROVINCIAL PARK ★

Der Park wurde 1940 zum Schutz der nach der letzten Eiszeit vor mehr als 10.000 Jahren entstandenen Gesteinsformationen gegründet. Die Schlucht (chasm) ist 8 km lang, etwa 600 m breit, die Felswände sind durchschnittlich 300 m hoch. Die Farbenvielfalt der Felswände reicht von Rottönen über Gelb- bis zu Brauntönen. Im Park kann man die unterschiedlichen Gesteinsschichten des Canyon wunderschön sehen. Wandern auf nicht gekennzeichneten Pfaden ist möglich, jedoch ist beim Abstieg in den Canyon äußerste Vorsicht geboten. Nach der Besichtigung folgen Sie der Chasm Rd nach Süden, nach vier Kilometer erreichen Sie wieder den Highway 97 (Cariboo Hwy).

🚗 Vom Hwy 97, ca 9 km südl. v. 70 Mile House li auf Chasm Rd und weitere 3 km zum Park

🕐 Ganzj.

🌐 www.env.gov.bc.ca/bcparks/explore/parkpgs/chasm

ALTERNATIVROUTEN

389

CLINTON 🏛️ ℹ️ ✖️ 🚗 🏧

Das Örtchen entstand um 1860 zu Gold-rausch-Zeiten, als hier ein Rasthaus, das Clinton Hotel, stand, das den nach Norden strebenden Goldsuchern Unterkunft und Verpflegung bot. Das Hotel wurde von 1861 bis 1863 von George und Robert Watson erbaut. Es hatte eine große Bar und bot kostenlose Übernachtung an, wenn Gäste ihr eigenes Bettzeug mitbrachten. Die Watsons verpachteten das Hotel an Billy McKinnon, später kauften Tom Marshall und Joe und Mary Smith den Brüdern das Hotel ab. Sie erweiterten das Hotel, richteten einen Billardraum und einen Damensalon ein.

🏔️	70 Mile House	33 km
	Abzweig Hwy 99 West / Hat Creek Ranch	29 km
👥	Stadt	636
❄️	-6 °C	
☀️	+21 °C	
〰️	887 m	
⊘	Stadt	7,89 km²

Joe Smith war sehr clever und hielt im Billardzimmer 1868 den ersten Clinton Ball ab. Mit der Festlichkeit wollte man der Bevölkerung eine Möglichkeit bieten, einer Winterdepression vorzubeugen – keine schlechte Idee – und so wurde der Clinton Ball eine jährlich ausgerichtete Festlichkeit, die heute allerdings im Mai stattfindet. Eine Eintrittskarte kostete damals CAD 5, darin enthalten waren zwei Übernachtungen mit Frühstück und Kost und Logis für zwei Pferde – welch ein Traumpreis. Das Hotel wechselte 1912 nochmals seinen Besitzer, Smith jun. verkaufte es an die Familie Wardell. Am 15. Mai 1958 brannte es vollständig nieder und wurde nicht wieder aufgebaut. 1863 errichtete man gegenüber eine Mautstation und bat bis 1868 alle Durchreisenden zur Kasse. Mit den Einnahmen wurde die Kosten des Straßenbauunternehmers Gustavus Wright bezahlt, der 1862 den Zuschlag zum Bau der Old Cariboo Rd von **Mile 47** (heute Clinton) nach **Pavilion** (Hwy 99 Richtung Lillooet) über den Kelly Lake und die Pavilion Mountains bis nach Lillooet bekam. Seine Crew baute auch die Old Cariboo Rd bis nach **Barkerville**, dem Zentrum des Cariboo Goldrush, im nordöstlichen Cariboo Country. Näheres: 🌐 www.barkerville.ca

Nur kurze Zeit später, 1863, legten die Königlichen Ingenieure die Cariboo Wagon Rd durch den Fraser Canyon an und trafen hier auf die schon existierende Old Cariboo Rd aus Lillooet. Die Kreuzung war genau 47 Meilen von Lillooet entfernt, daher nannte man den Ort zuerst 47 Mile House, jedoch im gleichen Jahr nannte Queen Victoria den Ort um in den heutigen Namen zu Ehren des Kolonial-Ministers (von 1859–1864) Lord Henry Pelham Clinton. Nachdem der Goldrausch vorüber war, betrieben die Siedler Viehwirtschaft, wobei die vorhandene Eisenbahnlinie durchaus vorteilhaft für Transporte war. Auch die Soda-Gewinnung war Anfang bis Mitte des letzten Jahrhunderts eine wichtige Einnahmequelle. Mitte des letzten Jahrhunderts löste die Forstwirtschaft die Viehwirtschaft ab, damals gab es über 20 Sägemühlen im Umkreis, um ca. 1970 war nur noch ein Werk in Betrieb.

Clinton ist ein typisches, kleines Western-Örtchen. Man versucht, möglichst viel Substanz aus der Pionierzeit zu erhalten und findet im Ort einige historische Gebäude, teils sind sie nur per Bild auf Infotafeln zu sehen. Der Ort bietet ganzjährig Freizeitaktivitäten. Die wichtigsten Versorgungseinrichtungen sind vorhanden.

ℹ️ VISITOR INFO – VILLAGE OF CLINTON

- 📧 1423 Cariboo Hwy 97, Clinton
- ☎️ 250-459-2261
- @ admin@village.clinton.bc.ca
- 🌐 www.village.clinton.bc.ca
- 🕐 Kernöffnungszeiten: ganzj. 8/9–17 h

👁️ Highlights

► Clinton Historic Museum

Das Museum befindet sich am Highway 97 und informiert über die Goldrauschzeiten anhand von historischen Fotos. Das Museumsgebäude wurde 1892 errichtet. Es diente bis 1925 als Schule und danach bis 1955 als Gerichtsgebäude. 1999 erwarb das Museum noch ein Gebäude der Regierung (Stallung), hier sind Gerätschaften und weitere Ausstellungsstücke untergebracht.

- ✉ *1419 Cariboo Hwy (Visitor Information), Clinton*
- ☎ *250-459-2442*
- ◷ *Mai–Sept.: Mi–So 10-18 h*
- ◔ *Eine Spende ist willkommen.*

▶ Historische Gebäude (Auswahl)

Blue Goose Hotel (1895)
- ✉ *1418 Carson Crescent*

Clinton Museum (1892) und **Government Stables** (1911)
- ✉ *1419 Cariboo Highway, Clinton*

Government Building (1926)
- ✉ *1423 Cariboo Highway, Clinton*

Clinton Museum (1892)
- ✉ *1419 Cariboo Highway, Clinton*

Clinton Cemetery (1861)
- ✉ *Am Nordende von Clinton nahe Hwy 97*

Palace Hotel (1879)
- ✉ *1418 Cariboo Highway, Clinton*

Robertson House (1866)
- ✉ *402 McDonald Avenue, Clinton*

▶ Downing Provincial Park

Der Downing Provincial Park liegt westlich von Clinton am idyllischen Kelly Lake. Die Zufahrt zum Park ist über Kelly Lake Rd möglich. Bis zum Park ist die Straße asphaltiert. Der Park wurde 1970 von C.S. Downing gespendet, seine Familie besitzt heute das angrenzende Land. Bitte respektieren Sie dies, wenn Sie vom Campground zum abseits liegenden Picknickplatz (ca. 500 m) gehen.

Die Kelly Lake Rd ist Teil der Old Cariboo Rd und führt als Pavilion Mountain Rd noch weiter bis nach Pavilion (Hwy 99), dann allerdings ungefestigt, eng, kurvenreich und stellenweise steil. Sie ist nicht für Wohnmobile geeignet.

Downing PP Campground

Die wenigen Stellplätze liegen eng beieinander und dienen lediglich als reine Parkplätze. Das jedem Parkplatz zugeordnete Außenmobiliar (Tisch-Bank-Kombination) liegt einige Meter entfernt auf einer Rasenfläche. Wen dieser Umstand nicht stört, ist hier ansonsten gut aufgehoben, da der Platz sehr ruhig liegt.

- ⚑ *Ca. 17 km westl. v. Clinton über die Kelly Rd.*
- ☎ *250-397-2523*
- 🌐 *www.env.gov.bc.ca/bcparks/explore/parkpgs/downing*
- ◷ *Mitte Juni–Anf. Sept.*
- 🔌 *Nein*   🚐 *18 walk-in*
- 🚿 *Nein*   🐕 *Nein*
- 💲 *$*

❗ Seit April 2015 ist dieser Campground wegen Überflutung bis auf weiteres geschlossen. Informieren Sie sich auf der Internetseite des Parks. Day Use-Öffnungszeiten werden ebenfalls dort bekanntgegeben.

🏛 Übernachten Clinton

🏨 Cariboo Lodge Resort

Man übernachtet in zweckmäßig eingerichteten DZ oder in der Suite mit Küchenzeile. Kinder unter 14 Jahren übernachten frei.

- ✉ *1414 Hwy 97, Clinton*
- ☎ *250-459-7992 oder 1-877-459-7992 (geb.frei)*
- 💲 **–***

🚐 Willow Spring's RV & Campground

Der mäßig bewaldete Campgound liegt in der Nähe des kleinen Three Mile Lake 5 km südlich von Clinton am Hwy 97.

- ⚑ *6353 Cariboo Hwy 97, Clinton*
- ☎ *250-459-7046*
- @ *roy@willowspringscampground.com*
- 🌐 *www.willowspringscampground.com*
- ◷ *Mai–Okt.*
- 🔌 *Strom (30 Amp.), Wasser, Abwasser*
- 🚿 *Ja*   🐕 *Ja*
- 💲 *$*

Folgen Sie, wenn Sie Ihren Clinton-Besuch beendet haben, dem Highway 97 nach Süden bis zur Hat Creek Ranch nördlich von Cache Creek. Hier treffen Sie auf die Hauptroute (▶ S.336)

WISSENSWERTES

Reiseinformationen

ÄRZTLICHE HILFE

Die medizinische und zahnmedizinische Versorgung in Kanada ist sehr gut, aber teuer. Setzen Sie sich vor Antritt der Reise mit Ihrer **Krankenkasse** (auch privat Versicherte) und Ihrem **Unfall- und Haftpflichtversicherer** in Verbindung und klären Sie Ihren Versicherungsschutz für Kanada. Meist werden allerdings die Kosten nicht übernommen, daher empfiehlt sich unbedingt der Abschluss einer **Auslandskrankenversicherung**. Und da eine Kanada-Reise nicht billig ist und oft lange vor Abfahrt gebucht wird, ist auch eine **Reiserücktrittsversicherung** sinnvoll. Sollten Sie die Reise mit einer Kreditkarte bezahlt haben, schauen Sie ins Kleingedruckte der Bestimmungen, evtl. ist eine Reiserücktrittsversicherung eingeschlossen. Bei einem Arztbesuch werden Sie sofort zur Kasse gebeten. Bezahlt wird in bar oder evtl. per Kreditkarte. Für den Fall einer längeren und teuren Behandlung sollten Sie den Versicherungsschein und die Daten der Versicherungsgesellschaft parat haben, damit eine evtl. Kostenübernahme geklärt werden kann. Alle vorgestreckten Beträge lassen Sie sich detailliert bescheinigen und reichen diese bei Ihrer Auslandskrankenversicherung ein. **Verschreibungspflichtige Medikamente** (Rezept = *Prescription*) von niedergelassenen, kanadischen Ärzten erhalten Sie in speziellen Abteilungen der *Drugstores* oder Supermärkte. Diese verfügen auch über ein breites Angebot an frei verkäuflichen Medikamenten und Nahrungsergänzungsmittel. Sollten Sie dringend ein Medikament benötigen und die *Drugstores* geschlossen haben, bekommen Sie Hilfe über die **Rufnummer 911** oder wenden Sie sich an ein Krankenhaus, diese verfügen über eigene Apotheken. Regelmäßig einzunehmende Medikament sollten in ausreichenden Mengen im Gepäck sein. **Brillenträger** sollten eine Ersatzbrille mitnehmen oder den **Brillenpass** bei sich haben, damit ggf. ein Optiker eine neue Brille anfertigen kann.

ALKOHOL

- Das **Mindestalter** für den Kauf und Genuss von Alkohol beträgt in Kanada 18 bis 19 Jahre, es wird in den einzelnen Provinzen unterschiedlich gehandhabt.
- Alkohol darf in der **Öffentlichkeit** nicht unverpackt transportiert werden.

- Auf **öffentlichen Plätzen** ist Alkoholkonsum verboten, sofern dies nicht ausdrücklich erlaubt ist. Ihr Stellplatz auf dem Campground ist Privatplatz.
- **Liquor stores** (nur dort werden alkoholische Getränke verkauft) befinden sich in größeren Ortschaften und Städten. Angebot und Preise: 🌐 *www.liquordepot.ca/Our-Stores*
- In den **Restaurants** wird Alkohol verkauft, wenn der Besitzer eine Erlaubnis besitzt. Die Lizenz ist erkennbar an Schildern mit der Aufschrift *"Licensed"* oder *"Licensed Premises"*.
- Die **Promillegrenze** für Autofahrer ist von Provinz zu Provinz unterschiedlich. Sie liegt zwischen 0,0 und 0,8 ‰ (BC: 0,5 ‰, Alberta: 0,5–0,8 ‰). Autofahren unter Alkoholeinfluss wird streng bestraft.

ANGELN

Kanada ist durch die vielen Gewässer ein Paradies für Angler, durch den Fischreichtum hat man schnell ein Erfolgserlebnis. Die Bestimmungen sind in den Provinzen unterschiedlich, auch die Kosten und die Gültigkeitsdauer der Lizenz (*Fishing Licence, Fishing Permit*). Man erhält die Lizenz in Geschäften für Anglerzubehör, in Lodges, Tankstellen oder in Sportgeschäften. Sondergenehmigungen sind in National Parks nötig.

Man sollte die wichtigsten Regeln und Gesetze kennen, die für Fangquoten, Saison, Umwelt- und Tierschutz gelten. Es finden Kontrollen statt, wie wir selbst erlebten, als wir durch das seenreichen Chilcotin-Country fuhren und ein Polizeiwagen uns geräuschvoll angehalten hat.
- 🌐 *BC: www.env.gov.bc.ca/fw*
- 🌐 *Alberta: http://albertaregulations.ca/fishingregs*

APOTHEKEN ▶ ÄRZTLICHE HILFE

AUTOVERMIETUNG

In Kanada ist die Anmietung eines Autos bei Leihwagen-Unternehmen jederzeit möglich. Es empfiehlt sich aber, besonders in der Hauptreisezeit, eine **Buchung bereits vorab** vorzunehmen. In Reisebüros oder im Internet erhält man faire und günstige Angebote. Zur Übernahme fallen dann nur noch wenige Formalitäten an. Hier eine Auswahl der bekanntesten Firmen:

Avis	☎ 01806 217 702 🌐 www.avis.de
Budget	☎ 01806 217 711 🌐 www.budget.de
Hertz	☎ 01806 333 535 🌐 www.hertz.de
National Car	☎ +49 (0) 800 72 38 828 🌐 www.nationalcar.de
Thrifty	☎ +49 (0) 69 509 85 029 🌐 www.thrifty.de

Mietbedingungen für Fahrzeuge

Bei allen Vermietern muss der Fahrer das **21. Lebensjahr** vollendet haben, unter 25 Jahren muss eventuell ein Risiko-Zuschlag gezahlt werden. Es wird ein gültiger **Führerschein Klasse 3** benötigt, sicherheitshalber evtl. noch ein internationaler Führerschein. Es muss eine **hohe Kaution** in bar oder per Reiseschecks hinterlegt werden. Kreditkarteninhaber weden gebeten, eine Blanko-Unterschrift auf einem Kreditkartenabzug zu leisten.

Bei Vorbuchung sind die Basiskosten (Steuern, Haftpflicht- und evtl. Vollkaskoversicherung) bereits bezahlt. **Vor Ort zu zahlen:** Aufschläge, Zusatzversicherungen und Einweggebühren (wenn das Fahrzeug nicht zum Ausgangsort zurückgebracht wird) plus Steuern/Tax. Die Einwegmiete muss bereits bei Buchung mit dem Vermieter abgestimmt sein.

AUTOVERSICHERUNGEN

Bei der Buchung im Reisebüro, spätestens aber bei Übernahme sollte man abklären, welche Versicherung sinnvoll ist, um bei einem Schadensfall die größtmögliche Sicherheit zu haben.

- **CDW/LDW** (Collision Damage Waiver/Loss Damage Waiver): Entspricht einer Haftpflicht- bzw. Vollkaskoversicherung und ist normalerweise in allen Mietverträgen enthalten, allerdings mit hoher Selbstbeteiligung. Bei bestimmten Schäden (z. B. Schäden beim Rückwärtsfahren, Einparken auf dem Campground) haftet der Mieter unbegrenzt.
- **VIP** (Vacation Interruption Policy): Kostet etwa CAD 25 plus Tax pro Tag und ist als Ergänzung zur CDW zu sehen. Sie ist für bis zu 40 Miettage im Voraus zu entrichten und senkt die Selbstbeteiligung. Schäden durch Fahrlässigkeit, bei stehendem Wohnmobil, auf Campingplätzen, beim Parken usw. sind auch hier meist nicht abgedeckt. Eine Ergänzung ist die **VIP Plus.** Hier entfällt der Selbstbehalt bei Unfallschäden inkl. Diebstahl und Vandalismus.

⚠ Bitte beachten Sie: Das kanadische Versicherungssystem ist nicht mit unserem System vergleichbar. Lassen Sie sich die Schadensfälle definieren, die die Versicherung anerkennt und welche Fälle nicht abgedeckt sind. Dies gilt besonders für die Wohnwagenversicherungen.

Weitere wichtige Informationen

Bedenken Sie, dass nicht alle Highways oder Gebiete mit einem Mietfahrzeug befahren werden dürfen. Dies ist u.a. abhängig vom Ort der Übernahme des Fahrzeugs. Planen Sie Fahrten über die Nationalparkroute hinaus in den Norden BCs oder Yukon ist es sinnvoll, ein Fahrzeug in Whitehorse zu mieten, weil dann mit dem Mietfahrzeug auch einige Schotterstraßen nach Absprache mit dem Vermieter befahren werden dürfen. Bei einer Anmietung im Süden sind **Schotterstraßen** generell nicht erlaubt, Ausnahmen sind kurze Gravel-Anfahrten zu den Provincial Parks.

Wenn Ihnen auf **"verbotenen"** Straßen etwas zustößt, dann hilft auch die teuerste Versicherung nichts mehr, den Schaden zahlen Sie aus Ihrer Urlaubskasse. Daher ist auch wichtig, schon bei der Planung der Reise – und erst recht bei der Buchung – abzuklären, welche Highways nicht befahren werden dürfen. Da das kanadische Straßennetz nicht annähernd unserem gewohnten entspricht, sind Alternativstrecken meistens nicht vorhanden. Wenn Sie einen **Abstecher in die USA** planen, stellen Sie bei Ihrem Vermieter sicher, dass der Versicherungsschutz auch für die USA gilt.

⚠ Unbedingt vom Vermieter eine Übersicht über die erlaubten und nicht erlaubten Highways anfordern. Die **Mitgliedschaft in einem deutschen Automobilclub** wird in der Regel von den nordamerikanischen Clubs (CAA und AAA) anerkannt.

BÄREN

In Kanada leben Schwarz- und Braunbären, Unterarten des Braunbären sind der Grizzly- und Kodiakbär. In arktischen Regionen ist der Eisoder Polarbär heimisch.

Der scheue **Schwarzbär** (Black bear) ist bis auf die südwestlichen, trockenen Präriegebiete in fast ganz Kanada verbreitet. Er ist ein Allesfresser, 90 % seiner Nahrung ist pflanzlicher Art, doch auch kleine Tiere und Fische bereichern seinen Speiseplan. Die männlichen Tiere werden bis 300 kg schwer, die weiblichen bis 200 kg. Die Fellfärbung kann neben schwarz auch silbergrau, rotbraun bis braun sein, die Schnauze ist ockerfarben. Schwarzbären sind äußerst schnell (bis 50 km/h), wendig und gute Schwimmer und Kletterer. Sie sind deutlich kleiner als Grizzlys, leben meist in Wäldern mit dichtem Unterholz, doch auch offene, beeren- und grasreiche Gebiete werden zur Nahrungsaufnahme aufgesucht. Normalerweise werden sie in der Dämmerung aktiv, doch wenn sie sich ihren Winterspeck anfressen müssen, sind sie auch tagsüber auf Nahrungssuche. Für die Schwarzbären sind Grizzlys natürliche Feinde, die Jungen müssen auch vor Wölfen, Pumas und Kojoten geschützt werden.

Die Paarungszeit ist im Frühjahr bis Sommer, nach etwa 7 Monaten werden während der Winterruhe ein bis vier Junge geboren. Diese haben ein Gewicht von je 250 bis 400 g. Geschlechtsreif sind sie mit ca. drei Jahren, die Lebenserwartung liegt bei etwa 30 Jahren.

Grizzlys sind ebenfalls sehr scheue Tiere, sie leben vorwiegend in den Bergen Westkanadas und Alaskas. Seinen Namen verdankt der Grizzly seiner gräulichen Fellfärbung (grizzly = gräulich), doch es gibt auch braune bis fast schwarze Exemplare. Grizzlys sind von kräftiger Statur und werden normalerweise bis 450 kg schwer, in nördlichen Breiten auch deutlich schwerer. Erkennbar ist der Bär an dem typischen Nackenbuckel. Grizzlys sind tag- und nachtaktiv, droht Gefahr, stellen sie sich gerne auf die Hinterbeine, was sie noch bedrohlicher aussehen lässt. Sie können bis 50 km/h schnell werden, klettern ist durch das hohe Körpergewicht nicht möglich. Der Grizzly ist ein Allesfresser, ernährt sich aber überwiegend von Fischen und Säugetieren, seltener von Pflanzlichem.

Die Paarungszeit ist im Juni und Juli, nach ca. 7 Monaten kommen die Jungen (meist 1–4 Babys) zur Welt, die je 450 bis 700 g wiegen. Nach etwa 2–3 Jahren sind sie geschlechtsreif, die Lebenserwartung beträgt etwa 35 Jahre.

Der **Kodiakbär, der zu den größten Raubtieren der Erde zählt,** lebt auf den gleichnamigen Inseln vor und an der Südküste Alaskas. Die Lebensweise der Kodiakbären entspricht denen der Grizzlys, doch sie sind noch kräftiger und schwerer. Die zwischen 1 bis 3 Babys kommen 8 bis 9 Monate nach der Paarung zur Welt und sind mit 4–5 Jahren geschlechtsreif. Ihre Lebenserwartung liegt bei etwa 40 Jahren.

Allgemeine Hinweise

Bei ihrer Reise werden Sie wahrscheinlich nur Schwarzbären begegnen, da diese am weitesten verbreitet sind. Sie haben teils ihre natürliche Scheu vor den Menschen verloren und werden schon mal zur Gefahr, weil sie die leicht zugäng-

lichen Nahrungsquellen Mülltonnen, Essensreste auf Campgrounds usw. für sich entdeckt haben. Man versucht, die zu nahe gekommenen Bären wieder auszuwildern, indem man sie einfängt und in entfernten Gebieten wieder aussetzt. Doch oft hilft diese Maßnahme nicht, die Bären kommen zurück und bezahlen dies dann meist mit ihrem Leben. Bedenken sollte man stets: Letztendlich sind wir die Eindringlinge, und nicht die Bären.

Bitte achten Sie daher darauf, dass **keine Essensreste auf dem Campground** liegenbleiben – auch nicht im Lagerfeuer! In Bärengebieten stehen **bärensichere Abfallbehälter** bereit.

Auf Wildnis-Touren müssen Sie Ihre Essensvorräte für Bären unerreichbar entweder in die (wenn vorhanden) verschließbaren Container oder mindestens 3–4 m hoch an einem Seil zwischen zwei Bäumen aufbewahren. Auch **Kosmetikartikel, Süßwaren** usw. gehören nicht ins Zelt. Ratsam ist auch ein Wechsel der Wäsche (Grillgeruch!) und eine Beseitigung eventuell vorhandener Deo-Reste.

So lieblich und nett diese Tiere auch dreinschauen, **unterschätzen Sie die Gefahr nicht.** Nehmen Sie Bärenwarnungen ernst und füttern Sie keinesfalls einen am Highway herumstreunenden Bären. Bleiben Sie in Ihrem Fahrzeug und kommen Sie dem Tier nicht zu nahe. Bei Wanderungen ziehen Sie geräuschvoll – etwa mit einem Lied auf den Lippen oder einer mit Steinen gefüllten Dose am Rucksack – durch die Wälder. Es sollten Geräusche sein, die den natürlichen Geräuschpegel (Rauschen des Wassers, Wind usw.) übertönen.

Wenn es trotz aller Vorsichtsmaßnahmen zu einer **Bärenbegegnung** kommt, bewahren Sie vor allem Ruhe, davonrennen hilft wenig, die Bären sind schneller als Sie. Reden Sie ruhig auf den Bären ein, blicken Sie ihm dabei aber **nicht** in die Augen. Einen Baum zu erklimmen bietet nur vor den schwerfälligen Grizzlys Schutz. Bedenken Sie aber, dass ein aufrecht stehender Grizzly immerhin noch 3 m groß ist.

Sollte der Bär auf Sie zukommen und Sie das Gefühl haben, dass es ernst wird, werfen Sie ihm Ihren Rucksack entgegen, vielleicht signalisiert ihm sein Geruchssinn etwas Essbares und Sie gewinnen Zeit für den Rückzug (mit ruhigen Schritten). Bei Schwarzbären kann auch ein Versuch der Gegenwehr sinnvoll sein, werfen Sie mit Steinen, schreien Sie das Tier an. Wenn dies alles nichts hilft und der Bär sie angreift, wird von Rangern empfohlen, sich mit dem Gesicht nach unten hinzukauern und den Kopf mit den Händen zu schützen. Im Handel ist ein *Anti-Bear Spray* erhältlich, das zu 11 % aus rotem Pfeffer besteht. Es wirkt auf einer Entfernung von bis zu 3 m. Der im Augen- und Nasenbereich getroffene Bär soll damit für 5–10 Minuten außer Gefecht gesetzt werden. Diese Zeit sollte reichen, sich schnellstens zu entfernen. Die beste Anti-Bär-Waffe hilft allerdings nichts bei kranken, hungrigen oder verletzten Tieren und bei Bärinnen, die mit ihren Jungen unterwegs sind.

Hinweis
Man sollte sich trotz der Gefahren, die mit Bären verbunden sein können, nicht davon abhalten lassen, aus dem Fahrzeug zu steigen oder zu wandern. Eine **Bärenbegegnung ist sehr selten**, denn die Tiere sind scheu und haben eigentlich kein Interesse, uns Menschen zu begegnen. Wenn man ihnen mit dem nötigen Respekt (und Abstand) in ihrer Heimat begegnet, wird man sehr wahrscheinlich in keine gefährliche Situation kommen. Wenn Sie **unterwegs** entlang des Highway einen Bären entdecken, legen Sie keine Vollbremsung hin, sondern machen erst dann Ihr Foto (im Fahrzeug bleiben und Abstand halten) wenn der restliche, laufende Verkehr nicht behindert wird. **Unterlassen Sie jegliche Lockversuche.** Besonders wichtig: Sollten Sie auf niedliche Jungbären treffen, bleiben Sie fern, die Mutter ist garantiert nah und wird ihre Jungen verteidigen.

BEHINDERTENHILFE

Das öffentliche Leben in Kanada ist sehr gut auf Behinderte eingestellt, diese können auch mit großer Hilfsbereitschaft und Respekt rechnen. Öffentliche Gebäude, Geschäfte, Flughäfen und die meisten Unterbringungsmöglichkeiten sind **behindertengerecht ausgestattet.** In Museen, Vergnügungsparks etc. steht häufig ein Service für Körperbehinderte zur Verfügung. **Behindertenparkplätze** gibt es überall ausreichend. Wohnmobilvermieter bieten auch Fahrzeuge für Behinderte an. Sehr viele Camping- und Picknickplätze verfügen über behindertengerechte Stellplätze. Für weitere Fragen und Auskünfte:

Spinal Cord Injury BC
- 780 S.W. Marine Dr, Vancouver, B.C., V6P 5Y7
- 604-324-3611 oder 1-877-324-3611 (geb.frei)
- info@sci-bc.ca
- http://sci-bc.ca

Spinal Cord Injury Alberta (SCI Alberta) Head Office
- #305, 11010 - 101 Street, Edmonton, AB T5H 4B9
- 1-888-654-5444 (geb. frei)
- edmonton@sci-ab.ca

Bundesverband Selbsthilfe Körperbehinderter e. V.
- Altkrautheimer Straße 20, 74238 Krautheim
- 06294-4281-0
- info@bsj.ev.org
- www.bsk-ev.org

BOTSCHAFTEN ► VERTRETUNGEN

CAMPER ► WOHNMOBILE

CAMPING

Kategorien der Campingplätze

National Park Campgrounds
Die Campgrounds der National Parks sind weiträumig, neben der üblichen Ausstattung (Feuerstelle mit Grillrost, Picknicktisch) mit **einfacher, sanitärer Ausstattung. Größere** Plätze haben Duschen, Spielplätze und eine kostenpflichtige Sanidump-Station. In den Städten Banff, Lake Louise und Jasper stehen auch Nationalpark-Campingplätze mit Wasser-, Abwasser- und Stromanschlüssen zur Verfügung. Die Kosten für eine Übernachtung variieren (zurzeit je nach Ausstattung von CAD 16 bis 39), sie können in bar und bei einigen Campgrounds auch per Kreditkarte bezahlt werden. Zusätzlich ist noch die National Park Gebühr zu entrichten (► National- und Provincial Park). Meist kommt am Abend ein(e) Parkaufseher(in) vorbei und kassiert die Gebühr oder man bezahlt bei der Einfahrt in den Campground und bekommt einen Platz zugewiesen.

Für ein Lagerfeuer auf National Park Campgrounds muss ein *Fire-Permit* gekauft werden (aktuell CAD 8,80). Im Preis inbegriffen ist das Holz für ein abendliches Lagerfeuer, das auf einem zentralen Platz abgeholt wird. **Mitgebrachtes Holz** sollte nicht verbrannt werden. Ein Grund für diese Maßnahme ist der extrem hohe Borkenkäfer-Befall der Wälder hauptsächlich in British Columbia, dessen weitere Verbreitung man verhindern möchte.

Provincial Park Campgrounds
Die Provinzen unterhalten in ihren Parks meist auch Campgrounds, teils mit Spielplatz, Badestrand, Sport- und Wandermöglichkeit. Die Plätze haben die Ausstattung wie Nationalpark-Campgrounds. Daneben gibt es auch Provincialpark-Campgrounds der **Einfachkategorie** mit Wasserpumpe und Plumpsklo. Einige Plätze haben eine kostenpflichtige (BC: CAD 5, Alberta: CAD 3) Sanidump-Station. Die Übernachtungskosten variieren, zurzeit je nach Ausstattung von CAD 16

bis 35, Stromanschluss, wenn vorhanden BC: CAD 8 pro Tag, Alberta: CAD 6 pro Tag. Bezahlt wird in bar entweder beim Parkaufseher auf seinem abendlichen Rundgang, per *Self-Registration* (▶ siehe unten) oder bei der Einfahrt.

Forest Service Campgrounds

Sie werden vom Forest Service und den *Logging Companies* (Holzkonzerne) unterhalten. Es sind Plätze der Einfachkategorie, die man in den Reiseführern und auf Straßenkarten meist nicht findet. **Das Übernachten ist sehr günstig oder umsonst**, meistens gibt es nur wenig rustikale Stellplätze, sie haben einfachste Ausstattung, Trockentoilette, evtl. eine Wasserpumpe, liegen sehr schön, jedoch oft weit entfernt vom Highway, die Zufahrten sind Logging- oder Gravelroads.

Municipal Campgrounds (Städtische Plätze)

Hier findet man Plätze unterschiedlichster Ausstattung und Preise. Die Stellplätze haben in der Regel eine Feuerstelle mit Grillrost und eine Tisch/Bank-Kombination.

Private Campgrounds/RV Parks

Die Stellplätze sind größtenteils mit Wasser-, Abwasser- und Stromanschluss ausgestattet und "parkplatzähnlich". Die Preise richten sich nach der Ausstattung (bis CAD 50 pro Nacht), dafür gibt es meist einen Waschsalon, Minishop, Swimming-Pool, Restaurants etc. Sie liegen verkehrsgünstig, Kreditkartenzahlung ist fast überall möglich. Ein Lagerfeuer ist selten gestattet. Die Gebühr wird bei der Einfahrt bezahlt.

Self-Registration-Campgrounds

Kommen Sie auf einen Campground mit *Self-Registration* (Selbstregistrierung) müssen Sie einen Umschlag mit Ihren Daten (inkl. Autokennzeichen) ausfüllen, die Gebühr in den Umschlag geben und ihn in den vorgesehenen Behälter werfen. **Tipp:** Halten Sie immer Kleingeld parat. Wechselgeld brachte man uns bis jetzt nur ein einziges Mal, "verbuchen" Sie es ansonsten als Spende.

Overflow

Sehr beliebte Plätze haben oft auch einen *Overflow*-Platz, der angeboten wird, wenn der Campingplatz voll ist. Hier steht man dann dicht an dicht mit seinem Nachbarn, die Übernachtungsgebühr wird meistens nicht reduziert. Ist auch dieser Platz voll, dann heißt es: weiterfahren.

Wildes Campen

Im Norden kann man vielleicht Plätze zum "wilden" Übernachten finden, in BC und Alberta eher nicht. Das Schild *"No Overnight Parking"* sollte ernst genommen werden. Auch Privatbesitz ist zu respektieren (*Private Property*).

Wildnis-Camping

In entlegenen Gebieten gibt es Wildnis-(*backcountry*) Zeltplätze. Die Plätze sind meist markiert, haben einfachste Ausstattung und evtl. bärensichere Behälter zur Aufbewahrung von Lebensmitteln. Alle Abfälle müssen wieder mitgenommen werden, ein Lagerfeuer ist nicht überall erlaubt.

Full Service

Full Service heißt, dass für die Sicherheit gesorgt und ein Parkwärter anwesend ist. Die Schranken werden nachts geschlossen. Außerdem sind, falls vorhanden, die Duschen und die Sanidump-Stations in Betrieb. Normalerweise gilt auf dem Campgrounds: *"First come, first served"*, wer zuerst kommt, hat die Wahl unter den freien Plätzen. Auf vielen Campgrounds können Stellplätze reserviert werden, es fällt eine Gebühr an.

Reservierungsmöglichkeiten

Die Reservierung kann per Telefon oder Internet vorgenommen werden. Da nicht überall Plätze reserviert werden können, achten Sie auf das ⬛-Symbol in den Fakten der Campgrounds.

Reservierung National Parks

🌐 *https://reservation.pc.gc.ca*
🌐 *www.pc.gc.ca/eng/voyage-travel/reserve.aspx*
📞 *1-877-737-3783 oder 1-519-826-5391 (international)*
📞 *allg. Infos: 1-888-773-8888*
💲 *Gebühr: online: CAD 11, per Telefon: CAD 13,50 (wird nicht erstattet)*

Reservierung Provincial Parks BC

🌐 *www.discovercamping.ca*
📞 *1-519-826-6850 (international)*
📞 *1-800-689-9025*
💲 *Gebühr: CAD 6 (pro Nacht) bis CAD 18 (3 und mehr Nächte) (wird nicht erstattet)*

Reservierung Provincial Parks Alberta

🌐 *https://reserve.albertaparks.ca*
📞 *1-877-537-2757*
💲 *Gebühr: CAD 12 (wird nicht erstattet)*

Generelle Campingtipps

- Parken Sie immer in Abfahrtrichtung, um bei eventuell auftretenden Schwierigkeiten schnell wegfahren zu können.
- Schauen Sie, wo sich ein Telefon befindet, und orientieren Sie sich noch bei Helligkeit.

- Verlassen Sie den Platz immer einwand- und müllfrei.
- Lassen Sie Ihr Lagerfeuer nicht unbeaufsichtigt und löschen Sie es komplett, bevor Sie sich ins Wohnmobil zurückziehen oder den Platz verlassen. Essensreste nicht ins Feuer werfen.
- Halten Sie Kleingeld parat für Übernachtungen in Provincial - oder Nationalparks. Auch auf *Self-Registration Campgrounds* wird kontrolliert, ob sich alle Besucher registriert haben.
- Es ist nur an den Entsorgungsstationen (Sanidump-Stations) erlaubt, die Abwassertanks (*Holding Tanks*) abzulassen. Besorgen Sie sich dafür Einmalhandschuhe.
- Feuerholz wird nicht kostenlos abgegeben. Parkwärter verkaufen es zum Preis von CAD 6–8. Für ein Lagerfeuer muss es meist noch weiter zerkleinert werden, daher unbedingt eine Axt beim Vermieter mitnehmen.

CHECKLISTEN ► S.416

EINFUHRBESTIMMUNGEN

Als Tourist können Sie **persönliche Gebrauchsgegenstände** zoll- und gebührenfrei einführen (z. B. Kameras, Radios, Fahrräder, Sportausrüstungen). Beachten Sie unbedingt die gültigen Einfuhrbestimmungen für Lebensmittel und die Handgepäckrichtlinien.

Die Zollerklärung bitte sorgfältig ausfüllen, um bei der Einreise unnötige Verzögerungen auszuschließen. Die Zollerklärung (*Declaration Card*) erhalten Sie bereits auf dem Hinflug. Das Flugpersonal hilft bei Bedarf gerne beim Ausfüllen. Auf der folgenden Internetseite finden Sie eine mehrsprachige Anleitung:
- *http://www.cbsa-asfc.gc.ca/publications/ forms-formulaires/ce311.pdf*

Zur Einfuhr erlaubt sind:
- 1,1 l Spirituosen, 1,5 l Wein oder 8 Dosen Bier für Personen über 18 Jahre (Alberta), 19 Jahre (BC)
- 200 Zigaretten oder 50 Zigarren oder 200 g Tabak für Reisende über 16 Jahre
- Geschenke bis CAD 60 pro Geschenk
- Für Bargeld gibt es keine Beschränkungen, Beträge ab CAD 10.000 müssen aber deklariert werden.
- Die Einfuhr von frischen Pflanzen, Fleisch- und Wurstwaren und allen landwirtschaftlichen Erzeugnissen ist generell verboten bzw. unterliegt strengen Kontrollen.
- Die übliche Reiseausstattung, Kleidung, Dinge des persönlichen Bedarfs für Urlaubs- und Geschäftsreisen dürfen in angemessenen Mengen mitgebracht werden.
- Feuerwaffen müssen angemeldet werden, nach Zahlung von CAD 25 erhält man nach Überprüfung durch Zollbeamte eine Waffenlizenz für bis zu 60 Tage. Die Provinzen und Territories haben eigene Bestimmungen über das Mitführen von Feuerwaffen, informieren Sie sich ggf. auf der folgenden Internetseite:
- *www.rcmp-grc.gc.ca/cfp-pcaf*
- Jagd- oder Taschenmesser können mitgebracht werden, ausgenommen sind Messer mit einem Federmechanismus. Die Einfuhr müssen Sie bei der Einreise deklarieren.

Weitere Hinweise und aktuelle Änderungen auf der Internetseite des Auswärtigen Amtes: *www.auswaertiges-amt.de*

EINKAUFEN

Supermärkte oder *General Stores* findet man selbst in den kleinsten Orten. Supermärkte der Ketten Safeway, Real Canadian Super Store, Overwaitea Food, Extra Foods, Thrifty usw. haben ein breites und reichhaltiges Angebot, nicht nur an Lebensmitteln.
- **Fleisch** findet man nur in Supermärkten, Metzgereien sucht man vergebens. Das Fischangebot variiert je nach Region sehr stark. Die Auswahl an Wurstsorten ist mit dem reichhaltigen, deutschen Angebot nicht zu vergleichen.
- Ein vielfältiges Angebot gibt es an **Milch und Milchprodukten**. Den kanadischen Käse *Cheddar Cheese* gibt es von mild bis scharf, er schmeckt vergleichsweise gut. Die ebenfalls angebotenen, importierten und gewohnten Käsesorten sind teuer.
- Das **Obst- und Gemüseangebot** ist sehr reichhaltig. Preiswert kann man einheimisches Obst und Gemüse auch an Straßenverkaufsständen in den Anbaugebieten bekommen.
- Das **kanadische Brot** ist gewöhnungsbedürftig, es ist pappig und weich. In einigen Supermärkten werden abgepacktes Vollkornbrot und französische Baguettes angeboten, was für herzhafte Abwechslung sorgt. Eine schmackhafte Alternative sind Bagels, sie sind etwas fester als das kanadische Brot.
- Das Sortiment an **Fertiggerichten** ist sehr umfangreich wie auch das Angebot an Tiefkühlwaren.
- Bei den **Süßspeisen** sind *Muffins*, *Pies* (gedeckte Obstkuchen) und *Donuts* der Renner.

Diese können abgepackt oder auch frisch gebacken in den Bäckereien der Supermärkte gekauft werden.

- **Getränke** gibt es preiswert in großer Auswahl und in für uns ungewohnt großen Packungen.
- Viele Lebensmittel werden in riesigen **Familienpackungen** angeboten. Grund: Die in ländlichen Gebieten lebenden Kanadier haben oft lange Anfahrtswege, gehen daher seltener einkaufen und benötigen größere Packungen.
- **Alkoholhaltige Getränke** werden nur in *Liquor Stores* verkauft, die Altersgrenze ist 19 Jahre (BC/Alberta). Im Supermarkt ist alkoholfreies Bier/alkoholreduzierter Wein erhältlich. Alkohol darf nur nicht öffentlich, getrunken werden. Ihr Campground-Stellplatz ist Privatbereich.
- *Malls* mit unterschiedlichen Geschäften und Dienstleistungen findet man in den Innenstädten und an den Zufahrtstraßen zu den Städten. Meistens liegen Supermärkte, Fast-Food-Ketten, Waschsalons, Banken usw. ebenfalls in unmittelbarer Nähe. Zusätzlich findet man, wenn man nicht die Innenstadt zum Einkaufen ansteuert, reichlich Platz zum Parken (auch Wohnmobile).
- Mit **Tankstellen** wird man meist schon bei der Einfahrt in eine Stadt erschlagen. Sie haben meist auch ein beschränktes Angebot für die allgemeine Versorgung (*Convenience Store*), oft sind sie rund um die Uhr geöffnet.
- *General Stores* findet man in kleineren Orten, das Angebot ist auf den Bedarf der dort wohnenden Kundschaft ausgerichtet und beinhaltet nicht nur Lebensmittel. Die vollgestopften Läden sind tatsächlich einen Besuch wert!

Bezahlt wird entweder mit Kreditkarte, Traveller-Cheque oder Bargeld. Beachten Sie, alle Preisauszeichnungen sind ohne Tax. Die Tax wird an der Kasse hinzugerechnet. In BC: GST 5 %, PST 7 %, Alberta: GST 5 %, PST 0 %.

ENTFERNUNGEN ▶ TABELLE

ESSEN

Die **nordamerikanische Küche** ist vielfältig, man findet die unterschiedlichsten länderspezifischen Restaurants wie auch deftige Hausmannskost nach Kanada-Art. Die allseits beliebten Fast-Food-Ketten (McDonald's, KFC, Burger King usw.) sind bereits bis in entlegene Orte vorgedrungen. Alkohol wird dort grundsätzlich nicht ausgeschenkt. Das **kanadische Frühstück** (*Canadian Breakfast*) besteht aus 2 Eiern (*scrambled* = Rührei oder *fried, sunny side up* = Spiegelei), gebratenem Speck, Schinken, Bratkartoffeln und/oder Bratwürstchen. Dazu gibt es Toast und Marmelade und/oder Waffeln/Pancakes mit Ahornsirup (*Maple syrup*), Kaffee oder Tee. Die Dairy-Queen-Kette hat sich spezialisiert auf Milch-Mixgetränke, Softeis und Joghurt. Beliebt sind auch die Snackbars, Cafeterias und Coffee Shops, wie zum Beispiel Tim Horton's, wo rund um die Uhr Donuts, Muffins, Sandwiches und guter Kaffee serviert werden. Besonders gut lässt sich der Hunger an Truck Stops stillen, die Portionen sind üppig und die Preise moderat. Alkoholische Getränke werden nur in Lokalen serviert, die hierfür eine Lizenz besitzen. Die **Restaurantlandschaft** ist außerhalb der Metropolen Vancouver und Calgary dürftig. In den mittleren Städten findet man neben Fast-Food-Ketten auch asiatische und Steak & Seafood-Restaurants. Wenn man gut speisen möchte, sollte man dieses Vorhaben für die Stadtbesichtigungen aufheben. **Beachten Sie:** Nach dem letzten Bissen wird die Rechnung präsentiert – endlos sitzenbleiben ist in Nordamerika nicht üblich. Bitte an ausreichendes Trinkgeld denken (▶ Trinkgelder).

Entfernungen (Fahrstrecke in km)

Kilometer	Banff	Calgary	Edmonton	Jasper	Ottawa	Prince George	Vancouver	Whitehorse
Banff	–	128	415	289	3.459	659	848	2.216
Calgary	128	–	299	414	3.338	784	972	2.289
Edmonton	415	299	–	364	3.401	739	1.160	1.993
Jasper	289	414	364	–	3.758	375	796	1.927
Ottawa	3.459	3.338	3.401	3.758	–	4.130	4.818	5.384
Prince George	659	784	739	375	4.130	–	788	1.620
Vancouver	848	972	1.160	796	4.818	788	–	2.401
Whitehorse	2.216	2.289	1.993	1.927	5.384	1.620	2.401	–

Tipp für Erstbesucher in Kanada: **Das kanadische Brot** ist inklusive der Körner-Varianten sehr weich. Es eignet sich aber gut zum Toasten. Einen "Toaster-Ersatz" finden Sie in Campingzubehör-Geschäften, evtl. auch bei Ihrem Vermieter. Er besteht aus einer runden Metallplatte mit 4 hochklappbaren Halterungen für Toastbrotscheiben. Sie werden auf die Gasflamme gestellt und funktionieren prima.

FEIERTAGE

An den **Nationalfeiertagen** bleiben alle Banken, Ämter und viele Geschäfte geschlossen, Supermärkte haben aber immer für ein paar Stunden geöffnet. Am *Boxing Day (26.12.)* beginnt die Lagerräumung der Geschäfte, was zu einem Ansturm der Kauflustigen führt. Alle wichtigen Feiertage finden Sie in der ▶ Tabelle unten.

FLUGVERKEHR

Flugverkehr im Inland

In Kanada ist für die weiten Strecken das Flugzeug das **wichtigste Verkehrsmittel**. Die internationale Airline *Air Canada* verfügt über ein landesweites Routennetz. Viele kleine Fluggesellschaften bedienen die entlegeneren Ziele. Privatpersonen, die in entlegenen Gebieten und auf Inseln leben, haben oft Klein- oder Wasserflugzeuge.

An- und Abreise

Von Europa aus fliegen zahlreiche Gesellschaften Kanada im **Nonstop- oder Direktflug** (Zwischenlandungen möglich) an. Auch ausländische Fluggesellschaften bieten per Zubringer Flüge an. Diese Umsteigeflüge sind häufig preiswerter als Direktflüge, bedeuten aber längere Reisezeiten und, bei **Flügen über die USA**, zusätzliche Zollkontrollen.

Wegen der stichprobenartigen Gepäckkontrolle bei Transatlantik-Flügen sollten Sie auf ein **Kofferschloss** verzichten, damit der Koffer ggf. ohne Beschädigung geöffnet werden kann. Binden Sie die beiden Zipps der **Reißverschlüsse** mit einer Kordel zusammen, damit sich der Reißverschluss nicht selbstständig öffnet. Näheres zu den Einreisebestimmungen finden Sie unter ▶ Reisedokumente.

FÜHRERSCHEIN

Die **deutschen, österreichischen und Schweizer Führerscheine** sind in Kanada gültig. Lt. Auswärtigem Amt darf mit dem deutschen Führerschein in Kanada 3 Monate, in BC sogar 6 Monate gefahren werden. Schweizer und Österreicher sollten ggf. Erkundigungen einholen, wenn sie länger als 3 Monate in Kanada unterwegs sein wollen. Manche Mietwagenfirmen verlangen einen **Internationalen Führerschein**. Diesen müssen Sie

Nationale Feiertage in Kanada	2016	2017	2018
Neujahr *(New Years Day)*	2. Januar	1. Januar	1. Januar
Karfreitag *(Good Friday)*	25. März	14. April	30. März
Ostermontag *(Easter Monday)*	28. März	17. April	2. April
Victoria Day (Montag vor dem 25. Mai)	23. Mai	22. Mai	21. Mai
Canada Day	1. Juli, zusätzl. Feiertag am 3. Juli		
Labour Day (Tag der Arbeit) (1. Montag im September)	5. September	4. September	3. September
Thanksgiving Day (Erntedankfest) (2. Montag im Oktober)	10. Oktober	9. Oktober	8. Oktober
Remembrance Day (Volkstrauertag)	11. Nov. / 12. Nov. zusätzl. Feiertag		
1. Weihnachtsfeiertag *(Christmas)*	25. Dezember		
2. Weihnachtsfeiertag *(Boxing Day)*	26. Dezember		
Zusätzliche Feiertage			
British Columbia	*British Columbia Day* (1. Montag im August)		
Alberta	*Alberta Family Day* (3. Montag im Februar) und *Heritage Day* (1. Montag im August)		

Telefonnummern und Internetadressen der Airlines

Airline	Telefon	Internet
Air Canada	+49 69 27 11 5 111 (Deutschland und Österreich) +41 848 247 226 (Schweiz)	www.aircanada.com
British Airways	+49 (0)421 5575 758 (Deutschland) +43 1 79 567 567 (Österreich) +41 (0)848 845 845 (Schweiz)	www.british-airways.com
Delta Airlines	+49 (0) 69 299 993 77 (Deutschland) +43 (0)820 951 001 (Österreich) +41 848 000 872 (Schweiz)	de.delta.com
Lufthansa	+49 (0)69 86 799 799 (Deutschland) +43 810 1025 8080 (Österreich) +41 900 900 933 (CH franz./engl.) +41 900 900 922 (CH deutsch/engl.)	www.lufthansa.com
LTU/Air Berlin	+49 030 3434 3434 (Deutschland) +43 820 737 800 (Österreich) +41 848 737 800 (Schweiz)	www.airberlin.com
Thomas Cook	+49 1806 070 700 (Deutschland) +43 820 574 874 (Österreich)	www.thomascook.de
Condor	+49 180 6 767 757 (Deutschland) +43 810 969 022 (Österreich) +41 840 266 367 (Schweiz)	www.condor.com
Air Transat	00800 872 672 88 (gebührenfrei) +31 20 655 11 11 (Österreich/Schweiz)	www.airtransat.de

sich bei Bedarf beim Straßenverkehrsamt (ca. € 16–24) ausstellen lassen, er ist 3 Jahre gültig. Der nationale Führerschein muss ebenfalls mitgeführt werden. **Anmerkung:** Wir haben für die Miete eines Wohnmobils und auch bei Kontrollen nie einen Internationalen Führerschein benötigt, der nationale war ausreichend. Fragen Sie im Zweifel Ihren Vermieter.

💡 Sonderbar: Straßenverkehrsämter stellen nur einen Internationalen Führerschein aus, wenn man bereits einen Führerschein im Scheckkartenformat vorweisen kann, ansonsten muss dieser beantragt werden. Dieser Spaß kostet dann zusätzlich ca. € 41–45.

GELD

In Nordamerika wird selbst der kleinste Betrag mit Kreditkarte oder Scheck bezahlt. Sie brauchen daher auch nur geringe Bar-Beträge mit sich führen, die Sie für die Bezahlung der Provincial Park Campgrounds, den Waschsalon, die öffentlichen Verkehrsmittel (abgezählt, Fahrer haben kein Wechselgeld) usw. benötigen. Folgende Kreditkarten werden fast überall akzeptiert: Visa, Mastercard/Eurocard, American Express, Diners Club. Die **Mitnahme einer Kreditkarte ist unbedingt anzuraten**, denn z. B. Hotelre-servierung und Kaution für Mietwagen ist ohne Kreditkarte kaum möglich. Wer keine Kreditkarte besitzt, sollte bei der Hausbank nach einer Karte mit der Gültigkeitsdauer des Urlaubs fragen. Eurocheques oder Zahlungen mit einer Bank- oder EC-Karte werden nicht akzeptiert.

Notrufnummern (aus Kanada)

Mastercard	1 800 307 7309
Visa	1 800 847 2911
American Express	+49 699797 1000
Diners Club	+49 69 900 150 - 135 oder - 136
Kreditkarten- und EC-Sperr-Notruf	+49 116 116

Überall akzeptierte sichere Zahlungsmittel sind **Reiseschecks** (Traveller Cheques), ausgestellt in kanadische Dollars. Die Beträge sollten nicht höher als CAD 50 sein. Bei Verlust oder Diebstahl werden sie ersetzt, doch nur bei Nachweis, welche Schecks verloren sind. Man sollte daher genau Buch führen über die Schecknummern und den Verbrauch und die Telefonnummer des Reisescheck-Unternehmens parat haben.

❶ Traveller Cheques müssen bei den meisten Banken erst bestellt werden, auch kanadische Devisen (bitte kleine Noten) sind nicht bei allen Banken vorrätig. Bestellen Sie also rechtzeitig ihre Zahlungsmittel.

Mit einer **EC-Karte mit Maestro/Cirrus-Symbol** kann man an Geldautomaten (ATM *Automatic Teller Machine*) Bargeld erhalten (*withdraw* = Bargeld abheben), abgerechnet wird der tagesgültige Umtauschkurs. Für Kunden der Deutschen Bank sind die ATMs der Scotia Bank gebührenfrei.

Für die Geldautomatensuche in Kanada:
🌐 *www.maestrokarte.de/atm_locator.html*

❶ Sollten Sie nicht gut Englisch sprechen, holen Sie Bargeld am Geldautomaten zu Banköffnungszeiten ab, damit bei Problemen evtl. ein Mitarbeiter helfen kann.

Zahlungsmittel in Kanada ist der Kanadische Dollar (CAD). Es gibt Banknoten zu 5, 10, 20, 50 und 100 Dollar und Münzen zu 1 Cent (*penny*), 5 Cent (*nickel*), 10 Cent (*dime*), 25 Cent (*quarter*), 50 Cent (*halfdollar*), 1 Dollar (*loony*), 2 Dollar (*twoony, toony*).

GST (GOODS & SERVICES TAX) ▶ PROVINZSTEUERN

HAUSTIERE

Wenn Sie Haustiere mitnehmen, ist eine Quarantäne nicht nötig, jedoch meist ein Impfzeugnis. Die Bestimmungen sind aber abhängig vom Alter, Art und Herkunftsland des Tieres. Für Hunde und Katzen muss bei der Einreise eine amtstierärztliche Bescheinigung vorgelegt werden, dass die Tollwutimpfung mindestens einen Monat und höchstens ein Jahr zurückliegt. Fehlt diese Bescheinigung, muss das Tier in Quarantäne. Sogenannte Kampfhunderassen (z. B. Pitbull Terrier, Bullterrier) und deren Kreuzungen dürfen nicht eingeführt werden. Erkundigen Sie sich auch bei der jeweiligen Fluggesellschaft über die Bestimmungen und den Transport der Tiere. Weitere Infos erhält man auf der Internetseite
🌐 *www.inspection.gc.ca/english/anima/imp/petani/petanie.shtml*

HOLZTRANSPORT ▶ LAGERFEUER

KLEIDUNG

Wer von Frühling bis Herbst nach Kanada reist, ist mit Kleidungsstücken, die für eine Reise nach Nordeuropa einpackt werden würden, gut bedient. Im Alltag kleiden sich die Kanadier sportlich. Nachfolgend einige Vorschläge:

- Einen wetter- und winddichten Anorak
- Fleece-Pullover oder Jacke, T-Shirts
- Regenbekleidung, ggf. eine Regenhose (für Camper besonders wichtig)
- Für Bergtouren gut eingelaufene, wetterfeste Wanderstiefel/Outdoor-Sandalen
- Outdoor-Hosen (zip-off Hosen), generell angenehmer zu tragen als Jeans, platzsparend im Koffer und schnell gewaschen und getrocknet
- Weite Hosen, Hemden/Blusen mit langem Arm und Bündchen an Hand- und Fußgelenken (wirksamer Schutz vor den Moskitos)
- Warme Schlafbekleidung für die im Frühling und Herbst kalten Nächte
- Jogginganzug für die Gemütlichkeit im Wohnmobil und beim Lagerfeuer
- Mütze, Schal & Handschuhe im Frühling und Herbst oder für Berg- und Gletschertouren
- Für die warmen Sommertage (auch in Norden) leichte Bekleidung, Sonnenhut. Sonnenmilch nicht vergessen
- Für Hotels und Restaurants unterwegs: ordentliche Freizeitkleidung
- Für gehobene Restaurants, Bars: Jacke-Hose-Kombination mit Krawatte, Kleid, Kostüm oder ähnliches (fragen Sie ggf. bei der Tischreservierung nach der Kleiderordnung).
- Für Theater- und Konzertbesuche: Jackett mit Krawatte, Abendkleid
- Hausschuhe/Pantoffel fürs Wohnmobil

KLIMA WEST-KANADA

Das Wetter in Kanada ist ebenso unberechenbar wie bei uns. Die vom Pazifik kommenden Winde bescheren den vorgelagerten Inseln und den Küstengebirgen unbeständiges Wetter. Im Zentrum zwischen den Rockies und den Küstengebirgen ist das Wetter etwas beständiger. Im Okanagan-Bereich und unteren Fraser Valley kann es im Sommer bis 30 °C heiß werden, die Vegetation ist spärlich und wüstenähnlich. In den Bergen und an der Küste British Columbias sind die Sommer angenehm warm. Im Herbst sind die Tagestemperaturen noch angenehm, doch nach Sonnenuntergang kühlt es rasch ab. Rechnen Sie bis Ende Mai und ab September mit leichtem Nachtfrost in den Bergen. Milde Wintertemperaturen herrschen auf Vancouver Island, den kleinen Inseln und an der Festlandküste. In den Prärie-Provinzen dagegen herrscht im Winter eisige Kälte, im Sommer bringen stabile Hochs viel Sonne.

KOSTEN EINER REISE

Eine individuelle Wohnmobilreise ist nicht zum Schnäppchenpreis zu bekommen. Anders verhält es sich bei **Pauschalreisen und geführten Wohnmobil-Touren**. Bei Wohnmobil-Touren sind Flüge, erste Übernachtung in Kanada, Preis für ein Wohnmobil, Versicherung, Erstausstattung (bei geführten Reisen je nach die Buchung die Campground-Vorreservierungen) im Reisepreis enthalten. Wenn Sie unabhängig reisen möchten, raten wir zu einer individuellen Tour.

Die Saisonzeiten variieren und somit auch der Preis für die Campermiete. Werfen Sie daher einen Blick auf die Saisonzeiten der Wohnmobilvermieter. Evtl. kann eine geringe Abweichung der Reisedaten helfen, die Mietkosten zu reduzieren.

Nachfolgend eine ungefähre Übersicht der zu erwartenden Fixkosten

Wohnmobil mittlerer Größe (24 ft für max. 4 Personen) pro Tag: VS ca. 50 €, ZS ca. 90 €, HS ca. 145 €, Ersparnis durch Flex-Tarif und Frühbucher-Rabatte (5–20 %) oder Langzeitanmietung (länger als 4 Wochen). Im Preis enthalten sind die Grundversicherung und je Veranstalter entweder 100 Freikilometer pro Tag oder 500 km pro Woche. Eine Zusatz-Autoversicherung kann abgeschlossen werden, sie mindert den Eigenanteil bei Unfällen und kostet pro Tag ca. 20 €. (weitere Infos unter "Autoversicherung"). Zusätzlich können Freikilometer zugekauft werden (500 km ca. 115 €) oder die Mehrkilometer werden am Ende mit dem Vermieter abgerechnet (pro km ca. 0,25 €).

Für Transfer (Hotel/Flughafen zum/vom Vermieter), erste Propangasbefüllung, Toilettenausstattung (Papier, Chemikalien) werden ca. 95 € berechnet (ohne Transfer: 50 €). Pro Person kostet das Küchenset, Handtücher, Bettwäsche ca. 55 €. Mietgebühren für Toaster und Kaffeemaschine können anfallen, GPS, Mountainbike, Kindersitz und Fernseher sind kostenpflichtig. Eine Axt und Campingstühle sollten kostenlos verfügbar sein. Wird das Fahrzeug nicht zur Anmietstation zurückgebracht, wird eine Rückführgebühr fällig (Beispiel: Calgary – Vancouver ca. 650 €). Für Fahrten in die USA und in den Norden Kanadas verlangen manche Vermieter einen Zusatzbetrag pro Tag. Bitte unbedingt beim Vermieter abklären.

Für den Flug müssen Sie je nach Fluggesellschaft und Reisezeit zwischen 550 bis 1.150 € rechnen. Für eine Übernachtung auf einem Campground durchschnittlich etwa CAD 20, Nationalparkgebühren, Eintrittspreise für Sehenswürdigkeiten, Spritpreise (20 l/100 km ca. 21 € bzw. 25 €) und Verpflegungskosten kommen noch dazu. Es lohnt sich, vorab im Internet die Preise zu vergleichen und nach günstigen Angeboten zu suchen. Viele Urlauber schreiben nach der Rückkehr ihre Erfahrungen in die Gästebücher der Vermieter oder in Foren, was sehr hilfreich sein kann – nicht immer ist der billigste Anbieter auch der beste.

KREDITKARTEN ▶ GELD

RUND UMS HOLZ

Waldbrandgefahr herrscht in Kanada etwa von April bis Ende September. Bitte unterschätzen Sie die Gefahr von Waldbränden nicht, sie entstehen leider häufig aus Unachtsamkeit im Umgang mit dem Lagerfeuer. Halten Sie sich unbedingt an die Empfehlungen und eventuelle Warnhinweise, die Sie bei der Einfahrt in den Campground oder unterwegs vorfinden. Löschen Sie Ihr Feuer komplett, bevor Sie sich in Ihr Zelt oder ins Wohnmobil zurückziehen oder den Platz verlassen. In abgelegenen Gebieten ist offenes Feuer oft verboten. Unterwegs finden Sie entweder an den Highways oder in Campgroundnähe Tafeln mit der momentan herrschenden Waldbrandgefahr: *low* – niedrig (blau), *moderate* – mäßig (grün), *high* – hoch (gelb), *extreme* – extrem stark (rot).

Auf den National Park Campgrounds müssen **Fire-Permits** (Erlaubnis zum Lagerfeuer) gekauft werden, Holz kann man auf einem separaten Holzplatz holen.

Auf einigen **Provincial Park Campgrounds** wird darauf hingewiesen, dass man mit mitgebrachtem Holz vorsichtig umgehen soll, um die weitere Ausbreitung von Schädlingen einzudämmen. Die sicherste Methode ist der Kauf von Feuerholz am Ort Ihrer Übernachtung und das Zurücklassen eventueller Reste.

LAUNDRY ▶ WASCHSALON

MASSE UND GEWICHTE ▶ TABELLE

MOSKITOS

Wer schon einmal im Sommer in Kanada war war, kennt diese unangenehme Nebenerscheinung. Die **Plagegeister** sind vorwiegend in den Monaten Juni bis August unterwegs auf der Suche nach immer neuen Opfern und treten meist in mehrfacher Zahl ihre Angriffsattacken an. Moskitos bevorzugen feuchte, stickige Plätze.

Sie übertragen normalerweise keine **Krankheiten**, selten sind die Biester aber mit dem *West Nile Virus* infiziert und können diese Krankheit übertragen. Als Wirt für dieses Virus dienen einige Vögel und Säugetiere. Die Symptome sind grippeähnlich mit Fieber, später neurologische

Maße und Gewichte

Längenmaße	1 foot (ft) = 12 in = 30,48 cm 1 mile (mi, Meile) = 1,61 km	1 cm = 0,033 ft 1 km = 0,62 mi
Flächenmaße	1 square mile (mi) = 2,589 km 1 acre = 0,405 ha	1 km = 0,386 mi 1 ha = 2,471 acres
Flüssigkeitsmaße	1 gallon (gal) = 4qt = 3,787 l	1 l = 0,264 gal
Gewichte	1 ounce (oz, Unze) = 28,35g 1 pound (lb, Pfund) = 453,59 g 1 short ton (Tonne) = 907,184 kg	100 g = 3,527 oz 1 kg = 2,205 lb 100 kg = 2,205 lb = 0,907 t

Beschwerden bis zu schweren, neurologischen Erkrankungen. Die Inkubationszeit beträgt 2–14 Tage. Daher: Sollten Sie von Mückenstichen geplagt worden sein und haben nach einiger Zeit die genannten Beschwerden, machen Sie Ihren Arzt auf dieses Virus aufmerksam. Medikamente oder eine Impfung gegen dieses Virus gibt es nicht, man kann nur die Symptome behandeln. Geraten Sie jetzt aber nicht in Panik, die Ausbreitung wird durch Bekämpfungsprogramme gezielt eingedämmt. Die Moskito-Plage verschwindet schlagartig mit den ersten **Nachtfrösten**. Im Hochgebirge bleibt man verschont. Mit den bei uns erhältlichen **Anti-Mückenmitteln** kommt man in Kanada nicht weit, decken Sie sich daher mit den kanadischen Präparaten wie z. B. *Johnson's Off, Insect Repellents* oder *Cutters Deep in the Woods* ein. Für das gemütliche Beisammensein auf dem Campground sind die *Mosquito Coils* (Mücken-Spiralen) hilfreich. Der Stift *After Bite,* eine Mischung aus Ammoniak und Nerzöl, hilft, Juckreiz und Schwellung nach einem Stich zu verringern.

Suchen Sie sich einen offenen, sonnigen und windigen Stellplatz auf dem Campground. Ein qualmendes Lagerfeuer hält evtl. die Moskitoplage auch in Grenzen – doch macht dann das Verweilen am Feuer nicht wirklich Spaß. Schützen Sie sich mit Moskitonetzen und den bewährten Mitteln, denn die Stiche belasten mehrere Tage. Dicke Stoffe wie Jeans u. ä. schützen nicht, bevorzugen Sie weite Kleidung. Spezielle Outdoorkleidung bietet Schutz (aufs Etikett schauen). Für gemütliche Lesestunden sorgt ein über den Kopf gelegtes Fenster-Fliegengitter.

NATIONAL UND PROVINCIAL PARKS

In West-Kanada gibt es zum Schutz der Natur und zur Erholung 46 **National Parks** und viele Provincial Parks. Sie liegen immer in landschaftlich besonders schönen Gebieten und bieten vielseitige Freizeitangebote. Fast alle National Parks haben schöne Campgrounds, diese sind ausgestattet mit einer Tisch-Bank-Kombination und einer Feuerstelle. Einige größere Campgrounds (z. B. in Jasper und Banff) bieten neben Duschen auch Stellplätze mit Wasser-, Strom- und Abwasseranschluss.

Für den Aufenthalt in National Parks benötigen Sie einen **kostenpflichtigen Parkpass** (▶ Tabelle nächste Seite), der in Informationszentren oder an Maut-Stationen auf dem Highway bei der Einfahrt in den Park erhältlich ist. Bei längeren Aufenthalten in National Parks (ab ca. 7–8 Tagen) lohnt sich eventuell ein Jahrespass. Wenn Sie die National-Park-Grenze auf dem Highway überfahren, kommen Sie meistens zu einer Mautstation, wo Sie den Parkpass kaufen können und eine Parkbroschüre erhalten. Sollten Sie keine Parkeinrichtung nutzen und ohne Aufenthalt nur durch den Park fahren wollen, benötigen Sie keinen Pass (Ausnahme: Icefield Parkway).

Für **Übernachtungen bei mehrtägigen Wanderungen** im National Park benötigt man Erlaubnisscheine *backcountry* und *fire permits*. Sie sind kostenpflichtig und können in den Informationszentren/Ranger-Stationen oder online *(backcountry permit)* erworben werden. Wichtig: Die **Übernachtungsgebühr** auf einem Campground im National Park ist im Parkpass **nicht** enthalten. Die meisten **Provincial Parks** haben ebenfalls schöne Campgrounds. Diese diese ebenfalls ausgestattet mit einer Tisch-Bank-Kombination und einer Feuerstelle. Auf einigen Plätzen gibt es auch Duschen (eventuell geb.pflichtig), Spielplätze und Strom- (geb. pflichtig), Wasser- und Abwasseranschluss und kostenpflichtige Sanidump-Stations (BC: CAD 5, AB: CAD 3). Die **Öffnungszeiten** variieren, generell kann man damit rechnen, dass während der Hauptsaison alle Campgrounds geöffnet und bis Anfang/Mitte Mai und ab Anfang/Mitte Oktober geschlossen sind. Die höher oder sehr abseits gelegenen Campgrounds sind vor oder nach der Hauptreisezeit (bis Mitte Juni und ab Anfang September) meist noch bzw. wieder geschlossen.

Nationalparkgebühren bei Drucklegung (alle Preise in CAD inkl. Tax)		
Tagespass	Erwachsene (17–64 Jahre)	7,80–9,80
	Senioren (65+)	6,80–8,30
	Schüler/Jugendliche (6–16 Jahre)	3,90–4,90
	Familien 2 Erwachsene, max. 5 Kinder	19,60
Jahrespass	Erwachsene (17–64 Jahre)	39,20–67,70
	Senioren (65+)	34,30–57,90
	Schüler/Jugendliche (6–16 Jahre)	19,60–33,30
	Familien 2 Erwachsene, max. 5 Kinder	98,10–136,40
Sonstige Gebühren	Fire-Permit pro Tag	8,80
	Tagesnutzung Campsite	8,80
	Sanidump Station	8,80
Backcountry Permit	Pro Tag/Person	9,80
	Jahrespass pro Person	68,70
	Reservierung	11,70
Fishing permit	Pro Tag	9,80
	Jahrespermit	34,30
Internet	www.pc.gc.ca/index_e.asp	

NOTFÄLLE

Hilfe bekommt man über die **Notrufnummer 911**, egal ob ein Arzt, die Polizei oder ein Unfallwagen benötigt wird. Ist diese ausgefallen, wählt man die Ziffer 0 (von jedem Telefon aus wählbar). Man wird dann von einem Operator mit der Polizei, der Ambulanz oder der Feuerwehr verbunden. Halten Sie die Daten über Ihren Standort und die am Münzfernsprecher angegebene Rückrufnummer parat. An den Autobahnen stehen **Notrufsäulen** (Motorist Aid Call Boxes). Ist das eigene Fahrzeug liegengeblieben, öffnet man die Motorhaube (hood). Dies signalisiert anderen Verkehrsteilnehmer, dass ein Problem vorliegt und Hilfe benötigt wird.

Zwischen dem deutschen Automobilclub ADAC, dem kanadischen Automobilclub CAA und dem amerikanischen Automobilclub AAA bestehen **Kooperationsverträge**. Mitglieder deutscher Verbände können gegen Vorlage ihres Mitgliedsausweises alle Dienstleistungen der CAA und AAA in Anspruch nehmen.

☏ Fahrzeugschaden: +49 (0) 89 22 22 22 (deutsch, 24 Std. erreichbar)

☏ Erkrankung und Verletzung: +49 (o) 89 76 76 76 (deutsch, 24 Std. erreichbar)

🌐 www.adac.de

Reisende anderer Automobilclubs oder aus Österreich und der Schweiz sollten sich erkundigen, ob auch ihre Clubs Kooperationsverträge besitzen.

Sollte Ihr **Reisepass verloren gegangen** sein, wenden Sie sich an die nächstgelegene diplomatische Vertretung. Machen Sie sich sicherheitshalber schon zu Hause von allen Dokumenten (Pass, Impfausweis, Kreditkarten usw.) Kopien. Wenn der **Geldbeutel** mit Kreditkarten verloren gegangen ist, dann rufen Sie die Kreditkartenunternehmen an und lassen die Karten sperren (▶ Geld). Hier hilft man Ihnen dann auch weiter. Reiseschecks werden bei Verlust erstattet, wenn Sie genau über die Scheck-Ausgabe und Scheck-Nummern Buch geführt haben.

ÖFFNUNGSZEITEN

In Kanada gibt es keine gesetzlich geregelten Öffnungszeiten. Als allgemeine Regel gelten mindestens die Öffnungszeiten der ▶ Tabelle auf der nächsten Seite.

PROVINCIAL PARKS ▶ NATIONAL PARKS

PROVINZSTEUERN

Steuern auf Waren und Dienstleistungen sind in Kanada nicht einheitlich geregelt, jede Provinz kann ein eigenes System und eigene Steuererhöhen festsetzen. Die **Preisauszeichnung** von Waren und Dienstleistungen erfolgt meist exklusive Steuern, diese werden an der Kasse aufgerechnet. Aktuell gelten für **British Columbia** 5 % GST (Goods and Services Tax) und 7 % PST (Provincial Sales Tax), für **Alberta** 5 % GST und 0 % PST.

Öffnungszeiten

Einkaufszentren, Supermärkte, sonstige Geschäfte	Generell: Mo–Sa 9–18 Uhr, Do & Fr bis 21 Uhr; Supermärkte öffnen in der Regel bereits um 6:30 Uhr und schließen nicht vor 21 Uhr. Sie haben meist auch an Sonn- und Feiertagen einige Stunden geöffnet, manche rund um die Uhr.
Banken	Mo–Fr 9/10–14/16 Uhr
Postämter	Mo–Fr 9–17 Uhr, größere auch Sa von 9–12 Uhr
Behörden & Büros	Mo–Fr 9–17 Uhr

REISEDOKUMENTE

Es werden folgende Reisedokumente benötigt:

- Für die Dauer der Reise gültiger **Reisepass** (auch vorläufiger Reisepass)
- Für jedes Kind ein **Kinderreisepass** mit Foto
- Spätestens ab dem 15. März 2016 muss, wenn man von Österreich, der Schweiz oder Deutschland über den Luftweg einreist, im Voraus eine **elektronische Einreisegenehmigung (eTA)** eingeholt werden. Diese wird über die Homepage von *Citizenship and Immigration Canada* (🌐 www.cic.gc.ca) beantragt. Neben Personal- und Passdaten werden auch Informationen zur Reise abgefragt. Normalerweise wird schnell über eine Erteilung / Nichterteilung der Genehmigung entschieden. Sollte eine weitere Prüfung vonseiten der Einreisebehörde erfolgen, bekommt man innerhalb von 72 Stunden eine Mitteilung. Wichtig: Eine erteilte Genehmigung begründet keine Einreise nach Kanada, die endgültige Entscheidung obliegt dem Grenzpersonal. Die elektronische Beantragung kostet CAD 7 und wird für fünf Jahre erteilt, ist aber an das Reisedokument gebunden, d.h. sollte ein neuer Reisepass innerhalb dieser fünf Jahre ausgestellt werden, muss die Genehmigung neu beantragt werden.

Deutschland
🌐 www.seitnotiz.de/NPRKA22

Österreich
🌐 www.seitnotiz.de/NPRKA23

Schweiz
🌐 www.seitnotiz.de/NPRKA24

Erläuterungen zur elektonischen Reisegenehmigung
🌐 www.cic.gc.ca/english/pdf/eta/german.pdf

Urlauber aus der Bundesrepublik Deutschland, Österreich und der Schweiz müssen über ausrei-

chend Bargeld oder Kreditkarten verfügen und den **Rückflug ins Heimatland sicherstellen** können, zum Beispiel durch die Rückflugtickets. Entsprechend den Bestimmungen der internationalen Fluggesellschaften sollte der Reisepass noch mindestens sechs Monate gültig sein.

Personen unter 18 Jahren, die nicht in Begleitung eines Erwachsenen einreisen, benötigen eine beglaubigte Erlaubnis eines Erziehungsberechtigten und meist eine Kopie der Geburtsurkunde. Es müssen die Reiseerlaubnis und der genaue Aufenthaltsort aufgeführt sein. Für Aufenthalte über sechs Monate muss ein Visum bei der kanadischen Botschaft beantragt werden. Die Einreisekontrolle der Beamten besteht meist aus der Frage nach der Dauer, der Route und dem Zweck der Reise.

Sollten Sie einen Abstecher in die USA planen, die ja nur wenige Kilometer südlich von Vancouver beginnt, raten wir dringend, sich vor Reisebeginn nach den Einreisebestimmungen und benötigten Dokumenten zu erkundigen.

SANIDUMP-STATION

Die Entleerung der Black- und Greywater Holding-Tanks ist nur an speziellen Entsorgungsstationen, den Sanidump-Stations (auch Dump-Station, Dumping-Station genannt), erlaubt. In den Provincial Parks sind die Sanidump-Stations auf ein elektronisches System umgestellt worden. Sie müssen nun einen Automaten mit CAD 5 „füttern" und bekommen dann eine Minute Zeit, den Abschlussdeckel des Bodentanks zu öffnen.

💡 Wir raten Ihnen, zuerst das Wohnmobile zu platzieren und den Abwasserschlauch anzuschließen, bevor Sie den Automaten füttern. Dann können Sie in Ruhe den Abwasserschlauch am Bodeneinlass fixieren und Ihre Holding-Tanks leeren. Nehmen Sie erst den Schlauch aus dem Bodeneinlass, wenn Sie das Durchspülen der Toilette und des Abwasserschlauches beendet haben, denn ist der Deckel am Bodeneinlass einmal zu, lässt er sich nicht mehr öffnen.

So funktioniert die Entsorgung

Eine Sanidump-Station hat zwei Stellen: 1. Entsorgung mit Bodeneinlass und 2. eine Zapfstelle zum Auffüllen des Frischwasser-Tanks. Platzieren Sie Ihr Wohnmobil so, dass der Ablaufstutzen der Holding-Tanks möglichst nahe am Bodeneinlass liegt. Befestigen Sie den Abwasserschlauch am Ablaufstutzen, das andere Ende muss im Bodeneinlass fixiert werden, nachdem der Automat mit CAD 5 gefüttert wurde!

Öffnen Sie nun zuerst den Schieber des Blackwater-Tanks (Toilette). Um Reste im Tank zu beseitigen, spülen Sie noch 2-3 Eimer Wasser durch die Toilette. Danach schließen Sie den Schieber des Blackwater-Tanks und öffnen den Greywater-Tank. Nach dessen Entleerung schließen Sie auch diesen Schieber wieder und entfernen den Abwasserschlauch vom Ablaufstutzen des Wohnmobils. Spülen Sie den Abwasserschlauch mit dem am Bodeneinlass befindlichen Wasseranschluss kräftig durch, nehmen Sie dann den Schlauch aus dem Bodeneinlass und verstauen ihn wieder. Fahren Sie anschließend weiter zum Drinking-Water-Hahn und schließen Sie Ihren Trinkwasserschlauch an, das andere Ende befestigen Sie am Frischwasser-Anschluss des Wohnmobils und lassen den Frischwassertank vollaufen, das kann einige Minuten dauern, je nachdem wie viel Druck auf der Leitung ist.

SOMMERZEIT

Die Kanadier haben ebenfalls eine Sommerzeit (*Daylight Saving Time,* Ausnahme: Provinz Saskatchewan). Diese verläuft allerdings nicht ganz synchron zu unserer Sommerzeit und dauert länger. Sie beginnt am zweiten Sonntag im März und endet am ersten Sonntag im November.

Daylight Saving Time 2016

Sommerzeit Kanada: 13.3.-6.11.
Sommerzeit Deutschland: 27.3.-30.10.

Daylight Saving Time 2017

Sommerzeit Kanada: 12.3.-5.11.
Sommerzeit Deutschland: 26.3.-29.10.

STRASSENKLASSIFIKATION

- *Freeway* **oder** *Expressway* – Autobahnähnlich ausgebaute Straßen, die im Süden Kanadas einige Großstädte miteinander verbinden.
- *Highway paved* – Befestigte und gut befahrbare Straße.
- **Baustellenbereiche** – Auch die Fahrt auf einem schönen, glatten Highway endet gelegentlich im Baustellenbereich. Dann geht

es auf Schotter, Dreck und durch eine Staubwolke weiter. Oft folgt eine lange Autoschlange einem *Pilote Car,* das den Weg durch den Matsch und Dreck zeigt. Besonders im Norden ist mit solchen Überraschungen zu rechnen. Auch kurzzeitige Sperrungen sind durchaus möglich, was in Kanada seitens der Autofahrer gelassen hingenommen wird. Kilometerlange Staus wie in der Heimat gibt es vor Baustellen in Kanada so gut wie nie.

- *Highway gravel* – Schotterstraße. Vielbefahrene Schotterstraßen sind meist einigermaßen gut befahrbar, da sie regelmäßig geglättet werden. Gefahr lauert für Windschutzscheibe und Scheinwerfer durch aufgewirbelte Steine. Trockene Schotterstraßen sollte man nicht zu langsam befahren, damit man die Unebenheiten "überfliegt". Die Sicht wird oft durch dichten Staub erschwert, was manchmal durch Besprühen mit Calciumchlorid reduziert wird. Bei Regen wird die Fahrt auf einer Schotterstraße zur Rutschpartie, fahren Sie dann unbedingt langsam. Wenn das Fahrzeug verdreckt ist, sollte man es möglichst rasch waschen, denn der Dreck entwickelt nach einiger Zeit "Betonqualität".
- *Dirt road (unimproved road)* – Dies sind bessere Feldwege, die bei Trockenheit einigermaßen (kein Wohnmobil) befahrbar sind, bei Nässe ohne Fahrzeug mit Allradantrieb sind sie unpassierbar.
- *Logging road* – Meist schlechte, enge, kurvenreiche und bei Nässe matschige Privatstraße der Holzindustrie, Benutzung auf eigenes Risiko (keine Wohnmobile), Trucks haben generell Vorfahrt.

Wichtige Anmerkungen

Die Wohnwagenvermieter untersagen Fahrten auf *Gravel, Dirt, Logging, Summer use only* und *4x4 roads* oder es muss mit Zuschlägen gerechnet werden. Wir empfehlen, schon bei Vertragsabschluss mit dem Vermieter zu klären, welche Straßen verboten sind. Kurze **Gravelroad**-Anfahrten zu Provincial oder National Park Campgrounds dürfen in der Regel befahren werden. Mit Fahrzeugen, die im Norden Kanadas übernommen werden, dürfen in der Regel *Gravel roads* (**nicht** *Dirt* oder *Logging road*s) befahren werden.

STRASSENVERKEHR

Kanada verfügt über ein **gutes Straßennetz**, auch die Großstädte sind perfekt versorgt. Mehrspurige Highways umschließen die Stadtzentren und auch die Highways im Landesinneren sind gut ausgebaut. Bedenken Sie:

Viele Nebenstraßen der großen Highways, die am Beginn noch asphaltiert sind, werden nach wenigen Kilometern zu einer Gravelroad. Die **Highways** sind nummeriert, teilweise haben sie spezielle Symbole und Namen (z. B. Yellowhead Highway). Auf den Highways und an Kreuzungen ist neben der Highway-Nummer noch die Richtung angegeben: *South* – Süd, *West* – West, *North* – Nord, *East* – Ost. Viele Städte sind schachbrettartig aufgebaut, die **Orientierung** ist dadurch relativ einfach. Braune Schilder in Alberta oder blaue Schilder in British Columbia weisen auf touristische Attraktionen, Camping- und Picknickplätze hin. Per Anhalter/ *Hitchhiking* ist in Kanada generell verboten.

STROM

In Kanada beträgt die Stromspannung 110 V bei 60 Hz Wechselstrom. Lassen sich Ihre mitgenommenen Elektrogeräte auf 110 V umstellen, können diese bedenkenlos benutzt werden – im Wohnmobil aber nur, wenn man auf einem Campground mit Stromanschluss steht.

Besorgen Sie sich vor der Reise einen Adapter (Amerika-Adapter). In Kanada sind diese schwerer zu bekommen. Wohnmobile sind oft mit mehreren 12 V-Adaptern (Zigarettenanzünder) ausgestattet, darüber lassen sich kleinere Elektrogeräte unterwegs laden.

TANKSTELLEN

An den Highways in BC und Alberta findet man ausreichend **Tankmöglichkeiten**. Auf Nebenstrecken oder im Norden sind diese seltener, hier sollten Sie immer dann tanken, wenn sich eine Möglichkeit bietet. Manche Tankstellen füllen auch **LPG/Propane (Gas)** nach. Banff hat die Propane-Zapfstellen generell abgeschafft. Behalten Sie die Füllung des Gasvorrats im Auge, wenn Sie im Wohnmobil kochen, viel warmes Wasser benötigen und heizen. Die Gastanks werden vom Servicepersonal der Tankstelle befüllt. Das **Servicenetz für Kfz-Reparaturen** ist gut, kleinere Reparaturen werden an Tankstellen erledigt. Zusätzlich finden sich in vielen Orten kleinere Werkstätten. Im Norden ist das Servicenetz dürftiger, auch hier werden kleinere Arbeiten an Tankstellen erledigt. Besprechen Sie vorab alle Schäden, auch kleinere, mit Ihrem Wohnmobilvermieter.

TELEFONIEREN

In Kanada ist für jede Provinz eine dreistellige **Vorwahl** *(Area code)* und dann eine 7-stellige Telefonnummer zu wählen. Telefoniert man über den Area code hinaus, muss eine 1 vorweg gewählt werden. Bei internationalen Gesprächen wird eine 011 für den Zugang zum **internationalen Netz** gewählt, danach die Vorwahl des entsprechenden Landes, die Ortsvorwahl (ohne die 0) und danach die Rufnummer. In **Münzfernsprechern** *(Pay phones)* ist ein nationales oder internationales Gespräch mithilfe eines Operators (0 wählen) möglich. Was dann der Apparat an Münzen *(Quarter)* schluckt, lässt sich nur ahnen. Besser geht es mit **Telefonkarten** *(Calling cards)*.

An stark frequentierten Orten kann mit der **Kreditkarte** telefoniert werden. Für **Notrufe** entweder die 911 für Polizei, Krankenwagen und Feuerwehr oder die 0 für die Weitervermittlung mittels eines Operators wählen. Einige Telefonnummern werden in Buchstaben *(Vanity number)* angegeben. Hier wird einfach die Taste gewählt, auf der der Buchstabe steht.

Vanity-Rufnummern

1	2 abc	3 def
4 ghi	**5** jkl	**6** mno
7 prqs	**8** tuv	**9** wxyz

Gebührenfrei telefonieren können Sie in Nordamerika mit Nummern, die mit 1-800, 1-888, 1-877 oder 1-866 beginnen. Die **Benutzung Ihres Handys** ist in Kanada möglich, wenn Sie ein Tri- oder Quadband-Handy besitzen, das die europäischen und nordamerikanischen Standards von 1900 MHz des GSM-Netzes abdeckt. Dieses GSM-Netz ist in Ballungsgebieten und wichtigsten Verkehrsverbindungen gut ausgebaut. Informieren Sie sich vor Abreise bei Ihrem Provider über die Möglichkeiten und Preise. Außerhalb dieser Gebiete wird man auf das "normale" Telefon zurückgreifen und per Telefonkarte/Münzen telefonieren müssen. Wireless-Hotspots (WiFi) kann man Ihnen in den Visitor Informations nennen. Internetverbindungen gibt es z. B. auch in vielen Visitor Informations, öffentlichen Büchereien, Internetcafés, privaten Campgrounds und Hotels. Beachten Sie, dass Zusatzkosten entstehen können, wenn ein WiFi/WLAN-Zugang auf Campgrounds angeboten wird. Die Reichweite deckt oft nicht den gesamten Platz ab.

 In Kanada tragen WLAN-Zugänge die Bezeichnung **"WiFi"**.

 Smartphones sind meist dauerhaft mit dem Internet verbunden, was in der Heimat über

Datenflatrates nicht ins Gewicht fällt. Meist gelten die Flatrates aber nur für das Heimatland – im Ausland fallen teils horrende Roaminggebühren an. Wir empfehlen daher, die Datenfunktionen des Mobiltelefons zu deaktivieren (klassisches Telefonieren ist weiterhin möglich) und gezielt zu aktivieren, wenn man z. B. E-Mails abrufen will. Beachten Sie aber, dass die Abrechnung meist nach Datenvolumen erfolgt, also bereits durch das Abrufen von E-Mails hohe Kosten entstehen können. Besser ist, dies über einen lokalen WLAN-Hotspot zu machen, da man dort meist unbegrenzte Datenmengen empfangen und verschicken kann. Informieren Sie sich bei Ihrem Anbieter über anfallende Roaminggebühren.

TEMPERATUREN

In Kanada wurde in den 1970er-Jahren das **metrische System** eingeführt. Dennoch kann es sein, dass man die alte Bezeichnung Fahrenheit vorfindet. Wer sich auch mit einem ungefähren Celsius-Wert zufrieden gibt, hier die Urlauber-Einfach-Formel: Fahrenheit minus 30 und vom Ergebnis dann die Hälfte. Der Gefrierpunkt liegt bei 32 °F, die menschliche Körpertemperatur von 37 °C entspricht 98,6 °F. Der Siedepunkt 100 °C liegt bei 212 °F.

Fahrenheit-Celsius (Umrechnung)		
Wert	Ziel	Formel
Fahrenheit	Celsius	C = (F - 32) / 1,8
Celsius	Fahrenheit	F = (C x 1,8) + 32

TRINKGELDER

- Das Personal in **Restaurants** erhält nur ein niedriges Fixum, es wird daher ein Trinkgeld (tip) von 15–20 % erwartet. Das Essen wird oft an einer Zentralkasse bezahlt. Hinterlässt man den tip auf dem Tisch, bekommt das Geld die Bedienung. Gibt man den tip in den Gesamttopf an der Kasse, kommt er dem gesamten Personal zugute. Bezahlt man mit Kreditkarte, vermerkt man den tip auf dem Beleg oder hinterlässt ihn bar auf dem Tisch.
- **Taxifahrer** erwarten ca. 10 % und pro Gepäckstück, das sie verladen, nochmals CAD 1–2.
- **Barkeeper** erwarten ebenfalls 10–15 %.
- **Friseure** mindestens 10 %
- Der **Hotelpage** (Bellhop) erhält CAD 1 je Gepäckstück.
- Das **Zimmermädchen** (Room maid) pro Tag CAD 2 (im Zimmer liegen lassen)
- Der **Türsteher** (Doorman) am Hotel bekommt fürs Taxi holen CAD 2.

- Die **Fahrer und Reiseführer** von organisierten Busfahrten ca. CAD 1–2
- Der **Tankwart** an der Full Service Tankstelle erwartet kein Trinkgeld.
- In **Motels** und bei Fast-Food-Ketten ist Trinkgeld nicht üblich.

ÜBERNACHTUNGSMÖGLICHKEITEN

Wer nicht mit dem Wohnmobil den Westen Kanadas bereist, findet vielfältige Übernachtungsmöglichkeiten. Die Preise richten sich nach Lage und Ausstattung. **Motels** liegen oft verkehrsgünstig an den Ausfallstraßen. Privat geführte Hotels und die großen Hotelketten findet man in den Innenstädten und in der Nähe wichtiger Punkte (z. B. Flughafen, Bahnhof). Frühstück ist meist nicht im Preis inbegriffen. Eine Übernachtung in einem Motel ist günstiger als eine Hotelübernachtung. **Resorts** findet man in Urlaubsgebieten, sie bieten neben Unterkunft auch noch Freizeitaktivitäten an. In Feriengebieten bietet sich auch eine Übernachtung in **Lodges/Chalets** (alleinstehende Häuschen oder Hütten) an, deren Ausstattung reicht von rustikal mit wenig Komfort bis luxuriös. Familiärer übernachtet man in **Privatzimmern** (B&B, Bed and Breakfast) oder in den kleineren Pensionen (Country Inns). Für den kleinen Geldbeutel sind Hostels ideale Unterkünfte, sie bieten Mehrbett- oder Familienzimmer. In Städten sind sie gut ausgestattet, weitab vom Highway jedoch einfach, evtl. auch ohne fließendes Wasser und Strom.

UMGANGSFORMEN / ETIKETTE

Man gibt sich in Kanada relativ ungezwungen, speziell zu Ferienzeiten. Trotzdem gibt es einige "ungeschriebene" Regeln, die man beachten sollte.

- Beim **Vorstellen/Begrüßen** nennt man seinen Vornamen, obligatorisch ist die Höflichkeitsfloskel "How are you?" auf die keine ehrliche Antwort erwartet wird. Ein simples "Fine, how are you?" ist ausreichend.
- Kanadier sind **Small-Talk-Profis** und immer zu einem kleinen Pläuschchen aufgelegt. Auch wenn vielen bewusst ist, dass Deutsche eher zurückhaltend sind (auch wegen der Sprachbarriere), sollten Sie ein aufkeimendes Gespräch nicht allzu abrupt abbrechen.
- Kanadier **kleiden** sich praktisch und ungezwungen, Shorts werden aber nur in der Freizeit getragen.
- "Oben ohne" ist nicht nur verpönt, sondern kann strafrechtlich verfolgt werden – das gilt auch für den Stellplatz auf dem Campground.
- Achten Sie in **Hallen- oder Freibädern** und in Duschräumen auf "Sitte und Anstand". Alle Besucher tragen Badebekleidung, auch Kin-

409

der. Nackt Duschen in Badeanstalten ist nicht immer im Sinne der Nordamerikaner. Richten Sie sich am besten nach den anderen Gästen.

- Werfen Sie keinen **Abfall** auf die Straße, dies ist nicht nur unangemessen, sondern wird auch empfindlich bestraft.
- **Alkoholkonsum** in der Öffentlichkeit ist in fast allen Provinzen verboten, dies gilt nicht für Ihren "Privatbereich" auf dem Campground.
- In fast allen **Restaurants** findet man im Eingangsbereich ein Schild mit der Aufschrift *"Please wait to be seated"*. Dort wartet man, bis man von einem Mitarbeiter zu einem Tisch geleitetet wird. Man setzt sich in Kanada nicht zu anderen Gästen an den Tisch. Es ist normal, sich Reste einer üppigen Portion einpacken zu lassen *(doggy bag)*. Wundern Sie sich nicht, wenn nach dem letzten Bissen sofort die Rechnung serviert wird. Es ist unüblich, nach dem Essen noch lange am Tisch zu verweilen.
- Das **Rauchen** ist in der Öffentlichkeit generell verboten – auch wenn kein Verbotsschild sichtbar ist. Raucher sollten darauf achten, dass keine Zigarettenstummel achtlos weggeworfen werden – Waldbrandgefahr!
- Vermeiden Sie bei der Frage nach einem **WC** das Wort *toilet*, fragen Sie nach dem *washroom* oder *restroom*.
- An der Kasse im Supermarkt, vor Bank- und Postschaltern, am Flughafen, im Restaurant usw. wird in Schlangen *(Lines/Queues)* **angestanden**, wann wartet geduldig, bis man an der Reihe ist.

🛈 Buchtipp zur kanadischen Etikette: Fettnäpfchenführer Kanada – Wenn's im Land der Weite eng wird, Sophie von Vogel, ISBN 978-3-934918-77-1

VERKEHRSREGELN

In Kanada werden **Entfernungen** in Kilometer gemessen. Das Anlegen von **Sicherheitsgurten** ist Pflicht, ebenso das Fahren mit Abblendlicht. **Überholverbot** gilt generell an Kreuzungen, in Kurven und vor Bergkuppen. Das **Tempolimit** sollte genau eingehalten werden. Auf den Freeways gelten 100 bzw. 110 km/h, auf den Highways 90 bzw. 80 km/h und in Ortschaften 50 km/h. Während ein gelber **Schulbus** anhält und blinkt, darf in beiden Fahrtrichtungen nicht überholt werden. Es darf erst weitergefahren werden, wenn das blinkende rote Stopplicht des Busses erloschen ist.

Fußgänger, besonders Kinder und alte Menschen, haben immer "Vorfahrt". Sobald sie nur einen Fuß auf die Straße setzen, wird angehalten. Folgt Ihnen ein **Polizeiwagen** mit Sirene und Blaulicht, so halten Sie an, sobald dies gefahrlos möglich ist. Stellen Sie den Motor ab, öffnen Sie das Fenster und halten Sie die Hände so, dass der Polizist sie sehen kann. (Hände auf das Lenkrad!) Steigen Sie keinesfalls aus.

Die **Ampeln** schalten in Kanada und Alaska in folgender Reihenfolge:
- Anhalten: grün-gelb-rot
- Anfahren: rot-grün

Blinkende Ampeln bedeuten Folgendes:
- Gelb blinkendes Licht: vorsichtig weiterfahren
- Rot blinkendes Licht: halten und anschließend vorsichtig weiterfahren
- Grün blinkendes Licht: meist in den ruhigen Zeiten geschaltet, freie Fahrt für die Verkehrsteilnehmer

An einer roten Ampel darf **rechts abgebogen** werden. Man muss aber zuerst stoppen und kann dann langsam weiterfahren. Rechts abbiegen ist verboten, wenn ein Schild mit der Aufschrift *"No turn on red"* an der Kreuzung steht.

An manchen Kreuzungen stehen an allen Straßenecken **Stop-Schilder** (3- oder 4-Way-Stop). Hier gilt: Alle Verkehrsteilnehmer müssen stoppen, wer zuerst ankam, darf auch zuerst weiterfahren. Am **unbeschrankten Bahnübergang** mit Blinkzeichen Vorsicht. Wenn das Zeichen blinkt und ein Signal (nicht überall) ertönt, ist der Zug bereits sehr nah. Das **Parken** ist im städtischen Bereich streng geregelt. Parken auf dem Gehweg ist verboten. Hohe Geldbußen und Abschleppkosten werden beim Parken in einer *no parking zone*, in einer *tow away zone* (Abschleppzone), zu nahe an einer Kreuzung, vor Hydranten oder beim Blockieren von Feuerwehrzufahrten fällig, diese Zonen sind meist gelb markiert. Beim Parken oder Anhalten außerhalb von geschlossenen Ortschaften muss man vollständig von der Fahrbahn herunterfahren. Die meisten der in dieser Route beschriebenen Highways werden vom normalen **Berufsverkehr** genutzt. Dabei sind vor allem die teils langen Trucks zu beachten, die nicht immer auf dahingondelnde Touristen Rücksicht nehmen. Verhalten Sie sich defensiv und lassen Sie den eiligen Fahrer an der nächstbesten Stelle überholen. Lassen Sie sich aber nicht "treiben" – die Truckfahrer kennen die Highways sehr genau und können Gefahrstellen und das eigene Gefährt gut einschätzen.

🛈 Wenn Sie einen **Strafzettel** bekommen, sollten Sie diesen unbedingt bezahlen. Strafzettel werden auf den Namen des Fahrers gespeichert und verjähren nicht, was bei einer erneuten Einreise Probleme bereiten kann.

Verkehrszeichen – Zusatztexte

Dead end	Sackgasse
Detour	Umleitung
Dip/Bump	Bodensenke/Unebenheit
Falling rocks	Steinschlag
Flagman ahead	Baustelle, Arbeiter(in) mit Warnschild
Handicapped Parking	Behindertenparkplatz
HOV Lane	Fahrspur für Fahrzeuge mit einer bestimmten Anzahl Insassen, Busse und Notfall-Fahrzeuge generell erlaubt
Loading zone	Ladezone
Maximum speed	Höchstgeschwindigkeit
Men working	Straßenarbeiten
Merge	Einfädeln
Narrow bridge/ road	Schmale Brücke/Straße
No through street/road	Sackgasse
No stopping at any time	Absolutes Halteverbot
No passing	Überholverbot
One way street	Einbahnstraße
Passenger loading zone	nur Ein- und Aussteigen
Peds X-ing	Fußgänger kreuzen
Reduce speed	Langsam fahren
Rest area	Rastplatz
Restricted parking zone	zeitlich begrenztes Parken
Right of way	Vorfahrt
Road construction	Baustelle
Safety belt	Sicherheitsgurt
Slippery when wet	Rutschgefahr bei Nässe
Slower traffic keep right	Langsame Fahrzeuge rechts fahren
Speed checked by aircraft	Geschwindigkeitskontrolle durch Hubschrauber
Speed limit	Geschwindigkeitsbegrenzung
Steep hill/Steep grade	Steile Steigung/ Starkes Gefälle
Thru traffic	Durchgangsverkehr
Tow away zone	Abschleppzone

Verkehrszeichen – Zusatztexte

Traffic fines double in work zones	Im Baustellenbereich doppelte Geldbuße
Traffic light	Ampel
U-turn	Wendemöglichkeit
Vision limited	Sicht eingeschränkt
Viewpoint	Aussichtspunkt
Watch for pedestrian	auf Fußgänger achten
Watch for lifestock	Vorsicht Vieh
Watch for rocks on road	Vorsicht Steinschlag
Winding road	Kurvenreiche Straße
Yield	Vorfahrt beachten

VERTRETUNGEN D/A/CH

Deutsche Botschaft in Kanada
✉ 1 Waverley Street, Ottawa, ON K2P 0T8
☎ 613-232-1101
🌐 www.kanada.diplo.de/Vertretung/kanada/de/01/ottawa/0-ottawa.html

Deutsches Generalkonsulat Vancouver
✉ Suite 704, World Trade Centre, 999 Canada Place, V6C 3E1, Vancouver, B.C.
☎ 604-684-8377
🌐 www.kanada.diplo.de/Vertretung/kanada/de/01/GK__Vancouver/0-vancouver-hauptbereich-seite.html

Österreichische Botschaft in Kanada
✉ 445 Wilbrod Street, Ottawa, ON K1N 6M7
☎ 613-789-1444
🌐 www.bmeia.gv.at/botschaft/ottawa.html

Schweizerische Botschaft in Kanada
✉ 5 Marlborough Avenue, Ottawa, ON K1N 8E6
☎ 613-235-1837
🌐 www.eda.admin.ch/ottawa

Kanadische Botschaft in Deutschland
✉ Leipziger Platz 17, 10117 Berlin
☎ 030-20312-0
🌐 www.canadainternational.gc.ca/germany-allemagne

Kanadische Botschaft in Österreich
✉ Laurenzerberg 2, A-1010 Wien
☎ 01-531-38-3000
🌐 www.canadainternational.gc.ca/austria-autriche

Kanadische Botschaft in der Schweiz
✉ Kirchenfeldstraße 88, CH-3005 Bern
☎ 031-357-3200
🌐 www.canadainternational.gc.ca/switzerland-suisse

WALDBRANDGEFAHR ► LAGERFEUER

WANDERN

Kanada ist ein Paradies für Wanderer und Bergsteiger. *Hiking Trails* oder *Trekking Trails* aller Schwierigkeitsgrade und Längen sind reichlich vorhanden und meist gut markiert. *Nature Trails*, die entweder auf geologische Besonderheiten oder eine interessante Flora und Fauna hinweisen, führen durch erschlossene Teile der Parks. Für **mehrtägige Wanderungen** *(backpacking)* in den National- und Provincial Parks benötigt man oft eine **Erlaubnis** *(Permit)* (z. Zt. pro Nacht CAD 5–9,80), die in den Infozentren beim Parkranger erhältlich sind. Bei ihm bekommt man auch Informationen über die Beschaffenheit der Wanderwege. Die *Permits* dienen zur Kontrolle und Begrenzung der Wanderer. Außerhalb der Rocky Mountains sind sie oft kostenlos, Kartenmaterial bekommt man ebenfalls in der Visitor Info.

Beachten Sie zu Ihrer eigenen **Sicherheit:**

- Auch für **kurze Wanderungen** sollten feste Schuhe, Regenbekleidung, ein kleines Erste-Hilfe-Set und Proviant vorhanden sein.
- **Mehrtägige Touren** gut planen, auf der Route bleiben und sich nicht überschätzen.
- **Wanderwege im Hinterland** sind häufig schlecht markiert oder überwuchert.
- **Unerfahrene Wanderer** sollten sich mit einem Führer auf mehrtägige Touren begeben. Wildnis-Wandern außerhalb der Parks sollten nur Wanderer unternehmen, die Erfahrung mit Survival-Techniken haben.
- **Moskitomittel und Sonnenschutz** nicht vergessen, die Intensität der Sonnenstrahlung auf Höhenlagen wird oft unterschätzt.
- Achten Sie auf sorgfältigen Umgang mit dem **Lagerfeuer.**
- Verhalten Sie sich **nicht zu ruhig**, damit wilde Tiere nicht durch Ihr plötzliches Auftreten erschrecken.
- Suchen Sie, bevor Sie ein **Nachtlager** aufschlagen, das Gelände nach verdächtigen Spuren ab (z. B. zerkratzte Baumrinde, Tierkot).
- Verstauen Sie Ihre **Lebensmittel** bärensicher oder in min. 3–4 m Höhe und außerhalb des Zeltes, Müll immer mitnehmen.
- **Informieren** Sie sich vor Beginn einer mehrtägigen Tour in den Informationszentren oder beim Parkranger und hinterlassen Sie die geplante Route und Zeit der Rückkehr.

WASCHSALON / LAUNDRY

Einen **Waschsalon** *(Coin laundromat – Laundry)* findet man selbst in den kleinsten Ortschaften, ebenso auf den meisten privaten Campgrounds, in Hotels und Motels. **Waschpulver** kann man in einigen Salons kaufen, was wirtschaftlicher ist als die Familienpackung aus dem Supermarkt. Da für das Waschen eine Menge Kleingeld benötigt wird, gibt es oft einen Münzwechselautomaten. Die **Waschtemperatur** lässt sich auf *hot* (ca. 60 °C), *warm* (ca. 40 °C) und *cold* einstellen. Das Wasser fließt bereits mit der gewählten Temperatur in die Waschmaschine und wird nicht nachgeheizt. Nach 25 bis 30 Minuten ist die Wäsche gewaschen und einigermaßen geschleudert, es sei denn, Sie haben bügelfrei *(permanent press)* eingestellt, dann ist die Wäsche noch sehr feucht. **Trockner** haben Taktzeiten von etwa 6–7 Minuten, werfen Sie daher je nach Füllmenge *Quarter* für 4–6 Taktzeiten ein.

> ❗ Halten Sie genügend Münzen (Quarter, 1 und 2 CAD) bereit. Ein Waschgang kostet CAD 2–6, Trockner pro Taktzeit ca. CAD 0,50–1.

WOHNMOBIL

Rund ums Wohnmobil gibt es vieles zu beachten. Vom Vermieter wird man vor Übernahme über alle wichtigen Aspekte informiert, darüber hinaus nachfolgend einige Hinweise, die beachtet werden sollten. Bei der **Wahl des Fahrzeugs** sollte man sich genau überlegen, wie und wo man seinen Kanada-Urlaub verbringen will, welcher Komfort sein soll und welche Straßen man befahren möchte. Mit größeren Modellen hat man auf engen und schlechten Seitenstraßen evtl. Probleme. Die Bettenanzahl, die in den Prospekten steht, ist zwar vorhanden und nutzbar – da ein Wohnmobil aber aus nur einem Raum besteht, sollte man sich genau überlegen, mit wem, wie lange und mit wie vielen Personen man diesen Raum teilen möchte. Die Größe des Mobils ist auch immer an den Spritverbrauch gekoppelt, daher sollte ein gesunder Mittelwert aus Raumkomfort, Wendigkeit und Wirtschaftlichkeit gefunden werden (siehe dazu auch ► Kosten einer Reise).

Die **Benzinpreise** (pro Liter) lagen bei Redaktionsschluss (Herbst 2015) in Alberta bei CAD 0,77 (0,55 €), in BC bei CAD 1,01 (0,72 €), in entlegenen Gebieten und Großstädten etwas höher, in der Sommerzeit ca. CAD 0,20 (0,14 €) Aufschlag. Immer noch ein Schnäppchen für deutsche Verhältnisse, allerdings relativiert sich das durch den hohen Verbrauch der Wohnmobile. Benzinpreise in Kanada/USA für Sparfüchse: 🌐 gasbuddy.com

Beachten Sie: Das **Frischwasser** im Tank des Wohnmobils ist nicht zum Trinken und Kochen geeignet ist. Halten Sie daher immer ausreichend das auch in großen Abfüllungen erhältliche Springwater vorrätig.

💡 Kaufen Sie gleich zu Beginn des Urlaubs einige größere Kanister (z. B. 4 l) Springwater und füllen Sie die Behälter unterwegs an den Trinkwasserzapfsäulen wieder auf, dieses Wasser ist zum Kochen geeignet. Das Trinkwasser in Kanada enthält meist chemische Zusätze (Chlor), die den Geschmack und Geruch beeinflussen können, aber ungefährlich sind.

Übernahme des vorgebuchten Wohnmobils

Die **Übernahme des Wohnmobils** ist meistens aus versicherungsrechtlichen Gründen erst am 2. Tag Ihres Aufenthaltes möglich, d.h. Sie müssen die erste Nacht in einem Hotel verbringen. Die Hotelbuchung erledigen Sie am besten bereits vorab, achten Sie dabei auf eine verkehrsgünstige Lage zum Flughafen und Wohnmobilvermieter. Für Vancouver empfiehlt sich z. B. ein Hotel in Richmond. Normalerweise bekommen Sie alles Wichtige und Nötige rund um Ihr Fahrzeug erklärt, die großen Vermieter haben hierzu auch deutschsprachiges Personal. Der **erste Weg** mit dem Wohnmobil führt meist zu einem Supermarkt, denn Kühlschrank und Vorratsschränke sind noch leer. Adresse und eine Wegbeschreibung zum nächsten Supermarkt kennt sicher Ihr Vermieter, eine Gedächtnisstütze für den **Ersteinkauf** finden Sie weiter hinten bei den Checklisten.

Einige wichtige Ratschläge für die Übernahme Ihres Fahrzeugs und für unterwegs:

- **Lassen Sie sich genügend Zeit** mit der Übernahme und achten Sie darauf, dass Sie alle Funktionen verstanden haben. Kontrollieren Sie, ob eine Bedienungsanleitung an Bord ist, damit Sie unterwegs alle Handgriffe nachschlagen können.
- **Legen Sie selbst Hand** an und probieren Sie die für Sie neuen Teile aus, testen Sie die Funktion des Kühlschranks, des Gasherdes und der Heizung. Unterwegs entdeckte Defekte kosten wertvolle Zeit und Nerven.
- Lassen Sie sich die **Anzeigen** für Haushaltsbatterie, Gas- und Frischwassertank erklären, alle 3 Anzeigen sollten auf *"full"* stehen, der Gastank wird meist nur zu Dreiviertel gefüllt. *Grey Water* (Abwasser) und *Black Water* Tank (Toilette) sollten leer sein.
- Lassen Sie sich zeigen, wie die **Befüllung des Frischwassertanks** funktioniert und wo der externe Anschluss für Dauer-Frischwasser (Stadtwasser) und Strom ist.
- Schauen Sie sich das Fahrzeug genau an und achten Sie darauf, dass **Altschäden** ins

Protokoll aufgenommen werden.
- Lassen Sie sich zeigen, wie Sie die im Wohnmobil befindlichen **Rauch- und Gasalarmgeräte** abschalten können, diese Geräte sind sehr empfindlich und das von ihnen ausgehende Geräusch schrill. Natürlich sollten Sie die Geräte nur zum Schweigen bringen, wenn Sie fälschlicherweise Alarm ausgelöst haben. Schalten Sie diese Geräte **nicht permanent** ab, ein eventuelles Gasleck wird auf diesem engen Raum schnell lebensgefährlich.
- Sind ein **Abwasserschlauch** mit Kupplung, ein **Frischwasserschlauch** und ein **Stromkabel** für externe Stromanschlüsse mit Adapter (für verschiedene Anschlussstärken) vorhanden?
- Lassen Sie sich **Telefonnummer und Ansprechpartner** für Rückfragen unterwegs geben. Bevor Sie unterwegs Schäden reparieren lassen (müssen), klären Sie bitte die Regulierung **immer zuerst** mit dem Vermieter ab.
- Ziehen Sie **Übernachtungen auf Provincial- und National Park Campgrounds** vor, dann können Sie theoretisch auf die Anmietung eines elektrischen Toasters oder einer Kaffeemaschine verzichten, denn diese Plätze haben nur sehr vereinzelt Stromanschlüsse. Das bedeutet aber auch, dass Fön und elektrischer Rasierapparat im Wohnmobil nicht angeschlossen werden können. Wenn Duschen auf dem Campground sind, gibt es dort einen Stromanschluss.
- Die **Mitnahme von Campingstühlen** für unterwegs ist sinnvoll.
- Eine **Axt** sollte unbedingt (kostenlos) im Fahrzeug vorhanden sein, denn **Feuerholz** muss meist zerkleinert werden.
- Lassen Sie sich den **Notstartschalter** und dessen Bedienung zeigen, denn wenn des Abends die Batterieladeanzeige nicht beachtet wurde und diese durch hohen Verbrauch versehentlich komplett entladen sind, lässt sich das Fahrzeug auf normalem Wege nicht mehr starten. Dieser Notstartschalter mobilisiert eine Restreserve, die den Wagen startet. Danach werden beim Weiterfahren über die Lichtmaschine die Batterien wieder aufgeladen.
- **Heizen im Wohnmobil:** Die Stromversorgung für das Heizungsgebläse läuft über die Haushaltsbatterie, auf Stellplätzen mit Stromanschluss über den externen Anschluss. Die Heizleistung wird von einem Gasbrenner erzeugt. Das bedeutet, dass bei fehlendem externem Stromanschluss die Heizung während der Nacht irgendwann keine Wärme mehr über das Gebläse abgibt, da die Batterien leer

sind. Wenn ein externer Stromanschluss und folglich Heizmöglichkeit für die Nacht möglich ist, sollten Sie bedenken, dass das Gebläse die Nachtruhe empfindlich stört. Sie sollten sich demnach daran gewöhnen – vor allem bei kalter Witterung – dass die Nächte im Wagen kalt werden (siehe nächster Tipp).

- Sollten Sie also im Frühjahr oder Herbst auf Reisen gehen, lassen Sie sich unbedingt **zusätzliche Decken oder Schlafsäcke** geben. Die dünnen Wände eines Wohnmobils sind nicht mit der Isolierung der heimischen vier Wände zu vergleichen.
- Kontrollieren Sie ab und zu Ihren **Gasvorrat**, besonders wenn Sie viel kochen, warmes Wasser benötigen und heizen. Nicht alle Tankstellen haben Propane (LPG)-Zapfanlagen.
- Wenn Sie im Frühjahr (April/Mai) oder Spätherbst (ab Oktober) Ihre Reise geplant haben, fragen Sie Ihren Vermieter nach einem **elektrischen Heizlüfter**. Da zu dieser Zeit die meisten Park Campgrounds noch oder bereits geschlossen haben, werden Sie öfter auf privaten Campgrounds übernachten und somit externen Stromanschluss haben.

Sie sollten dann den Frischwasserschlauch nicht permanent an den externen Wasseranschluss anschließen, da das Wasser im Zulaufschlauch nachts gefrieren kann.

- Fragen Sie nach, wenn Sie einen Stellplatz mit **Stromanschluss** belegt haben, welche Geräte Sie mit dem Anschluss (15, 30 oder 50 Ampere) betreiben können. Durch eine Überlastung des Anschlusses können die Sicherungen herausspringen.
- Leeren Sie regelmäßig die **Grey- und Blackwater Holding Tanks**. Das Entsorgen an der Sanidump-Station kostet auf den Provincial Park Campgrounds CAD 5, in Industriegebieten der Städte findet man oft kostenlose Entsorgungsstationen. Wildes Entsorgen ist nicht gestattet.

💡 Für die erste Übernachtung im Wohnmobil raten wir, einen Campground in der Nähe des Vermieters aufzusuchen. Sie können sich dann in Ruhe mit dem Wohnmobil vertraut machen und bei Problemen oder Fragen nochmals zum Vermieter zurückfahren. Außerdem nimmt der Ersteinkauf auch eine gewisse Zeit in Anspruch.

WISSENSWERTES

Campertypen

Camper Van	Entspricht der Größe eines Transporters mit normaler Stehhöhe. Breite von 2 m und Längen von 4,90–6,10 m. **Ausstattung:** Klappsofas als Bett oder umbaubare Sitzecke, Gasherd, Spüle und Kühlschrank, Chemietoilette (kleinere Modelle), Spültoilette (größere Modelle) mit Minidusche, Benzinverbrauch 15–20 l/100 km.
Motorhomes Recreational Vehicles (RV)	Motorhomes gibt es von 20/21 ft (6–6,30 m) bis 28/30 ft (8,50–9,10 m). Die Hinterachse ist verstärkt mit Zwillingsreifen, eingeschränkte Sicht nach oben und zur Seite durch großen Dachüberhang. Wendigkeit ist eingeschränkt, die Straßentauglichkeit auf schlechten Straßen geringer. Auf Neben- oder Schotterstraßen darf nicht gefahren werden. **Ausstattung:** Umbauliege und/oder Doppelbett über dem Führerhaus und Sitzecke, Gasherd mit Backofen, Kühlschrank mit Gefrierfach, Spüle, Mikrowelle, Toilette/Duschbad, Heizung, Klimaanlage. Ab 22 ft Doppelbett und Duschbad mit Toilette, ab 28/29 ft separater Schlafbereich mit "Inselbett". Benzinverbrauch zwischen 22–30 l/100 km. Ab 24 ft sind RVs mietbar, wo die Sitzgelegenheit seitlich ausgefahren werden kann (*slide out*).
Pick-up-Camper Truck-Camper	Kleinlastwagen, auf den Campingkasten montiert ist. Es gibt sie von 17 ft bis zu 24/25 ft und mit Vierradantrieb. **Ausstattung:** Bei 17 ft Ausstattung wie bei einem Van-Camper. Beim Luxusaufsatz sind eine Klimaanlage, Mikrowelle, Backofen, Duschbad, Warmwasserversorgung etc. vorhanden. Alle Pick-Ups haben über der Fahrerkabine ein Alkovenbett, die Sitzecken können umgebaut werden. Benzinverbrauch zwischen 18–22 l/100 km.
Gespanne	Kombinationen aus Truck und 5th Wheeler (doppelachsiger Wohnwagen) auf Ladefläche des Trucks. Wohnqualität entspricht etwa der eines Motorhomes. Gespanne lassen sich schwer manövrieren, sind daher für Reisende, die häufig das Ziel wechseln, nicht geeignet. Benzinverbrauch zwischen 22–30 l/100 km.

Generatoren im Wohnmobil

Viele Wohnmobile haben einen **Generator zur Stromerzeugung** an Bord. Diese können nur betrieben werden kann, wenn der Benzintank noch mindestens zu einem Viertel gefüllt ist. Die Generatoren arbeiten sehr geräuschvoll, daher ist der Betrieb auf einigen Campgrounds nur zu bestimmten Zeiten gestattet oder sogar verboten. Wenn Sie einen Generator benutzen, nehmen Sie Rücksicht und betreiben Sie ihn nur für kurze Zeit.

Rückgabe des Wohnmobils

Das Wohnmobil ist **besenrein** und mit **entleerten Abwassertanks** (Schieber und Abdeckung müssen offen sein) zurückzubringen, je nach Vertrag auch mit vollem Benzin-/Gastank. Eine kostenpflichtige **Außenendreinigung** wird evtl. fällig, wenn das Fahrzeug verdreckt ist. Die Formalitäten sowie eine genaue Inspektion des Fahrzeugs, Endabrechnung etc. sind schnell erledigt. Sollten unterwegs Schmierstoffe/Motorenöl ausgewechselt worden sein, werden diese nach Vorlage der Rechnung erstattet. **Achtung**: Werden unterwegs Reparaturen notwendig, immer **vorher** den Vermieter unterrichten. Nach Beendigung der Formalitäten werden Sie in aller Regel zum Flughafen gebracht.

Beachten Sie, abhängig von Ihrem Rückflugtermin, dass Sie wahrscheinlich nicht die Einzigen sind, die das Fahrzeug abliefern und dadurch Wartezeiten anfallen. Und bedenken Sie, dass auch der Transfer zum Flughafen, Einchecken, Security usw. viel Zeit in Anspruch nimmt.

VERSICHERUNGEN ▶ AUTOVERSICHERUNGEN

ZEITZONEN

Zeitzonen (Vergleich MEZ)	
Newfoundland Time	-4,5 Stunden
Atlantic Time	-5 Stunden
Eastern Time	-6 Stunden
Central Time	-7 Stunden
Mountain Time	-8 Stunden
Pacific Time	-9 Stunden

Den Zeitangaben für die Stunden von 0–12 Uhr mittags folgt ein "a. m." (ante meridiem). Die Stunden von 12–0 Uhr erhalten den Zusatz "p. m." (post meridiem). ▶ Sommerzeit.

ZOLL ▶ EINFUHRBESTIMMUNGEN

Checklisten

Hinweis: Die folgenden Listen verstehen sich als Gedankenstütze für die allerwichtigsten Dinge. Natürlich kann nicht jeder Spezialfall erfasst werden, ebenso werden Sie einige Punkte für sich selbst als nicht notwendig einstufen. Die Ausrüstung und eventuell besondere Vorkehrungen von Reisenden, die speziellere Aktivitäten (z.B. Bergsteigen, mehrtägige Kanutouren oder Wanderungen mit Zeltübernachtung) geplant haben, können natürlich zur Sicherstellung einer allgemeinen Anwendbarkeit und Übersichtlichkeit nicht bis ins letzte Detail berücksichtigt werden. **Service:** Die Checklisten können Sie sich unter **www.seitnotiz.de/NPRKA2** kostenlos im A4-Format herunterladen.

EINIGE MONATE VOR DER REISE

- ☐ Gültigkeit Ausweise/Reisepässe kontrollieren und ggf. neu beantragen, Neubeantragung dauert einige Wochen
- ☐ Electronic Travel Authorization (eTA) beantragen
- ☐ Angebote der Reisebüros prüfen. Vorab sinnvoll ist eine Internetrecherche über Flüge, Flugkosten, Fahrzeugmietkosten. Konfrontieren Sie Ihre(n) Berater(in) im Reisebüro mit Ihren Rechercheergebnissen.
- ☐ Reservierung Fahrzeug
- ☐ Flugbuchung
- ☐ Buchung Hotelzimmer für die 1. Übernachtung, da nach Transatlantikflügen das Fahrzeug meist erst am 2. Tag übernommen werden darf. Ggf. diesen Aspekt mit dem Fahrzeugvermieter absprechen.
- ☐ Abschluss Reiserücktrittsversicherung
- ☐ Richtlinien fürs Gepäck, Handgepäck und Sondergepäck bei Fluggesellschaft erfragen. Bei der Gewichtskalkulation an Souvenirs oder Einkäufe denken, die Sie mit nach Hause nehmen möchten. Die Flughäfen in Kanada sind teils sehr strikt mit der Gewichtsbeschränkung der einzelnen Gepäckstücke.
- ☐ Gültigkeit Krankenversicherung prüfen, ggf. Auslandskrankenversicherung abschließen
- ☐ Gültigkeit Schutzbrief Ihres Automobilclubs für Ihren Auslandsaufenthalt überprüfen
- ☐ Erkundigen, welche Impfung/Papiere für Sie und alle Mitreisenden (inkl. Haustiere) nötig sind und wie Tiere transportiert werden müssen

VOR DER REISE

- ☐ Tageszeitung und ggf. Brötchendienst o.Ä. abbestellen
- ☐ Regelmäßige Briefkastenleerung organisieren oder bei der Post lagern lassen
- ☐ Wohnungsschlüssel an Vertrauensperson geben, Familie/Hausmeister darüber informieren
- ☐ Blumengießen in der Wohnung und ggf. im Garten (Rasen mähen) organisieren
- ☐ Zahlungen wie Strom, Telefon, Wasser, Gas, Miete, Versicherung, KFZ-Versicherung und Steuer sicherstellen
- ☐ Wertsachen wie Policen, Bargeld, Schmuck, Testament bei der Hausbank oder Vertrauensperson deponieren
- ☐ Adresse und Telefonnummern des Vermieters/Hotels im Urlaubsland bei Vertrauensperson hinterlassen
- ☐ Fahrdienst zum Flughafen und Abholung vom Flughafen nach Rückkehr organisieren
- ☐ Alle Fenster und Türen schließen, ggf. Zeitschaltung für Rollläden aktivieren und testen
- ☐ In Einfamilienhäusern ggf. Lampen mit Zeitschaltuhren versehen und für einige Stunden einschalten, damit Haus/Wohnung nicht unbewohnt aussieht
- ☐ Heizung abstellen, ggf. Frostschutz sicherstellen
- ☐ Elektrogeräte, die während der Abwesenheit nicht laufen müssen, vom Stromkreis trennen, Sicherungen (wenn überhaupt) mit Vorsicht abdrehen (Zeitschaltuhren, Kühltruhe,

Kühlschrank, Licht usw. sollten funktionsfähig bleiben).
- [ ] Gas (wenn nicht Frostschutz sichergestellt werden muss) und Wasser abdrehen
- [ ] Alles Verderbliche im Kühlschrank und Vorratsschrank verbrauchen
- [ ] Müll entsorgen
- [ ] Alle Dokumente wie Reisepass, Führerschein, Impfpass, Reiseunterlagen kopieren, Brillenpass ggf. nicht vergessen, falls diese unterwegs beschädigt oder verloren wird
- [ ] Die Telefonnummern zur Sperrung der mitgenommenen Kredit- und EC-Karten und Traveller-Schecks notieren
- [ ] Adresse/Telefonnummer Ihres Fahrzeugvermieters notieren
- [ ] Kreditkarte bei der Bank beantragen, ggf. nur für die Dauer des Urlaubs
- [ ] Rechtzeitig kanadisches Bargeld (kleine Banknoten) bei der Bank ordern. Kurzfristig erhalten Sie CAD bei Reisebanken an Bahnhöfen und Flughäfen gegen höhere Gebühren. Bedenken Sie bei der Höhe der Devisen: Mit der EC-Karte (Maestro-Symbol) kann an Geldautomaten in Kanada jederzeit Bargeld abgehoben werden.

KOFFERPACKEN

Kleidungsstücke
- [ ] gut eingelaufene Wanderschuhe
- [ ] normale Schuhe und Sandalen
- [ ] Hausschuhe fürs Wohnmobil oder Hotelzimmer
- [ ] Wanderbekleidung
- [ ] Schuhcreme/Spray
- [ ] Sonnenhut/Kappe
- [ ] Frühjahr/Herbst: Mütze, Schal, Handschuhe
- [ ] Badelatschen für die Duschen auf Campgrounds / fürs Schwimmbad
- [ ] Badebekleidung
- [ ] Socken/Strümpfe/Strumpfhosen
- [ ] Unterwäsche
- [ ] Schlafbekleidung
- [ ] Hosen/Jeans/Outdoorhosen kurz/lang oder zip-off
- [ ] T-Shirts
- [ ] Pullover/Strickjacke (praktisch sind Fleece-Bekleidungsstücke)
- [ ] Jogginganzug
- [ ] Wind- und wetterfester Anorak

- [ ] ggf. für Herren: Anzug/Krawatte/Hemd
- [ ] ggf. für Damen: Kleid/Kostüm/Hosenanzug/Bluse/Schuhe
- [ ] ggf. Fahrradhelm oder sonstige Schutzkleidung für sportliche Aktivitäten
- [ ] Regenhosen/Regenjacken
- [ ] Regenschirm
- [ ] Sportausrüstung, wenn besondere Aktivitäten geplant sind (z.B. Bergtouren)

Mit Kindern unterwegs
- [ ] Sonnenhut
- [ ] Bekleidung (siehe oben)

> 💡 Sollten Sie nur wenig Englisch sprechen, holen Sie das erste Bargeld in Kanada an einem Geldautomaten (ATM) in einer Bank zu normalen Öffnungszeiten ab, damit Sie notfalls die Hilfe eines Angestellten in Anspruch nehmen können. (*withdraw money* – Bargeld abheben).

- [ ] Gummistiefel/Wanderschuhe (sollten gut eingelaufen sein)
- [ ] ggf. Einwegwindeln für die ersten 2–3 Tage
- [ ] spezielle Pflege- und Arzneimittel
- [ ] ggf. spezielle Nahrung fürs Fläschchen oder Brei mitnehmen
- [ ] Kuscheltier, Kuschelkissen/Schnuller ggf. auch für den Flug
- [ ] ggf. Schlafsack
- [ ] ggf. Schwimmflügel
- [ ] altersgerechtes Spielzeug/Musik
- [ ] ggf. kleiner Rucksack für Wanderungen
- [ ] ggf. Kinderwagen / Buggy
- [ ] Mückenschutz für den Kinderwagen

Mit Hund / Katze unterwegs
- [ ] Lieblingsdecke
- [ ] Transportbox, Anforderungen mit Fluggesellschaft klären
- [ ] Maulkorb
- [ ] Leine / Geschirr
- [ ] Medikamente
- [ ] Impfbescheinigung oder sonstige notwendige Papiere (vor der Reise Infos einholen)

Pflege
- [ ] Haarbürste/Kamm
- [ ] Nagelschere/Nagelfeile
- [ ] Haarshampoo und -pflege

- ☐ Duschgel und weitere Pflegemittel des täglichen Bedarfs
- ☐ Körperlotion/Creme
- ☐ Deo/Parfüm
- ☐ Seife
- ☐ Zahnbürste/Zahncreme
- ☐ Make-up und Schminkutensilien
- ☐ Sonnencreme/Lotion
- ☐ Wattestäbchen
- ☐ Damenhygieneartikel
- ☐ Waschlappen/Einmalwaschlappen
- ☐ Rasierapparat (umschaltbar auf 110 V)
- ☐ Fön (umschaltbar auf 110 V)

💡 Um Platz in den Koffern zu sparen, empfiehlt es sich, spezielle Pflegeprodukte nur in den kleinen Größen mitzunehmen. Die gängigen Pflegemittel bekommen Sie auch in den Drogerie-Abteilungen der Supermärkte oder Drugstores in Kanada.

Medikamente
- ☐ Anti-Mücken-/Anti-Moskitomittel* (Besser erst vor Ort besorgen, da die bei uns erhältlichen Mittel oft ausreichen nicht schützen.)
- ☐ Medikamente, die Sie täglich einnehmen müssen
- ☐ Anti-Baby-Pille/Verhütungsmittel
- ☐ Schmerz- und Fiebermittel*
- ☐ Hustenmittel*
- ☐ Nasentropfen*
- ☐ Medikament gegen Durchfall*
- ☐ Mittel gegen Verstopfung*
- ☐ Mittel gegen Übelkeit*
- ☐ Fieberthermometer*
- ☐ ggf. ein Antibiotikum
- ☐ Salbe/Creme gegen Sonnenbrand/Juckreiz nach Mückenstich*
- ☐ Salbe/Creme gegen Prellungen*
- ☐ Kleines Erste-Hilfe-Set* (Wundpuder oder -creme, Pflaster, Mullbinden, elastische Binde, steriles Verbandsmaterial, Verbandschere). Wohnmobilvermieter stellen in manchen Fällen ein solches Set bereit, ggf. absprechen.
- ☐ Medikamente, die regelmäßig eingenommen werden müssen, unbedingt für die Dauer der Reise verschreiben lassen und mitnehmen. Müssen Sie aus gesundheitlichen Gründen Spritzen oder flüssige Medikamente mit ins

Handgepäck nehmen, lassen Sie sich dies vom Arzt per Attest bescheinigen. Sollten Spritzen/temperaturempfindliche Medikamente in den Koffer gepackt werden, unbedingt erkundigen, welche Temperatur im Gepäckraum herrschen, damit diese nicht verderben.

* Diese Mittel bekommen Sie in Kanada frei verkäuflich in jedem Supermarkt.

Sonstiges
- ☐ Reisebügeleisen (umschaltbar auf 110 V)
- ☐ mindestens 2 Adapter für Stromanschluss (Wichtig, da Adapter in Kanada nur schwer zu finden sind.)
- ☐ Spiele/Musik/Bücher
- ☐ Reisewecker
- ☐ Sonnenbrillen
- ☐ Nähzeug
- ☐ Reisewaschpaste/Waschmittelpads (für den Gebrauch im Waschsalon)
- ☐ Wäscheklammern und Schnur
- ☐ Fernglas
- ☐ Fotoapparat/Digitalkamera
- ☐ ggf. Notebook und Zubehör
- ☐ ggf. DVDs/CD-ROMs/Speicherkarten zum Sichern der Urlaubsfotos
- ☐ Mobiltelefon und Zubehör
- ☐ ggf. Telefonkarte (sinnvoll als Mobiltelefon-Ersatz für die teils großen Funklöcher)
- ☐ Rucksack
- ☐ ggf. Wanderstöcke
- ☐ Taschenlampe (meist im Wohnmobil vorhanden, ggf. Vermieter fragen)
- ☐ Batterien, diese sind in Nordamerika teuer
- ☐ Schreibzeug und "Tagebuch", wichtig für den Nachurlaub
- ☐ Kartenmaterial (Eine detailliertere Straßenkarte des Reisegebietes sollten Sie mitführen.)

💡 Für Reisende mit elektronischen Geräten, die aufgeladen werden müssen, empfiehlt es sich, Anschlüsse für den Zigarettenanzünder (12-Volt-Anschluss) mitzunehmen. Dadurch können die Geräte während der Fahrt und unabhängig von Stromanschlüssen aufgeladen werden. Die 12-Volt-Anschlüsse sind mit unseren baugleich.

- ☐ Telefonnummern/Adressliste für die Telefonate/Ansichtskarten
- ☐ Reiseführer
- ☐ ggf. Wörterbuch

💡 Wenn Sie keine durchgehende Kühlung der Lebensmittel sicherstellen können, sollte vom Einkauf verderblicher Waren komplett abgesehen werden. Wenn hingegen das Tiefkühlfach Ihres Kühlschranks sicher funktioniert, kaufen Sie ruhig Fleisch/Würstchen in den überall erhältlichen Großpackungen und frieren Sie diese portionsweise ein. Dies erspart Ihnen das tägliche Einkaufen – was unterwegs sowieso meist nicht möglich ist.

WOHNMOBIL ERSTEINKAUF

Lebensmittel
- ☐ Brot, ggf. Kuchen und Gebäck
- ☐ Butter/Margarine
- ☐ Wurst
- ☐ Fleisch und Fisch, ggf. TK-Ware
- ☐ Käse
- ☐ Obst
- ☐ Gemüse
- ☐ Kartoffeln, Reis und/oder Nudeln
- ☐ Salate, Fertigsalat als praktische Alternative
- ☐ Salatsoßen, Essig und Öl
- ☐ Ketchup, Remoulade
- ☐ Konserven
- ☐ Knabbereien
- ☐ Kaffee, Kaffeefilter, Tee
- ☐ Gewürze, mindestens Salz und Pfeffer
- ☐ Eier, Geschmacksempfindliche sollten Omega-3-Eier meiden, Schwefelgeschmack
- ☐ Zucker
- ☐ ggf. Mehl
- ☐ Milch und Milchprodukte
- ☐ Marmelade, Honig, süße Aufstriche
- ☐ Müsli/Cornflakes

Getränke
- ☐ Springwater, zum Kochen, möglichst Kanister à 4 l kaufen und an Trinkwasserzapfstellen oder im Supermarkt wieder auffüllen. Die größeren 10 l Behälter sind unpraktisch zu handhaben und lassen sich schwerer verstauen.

- ☐ Säfte
- ☐ Softdrinks
- ☐ Alkoholhaltige Getränke, gibt es nur im Liqour Store

Haushaltsbedarf
- ☐ Küchentücher
- ☐ Alu- und Frischhaltefolie
- ☐ Gefrier- und Müllbeutel
- ☐ Aluschalen für den Grill
- ☐ Grillanzünder
- ☐ Einweggeschirr, ist in Maßen verwendet praktisch zum Grillen
- ☐ Einmalhandschuhe
- ☐ ggf. Spül- und Putzmittel, sind oft im Wohnmobil bereits vorhanden
- ☐ Toilettenpapier, Achtung: Spezialpapier notwendig, im RV-Zubehör-Shop oder beim Vermieter besorgen

💡 Durch Vorvermietungen hat sich meist schon das eine oder andere an Zubehör angesammelt. Überprüfen Sie daher vor Ihrem Ersteinkauf den Bestand und überlegen Sie, was Sie weiter benutzen möchten. Im Gegenzug wird es gerne gesehen, wenn Sie original verpackte Restbestände im Wagen belassen.

Sprachhilfe

Essen und Trinken

Abendessen	Dinner
Ananas	Pineapple
Apfel	Apple
Aprikose	Apricot
Außen gebraten, innen rot	Rare
Besteck	Cutlery
Birne	Pear
Blumenkohl	Cauliflower
Bohnen	Beans
Brötchen	Rolls
koffeinfrei	Decaf
kalorienarm	Diet
durchgebraten	Well done
Eier	Eggs
Erbsen	Peas
Erdbeere	Strawberry
Forelle	Trout
frittiert	Fried
Frühstück einfach	Continental Breakfast
gebraten	Broiled
gedünstet	Stewed/Steamed
gegrillt	Grilled
gekocht	Boiled
gekochter Schinken	Ham
Gemüse	Vegetable
Gurke	Cucumber
Hauptgericht	Entrée
Heilbutt	Halibut
Hühnchen	Chicken
Hummer	Lobster
Kabeljau	Cod
Käse	Cheese
Karotte	Carrot
Kartoffeln	Potatoes
Kirschen	Cherries
Knoblauch	Garlic
Kohl	Cabbage
Krabbe	Crab
Kürbis	Pumpkin
Lachs	Salmon
Mais	Corn
Marmelade	Jam
Mehl	Flour
Milch	Milk
Mittagessen	Lunch
Muscheln	Clams
Nudel	Noodle/Pasta
Orangensaft	Orange juice
Paprika	Pepper
Petersilie	Parsley
Pfannkuchen	Pancake
Pfirsich	Peach
Pflaume	Plum
Pilze	Mushrooms
Pommes frites	French fries
Radieschen	Radish
Rind	Beef
Roggen	Rye
Rosine	Raisin
Rührei	Scrambled eggs
Saft	Juice
Sauerteigbrot	Sourdough bread
Schwein	Pork
Speisekarte	Menu
Spiegelei	Sunny side up (eggs)
Spinat	Spinach
Steak (m. Knochen)	T-bone steak
Suppe	Soup
Thunfisch	Tuna
Tomaten	Tomatoes
Trauben	Grapes
Truthahn	Turkey
Vollkornbrot	Wholewheat bread
Vorspeise	Appetizer
Waffeln	Waffles
Weizen	Wheat
Würstchen	Sausage
Zitrone	Lemmon
Zucker	Sugar
Zwiebel	Onion

Unterwegs

Abfall	Waste, Garbage
Abschleppzone	Tow away zone
absolutes Halteverbot	No stopping at any time
Abzweigung	Junction
Anschluss für Wasser/ Abwasser/Strom	Full hook up
Anschnallen	Buckle up
Sicherheitsgurt	Safety belt
Aussichtspunkt	Lookout/Viewpoint
Baustelle	Construction area/Road construction
Betreten verboten	Do not enter
Bodenwelle	Bump/dip
Durchgangsverkehr	Thru traffic
eingeschränkte Sicht	Vision limited
Ende Geschwindigkeits-beschränkung	Resume speed
Erdgeschoss	First floor

Erlaubnisschein	Permit
Erster Stock	Second floor
Erwachsener	Adult
Fahrbahn gesperrt	Lane closed
Falsche Fahrtrichtung	Wrong way
Ferngespräch	Long distance call
Forststraße	Logging road
Fußgänger	Pedestrian
Gebührenfreie Telefonnummer	Toll free number
Gefälle	Grade
Gefahr	Danger
Geld abheben	Withdraw money
Geldautomat	ATM
Geschwindigkeit	Speed
Höhle	Cave
in den Verkehr einfädeln	Merge
Krankenwagen	Ambulance
kurzer Lehrpfad	Self-guiding trail
langsame Fahrzeuge rechts fahren	Slower traffic keep right
Lawine	Avalance
Lift	Elevator
Nachname	Last Name
Notruf	Emergency call
Parkaufseher	Warden/ranger
Parken für Behinderte	Handicapped parking
Postleitzahl	Zip code
Propangas	Propane
Rastplatz	Rest area
Rechnung	Bill
Reparieren	Repair
Rutschgefahr bei Nässe	Slippery when wet
Sackgasse	Dead end/No thru road
Scheinwerfer einschalten	Turn on headlights
Schlauch	Hose
schmale Brücke/enge Straße	Narrow bridge/Narrow road
Schmutzwasser	Black water
Schotterstraße	Gravel road
Selbstregistrierung	Self registration
starkes Gefälle/Steigung	Steep hill
Steinschlag	Falling rocks
Strand	Beach
Tankstelle	Gas station/Service station
Übergang/Kreuzung	Crossing
Überholverbot	Do not pass/No passing
Umleitung	Detour
Unfall	Accident/Crash
Verkehrsampel	Traffic lights
volltanken	Fill up
Vorfahrt beachten	Yield
Vorname	First name
Vorsicht Straßenarbeiter	Flagman ahead
Vorsicht Vieh	Watch for lifestock
Wanderweg	Hiking trail
Wasch- und Spülwasser	Grey (gray) water
Wenden verboten	No U-turn
zeitlich begrenztes Parken	Restricted parking zone

KFZ/Wohnmobil

benzin (bleifrei)	Gas (unleaded)
Bremse	Brake
Defekt/kaputt	Broken
Ersatzreifen	Spare tire
Führerschein	Driver's license
Gang, Getriebe	Gear
Heizung	Heating
Klimaanlage	Air condition
Kotflügel	Fender
Luftdruck	Air pressure
Motor	Engine
Motorhaube	Hood
Nummernschild	License plate
Ölstand messen	Check the oil
Ölwechsel	Oil change
Panne	Breakdown
Reifen	Tire
Reifendruck	Tire pressure
Scheibenwischer	Wiper
Scheinwerfer	Headlight
Stoßstange	Bumper
Werkzeugkasten	Tool kit
Windschutzscheibe	Windshield/windscreen
Zündschlüssel	Ignition key

Übernachten/Camping

Campingplatz	Campground/RV-Park
Doppelzimmer	Double room
Dusche	Shower
Einzelzimmer	Single room
Entsorgungsstation	Dump station/Sanidump station/Sani station
Feuer-/Grillstelle	Fire place
Frühstück	Breakfast
Gepäck	Luggage
Handtuch	Towel
Kühlschrank	Fridge/Refrigerator
Münzwaschsalon	Coin laundry
Notcampingplatz	Overflow camping
Müll	Garbage/Waste
Stellplatz	Site
Toilette	Washroom/Restroom
Tor/Einfahrt	Gate
Wäschetrockner	Dryer
Waschmaschine	Laundromat
Waschpulver	Detergent
Zimmer frei/besetzt	Vacancy/Occupied
Zimmermädchen/Zimmerservice	Maid/Room service

Medizin

Apotheke	Drugstore/Pharmacy
Augenarzt	Eye specialist
Bein	Leg
bewusstlos	Unconscious
Bienenstich	Sting of a bee
Blutdruck	Blood presure
Durchfall	Diarrhoea
Erkältung	Cold
Fieber	Fever
Fuß	Foot

Gift	Poison
gebrochen	Broken
geschwollen	Swollen
Gynäkologe	Gynaecologist
Halsschmerzen	Sore throat
Herzanfall	Heart attack
Husten	Cough
Kinderarzt	Paediatrician
Krankheit	Disease
Kopfschmerzen	Head ache
Kreislaufstörungen	Circulatory disturbance
Magenschmerzen	Stomache ache
Mund	Mouth
Nasenbluten	Nose bleeding
Notdienst	Emergency service
Ohrenschmerzen	Ear ache
Ohnmacht	Unconsciousness
Pflaster	Band aids
Rezept	Prescription
Rückenschmerzen	Back ache
Schmerzmittel	Pain killer
Schwangerschaft	Pregnancy
Schwindel	Dizziness
Sonnenstich	Sunstroke
Übelkeit	Nausea
Verstopfung	Constipation
Verband	Bandage
Verbandskasten	First aid kit
Zahn	Tooth
Zahnarzt	Dentist
Zunge	Tongue

Zahlen

1	One
2	Two
3	Three
4	Four
5	Five
6	Six
7	Seven
8	Eight
9	Nine
10	Ten
11	Eleven
12	Twelve
13	Thirteen
14	Fourteen
15	Fifteen
16	Sixteen
17	Seventeen
18	Eighteen
19	Nineteen
20	Twenty
21,22 usw.	Twenty-one, twenty-two usw.
30	Thirty
31,32 usw.	Thirty-one, thirty-two usw.
40	Forty
41,42 usw.	Forty-one, forty-two usw.
50	Fifty
60	Sixty
70	Seventy
80	Eighty
90	Ninety
100	One hundred
1000	One thousand
1989	Nineteen hundred and eighty-nine
Uhrzeit 0-11:59 Uhr mittags	a.m. (ante meridiem)
Uhrzeit 12-23:59 Uhr nachts	p.m. (post meridiem)

Abkürzungen

ATM	Automated Teller Machine (Geldautomat)
ID	Identifikation/Ausweis
BBQ	Barbeque
RV (Recreation Vehicle)	Wohnmobil
X-ing	Etwas kreuzt die Straße
X-mas	Weihnachten

Konversation

Danke (Vielen Dank)	Thank you (very much)
Bitte schön, gern geschehen.	You're welcome
Entschuldigung	Excuse me
Es tut mir leid.	I'm sorry.
Das macht nichts.	It doesn't matter.
Wie geht es Ihnen/Dir?	How are you?
Wie ist Ihr Name, bitte?	What's your name, please?
Mein Name ist ...	My name is ...
Wie viel kostet das?	How much is it?
Wieviel Uhr ist es?	What time is it?
Es ist halb fünf.	It's half past four.
Viertel nach drei	Quarter past three
5 nach vier	Five past four
Viertel vor drei	Quarter to three
5 vor vier	Five to four
Wo finde ich ...	Where can I find ...
Einen Tisch für 2 Personen, bitte.	A table for two, please.
Können wir bitte die Speisekarte haben?	Can we see the menu, please?
Rechnung bezahlen, bitte.	The bill, please.
Nehmen Sie Kreditkarten?	Do you accept/take Credit Cards?
Ich möchte gerne ... sprechen.	I'd like to speak to ...
Bleiben Sie bitte dran (Telefon)	Please hold the line.
Es ist besetzt (Telefon)	The line is busy.
Wo ist der nächste Arzt/Zahnarzt?	Where is the nearest doctor/dentist?
Ich habe eine Panne.	My car is broken down.
Ich habe ein Zimmer reserviert.	I booked a room with you.
Ich hätte gerne ein DZ/EZ.	I'd like a double/single room.
Wann gibt es Frühstück?	What time is breakfast served?
Können Sie mich bitte um 8 Uhr wecken?	Could I have a wake-up call at eight a.m.?
Was kostet ein Brief nach Deutschland?	How much is a letter to Germany?
Ich möchte diesen Reisescheck einlösen.	I'd like to cash this traveller's cheque.

Stichwortverzeichnis

Q

R

S

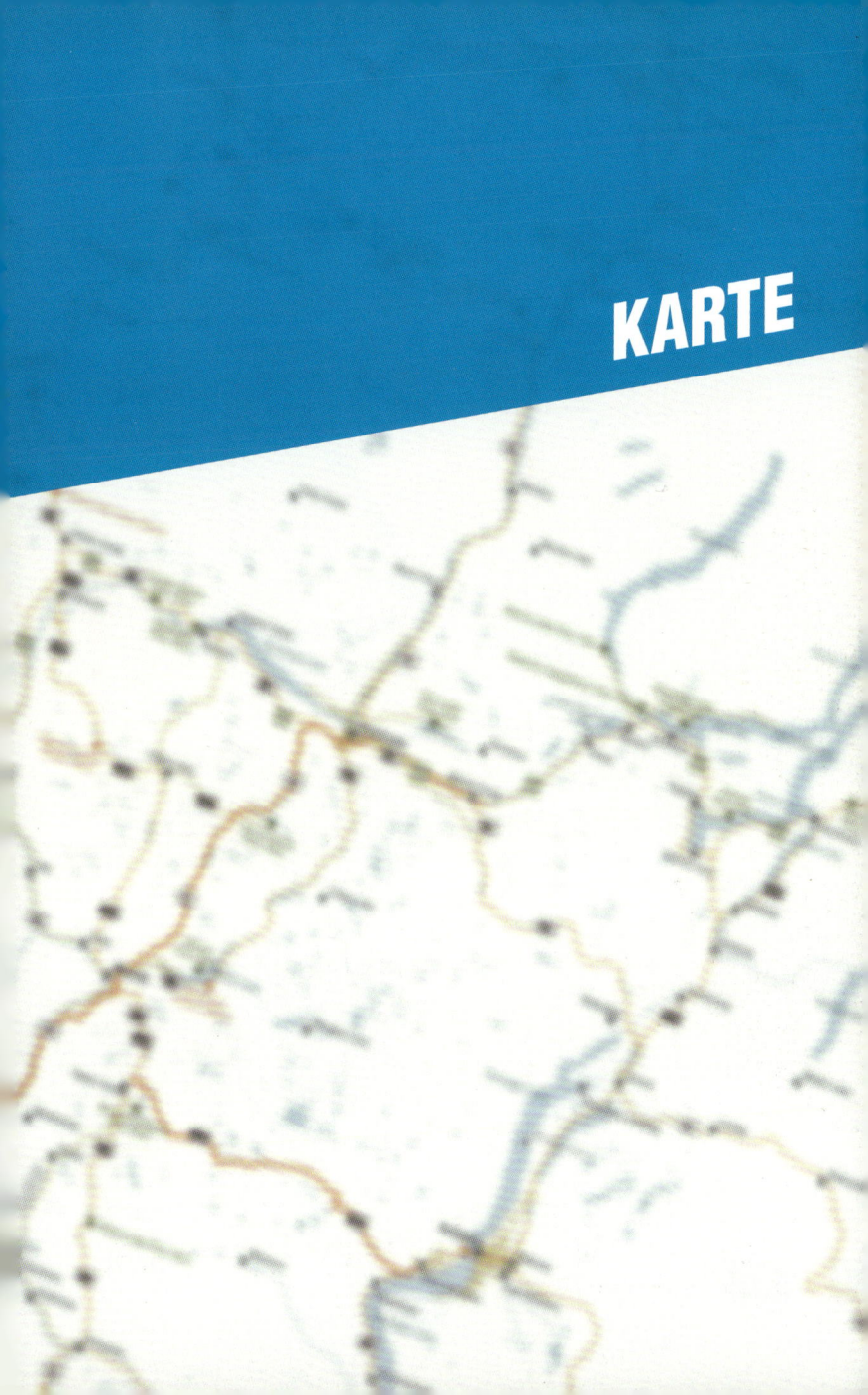

KARTE

75 km

Keithley Creek

Hydraulic

Horsefly

Black Creek

Miocene

Ochiltree

Clearw

One Hundred Fifty Mile House

Mahood Lake

se

Wright

Canim Lake

Mahood Lake CG

97

432

Canim Lake

Canim Lake Rd

437

100 Mile House

Horse

Nort

Croydon Station

Mount Robson
(3,954 m)

🔴 Mount Robson Visitor Info

16

Rearguard Falls
Prov. Park

*Mount Robson
Provincial Park*

Robson
Meadows CG

Tête Jaune Cache

Mount Terry Fox
(2,650 m)

Moose
Lake

Jackman Flats
Prov. Park

*Mt. Terry Fox
Prov. Park*

16

🔴 Mt. Terry Fox Rest Area

Valemount

Lucerr
CG

5

Albreda

Kinbasket
Lake

Hobson
Lake

*Wells Gray
Provincial Park*

Lempriere

Azure Lake

Pyramid Creek
Falls Prov. Park

arwater Lake

5

Clearwater
Falls Creek CG

Murtle
Lake

Thunder River

🔴 Bailey's Chutes

Eleanor Lake

Blue River

🔺 Pyramid CG

*Wells Gray
Provincial Park*

Murtle Lake Rd

🔴 Dawson Falls

Helmcken
Falls

🔴 Green Mountain Viewing

North Thompson River

2:

🔴 Spahat Falls/
Shadden Lookout

Avola

433

Dutch Lake

Clearwater

▼**438**

McMurph

rth Thompson
Prov. Park

Jasper National Park

Pocahontas CG

Miette Hot Springs

Miette Hot Springs Rd

Sulphur Skyline Trail/
Sulphur Pass Trail

Jasper Lake

Kaydee

Luscar

Coal

Leyland

16

Athabasca River

Rocky River

Mountain Park

Pyramid Lake

Patricia Lake

Yellowhead Pass
(1,110 m)

Sixth Bridge/Maligne Canyon Trail

Maligne Canyon

Maligne Lake Road

Lucerne

Geikie

Jasper

Lucerne
CG

Yellowhead
Lake

Whistlers CG

Wapiti CG

Medicine
Lake

Beaver Lake Trail

Virl, Dorothy
& Christine
Lake Trail

Whistlers Mtn.
(2,469 m)

Columbia

93

Wabasso Lake Trail/
Valley of the Five Lakes Trail

Wabasso CG

Moad Lake Trail
Geraldine Lakes Trail

93

Opal Hills Loop/
Mary Schaffer Loop

Jasper National
Park

Path of the Glacier Loop/
Cavell Meadows Trail

93A

Moose Lake Loop/Bald
Hills Trail/Mona Lake Trail

Mount Edith Cavell
(3,362 m)

Athabasca Falls

Maligne
Lake

Mount
Kerkeslin CG

93

Mount Fryatt
(3,360 m)

Honeymoon Lakes CG

Sunwapta Falls

Sunwapta
River

Hamber Prov.
Park

Jonas Creek CG

Jasper National
Park

93

Kinbasket Lake

Alberta

British Columbia

Beauty Creek/Stanley Falls Trail
Glacier Skywalk

Wilcox Creek CG/
Wilcox Pass Trail

Mt. Kitchener (3,505 m)

Columbia
Icefield

Sunwapta Pass

Mount Athabasca
(3,493 m)

Bridal Veil
Falls Viewpoint

Mica Dam

Mount Columbia
(3,750 m)

Parker Ridge Trail

Nigel
Pass
Trail

Banff
National
Park

Mount Amery
(3,329 m)

Alberta

British Columbia

Glacie

G

23

434

439

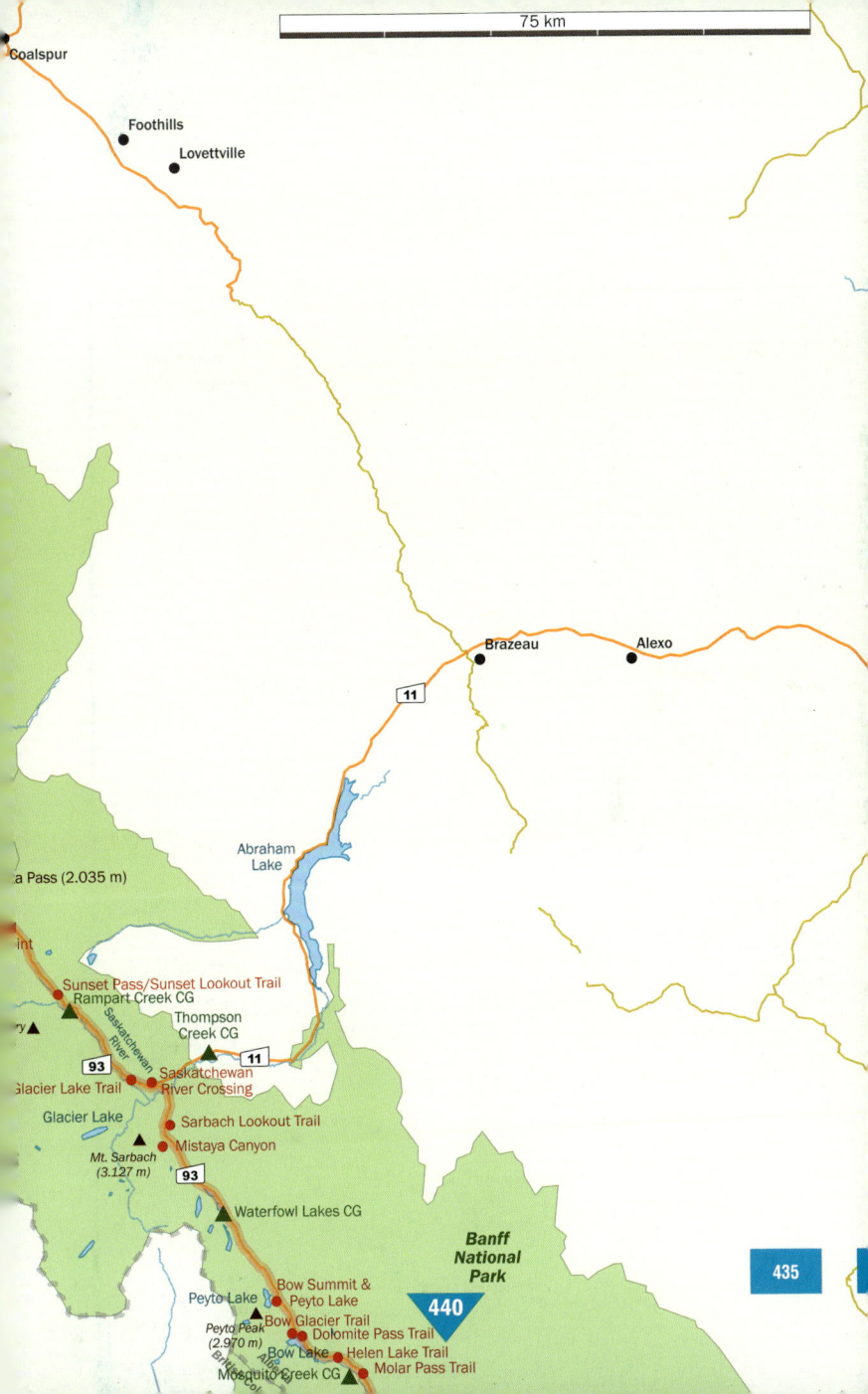

75 km

Coalspur

Foothills

Lovettville

Brazeau

Alexo

11

Abraham
Lake

a Pass (2.035 m)

int

Sunset Pass/Sunset Lookout Trail
Rampart Creek CG

Thompson
Creek CG

11

ry

93

Saskatchewan
River Crossing

Glacier Lake Trail

Glacier Lake

Sarbach Lookout Trail

Mistaya Canyon

Mt. Sarbach
(3.127 m)

93

Waterfowl Lakes CG

Banff
National
Park

435

440

Bow Summit &
Peyto Lake

Peyto Lake

Bow Glacier Trail

Peyto Peak
(2.970 m)

Dolomite Pass Trail

Bow Lake

Helen Lake Trail

Mosquito Creek CG

Molar Pass Trail

75 km

Springhouse

Alkali Lake

Big Creek

Dog Creek

Gang Ranch

Ke

Moha

Gold Bridge

Rexmount

Pa

Bralorne

Shalalth

Seton Lake

Lill

Seton Portage

McGillivray

Anderson Lake

Birkenhead Lake
Prov. Park

Birkenhead Lake

D'Arcy

99

Birken

Pemberton Meadows

442

Duffey Lake
Prov. Park

Joffre Lakes
Prov. Park

Duffey Lake

Pemberton   Mount Currie

▲ Matier Glacier (2.721 m)

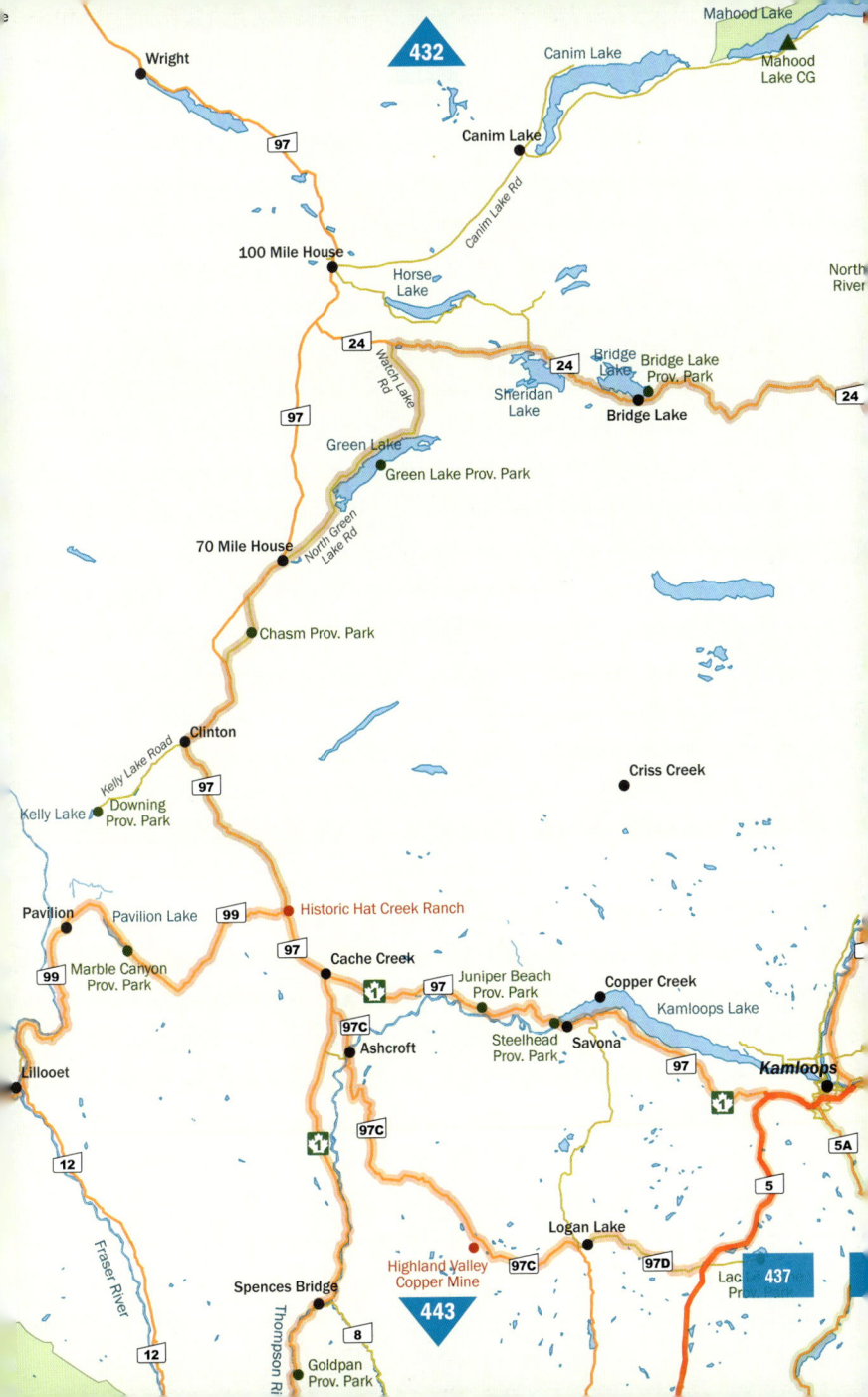

75 km

434

23

Donald

Downie Creek

23

Bear Falls Trail

Mount Rogers
(3.185 m)

**Glacier National
Park**

Rogers Pass (1.330 m)

Illecillewaet CG

Revelstoke Lake

Rockgarden Trail
Hemlock Grove Boardwalk
Bostock Creek Trail

Loop
Brook CG

Mt. Sir Donald
(3.297 m)

Martha Creek
Prov. Park

1

Canyon Hot Springs

**Mt. Revelstoke
National Park**

Giant Cedars Boardwalk

Revelstoke Dam

Skunk Cabbage Trail

Beardale Castle
Miniatureland

Crazy Creek Falls

1

Taft

Revelstoke

Enchanted
Forest

Three Valley
Gap

23

*Meadows in
the Sky
Parkway*

Greenslide

Upper Arrow Lake

Blanket Creek Prov. Park

Beaton

Ferguson

Arrowhead

31

Trout Lake

Gerrard

Halcyon Hot Springs

23

Saint Leon

445

439

Pop

ake

el Lake

h Columbia
rta
British Columbia

Glacier Lake

Sarbach Lookout Trail
Mistaya Canyon

Mt. Sarbach
(3.127 m)

93

435

Banff
National
Park

Waterfowl Lakes CG

Columbia River

Blaeberry River

Peyto Lake

Bow Summit &
Peyto Lake

Peyto Peak
(2.970 m)

Bow Glacier Trail
Dolomite Pass Trail

Bow Lake

Helen Lake Trail

Mosquito Creek CG

Molar Pass Trail

Hector Lake

93

Banff National
Park

ICEFIELD PARKWAY

Kicking
Horse
Pass
(1.627 m)

Takakkaw Falls

Whitehorn Mountain (2.621 m)

Yoho Valley

Mt. Burgess (2.599 m)

Spiral Tunnel
Viewpoint

Emerald Lake

Lake Louise

Kicking Horse
Monarch CG

Wapta Lake

Moraine Lake

1A

Natural Bridge

Field

Mount Stephen
(3.199 m)

Lake
Louise

Protection Mountain (2.972 m)

Yoho
National
Park

Lake
O'Hara

93

Castle Mountain (2.766 m)

Ottertail Valley

Protection Mt. CG

Golden

1

Castle Mt. CG

Castle Junction

Mir

Castle Mountain Viewpoint

Johnston Canyon

95

Leanchoil

Hoodoo Creek CG

Vermilion
Pass (1.680 m)

Boom
Lake
Trail

Two

1A

Banff

Jo

Columbia River

Wapta
Falls

Chancellor Peak
(3.280 m)

Marble
Canyon

Stanley
Glacier Trail

1

Vermilion Lakes

1

McMurdo

Paint Pots

Sunshine Rd

Sulphur Mountain (2.451 m)

Numa Creek Trail

Alberta

Kootenay
National
Park

Parson

Floe Lake Trail

93

British Columbia

Sunshine
Meadows

Banff
National
Park

Vermilion Crossing

Kootenay River

Simpson River Trail

Mount
Assiniboine
Prov. Park

Spillimacheen

Kootenay Crossing

Mt. Assiniboine
(3.618 m)

Alberta

British Columbia

McLeod CG

Columbia River

95

Mount Kindersley
(2.697 m)

93

Olive Lake

Kootenay Valley Viewpoint

Radium Hot
Springs Pools

Mount Sinclair (2.667 m)

Radium Hot Springs

Redstreak CG

Redstreak Mountain (2.118 m)

Dry Gulch Prov. Park

Le

Uppe

Invermere

Windermere

440

lar Cr

ncan Lake

446

Windermere Lake

31

Howser

Fairmont Hot Springs

Trout Lake

Gerrard

Poplar

439

Halcyon Hot Springs

23

Saint Leon

Cherryville

6

6

6

Needles

Fauquier

Edgewood

Lower Arrow Lake

6

Vallican

3A

Nelson

3A

Castlegar

6

Ootischenia

3

Salmo

3

Greenwood

Grand Forks

Rossland

Trail

Fruitvale

445

75 km

KANADA

USA

Radium Hot Springs
Redstreak CG
Dry Gulch Prov. Park
▲ Redstreak Mountain (2.118 m)
Uppe

440

Invermere
Windermere

Windermere Lake

Poplar Creek
Duncan Lake

31
Howser

Fairmont Hot Springs

Columbia Lake

Argenta

Lardeau

Canal Flats

93

95

Skookumchuck

Kootenay Lake

31
Riondel

93

95
Kimberley

Fort Steele

Gray Creek

Cranbrook
93

Boswell

3

3A

Moyie

3

95

3

3
446
Creston

KANADA
USA

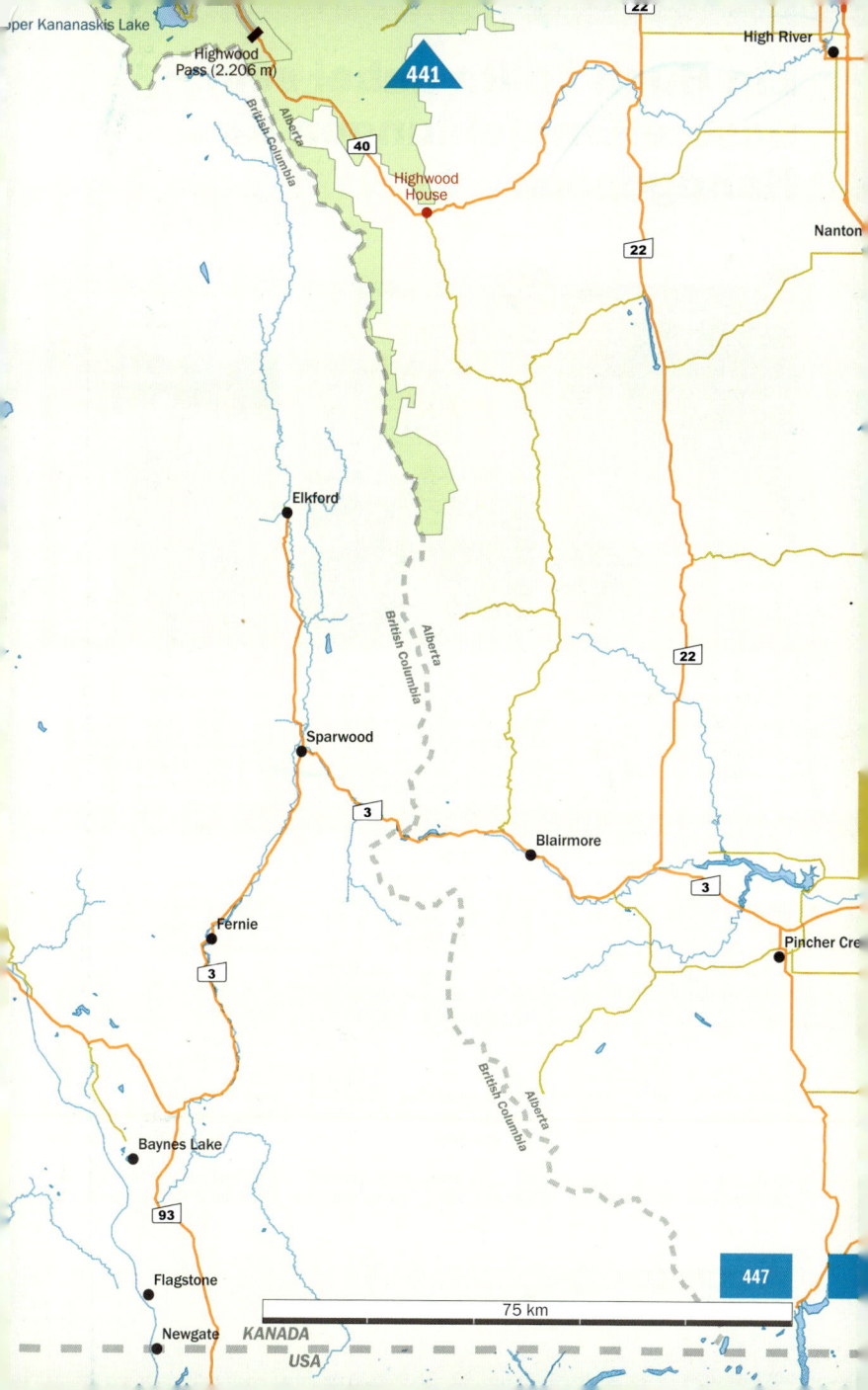

Ein Buch sollte dabei sein – unsere Empfehlungen fürs Handgepäck

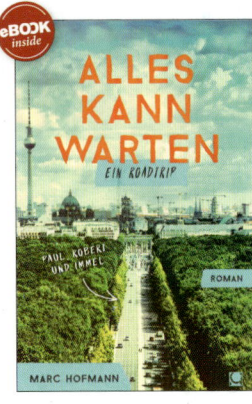

»Ein starkes Debüt, das Fernweh weckt!« (BÜCHER)

Boarderlines ist ein autobiografischer Reise-Roman über die schönsten Wellen dieses Planeten, die Sinnsuche und die Sehnsucht nach Abenteuer. Über ein Leben zwischen Pistolen, Edelsteinen, Malaria, einer entlegenen Insel, gemeinen Ganoven, allwissenden Professoren, und deutschen Bierdosen. Über Freundschaft und natürlich über die Liebe – zum Surfen, zu Menschen, zum Leben.

Was als Tagestrip von drei Männern Anfang 40 mit nostalgischen Gesprächen voller popkulturellem Nerdwissen und alltagsphilosophischen Weisheiten beginnt, entwickelt sich dank zorniger Skinheads, begehrenswerter Indie-Rock-Sängerinnen, einem durchgeknallten Broker und so manch anderer merkwürdigen Begegnung zu einer schrägen Odyssee quer durch Deutschland.

Und plötzlich stellen alle drei sich die eine Frage: Lebe ich eigentlich das Leben, das ich leben will?

Lehnen Sie sich mit einer Tüte salzigem Popcorn und einer Flasche Moosehead Lager entspannt zurück und schlittern Sie mit unserer Protagonistin Mareike während ihres Work-&-Travel-Jahres über die Ice Road der kanadischen Kultur.

»Eine gekonnte Symbiose aus Reiseerzählung und Reiseführer, die gleichermaßen unterhält und informiert.« (Kanada.org)

Andreas Brendt
Boarderlines

Marc Hofmann
Alles kann warten
Ein Roadtrip

Sophie von Vogel
Fettnäpfchenführer Kanada
Wenn's im Land der Weite eng wird

ISBN 978-3-943176-99-5
ISBN 978-3-95889-086-2

ISBN 978-3-95889-109-8
ISBN 978-3-95889-110-4

ISBN 978-3-934918-77-1
ISBN 978-3-95889-022-0

CONBOOK
www.conbook-verlag.de